les Notices

CW01653151

L'Union européenne

4e édition

Sous la direction de
Renaud Dehousse
Professeur des universités,
Directeur du Centre d'études européennes, CEE Sciences Po

Sommaire

I. Le système politique européen

II. Les politiques européennes

III. L'Union européenne et le monde

Notice 1

Des Communautés européennes à six à l'Union européenne à vingt-huit

Soixante ans de construction européenne ont conduit des Communautés européennes à Six à l'Union européenne à Vingt-Huit. Cette transformation d'un ensemble à vocation économique en une organisation à finalité politique ne s'est pas opérée sans heurts. Les succès économiques de l'Europe communautaire (1951-1992) contrastent ainsi avec les déboires de l'Europe politique durant la même période (échecs de la Communauté européenne de défense et des plans Fouchet). Ce n'est qu'avec l'effondrement du communisme et la perspective de la réunification du continent européen que les États membres se décident à relever le défi de l'Europe politique, en créant l'Union européenne en 1992. Le traité de Maastricht inaugure une série de révisions, d'Amsterdam à Lisbonne en passant par Nice, rendues indispensables par les élargissements de 2004 et 2007, mais compliquées par les divergences des États membres quant à la nature de l'UE.

L'idée européenne a donné lieu, avant même sa construction institutionnelle, à de nombreux projets : l'essayiste suisse Denis de Rougemont parlait ainsi de « vingt-huit siècles d'Europe »[1] ; le duc de Sully suggérait, dans un ouvrage intitulé *Le grand dessein d'Henri IV*, de créer une confédération dotée d'une armée commune ; dans un célèbre discours prononcé lors du Congrès de la paix, à Paris, en 1849, Victor Hugo évoquait la création des « États-Unis d'Europe ». mais c'est au lendemain de la Première Guerre mondiale que la pensée européenne connaît un nouvel essor, marqué par la création de l'Union paneuropéenne par le comte Coudenhove-Kalergi en 1926 et par la première initiative gouvernementale visant à créer une union européenne ; puis Aristide Briand, ministre français des Affaires étrangères, propose le 5 septembre 1929, devant l'Assemblée générale de la SDN, d'établir « une sorte de lien fédéral » entre les peuples européens. Le projet s'enlise cependant rapidement, et ce n'est qu'au sortir d'un second conflit mondial que l'idée européenne s'impose enfin, nourrie par les travaux des mouvements de la Résistance.

Deux organisations européennes de type intergouvernemental sont mises en place en 1948, sous l'influence des États-Unis. Le 17 mars 1948, le traité de Bruxelles crée l'Union occidentale, organisation militaire réunissant la France, le Royaume-Uni et les trois États du Benelux (Belgique, Luxembourg et Pays-Bas). Le 16 avril 1948, l'Organisation européenne de coopération économique (OECE) est instituée pour gérer l'aide massive accordée par les États-Unis aux États d'Europe de l'Ouest dans le cadre du plan marshall. Élargie à l'ensemble des pays industrialisés, elle deviendra l'Organisation de coopération et de développement économique (OCDE) en 1960.

C'est en 1948 également que les mouvements pro-européens les plus influents organisent le Congrès de La Haye, réunissant 800 personnalités de 19 pays, parmi lesquelles plusieurs anciens chefs de gouvernement et une vingtaine de ministres en exercice. Le résultat sera la création, par le traité de Londres du 5 mai 1949, du Conseil de l'Europe. Cette organisation régionale, qui regroupe aujourd'hui 47 États membres et siège à Strasbourg, a pour objectifs la défense des droits de l'homme et le renforcement de la stabilité démocratique en Europe. Sa principale réalisation est la Convention européenne de sauvegarde des droits de l'homme et des libertés fondamentales (CESDH), signée à Rome le 4 novembre 1950, dont le respect est assuré par la Cour européenne des droits de l'homme (CEDH)[2].

Ces trois organisations, caractérisées par une logique de coopération intergouvernementale et non d'intégration, sont très différentes des Communautés européennes créées par les traités de Paris et Rome, auxquels les développements qui suivent seront exclusivement consacrés.

Les Communautés européennes : le primat de l'économie

L'Europe communautaire (1951-1992) est marquée par le primat de l'économie sur le politique. Durant cette période, les succès – en dépit des crises, imputables à la France gaullienne principalement – de l'Europe économique contrastent avec les déboires de l'Europe politique.

L'Europe économique, entre croissance et crises

La création de la Communauté européenne du charbon et de l'acier par le traité de Paris

L'acte fondateur de la construction européenne est la déclaration Schuman, rendue publique dans le salon de l'Horloge du Quai d'Orsay le 9 mai 1950. Inspirée par Jean Monnet, alors commissaire général au Plan, mais politiquement endossée par Robert Schuman, ministre des Affaires étrangères, elle propose de « placer l'ensemble de la production franco-allemande de charbon et d'acier sous une Haute Autorité commune, dans une organisation ouverte à la participation des autres pays d'Europe ». L'objectif immédiat de la déclaration est la réconciliation franco-allemande. La mise en commun des productions de charbon et d'acier des deux pays vise à rendre toute guerre non seulement impensable mais matériellement impossible entre les deux États. À plus long terme, l'objectif est de mettre en place une « Fédération européenne indispensable à la préservation de la paix ». Pour atteindre ces objectifs ambitieux, la déclaration Schuman énonce une méthode progressive et pragmatique, résumée dans une formule devenue célèbre : « l'Europe ne se fera pas d'un seul coup, ni dans une construction d'ensemble ; elle se fera par des réalisations concrètes créant d'abord une solidarité de fait ». La « méthode Monnet » fait reposer l'intégration sur des institutions supranationales, composées d'experts indépendants des États membres, et part du principe que tout progrès dans l'intégration en appellera nécessairement d'autres, selon un phénomène de *spill over* (débordement) théorisé *a posteriori* par l'école néo-fonctionnaliste.

La déclaration est bien accueillie par l'Allemagne et quatre autres États (la Belgique, l'Italie, le Luxembourg et les Pays-Bas) souscrivent également à ses objectifs. La conférence qui s'ouvre à Paris entre les Six conduit à la signature, le 18 avril 1951, du traité de Paris créant la Communauté européenne de charbon et de l'acier (Ceca). Entré en vigueur le 23 juillet 1952 pour une durée de cinquante ans (et donc arrivé à expiration le 23 juillet 2002), ce traité met en place un marché commun du charbon et de l'acier, doté d'un système institutionnel d'une grande originalité. Le premier rôle y revient à la Haute Autorité, collège de neuf membres indépendants choisis en commun par les États membres, qui dispose d'un pouvoir décisionnel important, partagé dans certains domaines avec le Conseil des ministres (un ministre par État). Son contrôle est assuré par une Assemblée commune, formée de délégués des parlements nationaux, qui peut adopter une motion de censure à son encontre, mais est dépourvue de tout pouvoir budgétaire ou législatif, et par une Cour de justice.

De Messine à Rome : la création de la Communauté économique européenne et d'Euratom

Le succès de la Ceca incite les Six à transposer la méthode retenue pour celle-ci à d'autres domaines économiques. Les ministres des Affaires étrangères réunis à Messine (Italie) du 1er au 3 juin 1955 pour trouver un successeur à Jean Monnet, démissionnaire de la présidence de la Haute Autorité, approuvent les orientations d'un mémorandum présenté par le Benelux, proposant la création d'un marché commun général et des actions sectorielles, en particulier dans les domaines des transports et de l'énergie, dont l'énergie nucléaire. Un comité intergouvernemental est constitué, sous la présidence du Belge Paul-Henri Spaak. Le 29 mai 1956, la conférence de Venise approuve le rapport du comité Spaak, qui propose la création de deux Communautés, l'une pour le marché commun et l'autre (à laquelle la France surtout est attachée) pour le nucléaire. Les négociations ouvertes en juin 1956 aboutissent à la signature, à Rome, le 25 mars 1957, de deux traités établissant, d'une part, la Communauté économique européenne (CEE), et d'autre part, la Communauté européenne de l'énergie atomique (CEEA ou Euratom).

Entrés en vigueur le 1er janvier 1958 et conclus pour une durée illimitée, les traités de Rome mettent en place un système institutionnel moins ouvertement supranational que celui de la Ceca. La Haute Autorité y est ainsi remplacée par une Commission, à laquelle est conféré le monopole du droit d'initiative des actes communautaires. Le pouvoir de décision est confié, pour l'essentiel, au Conseil des ministres, qui peut adopter des règlements et des directives. La Commission est responsable devant l'Assemblée parlementaire et le contrôle juridictionnel est assuré par la Cour de justice. Seules l'Assemblée et la Cour sont communes aux trois communautés. La fusion des structures exécutives en un Conseil et une Commission uniques, est opérée plus tard, par le traité de Bruxelles du 8 avril 1965, qui n'entre en application que le 1er janvier 1967, en raison de la crise de la « chaise vide ».

La crise de la « chaise vide »

Le retour du général de Gaulle au pouvoir, en 1958, infléchit la politique européenne de la France. Dans une célèbre conférence de presse à Paris le 15 mai 1962, de Gaulle, partisan d'une Europe des États souverains, fustige la supranationalité. En mars 1965, le président de la Commission, Walter Hallstein, présente à l'Assemblée de Strasbourg une réforme du financement de la Politique agricole commune (Pac, instituée en 1957, v. Notice 15) qui doit être assuré grâce à des ressources propres de la Communauté. Il est également proposé d'accroître les compétences de l'Assemblée, qui pourrait présenter des amendements au projet de budget, ainsi que celles de la Commission. Le général de Gaulle, par ailleurs inquiet de l'extension du vote à la majorité à compter du 1er janvier 1966, récuse ces orientations et rappelle tous les représentants de la France à Paris le 1er juillet 1965 : cette politique de la « chaise vide » paralyse la Communauté pendant six mois. La crise prend fin avec l'adoption, le 30 janvier 1966, d'un arrangement lors d'un conseil extraordinaire. Ce « compromis de Luxembourg » précise que, dans les cas où le traité prévoit un vote majoritaire, les États membres s'efforceront de parvenir, dans un « délai raisonnable », à un accord unanime lorsque des « intérêts très importants » d'un État sont en jeu. Sans portée juridique, ce compromis ne modifie pas le traité de Rome, mais conduit à limiter durablement la capacité décisionnelle du Conseil.

En dépit de ces difficultés, l'union douanière est réalisée avec dix-huit mois d'avance, le 1er juillet 1968. La mise en place de la Pac, entamée par la conférence de Stresa de 1958, a connu une étape décisive avec l'adoption des premiers règlements agricoles en 1962. Ces succès de l'intégration économique rendent le marché commun attractif pour les autres pays européens. La Cour de justice édifie dans le même temps un ordre juridique communautaire, à travers des décisions fondatrices (v. Notice 9).

De l'Europe des Six à l'Europe des Douze

Le Royaume-Uni, hostile à la supranationalité, est resté à l'écart de la construction européenne. Ses liens privilégiés avec les pays du Commonwealth lui imposent de conserver son autonomie tarifaire, afin de maintenir les préférences impériales. La proposition britannique de création d'une grande zone de libre-échange englobant les Six au sein de l'OECE ayant été rejetée en 1958, Londres décide de mettre en place une organisation concurrente : l'Association européenne de libre-échange (AELE). Créée par la convention de Stockholm du 4 janvier 1960, elle regroupe sept États : l'Autriche, le Danemark, le Royaume-Uni, la Norvège, la Suède, la Suisse et le Portugal, qui seront rejoints par la suite par l'Islande (1970), la Finlande (1986) et le Liechtenstein (1991)[3]. L'AELE ne suffit cependant pas à compenser l'absence de participation au marché commun.

Le Royaume-Uni dépose une première demande d'adhésion à la CEE le 9 août 1961. Sa « relation spéciale » avec les États-Unis est sortie affaiblie de la crise de Suez de 1956, et ses liens économiques avec le Commonwealth se sont distendus. Le retour du général de Gaulle au pouvoir rassure également les Britanniques, inquiets d'une potentielle dérive fédérale des Communautés. La candidature britannique est suivie de celles de l'Irlande, du Danemark et de la Norvège. Les négociations, ouvertes à l'automne 1961, sont interrompues à la suite du veto gaullien, exprimé dans une conférence de presse du 14 janvier 1963. Le Président français y estime que l'adhésion britannique transformerait le marché commun et affecterait profondément la Pac, dénaturant l'Europe en une communauté atlantique sous direction américaine. Le Royaume-Uni présente une seconde fois sa candidature en mai 1967. Le général de Gaulle s'y opposant à nouveau, ce n'est qu'après son départ que l'adhésion britannique devient possible. Son successeur, le président Georges Pompidou lève le veto français lors du sommet de La Haye de décembre 1969, marqué par un célèbre triptyque : achèvement, approfondissement, élargissement.

Les négociations d'adhésion s'engagent en juillet 1970. Les points les plus délicats concernant la contribution du Royaume-Uni au budget communautaire – jugée trop élevée en raison de la faiblesse des « retours » dont elle bénéficie au titre de la Pac – et le rôle international de la livre sterling. Londres obtient des dérogations concernant l'importation du sucre antillais et du beurre néo-zélandais, ainsi qu'un schéma de participation financière progressive, et s'engage en contrepartie à renoncer au rôle de la livre en tant que monnaie de réserve. Les négociations avec les autres pays candidats sont plus faciles, à l'exception de la Norvège, qui obtient une dérogation à la politique commune de la pêche. Le traité d'adhésion, signé le 22 janvier 1972, entre en vigueur le 1er janvier 1973, sauf en Norvège où il est repoussé à l'issue du référendum organisé en novembre 1972.

Revenus au pouvoir en 1974, les travaillistes britanniques dirigés par Harold Wilson demandent une renégociation du traité d'adhésion et s'engagent à en soumettre les résultats à référendum. Ils obtiennent, lors du sommet de Dublin de mars 1975, un allègement de la contribution britannique au budget communautaire, qui permet au « oui » de l'emporter par 67 % des suffrages lors du référendum du 5 juin 1975. Le problème budgétaire britannique n'est pas résolu pour autant et rebondit avec l'arrivée au pouvoir de Margaret Thatcher en 1979. Celle-ci obtient – à l'issue d'une campagne marquée par la fameuse formule « *I want my money back* » – la mise en place d'un nouveau mécanisme correcteur, communément appelé le « chèque britannique » (v. Notice 8).

Le deuxième élargissement concerne la Grèce et prend effet le 1er janvier 1981. La Grèce, alors dirigée par Constantin Caramanlis, a été le premier pays tiers à demander, dès 1959, un accord d'association, obtenu le 9 juillet 1961, mais cependant suspendu durant la dictature militaire, de 1967 à 1974. L'effondrement du régime des colonels et le retour à la démocratie ouvrent la voie à l'adhésion, demandée le 12 juin 1975. Les négociations, débutées en 1976, aboutissent au traité signé à Athènes le 28 mai 1979.

Le troisième élargissement poursuit le rééquilibrage des Communautés vers le Sud. La fin des dictatures en Espagne et au Portugal rend leur adhésion possible et souhaitable pour consolider le retour à la démocratie. Les demandes étant déposées en 1977, les négociations officielles débutent en février 1979, et aboutissent aux traités d'adhésion signés le 12 juin 1985 à Madrid et à Lisbonne, qui entrent en vigueur le 1er janvier 1986.

La relance de l'Acte unique de 1986

L'union douanière, réalisée depuis le 1er janvier 1968, n'est qu'un élément constitutif du marché commun. La mise en œuvre des quatre libertés de circulation – marchandises, personnes, services et capitaux – n'a pas progressé aussi vite, en raison de la persistance de multiples obstacles non tarifaires (v. Notice 11). Le maintien de l'unanimité, notamment pour l'adoption des directives en matière d'harmonisation des législations, ainsi que les effets du compromis de Luxembourg ne permettent pas d'achever le marché commun.

Pour surmonter ces difficultés, le Parlement européen adopte, en juin 1984, sous l'impulsion du parlementaire italien Altiero Spinelli, un projet de traité sur l'Union européenne d'inspiration fédéraliste, qui restera sans suite. La Commission alors présidée par Jacques Delors présente, le 15 juin 1985, un Livre blanc dans lequel elle formule près de 300 propositions visant à mettre en place un marché intérieur en 1992, où toute frontière intérieure serait abolie. Le Conseil européen de Fontainebleau, en juin 1984, charge un comité présidé par l'Irlandais James Dooge de formuler des propositions de révision en vue d'une relance. Ces travaux conduisent le Conseil européen de Milan de juin 1985 à convoquer une conférence intergouvernementale (CIG) afin de réviser les traités, en dépit de l'opposition du Danemark, du Royaume-Uni et de la Grèce. Deux traités sont d'abord envisagés, l'un sur la coopération européenne en matière de politique étrangère (v. *infra*), l'autre portant révision des traités communautaires. Ils sont finalement réunis dans un seul traité, appelé l'Acte unique, signé les 17 et 28 février 1986 et entré en vigueur le 1er juillet 1987.

L'Acte unique prévoit la réalisation du marché intérieur au plus tard le 31 décembre 1992. Il dote la CEE de nouvelles compétences, en matière d'environnement, de recherche et développement technologique, de politique sociale et de cohésion économique et sociale. Sur le plan institutionnel, la majorité qualifiée est étendue à de nombreux domaines, incluant notamment les mesures nécessaires à l'établissement du marché intérieur, à l'exception de la fiscalité et de la libre circulation des personnes. Les pouvoirs du Parlement européen sont renforcés par la création de la procédure de coopération[4] et par la nécessité d'un avis conforme pour la conclusion d'accords d'association et d'adhésion. La création d'un tribunal de première instance – TPI, effective en octobre 1988 – est prévue, afin de désengorger la Cour de justice des Communautés européennes, confrontée à un accroissement du contentieux. Enfin, l'Acte unique consacre les pratiques développées en matière de coopération politique européenne ainsi que le rôle du Conseil européen (v. *infra*).

Les déboires de l'Europe politique

L'échec de la Communauté européenne de défense

La montée des tensions Est-Ouest et le déclenchement de la guerre de Corée en juin 1950 rendent le réarmement allemand inévitable, sous la pression américaine notamment. René Pleven, président du Conseil, propose devant l'Assemblée nationale, en octobre 1950, d'insérer ce réarmement de l'Allemagne fédérale dans une armée européenne commune, afin de surmonter l'hostilité de l'opinion publique et d'une partie de la classe politique françaises, inquiètes de voir resurgir le militarisme allemand.

Le plan Pleven n'est pas très bien accueilli par les partenaires de la France qui y voient une manœuvre dilatoire, mais ils finissent par s'y rallier. Les négociations entamées en février 1951 conduisent à la signature par les Six du traité instituant la Communauté européenne de défense (CED) le 25 mai 1952, à Paris. Il prévoit la création d'une armée intégrée comportant 40 divisions nationales de 13 000 soldats sous uniforme commun. Le modèle institutionnel est inspiré de la Ceca, mais moins supranational.

Entre-temps la querelle autour de la CED s'est développée en France. Les « anticédistes » reprochent à celle-ci de reconstituer l'armée allemande, tout en affaiblissant l'armée française. Un contexte international propice à une certaine détente, à la suite de la mort de Staline (1953) et avec la fin de la guerre de Corée, rend par ailleurs le réarmement allemand moins pressant. Les cinq États qui ont déjà ratifié le traité – à l'exception de l'Italie – refusent, en août 1954, d'ultimes modifications demandées par Pierre Mendès France, président du Conseil français, visant à en atténuer le caractère supranational. L'Assemblée nationale écarte finalement, le 30 août 1954, par le vote d'une question préalable adoptée par 319 voix contre 264, l'examen du traité CED : la France rejette ainsi un projet qu'elle avait elle-même initié. Le réarmement de l'Allemagne aura cependant lieu, mais dans le cadre de l'Union de l'Europe occidentale (UEO), créée par les accords de Paris du 23 octobre 1954, à partir d'un remaniement du traité de Bruxelles (v. *supra*), élargi à l'Allemagne et à l'Italie. La RFA adhère par la suite à l'Otan, le 5 mai 1955.

Les plans Fouchet

Le général de Gaulle, soucieux de neutraliser les potentialités fédéralistes des traités communautaires, propose en février 1961 de prolonger la communauté économique par une coopération politique de type intergouvernemental. Les Six chargent une commission d'études présidée par Christian Fouchet alors ambassadeur de la france au Danemark, de préparer des propositions. Un premier plan Fouchet, présenté en octobre 1961, prévoit d'instituer une coopération intergouvernementale en matière de politique étrangère et de défense, de science, de culture et de protection des droits de l'homme. Le premier rôle reviendrait à un conseil des chefs d'État ou de gouvernement statuant à l'unanimité. Les Pays-Bas et la Belgique notamment s'opposent au projet, qui remet en cause la logique d'intégration des Communautés ainsi que la solidarité transatlantique, et posent comme préalable l'adhésion du Royaume-Uni à la CEE. Le 18 janvier 1962, Paris présente une seconde version du plan Fouchet, qui durcit en réalité les positions françaises : la référence à l'Alliance atlantique est supprimée et des compétences économiques, en principe réservées à la Communauté, seraient confiées à l'Union. Les Cinq présentent, le 20 janvier 1962, un contre-projet nettement plus fédéraliste, rejeté par la France. Les négociations prennent fin sur un constat d'échec, en avril 1962.

Le général de Gaulle décide alors de privilégier une intensification des relations franco-allemandes. Ce rapprochement est concrétisé par la signature du traité de l'Élysée, le 22 janvier 1963, avec le chancelier Konrad Adenauer, qui marque la naissance du couple franco-allemand et prévoit une étroite coopération en matière de politique étrangère, de défense, d'éducation et de jeunesse, grâce à des rencontres régulières entre les chefs d'État et de gouvernement et les ministres concernés. Lors de sa ratification par le *Bundestag*, l'ajout d'un préambule interprétatif, insistant sur la solidarité transatlantique et sur la nécessité d'admettre le Royaume-Uni au sein des Communautés européennes, déçoit de Gaulle. Le traité de l'Élysée est complété par un accord portant création de l'Office franco-allemand de la jeunesse.

La coopération politique européenne

Le sommet de La Haye de 1969 a confié à un comité présidé par le chef de cabinet de P.H. Spaak, Étienne Davignon, d'étudier la meilleure manière de progresser vers l'unification politique. Le rapport Davignon, approuvé par le Conseil des ministres en 1970, met en place une concertation politique en matière de politique étrangère, appelée Coopération politique européenne (CPE). Développée en dehors du cadre communautaire, la CPE repose sur des réunions, tous les six mois, des ministres des Affaires étrangères et la création d'un comité politique formé par les directeurs politiques des six ministères. Ces réunions deviennent trimestrielles à la suite du rapport de Copenhague de 1973. Un groupe de correspondants européens est créé, dont les communications sont facilitées par la mise en place d'un réseau télex, le réseau Coreu (Correspondance européenne).

La pratique des sommets réguliers entre chefs d'État ou de gouvernement, assistés par leurs ministres des Affaires étrangères, est par ailleurs institutionnalisée par le sommet de Paris de décembre 1974, sous le nom de Conseil européen. Celui-ci est un organe d'impulsion et d'arbitrage à la fois pour la coopération politique et pour les affaires communautaires, auquel participe le président de la Commission, éventuellement assisté par un commissaire. Il est introduit dans les traités par l'Acte unique européen, qui consacre également la CPE.

L'élection du Parlement européen au suffrage universel direct

Le traité de Rome chargeait l'Assemblée parlementaire – qui s'est elle-même rebaptisée Parlement européen en 1962 – d'élaborer un projet en vue de son élection au suffrage universel direct. Ce projet, transmis au Conseil dès 1960, n'avait cependant aucune chance d'aboutir sous les présidences du général de Gaulle et de G. Pompidou. Ce n'est qu'au sommet de Paris de décembre 1974 qu'a été arrêté ce principe d'une investiture démocratique, rendue indispensable par l'augmentation des pouvoirs budgétaires de l'Assemblée : le traité de Luxembourg du 22 avril 1970, qui a institué les ressources propres, a conféré un certain pouvoir d'amendement à l'Assemblée, et celui de Bruxelles du 22 juillet 1975 l'a dotée du droit de rejeter globalement le budget et de donner décharge à la Commission pour son exécution. L'Acte portant élection au suffrage universel direct des membres du Parlement européen est signé le 20 septembre 1976 et les premières élections européennes ont lieu en juin 1979. Il s'agit de la seule véritable avancée pour l'Europe politique au cours des trois premières décennies de la construction européenne.

L'Union européenne : le défi de l'Europe politique

La chute du mur de Berlin, le 9 novembre 1989, prélude de l'effondrement du communisme en Europe de l'Est, ouvre la perspective d'une réunification de l'Europe. Tous les pays d'Europe centrale et orientale (Peco) se tournent vers la Communauté, à laquelle ils espèrent adhérer. Un élargissement d'une telle ampleur exige un approfondissement préalable. La réunification allemande, effective le 3 octobre 1990, inquiète par ailleurs ses partenaires, qui craignent qu'une Allemagne réunifiée, plus puissante et forte de 80 millions d'habitants, n'ait plus le même engagement européen. Le chancelier Helmut Kohl souhaite rassurer ses voisins, en démontrant qu'unité allemande et approfondissement de la construction européenne peuvent aller de pair. C'est la conjonction de ces deux facteurs qui conduit à la création de l'Union européenne par le traité de Maastricht.

La création de l'Union européenne (UE)

Le Conseil européen de Dublin de 1989 convoque deux CIG, l'une sur l'union économique et monétaire et l'autre sur l'union politique. Après de difficiles négociations (au cours desquelles le Premier ministre britannique John Major obtient notamment la suppression de toute référence au mot « fédéral », ainsi que de multiples dérogations conduisant à une véritable « Europe à la carte »), elles aboutissent à un traité unique signé à Maastricht le 7 février 1992.

L'UE et la citoyenneté européenne

Le traité de Maastricht crée l'Union européenne, qui englobe les trois communautés européennes ainsi que les mécanismes de coopération intergouvernementale entre les États membres. L'UE est fondée sur « trois piliers » :

– le premier, dit communautaire, recouvre les trois communautés (Ceca jusqu'en 2002, CE et Euratom) : il est caractérisé par une logique d'intégration, à la différence des 2e et 3e piliers, où le rôle de la Commission et de la CJCE est modeste ;

– le deuxième pilier, relatif à la politique étrangère et de sécurité commune (Pesc) reprend, en les réformant, les dispositions de l'Acte unique concernant la Coopération politique européenne (CPE) ;

– le troisième pilier, entièrement nouveau, porte sur la coopération dans le domaine de la justice et des affaires intérieures (JAI) (v. Notice 21). Il inclut les politiques d'immigration, d'asile, de visas, de contrôles aux frontières, la coopération judiciaire en matière civile et pénale et la coopération policière.

Chacune des Communautés conserve la personnalité juridique, tandis que l'UE en est dépourvue. Une autre innovation importante du traité est la création de la citoyenneté européenne (v. Notice 7).

Sur le plan institutionnel, le traité de Maastricht renforce le rôle législatif du Parlement européen en créant la procédure de codécision, qui le place sur un pied d'égalité avec le Conseil. Il confie au Parlement le soin d'approuver la nomination de la Commission, dont le mandat est porté de quatre à cinq ans, afin de l'aligner sur celui de l'Assemblée. Le traité étend le vote à la majorité qualifiée au Conseil et crée de nouvelles compétences communautaires dans six nouveaux domaines : les réseaux transeuropéens, la politique industrielle, la protection du consommateur, l'éducation et la formation professionnelle, la jeunesse et la culture. L'extension des compétences communautaires dans le domaine social fait l'objet d'un protocole distinct, en raison du refus du Royaume-Uni d'y participer.

La longue marche vers l'euro

Dès 1970, le plan Werner avait envisagé de créer une union économique et monétaire en dix ans et trois étapes. Une première concertation monétaire est mise en place en 1972, avec la création du serpent monétaire européen. Un pas plus important est franchi, en 1979, avec le système monétaire européen (SME) fondé sur une unité de compte européenne (*European currency unit*), l'Écu. Le plan Delors suggère, en 1989, de créer une véritable Union économique et monétaire (UEM) pour parachever le marché unique (v. Notice 13).

L'UEM est mise en place par le traité de Maastricht, qui prévoit le passage à une monnaie unique en trois étapes successives :

– la première étape, qui libéralise la circulation des capitaux, commence le 1er juillet 1990 et prend fin le 31 décembre 1993 ;

– la deuxième étape commence le 1er janvier 1994 : cinq critères, dits de Maastricht, relatifs à l'inflation, aux taux d'intérêts, aux fluctuations de change, aux déficits et àla dette publique visent à renforcer la convergence des économies des États membres. Le passage à la monnaie unique est préparé par l'Institut monétaire européen ;

– la troisième étape voit la création de la monnaie unique au plus tard le 1er janvier 1999 et l'établissement du Système européen de banques centrales (SEBC), qui regroupe les banques centrales nationales autour de la Banque centrale européenne (BCE).

Des dispositions particulières sont prévues pour le Royaume-Uni, ainsi que pour le Danemark, qui ne prennent pas l'engagement de passer à la troisième étape.

L'UEM est réalisée selon le calendrier prévu, et l'euro est effectivement mis en circulation le 1er janvier 2002 dans les douze pays de la zone euro. La Slovénie est le premier des nouveaux États membres à les rejoindre, le 1er janvier 2007. Avec l'adoption de l'euro par la Lettonie, le 1er janvier 2014, la zone euro compte désormais 18 des 28 États membres. La Lituanie devrait intégrer cette zone le 1er janvier 2015.

Une ratification difficile

La ratification du traité de Maastricht n'est pas aisée. Au Danemark, un premier référendum négatif (50,7 % de « non ») paralyse le processus le 2 juin 1992. Le Conseil européen d'Édimbourg de décembre 1992 confirme les exemptions danoises relatives notamment à l'UEM, à la défense, à la citoyenneté européenne et à la coopération en matière de JAI. Un second référendum, en mai 1993, est positif. En France, une révision constitutionnelle s'avère nécessaire et le référendum organisé le 20 septembre 1992 approuve le traité à une faible majorité (51,05 %). En Allemagne, un ultime recours devant le tribunal constitutionnel retarde la ratification jusqu'à la décision de la Cour, rendue le 12 octobre 1993. Le traité entre finalement en vigueur le 1er novembre 1993.

D'Amsterdam à Nice

La réforme inachevée du traité d'Amsterdam

Le traité de Maastricht prévoyait lui-même sa propre révision en 1996. Le nouveau traité devait initialement remédier aux insuffisances de Maastricht, notamment en ce qui concerne les piliers intergouvernementaux, mais il apparaît rapidement qu'il doit également préparer l'UE aux élargissements à venir.

Le nombre d'États membres est en effet passé à 15, avec l'adhésion de l'Autriche, de la Finlande et de la Suède le 1er janvier 1995. Ce quatrième élargissement a entraîné des adaptations institutionnelles difficiles, qui ont conduit au complexe « compromis de Ioannina » en mars 1994. Les prochains élargissements exigent d'importantes réformes. Les travaux de la CIG, perturbés par la crise de la « vache folle », aboutissent au traité signé à Amsterdam le 2 octobre 1997, entrant en vigueur le 1er mai 1999.

Le traité renforce la protection des droits fondamentaux, en instituant un mécanisme de sanction en cas de violation grave et persistante de ceux-ci par un État membre. Il opère des progrès importants dans le domaine de la justice et des affaires intérieures afin d'édifier un « espace de liberté, de sécurité et de justice ». Une partie du 3e pilier est transférée vers le pilier communautaire, et les compétences de la CJCE étendues, sous certaines limites, à ces matières. L'acquis communautaire issu des accords de Schengen de 1985 et 1990 est incorporé dans le cadre de l'UE, avec des dérogations pour le Royaume-Uni et l'Irlande (v. Focus Notice 21).

Un Haut représentant pour la Pesc, secrétaire général du Conseil, est créé pour renforcer la visibilité de l'UE sur la scène internationale. Il est assisté par une unité de planification et d'alerte rapide. L'unanimité reste cependant la règle, à peine assouplie par l'introduction d'un nouvel instrument, les stratégies communes, et par le mécanisme d'abstention constructive.

Le régime dérogatoire prévu pour le Royaume-Uni en matière sociale est supprimé, et un nouveau chapitre relatif à l'emploi est ajouté. Le mécanisme des coopérations renforcées est introduit, afin de permettre aux États membres qui le souhaitent d'aller de l'avant, sous réserve de respecter certaines conditions (concerner une majorité d'États membres, être utilisé en dernier ressort, etc.). Une version consolidée du Traité sur l'Union européenne (TUE) et du Traité instituant la Communauté européenne (TCE), intégrant les modifications d'Amsterdam et comprenant une nouvelle numérotation, est adoptée.

Sur le plan institutionnel, le rôle du Parlement européen est renforcé par l'extension de la procédure de codécision – par ailleurs simplifiée – à 23 nouveaux domaines et par la double investiture par l'Assemblée, d'abord du Président de la Commission, ensuite de l'ensemble du collège des commissaires. Le rôle du Président de la Commission est accru, son accord étant requis pour la nomination des autres commissaires.

En dépit de ces améliorations bienvenues, la réforme institutionnelle reste inachevée. Les modifications nécessaires aux futurs élargissements (double majorité ou repondération des voix au Conseil, nouvelle composition de la Commission), à l'exception du plafonnement du nombre des parlementaires européens à 700, n'ont pas été opérées, faute d'accord.

Le controversé traité de Nice

Le traité d'Amsterdam à peine entré en vigueur, le Conseil européen de Cologne de juin 1999 décide de convoquer une nouvelle CIG. Il devient urgent de trouver une solution aux « reliquats » d'Amsterdam (c'est-à-dire aux questions institutionnelles non réglées par ce traité, relatives à la Commission, la définition de la majorité qualifiée et l'extension du vote à la majorité qualifiée) avant l'élargissement.

Le Conseil européen décide également d'élaborer une Charte des droits fondamentaux de l'Union européenne, afin de donner une plus grande visiblité aux valeurs de l'UE. Le Conseil européen de Tampere (15-16 octobre 1999) confie à une instance originale, appelée Convention, le soin de rédiger ce document. La Charte, solennellement proclamée au Conseil européen de Nice de décembre 2000, n'acquérera toutefois une valeur juridique contraignante qu'avec le traité de Lisbonne.

Les travaux de la CIG, ouverts en février 2000, s'achèvent lors du Conseil européen de Nice. Ce sommet, le plus long de l'histoire de la construction européenne, est marqué par une ambiance exécrable et d'âpres marchandages. Les clivages entre « petits » et « grands » États y sont particulièrement marqués, tandis que l'entente franco-allemande est mise à mal par la remise en cause de la parité institutionnelle entre les deux pays. Le traité, signé à Nice le 26 février 2001, procède aux réformes minimales requises par l'élargissement, mais au prix de compromis peu satisfaisants.

La construction européenne de 1957 à 2014

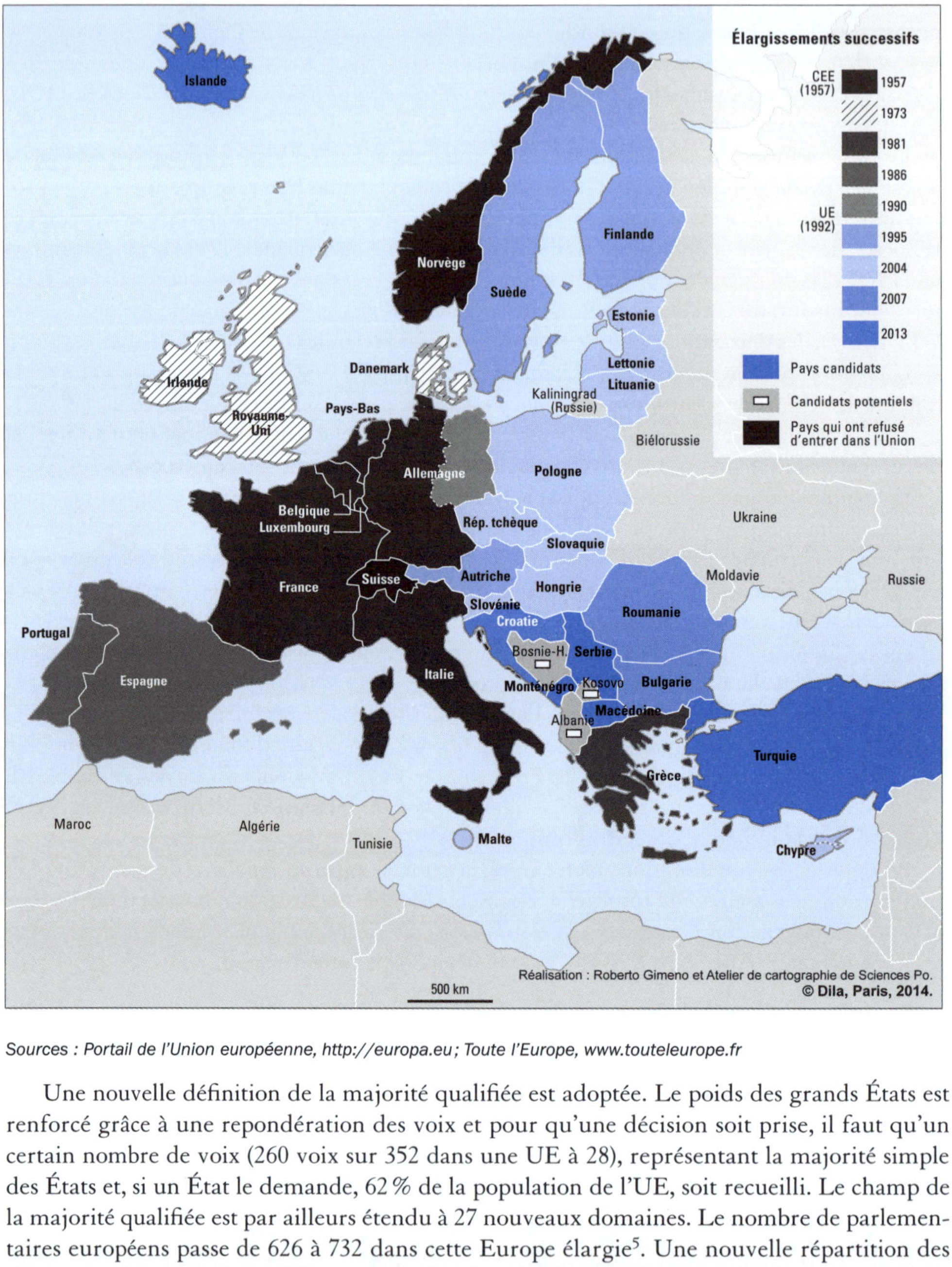

Sources : Portail de l'Union européenne, http://europa.eu ; Toute l'Europe, www.touteleurope.fr

Une nouvelle définition de la majorité qualifiée est adoptée. Le poids des grands États est renforcé grâce à une repondération des voix et pour qu'une décision soit prise, il faut qu'un certain nombre de voix (260 voix sur 352 dans une UE à 28), représentant la majorité simple des États et, si un État le demande, 62 % de la population de l'UE, soit recueilli. Le champ de la majorité qualifiée est par ailleurs étendu à 27 nouveaux domaines. Le nombre de parlementaires européens passe de 626 à 732 dans cette Europe élargie[5]. Une nouvelle répartition des sièges est adoptée, qui conduit à une diminution du nombre de sièges attribués aux anciens États membres, sauf pour l'Allemagne qui conserve 99 députés[6]. Les pouvoirs du Parlement européen sont à nouveau renforcés grâce à l'extension de la codécision et à l'élargissement de son droit de recours devant la CJCE.

Les grands États membres perdent « leur » second commissaire à compter du 1er janvier 2005[7]. Le traité prévoit que la première Commission suivant l'adhésion du 27e État membre (soit celle nommée en 2009) comportera moins de commissaires que d'États membres, mais sans préciser leur nombre exact, qui sera fixé par le Conseil statuant à l'unanimité. La majorité qualifiée est introduite pour la nomination du Président de la Commission, dont le rôle est renforcé : il répartit les responsabilités au sein de la Commission et peut mettre fin aux fonctions d'un commissaire, après autorisation du collège.

La procédure de déclenchement des coopérations renforcées est assouplie (abaissement du seuil d'États membres à huit, extension au deuxième pilier, etc.). Lesystème juridictionnel de l'UE est réformé, afin de faire face à l'augmentation du nombre des recours.

Le rejet du traité par l'Irlande, lors du référendum organisé en juin 2001, par 53,8 % de « non », retarde son entrée en vigueur. La difficulté est résolue au le Conseil européen de Séville de juin 2002, qui donne à l'Irlande l'assurance que la Pesc ne saurait porter atteinte à sa politique de neutralité. Le « oui » l'emporte par 69,8 % lors d'un second référendum le 18 décembre 2002. Le traité de Nice entre en vigueur le 1er février 2003.

La « révolution du nombre » : les élargissements de 2004, 2007 et 2013

Après la chute du mur de Berlin, douze pays déposent, de 1990 à 1996, leur candidature à l'adhésion : Chypre, Estonie, Hongrie, Pologne, République tchèque, Slovénie, Bulgarie, Lettonie, Lituanie, Malte, Roumanie et Slovaquie. Ce cinquième élargissement, sans précédent par le nombre de candidats et par l'écart de développement avec les États membres, est préparé par la conclusion d'accords d'association et par une stratégie de préadhésion. Le Conseil européen de Copenhague de juin 1993 définit les critères auxquels les pays candidats doivent satisfaire pour entrer dans l'UE (« critères de Copenhague ») :

– des institutions stables garantissant la démocratie, la primauté du droit, les droits de l'homme, le respect des minorités et leur protection ;
– l'existence d'une économie de marché viable ;
– la capacité à assumer les obligations découlant de l'adhésion, et notamment à souscrire aux objectifs de l'union politique, économique et monétaire ;
– la capacité de l'UE à assimiler de nouveaux membres tout en maintenant l'élan de l'intégration (« capacité d'intégration »).

À la suite du Conseil européen de Luxembourg de décembre 1997, les négociations débutent en mars 1998 avec les six États considérés comme les plus avancés. L'UE elle-même se prépare à l'élargissement en réformant ses politiques communes, suivant les propositions formulées par la Commission dans l'Agenda 2000 présenté en juillet 1997. Après une longue phase (dite de *screening*) au cours de laquelle la Commission et les États membres vérifient que l'acquis communautaire, divisé en 31 chapitres (35 aujourd'hui), a bien été transposé, les discussions se concluent avec dix pays candidats – la Roumanie et la Bulgarie devant patienter – qui adhèrent le 1er mai 2004. La population de l'UE passe de 375 à 450 millions (+ 20 %), tandis que son PIB n'augmente que de 5 %. La Bulgarie et la Roumanie suivent le 1er janvier 2007. L'adhésion, le 1er juillet 2013, de la Croatie conduit l'UE à dépasser le demi-milliard d'habitants (507 millions d'habitants au 1er janvier 2014).

D'autres élargissements sont envisagés, ouvrant la perspective d'une UE à 36, même si certains États membres – dont la France – souhaitent une pause dans le processus d'élargissement, invoquant les limites de la capacité d'intégration de l'UE.

Des négociations d'adhésion ont été ouvertes avec la Turquie le 3 octobre 2005. État associé depuis le traité d'Ankara de 1963, la Turquie a déposé sa candidature en 1987. Elle a constitué une union douanière avec l'UE en vertu du traité signé à Bruxelles le 9 mars 1995. Sa vocation européenne a été reconnue par le Conseil européen d'Helsinki de décembre 1999, qui l'a considérée comme un État européen. Ce point continue cependant de faire débat, et le refus de la Turquie, qui occupe le Nord de Chypre depuis 1974, de reconnaître le gouvernement de Nicosie soulève d'importantes difficultés, entraînant le gel des négociations sur huit chapitres depuis 2006. Celles sur les autres chapitres progressent lentement.

Les négociations sont également ouvertes avec le Monténégro (depuis 2012) et la Serbie (depuis 2014). Celles avec l'Islande, ouvertes en 2010, ont été suspendues à la demande de cette dernière en 2013. L'ancienne république yougoslave de Macédoine (Arym) s'est également vu reconnaître le statut d'État candidat en décembre 2005, et la vocation des autres pays des Balkans occidentaux (Albanie, Bosnie-Herzégovine et Kosovo) à rejoindre l'Europe a été réaffirmée à plusieurs reprises par le Conseil européen depuis celui de Thessalonique en juin 2003.

La Constitution européenne et le traité de Lisbonne

L'entrée en vigueur, le 1er décembre 2009, du traité de Lisbonne, marque l'aboutissement d'un long processus de révision des traités européens, pour adapter le fonctionnement de l'Union au défi de son élargissement. Ni le traité d'Amsterdam, ni le traité de Nice n'avaient en effet permis d'apporter des réponses pérennes aux questions ouvertes par l'adhésion d'une douzaine de nouveaux pays.

La tentative avortée d'une Constitution européenne (2002-2006)

La déclaration n° 23 adoptée par la CIG de Nice, puis celle de Laeken, adoptée en décembre 2001 par le Conseil européen, appellent à un débat plus large et plus approfondi sur l'avenir de l'Union, afin notamment de clarifier ses compétences et le statut juridique de la Charte ainsi que de simplifier les traités. Le Conseil européen de Laeken met en place, à cette fin, une « Convention sur l'avenir de l'Europe », chargée de rédiger un projet de Constitution. Présidée par Valéry Giscard d'Estaing et vice-présidée par Giuliano Amato (ancien président du conseil italien) et Jean-Luc Dehaene (ancien Premier ministre belge), elle réunit, pendant 17 mois (du 28 février 2002 au 10 juillet 2003), 28 représentants des gouvernements des États membres et candidats, 56 parlementaires nationaux (deux par État membre et candidat), 16 parlementaires européens, soit 102 conventionnels et leurs suppléants, ainsi que des observateurs désignés par le Comité économique et social, le Comité des régions, les partenaires sociaux et le médiateur européen. Ses propositions prennent la forme d'un « projet de traité établissant une Constitution pour l'Europe », remis à la présidence en exercice du Conseil européen à Rome le 18 juillet 2003.

Une CIG est alors convoquée et ses travaux – marqués par l'opposition de l'Espagne et de la Pologne à la nouvelle définition de la majorité qualifiée proposée par la Convention – aboutissent à la signature, à Rome, le 29 octobre 2004, du « traité établissant une Constitution pour l'Europe ». Le texte issu de la CIG reprend l'essentiel, au final, de celui proposé par la Convention. Il a vocation, s'il était ratifié par tous les États membres, à substituer un texte unique appelé « Constitution » aux traités en vigueur, au lieu de les amender.

La Lituanie est le premier pays à ratifier le traité, le 19 novembre 2004, par la voie parlementaire, tandis qu'un premier référendum, en faveur du oui, a lieu en Espagne le 20 février 2005. Le 29 mai et le 1er juin 2005, dans deux des six États membres fondateurs, la France et les Pays-Bas, le « non » l'emporte largement (respectivement à 54,6 % et 61,5 %). Dans l'Hexagone, la campagne référendaire est marquée par la crainte suscitée par le mot « Constitution » et par la critique d'une Europe présentée comme « ultra-libérale », où la concurrence « libre et non faussée » et le « plombier polonais » menaceraient le modèle social français ; on y rêve d'un hypothétique « plan B ». À la suite de ce double rejet, le gouvernement britannique annonce, le 6 juin 2005, qu'il renonce *sine die* au processus de ratification, tandis que le « oui » l'emporte lors d'un référendum au Luxembourg, le 10 juillet 2005. Une période de réflexion, qui va durer deux ans, s'ouvre alors, durant laquelle les différents scénarios de « sortie de crise » sont explorés.

La relance du processus de révision des traités (2007-2009)

Le processus de ratification s'étant poursuivi dans certains États membres, 18 pays ont, *in fine*, ratifié le traité constitutionnel, tandis que deux l'ont rejeté et que sept ne se sont pas prononcés. Les élections législatives aux Pays-Bas à l'automne 2006, puis l'élection présidentielle de mai 2007 en France, finissent par débloquer la situation dans ces deux pays. En France, en particulier, le candidat élu, Nicolas Sarkozy, avait fait campagne en indiquant qu'il rechercherait un accord sur un « mini traité » ou un « traité simplifié », qui reprendrait les avancées institutionnelles du traité constitutionnel, mais abandonnerait sa dimension constitutionnelle, et serait soumis à une ratification parlementaire. C'est durant la présidence allemande de l'Union européenne, au premier semestre 2007, qu'un accord est finalement obtenu, lors du Conseil européen des 21 et 22 juin 2007. Un mandat de négociation très précis est donné à la nouvelle CIG qui s'ouvre le 23 juillet 2007, sous présidence portugaise. La démarche constitutionnelle est abandonnée : le nouveau « traité modificatif » doit simplement amender les textes en vigueur. Les éléments susceptibles de rapprocher l'UE d'un « super État », tels que la consécration des symboles de l'Union ou les termes de « ministre européen des Affaires étrangères », de « lois » ou de « lois-cadres » sont également supprimés. Le nouveau traité est signé à Lisbonne, le 13 décembre 2007.

La ratification, opérée par la voie parlementaire, se déroule sans difficultés notables en France – où elle nécessite néanmoins une révision constitutionnelle – et aux Pays-Bas, même si la forte ressemblance du nouveau traité avec celui rejeté précédemment par la voie référendaire suscite des critiques. En revanche, le 12 juin 2008, le traité de Lisbonne est repoussé par les électeurs irlandais lors d'un nouveau référendum. Le Conseil européen des 11 et 12 décembre 2008 parvient à un compromis : l'engagement est pris de ne pas réduire le nombre des commissaires, ce que prévoit en principe le traité de Lisbonne, afin que la Commission continue de comprendre un national de chaque État membre. Des garanties sont par ailleurs accordées à l'Irlande sur la politique fiscale, la famille et les questions sociales et éthiques, et au sujet de la Politique européenne de sécurité et de défense (Pesd) pour ne pas heurter la neutralité traditionnelle de l'Irlande. Le 2 octobre 2009, le «oui» l'emporte largement lors d'un nouveau référendum irlandais, par 67,1 % des suffrages. Le traité de Lisbonne entre en vigueur le 1er décembre 2009.

Les principaux apports du traité de Lisbonne

Le traité de Lisbonne a d'abord pour ambition de clarifier les principes fondateurs de l'Union. L'UE et la CE fusionnent pour ne former qu'une seule Union européenne, désormais expressément dotée de la personnalité juridique. Celle-ci reste régie par deux traités, le traité sur l'Union européenne (TUE) et le traité sur le fonctionnement de l'UE (TFUE), nouvelle appellation du traité instituant la Communauté européenne. Les valeurs et les objectifs de l'UE sont énoncés de façon plus explicite. La répartition des compétences entre l'UE et les États membres est clarifiée. Les compétences de l'UE sont réparties en trois catégories : exclusives, partagées et d'appui. Le respect du principe de subsidiarité est renforcé par la création d'un mécanisme de contrôle par les parlements nationaux, qui peuvent émettre des avis motivés s'ils estiment qu'un projet d'acte lui est contraire, voire saisir la Cour de justice de l'UE. Un droit de retrait volontaire de l'UE est reconnu aux États membres.

Sur le plan institutionnel, ensuite, le Parlement européen devient le co-législateur de l'Union, sur un pied d'égalité avec le Conseil. Il élit le président de la Commission proposé par le Conseil européen, qui doit désormais tenir compte du résultat des élections européennes. Le Conseil européen est doté d'un président, exerçant sa fonction à temps plein, élu par les chefs d'État ou de gouvernement pour deux ans et demi renouvelables une fois. Le Belge Herman Van Rompuy est élu à ce poste le 1er décembre 2009. Jean-Claude Juncker lui succédera le 1er décembre 2014. Le nombre de commissaires européens devait en principe être plafonné aux deux tiers du nombre d'États membres à compter du 1er novembre 2014, mais le Conseil européen a décidé, comme le permet le traité, de maintenir le principe d'un commissaire par État membre, à la demande de l'Irlande (v. *supra*). Un Haut représentant de l'Union pour les affaires étrangères et la politique de sécurité est chargé de conduire les relations extérieures de l'UE, se substituant à la fois au Haut représentant pour la Pesc et au commissaire chargé des relations extérieures. Vice-président de la Commission, il préside la formation « affaires étrangères » du Conseil et est à la tête du nouveau Service européen pour l'action extérieure (SEAE). La Britannique Catherine Ashton est la première à occuper ce poste. Federica Mogherini lui succède, le 1er novembre 2014. Au Conseil de l'Union, le système de pondération des voix issu du traité de Nice est remplacé, à compter du 1er novembre 2014, par une « double majorité », en application de laquelle un projet d'acte doit recueillir une majorité des États (55 %) et de la population de l'UE (65 %) pour être adopté. Le champ de la majorité qualifiée est par ailleurs étendu à de nouveaux domaines. Les compétences de la Cour de justice de l'Union européenne sont également accrues.

Les droits des citoyens sont renforcés, grâce à la consécration de la valeur juridique de la Charte des droits fondamentaux et à la future adhésion de l'UE à la Convention européenne de sauvegarde des droits de l'homme et des libertés fondamentales. Un droit d'initiative citoyenne européenne est créé, qui permet à au moins un million de citoyens, ressortissants d'au moins un quart des États membres, d'inviter la Commission à présenter une proposition d'acte sur un sujet relevant de ses compétences (v. notice 6). Le cadre juridique de la plupart des politiques de l'Union est révisé, de manière plus ou moins importante. La majorité qualifiée est étendue à la coopération judiciaire pénale, sous réserve d'un droit d'appel au Conseil européen, et la possibilité de transformer Eurojust en un parquet européen est prévue, par exemple (v. Notice 21).

La crise de la zone euro et ses conséquences

Durant l'été 2007, une crise financière éclate suite à l'impossibilité de nombreux ménages américains surendettés de rembourser leurs prêts immobiliers (crise des *subprimes*) (v. Notice 14). Cette crise devient mondiale avec la faillite de la banque *Lehman Brothers*, en septembre 2008. De nombreux États de l'UE sont contraints d'aider leurs banques, voire de nationaliser certaines, pour éviter leur liquidation et un effet de contagion qui mettrait à mal l'ensemble de l'économie européenne. Entre octobre 2008 et décembre 2012, les États membres ont ainsi accordé 592 milliards d'euros d'aides (soit 4,6 % du PIB de l'UE en 2012) pour sauver les banques de la faillite. Si l'on y ajoute les garanties accordées, le montant atteint 1 600 milliards d'euros, soit 13 % du PIB, sur la période 2008-2010. En intervenant massivement, plusieurs États membres, déjà très endettés, dégradent davantage leurs finances et doivent faire face, à leur tour, à la défiance des marchés financiers, qui doutent de leur solvabilité. Cette crise des dettes souveraines débute fin 2009 avec la Grèce, puis s'étend aux dettes irlandaise, italienne, portugaise et espagnole... La sortie d'un ou plusieurs de ces États de la zone euro – non prévue par les traités – est évoquée par certains.

Pour rétablir la confiance des marchés et éviter le défaut de paiement d'un État, les États membres de la zone euro créent le Fonds européen de stabilité financière (FESF) en mai 2010, afin d'accorder une aide financière à la Grèce, au Portugal et à l'Irlande. Le mécanisme européen de stabilité (MES), mis en place par le traité du 2 février 2012, lui succède à compter d'octobre 2012. Cette institution financière internationale, distincte de l'UE et siégeant à Luxembourg, est dotée d'une capacité de prêt de 500 milliards d'euros.

Parallèlement, tous les États membres sauf le Royaume-Uni et la République tchèque signent, le 2 mars 2012, le Traité sur la stabilité, la coordination et la gouvernance (TSCG). Ce traité intergouvernemental, qui ne relève pas du droit de l'UE, impose notamment aux États parties d'introduire dans leur droit national une « règle d'or » imposant aux budgets nationaux d'être en équilibre ou excédentaires. Le déficit dit « structurel » de chaque État ne doit pas excéder 0,5 % de son PIB (ou 1 % si sa dette est inférieure à 60 % du PIB). La Cour de justice de l'Union européenne peut infliger des sanctions financières en cas de non-transposition.

La crise entraîne également le renforcement de la coordination des politiques budgétaires nationales, avec l'introduction du « semestre européen » en 2011, ainsi que l'adoption de deux séries de textes, appelées *six-pack* (2011) et *two-pack* (2013), qui réforment le pacte de stabilité et de croissance (v. Notice 15). Le Conseil européen de juin 2012 décide aussi de lancer une « union bancaire ». Un Mécanisme de surveillance unique (MSU) est créé, qui confie la supervision des 6 000 banques de la zone euro à la Banque centrale européenne à compter de novembre 2014. Un Mécanisme de résolution unique (MRU) sera chargé de gérer la défaillance d'une banque à partir de 2015. La priorité sera accordée au « renflouement interne », par les actionnaires et les créanciers de la banque, afin de protéger les contribuables et les déposants. Un fonds de résolution unique alimenté par les banques sera créé en 2016.

• • • Les élections européennes de mai 2014 ont permis, pour la première fois, aux citoyens européens d'élire, indirectement, le président de la Commission, tous les partis politiques européens ayant désigné le candidat qu'ils soutiendraient en cas de victoire. L'ancien Premier ministre luxembourgeois Jean-Claude Juncker, candidat du Parti populaire européen, a ainsi été élu président de la Commission le 15 juillet 2014. En dépit de cet enjeu supplémentaire, ces élections ont été à nouveau marquées par un taux d'abstention important (57,46 %) ainsi que par la montée de l'euroscepticisme, révélant un manque d'adhésion populaire.

De façon plus générale, les débats de la dernière décennie ont mis en évidence un clivage entre les tenants d'une « Europe espace », qui ne soit qu'un vaste marché, et ceux d'une « Europe puissance », une véritable Union politique, capable de peser sur la scène internationale, au prix de nouveaux transferts de compétences ?

Par ailleurs, l'augmentation du nombre d'États membres et de leur hétérogénéité, pourrait conduire à une différenciation accrue, afin de permettre à des avant-gardes d'États membres d'avancer plus vite et plus loin dans certains domaines, tandis que d'autres, à l'inverse, choisiraient de « renationaliser » certaines des compétences transférées à l'Union. Le déclenchement de trois premières coopérations renforcées (sur la loi applicable aux divorces des couples binationaux en 2010, le brevet de l'UE en 2011 et la taxe sur les transactions financières en 2013) et l'annonce par le Premier ministre britannique David Cameron de renégocier la participation de son pays à l'UE puis de soumettre l'accord obtenu à un référendum en 2017, s'il est réélu en 2015, illustrent ces deux tendances contraires.

David Siritzky

Bibliographie

Marie-Thérèse Bitsch, *Histoire de la construction européenne de 1945 à nos jours*, Éditions Complexe, rééd. 2008.

Pierre Gerbet, *La construction de l'Europe*, Armand Colin, 2007.

Pierre Gerbet, Françoise de la Serre, Gérard Nafilyan (dir.), *L'Union politique de l'Europe. Jalons et textes*, coll. « Retour aux textes », La Documentation française, 1998.

Fabrice Larat, *Histoire politique de l'intégration européenne*, coll. « Les Études », La Documentation française, 2003.

Bino Olivi, Alessandro Giacone, *L'Europe difficile. Histoire politique de la construction européenne*, Gallimard, coll. Folio, 2007.

Charles Zorgbibe, *Histoire de l'Union européenne*, Albin Michel, 2005.

Site Internet : European Navigator (ENA) : *www.ena.lu*

Notes

1. Denis de Rougement, *28 siècles d'Europe*, Payot, Paris, 1961.

2. Voir : Thierry Renoux (dir.), *Protection des libertés et droits fondamentaux*, collection Les Notices, La Documentation française, 2011.

3. L'AELE ne compte plus aujourd'hui que quatre membres, à la suite des adhésions successives de ses membres aux Communautés : la Norvège, la Suisse, l'Islande et le Liechtenstein. Trois d'entre eux (Norvège, Islande et Liechtenstein) ont constitué l'espace économique européen (EEE) avec l'UE en 1994.

4. Cette procédure lui permet de proposer des amendements en matière législative, qui ne peuvent être repoussés par le Conseil qu'à l'unanimité s'ils sont approuvés par la Commission.

5. Depuis les élections européennes de mai 2014, le Parlement européen compte 751 députés.

6. 96 députés depuis mai 2014.

7. Cette date a été avancée au 1er novembre 2004 – date d'entrée en vigueur de la nouvelle Commission – par le traité d'Athènes.

Focus

À propos des frontières de l'Europe

« Une dernière fois, replaçons devant nos yeux la série successive des incarnations européennes. L'Europe, c'est un nom flottant et qui pendant longtemps n'a pas su sur quelles réalités exactement se poser. »

Lucien Febvre, *Genèse d'une civilisation*, Perrin, 1999

L'Union européenne (UE) est le seul système politique d'un monde westphalien à avoir atteint un tel degré d'intégration et de concertation permanente entre les États-nations qui le composent tout en vivant sans limites géographiques fixes ou définies à l'avance.

Dans l'usage courant, le mot Europe est polysémique. Il est employé tour à tour pour désigner :

- un espace étendu et conventionnel, un continent, ce que l'on appelle souvent, par un argument d'autorité, l'Europe géographique ;
- un espace plus restreint mais central, l'Union européenne actuelle rassemblant 28 États-membres dotée d'institutions ;
- une civilisation multiséculaire aux marges changeantes et aux héritages multiples ;
- une utopie ou un idéal politique – l'Europe unie, unifiée, libérée enfin de ses querelles intestines et de ses totalitarismes mais pas de ses populismes ;
- un projet (géo)politique enfin – construire l'Europe ;

Il y a donc plusieurs « Europe(s) » ; et cette pluralité, porteuse d'incertitudes, est un fait fondamental dont il convient de prendre acte. Tel est le cœur de la problématique géopolitique sur les frontières et les limites[1].

Il convient aussi d'emblée de distinguer frontières et limites. Les premières sont une figure étatique à fondement juridique, incarnant le tracé d'un périmètre de souveraineté. Les secondes ne sont pas des bornages linéaires ; elles associent des données institutionnelles, économiques, démographiques. Jusqu'à présent, l'Europe instituée sous la forme de l'UE a produit des limites plus que des frontières *stricto sensu* car les interactions entre le système européen et ses voisinages sont intenses, positives ou non. La définition de limites pour l'Europe instituée revient donc à préciser l'échelle à laquelle s'exercent des compétences légalisées, sans épuiser les autres échelles d'action et d'intérêts (marges proches et plus lointaines, vaste monde).

Enfin, la question des limites est cruciale pour les citoyens d'un ensemble fondé sur des valeurs démocratiques. Comment se sentir membre d'une communauté politique légitime si le périmètre d'action n'est ni stable, ni connu, ni même assumé ? Comment mener une politique étrangère cohérente si la limite entre le dehors – où elle devrait s'exercer - et le dedans – où elle est conçue – est fuyante ? L'extension continue de l'UE semble tenir lieu de politique extérieure, la seule qui vaille sans doute puisqu'elle continue de produire des résultats tangibles et reconnus.

Car le défi des marges interpelle le centre européen: «Penser l'Europe, c'est comme dessiner une carte : on commence par les contours. C'est aux confins de l'Europe qu'il y a de la tension : c'est là que la main tremble, c'est là qu'on se corrige tout le temps» confie le poète biélorusse Adam Globus[2].

L'Union européenne exerce en effet un réel pouvoir d'attraction et de transformation, notamment en termes d'État de droit et de modernisation économique (sauf là où il s'agit avant tout de bâtir des États comme dans le cas des Balkans occidentaux[3]). Les critères de Copenhague de 1993 (Montesquieu, autrement dit la séparation des pouvoirs, plus l'économie – plus ou moins sociale – de marché) se sont révélés efficaces. Et les montants alloués à ces vagues successives d'élargissement sont conséquents. Ainsi, la Pologne reçoit 11 milliards d'euros par an alloués par la Commission européenne au titre des Fonds structurels et de cohésion (voir Notice 17).

Il existe donc bien une limite institutionnelle de fait entre les États membres et les autres, eux-mêmes partagés entre les pays candidats à l'adhésion et ceux qui ne le sont pas. Kiev recevait en 2013 encore cinquante-cinq fois moins d'assistance financière que Varsovie[4]. Du reste, la Commission européenne distingue le périmètre géré par la Direction Générale de l'élargissement (Elarg) de celui relevant de la Direction du développement et de la coopération (Devco)[5]. La première limite de l'Europe instituée est donc bien de nature institutionnelle, distinguant nettement membres et prétendants.

Quels en sont les fondements ? La seule institution qui ait défini explicitement ses limites n'est pas communautaire puisqu'il s'agit du Conseil de l'Europe. Après la grande bifurcation géopolitique de 1989-1991, son Assemblée parlementaire a adopté la recommandation 1247 de 1994, sur la base du rapport d'information établi en 1992 par le député allemand Gerhrad Reddemann[6]. Son argumenta-

Territoires de l'Europe

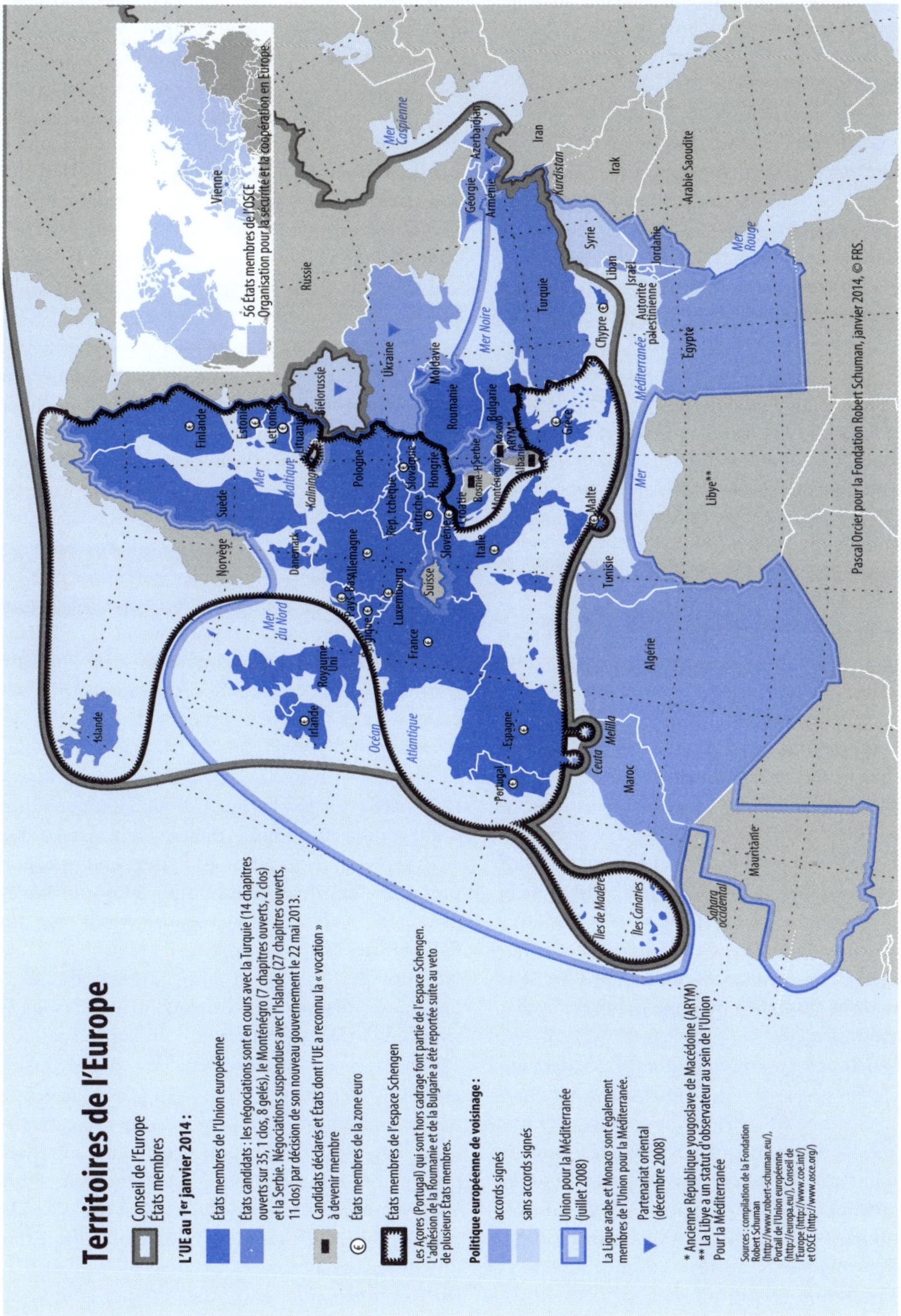

Source : compilation de la fondation Robert Schuman(http://www.robert-schuman.eu/), Portail de l'Union européenne (http://europa.eu), Conseil de l'Europe (http://www.coe.int/) et OSCE (http://www.osce.org/)

tion mérite relecture : « Ne peuvent en principe devenir membres du Conseil de l'Europe que des États dont le territoire national est situé en totalité ou en partie sur le continent européen et dont la culture est étroitement liée à la culture européenne. Les frontières de l'Europe n'ont jusqu'à présent pas été fixées avec précision en droit international. En conséquence, le Conseil de l'Europe doit lui-même se baser, en principe, sur les limites géographiques de l'Europe généralement acceptées. [...] En raison de leurs liens culturels avec l'Europe, l'Arménie, l'Azerbaïdjan et la Géorgie auraient la possibilité de demander leur adhésion à condition qu'ils indiquent clairement leur volonté d'être considérés comme faisant partie de l'Europe ».

Cette référence au « lien culturel » peut faire date. En 1994, la Turquie était déjà membre du Conseil de l'Europe et sa présence a servi de précédent lorsque la Russie a demandé à intégrer ses rangs pour « s'étendre au-delà des frontières géographiques de l'Europe » (avis 7166 de 1994) ; parmi les arguments, on avança alors le fait que « seul un cinquième de sa population [de la Russie] vit en dehors de ce qui est considéré comme la partie européenne de la Fédération » et que ce pays est « engagé sur la voie de la démocratie » (avis 7443 de 1996). Il faut noter que, dans le rapport d'information de 1992, le Kazakhstan dont l'extrême Ouest, peuplé de Russes, se situe lui aussi sur le territoire européen conventionnel (au sens de continent), n'avait pas été jugé éligible du fait que ce pays « ne semblait pas "tourné" vers l'Europe ».

Les critères retenus combinent la culture (histoire et valeurs), la politique (transition démocratique à encourager) et l'intention exprimée d'un rapprochement (cas du Caucase). La liste des quarante-sept États plus deux (Kosovo et Belarus) faisait jusqu'ici consensus pour figurer le territoire de la « grande Europe » (la « *wider Europe* » des stratèges américains), de Brest à Vladivostok, format incarné par l'OSCE mais devenu aujourd'hui sans objet en raison du changement de politique décidé au Kremlin.

Pour l'UE, le critère géographique s'efface derrière celui des valeurs. La base juridique d'une adhésion est l'article 49 du Traité de l'Union européenne : « tout État européen qui respecte les valeurs visées à l'article 2[7] et s'engage à les promouvoir peut demander à devenir membre de l'Union ». La combinaison de valeurs (démocratie, droits), d'ancrage historique et de volonté d'adhésion suffit. L'Alliance atlantique joue également un rôle structurant, du fait de la règle de la double adhésion (sauf dans le cas des cinq États neutres, Irlande, Suède, Finlande, Autriche, Malte).

La deuxième limite est donc d'ordre géopolitique. Faute de délimitation naturelle évidente sur son versant oriental, la question récurrente des « frontières ultimes » de l'UE est constitutive de son identité : l'indétermination est une chance car il revient aux Européens de décider politiquement de leur géographie. À l'est du continent, la politique de l'Union n'est pas dans sa géographie mais l'inverse. C'est le cas dans l'isthme Baltique-mer Noire

Et pour sortir enfin du « tout ou rien » de la politique d'adhésion dans les pays des confins, il aurait été judicieux de bâtir une stratégie propre à l'Europe instituée vis-à-vis du reste du continent, déclinée sous forme d'États associés. Des réflexions sur les diverses formules d'association[8] étaient en cours à Bruxelles et dans les diverses capitales européennes. On commençait à y raisonner en termes de limites plus que de frontières ou de bornes, de courbes de niveau - celles d'un lent processus d'européanisation – plutôt que de lignes de front stratégiques et institutionnelles (v. Notice 23).

De ce point de vue, une bifurcation géopolitique majeure s'est produite depuis le printemps 2014, qui a dévalué les approches non binaires. La guerre de seconde indépendance, menée par les autorités élues de Kiev contre les ingérences croissantes du Kremlin et de ses supplétifs de l'oblast de Donetsk, est en effet un conflit de limites entre l'UE (de laquelle la nation ukrainienne entend se rapprocher) et la Fédération de Russie. C'est la première fois dans l'histoire territoriale de la construction européenne que son extension (dès le niveau premier de la conclusion d'un accord d'association) est combattue et finalement acquise par les armes. Les guerres yougoslaves ne procédaient pas en ligne directe d'un scénario d'intégration européenne, même si cette perspective avait accéléré les déclarations d'indépendance, mal préparées, des deux républiques du nord (Slovénie, Croatie) pour faire pièce au révisionnisme des nationalistes serbes.

En outre, avant le printemps 2014, la question des limites ultimes de l'Europe instituée (sous la forme de l'UE, à distinguer de l'Europe comme continent ou comme aire de civilisation) ne trouvait pas de réponse claire en raison des divergences de vue entre les États membres ainsi qu'entre Washington et Moscou. Chacun des acteurs avait ses propres intérêts et ses propres représentations. Pour Washington, l'Europe instituée devait englober à la fin du processus d'extension l'ensemble des États du Conseil de l'Europe (Turquie incluse) sauf la Russie, et coïncider avec une Alliance atlantique étendue (complétée de liens *ad hoc* avec les États neutres). Vision partagée par les sociaux-démocrates et récusée par les chrétiens-démocrates, mouvance dominante du Parlement européen en raison de leur réticence à l'égard de l'adhésion turque. On retrouve là l'héritage intellectuel de deux lignes présentes dès 1950 dans le projet européen: d'un côté, faire coopérer tous ceux qui le souhaitent en un grand marché (Jean Monnet), de l'autre, rassembler ceux qui se ressemblent (Robert Schuman et une Europe carolingienne élargie).

Même débat, plus vif, sur la question de l'articulation à imaginer avec la Fédération de Russie. Les uns veulent exclure la Russie de « l'Europe » au nom de son passé impérial et de son régime autoritaire et prônent une logique de contention et de refoulement. Les autres proposent de l'associer au système européen sur la base d'intérêts économiques réciproques et de l'ancienneté des échanges culturels. Pour les premiers, les crises ukrainiennes sont un effet d'aubaine et l'Otan va renforcer sa présence militaire permanente à Szczecin (Pologne). Pour les autres, la politique du Kremlin met à mal le pari d'une interdépendance mutuelle et susceptible, par l'ouverture, de susciter un début de transformation de la société russe.

Mais réfléchir, fin 2014, aux limites de l'UE, c'est choisir entre plusieurs options dans l'interaction avec la Russie, en sachant que la politique actuelle du Kremlin rend les options coopératives impraticables. Comme le remarquait l'ancien dissident et président tchèque Vaclav Havel « dans l'Histoire, la Russie s'est étendue et rétractée. La plupart des conflits trouvent leur origine dans des querelles de frontières et dans la conquête ou la perte de territoire. Le jour où nous conviendrons dans le calme où se termine l'Union européenne et où commence la Fédération russe, la moitié de la tension entre les deux disparaîtra ». Le calme a disparu dès lors que s'est imposée une doctrine géopolitique de sphères d'influence exclusive.

Vu de Moscou, l'élargissement de l'UE, surtout quand il est associé à celui de l'Alliance atlantique, est vécu comme une stratégie visant à exclure la Russie de territoires où ses dirigeants estiment avoir des intérêts nationaux : Ukraine en premier lieu mais aussi Moldavie, États du Caucase et Belarus. Le Kremlin nourrit un complexe obsidional débouchant sur une conception extensive de l'intérêt stratégique, doublée d'une volonté de se réaffirmer sur la scène internationale et d'une hésitation à s'intégrer à l'économie mondiale. Dans leur vision du monde, les élites russes entretiennent, dans le premier cercle de leurs intérêts, des relations passionnelles avec l'Ukraine.

Bronislaw Geremek, historien et homme politique polonais, pointait la dimension du rêve dans l'action politique, alliée à un réalisme historique éprouvé. « Il n'y a pas de raison d'avoir peur. Le rêve joue un rôle très important en politique car il organise l'imagination et donne du sens à l'action. Dans le rêve européen, il y a l'intégration économique mais aussi l'ouverture à l'Est, y compris aux républiques européennes de l'ex-Union soviétique. La frontière orientale de l'Europe n'a été tracée ni par l'histoire, ni par la géographie, ni par la culture : c'est une frontière à l'américaine, une frontière mouvante, et qui l'a toujours été. Il faut que la Russie l'accepte ; une frontière n'est pas un mur, une barrière hermétique entre deux civilisations. mais il faut aussi que nous-mêmes soyons réalistes : la Russie est quelque chose d'autre. La Russie est un empire »[9].

Au sud de l'UE, la question des limites ultimes de l'Union a été close avec le refus opposé à la demande d'adhésion formulée en 1987 par le roi du maroc, Hassan II. La situation d'Israël qui participe à une série de programmes européens (notamment dans la recherche) a été parfois évoquée. Or, l'intensité des flux commerciaux et financiers est aussi forte entre l'UE et les pays de la rive méridionale de la mer Méditerranée qu'avec ceux de l'Europe orientale. La mer commune n'est devenue une frontière qu'en raison de circonstances historiques[10].

Limite liquide et civilisationnelle qui n'entrave en rien les échanges et les flux. Au sud s'impose le fait migratoire, durablement, avec une problématique qui rappelle celle de l'interface entre les États-Unis et l'Amérique latine. Même si la limite institutionnelle est nette, le degré d'interaction est fort, accentué par la dissymétrie des niveaux de vie. Il est souvent surprenant de constater que les firmes européennes aient préféré des implantations lointaines (Asie orientale) à des investissements dans leur « étranger proche ». La problématique migratoire – comment maîtriser l'immigration par une politique intelligente de mobilité – se double d'un impératif stratégique dès lors que les deux-tiers des crises les plus graves de la planète se localisent dans un rayon de trois à six heures de vol de Bruxelles (Sahel, Libye, Égypte, Proche et Moyen Orient).

Cette réalité stratégique conduit donc à intégrer la réflexion sur les limites dans le contexte plus général des échelles d'action de l'UE[11]. À chaque échelle correspond un champ d'action. mais la base légitime fondamentale réside dans la communauté des États membres.

• • • Concluons en prenant appui sur la longue durée des historiens. S'interrogeant sur les effets historiques de l'incertitude territoriale qui se rapporte au mot Europe, seul continent dont la géographie ne soit pas clairement identifiable, l'historien Robert Frank propose la réponse suivante : « L'Europe est le seul continent vraiment capable de se construire une identité, précisément parce que sa délimitation n'est pas donnée une fois pour toutes par la nature. Le fait que sa définition identitaire soit une question ouverte, le produit qui n'est pas à son terme, est un avantage : cette incertitude, créatrice de dynamique territoriale, est à la base de la dialectique unitaire entre ceux qui sont dedans et ceux qui sont dehors. (...). Pour la première fois de son histoire, le temps est venu pour l'Europe de définir clairement, au moins pour le temps d'une pause stabilisatrice, la géographie de sa construction politique »[12].

Michel Foucher

Notes

1. *Cf.* Michel Foucher, *L'Europe entre géographies et géopolitiques*, Armand Colin, 2009.

2. Adam Globus, poète biélorusse, entretien à Minsk au café Aquarium avec Alexandre Mirlesse, *in En attendant l'Europe,* éditions La Contre Allée et Lille 3000, 2009.

3. Plusieurs de ces entités sont des protectorats et manquent de viabilité. *« Il est clair qu'un État ne peut aspirer à être membre de l'Union aussi longtemps que, en dernier ressort, sa gouvernance repose sur un fonctionnaire étranger »* remarque le journaliste Tim Judah à propos de la Bosnie-Herzégovine plongée dans une crise profonde.

4. Minsk a reçu 200 000 euros seulement en 2013 dans le cadre d'un programme de soutien à la société civile. Là encore, la différence de traitement entre Pologne et Bélarus est, au plan politique et institutionnel, d'une clarté criante, au terme d'une mise au ban du régime de Minsk que le conflit en Ukraine devrait conduire à reconsidérer.

5. Pour la période de 2014-2020, 15,4 milliards d'euros sont alloués par la Devco aux pays appartenant aux voisinages orientaux et méridionaux (12 en 2007-2013). La DG Élargissement disposait pour la période 2007-2013, au titre de l'instrument de pré-adhésion, d'un montant total de 11,5 Milliards d'euros, répartis comme suit : Balkans occidentaux (6,7) et Turquie (4,8).

6. Député allemand de la CDU.

7. L'Union est fondée sur les valeurs de respect de la dignité humaine, de liberté, de démocratie, d'égalité, de l'État de droit, ainsi que du respect des droits de l'homme, y compris de ceux des personnes appartenant aux minorités.

8. Distinctes des accords d'association et de stabilisation signés avec les pays ayant vocation à adhérer.

9. *L'Historien et le Politique,* Entretiens recueillis par Juan Carlos Vidal, Les éditions Noir sur Blanc, 1999. Lire également le dialogue entre Bronislaw Geremek et l'auteur sur *« Les frontières de l'Europe »* tenu à Varsovie le 5 février 1992 (publié dans *Questions et entretiens d'Europe*, Fondation Robert Schuman, juillet 2008).

10. Ce n'était pas le cas lors de la période coloniale, peu propice à l'unité européenne.

11. Voir *Le rapport Schuman sur l'état de l'Union en 2014*, éditions Lignes de repères, 2014.

12. *Les débats sur l'élargissement de l'Europe avant l'Élargissement*, in *Penser les frontières de l'Europe du XIX*e *au XXI*e *siècle*, sous la direction de Gilles Pécout, Editions ENS rue d'Ulm/Les Rencontres de Normale Sup', PUF, 2004.

Notice 2

La méthode communautaire

La construction européenne repose sur des transferts de pouvoir beaucoup plus prononcés que dans d'autres systèmes de coopération internationale. Régulièrement remise en cause, la « méthode communautaire » a dû évoluer pour répondre aux évolutions notamment institutionnelles à commencer par l'émergence d'un Parlement européen directement élu et la croissance du nombre des États membres, à mesure que l'Union européenne s'élargissait. Les changements qui ont été introduits pour faire face a la crise de l'euro n'en montrent pas moins que cette démarche, unique en son genre, a gardé toute son actualité.

Si la déclaration prononcée le 9 mai 1950 par Robert Schuman, alors ministre des Affaires étrangères, dans le salon de l'horloge du Quai d'Orsay, est aujourd'hui célébrée comme un moment fondateur de la construction européenne, c'est parce que l'on y retrouve, condensés en quelques paragraphes, les grandes lignes de ce qui allait suivre : la nécessité d'un rapprochement franco-allemand pour jeter les bases d'une « paix mondiale » ; l'esquisse d'une approche fonctionnaliste basée sur des « collaborations de fait », les premières dans le domaine du charbon et de l'acier, pour parvenir de façon progressive à l'objectif final, la « fédération européenne » ; ainsi que quelques principes institutionnels de base : la création d'un exécutif supranational indépendant, la Haute autorité de la Communauté du charbon et de l'acier, la possibilité de votes pour adopter des décisions contraignantes, et l'octroi de pouvoirs de contrôle à un organe judiciaire.

Bien des choses ont changé depuis lors. Le rideau de fer a disparu ; les échanges de biens et de services ont atteint des niveaux sans précédent ; de nouvelles technologies ont bouleversé les modes de communication entre les personnes. La Ceca s'est éteinte paisiblement au début de ce siècle. Et pourtant le système de gouvernance esquissé par la Déclaration Schuman continue à jouer un rôle central dans l'édifice européen. Certes, le modèle a évolué, notamment en réponse à un besoin de légitimité démocratique ; et il est régulièrement remis en question, singulièrement en période de crise. Il ne s 'en applique pas moins aujourd'hui dans des domaines comme la politique monétaire ou la coopération en matière de justice, que l'on considère comme relevant du noyau dur de la souveraineté nationale.

Pour expliquer la place de la « méthode communautaire », cette notice revient sur ses origines, son évolution et les contestations dont elle a fait l'objet.

Un système de gouvernance original

La méthode communautaire se caractérise avant tout par l'ampleur des transferts de souveraineté auxquels elle donne naissance. Dans le *Livre blanc* sur la gouvernance européenne qu'elle a présenté en 2001, la Commission la décrivait de la façon suivante :

« La méthode communautaire garantit à la fois la diversité et l'efficacité de l'Union. Elle assure le traitement équitable de tous les États membres, des plus grands aux plus petits. Elle fournit un moyen d'arbitrer entre divers intérêts au travers de deux filtres successifs : le filtre de l'intérêt général, au niveau de la Commission ; le filtre de la représentation démocratique, européenne et nationale, au niveau du Conseil et du Parlement, qui constituent ensemble le pouvoir législatif de l'Union.

– la Commission européenne est la seule à formuler des propositions législatives et politiques. Son indépendance renforce sa capacité d'exécuter les politiques, d'être la gardienne du Traité et de représenter la Communauté dans les négociations internationales.

– les actes législatifs et budgétaires sont adoptés par le Conseil des ministres (représentant les États membres) et le Parlement européen (représentant les citoyens). L'emploi du vote à la

majorité qualifiée au Conseil est un élément essentiel de cette méthode. L'exécution des politiques est confiée à la Commission et aux autorités nationales.
– la Cour de Justice des Communautés européennes garantit le respect de l'État de droit. »[1]

Cette définition met l'accent sur les éléments-clés du modèle. Tout d'abord, les deux institutions "supranationales" que sont la Commission et la Cour de Justice jouent un rôle essentiel. Qu'il s'agisse d'organes non élus n'a rien d'étonnant si l'on tient compte du fait qu'ils ont été créés par des gouvernements pour régler des rapports inter-étatiques : à l'époque, le problème de leur légitimation démocratique ne se posait pas avec la même acuité qu'aujourd'hui. Ensuite, la méthode communautaire s'appuie également sur la possibilité pour le Conseil, où siègent les représentants des gouvernements des États membres, de prendre des décisions à la majorité. La précision est importante à un double titre : d'une part, elle met en évidence le fait que les États y conservent un place centrale, ce qui distingue l'Union européenne d'un modèle fédéral, où les liens entre les composantes et le pouvoir central sont généralement plus ténus ; de l'autre, elle souligne que la participation au système implique une renonciation au moins partielle au droit de veto que les États conservent dans la plupart des enceintes internationales. (v. Notices 4 et Focus Notice 22).

Pris dans leur ensemble, ces éléments soulignent l'originalité de la construction européenne par rapport aux schémas traditionnels de la coopération internationale. La différence tient moins à l'ampleur des compétences transférées aux institutions européennes – celles du Conseil de l'Europe sont aussi très étendues – qu'aux méthodes de travail de ces dernières. Non seulement, la Commission européenne joue un rôle central dans l'élaboration des politiques communautaires, mais la combinaison du vote à la majorité et de décisions à caractère contraignant reste extrêmement rare. On vote bien à l'assemblée générale des Nations unies, mais sur des résolutions, textes « à caractère politique », bel euphémisme qui revient à dire que les États ne sont pas tenus de les appliquer. Lorsque des décisions contraignantes doivent être adoptées, dans la plupart des enceintes internationales, l'unanimité, ou tout au moins un consensus, sont de mise, chaque État gardant par ailleurs le droit de ne pas ratifier les décisions élaborées de la sorte. Accepter la possibilité d'être contraint d'exécuter des décisions auxquelles on s'est opposé, comme l'ont fait les États membres en adhérant à l'Union européenne, équivaut bel et bien à un transfert de souveraineté, fût-il partiel ou temporaire.

Dans le système institutionnel mis en place par le traité de Rome, et perpétué par ceux qui l'ont suivi, la Commission joue un rôle sans commune mesure avec celui qui incombe traditionnellement au secrétariat des organisations internationales. Organe d'impulsion, elle doit par ses propositions amener les autres institutions à réaliser les objectifs définis par les traités. Pour ce faire, elle dispose d'instruments considérables. Elle détient tout d'abord un monopole presque complet de l'initiative législative, puisque la plupart des décisions requièrent une proposition de sa part, qu'elle peut modifier tout au long de la procédure législative. À la différence de ce qui se passe dans la plupart des démocraties nationales, les organes législatifs que sont le Parlement européen et le Conseil des ministres ne peuvent en principe prendre aucune initiative : s'ils estiment un texte européen nécessaire, ils doivent demander à la Commission de déposer une proposition en bonne et due forme. De plus, celle-ci ne peut être modifiée qu'avec l'accord unanime des États membres, ce qui permet à la Commission, en modifiant ses propositions, de favoriser la formation d'une majorité au sein du Conseil ou du Parlement. Bref, en fait sinon en droit, la Commission constitue la troisième branche du pouvoir législatif, aux côtés du Parlement et du Conseil. Enfin, gardienne des traités, elle doit assurer le respect par les États membres des obligations qui leur incombent en vertu même des traités ou du « droit dérivé », à savoir les règles adoptées pour leur mise en œuvre. Elle dispose pour ce faire de pouvoirs quasi-judiciaires dans le cadre de la politique de concurrence, ainsi que d'un rôle de procureur dans les affaires qu'elle choisit de porter devant la Cour de Justice (v. Notice 9).

Intérêts nationaux et intérêt commun

Comment expliquer que l'on ait choisi de confier à un organe non élu des pouvoirs d'une ampleur sans équivalent, au plan national comme au plan international ? La question mérite d'autant plus d'être posée que les pouvoirs en question ne doivent rien à une interprétation audacieuse des traités : ils étaient bel et bien prévus dans les textes qu'ont signés les ministres des affaires étrangères et que leurs parlements nationaux ont ratifié.

Contrairement à ce que l'on pourrait penser, cette décision n'a pas nécessairement été le fruit d'un parti pris idéologique. Bien que la déclaration Schuman présente bien la mise en place de la Ceca comme « la première étape de la Fédération européenne », les signataires des premiers traités étaient loin d'être tous acquis à la cause fédéraliste. mais même pour des gouvernements jaloux de leurs prérogatives, la voie communautaire offrait de nombreux avantages[2]:

- Le traité de Rome se contente tout d'abord de définir en termes généraux les objectifs à atteindre ainsi que les institutions et les procédures mises en place pour y parvenir. Or, le fait de pouvoir disposer d'experts chargés de suivre de façon quotidienne l'évolution technique et juridique peut contribuer à faciliter la prise de décisions complexes. Par ailleurs, confier à un organe neutre un pouvoir d'initiative lui permet de rechercher une synthèse entre les différents intérêts nationaux et sectoriels en présence, ce qui est de nature à faciliter l'émergence d'un compromis.
- Cette centralisation permet d'éviter que le programme législatif ne soit simplement dicté par les rapports de puissance entre les États membres ou par des contingences électorales. Ce point a d'ailleurs fait l'objet d'âpres discussions lors des négociations de Val Duchesse, au cours desquelles a été élaboré le traité de Rome.[3] Craignant de se voir mis en minorité de façon systématique en raison du poids des « grands » au Conseil, les pays du Benelux ont insisté pour que toute procédure législative commence par une proposition de la Commission. Imposer l'unanimité pour toute modification de ses propositions interdisait en outre à une majorité de faire prévaloir ses intérêts particuliers sur ceux de la minorité. Ce passage obligé par la Commission, véritable « réducteur de méfiance entre les États »[4], selon l'heureuse expression de l'ex-commissaire européen au Commerce Pascal Lamy, a été le sésame qui a rendu possible le recours à la majorité pour l'adoption de décisions contraignantes, élément essentiel du dispositif.
- Sur le front de la mise en oeuvre, confier des missions de surveillance à une institution que son le caractère plurinational protège des pressions politiques trop directes contribuait à asseoir la crédibilité du système, en rendant plus vraisemblable le respect par chacun des décisions communes. Le cas de la politique de concurrence est symptomatique à cet égard. Contrairement à la règle retenue pour les autres politiques européennes, dont la mise en œuvre incombe à des organes nationaux, c'est en effet à la Commission que l'on a confié le soin d'appliquer les principes généraux définis dans ce domaine par le Traité de Rome (v. Notice 11). Ce choix s'explique aisément : l'alternative n'aurait pas seulement menacé l'uniformité des conditions de concurrence au sein de la Communauté n chaque État interprétant les règles à sa façon , elle aurait surtout été beaucoup moins crédible, eu égard à la tradition d'interventionnisme économique de certains pays, voire à l'absence totale de règles de concurrence dans d'autres.

Ces fonctions originales n'ont de sens que si la Commission opère en toute indépendance, comme le lui impose le traité sur l'Union européenne,[5] sans s'attarder aux préférences des gouvernments nationaux. Ce principe, établi dès la déclaration Schuman, peut paraître surprenant dans un système où les commissaires sont choisis par les gouvernements nationaux. Deux règles de base, le principe de collégialité, selon lequel les décisions sont censées être prises par le collège plutôt que par les commissaires agissant isolément, et la possibilité de votes à la majorité en son sein, ont toutefois été introduites pour encourager les commissaires à ne pas se comporter comme de simples ambassadeurs de leur pays. L'indépendance de la Commission a cependant été affaiblie par les évolutions des deux dernières décennies. D'une part, la règle selon laquelle tout pays membre de l'Union, quelle qu'en soit la taille, a droit à « son » commissaire, a conduit à un exécutif pléthorique, où certains portefeuilles n'ont qu'une importance réduite. La Commission Juncker comporte aujourd'hui 28 membres, alors que la Commission Delors II, vingt ans auparavant, n'en comptait que 17. Alors que le Traité de Lisbonne prévoyait une réduction du nombre de ses membres, on a choisi d'y renoncer pour en assurer la ratification, les Irlandais ayant manifesté lors d'un premier référendum leur attachement à « leur » commissaire. Par ailleurs, le Parlement a acquis un rôle grandissant dans la désignation des membres de l'exécutif (v. Notice 3). Tirant argument de ce qu'il doit approuver la nomination de la Commission, il a gagné un droit de regard sur le choix des commissaires et sur leurs attributions ; tandis que l'élection du Président de la Commission, acquise depuis le traité de Lisbonne, a débouché sur un début de politisation de ce choix, le candidat du plus grand groupe parlementaire, le Luxembourgeois Jean-Claude Juncker, apparaissant comme incontournable au plus grand nombre. Certes, tout cela ne transforme pas l'Union en un régime parlementaire ; néanmoins, on voit bien que ces pressions contradictoires peuvent menacer le rôle d'arbitre qui est traditionnellement dévolu à la Commission.

Autre forme de renonciation à la souveraineté, le recours au vote tient à des considérations d'un autre ordre. Dans un système où les traités se contentent souvent de définir de façon générale les objectifs à atteindre, les institutions sont appelées à prendre un grand nombre de décisions communes. Dans ce contexte, l'unanimité est pénalisante, puisqu'elle donne à chacun un droit de veto. En revanche, la décision à la majorité facilite la prise de décision... même lorsque l'on ne vote pas ! Les études qui ont été conduites sur ce point montrent que les votes effectifs ne portent que sur 20 % des décisions pour lesquelles un vote aurait été permis par le traité.[6] mais la simple possibilité d'une décision à la majorité incite les différents acteurs à la recherche d'un compromis.

Accepter un minimum de décisions à la majorité a permis aux États européens de prendre un nombre de décisions considérable, dans une gamme étendue de domaines. Certes, cette efficacité décisionnelle a un prix, puisqu'elle implique la possibilité pour un gouvernement de se voir mis en minorité par ses pairs. mais pour peu que l'on ne soit pas mis en minorité trop souvent, ce coût peut être compensé par les avantages que l'on retire des décisions prises dans d'autres domaines. Plusieurs garanties ont d'ailleurs été mises en place pour apprivoiser les États les plus défiants. Encore de nos jours, l'unanimité reste tout d'abord requise dans les domaines sensibles, notamment en matière fiscale. Par ailleurs, même lorsqu'un vote est permis, on a longtemps invoqué un accord informel – le fameux « compromis de Luxembourg »[7] – pour permettre malgré tout un veto à un État qui estimerait ses intérêts essentiels menacés. Enfin, le vote n'a jusqu'à présent été utilisé qu'avec une grande modération, pour passer outre aux objections d'un ou deux gouvernements isolés, et les perdants ne sont pas toujours les mêmes, ce qui permet à chacun de dresser de la règle un bilan globalement positif.

À l'issue de ce rapide survol de la « méthode communautaire », que pouvons-nous dire du système européen qui se met en place et se pratique dès les premiers pas de la construction européenne ? Trois éléments méritent d'être soulignés :

- premièrement, la méthode en question ne doit pas être vue comme le fruit d'un parti pris fédéraliste plus ou moins bien déguisé : elle doit en effet beaucoup aux calculs utilitaires de gouvernements conscients de ce que, dans le contexte d'interdépendance dans lequel ils opèrent, il leur est nécessaire de définir des règles qui leur permettent de prendre ensemble un grand nombre de décisions, en réduisant le risque que celles-ci ne soient défavorables à leurs intérêts ;
- deuxièmement, les petits États ne sont pas les seuls à avoir besoin de la méthode communautaire. Celle-ci doit avant tout son existence à une donnée de base des relations internationales : les États – petits et grands – n'ont ni une confiance innée en leurs partenaires, ni une tendance spontanée à la coopération ; ils ne s'engagent souvent dans cette voie que sous l'emprise de la nécessité – d'où la mise en place d'institutions qui facilitent les convergences de vues et assurent la bonne application des décisions communes ;
- troisièmement, tout cela ne fait pas de l'Europe un gouvernement, au sens classique du terme. La Commission n'est pas le gouvernement de l'Europe ; son autorité ne repose pas sur

un mandat électoral et elle ne dispose pas de l'*imperium*, ce monopole de la violence physique légitime dont le sociologue allemand Max Weber a fait l'attribut essentiel de l'État. Toutefois, l'Union possède certaines prérogatives du gouvernement, à commencer par l'autorité juridique, étayée par la primauté du droit communautaire sur les droits nationaux (v. Notice 9).

Le caractère incomplet du système européen justifie le recours à la notion de gouvernance pour en décrire le fonctionnement[8]. Le polycentrisme institutionnel qui le caractérise n'a rien d'un accident : il a été voulu pour éviter toute concentration de pouvoir[9]. Le rôle que détiennent les États dans la prise des décisions communautaires dont ils sont les principaux destinataires, fait de celles-ci un point d'équilibre subtil entre coopération et contrainte. Enfin, l'absence d'un pouvoir fort, légitimé par les urnes, a entraîné une grande porosité entre les sphères publique et privée : lobbyistes, experts et organisations non-gouvernementales occupent une place importante dans les politiques européennes. Loin d'être perçu comme une usurpation, leur apport est expressément sollicité par les institutions.

Ce système novateur a permis à l'intégration européenne de connaître un dynamisme sans équivalent sur la scène internationale. Conçue au départ pour intégrer quelques secteurs clés de l'économie, la Communauté puis l'Union européenne ont en effet été graduellement amenées à prendre en charge des pans entiers de la régulation sociale, dans des secteurs comme l'environnement (v. Notice 18), la protection des consommateurs, ou la santé publique (v. Notice 17). mais à mesure qu'il se développait, ce système a rencontré des résistances grandissantes.

Un modèle contesté

Depuis plusieurs années, on constate une érosion du soutien à l'intégration européenne. Les enquêtes consacrées à l'opinion publique européenne ont confirmé que le « consensus permissif » qui avait permis le lancement de l'aventure européenne n'est plus qu'un souvenir.[10] Même s'ils restent globalement demandeurs d'Europe, les citoyens font aujourd'hui preuve d'une grande méfiance à l'égard d'un système politique qu'ils comprennent mal, et qui leur semble parfois menacer des modes de vie auxquels ils sont attachés. D'où notamment leur tendance à bouder les urnes au moment des élections européennes et à y soutenir des partis protestataires. Ce phénomène de désaffection remonte au début des années 1990, époque où l'opinion publique a commencé à s'émouvoir de l'emprise grandissante de l'Europe dans une série de domaines, dans le même temps qu'elle manifestait ses craintes à l'égard de la récession économique et de la montée du chômage ; il s'est fortement accentué sur la lancée de la crise économique et financière qui a débuté en 2008 (v. Notice 7). On peut bien sûr se réconforter en soulignant que c'est parce qu'ils ont appris que les décisions prises à ce niveau pouvaient avoir un impact sur leur vie quotidienne que les citoyens européens ont commencé à s'intéresser à ce qui se décidait à Bruxelles ou à Strasbourg. Reste cependant que ce contexte de méfiance est porteur de difficultés pour les institutions européennes, qui ne peuvent s'appuyer que sur un capital de légitimité relativement faible, au moment même où elles sont appelées à intervenir dans des domaines de plus en plus sensibles.

En parallèle, les gouvernements nationaux ont commencé à montrer des signes d'impatience face à ce qui leur apparaissait comme une croissance illimitée des pouvoirs de l'Europe. De là découle notamment la multiplication de contre-pouvoirs qui a marqué les deux dernières décennies. La « structure en piliers » du traité de Maastricht est sans doute la première manifestation de cette nouvelle tendance : les États membres ont marqué à cette occasion leur volonté de coopération dans des domaines comme la politique étrangère, la sécurité et la justice, apanages traditionnels de l'État, mais ce pas vers plus d'unité n'a été accepté qu'au prix d'un changement radical des règles du jeu. Le rôle des institutions supranationales a été délibérément réduit dans ce que l'on a appelé les deuxième (politique étrangère) et troisième piliers (justice et affaires intérieures) : la Commission n'y jouissait ni du monopole d'initiative législative ni des pouvoirs de surveillance qui sont les bases de son autorité dans le modèle communautaire ; le Parlement et la Cour de Justice étaient dépourvus de toute possibilité effective de contrôle.[11] En d'autres termes, dans ces domaines, les seules formes d'action envisagées étaient à l'enseigne du plus classique des intergouvernementalismes, le leadership étant en principe exercé par le Conseil européen, qui réunit les chefs d'État et de gouvernement.

De façon symptomatique, quand des besoins fonctionnels semblables à ceux qui ont présidé à la création de la Commission se sont fait sentir, on a mis un point d'honneur à y répondre par la mise en place de structures *ad hoc*. Ainsi, lorsqu'il s'est avéré que la politique étrangère européenne souffrait d'un manque cruel de structures d'analyse et de prévision capables d'inspirer une vision commune des problèmes, de définir des possibilités d'action conjointe et de piloter leur mise en œuvre, on a choisi de mettre en place une cellule spéciale, placée sous l'autorité d'une personnalité autonome, le Haut représentant pour la PESC, auquel les moyens d'agir ont été comptés chichement : il ne disposera d'une administration propre, le service européen pour l'action extérieure, qu'à la suite de l'entrée en vigueur du traité de Lisbonne. Même raisonnement en ce qui concerne le Conseil européen, placé sous la direction d'un président stable, Herman Van Rompuy, depuis 2009, ou en matière de politique macro-économique : pendant une dizaine d'années, on a misé sur une structure informelle de coopération intergouvernmentale, l'Eurogroupe, avant que la crise n'impose le renforcement des pouvoirs de la Commission, consacré par le « pacte budgétaire » de 2012 (v. Notice 14). Même dans des domaines classiques d'intervention communautaire, comme la gestion du marché intérieur, on relève un décalage croissant entre l'ampleur des tâches assignées à l'Europe et la faiblesse des moyens administratifs et financiers que l'on était disposé à concéder à la Commission. Là aussi, les gouvernements semblent avoir souscrit à l'idée d'interventions européennes plus régulières, sans pour autant accepter que celles-ci passent par un renforcement de la structure communautaire. Cette tension n'a pu être surmontée que grâce à la mise en place d'une trentaine d'agences administratives autonomes, auxquelles, de surcroît, les moyens d'action alloués – tant en pouvoirs juridiques, qu'en personnel ou qu'en budgets – ont été des plus modestes (v. Notice 5).

Dans d'autres cas, on a mis en place, pour l'essentiel hors du cadre communautaire, de nouveaux instruments politiques. L'exemple-type est ici fourni par la méthode ouverte de coordination (Moc), développée à la faveur du Conseil européen de Lisbonne en mars 2000. Appliquée notamment dans des domaines comme la lutte contre l'exclusion, l'emploi ou la réforme des retraites, cette méthode originale « offre un moyen d'encourager la coopération, d'échanger de bonnes pratiques et de convenir d'objectifs communs et d'orientations communes aux États membres. [...] Elle se fonde [en outre] sur la mesure régulière des progrès réalisés sur la voie de ces objectifs afin que les États membres puissent comparer leurs efforts et s'enrichir de leurs expériences mutuelles »[12]. Nous sommes ici dans le domaine de la « *soft law* » non contraignante, où le changement repose sur la gestion par objectifs (comme par exemple atteindre 60 % de femmes actives) et la surveillance « par les pairs » .

Autant d'indices qui dénotent une volonté de ne pas procéder à de nouveaux transferts de souveraineté à des organismes indépendants, volonté qui se reflète également dans les prises de position des responsables politiques nationaux. Dans un discours remarqué, prononcé en 2010 au Collège d'Europe, la Chancelière allemande, Angela Merkel, a esquissé les contours d'une « méthode de l'Union », dans laquelle les institutions supranationales et les gouvernements des États membres seraient appelés à œuvrer de concert.[13] À quoi son partenaire d'alors, le Président français, Nicolas Sarkozy, devait répondre de façon plus catégorique : « La crise a poussé les chefs d'État et de gouvernement à assumer des responsabilités croissantes parce qu'au fond, eux seuls disposaient de la légitimité démocratique qui leur permettait de décider. C'est par l'intergouvernemental que passera l'intégration européenne parce que l'Europe va devoir faire des choix stratégiques, des choix politiques »[14].

Ces tendances de fond ont été exacerbées par la crise récente. Devant l'urgence, les réunions du Conseil européen se sont multipliées, et c'est à ce niveau qu'ont été forgés, souvent à la dernière minute, les grands compromis qui ont déterminé la réaction européenne. Dans ceux-ci, le poids des grands États, et singulièrement de l'Allemagne, acteur hégémonique en matière de politique économique, a été décisif. Les modes d'action des institutions de l'Union se sont fréquemment éloignés des schémas établis, aboutissant à des solutions qui, par commodité, mais aussi parfois pour préserver le pouvoir des États, ont souvent pris la forme d'accords intergouvernementaux en marge des traités.[15]

• • • En dépit de ces multiples résistances, toutefois, la méthode communautaire a vu son champ d'application s'accroître progressivement pour des raisons fonctionnelles. Dans les domaines de la justice et des affaires intérieures, les spécificités du « troisième pilier» ont progressivement été gommées, le traité de Lisbonne consacrant la « communautarisation» du secteur. Si l'évolution est moins prononcée en matière de politique étrangère, l'intégration du Haut représentant au sein de la Commission, donc il est vice-président, indique bien dans quel sens se fait le mouvement. La simplification des procédures de décision opérée par le traité de Lisbonne a consacré le rôle du Parlement en matière législative et budgétaire et le principe du vote à la majorité qualifiée. La crise économique a également joué un rôle d'accélérateur : les pouvoirs de surveillance de la Commission sur les budgets nationaux ont été renforcés par le « pacte budgétaire» et par la législation qui l'a accompagné, tandis que la Banque centrale européenne se voyait confier la responsabilité de la surveillance du marché bancaire (v. Notice 13). En d'autres termes, en dépit des réticences dont faisaient montre tant l'opinion que les gouvernements, on a assisté à des transferts de souveraineté considérables dans des secteurs d'importance stratégique.

Ce paradoxe tient sans doute beaucoup au fait que la méthode communautaire n'est pas nécessairement le fruit de convictions fédéralistes qu'on ne le dit souvent. Au contraire, elle doit beaucoup aux calculs utilitaires que peuvent faire les États. Renforcer les pouvoirs de la Commission était pour l'Allemagne et pour ses alliés une façon de s'assurer que les pays du Sud de l'Europe, qui ne brillent pas par leur rigueur financière, allaient être contraints à réduire leur déficit. De même, faire de la banque centrale, dont l'indépendance est jalousement protégée par les traités, le pilier de la régulation bancaire, permettait de réduire le risque d'une « capture » du nouveau régulateur par les entreprises qu'il est appelé à contrôler. En d'autres termes, poussés par une crise sans précédent, les gouvernements semblent avoir renoué avec l'esprit des débuts.[16] C'est pourquoi il ne semble pas exagéré d'affirmer que dans le système européen, la « méthode communautaire» tient lieu de système opérationnel par défaut : on tend toujours à y revenir en cas de difficulté. Certes, la méthode en question a évolué, notamment pour faire place au Parlement européen, mais l'idée de transferts de souveraineté, qui est au cœur du système, reste bel et bien présente.

Renaud Dehousse

Bibliographie

Olivier Costa et Nathalie Brack, *Le fonctionnement de l'Union européenne*, Bruxelles, Éditions de l'Université de Bruxelles, seconde édition, revue et augmentée, 2014.

Renaud Dehousse (dir.), *The Community Method : Obstinate or Obsolete?* Basingstoke, Palgrave Macmillan, 2011.

Hussein Kassim *et alü*, *The European Commission of the XXIst century*, Oxford University Press, 2013.

Stéphanie Novak, *La Prise de Décision au Conseil de l'Union européenne. Pratiques du Vote et du Consensus,* Paris, Dalloz, 2011.

Notes

1. Gouvernance européenne. Un livre blanc, COM Doc (2001) 428 final, pp. 9-10.

2. Andrew Moravcsik, *The Choice for Europe. Social Purpose and State Power from Messina to Maastricht*, Ithaca, Cornell University Press, 1998, en particulier pp. 67-77.

3. Hanns-Jürgen Kusters, *Les fondements de la Communauté économique européenne*, Bruxelles/Luxembourg, Labor/EUR-OP, 1990.

4. Séance académique de rentrée à l'Université libre de Bruxelles, le 14 octobre 2002.

5. Article 17.

6. Renaud Dehousse, Florence Deloche-Gaudez, Olivier Duhamel (dir.), *Élargissement : comment l'Europe s'adapte*, Paris : Presses de Sciences-po, 2006, pp. 57-74.

7. Adopté par les Six en 1966, lors d'une réunion du Conseil à Luxembourg, cet accord a permis de mettre fin à la « crise de la chaise vide » provoquée par la France en prévoyant, en cas de désaccord, des négociations prolongées jusqu'à ce qu'un consensus émerge (v. Notice 5).

8. Jean Leca, « Sur la gouvernance démocratique : entre théorie et méthode de recherche empirique », *Politique Européenne*, n°1, avril 2000, pp. 108-129.

9. Renaud Dehousse, *La Fin de l'Europe*, Paris : Flammarion, 2005, chapitre 1.

10. Liesbet Hooghe and Gary Marks, « A Postfunctionalist Theory of European Integration: From Permissive Consensus to Constraining Dissensus ». *British Journal of Political Science*, 39, 2009, pp. 1-23.

11. Dans le troisième pilier, les prérogatives de la Cour ont partiellement été étendues par les Traités d'Amsterdam et de Nice, sans toutefois être alignées sur celles dont elle dispose dans le « pilier » communautaire.

12. *Gouvernance européenne. Un livre blanc*, op. cit., p. 26.

13. https://www.coleurope.eu/system/files_force/speech-files/speech.merkel.french.pdf?download=1

14. Discours prononcé à Toulon le 1er novembre 2011.

15. Philippe de Schoutheete, « Modes de décision dans l'Union », *Notre Europe*, Les Brefs n° 24, mars 2011, http://www.notre-europe.eu/media/bref-24-deschoutheete_1.pdf?pdf=ok

16. Voir Renaud Dehousse, « The Politics of Delegation in the European Union », *Cahiers européens de Sciences Po*, n° 4/2013.

Notice 3

La place des acteurs politiques

Pour des raisons tant institutionnelles qu'historiques, la construction européenne s'est développée en marginalisant, dans son fonctionnement quotidien, les acteurs politiques. Cependant depuis plus d'un quart de siècle, une double tendance s'observe. Au niveau européen, les décisionnaires sont davantage des politiques. Le Parlement européen s'est ainsi affirmé comme un acteur clé du processus décisionnel européen dont les membres tendent, dans leur majorité, à se spécialiser dans des carrières spécifiquement européennes. La Commission européenne parvient à concilier sa mission de défense de l'intérêt général européen avec la sélection de personnalités politiques de premier plan. Au niveau national, les responsables politiques sont davantage associés aux enjeux européens comme l'indique l'affirmation, certes inégale, des parlements nationaux. Ces formes de politisation, à bien des égards balbutiantes, se nourrissent de la position intermédiaire occupée par les partis.

L'Europe ne s'est pas construite sans les décideurs politiques traditionnels - ceux qui sont issus, directement ou indirectement du suffrage universel, et appartiennent à des partis. Ce sont bien des gouvernements, soutenus par une majorité parlementaire, qui ont décidé de mettre en place les fondations de l'édifice communautaire. Faute de ce soutien politique, certains projets d'intégration ont échoué, à l'instar de la Communauté européenne de défense rejetée par l'Assemblée nationale française en 1954. Dans d'autres cas, la division ou la défiance des dirigeants politiques nationaux s'est traduite par une participation en demi-teinte d'un État, comme en témoigne l'exemple du Royaume-Uni aujourd'hui. La construction de l'Europe est donc bien un projet politique au sens fort du terme ; c'est le choix difficile de dirigeants de pays démocratiques de partager ensemble certaines compétences étatiques.

Pour autant, le système institutionnel européen, tel qu'il a été dessiné dans les années 1950 et 1960, réserve une place non pas marginale mais réduite à la vie politique au sens traditionnel du terme[1]. Il donne un rôle central à la Commission européenne, une institution non élue dont les membres doivent être indépendants vis-à-vis des États qui les nomment ; il laissait peu de place, à ses débuts, à une institution parlementaire dédiée. Il accentue le travail diplomatique des ministres et de leurs services, favorisant ainsi le compromis discret sur la controverse publique. Il contraint enfin les autorités nationales à respecter la primauté du droit et des décisions européennes, en imposant par exemple aux parlements nationaux de valider les directives. Ce faisant, la participation à l'Union européenne (UE) autorise enfin les exécutifs nationaux à se prévaloir d'une contrainte européenne pour tenter d'imposer leurs décisions en interne.

La faiblesse du caractère politique de l'ancienne Communauté économique européenne n'était pas fortuite. Outre les préventions technocratiques de tel ou tel père fondateur à l'égard de la politique politicienne, elle correspondait à une volonté de sanctuariser l'Europe. Le projet européen apparaissait aux yeux des dirigeants politiques nationaux si fragile et si important qu'il fallait en quelque sorte le protéger des aléas de la politique électorale, des dangers de la controverse publique et des incertitudes de la vie partisane. La défense de l'intérêt général européen par la Commission n'imposait-elle pas de mettre à distance non seulement les intérêts nationaux mais aussi les sensibilités partisanes ? Le soutien conjoint de forces politiques de gauche et de droite au projet d'intégration ne supposait-il pas une moindre polarisation de la vie politique sur les enjeux européens ?

Plusieurs indices laissent penser que la phase de sanctuarisation de l'intégration européenne vis-à-vis de la vie politique, électorale et partisane est aujourd'hui révolue au profit d'une double dynamique de politisation[2] : politisation du système européen, d'une part, avec l'affirmation d'une institution parlementaire propre et la transformation de la Commission européenne, européanisation des vies politiques nationales, d'autre part. L'irruption des acteurs politiques sur la scène européenne, en butte à bien des difficultés, se trouve facilitée par le positionnement multi-niveaux des partis.

L'avènement des parlementaires européens

Fondé sur une organisation originale de la prise de décision, la méthode communautaire (v. Notice 2), le système politique européen s'est partiellement parlementarisé. L'affirmation institutionnelle du Parlement européen (PE) s'est accompagnée de la professionnalisation et de la spécialisation de ses membres.

Une élite influente

La montée en puissance du Parlement européen

La montée en puissance du PE s'est réalisée progressivement au fur et à mesure des nouveaux traités européens. Elle résulte de la capacité des membres du Parlement à faire valoir collectivement les intérêts de leur institution, dans le fonctionnement quotidien de l'UE comme dans les débats institutionnels[3]. À cet égard, l'élection directe des parlementaires, mise en place en 1979, a permis de consolider l'esprit de corps au sein de l'institution. Les traités qui ont suivi cette réforme, notamment l'Acte unique et Maastricht, ont constitué des étapes décisives de l'affirmation des pouvoirs législatifs de l'assemblée face au Conseil. En 2009, le traité de Lisbonne est venu achever l'édifice en faisant de la codécision entre les deux institutions, la procédure législative ordinaire, à l'œuvre dans la plupart des domaines. Un aperçu quantitatif confirme largement cette évolution institutionnelle comme l'indique le graphique ci-dessous. En l'espace de vingt ans, de 1994 à 2013, 14 % des 3 929 règlements adoptés et 65 % des 1 020 directives ont nécessité l'approbation du PE. On remarque cependant que l'évolution n'est pas linéaire, y compris depuis Lisbonne.

La proportion de directives et de règlements européens co-décidés avec le Parlement européen de 1993 à 2013 (en %)

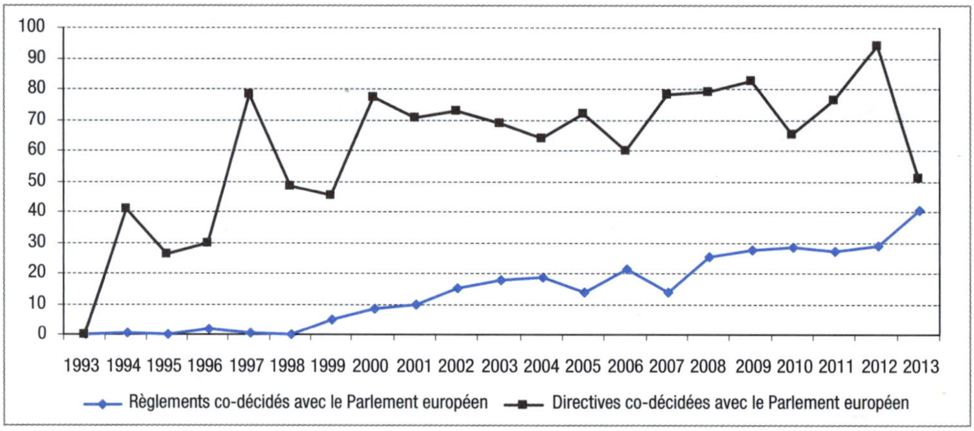

Note : règlements et directives du PE et du Conseil par rapport aux règlements et directives du Conseil seul.

Source : http://eur-lex.europa.eu/statistics/statistics.html

Une analyse stratégique peine à rendre compte de cette évolution dans la mesure où le Parlement européen n'a pas de droit de veto sur les traités. En accordant de plus en plus de pouvoir au Parlement européen, les dirigeants nationaux ont sans doute cherché à apporter des réponses au questionnement portant sur le déficit démocratique de l'UE dont différents référendums ont, depuis 1992, entretenu l'acuité[4]. Socialisés dans des régimes parlementaires nationaux, ces dirigeants adhéreraient à une « matrice parlementaire » faisant de la montée en puissance d'une institution élue, collective et délibérative la condition *sine qua non* d'une démocratisation authentique.

La logique partisane des votes des parlementaires

Le taux de participation aux élections européennes permet de douter de la capacité de cette institution à légitimer l'ensemble du système[5]. En moyenne européenne, 43 % des électeurs inscrits se sont rendus aux urnes en 2009 comme en 2014. En 2009, le taux de participation était, en moyenne, inférieur de 19 points à celui des précédentes élections législatives[6]. Pourtant, par-delà le fait que la progression de l'abstention résulte en grande partie des élargissements – le fonctionnement de l'assemblée témoigne de son caractère véritablement politique, le qualificatif étant ici entendu par opposition à « diplomatique ». Au lendemain de la première réunion de l'« assemblée parlementaire européenne », le 20 mars 1958, les membres firent en effet le choix de siéger par affinité idéologique plutôt que par ordre alphabétique comme précédemment pour l'assemblée de la Ceca. Cette décision initiale fut la matrice d'une stratégie menée depuis avec persévérence comme en témoigne le comportement de vote des élus. L'analyse des scrutins en séance indique en effet que les eurodéputés votent comme leur groupe plutôt que comme les élus issus du même État qu'eux[7]. Comme l'indique le tableau, le taux de cohésion des principaux groupes se situe autour de 90 %, soit un niveau similaire à celui des démocraties nationales. Par contraste, le taux moyen de cohésion par État membre était de 71 % pour la législature 2004-2009 (68 % pour les États membres avant 2004).

Le taux de cohésion au sein des groupes du Parlement européen (2004-2014)

	Extrême gauche	Verts	Socialistes	Libéraux	Droite (PPE)	Droite eurosceptique	Droite europhobe
2004-09	85	91	91	89	88	-	-
2009-14	79	95	92	88	93	71	47

Note : droite eurosceptique = Conservateurs et Réformistes européens ; droite europhobe = Europe Liberté Démocratie. Les groupes eurosceptiques de la législature 2004-2009 n'ont pas été intégrés.

Source : VoteWatch, http://www.votewatch.eu/consulté le 30 août 2014.

Si ces données, qui concernent exclusivement les votes en séance, peuvent masquer la défense des intérêts nationaux en commission ou de façon informelle, il demeure que la vie partisane structure les modes de fonctionnement du Parlement européen. À cet égard, nombreuses furent les réformes du règlement visant à affirmer le contrôle de l'assemblée par les groupes parlementaires.

Une élite plurielle

Une composition partisane stable, un pluralisme sous contrainte

Le nombre d'eurodéputés a cru au fil des élargissements passant de 410 en 1979 à 751 aujourd'hui avec un pic à 785 en 2007. Si l'effectif actuel fait de cette assemblée la plus grande d'Europe, parmi les chambres basses, le ratio électeurs/élus reste bien supérieur à celui des autres démocraties : il y a environ 100 000 électeurs par député dans les grands États contre plus de 500 000 pour le PE (voir tableau ci-dessous, ligne « Électeurs par député »). En dépit de l'évolution du nombre d'élus, la composition partisane témoigne d'une remarquable stabilité comme l'indique le graphique 2. Depuis 1979, les deux principaux groupes, issus respectivement du Parti populaire européen (PPE) et du Parti socialiste européen réunissent une majorité d'élus, entre 54 % (1979 et 2014) et 66 % (1999). Ce niveau place le PE en deçà des démocraties allemande, française et britannique dans lesquelles les deux principaux groupes ont souvent un poids écrasant (voir tableau ci-dessous). Ceci illustre la capacité de l'assemblée strasbourgeoise à offrir une tribune à une diversité de familles partisanes en Europe. Trois groupes réunissant l'extrême gauche, les libéraux et les verts, attirent, chacun, en moyenne 7,5 % des élus. À la droite du PPE, la composition partisane est plus fluctuante d'une législature à l'autre, les regroupements s'opérant en fonction de la radicalité politique des partis et notamment de leur degré d'opposition à l'UE. Ainsi, les élus britanniques conservateurs, qui avaient créé en 2009 leur propre groupe pour se démarquer des positions pro-européennes du PPE (9 % des sièges en 2014), sont-ils dépassés du point de vue de la critique de l'Europe par ceux du *UK Independance Party* (UKIP) qui n'ont réussi que durant quelques semaines à maintenir un groupe en 2014 en s'alliant avec les Italiens du Mouvement Cinq étoiles (6 % des sièges).

Données comparées sur la composition du Parlement européen et des chambres basses de quatre pays européens en 2014

	PE	France	Allemagne	Italie	Royaume-Uni
Électeurs par député	533 000	113 000	132 000	112 000	97 000
Deux principaux groupes (%)	54	85	80	64	86
Femmes (%)	37	26	36,5	31	23
Réélus (%)	47	60	66	34	65

Note : réélus = part des députés sortants parmi les députés élus en 2014 (PE), 2012 (France), 2013 (Allemagne et Italie) et 2010 (Royaume-Uni).

Sources : Union interparlementaire et chambres basses nationales.

La composition partisane du Parlement européen (législatures 1979-2014) (en % des sièges)

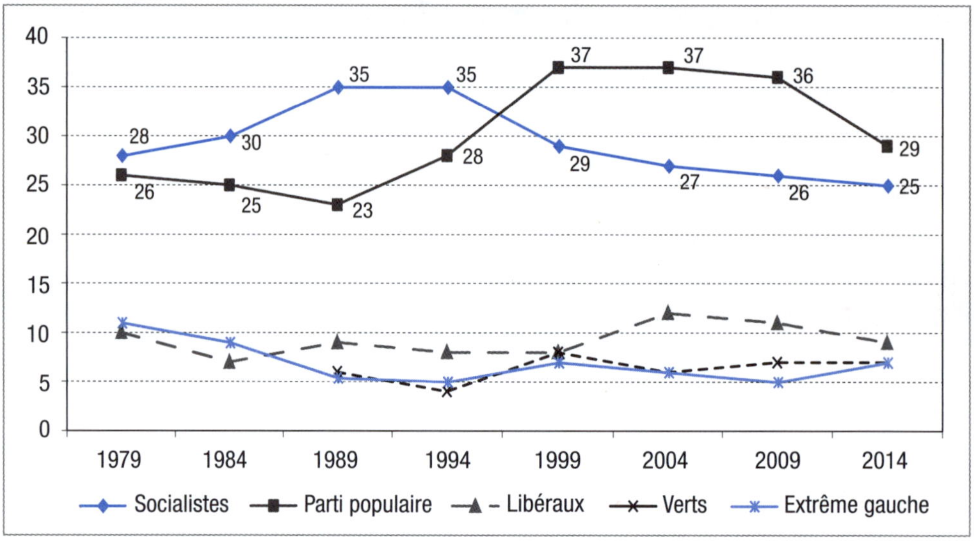

Note : le graphique ne présente pas l'intégralité des groupes.

Source : Parlement européen, DG Communication, « Public Opinion Review. European Elections 1979-2009 », 2009.

Une telle stabilité partisane résulte, pour partie, de l'hétérogénéité des 28 élections nationales servant à désigner les membres du PE. Il est peu probable qu'une même dynamique affecte l'ensemble des États membres, même si une volonté de sanctionner le centre droit s'est largement exprimée lors des élections de 2014 dans un contexte de crise économique. Elle tient également à la stratégie suivie par les deux grandes familles politiques européennes pour accueillir de nouveaux membres, notamment ceux issus de l'élargissement[8], d'une part, et fermer la porte à différents concurrents, d'autre part. Les règles de constitution des groupes ont ainsi été durcies afin d'éviter l'opportunisme et de favoriser la diversité des origines nationales en leur sein. Il faut au moins 25 élus issus d'un quart des États pour constituer un groupe. En 2014, la règle a contraint les 23 élus du Front national (FN), premier parti français au PE, à siéger parmi les non-inscrits. Ils furent ainsi privés de l'accès à différentes ressources matérielles et politiques. Le PE a en effet ceci de paradoxal qu'il favorise dans son fonctionnement les forces politiques pro-européennes mais offre, du fait même de son existence, une tribune aux élus eurosceptiques et europhobes[9].

Nombre de députés par groupe politique au Parlement européen en 2009 et en 2014
(résultats définitifs entrants)

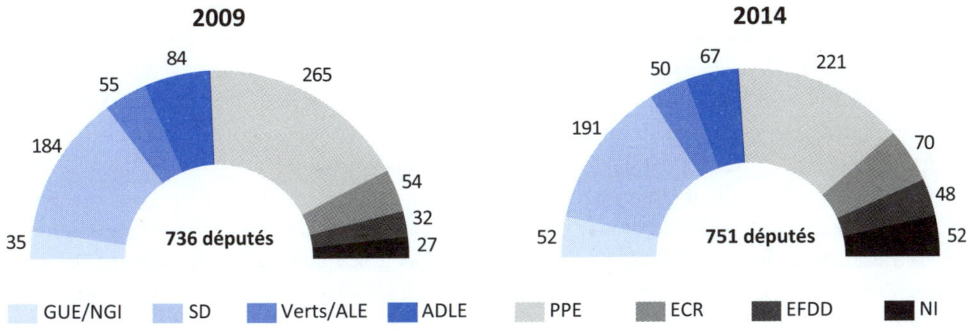

GUE/NGI : Gauche unitaire européenne/Gauche verte nordique ; SD : Groupe de l'Alliance progressiste des socialistes et démocrates ; Verts/ALE : Les Verts/Alliance libre européenne ; ADLE : Alliance des démocrates et libéraux pour l'Europe ; PPE : Parti populaire européen (démocrates-chrétiens) ; ECR : Conservateurs et réformistes européens ; EFDD : Europe libertés démocratie ; NI : Non-inscrits - membres apparentés à aucun groupe politique.

Source : site du Parlement européen, 2014 (http://www.elections2014.eu/en/new-parliament).

Professionnalisation, spécialisation et politisation

En dehors de l'attribution de prérogatives nouvelles, la montée en puissance du PE s'est traduite par la formalisation, tant juridique que sociologique du rôle des députés européens. Le mode de scrutin proportionnel est maintenant la règle pour désigner les eurodéputés même si de nombreuses différences tenant à la taille des circonscriptions et à la possibilité de choisir au sein des listes électorales subsistent. Un statut du député fut adopté en 2009 après de longues négociations. Il prévoit de larges incompatibilités, notamment avec les parlementaires nationaux, et unifie les salaires. À ce statut s'est ajouté celui des assistants parlementaires, assimilés à la fonction publique européenne contractuelle lorsqu'ils travaillent à Bruxelles (V. Notice 5).

Au niveau politique, diverses analyses concluent à une professionnalisation tendancielle du Parlement européen. L'eurodéputé fut longtemps décrit comme un politicien en fin de carrière ou venant de perdre les élections ou encore tenté par la démission en cours de mandat. Les travaux statistiques récents mettent à mal ce portrait. Les eurodéputés démissionnent moins fréquemment et effectuent souvent plusieurs mandats : 28 % des élus de 2009 effectuant leur deuxième mandat, 10 % leur troisième et 10 % leur quatrième[10]. Surtout, tout indique que la montée en puissance du PE s'est accompagnée d'une spécialisation de la filière d'accès. Près des deux tiers des élus de 2009 n'avaient pas mené de carrière politique nationale auparavant, soit qu'ils n'avaient jamais été élus (35 %) soit qu'ils n'aient eu qu'un mandat local (28 %)[11]. Les anciens parlementaires nationaux qui formaient 45 % de la cohorte de 1979 ne comptaient plus que pour 34 % des élus de 2009[12]. À travers le PE, l'UE s'est en quelque sorte dotée de son propre personnel politique, spécialisé dans les questions européennes – plus d'un tiers des élus de 2009 avaient déjà une expérience européenne[13] - surdiplômé et davantage féminisé qu'au niveau national[14].

Au-delà des filières d'accès à la députation, l'institutionnalisation du métier d'eurodéputé s'opère également à travers la formalisation de rôles différenciés correspondant à une diversité d'activités parlementaires comme de conceptions de l'Europe. Les rôles d'animateur, d'expert, d'intermédiaire et de dilettante ont ainsi été distingués[15], les élus eurosceptiques eux-mêmes s'inscrivant dans une variété de familles[16]. Enfin, la professionnalisation des élus repose aussi sur celle de leur entourage, les fonctions d'assistants parlementaires tendant à s'imposer comme une étape clé du *cursus honorum* bruxellois[17].

L'ensemble de ces éléments atteste d'une indéniable professionnalisation du PE. Pour autant, il convient de relativiser sa portée sous trois aspects :

- Premièrement, à l'inverse de leurs homologues des parlements nationaux, les eurodéputés sont peu reconduits. La proportion de députés sortants parmi les élus est stable : 48,4 % en 2004, 49,6 % en 2009 et 47,3 % en 2014. Comme l'indique le tableau comparatif ci-dessus (v. *supra*, p. 38), elle est nettement inférieure à celle observée dans les démocraties française, allemande ou britannique. En outre, ce taux varie considérablement d'un groupe à l'autre (62 % pour le PPE en 2014 contre 46 % au PSE)[18] et surtout d'un État membre à l'autre avec plus de deux tiers de sortants parmi les 96 élus allemands de 2014 (70 %) contre aucun pour les 21 Grecs. En France, l'Union pour la majorité présidentielle (UMP) a placé sur ses listes aux élections européennes de 2014, d'anciens ministres défaits lors des élections législatives françaises de 2012.
- Deuxièmement, à quelques exceptions près, on peine à trouver parmi les membres du PE des dirigeants politiques de stature européenne. La notoriété est indéniablement du côté du Conseil européen dont les membres rejoignent parfois le PE ensuite - neuf anciens Premiers ministres ont été élus en 2014. La spécialisation dans le mandat européen se paye aussi d'un certain effacement de l'espace public national d'origine. En France, les exemples d'Alain Lamassoure au PPE et de Pervenche Berès au Parti socialiste européen, piliers des arcanes bruxelloises mais relativement moins connus au niveau national offrent à cet égard de frappantes similitudes.
- Troisièmement, la capacité des groupes parlementaires à pleinement politiser la gouvernance européenne vient buter sur leur réticence à exprimer durablement des désaccords dans le cadre de la procédure législative. Lors de la dernière législature (2009-2014), les deux principaux groupes ont en effet voté de façon identique en séance dans 73,6 % des cas[19].

La marge étroite de politisation de la Commission européenne

Les traités européens stipulent que « la Commission exerce ses responsabilités en pleine indépendance. [...] les membres de la Commission ne sollicitent ni n'acceptent d'instructions d'aucun gouvernement, institution, organe ou organisme » (art. 17.3 TUE). La Commission privilégie en effet une légitimité de type arbitrale à celle fondée sur l'élection. C'est sa capacité, sécurisée par les institutions, à agir en toute indépendance par rapport aux États membres, qui doit lui permettre de garantir l'intérêt général européen. À cet égard, l'affichage ostentatoire d'une orientation partisane et idéologique pourrait saper cette prétention à jouer les arbitres, notamment aux yeux d'un État membre ne partageant pas ces choix. La marge de politisation de la Commission est donc étroite. Pour autant, le poids des anciens ministres à la tête de la Commission comme le processus de parlementarisation de l'institution attestent du caractère politique des commissaires comme de la présidence.

Le profil politique des commissaires

Si les membres de la Commission européenne ne sont ni élus, ni menacés d'une défaite électorale au terme de leur mandat, trois liens avec le processus électoral peuvent être relevés :

- Premièrement, ils sont proposés par des gouvernements nationaux dont la légitimité électorale ne fait pas de doute.

• Deuxièmement, ils sont collectivement approuvés et révocables par le PE. La politisation procède ici de la parlementarisation, certes incomplète, du système politique européen. La procédure d'investiture est menée tous les cinq ans par les commissions concernées, au travers, notamment, d'auditions publiques. Elle conduisit à plusieurs reprises à l'éviction de candidats pressentis et à leur remplacement. La responsabilité de ce collège devant le PE n'est pas non plus une menace fictive. C'est bien l'anticipation d'une censure qui conduisit à la démission de la Commission Santer en 1999.

• Enfin, une approche prosopographique indique que le collège est principalement composé de dirigeants politiques. Les États membres ont toujours désigné, dans leur majorité, d'anciens ministres et parlementaires comme membres de la Commission européenne (v. encadré). Les douze présidents successifs de la Commission étaient tous d'anciens ministres et même, depuis 1995, d'anciens Premiers ministres. La Commission compte certes quelques diplomates et universitaires dans ses rangs mais dans des proportions limitées. Ce fut, par exemple, le cas de deux commissaires sur 14 pour la Commission Delors 1 (1985-1989) et de quatre sur 28 pour la Commission Barroso 2 (2009-2014). Depuis 1958, le poste influent de commissaire à la Concurrence fut occupé par sept politiques contre deux diplomates et deux universitaires. À cet égard, le passage de deux à un commissaire pour les grands États en 2004 a renforcé les profils politiques. Les présidents français qui avaient l'habitude de choisir un couple « politique/haut fonctionnaire » ont depuis lors systématiquement donné la préférence à leurs anciens ministres. Il arrive également que les commissaires, sortants ou pressentis, cherchent à se légitimer en se présentant aux élections européennes, à l'exemple de Michel Barnier qui dirigea la liste UMP pour l'Île-de-France en 2009 avant d'être officiellement proposé par le président Nicolas Sarkozy. En 2014, sept commissaires sortants furent ainsi candidats ; tous furent élus et quatre décidèrent de siéger.

Les études qualitatives menées auprès des commissaires européens attestent du caractère éminemment politique de la fonction. Le travail de commissaire comporte certes un aspect technique souvent plus poussé que celui de la plupart des ministres des gouvernements nationaux : le commissaire joue en grande partie sa réputation sur les dossiers qu'il saura faire avancer pendant son mandat et doit par conséquent en maîtriser la technicité. Cependant, ce travail comporte également une dimension généraliste tenant largement à la collégialité de l'institution[20]. Le commissaire est aussi en représentation vis-à-vis d'un grand nombre de publics : le PE, les dirigeants nationaux, la société civile, les médias européens et nationaux... Il est d'autant plus amené à parler au nom de l'Europe que le système se caractérise par un déficit d'incarnation personnelle. À cet égard, la décontraction parfois affichée dans les rapports de pouvoir doit être comprise comme une stratégie de communication plutôt que comme l'avènement postmoderne d'une domination apolitique[21].

La composition de la Commission européenne présidée par Jean-Claude Juncker au 1er novembre 2014 (date de prise de fonctions)*

Membres	Qualités	Fonction dans la Commission Juncker	Pays	Groupe politique	Fonction antérieure dans leur pays ou dans la Commission Barroso (CB)
Jean-Claude Juncker	président de la Commission		Luxembourg	PPE	Premier ministre Président de l'Eurogroup
Frans Timmermans	premier vice-président	meilleure réglementation relations interinstitutionnelles, État de droit, Charte droits fondamentaux, développement durable.	Pays-Bas	S&D	ministre des Affaires étrangères
Federica Mogherini	vice-présidente et Haute représentante	affaires étrangères/ politique de sécurité	Italie	S&D	ministre des Affaires étrangères
Kristalina Georgieva	vice-présidente	budget et ressources humaines	Bulgarie	PPE	commissaire à l'Aide humanitaire (CB)
Andrus Ansip	vice-président	marché unique numérique	Estonie	ADLE	Premier ministre
Valdis Dombrovskis	vice-président	Euro et dialogue social	Lettonie	PPE	Premier ministre Élu député européen en mai 2014
Maroš Šefčovič	vice-président	union énergie	Slovaquie	S&D	vice-Président responsable des Relations interinstitutionnelles et de l'Administration (CB)
Jyrki Katainen	vice-président	emploi, croissance, investissement et compétitivité	Finlande	PPE	Premier ministre (2011-2014) puis commissaire aux Affaires économiques et monétaires (CB)
Günther Oettinger	commissaire	économie numérique et société	Allemagne	PPE	commissaire à l'Énergie (CB)
Johannes Hahn	commissaire	politique de voisinage et négociations d'élargissement	Autriche	PPE	commissaire à la Politique régionale (CB)
Cécilia Malmström	commissaire	commerce	Suède	ADLE	commissaire aux Affaires intérieures (CB)
Neven Mimica	commissaire	coopération internationale et développement	Croatie	S&D	commissaire à la Politique des consommateurs (CB)
Miguel Arias Cañete	commissaire	énergie et climat	Espagne	PPE	ministre de l'Agriculture et de l'Environnement
Karmenu Vella	commissaire	environnement, affaires maritimes et pêche	Malte	S&D	ministre du Tourisme
Vytenis Andriukaitis	commissaire	santé et et sécurité alimentaire	Lituanie	S&D	ministre de la Santé
Dimitris Avramopoulos	commissaire	Migration et affaires intérieures	Grèce	PPE	ancien maire d'Athènes ministre de la Défense
Marianne Thyssen	commissaire	Emploi, affaires sociales, compétences et mobilité du travail	Belgique	PPE	Députée européenne depuis 1991, vice-Présidente de la commission affaires économiques et monétaires du Parlement européen en mai 2014
Pierre Moscovici	commissaire	affaires économiques et financières, fiscalité et douanes	France	S&D	ministre de l'Économie et des Finances

Membres	Qualités	Fonction dans la Commission Juncker	Pays	Groupe politique	Fonction antérieure dans leur pays ou dans la Commission Barroso (CB)
Christos Stylianides	commissaire	aide humanitaire et gestion des crises	Chypre	PPE	porte-parole du gouvernement Élu député européen en mai 2014
Phil Hogan	commissaire	agriculture et développement rural	Irlande	PPE	ministre de l'Environnement, du Patrimoine et des Gouvernements locaux
Jonathan Hill	commissaire	stabilité financière, services financiers et union des marchés de capitaux	Royaume-Uni	ECR	conseiller politique puis sous-secrétaire d'État aux Écoles
Violeta Bulc	commissaire	transport	Slovénie	ADLE	vice-Premier ministre en charge du Développement
Elżbieta Bieńkowska	commissaire	marché intérieur, industrie, entrepreneuriat et PME	Pologne	PPE	vice-Premier ministre en charge de l'Infrastructure et du Développement
Věra Jourová	commissaire	justice, consommateurs et égalité des genres	Rép. tchèque	ADLE	ministre du Développement régional
Tibor Navracsics	commissaire	éducation, culture, jeunesse et citoyenneté	Hongrie	PPE	Vice-Premier ministre chargé des Affaires étrangères
Corina Crețu	commissaire	politique régionale	Roumanie	S&D	députée européenne/ex-sénatrice
Margrethe Vestager	commissaire	concurrence	Danemark	ADLE	ministre des Affaire économiques et de l'Intérieur
Carlos Moedas	commissaire	recherche, science et innovation	Portugal	PPE	sous-secrétaire d'État

* La composition de la Commission Juncker a été approuvée par le Parlement européen le 22 octobre par 423 votes pour, 209 contre et 67 abstentions.

Source : tableau établi par la rédaction à partir du site Toute l'Europe *(http://www.touteleurope.eu/l-union-europeenne/commission-europeenne/synthese/)*

Choisir son Président « en tenant compte des élections européennes »

Le processus de politisation, indirect s'agissant des commissaires, est plus évident dans le cas du président de la Commission. Les traités européens ont progressivement renforcé le contrôle du PE sur la désignation du titulaire de ce poste envié. Depuis le traité d'Amsterdam, l'investiture de la Commission fait l'objet de deux votes distincts, le premier concernant le président et le second l'ensemble du collège. En dépit de cette procédure, la couleur politique du Président a pu être différente de celle de la majorité parlementaire, à l'image de Romano Prodi, issu de la gauche et président de 1999 à 2004 au moment où le groupe PPE devenait le plus important au PE. Le traité de Lisbonne mit fin à ce possible découplage en stipulant que le Conseil propose un candidat au PE « en tenant compte des élections au Parlement européen » (art. 17.7 TUE, en anglais : *taking into account the elections*). Les partis politiques européens et leur groupe au PE tirèrent parti du flou de la formulation pour imposer, avec succès, un nom au chef d'État et de gouvernement. Le 7 mars 2014, les délégués du PPE choisirent comme chef de file pour les élections européennes Jean-Claude Juncker qui reçut 382 voix contre 245 au commissaire français Michel Barnier. Le PPE étant arrivé en tête aux élections européennes, l'ancien Premier ministre luxembourgeois parvint à imposer sa candidature au Conseil en dépit de l'hostilité sourde de la chancelière allemande et ouverte du Premier ministre britannique. Le soutien des groupes du PE constitua un atout décisif compte tenu du vote obligatoire de l'assemblée.

L'épisode de 2014 s'inscrit dans la continuité d'une logique à l 'œuvre depuis plusieurs décennies : les principaux groupes parlementaires européens, relativement unis, tirent partie du flou des textes, pour imposer une interprétation parlementariste des rapports interinstitutionnels. Elle marque cependant un saut qualitatif en dépossédant, de fait, les chefs d'État et de gouvernement, du choix du titulaire de la présidence. En l'occurrence, le processus fut quelque peu obscurci par la contingence de la mathématique électorale : arrivé en tête, le PPE fut aussi celui qui perdit le plus de sièges lors des élections. Dans le détail, on observe également que la parlementarisation du processus de désignation du président compose avec une logique intergouvernementale et diplomatique classique. Ce sont les négociations entre délégations nationales du PPE qui permirent à J.-Cl. Juncker de l'emporter sur M. Barnier. L'appui de la chancelière allemande, Angela Merkel, qui conditionna le vote des nombreux délégués de la CDU-CSU, fut alors déterminant. J.-Cl. Juncker parvint ensuite à imposer sa candidature au Conseil en ralliant à lui plusieurs Premiers ministres et Présidents de gauche, notamment le Président du Conseil italien. Il promit vraisemblablement à cette fin différents postes influents, et adopta, dans le droit fil d'une campagne électorale « attrape tout », une position relativement consensuelle sur les politiques d'austérité budgétaire. La politisation de la désignation de la présidence s'est en somme accompagnée d'une certaine dépolitisation de son discours. Il convient enfin de préciser que le choix d'un président par un parti placé en tête lors des élections n'a pas d'impact sur celui des commissaires, qui restent proposés par les États membres et représentatifs à ce titre de la diversité partisane de l'UE. On observe d'ailleurs que la parlementarisation de l'investiture de la Commission impose de fait un large pluralisme. Le nécessaire soutien de la majorité des eurodéputés requiert l'appui de plusieurs groupes, généralement les deux, voire les trois plus importants, comme cela a été le cas en 2014.

Les parlementaires nationaux, « intermittents » de l'Europe

À la politisation en cours de la décision européenne répondent différentes formes d'européanisation des acteurs politiques nationaux. Le cas des ministres n'est pas développé ici, le choix ayant été de se concentrer sur ceux que la littérature présente généralement comme les perdants de la construction européenne : les parlementaires nationaux. S'ils sont effectivement marginalisés au sein de la gouvernance européenne, ils ont su, dans de nombreux cas, développer des activités spécifiques au sein de leur propre assemblée.

Des victimes paradoxales du principe de subsidiarité

La constitution d'un ordre juridique européen interpelle la fonction législative des parlements nationaux. L'approfondissement de l'intégration européenne les contraint en effet à déléguer une partie de leur pouvoir législatif aux ministres chargés de négocier un droit qui s'imposera en interne, directement dans le cas des règlements ou indirectement dans celui des directives. Face à ce qui s'apparente à une dépossession légale d'une partie de leurs prérogatives, les parlements nationaux n'ont disposé que de faibles ressources proprement européennes pour réagir. La mention de leur indispensable apport démocratique fait certes figure de passage obligé dans les traités européens depuis Maastricht mais les dispositions adoptées restent minimales, voire accessoires. En effet, la souveraineté de chaque État membre vis-à-vis de son organisation constitutionnelle interdit de définir trop précisément ce que devraient être les attributions européennes des parlements nationaux. Comme le souligne le protocole n° 1 du traité de Lisbonne, « la manière dont les parlements nationaux exercent leur contrôle sur leur gouvernement pour ce qui touche aux activités de l'Union européenne relève de l'organisation et de la pratique constitutionnelles propres à chaque État membre ». De fait, seuls le droit à l'information et la garantie d'une période de huit semaines pour l'examen de la législation en projet par les chambres parlementaires constituent des dispositions notables dans les traités.

Les parlements nationaux sont en quelque sorte victimes du principe de subsidiarité en matière constitutionnelle – victimes paradoxales puisque le traité de Lisbonne leur a, pour la première fois, accordé des prérogatives spécifiques en matière de contrôle du respect de ce principe. Un mécanisme complexe, dit d'alerte précoce, prévoit en effet que les parlements puissent signaler à la Commission une possible infraction au principe de subsidiarité avant l'examen d'une proposition par le Conseil et le Parlement européen[22]. Si un tiers des Parlements nationaux estime que le texte pose problème de ce point de vue, la Commission peut retirer le texte, le modifier ou le maintenir en motivant sa décision ; on parle alors de carton jaune. Si le seuil atteint la moitié (carton orange), il sera facile au Conseil ou au PE de bloquer la proposition. Cet outil original, qui articule l'examen individuel des assemblées et leur participation collective, fit l'objet de 65 opinions par an sur la période 2010-2013[23]. Par deux fois, en 2012 et 2013, le seuil d'un tiers fut atteint. La Commission contesta à chaque fois une infraction au principe de subsidiarité et décida dans le premier cas de retirer sa proposition et dans le second de la maintenir inchangée. Le premier bilan d'utilisation de ce nouvel instrument est donc globalement négatif. L'outil peut même apparaître comme un dérivatif potentiellement dangereux pour les parlements : dérivatif puisque ses effets sont limités tandis qu'il peut mobiliser des ressources bureaucratiques importantes en interne ; potentiellement dangereux car il cantonne les parlementaires dans le rôle de gardien de la souveraineté nationale au risque de vouloir réduire les débats européens à cette seule dimension.

La prise de parole des parlements nationaux

En dépit de la difficulté à s'accorder dans les traités sur leur rôle, les parlementaires nationaux ont progressivement acquis de nombreux droits au sein de leur espace politique respectif[24]. Différents facteurs contribuèrent à la mise en place d'activités de contrôle spécifique. Citons, par ordre décroissant d'importance, la place de chaque parlement au sein de son système institutionnel, l'euroscepticisme de l'opinion et la date d'adhésion à l'UE[25]. Les échanges entre élus dans le cadre de réseaux spécialisés comme la Cosac (Conférence des organes spécialisés dans les affaires communautaires) ainsi que la relative proximité des différents systèmes politiques des États membres contribuèrent à la diffusion d'un modèle de participation aux affaires européennes reposant sur l'examen en amont de la législation européenne en projet dans le cadre de procédures et de structures spécialisées. Trois principes structurent ce modèle. D'abord le rapport au temps, les parlementaires étant supposés trouver des marges d'influence grâce à la précocité de leur intervention. Ensuite la lutte contre le déficit d'information dont souffre le pouvoir législatif vis-à-vis de l'exécutif en matière européenne. Enfin l'idée que seule la spécialisation des élus, des procédures et des ressources humaines permet d'agir efficacement.

Le tableau ci-dessous dresse un bilan quantitatif des activités européennes des quarante assemblées parlementaires nationales sur la période 2010-2012. Il indique que l'européanisation des parlements n'a pas été seulement formelle mais se traduit par un niveau élevé d'activités. Les Commissions des affaires européennes, que l'on retrouve dans tous les parlements, se réunissent en moyenne une fois par semaine en période de session pendant plus d'une heure. Les gouvernements reçoivent chaque année de leurs assemblées plus de trente-cinq opinions dont le degré de contrainte juridique et politique varie grandement d'un État à l'autre. Les chambres envoient également des opinions à la Commission dans le cadre d'une procédure informelle de consultation. Enfin, en dehors des procédures spécialisées, le contrôle des affaires européennes passe par des canaux habituels comme les débats en séance. Ce sont en moyenne 5 % des débats en séance qui concernent les questions européennes[26].

Les activités européennes des parlements nationaux en 2010-2012 (moyenne annuelle par assemblée)

Débats européens en séance		Opinions		Réunions des Commissions des Affaires européennes	
nombre de réunions	durée (en heures)	envoyées au gouvernement	envoyées à la Commission	nombre de réunions	durée (en heures)
13,7	23	35,4	12	45	68,4

Note : moyenne pour les 40 assemblées parlementaires européennes. « Opinions envoyées à la Commission » = documents produits dans le cadre de la procédure dite du « Dialogue politique », avis sur la subsidiarité exclus.

Source : K. Auel, O. Rozenberg et A. Tacea, « Fighting Back? And, if so, how? Measuring Parliamentary Strength and Activity in EU Affairs » in *C. Hefftler et al. , op. cit., à paraître.*

Les parlementaires nationaux sont donc relativement mobilisés par les questions européennes, les deux assemblées finlandaises et suédoises se distinguant par un surcroît notable d'activité. Il est plus difficile d'établir un diagnostic quant aux effets de cette activité, non seulement compte tenu de la diversité des cas et des assemblées mais également des fonctionnalités prêtées au parlement : amendement ponctuel de la législation, influence de long terme sur l'orientation de l'action publique, information des citoyens… Durant la crise économique du début des années 2010, la vigueur des débats parlementaires à propos des plans de sauvetage aux États menacés de faillite indique que la mobilisation des parlements nationaux ne saurait être évaluée à la seule aune de leur influence directe sur la législation européenne[27]. S'agissant de la législation, des recherches en cours suggèrent que les parlements les plus actifs contraindraient leurs ministres à ne pas soutenir officiellement certains projets au Conseil mais que cette prise de position publique serait largement déconnectée de la négociation véritable, informelle et secrète, entre États membres[28].

Les partis politiques, « marginaux sécants » du système ?

Les formes émergentes de politisation de l'UE sont caractérisées par un manque d'articulation entre les niveaux européen et nationaux. Le PE, on l'a vu, tend à se constituer en espace politique autonome, travaillé par des logiques endogènes de recrutement et de fonctionnement. Les parlementaires nationaux sont certes plus actifs que naguère en matière européenne mais ils considèrent le plus souvent les enjeux européens au seul prisme de l'intérêt national. Ce défaut d'articulation du système se trouve quelque peu compensé par la place originale qu'y occupent les partis politiques. Acteurs cruciaux des systèmes politiques nationaux, et souvent régionaux, ils sont également présents au niveau européen non seulement *via* les groupes parlementaires du PE mais également par le biais de structures confédérales subventionnées. Ils peuvent ainsi être rapprochés du concept de « marginaux sécants » qui, en sociologie des organisations, désigne un acteur à l'interface de deux systèmes ; ils contribuent en cela à l'émergence, certes balbutiante, d'une vie politique européenne.

Les partis politiques au niveau européen, fruits du volontarisme institutionnel

À l'instar des partis politiques britanniques du XIXe siècle, les partis politiques européens sont nés des groupes parlementaires, ceux du PE en l'occurrence. mais contrairement à la plupart des partis nationaux, leur développement tient moins à la nécessité de rationaliser et d'organiser le suffrage universel qu'au volontarisme des rédacteurs des traités européens depuis Maastricht[29]. Le statut des « partis politiques au niveau européen », adopté en 2003 et modifié en 2007, organise ainsi un système de subventions au profit de structures fédérant les partis politiques nationaux. Les conditions pour valider les statuts sont assez peu exigeantes. Il est nécessaire d'avoir des membres dans au moins un quart des États membres qui, soit ont reçu plus de 3 % des votes aux élections européennes, soit ont des élus européens, nationaux ou régionaux. Ces structures peuvent recevoir des dons et surtout une subvention du PE répartie à hauteur de 15 % en parts égales et à hauteur de 85 % proportionnellement au nombre d'élus au PE. Elles peuvent créer leur fondation, destinée à alimenter la réflexion et également subventionnée.

Comme indiqué dans le tableau, treize formations ont ainsi reçu un financement en 2014. Le montant total des subventions allouées (qui ne seront pas toutes nécessairement versées) atteint plus de 41 millions d'euros, soit environ 0,5 % des frais de fonctionnement de l'UE. Afin d'éviter que ces partis ne soient que des coquilles vides, le transfert des subventions au niveau national est proscrit. Au total, on peut faire le constat d'un véritable pluralisme dans la diversité des partis accrédités. La moitié d'entre eux sont eurosceptiques voire opposés aux traités européens. L'Alliance des conservateurs et réformistes européens (AECR), emmenée par les *Tories* britanniques, doit ainsi recevoir près de trois millions d'euros en 2014.

Les partis politiques au niveau européen en 2014

Nom	Sigle	Date création	Partis politiques français membres	Positionnement idéologique	Subventions 2014(1)		
					Parti	Fond.(2)	Total
Parti populaire européen	PPE	1976	UMP	droite de gouvernement	9,5	4,6	14,1
Parti socialiste européen	PSE	1992	PS	gauche de gouvernent	6,4	3,1	9,5
Alliance des libéraux et des démocrates pour l'Europe	ALDE	2004	MoDem UDI	libéral / centre	2,8	1,4	4,2
Alliance des conservateurs et réformistes européens	AECR	2010	-	eurosceptique	2	0,9	2,9
Parti vert européen	PVE	2004	Verts	écologie	1,9	0,9	2,8
Parti de la gauche européenne	PGE	2004	PCF FG	extrême gauche	1,2	0,6	1,8
Mouvement pour l'Europe des libertés et de la démocratie	MELD	2012	MPF (Villiers)	eurosceptique	1	0,5	1,5
Parti démocrate européen	PDE	2004	MoDem	centre	0,7	0,3	1
Alliance libre européenne	ALE	1981	4 partis régionalistes	régionaliste	0,6	0,3	0,9
Alliance européenne pour la liberté	AEL	2011	FN	extrême droite	0,5	0,3	0,8
Alliance européenne des mouvements nationaux	AEMN	2012	anciennement FN	extrême droite	0,5	0,2	0,7
Alliance pour une Europe des Démocraties	EUD	2005	Debout la République	eurosceptique	0,4	0,2	0,6
Mouvement politique chrétien européen	ECPM	2010	-	chrétien conservateur	0,4	0,2	0,6

Notes : (1) en millions d'euros. (2) Fondation.

Source : pour les subventions, Parlement européen, DG Finances, Unité « Political Scrutures Financing », mars 2014.

La lente « partification » du système politique européen

En dépit des effets d'aubaine provoqués par la volonté de capter une partie de la manne financière, on peut faire l'hypothèse que ces structurent contribuent au développement d'une vie politique européenne susceptible d'articuler les niveaux nationaux et la sphère bruxelloise. Outre le cas du choix du président de la Commission par les délégués du PPE en 2014, trois arguments peuvent être avancés.

• Le premier est celui de la socialisation : les responsables nationaux des partis politiques ont pris l'habitude de se voir et de se fréquenter. Sans aller jusqu'à créer des solidarités de fait, chères aux fonctionnalistes, ces échanges contribuent au rapprochement des dirigeants, à une meilleure connaissance mutuelle. Surtout, on peut remarquer qu'ils ne sont pas limités aux seuls dirigeants des grands partis de gouvernement mais aussi à ceux des petits partis ainsi qu'aux cadres intermédiaires, par exemple *via* les échanges entre municipalités d'une couleur politique identique.

• En deuxième lieu, les congrès des deux principaux partis sont l'occasion de réunir les dirigeants les plus influents d'Europe, dont certains détiennent de hautes responsabilités et d'offrir, outre une photo de famille, une grille de lecture partisane pour analyser les enjeux et controverses à l'ordre du jour de l'agenda européen. L'évolution du débat relatif aux politiques de rigueur budgétaire est exemplaire à cet égard. L'appréhension géographique qui en est souvent faite – le Nord vertueux contre le Sud dispendieux – se conjugue avec une lecture partisane du clivage opposant, fin 2014, les dirigeants de droite (Allemagne et Pologne notamment) à ceux de gauche (France et Italie notamment). Au niveau du Conseil européen, le soutien des sociaux-démocrates à la candidature de J.-Cl. Juncker, fut ainsi conditionné par la promesse d'une certaine modération en matière de discipline budgétaire.

• En troisième lieu, les partis politiques au niveau européen ont aussi un impact au niveau... national. Le choix d'une formation politique de s'affilier à telle ou telle structure au niveau européen constitue en effet une décision stratégique potentiellement importante. Le glissement eurosceptique des Tories britanniques fut ainsi accéléré par leur sortie du PPE en 2009. À l'inverse, François Bayrou quitta le PPE pour faire valoir le positionnement pro-européen de son parti, pour mieux se distinguer de l'UMP. À l'extrême droite, Marine Le Pen redoubla d'efforts en 2013 pour obtenir de son père qu'il quitte l'Alliance européenne des mouvements nationaux (AEMN) où il siégeait aux côtés des néofascistes italiens, britanniques et hongrois. De son côté, UKIP refusa en 2014 de constituer un groupe avec les élus du FN afin de préserver une image modérée. Sans fusionner dans un même ensemble, les systèmes partisans européen et nationaux tendent ainsi, et de plus en plus, à s'interpénétrer.

• • • Les acteurs politiques se sont, à bien des égards, emparés des questions européennes à travers un double mouvement de politisation du système de décision européenne et d'européanisation des débats nationaux. S'il en résulte un défaut d'articulation entre les deux niveaux, européen et nationaux, les partis politiques contribuent cependant à une certaine circulation des idées et des hommes. En dépit de ses difficultés, l'UE tend ainsi à dépasser le fonctionnalisme néo-corporatiste de ses origines en faveur d'un espace partisan structuré par une demi-douzaine de familles politiques transnationales - l'extrême gauche, les socio-démocrates, les écologistes, les libéraux, la droite de gouvernement – auxquelles s'ajoutent, de façon plus hétérogène, différentes forces eurosceptiques ou europhobes. Au regard de la difficile émergence d'un espace public au-delà de sphère bruxelloise, la relative cohérence de ce pluralisme partisan n'est pas négligeable. Il reste cependant deux défis d'importance pour affirmer la nature politique de l'Union : la question de l'incarnation du *leadership* d'un camp derrière un dirigeant, d'une part, et celle d'une institutionnalisation assumée des clivages partisans, d'autre part. Sans ignorer les spécificités propres à un système politique issu d'une intégration régionale, il semble en effet difficile de concevoir une vie politique authentique sans dirigeants (re)connus et sans rompre – parfois – avec l'esprit de compromis qui caractérise aujourd'hui l'activité législative du Parlement européen.

Olivier Rozenberg

Bibliographie

Olivier Costa, « Les acteurs politiques » *in* R. Dehousse (dir.), *Politiques européennes,* Presses de Sciences Po, 2009, pp. 53-82.

Olivier Costa et Paul Magnette (dir.), *Une Europe des élites ? Réflexions sur la fracture démocratique de l'Union européenne*, éd. de l'Université de Bruxelles, 2007.

François Foret, *Légitimer l'Europe,* Presses de Sciences Po, 2008.

Didier Georgakakis (dir.), *Le champ de l'Eurocratie. Une sociologie politique du personnel de l'UE*, Economica, 2012.

Didier Georgakakis (dir.), *Les métiers de l'Europe politique. Acteurs et professionnalisations de l'Union européenne*, Presses universitaires de Strasbourg, 2002.

Claudia Hefftler, Christine Neuhold, Olivier Rozenberg et Julie Smith (dir.), *Palgrave Handbook on National Parliaments and the European Union*, Palgrave Macmillan, à paraître.

Simon Hix et Børjn Høyland B. Høyland, *The Political System of the European Union,* Palgrave, 2011, 3e éd.

Simon Hix, Abdul G. Noury et Gérard Roland, *Democratic Politics in the European Parliament*, Cambridge University Press, 2007.

Paul Magnette, *Le régime politique de l'Union européenne,* Presses de Sciences Po, 2009, 3e éd.

Olivier Rozenberg, « Les élections européennes et le Parlement européen », numéro spécial, *Politique européenne*, 2009, n° 28.

Olivier Rozenberg et Yves Surel (dir.), « Parlementarisme et construction européenne », numéro spécial, *Politique européenne*, 2003, n° 9.

Notes

1. Olivier Costa, « Les acteurs politiques » *in* R. Dehousse (dir.), *Politiques européennes,* Presses de Sciences Po, 2009, pp. 53-82.

2. Paul Magnette, *Le régime politique de l'Union européenne,* Presses de Sciences Po, 2009, 3e éd. ; O. Rozenberg et Y. Surel, « Parlements et Union européenne », *Politique européenne*, 2003, n° 9, pp. 5-29.

3. Olivier Costa, *Le Parlement européen, assemblée délibérante,* Editions de l'Université de Bruxelles, 2001.

4. Olivier Costa et Paul Magnette, « Idéologie et changements institutionnel dans l'Union européenne. Pourquoi les gouvernements ont-ils constamment renforcé le Parlement européen ? », *Politique européenne,* 2003, n° 9, pp. 49-75.

5. Olivier Rozenberg, « L'influence du Parlement européen et l'indifférence de ses électeurs : une corrélation fallacieuse ? », *Politique européenne*, 2009, n° 28, pp. 7-36.

6. Calculs d'après : Parlement européen, DG Communication, « Public Opinion Review. European Elections 1979-2009 », 2009.

7. S. Hix, A. Noury et G. Roland, *Democratic Politics in the European Parliament*, Cambridge University Press, 2007.

8. L. Derkacz, *Socialisation politique au Parlement europ*éen, Larcier, Bruxelles, 2013.

9. N. Brack, *L'euroscepticisme au sein du Parlement européen*, Larcier, Bruxelles, 2014.

10. W. Beauvallet, V. Lepaux, S. Michon, « Qui sont les eurodéputés ? Analyse statistique des profils des parlementaires européens (2004-2014) et de leurs transformations ? », *Etudes européennes. La revue permanente des professionnels de l'Europe*, 2012, pp. 1-14, ici p. 4.

11. *Ibid*, p. 5.

12. *Ibid*, p. 6.

13. 36 %, le taux étant plus élevé à l'Est de l'Europe. *Ibid*, p. 7.

14. Le taux de féminisation, en lente mais constante progression depuis 1979, place le PE au-dessus de la moyenne européenne des Parlements nationaux (v. tableau p. 36).

15. J. Navarro, Les *députés européens et leur rôle. Sociologie interprétative des pratiques parlementaires*, éd. de l'Université de Bruxelles, 2009.

16. N. Brack, *op. cit.*

17. S. Michon, *Les équipes parlementaires des eurodéputés,* Larcier, Bruxelles, 2014.

18. Source : Parlement européen, DG Communication, Unité « Suivi de l'opinion publique ». Information communiquée en août 2014.

19. Voir Votewatch : http://vovtewatch.eu/consulté le 30 août 2014.

20. A. Smith, J. Joana, *Les commissaires européens. Technocrates, diplomates ou politiques ?*, Presses de Sciences Po, 2002.

21. F. Foret, *Légitimer l'Europe,* Presses de Sciences Po, 2008.

22. P. Kiiver, *The Early Warning System for the Principle of Subsidiarity: Constitutional Theory and Empirical reality,* Routledge, 2012.

23. Rapports annuels de la Commission européenne sur les rapports entre la Commission européenne et les Parlements nationaux.

24. O. Rozenberg et C. Hefftler, « Introduction » *in* C. Hefftler, C. Neuhold, O. Rozenberg et J. Smith (dir.), *Palgrave Handbook on National Parliaments and the European Union*, Palgrave Macmillan, à paraître.

25. T. Winzen, « National Parliamentary Control of European Union Affairs: A Cross-national and Longitudinal Comparison », *West European Politics*, n° 3, 2012, pp. 657-672.

26. Séances de questions orales exclues. Source : les travaux de K. Auel, A. Tacea et O. Rozenberg dans le cadre du projet OPAL (Observatory of National Parliaments After Lisbon).

27. K. Auel et O. Höing, « Scrutiny in Challenging Time: National Parliaments in the Eurozone crisis », *SIEPS Policy Paper,* n° 1, 2014.

28. S. Bendjaballah, S. Novak et O. Rozenberg, « Comment doutent les institutions ? Réformer la procédure législative de l'Union européenne », *Revue de l'OFCE,* n° 134, 2014, pp. 9-15.

29. F. Roa Bastos, « Sociogenèse d'une catégorie politique : l'introduction de « partis politiques au niveau européen » dans le droit communautaire », *Cultures & Conflits,* n° 85-86, 2012, pp. 99-122.

Notice 4

Les États membres et l'Union européenne

L'Union européenne est en 2014 composée de vingt-huit États qui ont le statut de « membres » parce qu'ils adhèrent aux traités européens et se sont engagés à mettre en œuvre la législation que les représentants nationaux et les parlementaires européens co-décident à Bruxelles. La législation européenne prime sur les législations nationales et si un État membre ne la met pas en œuvre, il s'expose à des sanctions financières décidées par la Cour de Justice européenne. La relation entre les États membres et l'Union européenne est complexe et se développe autour de deux axes : d'une part, les États membres sont des acteurs fondamentaux du processus politique européen ; d'autre part, ils sont soumis à la législation européenne qui contribue depuis des décennies à transformer les États-nations européens en États membres de l'Union européenne.

Le statut d'État membre est contraignant et les raisons pour lesquelles les gouvernements nationaux ont choisi de déléguer une partie de la souveraineté étatique ont donné lieu à bien des recherches et débats. L'appartenance à l'Union européenne (UE) ne va d'ailleurs pas sans d'occasionnelles hésitations, voire résistances, de la part des gouvernements eux-mêmes. L'exemple le plus récent est le projet d'organiser en Grande-Bretagne, en 2017, un référendum sur l'appartenance à l'UE. Cette appartenance est en outre régulièrement contestée au sein de la société civile ; les mouvements populistes, nationalistes ou fascistes qui se sont récemment renforcés dans plusieurs États membres sont un des principaux vecteurs de cette contestation – parmi ces mouvements, on compte par exemple le parti « Alternative pour l'Allemagne » (*Alternative für Deutschland*) créé en 2013, le Front national français et l'*UKIP* (*United Kingdom Independence Party*), deux partis dont la représentation au Parlement européen s'est considérablement accrue à l'issue des élections européennes de 2014. Au cours de l'histoire de l'UE, le regret d'une souveraineté perdue s'est exprimé à diverses reprises et sous diverses formes, l'épisode le plus marquant à cet égard étant celui de la « crise de la chaise vide[1] ».

On peut envisager la relation entre les États membres et l'UE de bien des manières parce que le concept d'État membre recouvre diverses réalités – entre autres le gouvernement, l'opinion publique, les institutions politiques ou encore la législation. On pourrait ainsi aborder le rôle des gouvernements dans le processus décisionnel européen, l'impact du droit communautaire sur les politiques publiques et les institutions politiques nationales, la mise en œuvre de la législation européenne dans les États membres ou encore la perception de l'UE chez ces derniers et la question de l'euroscepticisme. On pourrait en outre tenter d'expliquer de manière générale comment les États-nations issus de la Seconde Guerre mondiale se sont transformés en États membres de l'UE, comme l'a fait Christopher Bickerton dans son livre *European Integration : From Nation-States to Member States* ou préférer envisager les différents États membres individuellement – comme le font un certain nombre d'ouvrages dont le plus récent est celui de Simon Bulmer et Christian Lequesne, *The Member States of the European Union*[2]

Étant donné que le principe même de l'intégration européenne et l'appartenance à l'UE font l'objet de contestations grandissantes dans plusieurs pays européens, on a choisi d'analyser la relation entre les États membres et l'UE en se concentrant sur les deux principes au cœur de cette relation : d'une part, la capacité de décision et d'influence qu'ont les États membres dans le processus politique européen et, d'autre part, la contrainte exercée par les traités européens et la législation secondaire sur les États membres. On distinguera ainsi deux questions principales : celle du rôle des gouvernements nationaux dans le processus décisionnel européen ; et celle de l'impact de la législation européenne sur les législations nationales. Cette seconde question renvoie à la question plus large de l'européanisation. Étant donné le nombre et la diversité des objets qui peuvent être analysés dans cette perspective, on a choisi de se concentrer sur le rapport entre législation européenne et législation nationale[3].

Après avoir fait le point sur les débats et controverses entourant l'érosion progressive des souverainetés étatiques, une deuxième section envisage les États membres comme acteurs de la sphère intergouvernementale. La troisième s'intéresse à la représentation et à l'influence des États à d'autres niveaux du processus politique. Enfin, la quatrième est consacrée à l'impact de la législation européenne sur les législations nationales.

L'érosion des souverainetés nationales : débats et controverses

Comme on le sait, l'intégration européenne repose sur le choix qu'ont fait les gouvernements nationaux de transférer au niveau européen la décision d'un nombre croissant de politiques. Ce choix par les gouvernements nationaux d'un affaiblissement apparent des États à travers l'érosion de leur souveraineté peut sembler paradoxal. Il a pour cette raison donné lieu à de multiples débats politiques et théoriques. Cette section fera le point sur ces différents débats : elle pointera tout d'abord quelques idées fausses mais récurrentes dans le débat politique ; puis elle rendra compte des débats théoriques au sujet de la transformation des États souverains.

Quelques idées fausses

Dans divers contextes, il n'est pas rare d'entendre dire que « Bruxelles » déposséderait les États membres de l'Union européenne de leur souveraineté et contraindrait les gouvernements à se plier à des décisions prises malgré eux dans la capitale européenne. Comme on le sait, cet argument est souvent brandi par les partis politiques anti-européens. Pourtant ce sont les gouvernements des États membres eux-mêmes qui, depuis les années 1950, négocient les traités au fondement de l'UE et qui ont demandé l'adhésion de leur État à l'Union parce qu'ils pensaient qu'une telle appartenance était dans l'intérêt de leur nation. En outre, la crise financière et économique récente montre que dans des circonstances où des décisions amples et fondamentales doivent être prises, les chefs d'États et les gouvernements sont les principaux acteurs du changement institutionnel.

Une autre idée fausse fort répandue dans le débat politique et de manière plus large encore concerne la législation européenne : on entend souvent dire que la Commission légiférerait pour l'UE. En réalité, la Commission européenne ne fait qu'initier des propositions de loi. Ce sont aux représentants des États membres de décider de l'adoption ou du rejet de ces propositions avec le Parlement européen.

Les États membres sont donc les acteurs majeurs de la communauté européenne et décident du droit primaire comme du droit secondaire (v. Notice 9).

Débats théoriques sur la transformation des États

Au plan théorique, les chercheurs se sont interrogés sur la manière dont l'appartenance à l'Union européenne transforme les États. En particulier, plusieurs travaux tentent d'expliquer si l'intégration européenne entraîne l'affaiblissement ou le renforcement des États. Selon la thèse intergouvernementaliste libérale d'Andrew Moravcsik dans *The Choice for Europe* – qui trouve ses origines dans le livre *The European Rescue of the Nation State* de l'historien Alan Milward – depuis les débuts de la construction européenne, les gouvernements choisiraient de déléguer au niveau européen la confection d'un nombre croissant de politiques afin de sauvegarder l'État lui-même dans un contexte d'interdépendance économique croissante. L'intégration européenne serait au service des intérêts économiques des États membres et conduirait à leur renforcement économique. Dans ce contexte, les gouvernements resteraient les maîtres du processus d'intégration européenne, négociant eux-mêmes les différents traités dans le cadre de grandes conférences intergouvernementales. Plus que toute autre théorie, les théories intergouvernementalistes placent les États au cœur du processus d'intégration européenne.

Au contraire, les autres théories conduisent à soutenir que si les gouvernements nationaux sont les instigateurs de la construction européenne, l'évolution de l'UE leur échappe partiellement. Ce constat repose sur des argumentations fort différentes. Selon le néo-fonctionnalisme, dont Ernst Haas est l'un des principaux théoriciens, cette évolution est due au fait que l'intégration s'effectue par un mécanisme d'engrenage, l'intégration dans un secteur donné débouchant sur l'harmonisation des politiques dans un autre secteur. Les théoriciens de la gouvernance multiniveaux comme Liesbet Hooghe et Gary Marks[4] arguent quant à eux que l'intégration européenne a conduit à renforcer et autonomiser les pouvoirs locaux par rapport aux gouvernements centraux, notamment à travers la politique de cohésion dont les fonds structurels sont distribués aux régions et non aux gouvernements nationaux. Enfin, comme on le verra dans la troisième section, des travaux récents ont soutenu que des mesures prises dans certains secteurs ont dans d'autres secteurs réputés régaliens des conséquences que les gouvernements ne maîtrisent pas.

Le débat sur la transformation des États dans l'UE est foisonnant et ne peut en fait trouver de réponse définitive : le statut et le rôle des États membres varient en fonction des secteurs politiques et parler d'État membre *in abstracto* est quelque peu illusoire tant les États membres sont divers, à la fois par leur poids démographique et économique, les raisons pour lesquelles ils ont adhéré à l'UE, et leur influence sur le processus décisionnel européen.

Une approche alternative à ce débat théorique est celle des spécialistes de l'« européanisation ». Ce concept vague, qui a donné lieu à de nombreuses études, a émergé dans les années 1990. Diverses définitions ont été données, mais elles ont en commun de renvoyer au processus par lequel l'appartenance à l'Union européenne transforme diverses dimensions des politiques et institutions nationales. Les études à ce sujet visent donc à décrire et expliquer la transformation des États sous l'influence de l'intégration européenne et renversent l'interrogation plus classique sur le statut et le rôle de l'État dans le processus d'intégration européenne[5].

Les États membres, acteurs du processus politique européen : la sphère intergouvernementale

Cette section s'intéresse à la façon dont les États membres sont représentés ou assurent leur présence à divers niveaux du processus politique européen. Elle montre que les États sont au cœur de ce processus mais que leur pouvoir est contrebalancé par d'autres formes de pouvoir, ce qui conduit à nuancer la thèse selon laquelle la crise aurait renforcé le pouvoir des gouvernements nationaux dans l'élaboration des politiques.

La représentation des États membres dans les institutions européennes : le Conseil de l'Union européenne et le Conseil européen

L'institution intergouvernementale par excellence à Bruxelles est le Conseil de l'Union européenne, autrefois nommé Conseil des ministres – et à ne pas confondre avec le Conseil européen. Au sein du Conseil de l'UE, les États membres sont représentés par leurs ministres. Le Conseil européen est composé des chefs d'État et de gouvernement. Ces deux institutions puissantes sont aussi les moins bien connues de Bruxelles et se caractérisent toutes deux par leur manque de transparence.

Le Conseil de l'Union européenne : une coopération intergouvernementale efficace

Le Conseil de l'UE est la principale institution législative de l'Union. Ses membres décident d'adopter ou non les propositions législatives formulées par la Commission européenne, de plus en plus fréquemment en codécision avec le Parlement européen. Le Conseil comprend en fait dix formations :

- Agriculture et pêche ;
- Compétitivité ;
- Affaires économiques et financières ;
- Environnement ;
- Emploi, politique sociale, santé et consommateurs ;
- Éducation, jeunesse, culture et sport ;
- Affaires étrangères ;
- Affaires générales ;
- Justice et Affaires intérieures ;
- Transports, télécommunications et énergie.

Dans ces différents secteurs, les intérêts des États membres sont hétérogènes, voire opposés – une diversité qui s'est accrue au fil des élargissements. Qu'on pense par exemple à la Politique agricole commune défendue fermement par des pays bénéficiaires comme la France et la Pologne, alors que des pays au secteur rural peu développé comme la Grande-Bretagne y voient peu d'intérêt (v. Notice 15). Alors qu'on aurait pu s'attendre à ce que des États aussi divers échouent souvent à prendre des décisions communes, la productivité législative du Conseil est fort élevée. Plusieurs facteurs expliquent ce résultat.

- Tout d'abord, dans un grand nombre de domaines, les gouvernements ont abandonné leur droit de veto et choisi lors des négociations des traités de décider par un vote à la majorité qualifiée. Le vote à la majorité qualifiée implique un seuil de majorité élevé (environ 70%) et une distribution des voix aux États membres reposant principalement sur leur poids démographique. Les petits États reçoivent toutefois proportionnellement plus de voix que les moyens et grands États membres afin que leur vote puisse avoir un effet significatif. En outre, la principale préoccupation des gouvernements lorsqu'ils négocient la distribution des voix est de déterminer quelles coalitions pourront constituer des minorités de blocage. Un principe important dans ce cadre est par exemple celui selon lequel deux grands États membres ne doivent pouvoir à eux seuls bloquer l'adoption d'une mesure. Ce système sera remplacé en novembre 2014 par un système de double majorité dans lequel une mesure peut être adoptée si elle est soutenue par au moins 55% des membres du Conseil (chaque État comptant pour un) représentant au moins 65% de la population européenne. Une minorité de blocage pourra être constituée par au moins quatre membres du Conseil. La règle du vote à la majorité qualifiée est fondamentale car elle permet la mise en commun des souverainetés étatiques ; elle est en outre coûteuse puisqu'elle implique que si un ministre vote contre un texte adopté, ce texte devra cependant être mis en œuvre dans son pays. Au fil des traités, les gouvernements ont choisi d'éroder toujours plus les souverainetés étatiques en étendant la sphère de décision relevant du vote à la majorité qualifiée. La dernière extension importante concerne le secteur de la justice et des affaires intérieures. Cette érosion volontaire des souverainetés est moins paradoxale qu'elle n'en a l'air et s'explique par la conviction des gouvernements que le transfert de la décision au niveau européen plutôt qu'au niveau national permet de renforcer les États dans un contexte global d'interdépendance croissante. Au contraire, dans les quelques secteurs où l'unanimité est la règle, notamment la politique étrangère, l'activité législative est assez faible.

- Ensuite, les représentants nationaux se plient à la logique de la majorité qualifiée et la volonté de ne pas être mis en minorité et isolés les conduit à assouplir leurs positions et à faire des concessions. Avant que les ministres n'adoptent officiellement les textes de loi, les experts réunis au sein de groupes de travail puis les représentants permanents des États membres réunis au sein du Comité des Représentants Permanents (Coreper) négocient les propositions législatives de la Commission en tentant d'élaborer des compromis de façon à ne pas heurter les intérêts des différents États membres, en particulier ceux des grands États.

- Enfin, lors des négociations, la présidence du Conseil joue un rôle important : chaque semestre, un État membre différent est chargé de cette présidence. On entend parfois dire que le Traité de Lisbonne a mis fin à l'institution de la présidence tournante. En réalité, c'est au Conseil européen que la présidence tournante a été remplacée par un président permanent (le belge Hermann Van Rompuy de 2009 à 2014 à qui succédera, au 1er décembre 2014, le Polonais Donald Tusk). mais au Conseil de l'Union européenne, la présidence tournante a été conservée. La présidence conduit les négociations, doit collecter des informations sur les positions des différents États membres et modifier les propositions législatives en accord avec la Commission. Cette méthode du compromis est parfois critiquée parce qu'elle conduit à élaborer des textes peu clairs ou ambigus que les gouvernements pourront interpréter à leur guise. mais il semble que de telles pratiques diplomatiques soient le prix à payer pour éviter les blocages et pour qu'une institution intergouvernementale dans laquelle les intérêts des États sont extrêmement hétérogènes soit en mesure de fonctionner[6].

Pour conclure, on peut s'interroger sur la façon dont les représentants permanents défendent les intérêts de leur État lors des négociations. Certains spécialistes, en particulier Jeffrey Lewis, soutiennent que dans ce cadre, la socialisation des représentants permanents, qui ont l'habitude de travailler quotidiennement ensemble, les incite à prendre en compte les positions de leurs pairs, à s'entraider et à chercher le consensus. Au contraire, les théories intergouvernementalistes conduisent à soutenir que les négociations au Conseil obéissent à un strict calcul d'intérêts au cours duquel les représentants cherchent à maximiser leurs gains sans qu'une quelconque solidarité les conduise à faire des concessions à leurs pairs. Ce débat ouvert montre que même si le Conseil de l'Union européenne est une institution intergouvernementale, le rôle réel des États dans le processus décisionnel ne correspond pas toujours strictement à leur poids formel dans la procédure de vote et que les négociations ne reposent pas nécessairement sur la défense égoïste par chaque représentant des intérêts de son État. Les analyses de la culture du compromis au Conseil nous aident ainsi à comprendre le rôle des États membres dans le processus législatif européen. Il s'agit à présent de comprendre comment l'étude du Conseil européen permet-elle de mieux définir le rôle de la sphère intergouvernementale dans la gouvernance européenne.

La visibilité accrue du Conseil européen

Le contexte de crise économique et financière a conduit les chefs d'États et de gouvernement à se réunir de plus en plus fréquemment en Conseil alors que cette institution ne siégeait en moyenne que deux fois par an avant la crise. Le rôle des gouvernements a ainsi semblé se renforcer ces dernières années. Cependant, ces réunions sont devenues à nouveau moins fréquentes à partir de 2013. Cette présence accrue des gouvernements dans le jeu décisionnel européen s'explique par la gravité et le caractère inattendu de la crise et l'urgence à la résoudre, situation inédite à laquelle les traités ne permettaient pas de répondre ; en outre, pour remédier à la crise, les gouvernements ont dû puiser dans les budgets nationaux parce que le budget de l'UE est lui-même assez faible (v. Notice 8)[7].

Selon Uwe Puetter[8], le Conseil européen serait ainsi le nouveau centre du pouvoir dans l'UE. D'après ses analyses, le contexte exceptionnel de crise ne doit pas masquer le fait que cette évolution remonte à une période antérieure. En effet, avec le Traité de Maastricht (1992), les gouvernements se sont ménagé la possibilité de coordonner leurs politiques sociales et d'emploi, la gouvernance économique et financière, et la politique étrangère, privilégiant dans ces domaines la coordination intergouvernementale à la méthode communautaire.

Cependant, si la visibilité du Conseil européen s'est fortement accrue, on ne peut en déduire mécaniquement que la gouvernance européenne est à présent principalement animée par une dynamique intergouvernementale. Plusieurs arguments peuvent être avancés pour nuancer la thèse de la centralité du Conseil européen dans le système de gouvernance européenne.

Tout d'abord, le Conseil européen ne prend pas de décisions législatives. Il ne peut que fixer des grandes orientations politiques. Il semble que dans les années récentes, son influence sur le processus législatif se soit accrue, mais cette influence n'équivaut pas à un pouvoir législatif. De plus, on peut rappeler que même si les résultats de la Méthode ouverte de coordination, fondée sur la coordination non contraignante des politiques nationales, donnent lieu à débat, la tendance est plutôt à reconnaître que l'absence de contrainte juridique au niveau européen rend cette méthode assez peu efficace eu égard aux transformations profondes que permet la méthode communautaire.

Ensuite, comme L. Boussaguet et R. Dehousse l'ont montré[9], les récentes décisions prises par le Conseil européen en matière financière reviennent en fait à déléguer plus de compétences à la Banque centrale européenne et à la Commission européenne. Si la recherche de solution à la crise conduit à accroître le rôle des États à court terme, les solutions de long terme pour lesquelles ils optent aboutissent à renforcer supranationalisme.

Enfin, si l'on s'intéresse aux résultats de la coopération intergouvernementale par secteur politique, on constate que dans le domaine où les États membres sont censés avoir conservé le plus d'autonomie par rapport aux institutions européennes, à savoir la politique étrangère, la capacité des gouvernements à coordonner leurs politiques reste assez faible. De même, dans le domaine de l'emploi, en dépit de la volonté affichée par les chefs d'État et de gouvernement de trouver des solutions européennes, les résultats sont bien minces.

Les États membres dans le jeu interinstitutionnel

L'évolution du rôle de la sphère intergouvernementale dépend non seulement des décisions prises au Conseil européen et au Conseil de l'Union européenne, mais aussi des rapports que ces deux institutions entretiennent avec le Parlement européen et la Commission.

Le Parlement européen

L'affirmation croissante du Parlement conduit à un affaiblissement du pouvoir des États, qui s'est marqué de façon spectaculaire lors de l'élection du président de la Commission à l'issue des élections européennes de mai 2014. Selon le traité de Lisbonne, le Conseil européen doit suivre le résultat des élections en désignant le président de la Commission, dont le Parlement doit ensuite ratifier la nomination. Or, les parlementaires ont interprété le traité de façon à amplifier leur influence dans ce processus, en désignant avant même les élections parlementaires un candidat pour chaque groupe politique[10]. Malgré les contestations venant notamment des gouvernements britannique, hongrois et italien, le Conseil européen a voté à la majorité qualifiée pour Jean-Claude Juncker, le candidat désigné par le Parti Populaire Européen (PPE). Cette attitude du Parlement européen a ainsi changé les rapports de force interinstitutionnels, les chefs d'État et de gouvernement ne pouvant avancer d'arguments assez forts en faveur d'une solution satisfaisant les gouvernements opposés alors que les parlementaires mettaient en avant leur légitimité démocratique. On peut qualifier l'interprétation du traité faite par les parlementaires de « simpliste »[11], mais dans les faits, il sera difficile pour les gouvernements de regagner le pouvoir perdu dans ce domaine.

En outre, le pouvoir législatif du Parlement s'est accru suite à l'extension de la méthode communautaire. Bien que le Conseil et le Parlement aient pouvoir égal dans le processus décisionnel, le Conseil avait la réputation d'avoir des capacités d'expertise supérieures à celles du Parlement. mais l'extension du pouvoir formel du Parlement s'est accompagnée d'une capacité accrue de recherche et d'expertise au sein même de cette institution.

Les représentations permanentes des États membres tentent de contrebalancer cette perte de pouvoir en communiquant avec les parlementaires européens de leur nationalité afin de les convaincre de suivre dans leurs amendements les positions prises par leur gouvernement au sein du Conseil. Le succès de cette stratégie dépend en partie de la taille de l'État qui la met en œuvre puisque le nombre de députés élus est proportionnel à la population de chaque pays. Selon le traité, les membres du Parlement européen représentent les citoyens européens et non leur État. Ils sont pour cette raison regroupés par famille politique et non par nationalité. Cependant, ils sont élus sur des listes nationales et non européennes. Ce système ambigu peut conduire à soutenir qu'ils jouent aussi informellement le rôle de représentants des intérêts nationaux.

Néanmoins, de manière générale, on peut conclure que le pouvoir accru du Parlement conduit à brider la capacité décisionnelle du Conseil européen et du Conseil de l'Union européenne.

La Commission européenne et la Banque centrale européenne

Comme on l'a indiqué, l'activité et la visibilité accrues du Conseil européen dans le cadre de la crise n'impliquent pas que la sphère intergouvernementale joue un rôle plus important dans le processus politique européen. De fait, les gouvernements ont choisi d'accroître le rôle de la Commission dans la coordination des politiques économiques et financières et son autorité de contrôle des budgets nationaux et de l'évolution économique. De même, dans le domaine de la régulation bancaire, les gouvernements ont choisi de renforcer le pouvoir de la Banque centrale européenne[12].

Ainsi, la conjugaison de ces transferts de pouvoir volontaires et de la compétition interinstitutionnelle conduit à nuancer la thèse d'une reprise en main du processus politique européen par les gouvernements nationaux. En outre, les évolutions récentes – notamment le rôle déterminant du Parlement dans l'élection du président de la Commission et le renforcement du pouvoir de surveillance économique et financière de la Commission sur les politiques nationales – constituent autant de contraintes institutionnelles supplémentaires qui réduisent la marge de manœuvre du Conseil de l'Union européenne et du Conseil européen.

Représentation et influence des États dans différentes institutions européennes

Alors qu'on a tendance à circonscrire le pouvoir des États à deux institutions – le Conseil des ministres de l'Union européenne et le Conseil européen – les États sont en fait représentés dans un grand nombre d'autres organes. À cet égard, il est nécessaire de distinguer les représentants officiellement chargés de défendre les intérêts nationaux – les deux Conseils étant les institutions dans lesquelles ce type de représentation prévaut – et les membres de divers organes qui sont désignés par leur État mais n'ont pas pour mission de défendre les intérêts nationaux. Le problème est évidemment que dans ce second cas, les gouvernements peuvent toujours tenter d'influencer les personnes qu'ils ont désignées pour qu'ils défendent les intérêts nationaux.

Le Comité économique et social européen et le Comité des Régions

Ces comités sont uniquement composés de représentants nationaux désignés par les États membres. Ils regroupent 353 membres. Le nombre de représentants par État varie en fonction du poids démographique de chaque État.

Le Comité économique et social européen est composé de représentants venus de la société civile. Ces conseillers représentent les milieux socio-économiques et sont organisés en trois groupes : « employeurs », « travailleurs » et « activités diverses ». Ils ont pour tâche d'adresser leur avis sur les politiques communautaires à la Commission, au Conseil de l'Union européenne et au Parlement européen.

Le Comité des Régions est composé d'élus locaux et régionaux. Il a pour mission de faire entendre la voix des autorités régionales et locales tout au long du processus législatif et doit être consulté par la Commission, le Conseil de l'Union européenne et le Parlement européen.

Ces comités constituent des canaux par lesquels les États membres, qu'il s'agisse des gouvernements ou d'acteurs sociaux nationaux, ont la possibilité d'influencer le processus politique. Cependant, leur rôle est consultatif et il est pour cette raison difficile d'évaluer leur influence réelle.

La comitologie et les agences européennes

Pour exercer ses compétences d'exécution, la Commission européenne est assistée de centaines de comités composés de représentants des États membres. La procédure dite de « comitologie » permet à la Commission d'échanger avec les administrations nationales avant de prendre des mesures d'exécution. Le comité doit donner son avis sur les mesures d'exécution envisagées par la Commission. Le poids de l'avis du comité dépend de la procédure en vigueur

Par ailleurs, au fil des années, la Commission a délégué un nombre grandissant de tâches à des agences. Elles sont environ une quarantaine et ont pour mission d'effectuer des recherches dans des secteurs déterminés et de formuler des recommandations sur les politiques à suivre (il existe par exemple une Agence européenne du médicament et une Agence européenne de sécurité alimentaire). À nouveau, les États membres sont présents à cet échelon puisque les conseils d'administration de ces agences sont composés de représentants nommés par les États.

Le Service européen pour l'action extérieure

Le Service européen pour l'action extérieure (SEAE) institué par le Traité de Lisbonne aurait dû en principe affaiblir les États, puisque la politique étrangère était traditionnellement leur apanage et que la Commission n'avait auparavant pas de pouvoir d'initiative législative. Étant donné les difficultés de mise en route de ce service, il est encore trop tôt pour pouvoir juger de ses effets sur le pouvoir des États membres. Le SEAE[13] n'est pas uniquement composé de fonctionnaires européens, mais aussi de diplomates issus des fonctions publiques nationales et en dernière instance, ce sont les gouvernements qui déterminent la politique extérieure.

Le Collège des commissaires européens et la Cour de Justice de l'Union européenne

Enfin, les États membres ont assuré leur présence au Collège des commissaires et à la Cour de Justice européenne, sans que les personnes qu'ils désignent au sein de ces institutions aient cependant pour mission de représenter leur État, ni de défendre les intérêts nationaux. Ces deux entités sont fondées sur un principe de représentation égale des États, différent du principe de représentation en vigueur au Conseil de l'Union européenne et au Conseil européen où les voix des États sont pondérées en fonction de leur population.

Ainsi, lors des négociations du traité de Lisbonne, les gouvernements ont demandé à pouvoir nommer un commissaire par État membre. Si le collège des commissaires est composé de vingt-huit commissaires chacun désigné par un État membre, la mission de la Commission est de représenter l'intérêt de la Communauté européenne, et les Commissaires n'ont pas à défendre les intérêts de leur État. Cependant, il serait illusoire de penser que les Commissaires ne sont pas régulièrement contactés par les gouvernements et divers groupes de leur nationalité.

De même, la Cour de Justice de l'Union européenne est composée de vingt-huit juges, chaque État membre désignant l'un d'entre eux. À nouveau, ces juges n'ont pas pour mission de représenter les intérêts de leur État.

Ainsi, cette vision d'ensemble de la présence et de la représentation des États membres à divers niveaux du système politique européen montre à quel point les gouvernements se sont ménagé la possibilité d'influencer le processus par des voies autres que celle du Conseil de l'Union européenne et du Conseil européen. Étant donné que ces modes de représentation et de présence des États membres constituent un ensemble complexe, il est fort difficile d'avancer une thèse tranchée et définitive sur l'étendue du pouvoir des gouvernements nationaux dans le système politique européen. Leur influence varie principalement en fonction des secteurs politiques, de leur poids démographique et de leur entregent diplomatique.

L'impact de la législation européenne sur les législations nationales

Les États ne sont plus ici envisagésen tant qu'acteurs du processus politique européen, mais comme soumis à la législation européenne. Comme précisé d'emblée, la législation européenne prime sur les législations nationales et les États membres qui ne mettent pas en œuvre la législation européenne s'exposent à des sanctions financières. Étudier l'application de la législation européenne dans les États membres permet d'évaluer partiellement l'impact de la législation européenne sur les législations nationales. Des recherches[14] montrent que la législation européenne est inégalement appliquée dans les différents États membres et que les États membres dans lesquels il existe de forts courants eurosceptiques ne sont pas nécessairement parmi ceux qui sont les moins efficaces pour transposer la législation européenne. Cependant, notre information dans ce domaine est loin d'être parfaite car la Commission ne peut tout simplement pas contrôler systématiquement l'application des lois européennes.

Une façon complémentaire d'étudier l'impact de la législation européenne consiste à se demander quelle proportion des législations nationales est issue de la législation européenne. Un discours de Jacques Delors en 1988 a donné naissance à l'idée que 80% des lois nationales ont pour origine la législation communautaire. En réalité, dans ce discours, Jacques Delors prévoyait que d'ici 2000, 80 % de la législation économique aurait son origine dans les institutions communautaires. Des études ont été menées dans plusieurs États membres pour évaluer l'impact réel de la législation européenne sur les législations nationales[15]. Ces études convergent et réévaluent ce taux aux environs de 20 %.

Ces deux approches tendent à relativiser l'impact de la législation européenne sur les législations nationales. Elles peuvent être complétées par une troisième approche, qui envisage cette fois les effets indirects de la législation européenne dans des secteurs réputés régaliens. Dans des travaux récents, Philip Genschel et Markus Jachtenfuchs soutiennent que la législation européenne a des conséquences inattendues dans des secteurs comme la fiscalité ou la police, alors que selon la vision dominante de l'intégration européenne, les décisions dans ces domaines seraient uniquement prises au niveau national. Ainsi, l'impact de la législation européenne est complexe et que la transformation des États membres de l'UE s'opère à une pluralité de niveaux, de façon formelle et explicite mais aussi furtivement.

Ces multiples sources d'influence ont alimenté dans plusieurs pays des réactions contre ce qui était perçu – à tort ou à raison – comme des intrusions indues de l'Union dans la sphère de souveraineté des États. Pour répondre à ces critiques, plusieurs mécanismes de sauvegarde ont été mis en place. Le principe de subsidiarité, selon lequel l'Union ne doit intervenir que dans les domaines où son action est plus efficace que celle des États, a été consacré par le Traité de Maastricht[16], mais son application n'a pas donné lieu à des changements majeurs. Plus récemment, un protocole joint au Traité de Lisbonne[17] a instauré un système d'examen des projets législatifs européens par les parlements nationaux, qui peuvent attirer l'attention des institutions sur d'éventuelles violations du principe de subsidiarité. Si des objections sont soulevées par de nombreux parlements, le projet doit être réexaminé. Bien que ce système ait été utilisé à quelques reprises, il n'a pas à ce jour empêché l'adoption d'un seul projet.

• • • Cette notice a tenté de rendre compte des deux dimensions essentielles de la relation entre les États membres et l'Union européenne : d'une part, le rôle des États pour modifier et façonner le système et le processus politique européen ; d'autre part, leur soumission à la législation européenne qui entraîne leur progressive transformation. Pour la première dimension, on a vu que les États sont représentés à une pluralité de niveaux et qu'ils sont présents dans bien plus d'arènes que les seuls Conseil de l'Union européenne et Conseil européen. Ce système de représentation leur permet d'exercer une influence aux différentes étapes du processus politique.

L'étendue de cette influence varie principalement en fonction des secteurs, de leur poids démographique et de l'habileté diplomatique de leurs représentants. Lorsqu'on s'intéresse à l'impact de la législation européenne sur les législations nationales, on doit reconnaître que les États membres ont indéniablement subi des transformations profondes dont l'étendue et les caractéristiques demeurent encore l'objet de vifs débats.

Stéphanie Novak

Bibliographie

Christopher Bickerton, European Integration : From Nation-States to Member States. Oxford University Press, 2012.

Laurie Boussaguet et Renaud Dehousse, « L'impact de la crise sur la gouvernance européenne » *Pouvoirs*, Paris : Le Seuil, n°149, 2014, pp. 7-18.

Simon Bulmer et Christian Lequesne, *The Member States of the European Union*. Oxford University Press, 2013.

Desmond Dinan, « Governance and Institutions: The Unrelenting Rise of the European Parliament », *JCMS: Journal of Common Market Studies*, 52, 51, 2014, pp. 109-124.

Philippe Genschel et Markus Jachtenfuchs, *Regulatory or Federal? The European Integration in Core State Powers*. Oxford University Press, 2014.

Liesbet Hooghe et Gary Marks, *Multi-level governance and European integration*, Rowman & Littlefield, 2001.

Andrew Moravcsik, *The Choice for Europe*. Cornell University Press, 1998.

Alan Milward, *The European Rescue of the Nation State,* Routledge, 1992 (rééd. 2000).

Stéphanie Novak, *La Prise de Décision au Conseil de l'Union européenne. Pratiques du Vote et du Consensus,* Dalloz, 2011.

Uwe Puetter, *The European Council and the Council. New Intergovernmentalism and Institutional Change,* Oxford University Press, 2014.

Sabine Saurruger, *Théories et concepts de l'intégration européenne*. Presses de Sciences Po, 2009.

Michael E. Smith, « The European External Action Service and the security–development nexus: organizing for effectiveness or incoherence? », *Journal of European Public Policy*, *20*(9), 2013, pp. 1299-1315.

Sophie Vanhoonacker & Karolina Pomorska, « The European External Action Service and Agenda-Setting in European Foreign Policy », *Journal of European Public Policy*, *20*(9), 2013, pp. 1316-1331.

Notes

1. En 1965, parce que la France risquait d'être mise en minorité lors du vote d'une mesure agricole au Conseil des ministres européens, le général de Gaulle, demanda à ses ministres de ne plus siéger au Conseil. Cette « crise de la chaise vide » dura six mois et fut résolue par le compromis de Luxembourg signé en 1966, un texte stipulant que même si un nombre suffisant d'États membres soutient une mesure législative proposée par la Commission, celle-ci ne peut être adoptée si elle va à l'encontre d'un intérêt vital d'un État membre minoritaire.

2. Voir bibliographie en fin de notice.

3. Sur l'européanisation, on consultera l'ouvrage de S. Bulmer et C. Lequesne, voir bibliographie en fin de notice.

4. *Cf.* L. Hooghe et G. Marks, v. bibliographie.

5. V. Notice 10. Pour une synthèse des travaux sur l'européanisation et des différentes théories de l'intégration, Sabine Saurruger, *Théories et concepts de l'intégration européenne*, Presses de Sciences Po, 2009.

6. sur la prise de décision au Conseil, voir S. Novak, *La Prise de Décision au Conseil de l'Union européenne. Pratiques du vote et du consensus,* Dalloz, 2011.

7. Se reporter à l'article de Laurie Boussaguet et Renaud Dehousse, « L'impact de la crise sur la gouvernance européenne », *Pouvoirs*, Paris : Le Seuil, n° 149, 2014, pp. 7-18.

8. *The European Council and the Council. New Intergovernmentalism and Institutional Change,* Oxford University Press,2014.

9. L. Boussaguet, R. Dehousse, *déj. cit.* pp. 13 et suiv.

10. *Cf.* Desmond Dinan, « Governance and Institutions : The Unrelenting Rise of the European Parliament », *JCMS: Journal of Common Market Studies* 52, 51, 2014, pp. 109-124.

11. D. Dinan, *déj.cit.*

12. *Cf.* L. Boussaguet et R. Dehousse, *déj. cit.*

13. Voir les articles de M.E. Smith, « The European External Action Service and The Security–Development Nexus: Organizing for Effectiveness or Incoherence ? », *Journal of European Public Policy*, *20*(9), 2013, pp. 1299-1315 et S. Vanhoonacker & K. Pomorska, « The European External Action Service and Agenda-Setting in European Foreign Policy », *Journal of European Public Policy*, *20*(9), 2013, pp. 1316-1331.

14. Au sujet du SEAE, on pourra se référer aux travaux de S. Vanhoonacker & K. Pomorska, v. bibliographie.

15. Voir Sylvain Brouard, Olivier Costa and Thomas König (eds), *The Europeanization of Domestic Legislatures. The Empirical Implications of the Delors Myth in Nine Countries*, New York, Springer, 2012.

16. Voir l'article 5 du traité de l'Union européenne

17. Protocole sur l'application des principes de subsidiarité et de proportionnalité.

Notice 5

L'administration européenne

Lorsqu'on évoque l'Union européenne (UE), c'est aux grandes questions politiques, aux débats qu'elles suscitent et aux décisions qui s'y rattachent qu'on s'intéresse le plus souvent. Si ces éléments sont évidemment de la plus grande importance, l'administration européenne, c'est-à-dire les structures qui servent et soutiennent l'UE, et par quoi celle-ci s'exprime et agit, ne mérite sans doute pas moins d'attention. Le système d'administration de l'Union est complexe, très étendu, et en évolution constante. Il forme un ensemble de services, avec leurs acteurs, dont les responsabilités, les pouvoirs et les fonctions varient, agissant à de multiples niveaux de gouvernance, mais aussi entre ceux-ci et à travers ceux-ci. Une cartographie de ce système constitue non seulement un premier pas vers la compréhension des demandes, des nécessités et des défis auxquels la gouvernance européenne se trouve confrontée, mais c'est aussi un bon moyen d'évaluer ses capacités de gouvernement.

L'administration de l'Union, telle qu'elle la sert et la soutient, est plus complexe, plus étendue qu'on ne le croit souvent. Elle s'étend, quoique celle-ci y occupe évidemment une place centrale, bien au-delà de la Commission. Elle comprend en effet les administrations des autres institutions européennes, plus particulièrement du Conseil de l'Union européenne, du Parlement et des différentes agences de l'UE. Sa portée n'est pas non plus strictement limitée au niveau communautaire. À l'intérieur des États membres, des organes administratifs, comprenant non seulement des services ministériels mais aussi des agences et d'autres types d'autorités publiques au niveau national et infra-national, dès lors qu'ils sont responsables de l'application ou du contrôle des règles communautaires, forment également une part non négligeable de l'administration européenne[1].

Le système administratif de l'Union doit plus à des improvisations en série qu'à des intentions délibérées ; il a par ailleurs subi l'influence de cultures et de traditions administratives diverses. Il ne s'est pas développé comme instrument d'un État occupant un territoire donné, pas plus qu'il ne fut consciemment construit pour servir un ensemble défini de maîtres politiques. Quoiqu'on puisse voir, dans sa configuration propre, une création *sui generis*, il partage certains traits avec des organisations politiques fédérales. Il est ainsi plus proche du modèle allemand de fédéralisme coopératif, où le gouvernement fédéral s'appuie sur l'administration des Länder pour mettre en œuvre la législation nationale, que du fédéralisme divisé, à l'américaine, où les agences fédérales ont une présence dans les États au niveau le plus local. Une différence importante, toutefois : en dehors de la chambre haute fédérale, le *Bundesrat*, les administrations des Länder interviennent peu dans les décisions politiques qui sont prises à l'échelon fédéral, alors que celles des États membres sont virtuellement présentes dans toutes les instances de l'Union où une décision doit être prise.

Proposant une vue d'ensemble de l'administration européenne, la notice portera d'abord sur les entités existantes au niveau de l'Union, puis dans un second temps, sur le rôle tenu par les services des États membres.

Les organes communautaires d'administration

Cette partie de l'administration européenne comprend un certain nombre d'institutions[2] (voir encadré), mais aussi les personnels et équipes des agences européennes et organismes décentralisés, soit un effectif total de 51 000 personnes, dont les traitements représentent 3 % du budget de l'Union[3]. Les droits, devoirs et conditions de travail des personnels employés à des fonctions administratives par les organes de l'Union, les différentes catégories de ces personnels, agents temporaires ou fonctionnaires permanents (voir camembert), ainsi que les grades (graphique, *infra*) correspondant aux différentes qualifications et rémunérations sont spécifiés dans le statut des fonctionnaires[4], bien que les attributions, profils et carrières varient considérablement d'une institution à l'autre, en fonction du rôle joué par chaque organisation dans l'Union. Les fonctionnaires de la plupart des institutions de l'UE et de certaines agences font l'objet d'un recrutement centralisé, assuré par l'Office européen de sélection du personnel (OESP), créé en 2002, dans le cadre de la réforme administrative mise en œuvre par la Commission Prodi (1999-2004). La Banque centrale européenne, la Banque européenne d'investissement et le Fonds européen d'investissement ont leurs propres procédures de recrutement.

Les principales institutions européennes

Le Parlement européen
Le Conseil de l'Union européenne
La Commission européenne
La Cour de justice de l'Union européenne
La Cour des comptes
Le Comité économique et social européen
Le Comité des régions
Le Médiateur européen
Le Contrôleur européen de la protection des données

La Commission européenne

La Commission joue dans le système d'administration de l'Union un rôle central. Organe supranational, elle représente les intérêts généraux de l'UE et agit indépendamment des États membres, veillant à la poursuite constante des buts établis par l'Union dans ses traités fondateurs[5]. La Commission est chargée de quatre fonctions principales :
– formuler des propositions d'action politique ;
– assurer la mise en œuvre des règles de l'Union ;
– en assurer le respect ;
– représenter l'Union dans les relations extérieures avec des pays tiers ou des organisations internationales.

Pour s'acquitter de ces responsabilités, la Commission entretient des rapports, souvent étroits, avec un grand nombre d'acteurs, dont le Parlement européen, le Conseil de l'Union européenne et d'autres institutions de l'UE, les agences européennes, les gouvernements des États membres ou de pays tiers, des autorités diverses de niveau infranational, des organisations internationales, des organisations non gouvernementales et des groupes de pression. Elle est le point nodal du système administratif de l'Union, même si son influence politique n'est plus aussi importante qu'elle a pu l'être – quoique par intermittence – dans le passé (v. Notice 2).

La Commission s'organise sur deux niveaux :

- le collège des commissaires – actuellement 28 membres, dont chacun est nommé par un des États membres, et que dirige le président de la Commission – et les cabinets c'est-à-dire l'administration propre à chaque commissaire, constituent la direction politique de l'organisation ;
- les directions générales et les services qui sont l'équivalent des ministères dans les gouvernements nationaux[6] (voir encadré liste des DG). Certains tel le Secrétariat général – jouent un rôle clé de coordination ou fournissent à la Commission dans son ensemble une assistance spécialisée, comme le service juridique, la Direction générale du budget ou celle des ressources humaines, par exemple. Chaque direction générale est divisée en un certain nombre de directions, qui à leur tour sont organisées en diverses unités ; chacune a à sa tête, respectivement, des directeurs généraux, des directeurs et des chefs d'unité. Les fonctionnaires occupant les deux premiers échelons sont considérés comme des cadres supérieurs, ceux du troisième échelon comme des cadres intermédiaires. Les fonctions et les grades ne sont pas toujours absolument corrélés au sein de la Commission, bien qu'ils aient fait l'objet, ces dernières années, d'une certaine rationalisation.

Les directions générales et les services de la Commission européenne (suivis de leurs acronymes en anglais)

Directions générales

Action pour le climat (Clima)
Affaires économiques et financières (Ecfin)
Affaires intérieures (Home)
Affaires maritimes et pêche (Mare)
Agriculture et développement rural (Agri)
Aide humanitaire et protection civile (Echo)
Budget (Budg)
Centre commun de recherche (JRC)
Commerce (Trade)
Communication (Comm)
Concurrence (Comp)
Développement et coopération EuropeAid (Devco)
Éducation et culture (EAC)
Élargissement (Elarg)
Emploi, affaires sociales et inclusion (EMPL)
Énergie (Ener)
Entreprises et industrie (ENTR)
Environnement (ENV)
Eurostat (Estat)
Fiscalité et union douanière (Taxud)
Informatique (Digit)
Interprétation (SCIC)
Justice (Just)
Marché intérieur et services (Markt)
Mobilité et transports (Move)
Politique régionale (Regio)
Recherche et innovation (RTD)
Réseaux de communication, contenu et technologies (Cnect)
Ressources humaines et sécurité (HR)
Santé et consommateurs (Sanco)
Secrétariat général (SG)
Service des instruments de politique étrangère (FPI)
Traduction (DGT)

Principaux services

Archives historiques
Bibliothèque centrale
Bureau des conseillers de Politique européenne (Bepa)
Délégué à la protection des données de la Commission européenne
Infrastructure et logistique – Bruxelles (OIB)
Infrastructure et logistique – Luxembourg (OIL)
Office de gestion et liquidation des droits individuels (PMO)
Office des publications (OP)
Office européen de lutte antifraude (Olaf)
Service d'audit interne (IAS)
Service juridique (SJ)

Si Walter Hallstein, le premier président de la Commission, est parvenu à obtenir, au service de celle-ci, des fonctionnaires à part entière dotés d'une carrière propre, contrairement à l'avis du général de Gaulle[7], par exemple, qui eût souhaité qu'ils ne fussent que détachés temporairement des fonctions publiques nationales, il n'a pas remporté pour autant une victoire totale et sans appel. Tout d'abord, les évolutions de carrière dans l'administration européenne se heurtent à la nécessité d'assurer à tous les États membres une présence dans la Commission, partout dans l'organisation et à tous les niveaux[8]. Au fur et à mesure des élargissements, la Commission a dû recruter des fonctionnaires issus des nouveaux États membres, à différentes positions, y compris aux postes de direction, restreignant ainsi les chances d'évolution de carrière des personnels en place. En outre, pendant de nombreuses années, les gouvernements des États membres ont revendiqué un recrutement équitable et le respect de quotas nationaux aux postes les plus élevés de l'organisation, allant jusqu'à préempter certains d'entre eux[9]. Ces pratiques n'ont pris fin qu'avec les réformes entreprises à l'initiative de Neil Kinnock, commissaire chargé de la réforme administrative dans la Commission Prodi[10]. Enfin, les contraintes, notamment budgétaires, ont développé le recours, dans une proportion non négligeable, à des contrats temporaires, dont les signataires n'ont pas accès aux mêmes possibilités d'évolution de carrière (voir Graphique 1).

Les différentes catégories de personnels employés à la Commission européenne

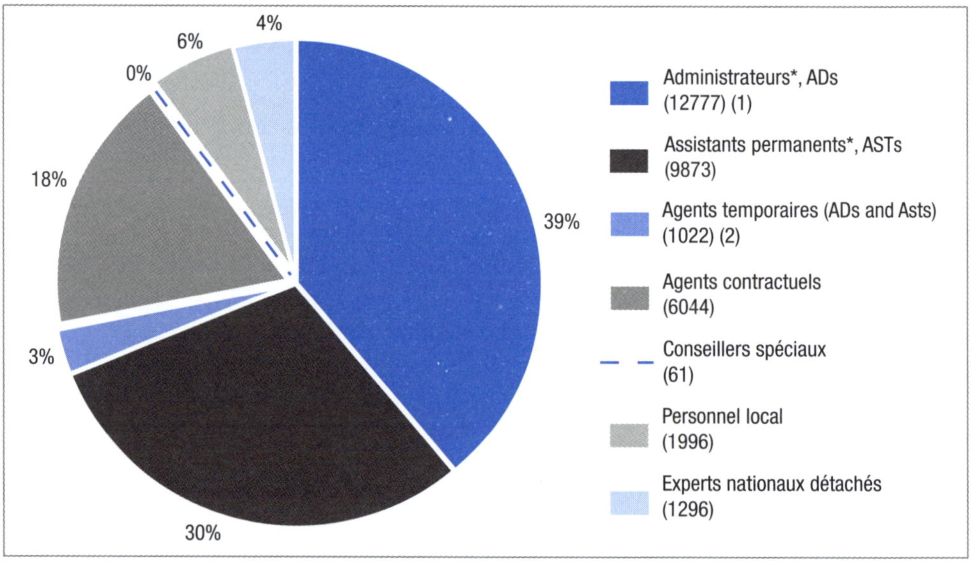

* La carrière se subdivise en 16 grades.
(1) Le corps des fonctionnaires permanents compte notamment : des cadres supérieurs (329 agents) et des cadres intermédiaires (1 163 agents).
(2) Les personnels temporaires se composent d'administrateurs (497 agents) et d'assistants (525 agents).

Source : graphique réalisé à partir des données du site de l'Union européenne.
http://europa.eu/epso/discover/types_employment/index_fr.htm ainsi que htpp://eur-lex-europa.eu/LexUriserv/

Une institution, sujet de critiques récurrentes et souvent infondées

La Commission a souvent été contestée. Sa mission, son rôle, son statut, ses objectifs, la compétence et les idées de celles et ceux qui la servent ont régulièrement été mis en question. mais lorsqu'on soumet à un examen critique, les opinions qui ont cours sur son organisation ou ses personnels, telles qu'on les retrouve régulièrement dans la presse, le débat politique, la production académique, voire les mémoires d'anciens commissaires ou hauts fonctionnaires, force est de constater qu'elles sont souvent bien peu fondées[11].

Une instance hypertrophiée

Si la Commission donne souvent l'impression d'une bureaucratie pléthorique, il s'agit en fait d'une structure relativement modeste, puisqu'elle regroupe 34 000 collaborateurs, soit un chiffre comparable à l'effectif de l'administration municipale d'une ville de taille moyenne. Au titre de la révision, en 2013, du Statut des fonctionnaires[12] engagée pour la négociation du Cadre financier pluriannuel 2014-2020, la Commission a affirmé vouloir réduire ses effectifs de 5%.

Une expertise limitée…

La Commission est volontiers qualifiée dans certaines littératures d'« administration de juristes ». Ses personnels, principalement préoccupés de l'application des règlements, pécheraient donc par excès de formalisme et n'auraient pas la capacité de répondre avec la créativité requise aux défis de l'époque. En pratique, pourtant, la Commission fait appel à une expertise diversifiée. Parmi les fonctionnaires dont les responsabilités ont une incidence politique, on trouve plus d'économistes ou de scientifiques que de juristes[13].

…éloignée des réalités

Les eurocrates sont volontiers considérés comme des bureaucrates professionnels, recrutés dès la sortie de l'université ou issus de la fonction publique nationale, sans autre expérience que le service public, isolés dans la bulle bruxelloise. 96% des fonctionnaires en poste ont pourtant travaillé ailleurs avant d'intégrer la Commission et plus d'un tiers viennent du secteur privé, dont 12% de professions libérales.

Un « repaire » de fédéralistes...

Les personnels de la Commission sont souvent présentés comme des fédéralistes acharnés, soucieux avant tout d'étendre les compétences de l'Union, et par conséquent leur propre pouvoir. En pratique, cette critique apparaît bien mal fondée. Non seulement les fonctionnaires de la Commission ne partagent pas tous la même vision de ce que doit être la gouvernance de l'UE – le modèle fédéraliste, dans lequel la Commission serait le gouvernement de l'Europe, ne jouit pas d'un soutien universel[14]– mais contrairement à une image répandue, les membres de la Commission ne cherchent pas nécessairement à étendre les pouvoirs de l'Union. Leurs vues sur l'opportunité d'une telle extension sont beaucoup plus nuancées. Ainsi la majorité pense-t-elle que les compétences de l'UE dans le domaine de l'agriculture sont excessives et que les gouvernements nationaux devraient retrouver une certaine liberté d'action sur ces questions.

...qui n'aurait pas de comptes à rendre

Dans la plupart des débats et des informations consacrés à l'Union, la Commission est considérée comme un acteur autonome, libre d'agir à sa guise. En pratique, pourtant, la Commission partage le pouvoir exécutif et législatif avec d'autres institutions et d'autres organes de l'Union[15] et son action est soumise à l'examen attentif de la Cour européenne de justice. Par ailleurs, en ce qui concerne sa propre administration, la Commission est une structure dépendante. Le règlement financier, qui détermine la gestion financière et les procédures de contrôle que la Commission est tenue de respecter, ainsi que le statut des fonctionnaires, qui définit les obligations des personnels de la Commission, sont des actes législatifs, adoptés conjointement par le Parlement européen et le Conseil de l'Union européenne. En outre, l'autorité budgétaire de l'Union – en l'occurrence, une fois encore, le Parlement et le Conseil –, établit le niveau des ressources allouées à la Commission.

Une bureaucratie dépassée

On a souvent brocardé la Commission pour son refus d'être réformée ou pour des pratiques jugées anachroniques, eu égard aux évolutions que l'on peut noter ailleurs dans la fonction publique. mais comme on l'a déjà dit, la Commission ne jouit, sur des points déterminants de son organisation, que d'une liberté surveillée. Elle a pourtant réussi à saisir l'opportunité de la démission de la Commission Santer, en 1999, pour mettre en place un ambitieux programme de modernisation, qui a non seulement permis de réaligner sur des pratiques plus orthodoxes sa gestion financière, ses procédures de contrôle et sa direction des ressources humaines, mais aussi de renforcer considérablement ses capacités d'organisation, de programmation et de coordination[16].

Un organe divisé et difficile à diriger

La Commission a longtemps été considérée comme une structure fragmentée et éclatée[17].Comme dans d'autres bureaucraties, la spécialisation des tâches a favorisé des « batailles d'écuries » et suscité des tensions entre les directions ou les cabinets, qui se sont parfois comportés comme autant de fiefs rivaux. mais à l'inverse des bureaucraties nationales, elle ne dispose pas d'une autorité centrale qui en assurerait la coordination[18]. Néanmoins, le renforcement de la Présidence survenu au fil des réformes successives des traités, la direction imprimée après l'élargissement, sous l'égide de José Manuel Barroso[19], ainsi que la transformation du Secrétariat général, entreprise par celui-ci, en un bureau de la Présidence doté des prérogatives essentielles, ont considérablement renforcé le pouvoir central au sein de la Commission[20]. Étant donné les responsabilités qui incombent à la Commission, le renforcement de sa direction politique a eu sur le jeu des institutions communautaires des effets notables – sensibles, par exemple, dans la coordination de l'agenda législatif avec le Parlement – qui se sont répercutés sur tout l'édifice communautaire.

Les autres institutions de l'Union

Le Parlement européen

L'administration du Parlement se divise en trois catégories, dont chacune a une fonction distincte et est au service d'un public différent. Le Secrétariat est responsable de l'organisation des séances plénières et des autres réunions, ainsi que des ressources expertes et techniques à l'usage des organes législatifs et des membres du Parlement ; il coordonne en outre le travail législatif, même si ses membres, comme l'ont montré de récents travaux de recherche, peuvent, par leur position même au niveau interinstitutionnel du processus politique, influencer sensiblement les décisions prises[21]. Ses activités sont placées sous l'autorité du Bureau, organe à qui il incombe de définir le règlement interne du Parlement et d'une manière générale tout ce qui concerne son administration, ses personnels et son organisation[22].

Le Secrétariat est dirigé par le secrétaire général du Parlement européen[23]. Il est composé de deux services centraux, le Cabinet du secrétaire général et le Service juridique, et de douze directions générales, dont la plupart ont des fonctions d'assistance (Présidence, Finances, Service de recherche parlementaire, Personnel, Communication, Infrastructure et logistique, Traduction, Interprétation et conférences, Innovation et support technologique, Sécurité), mais dont deux ont des responsabilités politiques (Politiques internes de l'Union, Politiques externes de l'Union). Le Secrétariat employait 5 800 personnes environ en 2012[24] dont les trois quarts étaient des fonctionnaires, recrutés par l'OESP et soumis au statut. Le Secrétariat est plus important que la plupart des services homologues des parlements nationaux[25], ce qui s'explique notamment par la nécessité d'assurer un service plurilingue. Traducteurs et interprètes constituent en effet un quart environ des personnels employés.

Les personnels assistant les groupes politiques représentés au Parlement, qui jouent un rôle important dans son administration, forment une deuxième catégorie. Ils étaient environ 600 en 2012. Ce sont des agents temporaires, recrutés par l'Union après des examens écrits et oraux et des tests de langue, mais qui dépendent directement des groupes politiques, et dont l'embauche, par conséquent, répond inévitablement à des considérations politiques. La troisième catégorie est celle des assistants parlementaires, au service particulier de chacun des membres du Parlement. En juin 2013, on en comptait 1 566[26]. Chaque parlementaire est secondé par un à trois assistants, choisis par lui. Depuis 2009, les assistants jouissent des mêmes avantages sociaux que les fonctionnaires de l'Union, mais leur emploi étant par définition temporaire, leur contrat expire à la fin de chaque législature.

Le Conseil de l'Union européenne et le Conseil européen

Tous deux reçoivent l'assistance administrative du Secrétariat général du Conseil (SGC) de l'Union européenne. Le SGC emploie environ 2 800 personnes, dont la moitié sont des fonctionnaires, dotés d'un statut de permanent, mais dont certains occupent un emploi temporaire, défini par contrat, ou encore sont des experts nationaux détachés[27]. Le SGC est organisé en sept directions générales : Administration ; Agriculture, pêche, affaires sociales et santé ; Affaires étrangères, élargissement et protection civile ; Affaires économiques et compétitivité ; Communication et gestion des documents ; Environnement, éducation, transports et énergie ; enfin, Justice et affaires intérieures. Il est également doté d'un service juridique, organe prestigieux et particulièrement respecté. Le SCG est dirigé par son secrétaire général, nommé par le Conseil, responsable de son organisation et de sa gestion. La même personne est aussi secrétaire général du Conseil européen, assistant le président de celui-ci, participant à ses réunions et responsable de leur organisation et de leur déroulement.

Le SCG planifie et organise les réunions habituelles des groupes de travail du Conseil, des différents comités et notamment du Comité des représentants permanents (Coreper), mais apporte aussi son soutien aux sessions ministérielles, aux réunions informelles ou extraordinaires du Conseil et aux rencontres avec des États tiers. Il contribue à assurer la cohérence des travaux du

Conseil, y compris la mise en œuvre de son programme de 18 mois ; il assiste également la présidence tournante, tant du point de vue politique que juridique – la compétence de son service juridique étant réputée – et, d'une façon générale, authentifie les actes du Conseil, dont il est en quelque sorte la mémoire institutionnelle. Le SCG joue également un rôle de premier plan lors des conférences intergouvernementales, auxquelles il apporte ses lumières juridiques et où il se doit d'agir en intermédiaire impartial lors des négociations entre États[28].

Le Service européen pour l'action extérieure (SEAE)

Le SEAE est le corps diplomatique de l'Union européenne. Établi à Bruxelles, il aide la Haute Représentante à l'action extérieure, qui, selon les termes du traité de Lisbonne, est aussi l'un des vice-présidents de la Commission européenne. Le SEAE conduit les relations de l'Union avec les pays tiers et les organisations internationales ; il soutient les actions de consolidation de la paix menées dans le monde par l'UE. Pour ce faire, il conduit des missions civiles et militaires, entretient les bonnes relations avec les pays voisins de l'Union, participe à la coopération au développement, à la résolution des crises et à l'acheminement de l'aide humanitaire. Il travaille en étroite collaboration avec les services diplomatiques des États membres et dirige 140 délégations dans le monde, qui font fonction d'ambassades de l'Union auprès des pays tiers. Le SEAE a été créé par le traité de Lisbonne dans l'intention de doter la politique étrangère de l'UE d'une plus grande cohérence, en rassemblant au sein d'un service unique les départements en charge des relations extérieures autrefois intégrés à la Commission et au Conseil[29]. Les 3 660 personnes qui y travaillent proviennent originellement de trois sources : la Commission, le Secrétariat du Conseil et les services diplomatiques nationaux. Les premières années de fonctionnement ont été difficiles et l'institutionnalisation du service a connu quelques problèmes.

Les agences de l'Union européenne

Outre les institutions de l'Union, l'administration européenne comprend aussi des agences. Organes indépendants, dotés d'une personnalité juridique propre, quoique financés par le budget de l'Union européenne[30], dont les directions assurent elles-mêmes le recrutement, elles se sont multipliées au cours des dernières années[31]; elles sont aujourd'hui plus d'une quarantaine. La Commission les classe en quatre groupes :

– les agences décentralisées ou de régulation – au nombre de 35 en 2014 – créées pour une durée indéterminée, qui assistent les institutions de l'Union dans l'élaboration et la mise en œuvre de leurs politiques, remplissant des tâches techniques, scientifiques ou d'encadrement et mettant en commun l'expertise des institutions nationales et européennes ;

– les agences exécutives – 6 en 2014 – créées pour une période déterminée, sur la base d'un règlement du Conseil datant de 2002, qui aident la Commission à gérer les programmes de l'Union ;

– les agences et organes Euratom créés pour coordonner la recherche nucléaire à des fins pacifiques ;

– l'Institut européen d'innovation et de technologie, qui vise à encourager le développement de nouvelles technologies par la mise en commun des ressources scientifiques, commerciales et éducatives.

Les différences entre agences, y compris à l'intérieur d'une même catégorie, sont considérables. Instituées au cas par cas, dans les domaines les plus divers, par des acteurs différents, avec des ambitions différentes, pour des calendriers différents, elles ne sont évidemment pas soumises aux mêmes contraintes et leur taille, leurs pouvoirs, leurs fonctions, la structure de leur direction fluctuent[32]. Les fonctions des agences décentralisées vont ainsi du partage de l'information, dans le cas, par exemple, de l'Agence européenne pour l'environnement (EEA), à la supervision des services financiers par les autorités créées en 2011 à la suite de la crise économique et financière – Autorité bancaire européenne (ABE), Autorité européenne des assurances et des pensions professionnelles (AEAPP), Autorité européenne des marchés financiers (AEMF) –, dotées de pouvoirs d'investigation indépendants, aptes à prendre des décisions et à garantir leur application par d'éventuelles sanctions, en passant par l'Agence européenne de la sécurité aérienne

(AESA) ou par l'Agence européenne des produits chimiques (ECHA), qui exercent une autorité de contrôle réelle mais limitée.

La Commission, originellement hostile aux agences, qui représentaient à ses yeux une dispersion du pouvoir et menaçaient son monopole sur les fonctions exécutives, accordé par les traités, a fini par reconnaître, sous la présidence Prodi, l'importance des tâches qui leur sont souvent confiées, leur savoir technique et leur rôle dans la mise en commun des expertises nationales et européenne. Elle n'ignore pas pour autant les difficultés inhérentes à leur création *ad hoc*. En 2008, elle a lancé une initiative pour leur donner plus de cohérence et d'efficacité et pour les contraindre à mieux rendre compte de leur action. C'est le paquet qu'on a nommé « approche commune », doté d'une feuille de route, adopté en 2012[33]. L'année suivante, une communication de la Commission a redéfini les rangs et rémunérations des personnels de chaque agence décentralisée, intégrés au Cadre financier pluriannuel (CFP) 2014-2020[34].

Force est de constater que malgré l'« approche commune », les agences de l'Union ont considérablement complexifié l'administration européenne. Dans la mesure où elles disposent de pouvoirs réels, elles en ont toutefois renforcé les capacités globales. Trois autres points doivent être mentionnés :

– Tout d'abord, la doctrine Meroni qui, s'appuyant sur un arrêt de la Cour européenne de justice rendu en 1958[35], ne permettait pas la création d'agences à la fois indépendantes et puissantes ne semble plus avoir cours aujourd'hui au vu des pouvoirs conférés à certaines agences récentes.
– Ensuite, les craintes de voir les agences capter une part des ressources nécessaires au fonctionnement de la Commission ont été démenties.
– Enfin, une étude récente[36], s'appuyant sur des entretiens menés avec les personnels des agences, a montré au contraire que celles-ci considèrent la Commission comme leur premier interlocuteur et leur principal allié.

Les États membres

L'administration européenne s'étend au-delà des institutions et des organes communautaires. Les administrations des États membres en constituent, à l'évidence, un rouage essentiel. L'Union ne disposant pas de services territoriaux, elle s'appuie sur les administrations nationales pour mettre en œuvre sa politique. Cela signifie que non seulement les lois nationales doivent transposer les règlements européens, mais aussi que les administrations nationales doivent les exécuter. Dès lors, les capacités administratives de l'UE dépendent, individuellement et collectivement, de celles des États membres et de leurs acteurs[37].

Les bureaucraties nationales

Appartenir à l'UE comporte de nombreux avantages, mais les États, lorsqu'ils intègrent l'Union, sont également soumis à d'importantes obligations. Ils deviennent partie prenante d'un projet en évolution constante, où ils partagent leur souveraineté avec les institutions de l'UE et avec les autres États membres, participent à l'élaboration des politiques communes, reconnaissent la primauté de la loi de l'Union, et s'engagent à respecter, mettre en œuvre et appliquer, sanctions à l'appui, toute législation existante ou future de l'UE. Ces tâches reposent pour une grande part sur les administrations nationales.

Celles-ci doivent tout d'abord s'adapter aux exigences de la participation à la prise de décision au sein de l'Union, en l'occurrence créer des structures capables de prendre en charge les relations avec les institutions européennes et avec les gouvernements des États membres, mais aussi de gérer les apports de leur gouvernement au processus politique communautaire. Les défis sont formidables, aussi intenses que les pressions qui s'exercent pour créer des systèmes efficaces de coordination de la participation nationale aux politiques européennes – en tentant de garantir des décisions favorables, d'éviter celles qui le seraient moins et qui conduiraient à des situations politiques intérieures embarrassantes, de minimiser les coûts tout en captant une part respectable des ressources communautaires[38]. Au nombre de ces défis : la nécessité de coordonner l'action politique au niveau national comme au niveau communautaire, mais aussi entre ces deux niveaux, le nombre des acteurs impliqués dans les choix politiques communautaires, le rythme et la durée de l'action politique, la complexité des procédures et des institutions communautaires, leur densité organisationnelle et leur fluidité[39]. Les États membres y ont tous répondu en mettant en place des systèmes de coordination appropriés, lesquels diffèrent pourtant sensiblement, selon leur degré d'ambition – ont-ils vocation à considérer tous les domaines ou affichent-ils la priorité de quelques-uns ? – et de centralisation.

Les administrations nationales endossent également la responsabilité de la mise en œuvre des règlements européens et de leur application aux côtés de la législation nationale. La tâche n'est pas toujours facile. Au-delà de l'ampleur des domaines touchés par la législation européenne et de la complexité, en général, du droit communautaire (v. Notice 9), les instruments de l'action politique peuvent s'avérer difficiles à manier, pesants, voire ésotériques. La mise en œuvre des règlements communautaires nécessite parfois d'allouer des ressources raréfiées. Les administrations peuvent se trouver dans l'embarrassante situation d'appliquer des politiques en contradiction avec les pratiques en cours, d'abandonner des usages établis, d'introduire des mesures incompatibles avec leurs orientations traditionnelles.

La façon dont les administrations nationales surmontent ces difficultés n'est pas sans conséquences sur l'Union en tant que système politique et administratif. L'efficacité des systèmes nationaux de coordination affecte la vitesse de réaction des institutions communautaires, notamment celle du Conseil de l'Union européenne, ou un débat peut être paralysé lorsqu'une délégation doit systématiquement référer aux autorités de sa capitale, et où les problèmes ne manqueront pas de surgir si les représentants d'un même gouvernement ne parviennent pas à articuler leurs positions. L'Union n'a pas quant à elle compétence à évaluer la qualité des dispositifs de coordination des États membres et de leur gouvernement.

Par ailleurs, si le rôle joué par les administrations nationales dans la mise en œuvre des choix communautaires comporte des avantages, il ne va pas non plus sans risques. Que l'administration européenne puisse exploiter l'expérience et l'expertise locale lui confère un atout non négligeable – elle peut ainsi se rapprocher de l'« homme de la rue » –, mais les chausse-trappes abondent. Outre la difficulté intrinsèque qu'il y a à mettre en œuvre des mesures qui font intervenir les administrations à de multiples niveaux, source de toutes sortes de problèmes de communication ou de compréhension, il est parfaitement possible qu'une administration nationale ne puisse tout simplement ou ne sache pas appliquer un règlement trop abscons. Les lenteurs sont parfois, il est vrai, moins innocentes, notamment lorsqu'une administration nationale affirme son opposition à tel ou tel volet politique dans la phase « post-décisionnelle »[40]. En outre, l'importance attachée à la mise en conformité avec les règles communautaires, les ressources allouées par les gouvernements à leur mise en œuvre[41], l'autorité du gouvernement central et, par conséquent, sa capacité à assurer l'application effective des règlements européens, varient considérablement d'un État à l'autre.

Les insuffisances ou le manque de cohérence dans la mise en œuvre des décisions communautaires constituent un sérieux problème, puisqu'il est absolument fondamental, pour l'Union, que les mêmes règles soient appliquées partout. Si les États membres sont légalement tenus, aux termes du traité, de remplir leurs obligations, et s'ils peuvent être poursuivis et passibles d'une amende lorsqu'ils y contreviennent, c'est à la Commission que revient néanmoins la responsabilité globale de l'application des règlements communautaires. Son éloignement du champ de bataille, sa dépendance à l'égard d'autres acteurs pour obtenir des informations et le temps nécessaire au lancement des procédures limitent leur portée et leur efficacité.

En outre, les initiatives prises pour améliorer la mise en place des règles communautaires, notamment pour ce qui concerne le marché unique, où les exceptions que souffre leur application entraînent des distorsions de concurrence, n'ont rencontré qu'un succès limité. Le « tableau d'affichage du marché unique » constitue la première d'entre elles : il détaille les performances des États membres dans l'application de la législation du marché unique[42]. Si des progrès ont été enregistrés vers l'objectif général de 0,5% de défaut de mise en œuvre –, l'expérience montre aussi les limites d'une stratégie reposant sur l'effet dissuasif qu'est censée créer la publicité des manquements. La seconde initiative a été la création des réseaux européens de régulation[43], qui relient les agences nationales d'un même secteur, de sorte que l'information et l'expérience soient partagées et que les règles communautaires soient mieux appliquées par chacun. Ni la Commission, ni les gouvernements des États membres ne se sont empressés de déléguer à ces réseaux des pouvoirs significatifs. Cependant, la transformation d'un certain nombre de ces réseaux en Agences ou en organes de régulation liés aux politiques de l'Union européenne, longtemps considérée par la Commission comme une solution de rechange aux problèmes posés par l'application cohérente des règles communautaires, pourrait laisser entendre que des autorités de régulation puissantes au niveau européen sont en préparation[44]. Citons, en exemple de cette évolution, le Groupe des régulateurs européens (GRE) devenu Organe des régulateurs européens des communications électroniques (Orece), ou encore le Groupe des régulateur européens pour l'électricité et le gaz (*European Regulators Group for Electricity and Gas,* Ergeg) transformé en Agence de coopération des régulateurs de l'énergie (*Agency for the Cooperation of Energy Regulators,* Acer).

• • • Les analyses qui précèdent montre combien l'administration européenne est plus développée qu'on ne le croit volontiers. Loin de constituer un bloc monolithique, elle est au contraire composée d'une grande variété d'organes, dont la portée, l'échelle, la fonction et l'influence diffèrent considérablement au niveau national ou communautaire, voire au niveau infranational pour les États fédéraux ou décentralisés[45]. Non seulement les interactions entre ces organes répondent à des modèles complexes, mais l'interpénétration entre les niveaux national et communautaire est très importante. Si les administrations nationales mettent en œuvre la politique de l'Union et appliquent ses règles sur leur territoire respectif, les fonctionnaires nationaux sont partout présents au niveau européen, dans les groupes de travail ou dans les myriades de commissions consultatives ou post-législatives que compte l'Union.

Parce qu'elle a connu une croissance organique, l'administration européenne n'est pas simple à cartographier. Sa taille même et ses dimensions ne sont pas des questions faciles. Et comme la chaîne d'autorité n'y est pas unique, elle est également complexe à maîtriser. Dans le même temps, elle incarne un principe de mutualité exprimant parfaitement le projet coopératif qui est dans la nature même de l'Union, où l'autorité de décision doit être partagée – une image qui vient contredire, somme toute, celle d'une bureaucratie lointaine et inaccessible, imposant sa volonté à des États membres réticents.

Hussein Kassim
(traduit de l'anglais par François Boisivon)

Notes

1. Pour une analyse plus serrée, voir la définition de l'exécutif européen comme « assemblage » *(compound) in* J. Trondal, *An Emergent European Executive Order*, Oxford University Press, 2010 ou comme « accumulation » in D. Curtin et M. Egeberg, « Tradition and Innovation : Europe's Accumulated Executive Order », *West European Politics*, 31(4), 2008.

2. L'espace imparti ne nous permet que de traiter des institutions essentielles.

3. Le fonctionnement des administrations de l'Union représente moins de 6 % de son budget total, les traitements et salaires comptant environ pour la moitié.

4. Le statut des fonctionnaires, adopté pour la première fois en 1961 et dont la dernière révision remonte à 2014, est disponible en ligne à l'adresse suivante : http://eur-lex.europa.eu/LexUriServ/LexUriServ.do?uri=CONSLEG:1962R0031:20140101:FR:PDF

5. Elle est, pour reprendre les termes de Walter Hallstein, le « rappel constant d'un intérêt communautaire qui dépasse celui de chaque partie » in W. Hallstein, « The EEC Commission : A New Factor in International Life », *International and Comparative Law Quarterly*, 14 (3), 1965, pp. 727-741.

6. Si la distinction entre le collège des commissaires avec les cabinets de chacun d'eux, d'une part, et les directions générales et les services de la Commission, d'autre part, – qu'on peut comparer à des ministères – est souvent comprise comme une répartition entre le politique et l'administratif, les frontières sont nettement moins nettes que ne le voudrait ce schéma d'organisation. À la différence de nombreuses administrations nationales, les cadres intermédiaires des directions générales et des services de la Commission sont souvent appelés à s'exprimer devant le Parlement ou à participer aux groupes de travail du Conseil, institutions politiques s'il en est.

7. W. Hallstein pensait qu'il en allait de l'indépendance de la Commission et de son positionnement face aux administrations des États membres.

8. Pour des données précises concernant la composition des personnels de la Commission par genre et nationalité, on peut consulter en ligne le site Europa, dédié à l'UE, à l'adresse suivante : http://ec.europa.eu/civil_service/about/figures/index_fr.htm

9. E.C. Page, *People Who Run Europe,* Oxford, Clarendon Press, 1967, pp.51-55.

10. H. Kassim, J. Peterson, M.W. Bauer, S. Connolly, R. Dehousse, L. Hooghe, et A. Thompson, *The European Commission of the Twenty-First Century*, Oxford University Press, 2013, chapitre 8.

11. Un projet de recherche intitulé « The European Commission in question », financé par le Conseil de recherche économique et sociale du Royaume-Uni (bourse de recherche RES-062-23-1188), mené par une équipe internationale de chercheurs dirigée par l'auteur, s'est consacré exclusivement à la vérification empirique des conjectures, affirmations et autre allégations répandues un peu partout sur la Commission et ses personnels. Se fondant sur les données d'une enquête effectuée auprès de fonctionnaires (au nombre de 1 901), et sur des entretiens avec des commissaires (5), des membres de différents cabinets (28), et des cadres (119), l'équipe a eu bien des difficultés à vérifier les opinions ayant cours. Pour plus d'informations, on pourra consulter le site en ligne du projet, à l'adresse suivante (en anglais) : http://www.uea.ac.uk/political-social-international-studies/european-commission-in-question/home. Les principaux résultats sont présentés dans Kassim *et al* (2013), *dej .cit.*. Un second projet, intitulé « European Commission : Facing the Future », s'appuyant sur une enquête menée auprès de tous les personnels de la Commission, sur des entretiens avec les membres de toutes les catégories de fonctionnaires et sur des groupes de discussion, du même auteur, est en cours.

12. M. Šefčovič, « A European civil service fit for the 21st century », European Policy Group breakfast briefing, SPEECH/12/349, Brussels, 10 mai 2012.

13. Kassim *et al.*, 2013, *déj. cit.*, chap. 2.

14. R. Dehousse et A. Thompson, « Intergovernmentalists in the Commission : Foxes in the Henhouse? », *Journal of European Integration.* 34(2), 2012, pp. 113-132 ; L. Hooghe, « Images of Europe : How Commission Officials Conceive their Institution's Role », *Journal of Common Market Studies*, 50 (1), 2012, pp. 87-111 ; Kassim *et al.*, 2013, chap. 4.

15. S. Hix et B. Hoyland, *The Political System of the European Union*, Basingstoke, Palgrave Macmillan, 2011.

16. On pourra consulter le site Web de l'Union européenne l'adresse suivante : http://ec.europa.eu/reform/index_fr.htm. Cela ne signifie pas pour autant que les réformes entreprises par N. Kinnock [l'un des quatre rescapés de la Commission Santer au sein de la Commission Prodi] ont été un franc succès. Voir S. Connolly, and H. Kassim, « Management in the European Commission », en cours. On peut aussi avancer que certaines des modifications apportées en 2014 au statut des fonctionnaires reviennent sur les progrès précédemment entrepris dans la modernisation de la Commission et de ses méthodes de travail (voir M.W. Bauer, S. Connolly, et H. Kassim, « What difference does a decade make? Administrative reform in the European Commission : Prodi and Barroso compared », en cours). Voir également M.W. Bauer, « The Politics of Reforming the European Commission Administration » *in* M. W. Bauer et C. Knill (ss. dir.) *Management Reforms in International Organizations*, Baden-Baden, Nomos, 2007 ; H. Kassim, « A Historic Accomplishment ? The Prodi Commission and

Administrative Reform » *in* D. G. Dimitrakopoulos (ss. dir.) *The Changing European Commission*, Manchester, Manchester University Press, 2004 ainsi que H. Kassim, « " Mission Impossible ", but Mission Accomplished : The Kinnock Reforms and the European Commission », *Journal of European Public Policy*, 15 (5), 2008, pp. 648-668 ; E. Schön-Quinlivan, *Reforming the European Commission*, Basingstoke Palgrave Macmillan, 2011 et enfin, Kassim *et ali.,* 2013, chap. 8.

17. D. Coombes, *Politics and Bureaucracy in the European Community a Portrait of the Commission of the E. E. C*, Londres, Allen and Unwin, 1970.

18. Kassim *et ali.*, 2013, chap. 5 et 6.

19. J. Peterson, « José Manuel Barroso : Political Scientist, ECPR Member », *European Political Science*, 7 (1), 2008, pp. 64-77.

20. H. Kassim, « A New Model Presidency : José Manuel Barroso's Leadership of the European Commission », WZB Berlin Social Science Center, *Discussion Paper,* SP IV 2013–502.

21. T. Winzen, « Technical or Political ? An Exploration of the Work of Officials in the Committees of the European Parliament », *The Journal of Legislative Studies*, 17(1), 2011, pp. 27-44 ; M. Dobbels, et C. Neuhold, « The Roles Bureaucrats Play »: The Input of the European Parliament (EP) Administrators into the Ordinary Legislative Procedure : A Case Study Approach, *Journal of European Integration*, 35(4), 2013, pp. 375-390 ; M. Egeberg, Å. Gornitzka, et J. Trondal, « A Not So Technocratic Executive ? Everyday Interaction between the European Parliament and the Commission », *West European Politics*, 37(1), 2014, pp. 1-18 ; M. Egeberg, Å. Gornitzka, J. Trondal, et M. Johannessen, « Parliament staff : unpacking the behaviour of officials in the European Parliament », *Journal of European Public Policy*, *20*(4), 2013, pp. 495- 514.

22. « Le Bureau est composé du président du Parlement européen, des 14 vice-présidents et des cinq questeurs, élus par le Parlement pour une période de deux ans et demi renouvelable » (site Web du Parlement européen : http://www.europarl.europa.eu/aboutparliament/fr/00766d87cc/Les-organes-politiques.html).

23. Pour plus d'information, consulter en ligne, le site Web du Parlement européen, à l'adresse suivante : http://www.europarl.europa.eu/aboutparliament/fr/00d7a6c2b2/Le-Secrétariat-général.html.

24. Parlement européen, *Inside the European Parliament. A guide to its parliamentary and administrative structures*, 2012, p.53 http://www.europarl.europa.eu/pdf/oppd/Page_1/OPPD_EP_GUIDE_for_webFINAL_EN.pdf

25. R. Corbett, F. Jacobs et M. Shackleton, *The European Parliament*, Londres, John Harper, 2011, p. 220.

26. Parlement européen, « Questions fréquemment posées sur les députés européens et le parlement européen », 2013 p.14 http://www.europarl.europa.eu/resources/library/media/20140206RES35151/20140206RES35151.pdf

27. Les personnels sont principalement recrutés par l'OESP, mais le SGC organise parfois, pour des postes requérant une expertise particulière, des concours ouverts.

28. M. Gray, et A. Stubb, « The Treaty of Nice : Negotiating a Poisoned Chalice ? », *Journal of Common Market Studies*, 39, 2001, pp. 5-23 ainsi que D. Beach, *The Dynamics of European Integration: Why and when EU institutions matter,* Basingstoke, Palgrave Macmillan, 2005.

29. Qui comprenaient, en tout ou partie :
a) issus du Secrétariat général du Conseil, l'unité politique, la direction générale E, des fonctionnaires détachés auprès des représentants spéciaux de l'UE et des missions PSDC ;
b) Issus de la Commission, la DG Relations extérieures, le service extérieur, la DG Développement.

30. Dans certains cas, elles perçoivent directement des paiements ou des honoraires qui constituent une ressource additionnelle.
Sur le SEAE, se reporter au récent rapport de la Cour des comptes. The Establishment of the European External Action Service, *Special Report*, n° 11/2014, 36 pages http://www.eca.europa.eu/Lists/ECADocuments/SR14_11/SR14_11_EN.pdf

31. S. Andoura et P. Timmermans (2008) distinguent trois vagues : celle des agences liées à la politique sociale, au milieu des années 1970 ; celle de la régulation technique du marché unique intérieur à partir des années 1990 ; et enfin celle des agences créées après 2001, après que la Commission a décidé de se recentrer sur ses missions fondamentales et affiché sa volonté de déléguer certaines fonctions. À ces trois vagues peut être ajoutée une quatrième, celle de la création de puissantes agences de services financiers ainsi que la transformation, à la suite de la crise financière et économique, d'importants secteurs des réseaux européens de régulation en agences.

32. Renaud Dehousse propose une explication fonctionnelle de la création des agences européennes in « Regulation by Networks in the European Community : The Role of European Agencies », *Journal of European Public Policy,* 4(2), 1997, pp. 246-261.

Pour d'autres approches, voir E. Vos, « Reforming the European Commission : What Role to Play for EU Agencies ? », *Common Market Law Review,* 37(5), 2000, pp. 1113-1134 ; D. Curtin, « Delegation to EU Non-Majoritarian Agencies and Emerging Practices of Public Accountability », in D. Geradin, R. Muñoz and N. Petit (ss. dir.) *Regulation through agencies in the EU : a new paradigm of European governance,* Cheltenham, Edward Elgar, 2005 ainsi que R.D. Kelemen, et A.D. Tarrant, « The Political Foundations of the Eurocracy The Political Foundations of the Eurocracy », *West European Politics,* 34(5), 2011, pp. 37-41.

33. Pour plus de précisions sur le remaniement de 2012, consulter le site de l'Union européenne à l'adresse suivante : http://europa.eu/about-eu/agencies/overhaul/index_fr.htm. On trouvera également la liste exhaustive des agences à : http://europa.eu/about_eu/agencies/index_fr.htm

34. Communication de la Commission : « Programmation des ressources humaines et financières destinées aux organismes décentralisés pour 2014-2020, COM (2013) 519 final, 10 juillet 2013, consultable en ligne à l'adresse suivante : http://eur-lex.europa.eu/LexUriServ/LexUriServ.do?uri=COM:2013:0519:FIN:fr:PDF

35. Arrêts 9/56 et 10/56 du 13 juin 1958, *Meroni / Haute Autorité* (9/56, Rec 1958 p. 11 et 10/56 Rec 1958 p. 53).

36. Morten Egeberg, Jarte Trondal and Nina M. Vestlund, Situating EU Agencies in the political Administrative Space, *ARENA Working Paper* 6, May 2014, 29 pages.

37. L. Metcalfe, « International Policy Co-ordination and Public Management Reform », *International Review of Administrative Sciences*, 60, 1994, pp. 271-290.

38. H. Kassim, « The national coordination of EU Policy » *in* J. Magone (ss. dir.) *Routledge Handbook of European Politics*, Londres, Routledge, à paraître ;

H. Kassim, A. Menon, B.G. Peters, et V. Wright, (ss. dir.), *The National Co-ordination of EU Policy : the European level*, Oxford University Press, 2001 ;

Mêmes auteurs, *The National Co-ordination of EU Policy : the domestic level*, Oxford University Press, 2000.

39. V. Wright, « The National Coordination of National European Policy-making: Negotiating the Quagmire », *in* J.J. Richardson (ss. dir.) *European Union: Power and Policy-Making*, Londres et New York, Routledge, 1996, pp. 148-69.

40. D.G. Dimitrakopoulos, « The Transposition of EU Law : " Post-Decisional Politics " and Institutional Autonomy », *European Law Journal*, 7, 2001, pp. 442-458.

41. Dans une étude récente portant sur les systèmes de coordination entre le niveau national et le niveau communautaire, V.D. Dimitrov et H. Kassim ont montré que les « nouveaux » États membres accordent plus d'importance au respect des choix communautaires que les « anciens » in « The National Coordination of EU Policy in the New Member States : A Comparative Perspective », article rédigé à l'occasion de la septième conférence pan-européenne de l'Union européenne, La Haye, Pays-Bas, 5-7 juin 2014.

42. Consulter en ligne le site Europa de l'Union européenne, à l'adresse suivante (en anglais) : http://ec.europa.eu/internal_market/scoreboard/index_en.htm

43. D. Coen, M. Thatcher, « Network Governance and Delegation : European Networks of Regulatory Agencies », *Regulation and Governance, 2007 et D.* Coen, and M. Thatcher, « Network Governance and Multi-Level Delegation : European Networks of Regulatory Agencies », *Journal of Public Policy,* 28(1), 2008, pp. 49-71. ainsi que M. Thatcher et D. Coen, « Reshaping European regulatory space : An evolutionary analysis », *West European Politics,* 31(4), 2008, pp. 806-836.

44. N. Lavrijssen et L. Hancher, « Networks on track : From European regulatory networks to European regulatory " network agencies " », *Legal Issues of Economic Integration,* 36(1), 2009, pp. 23-55.

45. Sur ce sujet, on consultera pour l'Allemagne, H.-U. Derlien, « Germany » *in* H. Kassim, B.G. Peters et V. Wright, (ss. dir.) *National Coordination of EU Policy: The Domestic Level,* pp. 54-78. Oxford, Oxford University Press, 2000 ainsi que S. Bulmer, A. Maurer et Paterson, William E., « The European policy-making machinery in the Berlin republic : hindrance or hand-maiden ? » in *German Politics* 10 (1), 2001, pp. 177-206 ; pour le Royaume-Uni, S. Bulmer, M. Burch, C. Carter, P. Hogwood et A. Scott, « UK Devolution and the European Union : a tale of cooperative asymmetry ? » in *Publius: The Journal of Federalism*, 36(1), 2006, pp. 75-93 ; pour la Belgique, B. Kerremans, « Belgium » et pour l'Espagne, I. Molina, « Spain » *in* H. Kassim, B.G. Peters, V. Wright, (ss. dir.), déj.cit.

Notice 6

L'Union européenne et la question de la démocratie

Le principe démocratique a toujours été au cœur du processus de construction européenne, au sens où seuls les États démocratiques peuvent adhérer au système européen ; et ce, avant même que cela devienne une condition formelle d'adhésion telle que stipulée par le traité d'Amsterdam (art. 49 TUE) : aucun État autoritaire n'a en effet pu adhérer à la Communauté européenne, et l'entrée dans la démocratie s'est accompagnée, pour de nombreux pays - du sud puis de l'est de l'Europe - de leur dépôt de candidature pour rejoindre l'Union européenne (UE). Toutefois, le fait que la démocratie soit érigée au rang de valeur suprême pour l'adhésion n'épuise en rien la question de la démocratie au sein du système politique européen. Ce dernier est-il lui-même démocratique ?

Alors que rares sont ceux qui se posent cette question à propos des organisations internationales telles que l'Onu ou l'OMC – leur caractère démocratique découlant de la signature et de la ratification par les États membres des traités qui leur ont donné naissance – il en va différemment pour l'UE dont on fustige régulièrement le déficit démocratique. Pourquoi une telle différence de traitement ? On peut penser que le haut degré d'intégration du système européen, le nombre important des politiques publiques européennes ayant un caractère contraignant et une incidence forte sur le quotidien des citoyens, ainsi que la façon dont sont prises les décisions (selon une méthode communautaire laissant une marge de manœuvre importante aux institutions supranationales, v. Notice 2) expliquent en grande partie ce vif intérêt pour le caractère démocratique ou non, de l'UE.

La difficulté est de réussir à penser, au niveau supranational, la démocratie instaurée à l'échelle des nations. Comment peut-on en effet rendre démocratique un système de gouvernance multiniveaux, composés d'États eux-mêmes démocratiques, mais ayant accepté de transférer à l'échelle européenne certaines de leurs compétences et de leurs pouvoirs à des institutions non élues ? Face à une légitimité démocratique « indirecte » (reposant sur le caractère démocratique des États participant au système) jugée insuffisante, l'UE s'est progressivement dotée de la panoplie des instruments et procédures de la démocratie représentative telle que cette dernière se pratique au niveau national. Cependant, ne parvenant pas à satisfaire à tous les critères du système parlementaire représentatif, elle a aussi cherché à développer la dimension participative de la démocratie, en donnant directement la parole aux citoyens européens.

La légitimité démocratique indirecte est-elle insuffisante ?

Comme les autres organisations internationales, et dans le droit fil de ce que le général de Gaulle appelait « l'Europe des États », le système européen bénéficie de la légitimité démocratique des gouvernements nationaux des États qui le composent. Ainsi, tous les traités qui ont construit l'Europe, de Rome à Lisbonne, en passant par Amsterdam ou Nice, ont été signés par des chefs d'États ou de gouvernement investis démocratiquement – soit en étant directement élus, soit en s'appuyant sur des majorités parlementaires – et ratifiés par les parlements ou approuvés par le peuple *via* des referendums. Par ailleurs, l'une des institutions clefs du système, dotée du pouvoir législatif, est le Conseil des ministres, composé des représentants des gouvernements nationaux, soumis au contrôle des parlements de leur pays d'origine. Formellement, la base de l'UE est donc démocratique : elle profite indirectement de la légitimation par les urnes dont jouissent les gouvernements de ses États membres.

Toutefois, cette légitimation n'a rien d'automatique. Pour qu'elle joue à plein, certaines conditions doivent être réunies :
– les décisions prises par le système doivent tout d'abord être le résultat de la volonté des États-membres ;
– les électorats nationaux doivent par ailleurs pouvoir donner leur avis sur les questions européennes au moment des élections nationales.

En pratique, cependant, aucune de ces conditions n'est réellement remplie dans les faits : si les enjeux européens s'invitent de plus en plus dans les campagnes électorales nationales, cette évolution est toute récente et on ne peut pas encore parler de véritables débats sur les politiques européennes. Quant au processus de décision européen, il ne reflète pas la seule volonté des États membres du fait des transferts de souveraineté opérés, notamment dans le cadre de la méthode communautaire (v. Notice 2) : le pouvoir d'initiative est le monopole de la Commission européenne, le Conseil des ministres partage de plus en plus son rôle de législateur avec le Parlement européen et les champs concernés par le vote à la majorité qualifiée au sein du Conseil n'ont cessé de croître, diminuant d'autant le pouvoir de contrôle des États sur les décisions qui sont prises.

Pendant longtemps, ce problème de légitimation démocratique insuffisante n'a pas été perçu comme tel par les citoyens européens, la communauté européenne bénéficiant de ce qu'on a appelé un « consensus permissif », autrement dit une attitude d'adhésion implicite à la construction européenne et de suivisme vis-à-vis des élites nationales. Toutefois, les choses ont commencé à évoluer à partir des années 1990.

La question du déficit démocratique de l'UE

Le dynamisme de Jacques Delors à la tête de la Commission européenne (1985-1994) couplé à la couverture médiatique du programme de 1992 contenu dans le traité de Maastricht ainsi qu'au développement de nombreuses politiques publiques en accompagnement de la création du marché unique (environnement, protection des consommateurs, concurrence, etc.) ont augmenté la visibilité de l'UE aux yeux des citoyens ; un nombre croissant d'entre eux ont pris conscience de l'impact des décisions européennes sur leur quotidien. À partir de Maastricht, ils commencent donc à faire entendre leur voix, comme lors de la ratification (de justesse, en 1992) par referendum du traité en France ; et la légitimation démocratique indirecte n'apparaît plus comme suffisante pour faire de l'UE un système politique démocratique.

Plus précisément, le déficit démocratique régulièrement dénoncé dans le cadre de l'Union européenne comporte quatre dimensions principales :

- Le développement de l'intégration européenne a tout d'abord dépossédé les assemblées législatives nationales d'un certain nombre de leurs prérogatives législatives. Or cette perte de pouvoirs n'a pas été compensée par une augmentation symétrique de ceux du Parlement européen. Ce dernier est resté pendant de nombreuses années le parent pauvre de la méthode communautaire, en faveur de la Commission et surtout du Conseil des ministres. Le « triangle institutionnel », tel que nous le connaissons aujourd'hui, a mis du temps à fonctionner de la sorte. Cette réalité est en dissonance complète avec la conception parlementaire du système politique qui domine dans les différents pays européens.
- Deuxièmement, les citoyens ont peu de contrôle et d'influence sur l'exécutif européen. Au niveau national en effet, lorsqu'ils sont insatisfaits des politiques menées par leur gouvernement, ils peuvent exprimer leur mécontentement dans les urnes par un vote sanction et désigner une nouvelle majorité d'où sera issu le nouveau gouvernement et obtenir ainsi un programme législatif différent. Cette possibilité n'existe pas vraiment à l'échelle européenne : la désignation de la Commission, qui détient le pouvoir d'initiative, a longtemps été l'apanage exclusif des

gouvernements nationaux – même si les choses sont un peu différentes aujourd'hui ; le Conseil des ministres n'est soumis à aucun contrôle d'aucune autre institution ; et le Parlement, seule enceinte sur laquelle les citoyens ont une influence, a longtemps été l'institution politique la plus faible comme nous venons de le mentionner. Un fossé sépare donc bel et bien les citoyens du système politique européen.

- Ce sentiment de coupure est encore accru par l'absence d'une véritable sphère politique européenne capable de fournir des repères aux citoyens européens, comme ce peut être le cas au niveau national (clivage gauche/droite, partis politiques clairement identifiés, logique majorité/opposition, forums de débats dans les médias et au sein des assemblées, etc.) : les acteurs politiques, comme les partis, sont en effet faiblement organisés (v. Notice 4), rassemblant des groupes nombreux et hétérogènes, et n'ayant qu'une activité épisodique et peu connue du grand public. Les aspects techniques dominent souvent les débats européens, ce qui n'est pas fait pour mobiliser l'opinion publique et susciter son intérêt. Les médias s'intéressent peu aux questions européennes. Et on peut difficilement assimiler le Parlement européen à un forum où se déroulerait le débat public.
- Enfin, l'UE est un système politique complexe, aux règles du jeu parfois obscures pour les citoyens. Peu, parmi ces derniers, comprennent le fonctionnement des institutions, leurs prérogatives et le processus de décision, ce qui contribue à accroître le sentiment de distance entre le peuple européen et les institutions de l'UE. À cela s'ajoute le poids de ce que l'on a appelé « l'Eurocratie » (contraction d'Europe et de bureaucratie) dans le *policy-making* européen. En amont de la décision, par exemple, les textes sont préparés et discutés dans le réseau administratif qui entoure la Commission (Directions générales – DG, comités, groupes de travail); quand, ensuite, la décision est prise au Conseil des ministres, on sait que, dans les trois quarts des cas, elle est à ce point préparée au niveau des groupes de travail du Conseil et du Comité des représentants permanents (Coreper), qu'elle est adoptée sans discussion par les ministres concernés. En effet, pour que les décisions soient prises rapidement et rencontrent le moins de résistance au niveau du Conseil et du Parlement, elles sont de plus en plus souvent discutées au sein de « trilogues informels » regroupant des représentants des trois institutions du triangle institutionnel, échappant ainsi au débat et à la délibération démocratiques.

L'image dominante concernant l'UE est donc celle d'une Europe technocratique, où règnent les experts, dont le mode de fonctionnement est obscur et que l'on comprend peu. On est bien loin d'une Europe démocratique synonyme d'arène politique dans laquelle pourraient être abordées et débattues différentes conceptions de l'intérêt général européen. Pourtant, l'histoire de la construction européenne est aussi celle d'une démocratisation progressive du système, les acteurs en présence ayant cherché à le doter progressivement des attributs des régimes parlementaires représentatifs.

L'UE est-elle une démocratie représentative ?

Le traité de Lisbonne l'affirme très clairement à l'article 10 : « le fonctionnement de l'Union est fondé sur la démocratie représentative ». L'acteur clef de cette « transformation » du système européen en régime parlementaire représentatif, tel qu'on le connaît au niveau national, est bien sûr le Parlement européen, dont la place et les pouvoirs se sont accrus à mesure que progressait l'intégration européenne. De simple organe délibératif, sans réel pouvoir de décision, composé de délégués envoyés par les parlements nationaux quand est signé le traité de Rome en 1957, il est en effet devenu un véritable parlement, co-législateur aux côtés du Conseil des ministres ; et ses membres sont élus depuis 1979 directement par le peuple.

Cette évolution ne s'est pas faite du jour au lendemain mais de façon progressive, sous l'impulsion des eurodéputés, et des acteurs politiques nationaux souhaitant rendre l'UE plus démocratique. Et si, jusqu'au milieu des années 1970, le Parlement européen est tenu à l'écart du processus décisionnel et constamment marginalisé, il se met à exister davantage à la fin de cette décennie grâce à son élection au suffrage universel direct (tous les cinq ans), qui lui octroie une légitimité démocratique directe, et au renforcement de ses pouvoirs budgétaires. Dans les années 1980, il devient l'un des trois pôles du triangle institutionnel, avec la Commission européenne et le Conseil des ministres. Avec le traité de Maastricht, il accède à une quasi-égalité avec le Conseil grâce à la procédure de co-décision : pour qu'une norme communautaire entre en vigueur, elle doit désormais être adoptée dans les mêmes termes par le Conseil et le Parlement européen. Tous les traités à compter de 1992 étendent le champ d'application de cette procédure particulière, qui devient procédure législative de droit commun – ou ordinaire – avec le traité de Lisbonne, en 2007.

Les pouvoirs législatifs (et budgétaires) ne sont pas les seules prérogatives du Parlement européen qui se soient développées avec l'approfondissement de l'intégration européenne. L'institution parlementaire se voit également dotée progressivement de tous les instruments classiques du contrôle parlementaire, qu'il s'agisse de la procédure de censure de la Commission, des questions orales ou écrites adressées aux deux autres institutions du triangle institutionnel, de la création de commissions d'enquêtes, du suivi de l'exécution du budget, des auditions ou de l'examen des pétitions qui lui sont soumises. Elle a également acquis d'importants pouvoirs de nomination, que l'on songe à sa participation à la désignation des membres de la Banque centrale européenne, à l'élection du médiateur européen ou à la procédure d'investiture de la Commission européenne.

Celle-ci reflète bien la « parlementarisation » progressive du système européen. Le Parlement doit en effet approuver la composition de la Commission européenne ; et depuis Maastricht, il fait passer des auditions aux commissaires désignés. Le traité de Lisbonne a encore introduit une nouveauté : le Conseil européen, « statuant à la majorité qualifiée », propose un candidat pour la présidence de la Commission européenne, en tenant compte des résultats des élections européennes ; ce candidat doit ensuite être élu par le Parlement « à la majorité des membres qui le composent » (article 17.7 TUE).

L'évolution la plus récente concerne l'élection à la présidence de la Commission, de Jean-Claude Juncker, candidat du Parti populaire européen (PPE), formation arrivée en tête des élections législatives européennes de mai 2014. Le choix des chefs d'État et de gouvernement nationaux s'est bien porté sur le candidat désigné par le parti ayant obtenu le plus de voix ; ce qui tend à renforcer le rôle des partis politiques européens et à établir un lien plus direct – et lisible – entre les élections européennes et l'exécutif européen incarné par la Commission.

En somme, le Parlement européen, seule institution directement élue par le peuple, « composé de représentants des citoyens de l'Union » (article 14 TUE), a vu ses pouvoirs s'accroître avec le développement de l'UE. Cette dernière, sur le modèle du régime politique le plus répandu au sein de ses États membres, à savoir le régime parlementaire, s'est ainsi parée des attributs de la démocratie représentative. Toutefois, cette analogie avec le régime parlementaire représentatif souffre d'un certain nombre de limites, et non des moindres.

- La première de ces limites concerne le pouvoir normatif du Parlement européen : à l'instar des assemblées législatives dans les régimes politiques de type fédéral, il n'est tout d'abord compétent que dans un certain nombre de domaines, les autres relevant du niveau national. En outre, si le traité de Lisbonne mentionne pour la première fois le caractère général – et transversal – de ses compétences, pour ce qui concerne les compétences de l'UE, en étendant la procédure de co-décision à la quasi-totalité des domaines d'intervention de l'Union, l'instance parlementaire ne dispose pas de pouvoirs importants comme le pouvoir d'initiative (la capacité à faire des propositions de législations) ou le pouvoir constituant (la capacité à modifier les traités de l'UE).
- La deuxième limite a trait à sa fonction de représentation qui reste limitée et circonscrite en raison de son mode de fonctionnement tendant à gommer l'expression des différents points de vue et opinions en présence. Comme les autres institutions européennes en effet, le Parlement se caractérise par la recherche du consensus en son sein mais aussi avec les autres institutions du triangle institutionnel (comme l'illustrent les « trilogues informels » déjà mentionnés) ; par

conséquent, on s'éloigne de la délibération et de l'image d'une agora au sein de laquelle se déroulerait le débat public européen – le grand nombre des députés ainsi que l'obstacle de la langue (23 langues officielles dans l'UE) ne simplifiant pas les choses.

• Enfin, si un lien, timide, commence à se dessiner entre élections européennes et exécutif européen, avec la nomination d'un président de la Commission, désigné par le parti politique européen arrivé en tête du scrutin pour l'élection des eurodéputés, l'impression dominante demeure celle d'une absence d'influence réelle des résultats de ce scrutin sur la composition de la Commission et sur le programme législatif développé par l'UE. Cette réalité – traduite, sur le plan individuel, en sentiment que le vote aux élections européennes ne sert pas à grand-chose – est l'un des éléments clefs qui expliquent les forts taux d'abstention (plus de 50 % depuis le scrutin de 1999) à ces élections. Ainsi par exemple, le Parlement européen issu des élections de mai 2014 n'a été élu que par une minorité de citoyens européens (42,54 % de participation). Les institutions européennes ne sont pas dupes, comme le souligne la Commission elle-même dans un document de travail accompagnant sa communication « Communiquer sur l'Europe en partenariat » : « la participation active des citoyens aux affaires européennes est faible et le soutien à l'Union européenne n'a cessé de s'amenuiser ces dernières années. (...) Outre le fait que la participation à la politique en général ne suscite qu'un intérêt modéré, la difficulté foncière, pour ce qui est de la participation à l'échelon communautaire, semble résider dans la logistique. Les citoyens européens ne connaissent pas bien la structure de l'Union et ne savent pas vers qui ils pourraient se tourner en cas de problème. Ils ne savent pas qui les représente au Parlement européen »[1].

Dans ces conditions, la légitimité démocratique directe, fondée sur le principe représentatif, est plus que contestable à l'échelle de l'UE car

– Une seule des institutions européennes jouant un rôle clef dans le processus de décision est élue au suffrage universel direct par les citoyens européens, et ce qui incarne l'exécutif européen, en l'occurrence la Commission européenne, n'est encore que faiblement déterminé par le résultats des élections ;

– Institution démocratiquement élue, le Parlement européen a vu ses pouvoirs s'accroître mais il ne jouit pas encore des mêmes prérogatives que les assemblées législatives au niveau national ;

– Enfin, seule une minorité de citoyens européens participe à son élection.

C'est pourquoi, en complément de ces éléments de démocratie représentative, les institutions européennes se sont récemment intéressées aux dispositifs de démocratie directe qui pourraient permettre aux citoyens européens de prendre la parole et s'exprimer directement sur les enjeux européens, afin de les impliquer davantage dans le système.

À la recherche de la démocratie directe

En réponse au déficit de légitimité dont souffre l'UE comme l'illustrent la désaffection des citoyens lors des élections européennes, les opinions négatives qui se manifestent par des votes protestataires à ce type de scrutin ou par une majorité de « non » lors de référendums sur l'Europe (2005 en France et aux Pays-Bas, 2008 en Irlande), les institutions européennes ont en effet cherché à développer la composante participative de la démocratie, afin de trouver de nouvelles sources de légitimation au système et à ses décisions.

Le premier document à mentionner cette piste est le *Livre blanc sur la Gouvernance* publié en juillet 2001. On y trouve en effet un plaidoyer pour une plus grande ouverture et implication de la société civile : « ce dont nous avons besoin, c'est d'une culture renforcée de consultation et de dialogue ». Cependant, le texte s'arrête à l'énonciation de grands principes généraux et aucune indication précise n'est fournie pour une mise en application concrète de ces principes. La Commission a toutefois persévéré dans cette voie, notamment dans le cadre du volet « science et société » du sixième programme-cadre sur la recherche et le développement technologique, en encourageant les recherches sur le sujet. Ces premiers financements communautaires ont permis le développement des recherches sur la place du citoyen dans le système européen et l'organisation des premières conférences de citoyens à l'échelle européenne.

Deux exemples peuvent être cités : d'une part, le projet Raise sur le thème de « la ville de demain » en décembre 2005, et d'autre part la « conférence de consensus » (*Meeting of minds,* Mom) sur les sciences neuronales, achevée en janvier 2006. Il s'agissait dans les deux cas, de faire dialoguer un panel de citoyens avec des experts, puis de les laisser délibérer entre eux sur le thème choisi pour qu'ils puissent, *in fine*, faire des recommandations.

Mais le véritable tournant « participatif » de l'UE a lieu en 2005 à la suite des « Non » français et néerlandais lors des référendums pour la ratification du traité constitutionnel ; à compter de cette date, les institutions européennes insistent de façon plus systématique sur la nécessité d'un dialogue permanent avec les citoyens. C'est, par exemple, ce que préconise la Commission européenne dans son « Plan D » (pour Démocratie, Dialogue et Débat) lancé en octobre 2005 : « l'objectif (...) est de faire en sorte que les citoyens s'impliquent dans les politiques fondamentales et se les approprient. Il propose des moyens permettant à la Commission d'informer les citoyens sur les différentes politiques, de susciter le débat et de leur offrir un canal pour sensibiliser les responsables européens à leurs préoccupations ». C'est dans le cadre de ce plan qu'ont été financées – ou co-financées – un certain nombre d'expériences participatives et délibératives transnationales.

En 2007, par exemple, ont été organisées des « consultations européennes de citoyens » (CEC) sur l'avenir de l'Europe à l'horizon 2020, l'objectif étant de favoriser les échanges entre citoyens et leur permettre de donner leur avis sur un thème particulier. La même année, ont été développés les premiers sondages délibératifs « ® » : un panel de citoyens, formé sur des enjeux identifiés, donne ensuite son opinion sur ces derniers. Il s'agissait en l'occurrence de se prononcer sur les principaux enjeux sociaux et de politique étrangère qui affectent le futur de l'UE, dans le cadre d'un projet intitulé *Tomorrow's Europe*.

Par ailleurs, le traité constitutionnel de 2004, puis le traité de Lisbonne de 2007 offrent une première reconnaissance « constitutionnelle » à la dimension participative de la démocratie à l'échelle européenne. L'article 11 sur l'UE précise en effet que :

– Les institutions donnent, par les voies appropriées, aux citoyens et aux associations représentatives la possibilité de faire connaître et d'échanger publiquement leurs opinions dans tous les domaines d'action de l'Union ;
– Les institutions entretiennent un dialogue ouvert, transparent et régulier avec les associations représentatives et la société civile.

C'est d'ailleurs dans le cadre de cet article, à l'alinéa 4, qu'est introduite une innovation institutionnelle visant à donner davantage la parole aux citoyens : l'initiative citoyenne européenne (ICE) : « des citoyens de l'Union, au nombre d'un million au moins, ressortissants d'un nombre significatif d' États membres, peuvent prendre l'initiative d'inviter la Commission européenne, dans le cadre de ses attributions, à soumettre une proposition appropriée sur des questions pour lesquelles ces citoyens considèrent qu'un acte juridique de l'Union est nécessaire aux fins de l'application des traités ». La procédure se découpe en trois grandes phases, allant de la constitution du comité de citoyens portant l'initiative (au moins sept citoyens européens, vivant dans au moins sept pays membres différents) jusqu'à la réponse de la Commission, en passant par l'enregistrement de l'initiative sur le site dédié aux initiatives citoyennes européennes (ICE), la collecte des signatures et la vérification des soutiens par les autorités nationales compétentes. À ce jour, une vingtaine d'initiatives ont été enregistrées auprès de la Commission, mais seules deux d'entre elles sont parvenues au bout du processus – six autres ont été clôturées mais non encore présentées.

Enfin, une décision conjointe du Parlement européen et du Conseil des ministres a fait de l'année 2013 – qui correspond au 20e anniversaire du traité de Maastricht et donc de la citoyenneté européenne – celle des citoyens de l'UE : « Les institutions de l'Union devraient promouvoir la participation démocratique active au processus décisionnel par un dialogue ouvert, transparent et régulier avec la société civile » ; il y est également question de « l'utilisation des outils de participation multilingues existants pour favoriser la participation active des organisations de la société civile et des citoyens (…), notamment des instruments relevant de la démocratie directe, telles l'initiative citoyenne et les consultations publiques »[2].

Toutefois, comme pour la démocratie représentative, la volonté et l'instauration de certains instruments ne suffisent pas nécessairement pour impliquer les citoyens dans le système européen et le processus de décision. Au regard des premières expériences participatives mentionnées – conférences et consultations de citoyens, sondages délibératifs et initiatives citoyennes européennes – trois constats plutôt décevants semblent en effet s'imposer :

– ces instruments participatifs sont finalement peu utilisés ;
– ils ne parviennent pas à impliquer des citoyens « ordinaires », qui ne soient pas déjà engagés dans des organisations ;
– leur mise en œuvre ne semble pas produire de résultats significatifs sur le système européen.

Le premier élément qui interpelle est en effet le faible nombre d'expériences participatives développées à ce jour ; celles qui l'ont été étaient souvent organisées dans un objectif expérimental, afin de tester une méthodologie particulière (comme dans le cas de MOM) ; au point que l'on peut davantage parler de « démocratie de laboratoire » que de réelle démocratie participative à l'échelle de l'UE. Par ailleurs, alors que les textes européens plaident pour une plus grande ouverture à la société civile et aux citoyens, on constate une forme de déclin dans l'usage des instruments participatifs, peu d'initiatives ayant été organisées au cours des années 2010. L'une des explications de ce phénomène tient à l'intérêt de la Commission pour les initiatives citoyennes européennes, au détriment de la recherche de nouveaux outils pour accroître l'inclusion des citoyens.

Toutefois, même si l'on se concentre sur les ICE, le constat diffère peu. En effet, on peut difficilement parler d'engouement pour ce nouvel instrument : deux ans après le lancement des premières initiatives, seules une vingtaine d'ICE ont été enregistrées ; et seulement deux ont obtenu suffisamment de signatures pour que la Commission les examine. La faute est à rechercher du côté du manque d'informations des citoyens, ainsi que de leur désintérêt pour cette innovation institutionnelle ; un *Eurobaromètre* réalisé au printemps 2012 révélait en effet que la plupart (majorité) des citoyens européens ne connaissent pas l'existence des ICE tandis que plus des deux tiers d'entre eux n'envisagent pas d'y avoir recours[3].

Ces résultats amènent à constater une deuxième grande limite de la démocratie directe à l'échelle de l'UE : le nombre peu élevé de citoyens ordinaires qui participent à de telles expériences. Ceux qui s'impliquent dans les procédures participatives sont en effet, le plus souvent, de « vrais » citoyens européens, mobiles et éduqués, résidant ou ayant résidé dans un autre pays que celui de leur pays d'origine, dotés d'un niveau d'études élevé. La démocratie participative européenne comporte donc un aspect élitiste et non représentatif. Par ailleurs, autre biais, les acteurs les plus impliqués ne sont pas des citoyens lambda, mais des représentants des groupes d'intérêt et autres organisations de la société civile. Par exemple, la moitié des initiatives citoyennes européennes à ce jour ont été lancées par des organisations nationales ou européennes. Et si un tiers d'entre elles a bien été organisé à l'initiative de citoyens « ordinaires », la plupart de ces derniers n'en a pas moins un niveau d'éducation supérieur à la moyenne, des sentiments pro-européens marqués et un passé militant. En somme, les instruments participatifs développés à l'échelle européenne ne parviennent pas à réellement ouvrir le processus de décision aux citoyens ordinaires.

Et la portée de ces instruments n'est guère plus encourageante. Pour avoir un impact, ces procédures participatives doivent tout d'abord concerner des enjeux traités à l'échelle européenne. Or, de nombreuses expériences menées à ce jour concernent des champs de compétence qui ne relèvent pas directement du niveau européen, tels que le social, les sciences neuronales, le développement dans les villes ou des questions très vagues comme l'avenir de l'Europe. De plus, les institutions européennes ont jusqu'à maintenant manifesté peu d'intérêt pour les résultats de ces différentes expériences participatives. Enfin, les règles qui gouvernent la mise en œuvre de ces instruments peuvent représenter un frein à leur influence sur le système européen. Les initiatives citoyennes européennes en offrent un bon exemple : la Commission européenne joue un rôle central, voire déterminant, dans la procédure, en définissant quelles initiatives sont éligibles et lesquelles ne le sont pas, et en décidant de la réponse à y apporter en fin du processus. C'est donc de la Commission, véritable *gatekeeper*, que dépend le succès ou l'échec des ICE, ce qui limite leur portée participative (et donc démocratique).

• • • En définitive, l'Union européenne entretient des relations complexes avec la démocratie. Plus intégrée que n'importe quelle autre organisation internationale, son caractère démocratique est en effet souvent mis en cause. Si la démocratie indirecte a longtemps suffi à légitimer le système et ses décisions, elle s'est révélée progressivement insuffisante du fait des importantes délégations de souveraineté opérées en faveur des institutions européennes et de la croissance exponentielle des domaines d'intervention de l'UE. Les acteurs, européens et nationaux, ont alors cherché d'autres sources de légitimation démocratique plus directes. Sur le modèle des régimes politiques nationaux, ils ont tout d'abord développé le caractère représentatif du système européen, en renforçant les pouvoirs du Parlement européen, élu au suffrage universel direct. Plus récemment, ils ont également introduit des instruments participatifs afin d'impliquer plus directement les citoyens européens dans le processus de décision communautaire. Toutefois, dans les deux cas, les procédures, qu'elles soient représentatives ou participatives, peinent à trouver leur public et à intéresser les citoyens. La démocratie est bien une référence centrale du régime politique de l'UE ; mais la complexité du système rend délicate la transposition des mécanismes démocratiques nationaux à l'échelle communautaire et constitue un obstacle, objectif et subjectif, à l'inclusion des citoyens européens dans la prise de décision.

Laurie Boussaguet

Bibliographie

Laurie Boussaguet, « À l'écoute des citoyens. Bilan des premières expériences participatives à l'échelle communautaire », *Policy Paper*, n°44, Notre Europe, mars 2011, 32 pages.

Renaud Dehousse, *La Fin de l'Europe*, Paris, Flammarion, 2005, 191 pages.

Nicolas Levrat, *La construction européenne est-elle démocratique ?* coll. Réflexe Europe, série Débats, La documentation Française, Paris, 2012, 170 pages.

Notes

1. Commission européenne, SEC(2007) 1267, 3/10/2007.

2. http://www.dri.cfwb.be/index.php?eID=tx_nawsecuredl&u=0&file=fileadmin/sites/dri/upload/dri_super_editor/dri_editor/documents/2013.pdf&hash=cd8dc7566e68521214bc85079baa9d2da1b12892, dernière date de consultation : le 4/8/2014.

3. Glogowski, P., Maurer, A. (2013) The European Citizens' Initiative : Chances, Constraints and Limits. Vienna, Austria: Institute for Advanced Studies. Political Sciences Series No. 134, http://www.ihs.ac.at/publications/pol/pw_134.pdf

Notice 7

Les citoyens et l'Europe : modes d'expression et perceptions

Traiter des citoyens et de l'Europe exige au préalable de s'entendre sur une définition de la citoyenneté. Dans le cas présent, c'est une définition englobante de la citoyenneté européenne qui est privilégiée afin d'en saisir ses modes d'expression de manière la moins restrictive possible : « Entendues au sens large, la citoyenneté européenne, mais aussi la citoyenneté de l'Union, désignent les ressorts et les potentialités de l'engagement civique de tous les ressortissants communautaires ainsi que leurs identifications en tant que sujets politiques de l'Union européenne »[1]. Partant de cette définition et revenant d'abord sur son acception juridique, les modes d'expression sont détaillés pour, enfin, mettre en avant les perceptions citoyennes de l'intégration européenne. Il s'agit d'examiner ce que les pratiques et représentations associées à la citoyenneté européenne peuvent nous apprendre de la relation entre les citoyens et l'Europe.

Interroger le lien entre les citoyens et l'Europe pose en effet, immanquablement en amont, la question de la citoyenneté européenne et de sa définition. À l'origine, et dans son sens le plus restreint, la citoyenneté de l'Union concerne une partie des citoyens européens seulement : celle des ressortissants communautaires migrants, qui se sont installés dans un autre État membre. À partir de 1992, de simples utilisateurs de la libre circulation, les citoyens européens deviennent également les détenteurs de droits politiques spécifiques. Au fil des textes européens et à la suite de son inscription dans le traité de Maastricht, la citoyenneté de l'Union s'affiche comme l'étendard du déplacement progressif de l'Europe économique vers l'Union politique. Sur le plan juridique, le développement de la citoyenneté de l'Union s'accompagne d'un recours inflationniste au registre sémantique lié à la citoyenneté tant dans les discours politiques et journalistiques que dans les discussions scientifiques[2]. En témoignent *Le Livre Blanc sur la gouvernance européenne* publié en 2001 par la Commission européenne affichant comme objectif central de « rapprocher l'Europe de ses citoyens » et, plus récemment, la consécration de l'année 2013, « Année européenne des citoyens ».

La citoyenneté européenne : du migrant au citoyen participatif

Avec la première élection du Parlement européen au suffrage universel en 1979, les Européens se voient conférer un rôle politique pour la première fois depuis la création de Communautés européennes. Jusqu'alors, les textes et les institutions communautaires les avaient cantonnés à des rôles proprement économiques. La citoyenneté européenne – ou pour être plus précis sur le plan juridique, la citoyenneté de l'Union – n'apparaît formellement dans les textes qu'en 1992 avec l'adoption du Traité de Maastricht. Cette naissance formelle est néanmoins le résultat d'une longue évolution, entamée bien plus tôt : elle est le résultat d'un « long processus de maturation débuté avec le traité de Rome »[3].

La citoyenneté de l'Union se superpose à la citoyenneté nationale : « Est citoyen de l'Union toute personne ayant la nationalité d'un État membre. La citoyenneté de l'Union s'ajoute à la citoyenneté nationale et ne la remplace pas » (articles 9 TUE et 20 alinéa 1 TFUE). Tout citoyen national d'un des vingt-huit États membres est donc de fait citoyen européen, la citoyenneté nationale étant acquise en fonction des modalités propres de chaque État, soit par naissance soit dès l'obtention de la nationalité. À ce titre, la citoyenneté de l'Union est une citoyenneté de superposition ou une citoyenneté additionnelle[4], qui se caractérise par une série de droits spécifiques. Tout d'abord, la citoyenneté européenne comprend le droit de vote et d'éligibilité aux élections européennes et locales. L'article 22 alinéa 1 du TFUE dispose que « tout citoyen de l'Union résidant dans un État membre dont il n'est pas ressortissant a le droit de vote et d'éligibilité aux élections municipales dans l'État membre où il réside, dans les mêmes conditions que les ressortissants de l'État ». Les citoyens européens se voient également conférer un droit de pétition devant le Parlement européen. Les articles 20 alinéa 2.d et 24, alinéa 2 TFUE consacrent le droit de pétition, et l'article 227 TFUE précise quant à lui que « tout citoyen de l'Union, ainsi que toute personne physique ou morale résidant ou ayant son siège statutaire dans un État membre, a le droit de présenter, à titre individuel ou en association avec d'autres citoyens ou personnes, une pétition au Parlement européen sur un sujet relevant des domaines d'activité de l'Union et qui le ou la concerne directement ».

À ces droits de vote et de pétition, le chapitre V de la Charte des droits fondamentaux, intitulé « Citoyenneté », ajoute également les droits suivants: le droit de circuler et de séjourner librement sur le territoire des États membres; le droit de s'adresser au médiateur européen; la possibilité d'écrire à toute institution européenne dans toutes les langues des États membres et de recevoir une réponse rédigée dans la même langue; le droit à une bonne administration; le droit d'accès à l'ensemble des documents des institutions européennes. Plus récemment, l'entrée en vigueur du Traité de Lisbonne le 1er décembre 2009 réaffirme le rôle politique des citoyens et l'élargit encore en leur reconnaissant une nouvelle prérogative qu'ils peuvent exercer directement : le droit d'initiative citoyenne (article 24 TFUE). Les citoyens européens acquièrent ici le droit d'inviter la Commission européenne, dans le cadre de ses attributions, à soumettre une proposition législative appropriée au Parlement européen et au Conseil de l'Union européenne sur un sujet particulier. Le 1er avril 2012, la directive sur l'initiative citoyenne rentrait en application précisant les modalités pratiques de cette nouvelle prérogative accordée au citoyen européen : il faut d'abord recueillir en un an l'approbation d'un million de citoyens de l'Union (soit 0,2 % des 502 millions constituant la population européenne) et ressortissants d'un quart des États membres (actuellement donc de sept pays)[5]. Il convient également que l'acte juridique demandé soit « nécessaire aux fins de l'application des traités ». Il est essentiel de noter que l'initiative citoyenne européenne se caractérise par son absence d'effet obligatoire : le million de signatures ne comporte pas, *ipso facto,* l'obligation pour la Commission de donner une suite positive à la demande qui lui est adressée. À ce titre, elle relève bien de l'invitation, rien de plus.

Au fil des textes, le citoyen européen passe donc du statut de migrant à celui d'électeur et enfin à celui de citoyen actif, pouvant exprimer une opinion politique sur un sujet déterminé sans la médiation d'un élu, en s'adressant directement aux institutions communautaires[6]. À l'économie s'ajoute le politique, et à la démocratie représentative s'articule la démocratie participative.

Les modes d'expression de la citoyenneté européenne

En miroir de ces évolutions juridiques, les formes de participation des citoyens dans l'espace politique européen se sont également diversifiées – sans toujours se renforcer pour autant. Aujourd'hui, le droit primaire européen reconnait différentes prérogatives et droits politiques aux citoyens européens; il reste à déterminer dans quelle mesure ils s'en saisissent comme moyens effectifs d'expression politique de leur citoyenneté. La mise en œuvre de la citoyenneté européenne doit donc également être saisie sous l'angle de l'usage que les citoyens européens font des droits qui leur ont été accordés par les traités successifs.

Le droit de libre circulation

Nombre de ressortissants des États membres de l'Union européenne agissent en citoyens européens lorsqu'ils se livrent à un acte aussi banal que traverser une frontière. La citoyenneté européenne peut ainsi reposer non pas sur l'identité, la définition de soi comme citoyen ou sur l'acte électoral, mais s'asseoir sur les pratiques quotidiennes au nombre desquelles la mobilité joue un rôle central. L'importance de l'accroissement des interactions entre Européens comme facteur du développement sur le long terme de l'identification comme citoyen européen a d'ailleurs fait partie du projet européen dès ses prémices[7]. Au cours des trois dernières décennies, tout semble ainsi concourir à développer la mobilité des Européens, dont la création de l'Espace Schengen et l'introduction de l'Euro ne sont que la partie la plus visible de l'édifice. Les échanges d'étudiants entre universités sont devenus également un phénomène non négligeable. Depuis sa création en 1987, le programme Erasmus a permis à plus de trois millions d'étudiants d'effectuer un séjour dans une université partenaire[8]. Dans le même temps, le développement des compagnies *low cost* a lui aussi permis de réduire la distance au sein de l'espace européen, tant physiquement que symboliquement. Malgré l'élargissement continu de l'Union européenne, les capitales européennes apparaissent moins lointaines car plus accessibles[9]. Interrogés quant à leurs pratiques transnationales, la moitié des citoyens de six États membres sondés déclarent communiquer régulièrement par téléphone, internet ou email avec des amis ou de la famille se trouvant à l'étranger ; avoir visité au moins un autre État membre de l'UE au cours des deux dernières années ; avoir regardé la télévision dans une autre langue que leur langue maternelle ; et se sentir familier d'au moins un autre pays de l'UE[10]. Toutefois, ces pratiques transnationales varient considérablement en fonction de l'appartenance sociale des individus, mais aussi du pays dont est issu le citoyen. De manière générale, si les touristes, les étudiants ou encore les retraités font un usage renouvelé de l'espace européen de circulation ouvert par les politiques de l'Union européenne, ces flux n'en demeurent pas moins temporaires. En effet, les migrants intra-UE, ces citoyens européens mobiles qui ont exercé leur droit de libre circulation et établi leur résidence dans un État membre différent de leur État membre de naissance ou d'origine, représentent entre 2% et 3 % de la population totale de l'UE[11]. De même, les mariages entre Européens restent très peu fréquents. À titre d'exemple, entre 1996 et 2007, la part des mariages entre un citoyen d'origine espagnole et un autre Européen est passé de 1,8 % à 3,8 %; ces pourcentages restant faibles au final[12].

Le droit de vote

Les élections européennes représentent le moment majeur où les citoyens peuvent exprimer un choix entre des alternatives politiques au niveau européen. Àce titre, elles représentent le moyen d'expression citoyenne le plus évident, marqué par le déclin de la participation électorale des citoyens européens au cours des trois dernières décennies.

En 1979, à l'occasion des premières élections européennes au suffrage universel, la participation au sein des neuf États membres d'alors était de 62 %. À la suite des sept élections quinquennales qui ont suivi, le taux de participation moyen n'a cessé de chuter pour atteindre son taux record le plus bas, 42,5 % en 2014. Cette chute massive de la participation doit être lue à la lumière des élargissements successifs, et en particulier des taux de participation très variables d'un pays à l'autre. En effet, à l'occasion des dernières élections européennes de 2014, la participation moyenne pour les neuf pays qui avaient déjà participé aux élections de 1979 était de 56 % contre 33,5 % pour les treize derniers arrivants.

Le différentiel dans les taux de participation atteint 76,5 % en 2014. La Belgique, forte de son système de vote obligatoire enregistre le plus haut taux européen de participation (89,6 %), alors que la Slovaquie, avec son taux de participation de 13 %, tient la dernière position dans le classement. La moyenne européenne cache donc des différences nationales importantes. Parmi les facteurs explicatifs de ces disparités, le système électoral, et en particulier l'obligation de vote, joue un rôle évident. Cette différence de moyenne met également en lumière l'ancrage national de la politisation des enjeux européens, en particulier de leur médiatisation différenciée, ainsi que de leur importance pour les partis nationaux.

Taux de participation aux différentes élections européennes à l'échelle européenne (1979 - 2014)

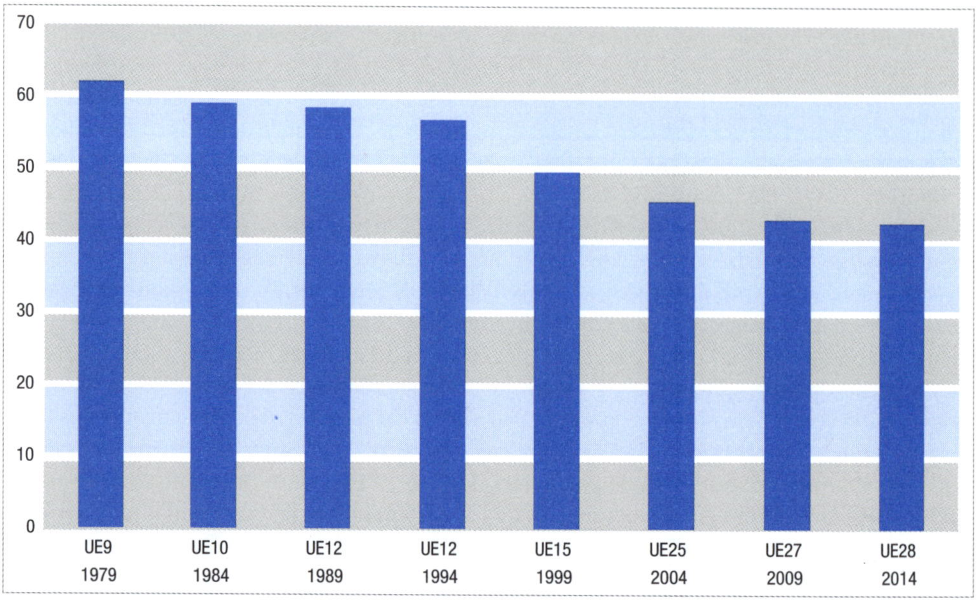

Source : http://www.resultats-elections2014.eu/fr/turnout.html

Taux de participation aux différentes élections européennes par État membre (1979 - 2014)

	1979	1984	1989	1994	1999	2004	2009	2014
Belgique	91,36	92,09	90,73	90,66	91,05	90,81	90,39	89,64
Danemark	47,82	52,38	46,17	52,92	50,46	47,89	59,54	56,30
Allemagne	65,73	56,76	62,28	60,02	45,19	43,00	43,27	48,10
Irlande	63,61	47,56	68,28	43,98	50,21	58,58	58,64	52,44
France	60,71	56,72	48,8	52,71	46,76	42,76	40,63	42,43
Italie	85,65	82,47	81,07	73,6	69,76	71,72	65,05	57,22
Luxembourg	88,91	88,79	87,39	88,55	87,27	91,35	90,76	85,55
Pays-Bas	58,12	50,88	47,48	35,69	30,02	39,26	36,75	37,32
Royaume-Uni	32,35	32,57	36,37	36,43	24,00	38,52	34,70	35,40
Grèce	81,48*	80,59	80,03	73,18	70,25	63,22	52,61	59,97
Espagne		68,52*	54,71	59,14	63,05	45,14	44,87	43,81
Portugal		72,42*	51,1	35,54	39,93	38,60	36,77	33,67
Norvège				41,63*	38,84	37,85	45,53	51,07
Autriche				67,73*	49,4	42,43	45,97	45,39
Finlande				57,60*	30,14	39,43	38,60	41,00
République tchèque						28,30	28,22	18,20
Estonie						26,83	43,90	36,52
Chypre						72,50	59,40	43,97
Lituanie						48,38	20,98	47,35

	1979	1984	1989	1994	1999	2004	2009	2014
Lettonie						41,34	53,70	30,24
Hongrie						38,50	36,31	28,97
Malte						82,39	78,79	74,80
Pologne						20,87	24,53	23,83
Slovénie						28,35	28,33	24,55
Slovaquie						16,97	19,64	13,05
Bulgarie						29,22*	38,99	35,84
Roumanie						29,47*	27,67	32,44
Croatie							20,84*	25,24
Union européenne	61,99	58,98	58,41	56,67	49,51	45,47	43,00	42,54

Source : http://www.resultats-elections2014.eu/fr/turnout.html

La relative faible participation électorale et l'importance des enjeux nationaux ont amené les commentateurs à qualifier les élections européennes d'élections de « second ordre ». Ce caractère s'illustre notamment par le fait que , dans chaque État membre, le niveau de participation aux élections nationales est toujours supérieur à celui enregistré pour les élections européennes. Le décalage est en moyenne de 25 points – les différences nationales étant également ici très marquées ; pour trois électeurs votant au niveau national, seuls deux s'expriment à l'occasion des élections du Parlement européen. Le second élément caractérisant ces élections de « second ordre » est la faible importance des enjeux européens comparés à ceux de politique nationale à l'occasion des campagnes électorales pour le Parlement européen.

Les référendums représentent un autre mode d'expression dont les citoyens peuvent se saisir. Ils constituent des moments de politisation ponctuelle rendant les enjeux européens particulièrement visibles. Par ce biais, certains citoyens européens ont d'ailleurs adressé des avertissements répétés, avec six rejets référendaires enregistrés au cours des deux dernières décennies : le rejet danois du Traité de Maastricht, ceux de l'Irlande du Traité de Nice et de l'Euro par les Suédois, les rejets français et néerlandais du Traité constitutionnel, et enfin irlandais du Traité de Lisbonne.

Référendums sur l'intégration européenne entre 1972 et 2012

Année	Pays	Type	Participation %	Oui %
1972	France, élargissement	NO et NC	60	68,3
1986	Danemark, marché unique	O et C	75	56,6
1987	Irlande, marché unique	O et C	44	69,9
1989	Italie, mandats PE	NO et NC	85	88,1
1992	Danemark, Maastricht	O et C	83	49,3
1992	Irlande, Maastricht	O et C	57	68,7
1992	France, Maastricht	NO et C	70	51,1
1993	Danemark, Maastricht	NO et NC	87	56,8
1998	Irlande, Amsterdam	O et C	56	61,7
1998	Danemark, Amsterdam	O et C	76	55,1
2000	Danemark, Euro	NO et C	88	46,9
2001	Irlande, Nice	O et C	35	46,1
2002	Irlande, Nice	O et C	49	62,9

Année	Pays	Type	Participation %	Oui %
2003	Suède, Euro	NO et NC	83	42,0
2005	Espagne, Constitution	NO et NC	42	76,7
2005	France, Constitution	NO et NC	69	45,3
2005	Pays-Bas, Constitution	NO et NC	63	38,2
2005	Luxembourg, Constitution	NO et NC	89	56,5
2008	Irlande, Lisbonne	O et C	53	46,6
2009	Irlande, Lisbonne	O et C	59	67,1
2012	Irlande, Pacte Eurozone	O et C	51	60,3

Note : O=obligatoire ; NO=non obligatoire ; C=contraignant ; NC=non contraignant.

Source : Richard Rose, Representating Europeans. A pragmatic Approach, Oxford University Press, 2013, p. 92 ; adaptation et mise à jour de Sarah Hobolt, *Europe in Question, Oxford University Press, 2009, p. 9.*

Dans la mesure où ces référendums portent spécifiquement sur des enjeux européens et qu'ils peuvent en cas de réponse négative bloquer – ou à tout le moins retarder – l'adoption du traité soumis au vote, ils participent aux modes d'expression dont disposent les citoyens européens et en constituent peut-être l'expression la plus visible. Leur importance doit néanmoins être relativisée à trois égards :

• Tout d'abord, si on omet les référendums d'adhésion, seuls une vingtaine de référendums se sont tenus sur des enjeux européens depuis les années 1970, soit un tous les deux ans. La plupart porte d'ailleurs sur la ratification de traité plutôt que sur des enjeux européens spécifiques.

• Ensuite, comme c'est le cas pour les élections européennes, les référendums n'échappent pas à l'influence des enjeux nationaux et de l'évaluation de la situation politique domestique dans l'expression des votes.

• Enfin, la ratification parlementaire des changements des traités reste de très loin la voie la plus fréquemment empruntée, à l'exception du Traité de Maastricht et du Traité constitutionnel[13]. Dans les autres cas, la proportion de citoyens n'ayant pas la possibilité de s'exprimer directement par voie référendaire fluctuait entre 97 % et 99 %.

Ratification des traités européens par voie parlementaire ou référendaire

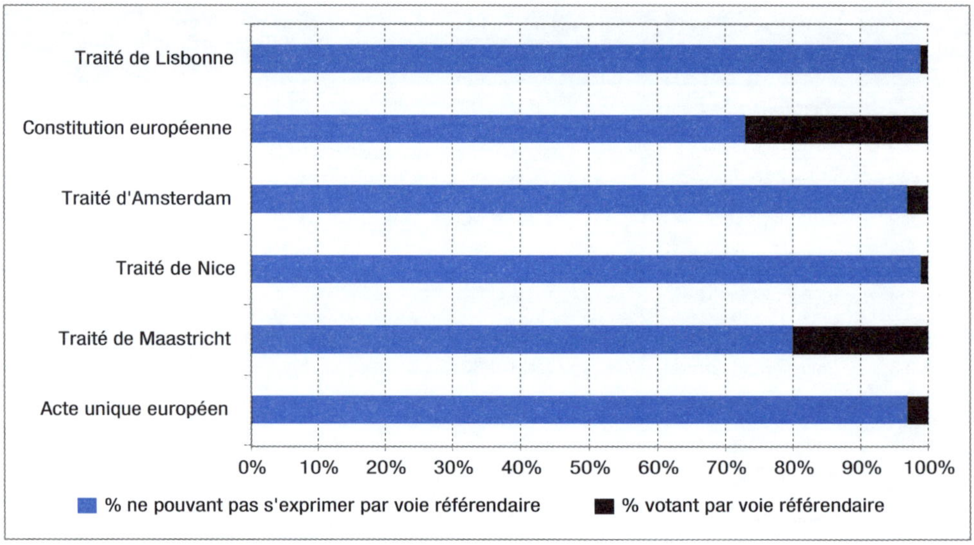

Source : Richard Rose, Representating Europeans. A pragmatic Approach, Oxford University Press, 2013, p. 93.

Dans les cas du Traité de Maastricht et du Traité constitutionnel, la tenue d'un référendum dans certains pays uniquement a mis en évidence la dissymétrie existant dans les modes d'expression des citoyens européens. De ce point de vue, les citoyens danois et irlandais ont été largement privilégiés car plus souvent sollicités. mais à nouveau, la portée de ce mode d'expression se doit néanmoins d'être relativisée, puisque l'Union européenne en renégociant et en resoumettant au vote les traités rejetés, a souvent retenu l'option « *Not taking no for an answer* »[14].

Enfin, pour ce qui concerne l'usage du droit de vote et d'éligibilité des citoyens migrants intra-UE, les – trop – rares études existantes montrent que seule une minorité des citoyens concernés font effectivement usage de leurs droits. Les citoyens de l'Union résidant dans un État membre dont ils ne sont pas ressortissants représentent moins de 2 % de la population électorale européenne potentielle totale et en son sein seuls 15 % sont des électeurs communautaires effectivement inscrits[15]. Seuls 6 % des quelque 4,3 millions de citoyens concernés se sont inscrits dans leur pays de résidence pour les élections européennes de 1994 et 9 % pour celles de 1999[16]. On enregistre une légère hausse au fil des scrutins et, dans le même temps, d'importantes variations des taux d'inscription en fonction des pays et des niveaux d'élections considérés. Le projet européen MOVEACT rend compte de la mobilité intra-communautaire et de la participation politique de ressortissants britanniques, allemands, polonais et roumains dans l'Union. Au sein de l'échantillon de migrants de cette étude, la moitié des personnes interrogées n'a participé à aucune élection ces dernières années. Les élections locales sont les plus plébiscitées puisque la participation déclarée s'élève à 35.8% de l'échantillon. Un peu plus du quart des répondants (27 %) déclarent avoir voté aux élections des députés au Parlement européen, alors que seul un cinquième affirme avoir voté lors des élections législatives de leur pays d'origine (21,8 %)[17].

Le droit de pétition et l'initiative européenne

Avec le droit de pétition, le recours au médiateur européen et très récemment l'initiative citoyenne européenne, le citoyen européen se voit doté de modes d'expression directs envers les institutions européennes qui dépasse et contourne la seule démocratie représentative. L'ensemble de ces prérogatives visent clairement à renforcer la participation citoyenne en privilégiant des formes non conventionnelles – donc non électorales – d'intervention dans l'espace publique. mais les mises en pratique du droit de pétition et de recours au médiateur européen se sont très vite révélées des instruments mineurs du répertoire d'action du citoyen européen et surtout un mode d'expression élitiste[18]. Cette citoyenneté protestataire est en effet le fait des individus les mieux dotés en capital scolaire, culturel et financier. Les 1 000 à 1 500 pétitions reçues chaque année par le Parlement européen ainsi que les 3 000 plaintes adressées au Médiateur européen sont majoritairement le fait de citoyens politisés et étant en contact direct avec les institutions communautaires[19].

L'évaluation de l'initiative citoyenne européenne en tant que mode d'expression des citoyens reste plus compliquée dans la mesure où au terme de deux années seulement d'existence, elle en est encore à ses premières expériences concrètes et premiers balbutiements. Le 17 février 2014, le Parlement européen a organisé la première audition publique suite à une initiative européenne citoyenne qui demande à obtenir un accès à l'eau pour tous en Europe et dans les pays en voie de développement. *Right2Water* fait suite à la réception de l'initiative par la Commission européenne le 12 décembre 2013. Les incertitudes restent nombreuses quant à l'utilisation effective de l'initiative citoyenne européenne, au regard en particulier de la longueur et de la complexité de la procédure (v. Notice 6).

Les perceptions citoyennes de l'intégration européenne

En parallèle à l'étude des pratiques de la citoyenneté européenne, il convient également de s'intéresser aux représentations et perceptions de l'Union européenne développées par les citoyens européens et de saisir leur évolution au fil du temps. Les représentations et perceptions permettent de dresser plus précisément le tableau de la relation des citoyens au pouvoir européen et, plus largement, de l'émergence – encore incertaine – d'une communauté politique européenne. De ce point de vue, un outil classiquement privilégié – autant que critiqué – pour saisir les perceptions citoyennes est le sondage d'opinion, et tout particulièrement l'Eurobaromètre mis en place par la Commission européenne dès 1973[20]. Les questions dites *Trends* – baptisées ainsi car elles ont été posées depuis les origines du programme Eurobaromètre – permettent de mesurer les perceptions des citoyens européens sur un axe temporel long et les évolutions des perceptions sur des sujets spécifiques concernant le processus d'intégration communautaire.

Parmi ces questions se trouvent, sans surprise, celles destinées à mesurer le soutien à l'Union européenne. L'une des questions les plus sollicitées par la littérature scientifique est la suivante : » D'une façon générale, pensez-vous que le fait pour (votre pays) de faire partie de l'Union européenne, est : une bonne chose, une mauvaise chose, une chose ni bonne ni mauvaise ». À travers l'ensemble des enquêtes d'opinion réalisées jusqu'à aujourd'hui, les citoyens se montrent en moyenne majoritairement favorables à l'appartenance de leur pays à l'UE. Depuis la difficile ratification du traité de Maastricht, on observe néanmoins une chute importante des soutiens au profit d'une perception parfois négative (près de 20%) et le plus souvent ambivalente quant à l'évaluation de l'appartenance de son pays à l'UE (autour de 30%).

Le soutien à l'Union européenne (1973-2011)

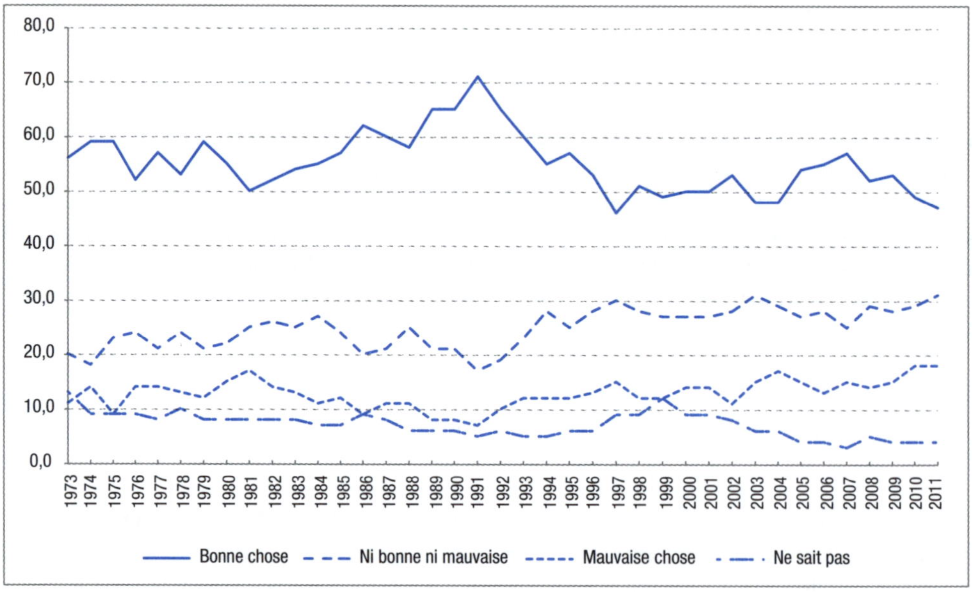

Source : Système de recherche interactif d'Eurobaromètre[21].

L'actuelle crise économique et financière a renforcé ces deux tendances, la première alimentant des positions eurosceptiques et la seconde caractérisée par des positions d'ambivalence et d'indifférence à l'égard de l'UE[22]. L'influence des facteurs économiques sur les variations du soutien sur le temps long a très largement été documentée, le soutien tendant à baisser dans un contexte où le PIB diminue et où le chômage et l'inflation augmentent. Si en 2006, soit juste avant les crises économique et financière, les citoyens européens étaient 50% à avoir une image positive ou très positive de l'UE, 32 % la percevant de manière neutre et 15 % déclarant avoir une image négative ou très négative au même moment, ces pourcentages passent en 2014 respectivement à 35 % d'avis positifs, 38 % d'avis neutres et 25 % d'avis négatif[23].

De manière générale, les études montrent que le soutien à l'UE est diversement partagé sur trois dimensions

- Sociologiquement, tout d'abord, les personnes les plus diplômées, aux plus haut revenus et qui occupent des positions sociales valorisées, ont tendance à soutenir davantage le processus d'intégration européenne[24].
- Politiquement ensuite, les individus les plus intéressés par la politique et possédant des compétences de cet ordre se montrent plus favorables au processus d'intégration régionale.
- Enfin, la nationalité reste de loin le facteur le plus déterminant des attitudes à l'égard de l'Union européenne. À côté des pays d'Europe de l'Est qui présentent certaines spécificités et dont il est plus difficile de rendre compte, on peut classiquement regrouper les pays de l'UE des quinze en trois groupes :

• Un premier groupe de pays rassemble historiquement les pays du Benelux et l'Irlande, rejoints par la suite par l'Espagne. Au sein de ce premier groupe de pays, autour de 70 % des citoyens déclarent que l'appartenance de leurs pays à l'Union est une bonne chose et son rejet est très faible (autour de 10 %).
• La France fait partie quant à elle d'un deuxième groupe de pays, comprenant également l'Allemagne, le Danemark, le Portugal, la Grèce et l'Italie, au sein duquel une majorité de citoyens soutient l'appartenance de leur pays à l'Union européenne. Ce groupe présente dans un même temps une opposition plus marquée au projet européen, cette perception négative regroupant entre 10 et 20 % des individus interrogés. La moyenne européenne se situe dans ce deuxième groupe.
• Enfin, dans un troisième groupe de pays, se retrouvent la Grande-Bretagne, la Finlande, la Suède et l'Autriche, dont les citoyens se révèlent à la fois moins nombreux à soutenir l'appartenance de leur pays à l'UE (entre 36 et 48 %), et plus nombreux à s'y opposer. Un quart à un tiers de leur population déclare en effet que l'appartenance de leur pays à l'UE est une mauvaise chose.

Le soutien à l'appartenance de son pays à l'UE (UE-15) en 2006 et en 2011

Pays	Bonne chose	Ni bonne ni mauvaise	Mauvaise chose	Ne sait pas
Irlande	78% (↓63%)	12% (↑18%)	7% (↑12%)	3% (↑7%)
Luxembourg	74% (↓72%)	16% (↓13%)	9% (↑13%)	1% (↑2%)
Pays-Bas	72% (↓68%)	15% (↑19%)	12% (=12%)	1% (=1%)
Belgique	69% (↓65%)	21% (↑23%)	10% (↑11%)	0% (↑1%)
Espagne	62% (↓55%)	19% (↑22%)	9% (↑17%)	10% (↓6%)
Danemark	61% (↓55%)	24% (↑28%)	14% (↑16%)	2% (↓1%)
Allemagne	58% (↓54%)	26% (=26%)	14% (↑16%)	3% (↑4%)
Grèce	57% (↓38%)	31% (↓28%)	12% (↑33%)	0% (↑1%)
Total UE	53% (↓47%)	27% (↑31%)	16% (↑18%)	4% (=4%)
Italie	52% (↓41%)	29% (↑36%)	14% (↑17%)	5% (↑6%)
Portugal	50% (↓39%)	28% (↑30%)	18% (↑26%)	4% (↑5%)
France	50% (↓46%)	30% (↑33%)	19% (=19%)	1% (↑2%)
Suède	49% (↑56%)	25% (=25%)	26% (↓17%)	1% (↑2%)
Finlande	39% (↑47%)	38% (↓33%)	23% (↓19%)	1% (=1%)
Autriche	36% (↑37%)	37% (↓36%)	23% (↑25%)	5% (↓2%)
Royaume-Uni	34% (↓26%)	28% (↑37%)	34% (↓32%)	7% (↓5%)

Source: Eurobaromètre 66.1 *(Automne 2006); Eurobaromètre 75.1 (Printemps 2011). Virginie Van Ingelgom, Integrating indifference. A comparative, qualitative and quantitative approach to the legitimacy of European integration, ECPR Press, 2014, p. 90.*

La relation des citoyens à l'Europe en termes de représentation et de perceptions doit également être appréhendée en termes d'identification. En janvier 2014, deux tiers de citoyens interrogés déclarent se sentir citoyens de l'UE[25]. Comme pour le soutien, les variations nationales sont très importantes : au Luxembourg et à Malte ce pourcentage dépasse les 80 %, alors qu'il est inférieur à 50 % en Grèce, en Italie et en Bulgarie. Néanmoins, et en lien direct avec les usages limités des modes d'expression, seuls quatre Européens sur dix estiment que leur voix compte dans l'UE (42 % en 2014 et seulement 29 % en 2013). Conséquence probable des élections européennes qui se sont tenues juste avant l'enquête de 2014, cette tendance ascendante de l'opinion selon laquelle « sa voix compte » a également été enregistrée en 2009 et 2004 à l'occasion des précédentes élections européennes. De ce point de vue, ces résultats – et même s'ils restent faibles au final – soulignent néanmoins l'importance des élections européennes, au moins de manière ponctuelle.

Empiriquement, s'interroger sur l'émergence d'une communauté politique européenne amène également à passer d'une approche du soutien au système politique à un questionnement sur l'identité[26]. Du point de vue des citoyens, les travaux existants amènent à deux constats clairs. Tout d'abord, le niveau d'identification à l'UE reste faible et ce quel que soit le type de données mobilisées. Les larges enquêtes quantitatives comme les dispositifs qualitatifs plus micro et expérimentaux s'accordent en effet sur la faible saillance générale des enjeux européens et sur le faible degré d'identification des citoyens européens à l'Europe[27]. Ensuite, ces travaux soulignent également le caractère cumulatif des identifications citoyennes, la citoyenneté européenne ne venant pas concurrencer les identifications aux communautés politiques traditionnelles. Au contraire, les identités nationale et européenne des citoyens européens s'emboîtent, s'entremêlent et s'articulent. Ainsi en 2014, 57 % des personnes interrogées se déclarent nationaux et européens alors que 39 % se sentent uniquement nationaux et 2 % seulement européens. Ces pourcentages sont quasiment identiques depuis 1992 (respectivement 54 %, 38 % et 4 %), date à laquelle la question de l'identité a été posée pour la première fois.

• • • L'approche de la citoyenneté européenne par ses modes d'expression et les perceptions citoyennes a mis en évidence que – pour le moment – ses concrétisations restent faibles. mais le temps de l'observation – une vingtaine d'années – reste court, en particulier si l'on considère le temps nécessaire à la construction d'une communauté politique en devenir. L'extension des droits de citoyenneté par le niveau européen est une expérience aussi unique que récente, et le développement de ces pratiques mérite toute l'attention des chercheurs qu'il s'agisse des migrations intra-européenne, de la mobilisation des droits politiques que du développement d'une communauté politique européenne.

L'ensemble des analyses des pratiques et des représentations se rejoignent sur un fait central : la citoyenneté européenne, telle qu'elle existe aujourd'hui dans les faits, reste lacunaire. Alors même qu'elle est régulièrement invoquée comme le remède au déficit démocratique de l'UE, la citoyenneté européenne comme instrument de l'affirmation d'une Europe politique n'apparaît pas aussi égalitaire que les textes juridiques ne pourraient le laisser supposer. Que l'on considère la migration intra-européenne, la participation aux élections européennes, le droit de pétition ou le recours au médiateur européen, seule une minorité de citoyens fait effectivement usage de leurs droits. Si les inégalités de capital – en particulier en termes cognitifs – marquent ces usages distincts, les différences nationales sont également très marquées. Les pratiques de la citoyenneté et les représentations des citoyens qui y sont liées s'ancrent toujours dans des modèles nationaux pré-existants. Ces modèles cadrent (déterminent, influencent), État par État, l'évolution potentielle de la citoyenneté européenne et, par-là, de la construction d'une communauté politique européenne[28].

Virginie Van Ingelgom

Bibliographie

Bruno Cautrès, *Les Européens aiment-ils (toujours) l'Europe ?* Collection Réflexe Europe, série Débats, La documentation Française, 2014, 169 pages.

Céline Belot, Bruno Cautrès, « Opinion publique », dans : Céline Belot, Paul Magnette, Sabine Saurugger, *Science politique de l'Union européenne*, Economica, 2008, pp. 153-174.

Sophie Duchesne (Dir.), « L'identité européenne : entre science politique et science-fiction », *Politique européenne*, 2010, numéro 30.

Sophie Duchesne, Florence Haegel, Elizabeth Frazer, Virginie Van Ingelgom, *Citizens' Reactions to European Integration Compared. Overlooking Europe*, Palgrave MacMillan, 2013.

Sylvie Strudel, « Citoyennetés », dans : Céline Belot, Paul Magnette, Sabine Saurugger, *Science politique de l'Union européenne*, Economica, 2008, pp. 175-195.

Notes

1. Sylvie Strudel, « Citoyennetés », dans : Céline Belot, Paul Magnette, Sabine Saurugger, *Science politique de l'Union européenne,* Economica, 2008, pp. 175-195.

2. S. Strudel, *déj. cit.*, p. 177.

3. Voir sur la genèse de l'idée de citoyenneté européenne Marie-José Garot, *La citoyenneté de l'Union européenne,* L'Harmattan, 1999, p. 235.

4. Catherine Wihtol de Wenden, *La citoyenneté européenne,* Presses de Sciences Po, 1997, pp. 51-67.

5. Des seuils minimum de signatures à récolter ont également été fixés pour chaque pays et équivalent couramment au nombre d'élus européens dont dispose le pays auprès du Parlement européen, multiplié par 750.

6. À ces droits politiques et depuis l'adoption du traité de Nice, le chapitre « Solidarité » de la Charte des droits fondamentaux incorpore également une série de droits économiques et sociaux, reconnus à l'ensemble des citoyens, européens et non-européens confondus, résidant dans un État membre. Il s'agit notamment du droit de grève, le droit à l'information et à la consultation des travailleurs, le droit à la protection de la santé ou encore le droit à des prestations de sécurité sociale.

7. Voir le livre fondateur de Karl W. Deutsch, *Nationalism and Social Communication. An inquiry into the foundations of nationality,* New-York: Technology Press of Massachusetts Institute of Technology and Wiley, 1953; ou plus récemment l'ouvrage de Neil Fligstein, *Euro-clash. The EU, European Identity and the future of Europe,* Oxford, Oxford University Press, 2008.

8. La Commission européenne a récemment publié une étude portant sur l'impact du programme Erasmus tant en termes d'employabilité que de mobilité internationale : http://ec.europa.eu/education/library/study/2014/erasmus-impact_en.pdf; voir également, Florence Robine/Albert Prévos, « L'européanisation du système éducatif français » in *Le système éducatif en France*, 4e édition, Les Notices, La documentation Française, 2013, pp. 323-337.

9. Au fil des élargissements successifs, la distance moyenne entre les capitales européennes est passée de 660 kilomètres dans l'Europe des 6 à 1 420 kilomètres dans l'Europe des 25. Bruno Cautrès, « Plus on se connaît, plus on s'aime ? », *Politique européenne*, Vol. 26, 2008, p. 187.

10. Ces données sont issues du projet de recherche Eurocross – Crossing Borders making Europe et ont été récoltées entre 2011 et 2014 dans six États membres (Danemark, Allemagne, Italie, Roumanie, Espagne et Royaume-Uni). Le projet de recherche a collecté deux types de données : 8 500 entretiens téléphoniques (Eurocross Survey) et 160 entretiens qualitatifs en face à face (Euromean Survey).

11. Pour l'année 2011, Eurostat dénombrait 33.3 millions de citoyens ressortissants étrangers résidant dans l'UE-27, soit 6,6% de la population totale. La majorité d'entre eux (20,5 millions) étaient des ressortissants de pays non membres de l'UE, tandis que les 12,8 autres millions étaient des ressortissants d'autres États membres de l'UE, soit 2,5% de la population totale de l'Union. Les différences entre pays sont très marquées de ce point de vue (Eurostat, online data code migr_pop1ctz et migr_pop3ctb). Katya Vasilev, « Nearly two-thirds of the foreigners living in EU Member States are citizens of countries outside the EU-27 », *Eurostat, Statistics in Focus*, 31/2012.

12. Juan Diez Medrano, « Social Class and Identity », dans: Adrian Favell & Virginie Guiraudon, *The Sociology of the European Union,* Palgrave McMillan, 2011, pp. 28-49.

13. Traité de Lisbonne : l'Irlande a voté; les 26 autres pays non. Constitution européenne : la France, l'Espagne, le Luxembourg et les Pays-Bas ont voté; les 21 autres pays non. Traité d'Amsterdam : l'Irlande et le Danemark ont voté; les 13 autres pays non. Traité de Nice : l'Irlande a voté; les 14 autres pays non; Traité de Maastricht : la France, l'Irlande et le Danemark ont voté; les 9 autres pays non. Acte unique européen : le Danemark et l'Irlande ont voté; les dix autres pays non.

14. Voir sur ce point Richard Rose, *Representating Europeans. A pragmatic Approach*, Oxford University Press, 2013, pp. 84-97.

15. Spécialiste de cette question, Sylvie Strudel invite à raisonner avec prudence, en privilégiant des fourchettes de pourcentage tant les différences d'enregistrement des données électorales, des conditions d'inscription et de construction des statistiques diffèrent d'un pays à l'autre. Sylvie Strudel, « Citoyenneté européenne », dans : Pascal Perrieau, Dominique Reynié (Dir.), *Dictionnaire du vote*, Paris, PUF, 2001.

16. Céline Belot, Bruno Cautrès, « La citoyenneté européenne », dans : Jacques Ziller (Ed.), *L'Union européenne. Edition du Traité de Lisbonne*, La documentation française, 2008, p. 60.

17. Karolina Koc Michalska, Sylvie Strudel (Sylvie), « European Citizenship in Action: EU Movers as Voters », dans : *All Citizens Now: Intra-Eumobility and Political Participation of British, Germans, Poles and Romanians in Western and Southern Europe*, MOVEACT Project, Scientific Report, 30 mai 2012.

18. Voir sur ce point Paul Magnette, « La citoyenneté au-delà du vote. Droit de pétition et recours au médiateur », dans : Paul Magnette (dir.), *De l'étranger au citoyen. Construire la citoyenneté européenne,* De Boeck, 1997; Paul Magnette, « Le droit de pétition : une citoyenneté protestataire ? », *Revue internationale de politique comparée,* 9 (1), 2002.

19. Céline Belot, Bruno Cautrès, « La citoyenneté européenne », 2008, p. 60.

20. Pour une approche synthétique et argumentée des opinions publiques européennes voir Céline Belot, Bruno Cautrès, « Opinion publique », dans : Céline Belot, Paul Magnette, Sabine Saurugger, *Science politique de l'Union européenne,* Economica, 2008, pp. 153-174. Sur les opinions publiques et l'Eurobaromètre Salvatore Signorelli, *L'UE et les opinions publiques : je t'aime, moi non plus ?* Études et rapports, Notre Europe, 2012.

21. Le système de recherche interactif d'Eurobaromètre liste une cinquantaine de questions dites *Trends*. Cet outil permet d'effectuer une recherche par pays ou par groupe de pays. De ce fait, il rend possible la comparaison de résultats entre plusieurs pays mais également l'analyse des tendances. Il permet une série de manipulations en ligne et d'affichage : graphiques, tableaux, cartes. http://ec.europa.eu/public_opinion/cf/index.cfm?lang=fr

22. Virginie Van Ingelgom, « Mesurer l'indifférence. Intégration européenne et attitudes des citoyens », *Sociologie,* Presses universitaires de France, 2012, 1- 3, pp. 1-20.

23. « En général l'image que vous avez de l'UE est-elle très positive, assez positive, neutre, assez négative ou très négative ? ».

24. Sur ce point voir Céline Belot, « Les logiques sociologiques de soutien au processus d'intégration européenne : éléments d'interprétations », *Revue internationale de politique comparée,* 9(1), 2002 et Bruno Cautrès et Gérard Grunberg « Position sociale, identité nationale et attitudes à l'égard de l'Europe, la construction européenne souffre-t-elle d'un biais élitiste », dans Olivier Costa et Paul Magnette (Dir.), *Une Europe des élites ? Réflexions sur la fracture démocratique de l'Union européenne*, Editions de l'Université de Bruxelles, pp. 12-31, 2007.

25. « Pour chacune des propositions suivantes, dites-moi dans quelle proportion elle correspond ou pas à votre opinion. Vous vous sentez citoyen(ne) de l'UE ». Cette question introduite à partir de 2010 ne permet que peu de comparaison dans le temps.

26. Sophie Duchesne, « "Des nations à l'Europe", "l'Europe au-delà des nations" mais aussi "l'Europe contre les nations". Pour une approche dynamique et complexe de l'identification à l'Europe », *Annales d'Etudes Européennes de l'Université de Louvain, vol.* 8, 2005-06, pp. 137-152.

27. Pour un état de la question voir le numéro spécial coordonné par Sophie Duchesne, « L'identité européenne : entre science politique et science-fiction », *Politique européenne,* 2010, **numéro ?**.

28. Pour un état de l'art récent, voir Sophie Duchesne, Florence Haegel, Elizabeth Frazer and Virginie Van Ingelgom, *Citizens' Reactions to European Integration Compared. Overlooking Europe*, Palgrave MacMillan, 2013.

Notice 8

Les finances de l'Union européenne

Synthétisant les ambivalences de l'intégration européenne, les finances de l'Union participent à l'hybridité de l'organisation. Alimentées par des ressources propres dûment mises à disposition et relevant d'un budget annuellement approuvé par les représentants directs des citoyens européens, elles se différencient de celles de nombre d'organisations internationales. mais, fort modestes, soumises à un encadrement financier pluriannuel placé sous un contrôle étatique étroit et finalement largement dépendantes des finances nationales, elles ne peuvent être assimilées à des finances fédérales dont elles n'assument d'ailleurs pas les fonctions. Il n'est pas à exclure que la poursuite du processus d'intégration et, plus particulièrement, l'achèvement de l'union économique et monétaire puissent remettre en cause une partie de ces constats mais, pour ce faire, de très significatives résistances nationales devront être vaincues.

Les grandes étapes de la constitution du système financier et budgétaire

Le système financier et budgétaire actuel de l'Union est le fruit d'une histoire mouvementée comportant à la fois des étapes fondatrices, des crises et des régressions.

Le remplacement des contributions étatiques par des ressources propres en constitue le premier tournant. Décidée en 1970 par le Conseil[1] et approuvée par les États membres en tant que tels selon leurs règles constitutionnelles respectives, cette réforme du mode de financement conduira, pour des raisons d'ordre démocratique, les « maîtres des traités » à réviser parallèlement la procédure budgétaire prévue par les traités de Rome du 25 mars 1957 et, par conséquent, à attribuer au Parlement européen son premier pouvoir réellement décisionnel[2], en l'occurrence sur les dépenses non obligatoires (DNO), ce qui, pour l'institution parlementaire, enclenchera un cercle vertueux. Fort en effet de cette prérogative, le Parlement verra tout d'abord, par l'élection au suffrage universel direct de ses membres décidée en 1976, sa légitimité démocratique renforcée, ce qui favorisera ensuite son accession progressive à la qualité de colégislateur de principe laquelle, très largement acquise, justifiera enfin l'abrogation par le traité de Lisbonne de la distinction procédurale Dépenses obligatoires/ Dépenses non obligatoires (DO/DNO) et la transformation de la procédure budgétaire en une procédure d'inspiration codécisionnelle.

Le système financier et budgétaire hérité des réformes de 1970 sera par ailleurs rapidement en proie à plusieurs crises. Particulièrement complexe à mettre en œuvre, la procédure budgétaire se transformera en véritable guérilla interinstitutionnelle avec en toile de fond la détermination du Parlement d'étendre le champ de ses prérogatives budgétaires. Aux psychodrames budgétaires annuels conduisant parfois à l'absence de budget en début d'exercice ou se prolongeant devant le prétoire d'une Cour de justice amenée à annuler le budget[3], s'ajoutera rapidement une crise financière résultant de l'épuisement à répétition des ressources propres. C'est dans ce contexte qu'à partir de 1988, un second tournant sera négocié sous l'impulsion de la Commission Delors I. Il s'agira d'astreindre l'organisation à une discipline budgétaire en se conformant à une sorte de contrat fiscal prenant la forme de perspectives financières pluriannuelles souscrites, dans le cadre d'un accord interinstitutionnel, par le Conseil, le Parlement européen et la Commission. Ayant permis non seulement de pacifier la procédure budgétaire mais aussi d'ordonner l'évolution à moyen terme des dépenses dans la limite des ressources propres disponibles, cette pratique institutionnelle a été consacrée par le traité de Lisbonne qui l'impose désormais à l'Union sous la forme d'un cadre financier pluriannuel.

Parallèlement, le système des ressources propres, initialement conçu en vue de garantir l'autonomie financière de l'organisation, connaîtra une lente dégénérescence amorcée par l'abandon de la conception exclusivement fiscale[4] des ressources propres et l'admission corrélative des revendications de « juste retour » qui iront en s'amplifiant.

Finalement largement tributaires des finances nationales, elles-mêmes soumises aux exigences du pacte de stabilité, les finances de l'Union se caractérisent par leur modestie, par leur soumission à une stricte discipline budgétaire ainsi que par une exécution décentralisée et contrôlée.

Des finances modestes et faiblement autonomes

Le budget de l'UE n'assume tout d'abord pas toutes les dépenses occasionnées par les politiques européennes. Ainsi, en application des traités, les dépenses opérationnelles de la politique étrangère et de sécurité commune (Pesc) sont, dès lors qu'elles présentent un caractère militaire, prises en charge par les États membres (art. 41 § 2 du traité UE). À cet effet, a été mis en place un mécanisme baptisé « Athena » qui, doté de la personnalité juridique et alimenté par des contributions nationales assises sur la clé du revenu national brut (RNB), finance les seuls coûts communs des opérations, laissant les autres à la charge des membres mettant à disposition de l'organisation certaines de leurs capacités militaires[5]. Le droit primaire dispense par ailleurs le Danemark et, plus généralement, les États membres actionnant le mécanisme de l'abstention constructive[6] de participer à ce financement interétatique. Dans le même esprit, ne seront en principe pas financées par le budget de l'UE les dépenses opérationnelles résultant de la mise en œuvre d'une coopération renforcée à laquelle, par hypothèse, tous les États membres ne participent pas (art. 332 du traité FUE). Plus significative encore d'un point de vue financier est la prise en charge par les États membres, hors budget de l'UE donc, du Fonds européen de développement appelé à financer la coopération avec les États d'Afrique, des Caraïbes et du Pacifique (ACP). Politiquement et même judiciairement contestée par le Parlement, cette pratique a été admise par la Cour de justice compte tenu du caractère partagé de la compétence européenne dans le domaine de l'aide au développement et de la mixité de l'accord conclu avec les pays ACP tant donc par l'UE que par ses États membres[7].

Échappent ensuite au budget de l'UE les activités financières de la Banque européenne d'investissement (BEI) établie par les traités institutifs et régie par un protocole annexé. Dotée d'un capital souscrit par les États membres (243 milliards d'euros) et ne poursuivant pas de but lucratif, la BEI est, chargée, en faisant appel aux marchés des capitaux et à ses propres ressources, de faciliter, par l'octroi de garanties et prêts (71 milliards en 2013), le financement de projets dans tous les secteurs de l'économie, et ce en vue de contribuer, dans l'intérêt de l'Union, au développement équilibré du marché intérieur. Parallèlement, l'UE, elle-même, a développé une activité financière consistant à accorder des prêts sur ressources d'emprunt ou des garanties, et ce au profit tant de pays tiers dans le cadre du dispositif d'assistance macrofinancière (1,7 milliard prévu en 2014 au profit notamment de la Jordanie et de la Tunisie) que d'États membres dans le contexte du mécanisme de soutien des balances des paiements (Hongrie, Lettonie et Roumanie, 11 milliards d'euros d'encours au 31 décembre 2012) ou de stabilité financière (Irlande et Portugal, encours de 43 milliards d'euros). Exception faite des crédits visant à provisionner le fonds européen de garantie et/ ou à faire face à une défaillance d'un débiteur, ces opérations d'emprunt/ prêt ne sont retracées qu'à titre purement informatif dans une annexe budgétaire.

Pour en revenir au budget qui, en application du traité, doit comporter l'ensemble des dépenses et des recettes de l'Union, et même intégrer celles de la « subsistante » Communauté européenne de l'énergie atomique[8], celui-ci se caractérise par sa modestie ainsi que par un mode de financement de moins en moins intégré, ces deux caractéristiques n'étant certainement pas étrangères l'une à l'autre.

Un modeste budget d'investissement

Doté en 2014 de 135 milliards d'euros de crédit de paiement, le budget européen plafonne depuis plusieurs décennies aux alentours de 1 % du revenu national brut de l'UE (niveau atteint dès 1984) alors que les dépenses des administrations publiques atteignent, au sein de cette même UE, près de la moitié de la richesse produite. En conséquence, la dépense européenne ne représente qu'environ 2 % des dépenses publiques au sein de l'UE, alors que, dans la plupart des États fédéraux, les finances fédérales accaparent plus de la moitié des ressources publiques.

Cette évolution du budget de l'Union peut au premier abord surprendre, compte tenu de l'établissement, en parallèle, d'une union économique et monétaire (v. Notice 13). Plusieurs études, dont le fameux rapport Mac Dougall présenté à la Commission en 1977, recommandaient en effet clairement un très significatif accroissement du budget central en vue de lui permettre d'assumer la fonction de stabilisation économique au sein de la future union monétaire. Néanmoins, plutôt que d'accompagner l'unification monétaire d'une certaine forme de fédéralisme budgétaire, les rédacteurs du traité de Maastricht ont préféré, dans la droite ligne du principe de subsidiarité, laisser aux finances nationales, quitte à les discipliner, le soin d'assurer l'essentiel de la fonction de stabilisation au sein de la zone monétaire. Ainsi, contrairement aux finances fédérales qui centralisent en règle générale les dépenses de relations extérieures, de recherche et de développement, de cohésion régionale et d'agriculture, l'immense majorité des dépenses publiques demeure, au sein de l'UE, à la charge des États membres, à la notable exception cependant des dépenses agricoles assumées pour près des ¾ par l'UE[9].

Faiblement doté, le budget de l'Union européenne consacre néanmoins l'essentiel de ses ressources à l'investissement, les dépenses européennes de fonctionnement demeurant, grâce notamment au principe de l'administration indirecte, marginales, de l'ordre de 5 % du budget (contre près de 50 % pour l'État français, dépenses de personnel comprises), quasiment au même niveau que les dépenses d'action extérieure (Aide publique au développement, aide humanitaire et Pesc). Les dépenses opérationnelles vont donc principalement, pour environ un tiers chacune, en direction de la politique de cohésion économique, sociale et territoriale au travers des fonds structurels et à destination de la politique agricole commune, laquelle, allant jusqu'à représenter au milieu des années 1980 les 2/3 des dépenses européennes, a donc perdu son caractère hégémonique. Viennent ensuite très largement derrière, pour un peu plus d'un dixième du budget, les politiques visant à renforcer la compétitivité et l'emploi (recherche, énergie, transport, éducation, formation, innovation). Il reste que la dynamique semble désormais clairement en faveur de ces politiques visant à renforcer la croissance en Europe puisque, au titre du cadre financier pluriannuel 2014-2020, leur dotation progresse d'un tiers quand celle de la Pac, par exemple, diminue sensiblement en valeur réelle.

Un budget financé par des ressources propres plafonnées et dénaturées

Modeste, le budget de l'UE, en application de l'article 311 du traité FUE, est financé en principe intégralement par des ressources propres dont le système est établi selon une procédure législative spéciale à ce point exigeante qu'elle a pu être qualifiée de « quasi-constitutionnelle ». Le traité impose ainsi une décision du seul Conseil à propos de laquelle le Parlement européen n'est que consulté. Qui plus est, arrêtée à l'unanimité au sein de l'organe intergouvernemental, cette décision ne peut entrer en vigueur qu'à la condition d'être approuvée par l'ensemble des États membres selon leurs règles constitutionnelles respectives, ce qui, en France par exemple, implique, conformément à l'article 53 de la Constitution, une autorisation législative. Malgré cela, le système établi en 1970 a été modifié à six reprises (1985,1988, 1994, 2000, 2007 et 2014[10]).

La soumission au consensualisme étatique n'est cependant pas sans laisser certaines traces puisque de ces révisions, tant la structure que la composition des ressources sont sorties profondément altérées.

Évolution des dépenses européennes depuis 1970 (en millions d'écus puis d'euros courants)

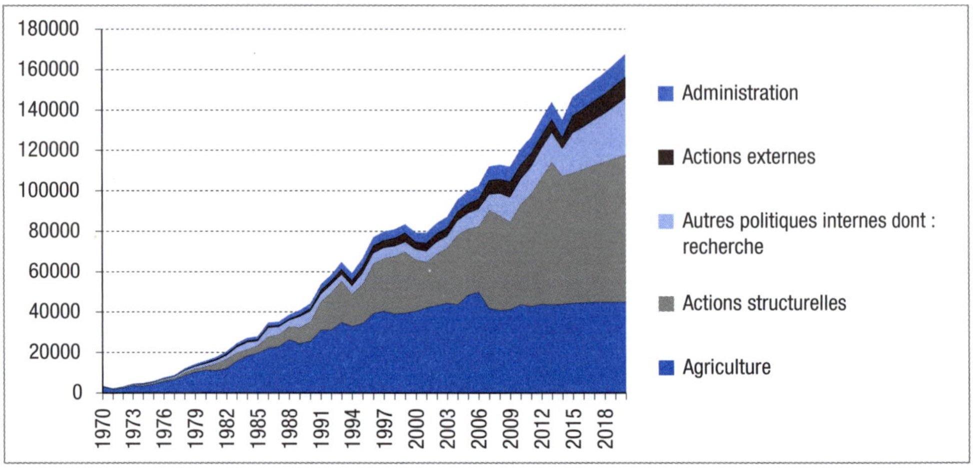

Source : Commission européenne. Rapports financiers.

Évolution des dépenses européennes en part du revenu national brut de l'UE

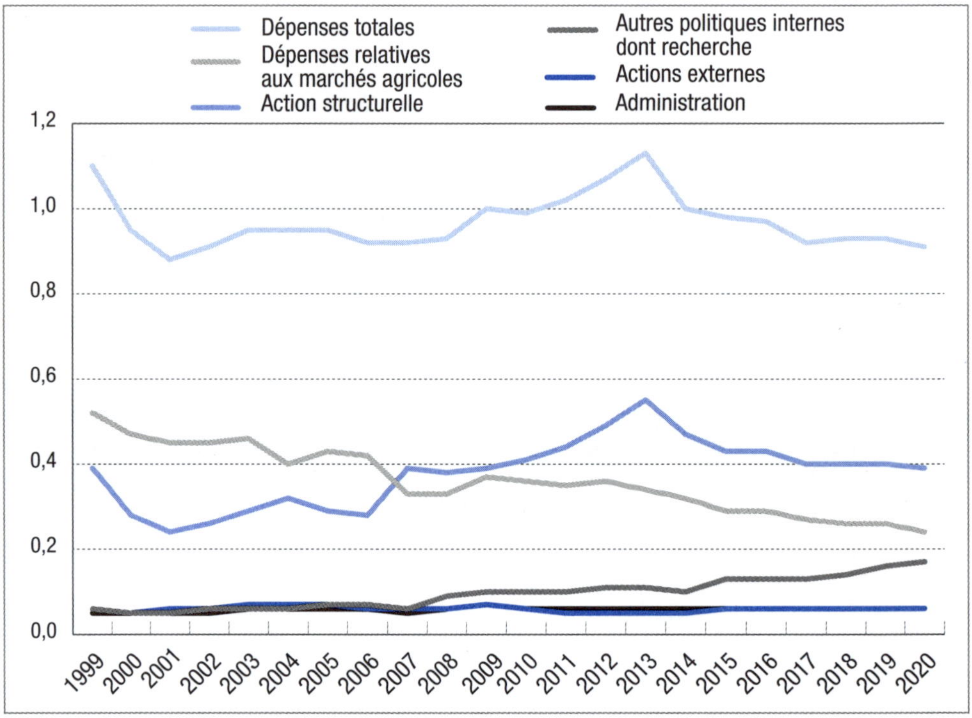

Source : calculs de l'auteur à partir des données contenues dans les rapports financiers de la Commission européenne sur la base des budgets exécutés jusqu'en 2012; pour 2013 et 2014, des budgets votés; pour 2015-2020 , des plafonds du cadre financier pluriannuel en euros courants.

• Prélevées auprès des opérateurs économiques par les États membres pour le compte de l'Union, les ressources propres dites « traditionnelles » censées garantir l'autonomie financière ont vu leur part décroître de manière très significative. Ainsi, tributaires de la politique commerciale libérale de l'Union, les droits de douane sur les produits importés des États tiers ne représentent désormais qu'environ 12 % des recettes contre plus de la moitié en 1980.

• À l'inverse, la part des ressources acquittées en réalité par les États membres en fonction d'agrégats économiques, s'est considérablement renforcée. Prévue dès 1970, la ressource propre TVA assise sur l'assiette harmonisée de la taxe à la valeur ajoutée n'a jamais véritablement revêtu les habits d'une authentique imposition européenne en raison tant des modalités de calcul de sa base (méthode par les recettes plutôt que par les déclarations) que d'une harmonisation insuffisante de l'assiette imposant d'hasardeuses rectifications statistiques. Au surplus, réputée régressive, la ressource TVA verra, à partir de 1988, non seulement son taux s'effriter (de 1,4 % à 0,3 % actuellement) mais également ses bases nationales être écrêtées à un certain pourcentage du RNB (50 %) ce qui obérera définitivement les liens déjà fort distendus entre la ressource et les assujettis à la TVA et conduira à en faire une ressource relativement marginale (11 % des recettes en 2012). Pour compenser, a été instituée en 1988 une nouvelle ressource propre fondée sur le revenu national brut (RNB) des États membres qui, bien que soumise au régime draconien de mise à disposition automatique des ressources propres sanctionné par l'imposition de significatifs intérêts de retard, s'apparente à bien des égards à une contribution nationale. Qui plus est, conçue comme une ressource complémentaire visant donc à équilibrer le budget compte tenu de toutes les autres recettes, la ressource RNB est devenue la principale recette de l'UE puisqu'elle finance désormais plus des ¾ de ses dépenses.

Dans ces conditions, il n'est pas illégitime pour les États membres de se considérer comme les principaux contribuables de l'Union de sorte que le remplacement des contributions financières par des ressources propres n'a pas réellement atteint son objectif d'autonomie financière. Pour s'en convaincre, il suffit de constater que, pourtant étrangère à « l'esprit communautaire » et fondée sur d'hasardeux calculs ne prenant de toute manière pas en considération l'ensemble des externalités positives résultant de l'appartenance à l'Union européenne (accès au marché intérieur, participation à la confection des normes européennes etc.), la théorie du « juste retour » synthétisée par la fameuse formule du Premier ministre britannique Margaret Thatcher : « *I want my money back* » s'est finalement imposée. Le Conseil européen de Fontainebleau de juin 1984 a ainsi posé le principe politique selon lequel «tout État membre supportant une charge budgétaire excessive au regard de sa prospérité relative est susceptible de bénéficier, le moment venu, d'une correction ». Outre le très significatif « chèque britannique » consistant à rembourser au Royaume-Uni les 2/3 de sa contribution financière nette (différence positive entre la contribution nationale et les dépenses de l'UE à destination de l'État concerné), se sont multipliés depuis lors les mécanismes de correction par les recettes visant à alléger le fardeau des principaux contributeurs nets, altérant par là même un mode de financement jusque-là relativement équitable puisque répartissant pour l'essentiel la charge entre les membres en proportion de la richesse nationale (RNB). Pour la période 2014-2020, ces dispositifs prendront la forme d'un taux réduit de ressource TVA pour l'Allemagne, les Pays-Bas et la Suède (0,15 % au lieu de 0,3 %) et d'une réduction forfaitaire brute annuelle au titre de la ressource RNB au profit du Danemark (130 millions d'euros), des Pays-Bas (695), de la Suède (185) et à titre transitoire de l'Autriche (de 30 en 2014 à 10 en 2016). Sans disposer, pour autant, de mécanisme de compensation, la France appartient également au club des contributeurs nets à hauteur en 2012 d'environ 8 milliards d'euros (soit 0,4 % de son RNB) puisqu'elle a versé à l'Union un peu plus de 21 milliards d'euros de ressources propres et bénéficié d'un peu moins de 13 milliards d'euros de subsides européens, dont 9 au titre de la Pac.

Favorisant la propagation du poison du juste retour, le système des ressources propres actuel plafonne au surplus strictement ces dernières à un certain pourcentage du RNB. Le déplafonnement est certes envisageable mais il impose en l'état de réviser la décision sur les ressources propres. Comme cette décision doit s'attirer le consentement de l'ensemble des États membres, certains ont pu conditionner l'élévation du plafond à l'obtention de mécanismes correcteurs (cf. *supra*). Grâce aux augmentations actées par les décisions de 1988 et de 1994, le plafond a été progressivement porté à 1,23 % du RNB mais, depuis 1999, il s'est immobilisé durablement à ce niveau au point même de ne plus constituer une question en débat puisque, malgré les élargissements et l'approfondissement de l'intégration, les plafonds du cadre financier pluriannuel se situent très largement en deçà (1% du RNB environ).

Conscient des faiblesses du système actuel, le Parlement européen réclame, avec le soutien de la Commission, l'établissement de « véritables » ressources propres, à l'instar de la taxe sur les transactions financières. À l'issue de la négociation du cadre financier pluriannuel 2014-2020, le Conseil, tout en renouvelant le système actuel, a accepté de participer à la mise en place d'un « groupe de haut niveau » chargé d'une réflexion sur le sujet et présidé par l'ancien commissaire puis président du Conseil italien, Mario Monti.

Les contributeurs nets en 2012

	Soldes budgétaires opérationnels (millions d'euros)	% du RNB
Suède	- 1 925	- 0, 46
Danemark	- 1 126	- 0, 45
Allemagne	- 11 954	- 0, 44
France	- 8 297	- 0, 40
Belgique	- 1 494	- 0, 39
Pays-Bas	- 2 364	- 0, 39
Royaume-Uni	- 7 366	- 0, 39
Autriche	- 1 073	- 0, 35
Finlande	- 659	- 0, 34
Italie	- 5 058	- 0, 33
Luxembourg	- 79	- 0, 25
Chypre	- 25	- 0, 15

Source : Commission européenne, Rapport financier 2012, OPUE, 2013, pp.114-115.

Des finances soumises à une stricte discipline budgétaire

Ayant été confrontée, dans la première moitié des années 1980, à une crise financière due à une explosion des dépenses agricoles conduisant à l'épuisement des ressources propres disponibles et par conséquent à des expédients intergouvernementaux dans l'attente d'un déplafonnement, l'organisation s'est engagée dans une stricte discipline budgétaire en se dotant d'un encadrement financier pluriannuel contraignant qui, placé sous le contrôle étroit des États membres, leur permet de davantage contrôler les orientations budgétaires de l'Union que la procédure budgétaire annuelle bien plus intégrée.

Un encadrement financier pluriannuel soumis à l'unanimisme intergouvernemental

La pratique institutionnelle des perspectives financières inaugurées en 1988 a ainsi été consacrée par le traité de Lisbonne du 13 décembre 2007 sous la forme d'un cadre financier pluriannuel (CFP) au minimum quinquennal porté désormais par un règlement (article 312 du traité FUE). Visant donc à « assurer l'évolution ordonnée des dépenses de l'Union dans la limite de ses ressources propres », le CFP fixe deux catégories de plafond :
• d'une part, pour chaque catégorie de dépenses correspondant aux grands secteurs d'activité de l'Union (rubrique), des plafonds annuels de crédits pour engagement ;

• d'autre part un plafond annuel global des crédits pour paiement qui, par hypothèse, doit se situer en deçà du plafond des ressources propres.

Cet encadrement s'impose non seulement à l'autorité budgétaire de l'Union puisque le traité FUE stipule que « le budget annuel de l'Union respecte le CFP » (art. 312) – mais aussi bien au-delà à l'Union dans son ensemble car « en vue d'assurer la discipline budgétaire », le même traité fait interdiction à l'organisation d'adopter des « actes susceptibles d'avoir des incidences notables sur le budget sans donner l'assurance que les dépenses découlant de ces actes peuvent être financées dans la limite des ressources propres de l'Union et dans le respect du CFP » (art. 310). D'ailleurs, le règlement n°1311/2013 fixant le CFP pour la période 2014-2020 prend le soin d'indiquer que les plafonds doivent être respectés au cours de la procédure budgétaire comme lors de l'exécution du budget. En outre, toujours au soutien de l'autorité de la programmation, le traité prévoit, en l'absence de nouveau cadre, la prorogation des plafonds de la dernière année couverte par l'ultime cadre parvenu à échéance de sorte que l'Union demeurera en toute circonstance sous l'emprise d'un encadrement pluriannuel.

Aussi stratégique pour l'Union que sensible pour les finances nationales en l'état actuel du mode de financement, le CFP est soumis à une procédure législative spéciale exigeante qui réclame une délibération unanime du Conseil de l'UE après approbation par le Parlement européen. Compte tenu des enjeux et de la négociation parallèle sous forme de « paquet » à la fois des modalités de financement et des grandes lignes des programmes financiers européens, la confection du compromis s'avère particulièrement laborieuse, nécessitant environ deux ans et demi de négociation entre la présentation de la proposition de la Commission (juin 2011), l'adoption des conclusions du Conseil européen (février 2013) et l'approbation du Parlement européen (novembre 2013) permettant l'adoption formelle par le Conseil (décembre 2013). Dans la pratique, le Conseil européen joue un rôle décisif puisque, ne se bornant pas à définir en la matière « les orientations et les priorités politiques générales », comme le lui assigne le traité UE (art. 15), il adopte des conclusions extrêmement détaillées, intégrant en particulier le tableau du futur cadre ainsi que ses principales modalités de fonctionnement. Contournant ainsi l'absence de pouvoir législatif du Conseil européen, les Chefs d'État et de gouvernement n'hésitent pas à affirmer que leurs conclusions constituent la base sur laquelle le Conseil devra solliciter l'approbation du Parlement. Le processus présente donc un caractère intergouvernemental prononcé conduisant *de facto* à reléguer la quête de l'intérêt général européen au second plan bien loin derrière la défense des intérêts financiers nationaux. Ceci aboutit nécessairement *in fine* à un cadre correspondant au plus petit dénominateur commun qu'il est bien malaisé pour les parlementaires de récuser au stade ultime de l'approbation dans le cadre d'une négociation avec un Conseil subalternisé.

Dans un tel contexte, les États contributeurs nets parviennent à imposer un cadre bien moins dispendieux que celui préconisé par la Commission et, *a fortiori*, que celui défendu par le Parlement. Ainsi, avant même que la Commission ne formule ses propositions, les « grands argentiers » - au premier rang desquels l'Allemagne, la France, le Royaume-Uni et les Pays-Bas -, ont pris l'habitude, comme ce fut le cas le 18 décembre 2010, d'adresser au Président de la Commission une lettre commune dans laquelle, tirant argument de leurs efforts d'assainissement budgétaire, ils plaident pour la stabilisation de leur contribution budgétaire et donc logiquement en faveur d'un cadre contraint. De ce point de vue, le CFP 2014-2020 répond à leurs attentes puisqu'en valeur réelle, l'enveloppe septennale diminue pour la première fois de 3,7 % par rapport à la précédente programmation.

En contrepartie de l'acceptation à l'euro près du cadre défini par le Conseil européen, les parlementaires ont néanmoins obtenu un surcroît de flexibilité plus particulièrement bienvenu en période de disette budgétaire. Ainsi, sous couvert de poursuivre des objectifs expressément assignés par le traité - « faciliter la procédure budgétaire » (art. 312 FUE) et « permettre à l'Union de remplir ses obligations juridiques à l'égard des tiers » (art. 323 FUE), le règlement fixant le CFP autorise, par l'entremise d' « instruments spéciaux », le dépassement des plafonds annuels, et ce sans devoir recourir à une révision du cadre bien hypothétique car subordonnée à une délibération unanime du Conseil. Perpétuant la pratique institutionnelle antérieure à la consécration de l'encadrement par le traité de Lisbonne, le règlement confirme ainsi la réserve pour aide d'urgence destinée à l'aide aux pays tiers (280 millions d'euros annuels 2011), le fonds de solidarité de l'Union européenne destiné à aider un État membre en cas de catastrophe naturelle (500 millions), le fonds d'ajustement à la mondialisation (150 millions) et l'instrument de flexibilité destiné à financer toutes catégories de dépenses (471 millions). Permettant de dépasser le plafond annuel en crédits pour engagement d'une rubrique de dépenses, ces instruments « hors cadre » s'ajoutant donc à ce dernier ne pourront être mobilisés qu'avec l'accord du Parlement européen et du Conseil, ce dernier ne statuant qu'à la majorité qualifiée. Par ailleurs, le règlement fixant le nouveau cadre multiplie « les marges » pour les crédits d'engagement comme pour les crédits de paiement. Contrairement aux autres instruments, il ne s'agit pas d'ajouter à l'enveloppe septennale mais uniquement de permettre sa pleine consommation en autorisant par exemple à partir de 2015 de transférer, en cas de besoin, aux années ultérieures les crédits de paiements non exécutés au cours de l'exercice précédent.

Le cadre financier pluriannuel 2014-2020 (millions d'euros - prix 2011)

Crédits d'engagement	2014	2015	2016	2017	2018	2019	2020	Total 2014-2020
1. Croissance intelligente et inclusive	60 283	61 725	62 771	64 238	65 528	67 214	69 004	450 763
1a. Compétitivité pour la croissance et l'emploi	15 605	16 321	16 726	17 693	18 490	19 700	21 079	125 614
1b. Cohésion économique, sociale et territoriale	44 678	45 404	46 045	46 545	47 038	47 514	47 925	325 149
2. Croissance durable : ressources naturelles	55 883	55 060	54 261	53 448	52 466	51 503	50 558	373 179
Dont dépenses relatives au marché et paiements directs	41 585	40 989	40 421	39 837	39 079	38 335	37 605	277 851
3. Sécurité et citoyenneté	2 053	2 075	2 154	2 232	2 312	2 391	2 469	15 686
4. L'Europe dans le monde	7 854	8 083	8 281	8 375	8 553	8 764	8 794	58 704
5. Administration	8 218	8 385	8 589	8 807	9 007	9 206	9 417	61 629
Dont dépenses administratives des institutions	6 649	6 791	6 955	7 110	7 278	7 425	7 590	49 798
6. Compensations	27	0	0	0	0	0	0	27
TOTAL CRÉDITS D'ENGAGEMENT	134 318	135 328	136 056	137 100	137 866	139 078	140 242	959 988
En pourcentage du RNB	1,03%	1,02%	1,00%	1,00%	0,99%	0,98%	0,98%	1,00%
TOTAL CRÉDITS DE PAIEMENT	128 030	131 095	131 046	126 777	129 778	130 893	130 781	908 400
En pourcentage du RNB	0,98%	0,98%	0,97%	0,92%	0,93%	0,93%	0,91%	0,95%
Marge disponible	0,25%	0,25%	0,26%	0,31%	0,30%	0,30%	0,32%	0,28%
Plafond des ressources propres en pourcentage du RNB	1,23%	1,23%	1,23%	1,23%	1,23%	1,23%	1,23%	1,23%

Source : Règlement (UE, Euratom), n° 1311/2013 du Conseil du 2 décembre 2013 fixant le cadre financier pluriannuel pour la période de 2014-2020, JOUE n° L347 du 20 décembre 2013, p. 884.

Un budget annuel adopté selon une procédure de codécision

Outre le CFP, le budget de l'Union doit respecter les principes budgétaires posés pour la plupart par le traité et précisés par le règlement financier adopté selon la procédure législative ordinaire. Au-delà des très classiques principes d'annualité, d'unité, d'universalité et de spécialité, le budget de l'organisation est soumis à une réelle exigence d'équilibre puisque le recours à l'emprunt n'est pas autorisé pour couvrir un éventuel déficit budgétaire. L'Union peut certes emprunter mais pour octroyer des prêts (cf. *infra*) ou acquérir des biens immobiliers. Le règlement financier pose en outre un principe de transparence en application duquel notamment doivent en principe être publiées des informations relatives aux bénéficiaires des fonds européens.

Abrogeant la distinction procédurale DO/DNO, le traité de Lisbonne a profondément remanié la procédure budgétaire européenne en en faisant une procédure de nature codécisionnelle largement inspirée de la procédure législative ordinaire.

L'initiative demeure naturellement l'apanage de la Commission appelée à présenter avant le 1er septembre (dans les faits, selon le calendrier dit pragmatique, mai/ juin) un projet de budget sur lequel le Conseil doit se prononcer à la majorité qualifiée avant le 1er octobre (dans les faits courant juillet avec une transmission formelle début septembre). À compter de la transmission de la position du Conseil, le Parlement européen dispose de 42 jours soit pour l'amender soit pour l'approuver explicitement ou tacitement (*ie* en se gardant de prendre position dans les délais impartis), ce qui, dans ce dernier cas, emportera donc l'adoption définitive du budget. Si le Parlement amende (comme c'est jusqu'à présent toujours le cas), un comité de conciliation mixte et paritaire est convoqué sans délai (dans les faits, courant octobre). Composé des membres du Conseil (ou de leurs représentants) et d'une délégation parlementaire comportant par conséquent en l'état 28 députés, ce comité dispose de 21 jours pour parvenir à un projet commun soutenu à la fois par les représentants des États membres, statuant toujours à la majorité qualifiée et par la délégation parlementaire.

En cas d'échec de la conciliation, comme ce fut le cas en 2010 et en 2012, cette procédure est close de sorte qu'il appartient à la Commission d'en relancer une *ab initio* en présentant un nouveau projet de budget. En revanche, si le comité de conciliation parvient à arrêter un projet commun, la procédure se poursuit. Le budget ne sera alors finalement arrêté qu'en cas d'approbation du projet commun dans les 14 jours par les deux branches de l'autorité budgétaire. En vue manifestement de favoriser l'adoption du budget à ce stade nécessairement avancé du calendrier (courant voire fin novembre), le traité prévoit que l'approbation peut être tacite (hypothèse du silence gardé par l'une et/ ou l'autre institution) et, à l'inverse, que le rejet parlementaire ne sera acquis qu'à la majorité des membres, et non à la majorité des votants comme c'est le cas pour l'approbation. En cas de rejet par le Parlement, c'est donc l'impasse et une nouvelle procédure doit être lancée. En revanche, en cas de rejet du projet commun par le Conseil, le traité laisse entendre que le Parlement dispose d'un pouvoir de dernier mot. Il lui suffit en effet d'approuver le projet commun, ce qui lui offre alors la faculté de confirmer tout ou partie des amendements initialement votés, sachant que le budget sera réputé adopté sur cette base. Inutile de dire qu'en conditionnant cette ultime prérogative parlementaire au rejet du projet commun par le Conseil, les rédacteurs des traités ont veillé à la rendre parfaitement virtuelle. On voit en effet mal comment les représentants des États membres pourraient à la majorité qualifiée rejeter un projet commun qu'ils ont nécessairement soutenu au sein du comité de conciliation à la même majorité moins de 14 jours auparavant sachant que cette attitude permettra à l'autre branche de l'autorité budgétaire de faire prévaloir son point de vue sur celui défendu tout au long de la procédure par le Conseil.

Impliquant l'accord du Parlement européen et du Conseil sur l'ensemble du budget, la nouvelle procédure fait donc courir un risque non négligeable à l'Union, celui de ne pas disposer de budget en début d'exercice, ce qui emportera l'application des incommodes douzièmes mensuels provisoires fondés sur le budget de l'exercice précédent. Jusqu'ici, ce danger a pu être conjuré par l'attitude relativement conciliante du Parlement qui, ne s'étant pas entendu en conciliation avec les représentants des États membres, a finalement renoncé, lors de la seconde procédure initiée par la Commission, à une partie significative de ses exigences, notamment en matière de progression des crédits de paiement.

Enfin, puisque le traité de Lisbonne n'a pas retiré au président du Parlement européen le pouvoir de constater que le budget est définitivement adopté, la Cour de justice a récemment eu l'occasion de confirmer qu'il revient toujours à ce seul président, en tant qu'organe du Parlement, de signer, au terme de la procédure budgétaire, l'acte conférant au budget sa force obligatoire et sans lequel celui-ci ne constituerait finalement qu' « un document essentiellement comptable »[11]. Bien que résultant « d'une procédure caractérisée par l'action conjointe du Conseil et du Parlement »[12], le budget n'est en définitive imputable juridiquement qu'au Parlement européen, ce qui est éminemment symbolique dans une Union dont le fonctionnement est fondé sur la démocratie représentative[13].

Une exécution budgétaire partagée étroitement contrôlée

Après avoir été adopté, le budget est, en application des traités[14], exécuté par la Commission européenne qui hérite ainsi d'une prérogative importante puisqu'en matière de dépenses, le budget « n'aboutit qu'à une autorisation » d'engagement[15] et non à une obligation. Cette licence budgétaire n'est cependant pas suffisante pour permettre la réalisation de la dépense dès lors que, dans le système juridique de l'Union, le budget en lui seul ne constitue pas en principe une base légale[16]. À cette autorisation budgétaire doit en effet correspondre une autorisation normative. Ainsi, hors actions préparatoires et projets pilotes strictement encadrés et plafonnés par le règlement financier[17], une ligne budgétaire ne pourra être exécutée qu'à la condition que les dépenses qu'elles autorisent se rapportent à une action disposant d'un fondement dans un acte juridiquement contraignant de l'UE[18]. Cet acte communément qualifié d' « acte de base » pourra donc prendre, entre autres, la forme d'un règlement, d'une directive ou encore d'une décision[19]. Dans le cadre de l'exécution budgétaire, la Commission sera donc soumise au respect des prescriptions contenues dans ces actes de base qui peuvent d'ailleurs prévoir de soumettre aux procédures de comitologie[20] les décisions dispensatrices, plaçant ainsi la phase proprement décisoire de l'exécution budgétaire sous le contrôle des représentants des États membres[21].

La Commission n'exécute, qui plus est, directement qu'une part finalement réduite du budget. Il revient ainsi à chaque institution ou organe de l'Union d'exécuter sa propre section du budget[22]. Par ailleurs, soucieuse de se décharger des tâches administratives répétitives, la Commission externalise la gestion de nombre de programmes financiers à « des agences exécutives » qui, au nombre de six, se définissent comme des organismes personnalisés de l'Union, investis d'une mission de service public exercée sous le contrôle d'une Commission qui ne peut, par ailleurs, se départir des tâches impliquant une marge d'appréciation de nature à traduire des choix politiques[23]. Au-delà, les États membres concourent également de manière très significative à l'exécution budgétaire. D'une part, il leur revient, à titre onéreux[24], de collecter auprès des assujettis puis de mettre à disposition de la Commission les ressources propres traditionnelles. Et d'autre part, dans le cadre de l'exécution dite partagée du budget qui s'applique à la très grande majorité des dépenses européennes, notamment agricoles et structurelles, les États membres se voient déléguer par la Commission des tâches d'exécution budgétaire, ce que consacre d'une certaine manière le traité en stipulant que « la Commission exécute le budget en coopération avec les États membres ». Étant en dernière analyse responsable de la bonne exécution du budget, la Commission s'assure néanmoins, dans le cadre de procédures d'apurement des comptes, de la régularité des opérations prises en charge et, en cas d'irrégularité, retire le financement européen.

L'exécution budgétaire fait au surplus l'objet d'un contrôle externe assuré par la Cour des comptes européenne instituée par le traité de Bruxelles du 22 juillet 1975 et composée de 28 membres (un par État) nommés pour leurs compétences et exerçant leurs fonctions en pleine indépendance dans l'intérêt général de l'Union. Dépourvue de pouvoir juridictionnel, la Cour des comptes dispose, à l'instar de la Commission, de la faculté d'effectuer des contrôles non seulement sur pièces mais également sur place. L'auditeur externe de l'UE s'assure de la performance de la dépense européenne évaluée au moyen des critères de l'économie, de l'efficience et de l'efficacité consubstantiels au principe de bonne gestion financière ainsi que de la fiabilité des comptes et se prononce sur la légalité et la régularité des opérations sous-jacentes, notamment dans le cadre d'une déclaration d'assurance qu'il intègre à son rapport annuel à présenter avant le 15 novembre de l'année n+1. Sur cette base notamment, s'ensuit un contrôle politique de l'exécution budgétaire dans le cadre de la procédure dite de décharge qui conduit non seulement à la clôture des comptes mais aussi à délester la Commission de sa responsabilité. La décharge est octroyée par le Parlement européen sur recommandation du Conseil, et ce avant en principe le 15 mai de l'année n+2. S'étant dotée d'une commission dédiée exclusivement au contrôle budgétaire, l'institution parlementaire exerce cette prérogative non sans une certaine méticulosité, accompagnant l'octroi de la décharge de substantielles observations voire recommandations à l'adresse de l'exécutif budgétaire qui devra tout mettre en œuvre pour y donner suite (art. 319 § 3 du traité FUE). En outre, alors que le traité ne l'envisage pas expressément, le Parlement a refusé à plusieurs reprises la décharge, ce qui manifeste alors une forme de défiance à l'égard de la Commission sans pour autant emporter la démission collective contrainte du collège qui ne pourrait résulter que de l'adoption, le cas échéant ultérieure, d'une motion de censure.

• • • Ayant participé directement au renforcement de l'intégration européenne, les finances de l'Union peuvent désormais apparaître comme une des faiblesses de l'organisation ainsi qu'en atteste à certains égards la dégradation de sa cotation en décembre 2013 par une des *big three*. Alors même que l'UE ne connaît pas de déficit budgétaire, la perte du triple AAA est fondée, selon l'agence de notation *Standard and Poor's*, non seulement sur l'état des finances nationales dont dépend en dernière analyse l'Union mais aussi sur l'âpreté des négociations budgétaires au sein du Conseil qui mettent clairement en exergue la volonté de plusieurs contributeurs nets de circonscrire davantage les dépenses européennes[25]. Parallèlement se sont néanmoins fait jour des propositions ambitieuses visant à doter la zone euro d'une capacité budgétaire propre, ce qui, avec les travaux du groupe de haut niveau sur les ressources propres, offre des perspective de rénovation et d'approfondissement.

Aymeric Potteau

Bibliographie

Commission européenne, *Les finances publiques de l'Union européenne*, OPOCE, 4e édition, 2009.

Corinne Delon-Desmoulin, *Droit budgétaire de l'Union européenne*, LGDJ, 2011.

Jacques Le Cacheux, « Budget européen : le poison du juste retour », *Notre Europe*, Études et Recherches n°41, 2005.

Claude Mestre, Yves Petit, « Les crises budgétaires sont-elles inscrites dans la carte génétique du Traité sur le fonctionnement de l'UE ? », *in Mélanges en l'honneur du Professeur Joël Molinier*, LGDJ, 2012, pp. 443-468.

Jean-Pierre Jacqué, « Budget », *Répertoire de droit européen*, Dalloz, 2009.

Aymeric Potteau, Chronique annuelle de finances publiques de l'Union à la *Revue trimestrielle de droit européen* depuis 2005 (Dalloz).

Aymeric Potteau, « La régressivité de la procédure budgétaire introduite par le traité de Lisbonne », *Europe*, avril 2011, Étude n° 4, pp. 5-10.

Aymeric Potteau, « Le cadre financier pluriannuel : instrument de bonne gouvernance et d' » intergouvernementalisation» de l'Union européenne » *in* F. Peraldi-Leneuf et S. De La Rosa (dir.), *L'Union européenne et l'idéal de la meilleure législation*, Pedone, Cahiers européens n°5, 2013, p. 149

Notes

1. Décision du Conseil du 21 avril 1970 relative au remplacement des contributions financières des États membres par des ressources propres aux Communautés, JOCE n° L 94 du 28 avril 1970, p.19.

2. Traité de Luxembourg du 22 avril 1970 portant modification de certaines dispositions budgétaires.

3. CJCE, 3 juillet 1986, Conseil c/ Parlement européen, Aff. 34/86, Rec. p. 2155.

4. Dans son livre vert du 23 novembre 1978 sur le financement du budget communautaire, la Commission définissait de la manière suivante la conception fiscale : « Il est clair qu'une ressource propre a un caractère fiscal, qu'elle doit être directement à la charge des personnes physiques ou morales dans la Communauté, qu'elle est indépendante des décisions des États membres et qu'il existe un lien automatique entre la Communauté et la source des revenus, c'est-à-dire chaque opération économique frappée par l'imposition communautaire ».

5. Décision 2011/871/PESC du Conseil du 19 décembre 2011 créant un mécanisme de gestion du financement des coûts communs des opérations de l'Union européenne ayant des implications militaires ou dans le domaine de la défense (Athena), JOUE n°L 343 du 23 décembre 2011, p. 35.

6. Dans le domaine de la Pesc dans le cadre de laquelle le Conseil statue en principe à l'unanimité, tout membre peut assortir son abstention d'une déclaration formelle ce qui lui permettra de ne pas appliquer la décision prise qui engage néanmoins l'Union (art. 31 § 1 du traité UE).

7. CJCE, 2 mars 1994, Parlement européen c/ Conseil, Aff. C-316/91, Rec. p. I-625.

8. Article 2 du protocole n°2 modifiant le traité instituant la Communauté européenne de l'énergie atomique et annexé au traité de Lisbonne précité.

9. Voir à cet égard, Amélie Barbier-Gauchard, Penser le budget communautaire et les dépenses publiques en Europe : la nécessité d'une approche agrégée, *Notre Europe*, Les Brefs, n°29, juin 2011.

10. Décision 2014/335/UE, Euratom du Conseil du 26 mai 2014 relative au système des ressources propres de l'Union européenne, JOUE n° L 168 du 7 juin 2014, p. 105. Non encore entrée en vigueur mais comportant un effet rétroactif.

11. CJUE, 17 septembre 2013, Conseil de l'Union c/ Parlement européen, Aff. C-77/11, Non encore publié au Recueil, point 59.

12. Idem, point 56.

13. Article 10 § 1 du traité UE.

14. Article 317 du traité FUE.

15. CJCE, ordonnance du 26 septembre 1984, Parti écologiste « les Verts » c/ Parlement européen, Aff. 296/83, Rec. p. 3335, point 7.

16. CJCE, 12 mai 1998, Royaume-Uni c/ Commission, Aff. C-106/96, Rec. p.I-2729.

17. Article 54 du règlement (UE, Euratom) n°966/2012 du Parlement européen et du Conseil du 25 octobre 2012 relatif aux règles financières applicables au budget de l'Union européenne, JOUE n° L 298 du 26 octobre 2012, p. 1.

18. Article 310 § 3 du traité FUE.

19. Article 2 sous d) du règlement financier précité.

20. CJCE, 24 octobre 1989, Commission c/ Conseil, Aff. 16/88, Rec. p. 3457.

21. En principe, l'acte de base devra même renvoyer, s'agissant des mesures d'exécution des programmes ayant des incidences budgétaires notables, à la procédure d'examen dans le cadre de laquelle le comité intergouvernemental peut finalement empêcher la Commission d'agir. Voir le règlement (UE) n°182/2011 du Parlement Européen et du Conseil du 16 février 2011 établissant les règles et principes généraux relatifs aux modalités de contrôle par les États membres de l'exercice des compétences d'exécution par la Commission, JOUE n° L 55 du 28 février 2011, p. 13.

22. En dehors des six institutions concernées (la Banque centrale européenne n'étant pas financée par le budget de l'Union) visées à l'article 13 § 1 du traité UE (Parlement européen, Conseil, Conseil européen, Commission, Cour de justice de l'UE et Cour des comptes), cette prérogative est reconnue par le règlement financier précité au comité des régions, au comité économique et sociale, au Médiateur, au service européen d'action extérieure ainsi qu'au contrôleur européen de la protection des données.

23. Règlement (CE) n° 58/2003 du Conseil du 19 décembre 2002 portant statut des agences exécutives chargées de certaines tâches relatives à la gestion de programmes communautaires , JOUE n° L 11 du 16 janvier 2003, p. 1.

24. À partir du 1er janvier 2014, 20 % (contre 25 % auparavant) des sommes collectées dans le cadre d'une retenue à la source. Voir la décision 2014/335/UE, Euratom précitée.

25. Au premier rang desquels le Royaume-Uni, les Pays Bas et la Suède qui, depuis plusieurs années, votent presque systématiquement contre le budget annuel jugé trop dispendieux.

Notice 9

L'ordre juridique de l'Union européenne

Dépourvue logiquement des symboles de la puissance étatique, l'Union ne dispose que du droit pour imposer à ses États membres la réalisation d'un projet d'intégration inédit par son ambition. Issue du droit, elle crée elle-même du droit. Plus que d'un droit de l'Union, on peut parler d'un véritable ordre juridique de l'Union européenne, hiérarchisé sans l'être encore suffisamment, de nature et d'origine diverses. En ce sens, la construction européenne s'inscrit dans une démarche au centre de laquelle le droit est identifié comme un levier déterminant d'évolution politique, économique et sociale. L'Union s'est nourrie de l'État de droit dont elle a repris les références sémantiques et idéologiques illustrant ainsi la puissante attractivité d'un standard s'imposant comme une « valeur en soi » et dont l'évidence ne saurait être discutée. La place particulière qui est désormais assignée à la Charte des droits fondamentaux en témoigne.

Un système ordonné de sources

En l'absence d'une disposition établissant une classification des sources formelles du droit de l'Union, l'identification de celles-ci et de leur mode d'articulation procède nécessairement d'une construction *a posteriori*. Loin d'être muets, les Traités fournissent, à cet égard, un certain nombre d'indications qu'il convient de compléter en tenant compte de la pratique des institutions et des États membres ainsi que du rôle déterminant joué par la Cour de justice de l'Union européenne (CJUE) dans la structuration de l'ordre juridique de l'Union.

Les sources principales du droit de l'Union

Le droit primaire : les traités

Les trois traités fondateurs[1] ont été modifiés et réorganisés par le Traité de Lisbonne[2] lui-même adopté à la suite de l'échec du Traité établissant une constitution pour l'Europe (TECE). Tout en prenant ses distances par rapport aux dispositions du TECE les plus symboliquement liées à une lecture fédérale du projet européen, le Traité de Lisbonne n'en constitue pas moins un Traité « d'envergure »[3] préservant les « principales avancées du Traité constitutionnel » et restructurant profondément les Traités existants.

• Les traités de base ont fait l'objet de révisions régulières dont la portée a varié selon les circonstances ou les procédures mises en œuvre. On peut d'abord évoquer les traités procédant à de larges révisions. Il en va ainsi de l'Acte unique européen (1986), du Traité de Maastricht (1992), du Traité d'Amsterdam (1997) ou du Traité de Nice (2001). Ces quatre textes ont une nature hybride dans la mesure où ils n'étaient des sources du droit communautaire que pour ce qui concernent celles de leurs dispositions modifiant les traités communautaires originaires. Il est vrai que ce débat n'a plus qu'un intérêt historique, l'Union européenne ayant phagocyté la Communauté par l'effet du Traité de Lisbonne. La logique « fusionnelle » reste cependant inachevée. Le Traité de Lisbonne maintenant une pluralité d'instruments : le TUE continue à exister, aux côtés d'un Traité sur le fonctionnement de l'Union européenne (TFUE) sans que, par ailleurs, le Traité sur la Communauté européenne de l'énergie atomique (CEEA) ne disparaisse.

• Plusieurs traités, actes et décisions sont intervenus pour enrichir ou adapter, plus ponctuellement, les textes initiaux. Il en va ainsi, par exemple, des Traités de Luxembourg (1970), de Bruxelles (1975) accroissant les prérogatives budgétaires du Parlement européen ou de l'acte du 20 septembre 1976 portant élection des représentants à cette Assemblée au suffrage universel direct. On doit également ranger parmi les sources primaires du droit de l'Union, les traités et actes relatifs à l'adhésion de nouveaux États membres. Ainsi, pas moins de 37 protocoles, 2 annexes et 65 déclarations sont adjoints au Traité de Lisbonne. Dans leur diversité, ces textes portent sur des objets aussi multiples que des questions institutionnelles[4] ou des aspects d'ordre matériel[5]. C'est ainsi que sont établis les statuts du système européen de banques centrales et de la Banque centrale européenne ou de la CJUE, les modalités d'intervention des parlements nationaux ou d'application des principes de subsidiarité et de proportionnalité. Affranchis des sujétions liées à la forme conventionnelle, ils permettent d'aborder de manière approfondie des aspects techniques dont il apparaissait inutile d'encombrer le Traité[6].

• Plus largement le recours à ces instruments est particulièrement utile lorsque des difficultés surgissent du fait de tensions entre la logique d'intégration et l'idée que se font les États de leur souveraineté. C'est dans cette perspective que s'inscrivent les actes explicitant des régimes dérogatoires. Par exemple, les protocoles n° 19 à 22 permettent au Royaume-Uni, à l'Irlande et au Danemark de rester en marge d'une politique (l'Espace européen de liberté, de sécurité et de justice, l'ELSJ) pourtant perçue comme essentielle par leurs partenaires. C'est aussi par le biais de protocoles que la Pologne et le Royaume-Uni ont obtenu que la Charte des droits fondamentaux de l'Union européenne (CDFUE) ne puisse constituer une base sur laquelle pourrait s'appuyer une contestation de la législation nationale devant une juridiction de l'Union ou un tribunal interne. Les instruments annexés sont ici des vecteurs d'affirmation pour les États soucieux de préserver des valeurs qu'ils jugeraient consubstantielles à leur identité constitutionnelle[7]. En même temps, ils offrent à la majorité un moyen diplomatiquement efficace de desserrer la pression que la minorité peut être tentée de faire peser sur la négociation.

• Les protocoles et les déclarations n'ont pas la même valeur juridique. Les protocoles ont une autorité égale à celle des traités auxquels ils sont annexés et dont ils font partie. Les déclarations intégrées à l'acte final des conférences intergouvernementales sont, en principe, dépourvues de force obligatoire. Toutefois, lorsqu'elles reflètent sans ambiguïté l'accord (ou les réserves) des États membres, elles ont, en leur qualité d'engagements politiques, une autorité presque équivalente à celle des protocoles eux-mêmes. À ce titre, elles peuvent être prises en compte par le juge lorsqu'il interprète le droit de l'Union.

Contenu et structure

Le droit primaire se caractérise par une complexité structurelle qui a culminé avec le Traité de Maastricht. La coexistence de nombreux Traités dont les rapports réciproques s'avéraient problématiques était une source de défiance à l'égard d'un dispositif obscur à force de sophistication. Cette perception largement négative a conduit, en 2007, à une simplification et une rationalisation (très relative) des traités. Les rédacteurs du Traité de Lisbonne ont donc conservé les traités existants tout en les remaniant de façon apparemment significative. Cependant, l'opération tient de la « cosmétique »[8] juridique dans la mesure où les Traités continuent à former une construction baroque. Formellement séparés, le TUE et le TFUE s'entremêlent matériellement. Le premier fixe des principes et des valeurs, le second définit les modalités de leur mise en œuvre. En réalité, des dispositions d'ordre matériel ou institutionnel trouvent place au sein du TUE tandis que le TFUE précise, ne fut-ce qu'à titre confortatif, des exigences de principe.

Les traités s'ordonnent classiquement autour d'un préambule et d'un dispositif. Celui-ci est constitué de dispositions liminaires, institutionnelles, matérielles et finales. Cette structure n'a pas été réellement bouleversée par le Traité de Lisbonne.

Le TUE et le TFUE composent un ensemble matériellement homogène. Aussi, l'énoncé des principes se distribue-t-il entre préambules et dispositions liminaires de l'un et l'autre de ces instruments. On voit ainsi se dessiner l'armature éthique, philosophique et politique d'une entreprise dont la vocation reste de permettre une « union sans cesse plus étroite entre les peuples européens ». Les préambules n'attribuent pas de compétences et n'ont pas de valeur obligatoire.

Toutefois, par la richesse des perspectives ouvertes, ils autorisent une appréhension dynamique des missions de l'Union. Faisant immédiatement suite aux préambules, les dispositions liminaires en déclinent la teneur. À cet égard, elles définissent, en termes généraux, les objectifs assignés à l'Union ainsi que les politiques et actions communes que les institutions mèneront pour les atteindre. Elles ont été adaptées au fil de l'extension des compétences de l'Union. C'est également dans ces articles de tête que sont précisés les principes dont le respect conditionne la réalisation des objectifs de l'Union[9]. Les dispositions institutionnelles, quant à elles, fixent le mode d'organisation de la gouvernance et les conditions d'exercice des compétences au sein de l'Union. Avec le Traité de Lisbonne, ces clauses sont désormais réparties entre le Traité sur l'Union européenne et le TFUE.

• Champ d'application territoriale

Les dispositions finales de chacun des deux traités (art. 52 TUE ; art. 355 TFUE) définissent le champ d'application territoriale du droit de l'Union[10].

On relève une coïncidence presque parfaite entre le territoire d'une majorité d'États membres et celui de l'Union[11]. Il ressort de l'article 355 TFUE que les Traités lient en principe les États membres pour l'intégralité de leur territoire y compris donc la Guadeloupe, la Guyane française, la Martinique, la Réunion, Saint-Barthélemy, Saint-Martin, les Açores, Madère et les îles Canaries, conformément à l'article 349 TFUE. De même, s'appliquent-ils aux territoires européens dont un État membre assume les relations extérieures (Gibraltar et îles Aaland). En revanche, ils ne sont pas applicables aux îles Feroe et aux zones de souveraineté britannique à Chypre. Par ailleurs, les TOM bénéficient d'un régime d'association visant à promouvoir leur développement économique et social ainsi que l'établissement de relations économiques étroites avec l'Union dans son ensemble (art. 198, alinéa 2, TFUE). Ils se trouvent ainsi placés dans une position intermédiaire entre celle des pays tiers et celle des États membres. Le traité invite également le Conseil à arrêter des mesures spécifiques afin de prendre en compte les difficultés découlant pour les DOM français, les Açores et les Canaries de leur ultrapériphicité (art. 349 TFUE). Les îles Anglo-Normandes et l'île de Man, enfin, ne sont soumises, quant à elles, au droit de l'Union que dans la mesure nécessaire à l'application du régime prévu par le Traité d'adhésion de 1972. Ajoutons que l'article 355, § 6, TFUE ouvre au Conseil européen la faculté de modifier, sur initiative de l'État membre concerné, le statut à l'égard de l'Union d'un pays ou territoire danois, français ou néerlandais sans passer par la procédure de révision formelle du Traité.

Le droit de l'Union s'applique aux personnes physiques ou morales, quelle que soit leur nationalité dès lors qu'un lien de rattachement suffisant existe entre leur activité et le territoire de l'un des États membres.

• Champ d'application temporelle

Le Traité sur l'Union européenne (art. 51) et le TFUE (art. 356) sont conclus pour une « durée illimitée ». La formule exprime le caractère en principe irrévocable de la construction communautaire. Cette affirmation doit être pondérée. D'une part, les Traités eux-mêmes aménagent des procédures de révision (*infra*). D'autre part, les États membres, sous réserve de respecter les exigences fondamentales de l'ordre juridique de l'Union, peuvent favoriser, par l'effet de leur volonté convergente, une évolution de l'acquis.

La prééminence hiérarchique des traités

Si la CJUE n'a jamais nié l'essence conventionnelle des Traités, elle a, en revanche, souligné le fait qu'ils apparaissent bien comme le socle constitutionnel d'une organisation politique et juridique inédite « suprême dans sa sphère de compétence, sous réserve de respecter les procédures institutionnelles qui s'imposent à elle »[12]. On est donc rapidement passé d'une perception « internationaliste » des Traités à une vision explicitement « constitutionnaliste ». L'Union forme une « Union de droit » au sein de laquelle nul n'échappe « au contrôle de la conformité de leurs actes à la charte constitutionnelle de base qu'est le Traité »[13]. Cette prééminence explique d'abord que les Traités sont inaccessibles à une sanction juridictionnelle et priment le droit dérivé. La constitutionnalisation des Traités a également profilé le statut des sources externes du droit de l'Union. Tempérant le monisme à la base des relations du droit de l'Union avec le droit international, la Cour entend maîtriser les modalités d'insertion et d'invocation des normes externes. Elle s'acquitte prioritairement de cette mission dans le cadre de ses compétences consultatives (art. 218 TFUE). En cas de contrariété irrémédiable, elle rend un avis négatif qui n'est surmontable qu'au prix d'une révision des Traités[14]. Il y a là un verrou sauvegardant l'intégrité des Traités lorsque celle-ci est menacée par les dispositions d'un accord externe. Ce contrôle s'exercera également par la voie de l'action. La Cour a ainsi considéré que les obligations résultant d'un « accord international », ne peuvent en aucune circonstance affecter les « principes constitutionnels du Traité CE, au nombre desquels figure le principe selon lequel tous les actes communautaires doivent respecter les droits fondamentaux »[15].

L'autorité des traités est également garantie par la pesanteur des modalités de révision ordinaire (art. 48 TUE). Dans ce cadre, le Traité a toujours combiné une phase « communautaire » et une phase interétatique. Si le Traité de Lisbonne maintient la possibilité de convoquer une convention (art. 48, § 3, al. 1, TUE), les modifications du Traité doivent néanmoins être ultimement arrêtées d'un « commun accord » par une Conférence intergouvertnementale et ratifiées par tous les États membres. Par ailleurs, le pouvoir de révision est enfermé dans des limites tenant à l'existence d'un bloc de normes insusceptibles d'être amendées. Contrastant avec un acquis législatif adaptable au gré des évolutions ressenties comme nécessaires, cet acquis prééminent jouit d'une autorité renforcée car il renvoie à des éléments structurants pour l'Union et à des règles dont la méconnaissance hypothéquerait l'unité, l'identité et même le devenir du projet européen[16]. Nul ne peut toutefois présumer de l'efficacité de « clauses d'éternité » que la volonté déterminée des États suffirait à renverser.

Le droit dérivé

Les traités établissent une nomenclature officielle des sources du droit dérivé (art. 288 TFUE). Les actes qui y sont visés forment un droit non plus conventionnel mais « légiféré », « un corps de règles sécrété par [l'Union] elle-même, de manière quasi autonome, malgré son caractère dérivé des Traités, donc pris en application et pour l'application de ceux-ci »[17]. Expression d'un ordre juridique propre, le droit dérivé permet donc à ces institutions de mettre en œuvre les politiques dont elles ont la charge et, le cas échéant, d'opposer les compétences de l'Union aux États membres qui l'ont créée. Toutefois, cette nomenclature n'est pas exhaustive, car elle ne comprend pas (mais comment le pourrait-elle ?) les actes atypiques et innomés.

Les rédacteurs du Traité de Lisbonne ont tenté de simplifier la contexture du droit dérivé. Tournant le dos à la réorganisation des sources proposée par le TECE, ils ont maintenu les catégories « classiques ». L'héritage du TECE n'a cependant pas été complètement rejeté. En effet, le TFUE distingue actes législatifs, actes non législatifs et actes délégués. L'inscription d'un acte dans l'une des ces trois catégories informe la procédure de son élaboration ainsi que son insertion dans la hiérarchie des normes sans, toutefois, remettre en cause sa portée et ses effets.

Par ailleurs, la suppression des piliers se traduit par une unification des actes auxquels il est désormais possible de recourir (règlement, directive et décision notamment). Selon les domaines considérés, la différenciation résultera non pas du type d'acte sollicité mais de la nature de la procédure mobilisée ou de la portée de la mesure adoptée.

Régime juridique des actes de droit dérivé

Les institutions sont tenues d'abord au respect de certaines règles de compétence et de fond. Elles ne peuvent recourir à ces instruments que dans le cadre de la compétence qui leur a été limitativement attribuée. Dans l'exercice de celle-ci, elles respectent impérativement le bloc de légalité dans son ensemble, engagements internationaux et principes généraux du droit inclus tels, par exemple, les principes de sécurité juridique[18], de proportionnalité[19], ou de confiance légitime[20]. L'identification d'une base juridique adéquate constitue un préalable à toute procédure normative. En effet, l'Union doit toujours fonder son action sur un titre juridique. Il existe

menacé sa pérennité. Visant moins à régir une société existante qu'à créer une collectivité nouvelle, le droit de l'Union est une construction « foncièrement téléologique », entièrement dédiée à l'achèvement de l'Union européenne[37]. Aussi, la jurisprudence apparaît-elle comme le creuset d'une cohésion indispensable.

La Cour a privilégié des méthodes d'interprétation dynamiques. Ainsi, elle extrait l'utilité d'une norme primaire ou dérivée d'une démarche inductive. Concevant le droit de l'Union comme un complexe composé d'éléments multiples devant s'imbriquer les uns aux autres selon une logique dont elle a su percer le mystère, elle s'appuie également sur une démarche systématique. Elle fait enfin appel à une méthode téléologique, retenant comme fil d'Ariane de son interprétation le but poursuivi par la norme. Le juge tente alors de décrypter la volonté réelle ou supposée des auteurs de l'acte déféré à son examen. Elle s'attache à comprendre les dispositions de celui-ci de façon à leur donner un sens et un effet qui ne les rendent pas inutiles.

Les principes généraux du droit de l'Union

Il s'agit de règles non écrites auxquelles le « juge reconnaît une valeur générale qui les rend applicables même sans texte »[38]. Ils se situent au même rang hiérarchique que les Traités constitutifs. Ils visent soit à éclairer des notions communautaires soit à pallier des insuffisances du droit de l'Union. Polysémique, cette notion recouvre, d'abord, des principes de droit international conciliables avec les exigences propres de l'ordre juridique de l'Union tel que les principes *pacta sunt servanda*[39] ou encore de la *bona fide* dans l'exécution des Traités[40]. En revanche, le juge refuse de consacrer l'applicabilité de *l'exceptio non adimpleti contractus*[41] tant elle serait de nature à subvertir la cohérence de l'ordre juridique de l'Union.

La jurisprudence a, par ailleurs, mis à jour des principes de « droit interne ». Parmi ceux-ci, on peut distinguer, il est vrai artificiellement, les principes communs aux droits des États membres des principes généraux du droit proprement dits. En ce qui concerne les premiers, la Cour se réfère de sa propre initiative ou par incitation textuelle[42] aux systèmes nationaux. La généralité des seconds transcendant les frontières, il n'est pas besoin de les rattacher à une origine particulière. On peut évoquer, par exemple, le principe d'égalité des administrés devant la réglementation et son corollaire la non-discrimination, le respect des droits acquis ...

C'est par le biais des principes généraux que la Cour a consacré dès 1969 l'obligation, constamment réaffirmée, de respecter les droits fondamentaux. Dans cette perspective, elle s'inspire des traditions constitutionnelles communes aux États membres ainsi que des éléments fournis par les instruments internationaux de sauvegarde des droits de l'homme auxquels les États membres ont coopéré ou adhéré. En ce sens, elle précise que la Convention européenne de sauvegarde des droits de l'homme et des libertés fondamentales (CESDH) constitue une source d'inspiration matérielle revêtant une « signification particulière »[43]. L'article 6 § 3 TUE souligne que les principes généraux restent, aujourd'hui encore, des vecteurs essentiels de protection des droits fondamentaux dans l'ordre juridique de l'Union.

La « constitutionnalisation » de la Charte des droits fondamentaux de l'UE par le Traité de Lisbonne devrait réduire vraisemblablement la fréquence du recours aux principes généraux du droit. Ils continueront toutefois à éclairer le sens de certaines des dispositions de la CDFUE, et permettront, le cas échéant, d'en combler les lacunes éventuelles. En outre, ils resteront opposables à l'ensemble des États membres y compris ceux qui, à l'instar de la Pologne ou du Royaume-Uni, ont exprimé des « réserves » à l'égard de la Charte.

La Charte des droits fondamentaux de l'Union européenne

L'Union assure à l'individu une protection embrassant tous les aspects de sa condition et de son existence. Telle est la vocation de la Charte des droits fondamentaux (CDFUE) proclamée, le 7 décembre 2000. Il s'agit d'un texte dont l'élaboration résulte d'un processus visant à associer divers types de légitimité dans le cadre d'une enceinte inédite : la Convention.

L'extension constante des compétences de l'Union a rendu l'adoption d'un catalogue de droits fondamentaux d'autant plus nécessaire que l'éventualité d'une adhésion à la Convention européenne de sauvegarde des droits de l'homme (CESDH) avait été écartée à court et moyen terme notamment par la Cour[1].

La CDFUE témoigne d'une ambition réelle mais mesurée. La Convention avait, en effet, reçu principalement pour mandat d'accroître la visibilité et la prédictibilité de droits existants. Afin de dissiper toute équivoque, les rédacteurs de la CDFUE ont également veillé à déconnecter la question de la protection des droits fondamentaux de celle des compétences. En d'autres termes, elle n'a jamais été conçue comme le vecteur d'un transfert de compétences mais plutôt comme un instrument de sujétion de tous aux exigences d'une Union de droit (article 51 § 2). À cet égard, la Cour estime que les droits garantis par la Charte « devant, par conséquent, être respectés lorsqu'une réglementation nationale entre dans le champ d'application du droit de l'Union, il ne saurait exister de cas de figure qui relèvent ainsi du droit de l'Union sans que **lesdits** droits fondamentaux trouvent à s'appliquer. L'applicabilité du droit de l'Union implique celle des droits fondamentaux garantis par la Charte »[2].

Plus qu'une CESDH vivante mais datée sur plus d'un point, la CDFUE permet d'intégrer les évolutions résultant de la jurisprudence, d'assurer la protection plus généreuse de certains droits (par ex. le droit à un recours effectif) et d'accompagner l'émergence de nouveaux droits liés notamment au progrès technologique (protection des données, biomédecine). Elle couvre tous les droits de la personne, ordonnés autour de six points d'ancrage : dignité, libertés, égalité, solidarité, citoyenneté, justice.

La CDFUE n'implique aucun abaissement des niveaux de protection (art. 53). Elle dispose, en outre, que les droits énoncés ne sauraient être limités que par une loi, pour des motifs d'intérêt général et dans le respect des principes de proportionnalité et de nécessité (art. 52 § 1). Elle ajoute que lorsqu'elle contient des droits garantis par la CESDH ou tels qu'ils résultent de traditions constitutionnelles communes aux États membres, ils devront être interprétés dans un souci d'harmonie avec ces systèmes (art. 52 § 3 et 4). La Charte ne fait toutefois pas obstacle à ce que le droit de l'Union accorde une protection plus étendue.

Initialement privée de force obligatoire, la Charte a été au cœur d'une profonde divergence entre le Tribunal de première instance de l'UE[3] et la Cour qui a refusé, jusqu'en 2006, de s'y référer même à titre incident[4]. Alors qu'elle devait être intégrée au Traité établissant une Constitution pour l'Europe (TECE), l'échec de 2005 laissait entière la question de son statut. Avec beaucoup d'habileté politique et d'imagination juridique, les négociateurs du Traité de Lisbonne ont préservé l'essentiel tout en prévenant les risques de blocages. S'écartant d'une option qui aurait été perçue comme une concession aux « fédéralistes » et une fin de non recevoir opposée aux États membres souhaitant obtenir un *opting out*, ils ont doué la Charte de la « même valeur juridique que les traités » (article 6, § 1, TUE) tout en la laissant à l'extérieur de ceux-ci. La CDFUE jouit donc d'une autorité réelle mais entamée par la prise en compte des fortes réserves du Royaume-Uni et de la Pologne (protocole n° 30).

Opposés à un renforcement de l'autorité de la Charte, les gouvernements britannique, danois, letton, suédois et néerlandais ont de plus obtenu de leurs partenaires que le préambule de la Charte dispose qu'elle « sera interprétée par les juridictions de l'Union et des États membres en prenant dûment en considération les explications établies sous l'autorité du présidium de la Convention ». En érigeant ce « précieux outil d'interprétation » en norme principale de référence, les promoteurs de cette solution entendaient endiguer la force d'imagination des juges nationaux et européens. Le statut des « explications » a été intériorisé par la Cour qui n'hésite pas à considérer que les explications relatives à l'article 51 de la Charte « corrobore »[5] la définition du champ d'application des droits fondamentaux de l'Union[6].

1. CJCE, 28 mars 1996, avis 2/94.
2. CJUE, 26 février 2013, Aklagaren c. Hans Akerberg Fransson, C-617/10.
3. TPI, 3 mai 2002, *Jégo-Quéré et Cie SA c. Commission*, T-177/01.
4. CJCE, 27 juin 2006, *Parlement c. Conseil*, C-540/03.
5. verbe dont le sens n'est évidemment pas neutre dans la mesure où il doit être compris comme désignant l'action « d'ajouter à la force ».
6. CJUE, 22 décembre 2010, *DEB*, C-279/09, pts 32 et s.

Le droit complémentaire

Cette catégorie se compose d'accords inter-étatiques en forme simplifiée. Bien que se situant à la périphérie du droit de l'Union, leur finalité et leur objet les placent dans le champ des objectifs énoncés par les Traités. On parle à leur sujet de droit complémentaire.

Les conventions prévues par les traités

Certaines dispositions des Traités prévoient, pour leur application, l'adoption d'accords entre les États membres. Il en allait ainsi de l'article 293 CE, aujourd'hui abrogé, qui autorisait les États membres à conclure des conventions dans quatre domaines[44]. Plus récemment, c'est sur la base de l'article 136 TFUE, tel que révisé en 2011, que certains États membres ont conclu le Traité instituant le mécanisme européen de stabilité (TMES)[45] et le Traité sur la stabilité, la coordination et la gouvernance au sein de l'UE (TSCG)[46]. La signature de ces traités a notamment permis l'adoption du *Two Pack*[47]. Ces conventions sont dans une position particulière par rapport au droit de l'Union. Elles lui sont à la fois étroitement liées et par essence extérieures. Cela explique que la Cour ne peut en interpréter les dispositions qu'à la stricte condition d'y avoir été habilitée par une clause particulière[48] ou un protocole spécifique.

Les États membres peuvent conclure des conventions qui, sans être expressément prévues par les Traités, visent à rendre plus aisée l'exécution de ceux-ci (par ex. la convention de Rome du 19 juin 1980 sur la loi applicable aux obligations contractuelles ou encore l'accord de Luxembourg en matière de brevets communautaires du 15 décembre 1989). C'est dans ce cadre que les accords de Schengen ont été initialement négociés et conclus avant d'être intégrés à l'acquis juridique de l'Union. Dit autrement, le droit complémentaire préfigure souvent les évolutions souhaitables ou attendues du droit de l'Union.

Décisions et accords des représentants des gouvernements des États membres au sein du Conseil

Parfois envisagées par les dispositions des Traités, de telles décisions peuvent être adoptées afin de procéder, par exemple, à la nomination des membres de certaines institutions ou organes. Il arrive toutefois qu'elles interviennent sur des objets divers et en dehors des prescriptions des Traités. Fréquemment adoptés au terme d'un processus impliquant les institutions, ces actes restent d'essence intergouvernementale. Au surplus, leur entrée en vigueur est éventuellement subordonnée à l'accomplissement des procédures constitutionnelles nationales.

Un système encore insuffisamment hiérarchisé

L'ordre juridique de l'Union est doué d'une verticalité effective procédant de l'articulation entre les normes primaires et dérivées le composant. Néanmoins, la hiérarchie des normes est incertaine faute pour ses éléments constitutifs d'apparaître clairement à la lecture des Traités. S'agissant plus spécialement du droit dérivé, la hiérarchie est fragmentée. La CJUE ou le Tribunal de l'UE établissent ainsi, en vertu de préoccupations fonctionnelles, une priorité au profit des actes de base sur les actes d'exécution[49]. De même, considèrent-ils qu'il ne saurait être admis qu'une décision individuelle puisse restreindre ou limiter les effets d'un acte normatif, à moins que l'auteur de la première n'y soit expressément autorisé par les stipulations de la seconde[50]. La hiérarchisation qui résulte de l'intervention du juge est séquentielle et évolutive dans la mesure où elle est, avant tout, le fruit de décisions ponctuelles beaucoup plus que la traduction d'une théorie générale.

Tout en continuant à différencier les actes obligatoires de ceux qui ne le sont pas, le Traité de Lisbonne introduit enfin une distinction explicite entre les actes législatifs, les actes délégués et les actes d'exécution. Ce faisant, il contribue à préciser les contours d'une hiérarchie des normes désormais plus proche du modèle classique.

La définition prétorienne des principes cardinaux du droit de l'Union

L'ordre juridique de l'Union repose sur quelques principes cardinaux. Sans que la terminologie ne soit unanimement fixée en doctrine, on distinguera : l'immédiateté, l'applicabilité directe, la primauté.

L'immédiateté

La Cour a posé que l'intégration du droit de l'Union dans l'ordre juridique interne devait s'opérer sans que l'intercession du droit étatique ne soit ni utile ni souhaitable[51]. Postulant dans ses rapports avec les ordres internes, un monisme rigoureux, le droit de l'Union récuse donc l'idée d'une « réception », du moins au sens que prêtent à cette notion les théories dualistes.

L'applicabilité directe ou l'effet direct

Définition et fondement

L'effet direct se définit, selon nous, comme l'aptitude d'une norme à créer par elle-même des droits ou des obligations au bénéfice ou à la charge de personnes privées. Celles-ci jouissent de la faculté d'invoquer, toujours sous conditions, de telles dispositions afin d'en obtenir, à l'occasion d'un litige, l'application directe et effective. Dans son célèbre arrêt *Van Gend en Loos*[52], la Cour a considéré qu'en se fixant pour objectif l'institution d'un Marché commun, dont « le fonctionnement concerne directement les justiciables », les États membres ont admis que le Traité de Rome constitue « plus qu'un accord qui ne créerait que des obligations mutuelles entre les États contractants » ; jugeant, ensuite, que « la Communauté constitue un nouvel ordre juridique de droit international, au profit duquel les États ont limité, bien que dans des domaines restreints, leurs droits souverains, et dont les sujets sont non seulement les États membres, mais également leurs ressortissants » et que « partant, le droit communautaire, indépendant de la législation des États membres, de même qu'il crée des charges dans le chef des particuliers, est aussi destiné à engendrer des droits qui entrent dans leur patrimoine juridique ». L'implication des ressortissants dans la construction européenne est, en outre, soulignée par le préambule qui « vise les peuples et, de façon plus concrète, par la création d'organes qui institutionnalisent les droits souverains dont l'exercice affecte aussi bien les États membres que leurs citoyens ». L'aménagement de la structure institutionnelle contribue à l'association des citoyens au fonctionnement de la Communauté. Aussi, la réalisation du projet communautaire implique-t-elle nécessairement « l'application immédiate, simultanée, intégrale et effective du droit communautaire dans l'ensemble de l'Union »[53].

Les critères de l'effet direct

La Cour a défini les critères de l'effet direct d'une norme en s'affranchissant des limites apparentes des textes et de l'argumentation restrictive de certains États membres. La disposition doit apparaître comme étant, du point de vue de son contenu, inconditionnelle, suffisamment précise[54] et claire[55]. Juridiquement parfaite elle déploiera ses effets en l'absence de mesures complémentaires communautaires ou nationales.

Une portée variable de l'effet direct

L'effet direct est plénier quand les droits et obligations générés sont invocables tant dans les rapports entre particuliers et les pouvoirs publics ou leurs émanations (effet vertical) qu'entre les particuliers eux-mêmes (effet horizontal). Tel est le cas de certaines dispositions des traités (art. 45 ou 49 TFUE...), mais aussi des règlements et des décisions adressées à des particuliers. Dans d'autres hypothèses, les normes de l'Union peuvent n'avoir qu'un effet direct partiel, n'étant invocables que dans des rapports juridiques verticaux.

La primauté du droit de l'Union

Fondements du principe

Sans être étrangère aux intentions de leurs concepteurs, la primauté du droit de l'Union n'a jamais été consacrée explicitement par les traités. C'est en s'appuyant sur trois raisons principales que la Cour l'a dégagée. Elle estime, tout d'abord, que l'immédiateté et l'applicabilité directe demeureraient des vœux pieux si un État pouvait s'y soustraire à sa guise. Rappelant que l'attribution de compétences à l'Union s'est soldée par une limitation subséquente des pouvoirs étatiques, la Cour juge, au nom de la cohérence, que les États membres ne peuvent revenir sur leur engagement initial. Enfin, l'unité et l'uniformité de l'application du droit de l'Union ne sauraient s'accommoder de pratiques nationales déviantes. La Cour conclut solennellement que, issu d'une norme autonome, le droit né des traités ne peut donc, en raison de sa nature originale, se voir judiciairement opposer un texte interne.

Les relations entre l'ordre juridique de l'Union et les systèmes juridiques internes restent souvent tumultueuses. En effet, le principe de primauté demeure, dans une certaine mesure, sujet à caution dans les États membres. Sans en exagérer les conséquences concrètes, un profond malentendu oppose parfois juges nationaux et européens sur le fondement du principe. Le filtre constitutionnel subsiste[56] et la spécificité du droit de l'Union par rapport au droit international reste, sous cet angle, exceptionnellement tenue pour pertinente par les juridictions suprêmes nationales.

En dépit d'une tentative avortée, d'inscrire la primauté dans les dispositions du TECE, ce principe reste bien absent de celles du Traité de Lisbonne. Une déclaration n° 17 jointe à celui-ci rappelle que selon « une jurisprudence constante (...) les Traités et le droit adopté par l'Union (...) priment le droit des États membres, dans les conditions définies par ladite jurisprudence ». Par sa tonalité émolliente, ce texte accrédite l'idée que les États membres peuvent, sans risque, rester fidèles à leur conception volontiers péjorative de l'autorité du droit de l'Union.

Portée du principe de primauté

La Cour juge que la primauté est logiquement indivisible, inconditionnelle et absolue. Elle vaut, par conséquent, à l'égard du droit national dans son ensemble. Cette option radicale a rapidement posé la délicate question des rapports hiérarchiques entre le droit de l'Union et les normes constitutionnelles. Or, on sait que le conflit entre la CJUE et la Cour constitutionnelle fédérale allemande (notamment) s'est cristallisé autour de la protection des droits fondamentaux. Pour les juges allemands, la construction de l'ordre juridique communautaire ne pouvait se faire sur les dépouilles d'un État de droit patiemment (re) construit. La rudesse des termes utilisés par la Cour a créé les conditions propices à un affrontement[57]. Il est également vrai que si la Cour a constamment réaffirmé sa position initiale[58], elle est parvenue depuis à apaiser les craintes des juges nationaux par le développement des principes de l'Union de droit[59]. Dans sa jurisprudence la plus récente, la Cour prend conscience du fait qu'il ne lui est pas possible de s'affranchir des prescriptions de l'article 4, parag. 2, UE[60]. Le respect de l'identité nationale des États devient un principe d'interprétation du droit de l'Union. Sans être totalement écartés, les risques de collisions normatives s'amenuisent. Ce qui n'est guère surprenant s'agissant de juges conscients d'œuvrer à l'émergence d'une communauté de valeurs partagées.

Conséquences

Au fil du temps, le contentieux a moins porté sur les fondements de la primauté que sur les conséquences qu'il appartient aux tribunaux internes d'en tirer.

En cas d'antinomie entre le droit de l'Union et le droit interne les autorités nationales sont tenues d'interpréter le second conformément au premier. Cet effort permet de « désamorcer » et par là même de régler, par évitement, un conflit de normes naissant[61]. À défaut, la primauté commande l'exclusion de toute règle interne enfreignant la légalité communautaire. C'est ainsi que la Cour considère que le juge national a « l'obligation d'assurer le plein effet de ces normes en laissant au besoin inappliquée, de sa propre autorité, toute disposition contraire de la législation nationale, même postérieure, sans qu'il ait à demander ou à attendre l'élimination préalable de celle-ci par voie législative ou par tout autre procédé constitutionnel »[62]. Ce faisant, primauté et applicabilité directe interagissent pour renforcer leur efficacité respective.

Investies du « devoir d'assurer concrètement la protection des droits issus du droit communautaire » les juridictions nationales « exercent leur fonction dans un contexte procédural défini par [un] droit national » qui ne leur fournit pas toujours les moyens contentieux nécessaires au plein effet du droit communautaire[63]. Pour atténuer les effets indésirables inhérents au principe d'autonomie, la Cour s'est d'abord efforcée de définir les caractères mêmes de la protection due aux particuliers. Ceux-ci ont le droit d'obtenir du juge national une protection directe, immédiate[64], effective[65] et efficace[66]. À cet effet, l'existence de voies de recours doit permettre aux demandeurs de revendiquer efficacement la sauvegarde de la plénitude des droits qu'ils tiennent de l'ordre juridique de l'Union[67].

La Cour s'est engagée, spécialement en matière de mesures provisoires, sur une voie plus hardie en attribuant directement aux juridictions internes des prérogatives détenues et exercées conformément au seul droit de l'Union[68]. Par ailleurs, soucieuse d'obliger les États membres à réparer les conséquences dommageables des violations du droit de l'Union qui leur sont imputables, elle a élaboré un régime de la « réparation adéquate »[69]. Sur cette base, elle a formulé un droit à la répétition de l'indu[70] et posé le principe de la responsabilité de l'État pour les préjudices causés aux particuliers. Cette solution procède de l'idée selon laquelle « la pleine efficacité des normes communautaires serait mise en cause et la protection des droits qu'elles reconnaissent serait affaiblie si les particuliers n'avaient pas la possibilité d'obtenir réparation lorsque leurs droits sont lésés par une violation du droit communautaire imputable à un État membre »[71].

Le système juridictionnel communautaire

Un ensemble de mécanismes institutionnels et matériels concourent à la mise en œuvre et au respect du droit de l'Union.

Les organes juridictionnels

Contrairement aux juridictions internationales classiques, la CJUE exerce une juridiction obligatoire et une compétence exclusive. Chargée d'assurer « le respect du droit dans l'interprétation et l'application des Traités » (art. 19 TUE), elle rend des décisions obligatoires et exécutoires sur le territoire des États membres. Son prétoire est ouvert aux États, aux institutions et, bien que plus restrictivement, aux personnes privées (physiques et morales). Le Traité de Lisbonne a partiellement étendu les compétences de la Cour au champ de la PESC. Elle peut désormais contrôler le respect de l'article 40 UE et se prononcer sur la légalité des décisions instaurant des mesures restrictives (sur la base du titre V, chapitre 2) à l'encontre de personnes physiques ou morales (art. 275 TFUE)[72].

Le principe d'unité ne fait pas obstacle à l'adaptation de l'architecture juridictionnelle. Il n'est donc pas exclu qu'en fonction des besoins, des juridictions spécialisées ou décentralisées puissent être mises en place sous réserve d'être subordonnées à la CJUE.

C'est dans cet esprit que fut institué, en 1988, le Tribunal de première instance de l'UE (TPI devenu Tribunal de l'UE). Il dispose d'une compétence de principe pour connaître, en première instance, des recours en annulation (art. 263 TFUE), en carence (art. 265 TFUE), en réparation (art. 268 et 340 TFUE) et des recours formés sur la base d'une clause compromissoire établie par contrat (art. 272 TFUE). Il est saisi non seulement des recours formés par des personnes privées mais aussi des recours introduits par les États membres contre la Commission ou le Conseil concernant, dans ce cas, les actes pris dans le domaine des aides d'État, les mesures de défense commerciale et les actes par lesquels il exerce des compétences d'exécution. Il est également compétent pour examiner les recours en matière de marque communautaire. Le Tribunal pourra connaître des recours formés contre les décisions des chambres juridictionnelles créées en application de l'article 257 TFUE. Au-delà de ces préoccupations fonctionnelles, la réforme vise à offrir aux citoyens des garanties répondant aux principes de toute société démocratique. C'est pour cette raison que les arrêts du Tribunal sont exposés, dans le cadre d'un mécanisme de pourvoi limité aux questions de droit, à la censure éventuelle de la CJUE.

Compte tenu de l'accroissement de contentieux spéciaux nécessitant un traitement particulier en raison de leur volume, de leur technicité ou de leur rapport indirect avec le droit de l'Union, le Traité de Nice a jeté les bases d'une nouvelle adaptation de la juridiction communautaire par adjonction de chambres juridictionnelles spécialisées (art. 257 TFUE). C'est sur ce fondement que le Tribunal de la fonction publique de l'Union européenne a été institué en 2004[73]. Il rend des décisions susceptibles de faire l'objet d'un pourvoi devant le Tribunal ou d'un réexamen devant la Cour.

Les voies de droit

Nous examinerons succinctement les principaux procédés de saisine conduisant le juge à se prononcer sur les questions soumises à son examen.

Recours en constatation de manquement d'État

Il est défini comme « l'*ultima ratio* permettant de faire prévaloir les intérêts communautaires consacrés par les Traités contre l'inertie et contre la résistance des États membres »[74]. La saisine de la Cour clôt une chaîne procédurale débutant nécessairement par une phase administrative préalable à tout développement contentieux. À ce stade, l'Étatmembre est mis en demeure par la Commission de présenter des observations dans un certain délai. Le cas échéant, la Commission émet un avis motivé par lequel elle note la persistance de l'infraction supposée et place l'Étaten mesure d'y mettre fin.

Les arrêts en manquement sont revêtus d'une « autorité de chose interprétée ». Rien de plus logique, la Cour devant pour caractériser le manquement préciser le sens et la portée des normes enfreintes. Le juge national est cependant tenu non seulement par l'interprétation du droit de l'Union établie dans les motifs mais encore par la qualification du droit national et, finalement, par la déclaration d'incompatibilité figurant dans le dispositif de l'arrêt. L'établissement judiciaire d'un manquement implique donc que le texte national (ou la pratique) déclaré(e) contraire au droit de l'Union soit jugé illégal(e) en droit interne. Les conséquences de l'infraction doivent être rétroactivement effacées et les organes de l'Étattenu de « paralyser immédiatement les conséquences juridiques potentielles de la norme nationale incompatible avec le droit communautaire » [75].

Réagissant à la propension des États à négliger l'exécution des arrêts (on parle de « manquement sur manquement »), le Traité permet à la Cour d'infliger, sur indication de la Commission dispensée ici de l'émission d'un nouvel avis motivé, à l'Étatrécalcitrant le paiement d'une somme forfaitaire ou d'une astreinte (article 260 § 2 TFUE). La Cour considère que « l'application de l'une ou de l'autre de ces deux mesures dépend de l'aptitude de chacune à remplir l'objectif poursuivi en fonction des circonstances de l'espèce. Si l'imposition d'une astreinte semble particulièrement adaptée pour inciter un État membre à mettre fin, dans les plus brefs délais, à un manquement qui, en l'absence d'une telle mesure, aurait tendance à persister, l'imposition d'une somme forfaitaire repose davantage sur l'appréciation des conséquences du défaut d'exécution des obligations de l'État membre concerné sur les intérêts privés et publics, notamment lorsque le manquement a persisté pendant une longue période depuis l'arrêt qui l'a initialement constaté »[76]. Elle décide tant de la mesure la plus appropriée pour amener l'Étatà résipiscence que de l'intensité de la contrainte exercée sur celui-ci[77]. En cas de non-communication par un Étatdes mesures de transposition d'une directive législative, la Cour constatant le manquement pourra infliger à l'Étatconcerné le paiement d'une somme forfaitaire ou d'une astreinte dans la limite du montant indiqué par la Commission (art. 260 § 3 TFUE).

La Commission a choisi de promouvoir une coopération en amont avec les autorités nationales. C'est ainsi qu'elle a mis en place, en 2008, *EU Pilot*, dispositif informel permettant à l'État d'éclairer la Commission ou de mettre fin au manquement sans qu'il soit nécessaire d'engager une procédure formelle. Près de 80 % des dossiers sont désormais soldés à ce stade[78].

Recours en annulation

Les actes législatifs, les actes décisoires du Conseil, de la Commission et de la BCE, les actes du Parlement européen et du Conseil européen destinés à produire des effets juridiques à l'égard des tiers ainsi que les actes adoptés par des organes ou organismes de l'Union sont attaquables (dans un délai de deux mois) pour incompétence, violation des formes substantielles, violation des Traités ou de toute règle de droit relative à leur application, ou détournement de pouvoir. Exerçant un contrôle dont l'intensité est variable, la Cour ou le Tribunal rend, le cas échéant, un arrêt d'annulation de portée rétroactive et revêtu de l'autorité absolue de la chose jugée. Ce recours peut être formé par deux catégories de requérants.

Requérants institutionnels

Ils n'ont pas à démontrer d'intérêt particulier à agir. Jusqu'à une période récente, le Parlement, la Cour des comptes et la BCE se trouvaient dans une situation intermédiaire ne pouvant agir que dans le cadre de recours tendant à la sauvegarde de leurs prérogatives. Les Traités de Maastricht et d'Amsterdam ont entériné une évolution jurisprudentielle qui avait conduit la Cour à admettre successivement la légitimation passive[79] puis active[80] du Parlement. Le Traité de Nice a permis à celui-ci d'être (enfin) placé sur un pied d'égalité avec le Conseil, la Commission et les États membres alors que le statut contentieux de la Cour des comptes et de la BCE reste inchangé (tandis que le Comité des régions se voit reconnaître par le Traité de Lisbonne cette qualité).

Requérants individuels

La recevabilité des recours est subordonnée à la double nécessité que les demandeurs soient directement et individuellement concernés par l'acte attaqué (à moins d'en être destinataires). Ces conditions sont interprétées restrictivement par la Cour qui estime que les requérants ordinaires ne sont individuellement concernés, et donc recevables à introduire un recours contre un acte de portée générale, que lorsqu'ils sont atteints « en raison de certaines qualités, qui leurs sont particulières ou d'une situation de fait qui les caractérise par rapport à toutes autres personnes et les individualise d'une manière analogue à celles d'un destinataire »[81]. Le fait d'appartenir à un cercle clos de personnes auxquelles l'acte en cause est applicable n'est pas suffisant pour attester de l'existence d'un intérêt individuel. Il faut, en outre, que les plaideurs démontrent qu'ils se distinguent, au sein de cette catégorie par des circonstances en rapport avec l'objet de l'acte.

Dans son arrêt Jego-Quéré[82], le TPI a tenté d'assouplir cette conception en considérant qu'« aucun argument impérieux ne permet de soutenir que la notion de personne individuellement concernée (...) comporte l'obligation pour un particulier désireux de contester une mesure de portée générale d'être individualisé d'une manière analogue à celle dont le serait un destinataire ». La Cour a désavoué le Tribunal en choisissant de s'en remettre à l'intervention du pouvoir « constituant »[83]. Sans doute a-t-elle été partiellement entendue car le Traité de Lisbonne prévoit que les particuliers peuvent, sans avoir à établir d'intérêt individuel, former un recours contre un acte règlementaire (c'est-à-dire un acte de portée générale dépourvu de caractère législatif) les concernant directement et ne comportant pas de mesures d'exécution (art. 263 TFUE). L'évolution s'avère en pratique très modeste[84].

Recours en carence

Il permet de censurer les institutions lorsqu'elles s'abstiennent illégalement de statuer (art. 265 TFUE). Il est indispensable que l'institution poursuivie ait été mise en demeure d'agir. Si elle garde le silence au terme d'une période de deux mois, la Cour peut être saisie dans un nouveau délai de deux mois. Il faut là aussi distinguer requérants privilégiés et ordinaires. Les premiers agissent sans condition d'intérêt contre la carence à édicter un acte, quel qu'il soit, dès lors qu'une obligation en commandait l'adoption. Le recours n'est ouvert aux seconds que dans la mesure où il est fait grief à une institution d'avoir manqué de « leur adresser » un acte décisoire. Comme dans le cadre du recours en annulation, les demandeurs peuvent réagir judiciairement contre l'omission d'adopter des actes dont ils seraient nommément le destinataire mais aussi, et plus largement, qui les concerneraient directement et individuellement.

Recours en responsabilité extra-contractuelle

L'Union « [...] doit réparer, conformément aux principes généraux communs aux États membres, les dommages causés par ses institutions ou par ses agents dans l'exercice de leurs fonctions » (art. 340 al. 2 TFUE). Cette formule elliptique suggère la fondation d'un régime commun à partir d'une méthode comparative. En pratique, la Cour s'est fréquemment inspirée des traditions nationales les plus restrictives.

Dans la ligne du droit allemand, la Cour conditionnait l'engagement de la responsabilité de l'Union du fait d'actes normatifs à « la violation suffisamment caractérisée d'une règle supérieure de droit protégeant les particuliers »[85]. La jurisprudence récente s'écarte de la précédente sur deux points :

– D'une part, elle ne mentionne plus la violation d'une règle « supérieure » de droit, y compris lorsque l'acte dommageable est d'essence normative.

– D'autre part, la notion de « violation suffisamment caractérisée » est désormais définie par référence à la seule marge d'appréciation dont jouit l'autorité (communautaire ou nationale) émettrice. La portée générale ou individuelle d'un acte n'est donc pas un critère déterminant pour identifier les limites du pouvoir d'appréciation dont dispose l'institution en cause[86].

Prenant à contre-pied la position défendue par le TPI[87], la Cour a refusé de consacrer un régime de responsabilité de sans faute. La Cour a préféré constater « que, si l'examen comparatif des ordres juridiques des États membres a permis à la Cour de procéder très tôt au constat [...] en ce qui concerne une convergence de ces ordres juridiques dans la consécration d'un principe de responsabilité en présence d'une action ou d'une omission illégale de l'autorité, y compris d'ordre normatif, il n'en va nullement de même en ce qui concerne l'existence éventuelle d'un principe de responsabilité en présence d'un acte ou d'une omission licites de l'autorité publique, en particulier lorsque ceux-ci sont d'ordre normatif »[88]. La CJUE livre ainsi une lecture dévoyée de la fonction assignée aux principes communs au droit des États membres. Faute d'être parvenue à repérer au sein des systèmes nationaux des éléments se recouvrant exactement, elle renonce à établir un régime de responsabilité objective.

Les mécanismes de coopération juridictionnelle

La Cour[89] peut être saisie à titre préjudiciel par des tribunaux internes qui ont à appliquer dans un litige pendant devant eux, une norme dont la validité est douteuse ou le sens obscur. Le renvoi préjudiciel occupe, dans le système des voies de droit, une place à part. Associé aux principes de primauté et d'effet direct, il assure au droit de l'Union, en toutes circonstances, la même autorité[90]. Garantissant la cohérence dans l'interprétation et dans l'appréciation de la validité des normes de l'Union, l'article 267 TFUE constitue le levier principal d'une politique jurisprudentielle aux vertus intégratrices évidentes. La Cour l'a toujours conçu comme un excellent vecteur de diffusion de ses conceptions.

Les dispositions du droit primaire peuvent faire l'objet d'un renvoi préjudiciel en interprétation. À ce titre, la Cour peut statuer sur une demande concernant les Traités constitutifs, les protocoles et annexes, les Traités complémentaires ou les actes d'adhésion. Par ailleurs, les actes (sans considération pour leur effet direct ou leur caractère obligatoire) adoptés par les institutions, organes et organismes de l'Union voire ses propres arrêts sont susceptibles d'être soumis à la Cour. Elle interprète également les dispositions des engagements externes liant l'Union. Enfin, elle accepte, au terme d'un raisonnement très audacieux, de répondre à des questions préjudicielles en interprétation relatives à des textes nationaux s'inspirant partiellement ou intégralement des prescriptions du droit de l'Union[91].

Saisie d'une question en interprétation, la Cour précise le champ d'application de la norme examinée et en définit les effets et l'autorité. Elle se prononce objectivement et abstraitement sur les questions qui lui sont posées sans interférer sur les compétences du juge du fond. Cependant, sa démarche est guidée par le souci de fournir à celui-ci une réponse lui permettant de trouver une solution au principal. Aussi, n'hésite-t-elle pas à reformuler les questions qui lui sont adressées[92] ou à prendre en considération des normes et des règles qui n'ont pas été mentionnées dans l'ordonnance de renvoi.

Par ailleurs, la Cour envisage le renvoi préjudiciel en appréciation de validité à la fois comme un instrument de sauvegarde de la légalité et un facteur de protection des particuliers qui, par ce biais, peuvent contester la légalité d'un acte normalement inaccessible à un recours direct[93]. Pour autant, elle ne peut tirer elle-même les conséquences d'une éventuelle invalidité. Néanmoins, ses décisions obligent logiquement le juge de renvoi, ainsi que ceux qui auront à connaître du différend par le jeu des voies de recours[94] et plus largement les tribunaux qui connaîtraient des litiges impliquant les normes considérées. Les juridictions internes conservent la faculté d'interroger à nouveau la Cour afin d'obtenir des éclaircissements ou, le cas échéant, un infléchissement de sa jurisprudence.

Le renvoi n'est en principe obligatoire que pour les juridictions statuant en dernier ressort. L'obligation s'efface si la disposition en cause « a déjà fait l'objet d'une interprétation (...) ou que l'application du droit communautaire s'impose avec une telle évidence qu'elle ne laisse la place à aucun doute raisonnable » compte tenu des caractéristiques propres du droit de l'Union et de la diversité des versions linguistiques[95]. En revanche, la Cour estime que les juridictions de rang inférieur ne peuvent, en aucun cas, déclarer, de leur propre chef, invalide un acte communautaire et qu'obligation leur est faite de renvoyer[96].

L'efficacité du renvoi préjudiciel dépend de la conviction que les bénéfices d'un dialogue réciproquement fructueux contrebalancent les inconvénients d'un mécanisme affectant temporairement les prérogatives du juge de renvoi. Le fait que les juridictions constitutionnelles elles-mêmes n'hésitent plus à saisir la CJUE témoigne du succès d'une procédure qui n'est plus seulement un mécanisme assurant l'uniformité dans l'interprétation et l'application du droit de l'Union mais qui est devenue une pièce maîtresse du dispositif européen de sauvegarde des droits fondamentaux. La Cour européenne des droits de l'homme (CEDH) ne dit pas autre chose à l'instant d'opérer son contrôle sur le droit interne[97].

En cohérence avec la fusion des piliers, le Traité de Lisbonne a supprimé les régimes dérogatoires organisés par les articles 68 CE et 35 TUE. Seule la PESC reste résolument hors du champ de la compétence de la Cour. Toutefois, si une question préjudicielle est soulevée dans une affaire pendante devant une juridiction concernant une personne détenue, la Cour devra statuer dans les plus brefs délais (art. 267 al. 3 TFUE).

La fonction consultative de la Cour

La Cour exerce également, à titre obligatoire ou facultatif et dans des circonstances multiples, une fonction consultative. Cette compétence vise le plus souvent à prévenir d'éventuelles difficultés. L'article 218 TFUE lui permet ainsi de vérifier, avant sa conclusion, la compatibilité d'un accord externe avec les dispositions du Traité[98].

En vertu de cette disposition, le Parlement, le Conseil, la Commission ou un État membre peuvent saisir la Cour afin qu'elle vérifie, avant sa conclusion, la compatibilité d'un « accord envisagé »

avec les dispositions des traités. L'accord qui a fait l'objet d'un avis négatif de la Cour ne peut entrer en vigueur qu'après modification de celui-ci ou révision des traités.

• • • L'Union européenne est bien le symbole d'une expérience inédite et à plus d'un titre aboutie. Elle atteste de la capacité de ses promoteurs à articuler avec (un certain) succès sophistication juridique et ambition du projet politique. Au-delà, il s'agit d'une entreprise qui se conçoit elle-même comme universelle et dont l'identité s'articule autour de valeurs au centre desquelles figure le droit. Pourtant, l'Union européenne est aujourd'hui dans la tourmente au point que son avenir ne semble plus assuré. C'est paradoxalement à un moment où l'intégration juridique ne cristallise plus (ou plus rarement) les conflits, les relations entre ordres juridiques étant entrées dans une ère apaisée, que la légitimité de la construction est mise en cause avec le plus de véhémence. Sans doute, est-ce le signe qu'un ordre juridique aussi élaboré soit-il ne saurait susciter à lui seul l'adhésion de citoyens désorientés. L'émergence d'un ensemble supranational structuré et plongeant ses racines politiques dans un terreau démocratique n'a manifestement pas été perçue comme un moyen de contrecarrer sérieusement les conséquences d'une mondialisation anxiogène. L'Union peine à constituer, aux yeux du plus grand nombre, un échelon de substitution pertinent à des États-nations démonétisés.

Rostane Mehdi

Notes

1. Le Traité de Paris du 18 avril 1951 instituant la Ceca, entré en vigueur le 23 juillet 1952, les deux Traités de Rome du 25 mars 1957 instituant la CEE (devenue Communauté européenne en 1992) et la CEEA (autrement désignée par l'acronyme Euratom).

2. Pour un tour d'horizon très complet, F. Picod, « Le Traité de Lisbonne », *Jurisclasseur Europe Traités*, sept. 2012, Fasc. 10. Voir également F.-X. Priollaud et D. Siritsky, *Le traité de Lisbonne. Texte et commentaire article par article des nouveaux traités européens (TUE-TFUE)*, La Documentation française, 3è édition, 2013.

3. F. Picod, *op. cit.*.

4. Liées notamment aux compétences de l'Union, au fonctionnement des institutions, dispositions transitoires.

5. Par exemple, les services d'intérêt général, le marché intérieur et la concurrence.

6. Sur ce point, v. par ex. le protocole n° 12 relatif au contrôle des déficits excessifs nécessaires à l'instauration de l'euro ; le protocole n° 13 définissant et précisant les critères de convergence ; ou encore le protocole n° 14 sur l'Eurogroupe.

7. Par ex., les protocoles n° 32 ou 35.

8. J.-P. Jacqué, *Droit institutionnel de l'Union européenne,* Dalloz, 2012, p. 521.

9. par ex. champ des discriminations prohibées ; clauses horizontales imposant l'intégration à toute politique ou action de l'Union, de préoccupations transversales liées à la protection de l'environnement (art. 11), des consommateurs (art. 12) voire du bien-être animal (art. 13) ; principe de coopération loyale (art. 4, § 3, TUE) ; de l'affirmation des principes de subsidiarité et de proportionnalité (article 5, § 3 et 4, TUE) ; du respect due à l'identité nationale des États membres (article 4, § 2, TUE) ; de la proclamation de l'attachement de l'Union aux principes démocratiques (démocratie représentative [art. 10 TFUE], démocratie participative [art. 11 TFUE], rôle des parlements nationaux [art. 12 TFUE]) ou encore de l'identification des catégories et domaines de compétences de l'Union (art. 2 et s. TFUE).

10. Sur l'ensemble de cette question, J. Ziller, « Champ d'application de l'Union – Application territoriale », *Jurisclasseur Europe*, Fasc. 470, 2013.

11. Seuls, sept États membres bénéficient aujourd'hui de régimes particuliers pour certaines parties de leur territoire ou certains territoires placés sous leur souveraineté (Chypre, Danemark, Espagne, France, Pays-Bas, Portugal, Royaume-Uni).

12. K. Lenaerts, *Le juge et la Constitution aux États-Unis d'Amérique et dans l'ordre juridique communautaire*, Bruxelles, Bruylant, 1988, p. 253.

13. CJCE, 23 avril 1986, *Parti écologiste « Les Verts »*, 294/83.

14. par ex. CJCE, Avis, 14 décembre 1991, 1/91.

15. CJCE, 3 septembre 2008, *Kadi c. Conseil et Commission*, C-402/05 P.

16. CJUE, Avis 1/09 du 8 mars 2011, *Juridiction du Brevet européen et du brevet communautaire*.

17. G. Isaac et M. Blanquet, *Droit général de l'Union européenne*, Sirey, p. 300.

18. CJCE, 11 décembre 1973, *Gebr. Lorenz GmbH c. Allemagne et Land de Rhénanie-Palatinat,* Aff. 120/73.

19. CJCE, 20 février 1979, *SA Buitoni c. Fonds d'orientation et de régularisation des marchés agricoles,* Aff. 122/78.

20. CJCE, 14 mai 1975, *Comptoir national technique agricole (CNTA) SA c. Commission,* Aff. 74/74.

21. CJCE, 16 juin 1993, *France c./ Commission*, C-325/91, *Rec.* p. I-2283.

22. CJCE, 8 avril 1976, *Royer*, 48/75.

23. CJCE, 23 novembre 1977, *ENKA*, 38/77.

24. CJCE, 2 décembre 1980, *Commission c. Belgique*, 102/79.

25. J. Boulouis, R. M. Chevallier, *Grands arrêts de la Cour de justice des Communautés européennes*, Paris, Sirey, 1994, 6e éd., p. 39.

26. Sans lier ni contraindre, la recommandation, visée par exemple à l'article 117 § 1 TFUE peut déboucher sur d'importantes conséquences juridiques et politiques.

27. par ex. Décis. n° 2010/138/UE, Euratom, de la Commission du 24 février 2010 modifiant son règlement intérieur, *JOUE* n° L 055, 5 mars 2010.

28. TPI, 30 avril 1998, Cityflyer Express c/ Commission, T-16/96.

29. CJCE, 24 novembre 1992, *Poulsen et Diva navigation*, C-286/90, *Rec.*, p. I-6019, pt. 19.

30. CJUE, 21 décembre 2011, *Air transport association of America e. a,* C-366/10.

31. Sur l'ensemble de cette question, E. Neframi, « Accords internationaux – Statut des accords internationaux dans l'ordre juridique de l'UE », *Juris-Classeur Europe Traité*, Fasc. 192-2, 2011.

32. CJCE, 20 septembre 1990, Sevince, Aff. C-192/89.

33. CJCE, 15 décembre 1971, *International fruit company*, aff. Jointes 51/71 à 54/71, *Rec.* p. 1107.

34. CJCE, 12 décembre 1972, International fruit company, Aff. jtes 21 à 24 /72.

35. R. Lecourt., « Quel eût été le droit des Communautés sans les arrêts de 1963 et 1964 ? », *L'Europe et le droit, Mélanges en hommage à Jean Boulouis*, Paris, Dalloz, 1991, p. 349.

36. R. Kovar, « La contribution de la Cour de Justice à l'édification de l'ordre juridique communautaire », *Rec. De l'Académie de droit européen*, 1993, vol. IV, t. 1, p. 24.

37. J. Boulouis, « À propos de la fonction normative de la jurisprudence. Remarques sur l'œuvre jurisprudentielle de la Cour de justice des Communautés européennes », *Mélanges M. Waline, Le juge et le droit public*, LGDJ, 1974, p. 149.

38. C. Blumann & L. Dubouis, *Droit institutionnel de l'Union européenne,* Lexisnexis, 2012, p. 611.

39. CJCE, 16 juin 1998, Racke, C-162/96.

40. TPI, 22 janvier 1997, Opel Austria c. Conseil, T-115/94.

41. CJCE, 14 février 1984, *Commission c. RFA*, 325/82.

42. par ex. art. 340 al. 2 TFUE.

43. CJCE, 18 juin 1991, *ERT*, C-260/89.

44. La protection des personnes, l'élimination de la double imposition, la reconnaissance mutuelle des sociétés, la reconnaissance et l'exécution réciproques des décisions judiciaires (par ex. conventions du 27 septembre 1968 concernant la compétence judiciaire en matière civile et commerciale (Bruxelles I) et du 28 mai 1998 relative à la matière matrimoniale (Bruxelles II), toutes deux remplacées, en 2000, par des règlements).

45. Ce traité a été conclu par les dix-huit États membres de la zone euro.

46. Ce traité a été conclu par vingt-cinq États membres de l'Union à l'exception du Royaume-Uni et de la République tchèque. La Croatie n'y est pas encore partie.

47. Voir le règlement (UE) n° 472/2013 du Parlement européen et du Conseil du 21 mai 2013 relatif au renforcement de la surveillance économique et budgétaire des États membres de la zone euro connaissant ou risquant de connaître de sérieuses difficultés du point de vue de leur stabilité financière, *JOUE* L 140 du 27 mai 2013, p. 1-10 et le règlement (UE) n° 473/2013 du Parlement européen et du Conseil du 21 mai 2013 établissant des dispositions communes pour le suivi et l'évaluation des projets de plans budgétaires et pour la correction des déficits excessifs dans les États membres de la zone euro, *JOUE* L 140 du 27 mai 2013, pp. 11-23.

48. par ex. article 37, TMES ; article 8 TSCG.

49. CJCE, 17 décembre 1970, *Köster*, 25/70.

50. TPI, 8 juin 1995, *Schöller Lebensmittel*, T-9/93.

51. CJCE, 22 juin 1965, *San Michele,* 9/65.

52. CJCE, 5 février 1963, aff. 26/62.

53. D. Simon, *Le système juridique communautaire*, PUF, 2001, p. 385.

54. CJCE, 5 avril 1979, Ministère public c. Ratti, aff. 148/78.

55. CJCE, 4 mars 1999, Hospital Ingenieure Krankenhaustechnik Planungs-Gesellschaft mbH, C-258/97.

56. par ex. Conseil constitutionnel, 20 décembre 2007, décision n° 2007-560 DC.

57. « L'invocation d'atteintes portées soit aux droits fondamentaux tels qu'ils sont formulés par la Constitution d'un État membre soit aux principes d'une structure constitutionnelle nationale ne saurait affecter la validité d'un acte de la Communauté ou son effet sur le territoire de cet État membre » (CJCE, 17 décembre 1970, Internationale Handelsgesellschaft, 11/70).

58. CJUE, 26 févr. 2013, aff. C-399/11, Melloni.

59. Sur ce point, J. Rideau, « Le rôle de l'Union européenne en matière de protection des droits de l'homme », *RCADI*, t. 265 (1997), sp. pp. 316-335.

60. CJUE, 12 mai 2011, aff. C-391/09, Malgozata Runevic-Vardyn, Lukasz Pawel Wardyn.

61. CJUE, 24 janvier 2012, Dominguez c. Centre informatique du Centre ouest Atlantique, Préfet de la région Centre, C-282/10.

62. CJCE, 9 mars 1978, Simmenthal, 106/77.

63. *Ibid.*.

64. *Ibid.*

65. CJCE, 9 juillet 1985, Bozetti, 179/84.

66. CJCE, 15 octobre 1987, Heylens, 222/86.

67. CJCE 15 mai 1986, Johnston, 222/84.

68. CJCE, 9 novembre 1995, Atlanta, C-465 et 466/93.

69. D. Simon, *Le système juridique communautaire*, op. cit., p. 286.

70. CJCE, 14 janvier 1997, Comateb, C-192 à C-218/95.

71. CJCE, 19 novembre 1991, Francovich, C- 6 et 9/91.

72. CJUE, 15 novembre 2012, Conseil c. Bamba, C-417/11 P.

73. Décision 2004/752, *JOUE*, n° L 333 du 9 novembre 2004, p. 7.

74. CJCE, 15 juillet 1960, Pays-Bas c/ Haute autorité, 25/59.

75. D. Simon, « Recours juridictionnels – Recours en constatation de manquement – Effets des arrêts en manquement – Procédure spécifique », Juris-Classeur Europe, 2011, fasc. 381, par. 29.

76. CJCE, 12 juillet 2005, *Commission c. République Française*, C-304/02.

77. CJCE, 14 mars 2006, *Commission c. France*, C-177/04.

78. R. Mehdi (collab. M. Ballesteros, M. Eliantonio, D. Petrovic), *Tools for ensuring implementation and application of EU law and evaluation for their effectivness*, European Parliament, Directorate general for internal policies, 2013, 144 pages.

79. CJCE, 23 avril 1986, *Parti écologiste « Les Verts »*, 294/83.

80. CJCE, 22 mai 1990, *Parlement c. Conseil*, C-70/88.

81. CJCE, 15 juillet 1963, Plaumann, 25/62, *Rec.* p. 177.

82. TPI, 3 mai 2002, *Jégo-Quéré et Cie SA c. Commission*, T-177/01.

83. CJCE, 25 juillet 2002, Unión de Pequeños Agricultores c. Conseil soutenu par Commission, C-50/00 P.

84. CJUE, 3 octobre 2013, Inuit Tapirrit Kanatami c. Parlement et Conseil, C-583/11 P.

85. CJCE, 2 décembre 1971, *Aktien-Zuckerfabrik*, 5/71.

86. CJCE, 4 juillet 2000, *Bergaderm et Goupil c. Commission*, C-352/98 P.

87. TPI, 28 avril 1998, *Dorsch Consult Ingenieurgesellschaft mbH c/ Conseil et Commission*, T-184/95 confirmé par CJCE, 15 juin 2000, *Dorsch Consult Ingenieurgesellschaft mbH c/ Conseil et Commission*, C-237/98 P.

88. CJCE, 9 septembre 2008, *FIAMM c./Conseil*, C-120/06 P et C-121/06 P.

89. Le Traité de Nice a attribué au Tribunal une compétence préjudicielle limitée qui reste, à ce jour, virtuelle faute d'avoir été activée.

90. CJCE, 16 janvier 1974, Rheinmühlen, 166/73.

91. CJCE, 17 juillet 1997, E. Loer-Bloem, C-28/95.

92. CJCE, 17 juillet 1997, Krüger, C-334/95.

93. CJCE 12 décembre 1996 Accrington Beef, C-24/95.

94. CJCE, 21 avril 1988, Pardini, 338/85.

95. CJCE, 6 octobre 1982, Cilfit, 283/81.

96. CJCE, 22 octobre 1987, Fotofrost, 314/85.

97. CEDH, 6 décembre 2012, Michaud c. France, n° 12323/11.

98. Par ex. CJCE, avis 1/94, 15 novembre 1994.

Notice 10

Typologie des politiques européennes

C'est sur la base de projets concrets - un charbon et un acier européens, la construction d'un marché commun, la mise en place de l'Euro, etc. - que s'est construite l'Europe : ce que Robert Schuman appelait les « solidarités de fait » dans sa Déclaration du 9 mai 1950. Il est donc extrêmement difficile d'appréhender l'Union européenne sans regarder ce qu'elle fait, ce qu'elle produit, c'est-à-dire ses politiques publiques. C'est vrai de tous les systèmes politiques, dont la légitimité repose généralement sur deux sources principales : les *inputs* d'un côté, autrement dit les « intrants » du processus politique (respect des normes démocratiques, représentation, mandat donné par le biais de l'élection) ; les *outputs* de l'autre, à savoir les résultats du processus politique (des politiques publiques performantes et efficaces). Si, au niveau national ces deux dimensions coexistent et se renforcent mutuellement, au niveau européen, la légitimité démocratique par les inputs est faible, voire très faible (v. Notice 6). L'Union européenne n'a donc d'autre choix que de se reporter sur la légitimation par les outputs, ce qui nécessite de s'intéresser de plus près aux politiques publiques européennes.

Les politiques publiques, comme dans tout système politique, sont de différents types, n'impliquant pas les mêmes acteurs, le même degré de contrainte, le même niveau de financement, ni les mêmes modalités de prise de décision. Elles sont par ailleurs plus ou moins intégrées, les États ayant accepté des transferts de souveraineté aux institutions européennes dans certains secteurs d'action publique. Toutefois, même dans les domaines où ces États restent compétents, l'influence du niveau de gouvernance européen se fait sentir, ce que tente de synthétiser la notion d'européanisation.

Les différents types de politiques européennes

Á quoi ressemblent les politiques européennes ? Comment les qualifier et les classer ? On peut avoir recours à la typologie élaborée par le politiste Théodore Lowi dans les années 1960 pour « ranger » et présenter les politiques publiques développées au niveau national. Cette typologie combine deux dimensions – les instruments d'action publique et les destinataires des politiques publiques – et se décline à partir de deux paramètres : le type de ressortissant ou de public de la politique (individuel ou collectif) et le type de contrainte qui s'exerce (directe ou indirecte). T. Lowi obtient ainsi quatre types distincts de politique publique, applicables aux *policies* européennes.

Typologie des politiques publiques

	Contrainte directe	Contrainte indirecte
Public : Individu	1) Politique règlementaire ou de régulation	2) Politique distributive ou allocative
Public : Groupe	3) Politique redistributive	4) Politique constitutive ou procédurale

Source : T. Lowi, « Four systems of Policy Politics and Choice », 1972.

• Dans le cas des politiques règlementaires ou de régulation, il s'agit d'édicter des règles obligatoires qui s'appliquent à tout individu dans une situation donnée la puissance publique interdit certaines choses ou oblige au contraire à certaines autres, en fonction des circonstances. Ces politiques s'appuient sur du droit contraignant ; des sanctions sont possibles en cas de non respect. Ce type de politiques est très développé au niveau européen, l'Union européenne (UE) ayant beaucoup œuvré dans la correction des défaillances du marché à mesure que celui-ci se construisait. De nombreuses règles ont ainsi été adoptées dans des domaines aussi divers que l'environnement, la protection des consommateurs, la santé publique ou encore la sécurité des travailleurs.

• Dans le cas des politiques distributives ou allocatives, l'action publique se traduit par l'attribution d'autorisations ou de prestations spécifiques. Il peut s'agir de ressources matérielles comme des prestations soumises à des conditions de ressources – ou juridiques à l'image de l'attribution de permis de construire. Dans tous les cas, ces politiques comportent une dimension facultative; il n'y a pas d'obligation. Au niveau européen, on les trouve par exemple dans le domaine de la recherche (avec la distribution de fonds pour des programmes et réseaux de recherche, v. Notice 19) ou dans celui de la formation professionnelle.

• Les politiques redistributives opèrent des transferts entre groupes, souvent dans une logique de solidarité. Au niveau national, les assurances sociales (maladie, vieillesse, chômage, etc.) en sont une bonne illustration. À l'échelle européenne, deux grandes politiques publiques relèvent (pour tout ou partie) de cette catégorie : la politique régionale d'une part (v. Notice 16); et la Politique agricole commune (Pac), de l'autre (v. Notice 15).

• Enfin, les politiques constitutives consistent à fixer les règles du jeu, c'est-à-dire à édicter « des règles sur les règles » ou sur les institutions; ce sont des politiques « institutionnelles » au sens où elles se situent en amont des autres politiques publiques. Elles élaborent les procédures que doivent suivre les différents acteurs prenant part à l'action publique. Tous les traités qui ont construit l'UE, de Rome à Lisbonne, en passant par Maastricht ou Amsterdam, sont de ce type. Ces politiques occupent une place centrale au niveau européen car elles se situent au cœur des débats européens, les finalités du processus d'intégration et les moyens à mettre en œuvre ne faisant pas l'objet d'un réel consensus. La plupart des réponses apportées à la crise économique qui secoue l'Europe depuis 2008 relèvent de cette catégorie (v. Notices 2 et 14).

On retrouve donc bien au niveau européen les quatre types de politiques publiques repérés par T. Lowi au niveau national. Il convient cependant de souligner dans le cas de l'UE une spécificité importante, à savoir la sur-représentation des politiques règlementaires ou de régulation, au détriment des politiques redistributives notamment. Le facteur principal de ce déséquilibre est à rechercher du côté de la taille réduite du budget européen, qui représente environ seulement 1 % du PIB de l'UE (v. Notice 8). Les politiques de régulation coûtant peu d'argent aux finances publiques comparativement aux politiques redistributives, elles sont donc plus attractives dans un contexte de ressources budgétaires limitées et contraintes.

Les différents degrés d'intégration

Une autre façon d'envisager les politiques européennes consiste à regarder, pour chacune d'entre elles, s'il y a, et dans quelle mesure, transferts de compétences vers le niveau européen. Dans un certain nombre de secteurs d'action publique en effet, les décisions se prennent désormais au niveau européen et non plus à l'échelle des États-nations, avec une délégation plus ou moins grande de souveraineté en fonction des politiques publiques observées.

Toute la construction européenne peut être interprétée comme le développement progressif de politiques qui « grignotent » progressivement le champ de compétences des États. Ce développement de l'action publique européenne est un complément original à la mise en place du marché commun (v. Notice 11) : ce dernier est plus en effet qu'une simple zone de libre-échange; il s'accompagne de l'adoption de politiques communes (commerce extérieur et concurrence notamment) et implique la production de règles en commun afin d'harmoniser les législations nationales pour obtenir une réelle liberté de circulation – ce qu'on appelle l'intégration positive.

Toutefois, ces politiques publiques européennes sont diversement intégrées et plusieurs degrés peuvent donc être distingués :

• Certaines politiques publiques sont complètement intégrées ; on les appelle aussi les politiques communes. Il s'agit des domaines d'intervention explicitement prévus par les traités, dès les débuts de la construction européenne. Ce sont des politiques à caractère fédéraliste, fortement centralisées, qui sont des compétences exclusives de la communauté et pour lesquelles la méthode communautaire s'applique (v. Notice 2) ; elles s'appuient sur du droit « dur » et contraignant qui s'impose directement aux États membres. C'est le cas par exemple de la Pac, de la politique commerciale commune, de la politique de concurrence ou de celle des transports.

• Á ces premières politiques européennes envisagées comme nécessaires par les pères fondateurs de la Communauté, se sont progressivement ajoutés d'autres domaines d'intervention, initialement non prévus par le Traité de Rome. Cela résulte d'un effet d'engrenage (*spillover*) qui fait que de plus en plus de secteurs d'action publique se trouvent concernés par l'UE. Comment en effet instaurer la libre circulation des marchandises pour réaliser le marché commun sans envisager la question des conditions de travail ou celle de la protection de l'environnement que posent la production et la mise en circulation de ces marchandises ? Ainsi, à chaque nouvelle étape de la construction européenne a-t-on assisté à l'extension du champ d'action de la CEE puis de l'UE : avec l'Acte unique européen en 1986 par exemple, on décide l'adoption de régulations communes dans les domaines où il apparaît nécessaire d'encadrer le marché (protection de l'environnement, santé publique, conditions de travail, égalité des sexes, etc.) ; avec le Traité de Maastricht en 1992, on lance l'Union économique et monétaire avec un transfert du pouvoir monétaire de certains États à une banque centrale européenne indépendante, la coordination des politiques économiques et l'imposition d'une stricte discipline budgétaire. Si la plupart des politiques publiques qui se développent suite à cette dynamique d'engrenage, enclenchée par le lancement de la construction européenne, sont gérées grâce à la méthode communautaire qui repose sur d'importants pouvoirs accordés aux institutions supranationales, ce n'est pas le cas pour toutes. Dans le domaine des politiques macroéconomiques par exemple, il n'y a pas de politique européenne à proprement parler, mais une coordination des politiques nationales, encadrées par des normes européennes expliquant pour partie la crise économique de 2008-2009. On est alors en présence de politiques européennes plus faiblement intégrées.

• Quand les États ont entrepris d'élargir l'éventail des domaines de coopération au-delà des matières liées à la régulation du marché par exemple, empiétant sur des secteurs d'activité qu'ils considèrent comme se situant au cœur de leur souveraineté (politique étrangère, défense, coopération judiciaire et policière, etc.), ils n'ont pas souhaité déléguer trop de compétences et se soumettre aux contraintes de la méthode communautaire classique. Ils ont donc ajouté, à la Communauté économique européenne (devenue pilier communautaire), deux piliers intergouvernementaux (pilier Pesc Politique étrangère et de sécurité commune – et pilier JAI Justice affaires intérieures) au sein desquels les institutions supranationales ne disposent que de pouvoirs limités : les décisions y sont prises à l'unanimité, la Commission ne dispose que d'un droit d'initiative réduit et partagé avec les gouvernements nationaux, le Parlement n'est, au mieux, que consulté, et les décisions ne sont pas obligatoirement soumises au contrôle de la Cour de justice[1]. En somme, on est en présence de politiques européennes qui sont dans une position médiane entre l'intégration, telle qu'elle est pratiquée dans le cadre communautaire, et la coopération internationale classique entre États.

• Une autre modalité d'action, solution intermédiaire entre la coopération intergouvernementale et la méthode communautaire, s'est esquissée dans les années 1990-2000, qui a donné naissance à des politiques publiques dotées d'une forte dimension européenne mais peu intégrées, les États restant les seuls acteurs compétents et légitimes. Dès le Traité de Maastricht (v. *supra*) – les gouvernements ont établi une forme originale de coopération souple dans le domaine des politiques macroéconomiques. Quelques années plus tard, lors de l'adoption du Traité d'Amsterdam, ils ont étendu cette logique à certains éléments de leurs politiques sociales et d'emploi, puis au printemps 2000, à un ensemble de nouveaux domaines liés à la protection sociale, aux retraites et à l'exclusion (v. Notice 17). Tout en s'engageant à réduire les écarts entre leurs politiques nationales, les gouvernements souhaitaient ne pas conférer aux institutions supranationales européennes une trop large influence dans ces domaines. Tel est l'objet de ce qu'on appelle la Méthode ouverte de coordination (ou Moc) : les gouvernements adoptent des orientations générales qu'ils s'engagent à respecter dans le développement de leurs politiques nationales. La Commission ne joue qu'un rôle limité. Son pouvoir d'initiative s'en trouve dilué : elle peut élaborer des recommandations mais elle le fait sur la base de rapports et de conclusions formulés par les gouvernements eux-mêmes. Son pouvoir de contrôle est quasi-inexistant : ce sont les gouvernements qui peuvent décider d'adresser des recommandations aux États qui n'auraient pas respecté les critères décidés de concert. La Cour de justice, quant à elle, n'exerce aucun contrôle sur le processus; et ce dernier échappe également à l'examen du Parlement européen. Il ne s'agit donc pas d'édicter des règles en commun, applicables directement au sein des États, mais d'instaurer un processus d'apprentissage permettant l'échange des expériences nationales, et des meilleures pratiques. Cette méthode n'est pas contraignante juridiquement (c'est ce qu'on appelle la *soft law*), mais elle est politiquement engageante : les États s'engagent à prendre des mesures nationales dans un cadre politique défini au niveau européen, et à rendre compte de leurs actions de façon régulière c'est le principe du contrôle par les pairs.

- Enfin, certaines politiques publiques sont restées exclusivement nationales et relèvent de la seule compétence des États; on se situe au degré zéro de l'intégration. Toutefois, même dans ces secteurs d'action publique, envisagés comme des chasses gardées par les gouvernements nationaux, soucieux de leurs prérogatives, on constate que l'influence de l'Europe, en tant que système politique et espace de politiques publiques, peut se faire sentir. Dans le domaine social par exemple, si la construction européenne s'est appuyée sur une division du travail très nette entre le niveau européen (chargé des questions économiques) et le niveau national (responsable de la protection sociale), le tournant néo-libéral opéré par l'Europe sur le plan économique a fortement contraint les gouvernements nationaux à tenter des réformes en matière sociale, la rigueur et le contrôle des dépenses étant devenus les maîtres mots. Cette réalité d'une influence de l'UE sur les politiques publiques, y compris dans les secteurs restés de la compétence des États, a donné naissance à une nouvelle notion : celle d'européanisation.

L'européanisation des politiques publiques

L'existence de l'Europe, en tant qu'entité régionale intégrée, n'est pas sans effet sur la fabrique de l'action publique aujourd'hui; soit directement par le biais des politiques européennes qui s'appliquent au sein des États membres; soit indirectement, par les opportunités ou contraintes qu'elle représente pour les acteurs de réformes au niveau national, en fournissant des modèles – ou au contraire des repoussoirs – en matière d'action publique, ou en diffusant des cadres cognitifs et normatifs délimitant le champ des possibles pour l'adoption de nouvelles politiques. La notion d'européanisation tente de synthétiser l'ensemble de ces processus et mécanismes pour mieux souligner que l'Europe compte.

Quel est l'impact de l'Europe sur les politiques nationales ?

Il est possible de décomposer le processus d'impact de l'UE sur l'action publique nationale en quatre séquences principales, en partant des décisions européennes et pour regarder quels effets celles-ci engendrent au niveau des États membres[2] :

- Il se produit tout d'abord quelque chose à l'échelle européenne : des décisions sont prises, des politiques sont définies et adoptées par les institutions européennes.
- Ce « quelque chose » exerce ensuite une pression adaptative sur les acteurs et les institutions nationales. C'est le moment où l'on peut identifier un décalage éventuel entre le contenu des prescriptions européennes et les politiques existantes au niveau national (ce qu'on appelle le *fit* en cas d'adéquation ou le *misfit* en cas de décalage).

• Interviennent alors les « prismes nationaux » (qui peuvent être des institutions, les préférences des acteurs nationaux, les croyances et valeurs dans le pays, etc.) qui jouent comme des éléments inhibiteurs ou au contraire des éléments transformateurs, face à la pression adaptative exercée par la construction européenne. Il s'agit de tous les points de veto (*veto points*), acteurs veto (*veto players*) et opportunités qui favorisent ou au contraire empêchent le changement impulsé par le niveau européen. Dans les pays à structure fédérale comme en Allemagne par exemple, le système est généralement plus perméable aux dynamiques européennes que dans les pays centralisés, notamment parce qu'il est plus rompu aux mécanismes de coopération entre les niveaux, qu'il exerce déjà en son sein entre les différents entités fédérées.

• La quatrième séquence est celle où l'on observe l'évolution au niveau des structures domestiques. C'est le résultat de la pression adaptative, alimentée par le processus européen et médiatisée par les prismes nationaux ; on peut alors mesurer l'impact de la construction européenne.

Quatre scénarios sont envisageables selon les auteurs :

• Dans le premier cas de figure, l'État « absorbe » pleinement et entièrement le modèle européen, ce qui peut donner lieu à des réformes substantielles des politiques nationales et des modifications importantes des comportements et des croyances des acteurs nationaux, surtout en cas de *misfit* initial. C'est ce qui s'est par exemple produit pour la plupart des États membres au moment de la mise en place de l'Union économique et monétaire (UEM), lancée par le Traité de Maastricht (v. Notice 13).

• Le deuxième scénario est l'accommodation ou la traduction, qui suppose des ajustements de la part des États membres. Il y a bien un impact de l'Europe, mais il est moindre qu'en cas de simple adoption des politiques communautaires. Le poids du processus européen est limité : soit les pressions adaptatives sont trop fortes, soit les prismes nationaux trop résistants ; on observe alors une certaine convergence, mais pas d'harmonisation : des spécificités nationales subsistent. Au Royaume-Uni par exemple, des agences publiques existent, pouvant aider les organisations de femmes et/ou féministes à mobiliser le contenu des directives européennes en matières d'égalité de traitement et de salaire afin de faire progresser l'égalité de genre. En France au contraire, en l'absence de telles structures, les femmes sont dans l'incapacité de dépasser les résistances nationales qui empêchent l'application de telles politiques d'égalité[3].

• La troisième hypothèse envisageable est qu'il n'y a pas d'impact effectif de l'intégration européenne sur les politiques nationales, ce qui signifie une inertie des politiques nationales. Cela peut être dû par exemple à un trop grand *misfit*, à de fortes résistances de la part des acteurs nationaux, etc.

• Enfin, au-delà de l'inertie, un dernier scénario semble possible lorsqu'il y a rejet complet de la pression adaptative née du processus européen ; les politiques nationales s'éloignent alors délibérément des choix dictés par l'UE. Il convient toutefois de souligner que ce cas de figure est extrêmement rare et rendu de plus en plus difficile à mesure que le processus d'intégration européenne progresse. On peut cependant citer l'exemple de l'Italie dans le domaine des transports, qui adopta une législation en contradiction totale avec l'objectif d'ouverture et de libéralisation porté par la Commission européenne, grâce au pouvoir important dont jouissent les syndicats italiens et les associations sectorielles[4].

Ce modèle analytique en quatre séquences pour penser l'impact de l'Europe est très utile pour deux raisons au moins :
– il prend en compte les interactions entre les deux niveaux, européen et national ; il permet d'isoler des étapes et des facteurs explicatifs qui déterminent la probabilité et l'intensité variable de l'influence de l'Europe sur les politiques nationales ;
– il permet de ne pas présupposer une convergence et encore moins une harmonisation des politiques nationales sous l'impulsion de l'Europe – la question de l'impact de l'UE reste ouverte et les « prismes nationaux » sont au cœur de l'analyse.

Toutefois, ce modèle présente aussi quelques limites et propose une conception de l'européanisation finalement assez restrictive : la dynamique proposée est très univoque car elle n'envisage finalement que les processus descendants (vision *top down*), l'impulsion étant nécessairement donnée par le niveau européen. Or, on peut par exemple imaginer des situations où le processus européen initial est absent – les réformes nationales se développent dans les pays européens par diffusion de pratiques ou agrégation de réseaux de politiques publiques – c'est-à-dire de l'européanisation sans Bruxelles (au sens d'Union européenne) ou de l'européanisation horizontale. On peut aussi imaginer un processus européen postérieur aux réformes nationales, faisant écho aux changements de l'action publique dans les différents États membres ; c'est à dire de l'européanisation *bottom-up*, impulsée par le niveau national. Les cas de figure sont donc multiples (voir *infra*) et il s'agit pourtant bien à chaque fois d'européanisation.

Comment définir l'européanisation ?

Plusieurs définitions de l'européanisation ont été proposées dans la littérature des études européennes, la plupart étant insatisfaisantes car elles donnent une vision trop linéaire et *top-down* du processus. L'une des plus abouties et des plus exhaustives est certainement celle élaborée par Bruno Palier et Yves Surel en 2007[5], car elle envisage l'européanisation sous forme d'interactions : l'européanisation est alors « l'ensemble des processus d'ajustements institutionnels, stratégiques et normatifs induits par la construction européenne ». Cette dernière partie de la définition – « induits par la construction européenne » – doit être entendu au sens large ; ce n'est pas seulement l'impact de l'UE sur le niveau national, mais ce sont tous les mécanismes et processus qui ont cours du fait de l'existence et du développement d'un nouveau système de gouvernance à l'échelle européenne.

Cette définition comporte plusieurs atouts : elle est tout d'abord concise. En outre, elle conçoit l'européanisation en termes d'interactions, ne privilégiant ni un des niveaux, ni un sens du processus (descendant notamment) : il s'agit de saisir dans le même mouvement les évolutions sensibles au niveau national et à l'échelle européenne (les deux niveaux étant pris en compte) ; l'européanisation englobe tout à la fois les dynamiques « descendantes », mais aussi les évolutions « ascendantes », ainsi que tous les mécanismes de diffusion horizontaux – les phénomènes d'*uploading* (on fait remonter du niveau national vers le niveau européen), le lobbying et les effets de mimétisme entre les différents niveaux de gouvernement et entre les États membres. En outre, l'européanisation ne suppose pas la passivité ou la simple réception des acteurs nationaux. Ces derniers peuvent être des acteurs à part entière, au niveau national comme au niveau européen ; la définition parle d'ajustements (« stratégiques ») et non pas d'impact – l'européanisation n'est pas un processus désincarné, un effet exogène que subiraient les acteurs en présence. Enfin, les ajustements peuvent être institutionnels, stratégiques et normatifs, ce qui renvoie aux trois séries de variables d'analyse les plus couramment utilisées dans les travaux récents d'analyse des politiques publiques : les idées, les intérêts et les institutions.

En somme, l'européanisation est un processus multidimensionnel, concernant les « 3i », se situant à l'articulation entre deux niveaux de gouvernance, reposant sur des interactions, et dont on ne peut pas prévoir le résultat à l'avance (ajustement ou pas, convergence ou pas, harmonisation ou pas, etc.).

Pour synthétiser l'ensemble de ces observations, on peut dire que l'européanisation renvoie à trois processus principaux :

- Le premier est ce qui devient européen (sans aller jusqu'à l'intégration, car alors le processus est terminé et on est face à un résultat). On peut alors retracer toute l'histoire de la construction européenne en regardant les domaines d'action publique qui sont progressivement pris en charge au niveau européen – sans nécessairement être communautarisés (ex : PESC, MOC, politiques budgétaires, etc.).
- Le deuxième processus concerne les politiques publiques nationales ou comment ce qui reste de la compétence nationale est influencé par l'existence du niveau européen. Cette influence peut notamment s'exercer sur le plan cognitif (imposition de nouveaux paradigmes de politiques

publiques par exemple) ; elle peut également concerner les acteurs et leurs stratégies (c'est ce qu'on appelle faire « usage » de l'Europe ou faire un détour par l'Europe pour obtenir ce qu'on échoue à obtenir au niveau national) ; elle peut aussi prendre la forme d'une contrainte ou d'une limitation des possibles, comme l'exemple des politiques sociales l'a illustré précédemment (reformes nationales contraintes par les choix économiques de l'UE).

- Enfin, le troisième et dernier processus renvoie au va-et-vient entre les deux niveaux, européen et national, aux logiques d'influences réciproques, c'est-à-dire toutes les interactions possibles et imaginables entre niveau national et niveau européen.

Il est possible, à partir de cette définition et de ce repérage, de distinguer différents mécanismes d'européanisation :

- Une européanisation *top-down*, impulsée par le haut, par les institutions européennes. On retrouve ici le modèle décrit précédemment concernant l'impact de l'Europe sur les politiques nationales. L'ensemble des politiques européennes dont il s'agit de mesurer les effets au niveau national relève en effet de ce type d'européanisation. On peut penser par exemple aux décisions récentes en matière budgétaire et financière et à l'impératif de rigueur imposé aux pays en difficulté suite à la crise de 2008, à l'instar de la Grèce, l'Irlande ou le Portugal.
- Une européanisation *bottom-up*, impulsée par le bas, par les États membres. La dynamique est ici inversée ; les processus nationaux précèdent et influencent les décisions européennes. Cela a par exemple été le cas en matière de lutte contre les abus sexuels sur mineurs, champ de compétence ne relevant pas du niveau européen : face à l'ampleur des affaires nationales, à l'émoi de la population et selon l'appartenance politique des différents États membres et des législations nationales adoptées pour punir les actes de pédophilie, les institutions européennes (Commission, Parlement et Conseil) ont décidé de réagir en faisant des recommandations et en finançant des programmes.
- Une européanisation horizontale, entre États membres, sans Bruxelles c'est à dire sans que l'UE n'intervienne en tant que système de gouvernance. La diffusion de « recettes » d'action publique est en effet monnaie courante entre les différents pays de l'UE ; et le fait d'appartenir au même ensemble régional intégré n'y est pas pour rien, au contraire. Des habitudes de coopération, des échanges réguliers et une socialisation à l'Europe facilitent cette circulation. Dans le domaine de l'immigration par exemple, avant que le concept de « pays tiers sûr » soit mobilisé au niveau européen lors de la conférence de Londres en 1992, les Pays-Bas avait adopté la notion de pays de transit sûr, à l'instar de l'Allemagne[6].
- Une européanisation avec des boucles de rétroaction, c'est-à-dire des va-et-vient entre les deux niveaux, européen et national. Il arrive en effet que les interactions entre UE et États membres soient croisées, simultanées et multiples et que l'UE influence les politiques nationales tout en s'inspirant d'expériences dans certains pays. L'exemple de la flexsécurité en matière d'emploi est une bonne illustration de ce phénomène : d'abord expérimentée au Danemark et en Finlande, elle est ensuite promue par la Commission européenne comme modèle à suivre pour l'ensemble des pays de l'Union.
- Une européanisation cognitive qui, comme son nom l'indique, se joue sur le plan des idées. L'UE, comme productrice de nouveaux référentiels pour l'action publique ou comme caisse de résonance de paradigmes définis plus largement à l'échelle internationale, conditionne en effet de plus en plus les réformes nationales, en délimitant le champ des possibles et en définissant les orientations normatives de l'action publique. La rigueur actuelle en matière budgétaire en est une bonne illustration.
- Une européanisation synonyme de détour par l'Europe enfin. Il arrive en effet que les acteurs nationaux européanisent leurs stratégies afin d'obtenir, au niveau européen, ce qu'ils ne parviennent pas à obtenir dans leur pays. De nombreux groupes d'intérêt ont ainsi fait le choix de se déplacer à Bruxelles pour être plus près des instances européennes de décision les plus susceptibles de les entendre et d'impulser un changement au niveau national. L'activisme judiciaire auprès de la Cour de Justice de l'Union européenne fait également partie des répertoires d'action

européanisés qui permettent d'introduire des changements à l'échelle nationale, en passant par l'Europe. Les arrêts Defrenne du 8 avril 1976 (149/77) en matière d'égalité de traitement entre hommes et femmes, obtenus de haute lutte par une juriste féministe belge sur la base de l'article 119 du Traité de Rome, en constituent l'exemple emblématique.

• • • Les politiques publiques ne sont jamais des données, mais des processus, des « puzzles à résoudre compte tenu de la fragilité des moyens, de l'incertitude des fins et de l'importance des jeux d'acteurs dans la mise en œuvre »[7]. Cette caractéristique est peut-être encore plus vraie pour les politiques européennes, qui se développent dans un système de gouvernance original, lui-même en cours de fabrication. Ces politiques ne sont jamais figées, elles évoluent à chaque étape de la construction européenne, se communautarisent un peu plus ou résistent à l'intégration ; et une notion comme celle d'européanisation permet de mettre l'accent sur ces processus en cours et les interactions existant entre les niveaux européen et national.

La question que l'on pose généralement à cette action publique européenne est celle de sa spécificité : les politiques européennes sont-elles des politiques publiques comme les autres et peut-on les analyser comme les politiques nationales ? Si certains répondent par la positive à cette question et souhaitent « normaliser » l'étude des politiques européennes en leur appliquant les approches et concepts de la boite à outils de l'analyse des politiques publiques, force est d'admettre que cette action publique européenne – et communautaire – présente des traits spécifiques qui la différencient des *policies* nationales : une sur-représentation des politiques de régulation ; une faible poids de la politique électorale sur le développement de l'action publique ; un partage des tâches souvent flou entre ce qui relève du niveau européen et du niveau national ; un système de gouvernance multi-niveaux faisant intervenir une multitude d'acteurs et d'institutions pour le pilotage de l'action publique.

Laurie Boussaguet

Bibliographie

Laurie Boussaguet, Sophie Jacquot, Pauline Ravinet (dir.), *Dictionnaire des politiques publiques,* Paris, Presses de Sciences Po, 2014 (4e édition).

Renaud Dehousse (dir.), *Politiques européennes*, Paris, Presses de Sciences Po, 2009.

Bruno Palier, Yves Surel (dir.), L'Europe en action. *L'européanisation dans une perspective comparée*, Paris, L'Harmattan, 2007.

Notes

1. Depuis le Traité de Lisbonne de 2007, cette structure en piliers n'existe plus et ce qui constituait le 3e pilier, dit JAI, a été progressivement communautarisé (v. Notice 21).

2. T. A. Börzel et T. Risse, « When Europe Hits Home : Europeanization and Domestic Change », *European Integration online Papers (EIoP)*, vol. 4, n° 15, 2000.

3. James A. Caporaso and Joseph Jupille. « The Europeanization of Social Policy and Domestic Political Change », in *Transforming Europe. Europeanization and Domestic Change*, edited by Maria Green Cowles, James A. Caporaso and Thomas Risse. Ithaca. NY : Cornell University Press, 2001.

4. Adrienne Héritier et alii, *Differential Europe. The European Union Impact on National Policymaking*, Lanham, MD : Rowman & Littlefield, 2001.

5. Voir *L'Europe en action. L'européanisation dans une perspective comparée,* L'Harmattan, coll. Logiques politiques, 357 pages.

6. V. Guiraudon, « Les effets de l'européanisation des politiques d'immigration », *Politique européenne*, n° 31, 2010, p. 21.

7. P. Lascoumes, P. Le Galès, *Sociologie de l'action publique*, Paris, Armand Colin, 2012 (2e éd.), p. 14.

Notice 11

Le marché intérieur

La définition du marché intérieur est inscrite dans la Constitution de l'Union, plus précisément ses traités constitutifs. Á l'article 3, paragraphe 3, du traité sur l'Union européenne, « l'Union établit un marché intérieur ». L'article 26, paragraphe 2, du traité sur le fonctionnement de l'Union européenne dispose plus précisément : « Le marché intérieur comporte un espace sans frontières intérieures dans lequel la libre circulation des marchandises, des personnes, des services et des capitaux est assurée selon les dispositions des traités ». Ces dispositions ne renseignent que très partiellement sur le statut et la signification de ce projet. Conçue par le traité comme l'un des moyens mis à la disposition de l'Union pour réaliser de plus grandes desseins – la paix et le bien-être des peuples européens selon l'article 3, paragraphe 1er, du traité sur l'Union –, la réalisation du marché intérieur a été élevée, par la Cour de justice de l'Union européenne, au rang de « but essentiel du traité »[1].

Sens et ambivalence du projet d'intégration économique de l'Europe

Dans l'histoire de l'intégration européenne, la dynamique juridictionnelle l'a largement emporté sur le discours des traités. Soutenue par les gouvernements des États membres décidés pour ensemble faire progresser l'intégration économique, protégée par sa position institutionnelle et jouissant de la « liberté négative » résultant des lourdeurs de la procédure législative et de révision des traités, la Cour de justice a bénéficié d'une grande autorité, dont elle a profité pour s'ériger en « bâtisseuse de marché ». Elle s'est donnée comme but de parvenir à « la fusion des marchés nationaux dans un marché unique réalisant des conditions aussi proches que possibles de celles d'un véritable marché intérieur »[2].

Créer un « marché unique », ce n'est point abolir les frontières politiques entre les nations ; c'est établir l'égalité des conditions entre les agents économiques opérant sur les différents marchés nationaux, donner aux producteurs l'opportunité d'exporter et d'importer librement sur le territoire des États membres de l'Union, aux entreprises le droit de s'y établir et d'exercer leurs activités sur un plan transnational, aux travailleurs le droit de s'y déplacer et d'y exercer leur emploi, aux investisseurs l'opportunité d'y placer des capitaux, et aux consommateurs la possibilité d'accéder aux produits en provenance des autres États membres dans les mêmes conditions que les produits nationaux. Tout l'effort de la Cour de justice a consisté à poser les règles juridiques permettant à ces conditions de se réaliser, au besoin en complétant les règles des traités ; en même temps, elle a cherché à s'assurer que l'ensemble des acteurs publics et privés qui sont susceptibles d'en empêcher la formation, soit parce qu'ils disposent d'un pouvoir de réguler le marché soit parce qu'ils concentrent une grande puissance économique, soient soumis au respect de ces règles. Telle est la double tâche à laquelle la Cour s'est employée en se servant de sa mission d'interprétation et d'application du droit que lui ont confié les traités.

Le marché commun : un projet politique, une construction institutionnelle

Il est vrai que, pour justifier son œuvre, la Cour pouvait se prévaloir d'une autorité qui précède et traverse l'écriture des traités. Le « marché commun » est conçu, dès les premiers actes de la construction européenne, comme un projet politique d'une importance majeure : il s'agit, par l'ouverture des marchés nationaux, d'établir « les fondements d'une union sans cesse plus étroite des peuples européens » (préambule du Traité de Rome du 25 mars 1957 instituant la Communauté économique européenne). Le marché intérieur se rapporte dès l'origine à une unité qui n'est pas donnée : l'unité de l'espace économique participe à la pacification du continent et prélude à l'unification géographique, politique et sociale de l'Europe. Dans l'esprit des concepteurs des Communautés européennes, l'établissement d'interdépendances concrètes entre les marchés nationaux présupposait, en même temps qu'il devait faciliter, l'expression de liens de solidarité entre les États et les peuples européens. Dans un discours tenu à Genève le 9 septembre 1957, Paul-Henri Spaak, l'un des pères fondateurs de l'Union, déclarait ainsi que « par la création du Marché commun, [les États fondateurs des Communautés européennes ont] accompli un acte qui, du point de vue de l'avenir de l'Europe, est aussi important que le fut la Révolution de 1789 du point de vue politique ».

Pour opérer cette sorte de révolution, ils ont puisé à un modèle connu dont ils ont développé les termes. La construction du marché intérieur s'inspire des traités de libre échange conclus au cours des XIXe et XXe siècles. Les États souhaitant créer un zone de libre-échange consentent tout d'abord à l'élimination des droits de douane et de tous les obstacles tarifaires (taxes à l'importation ou à l'exportation, impositions discriminatoires) et non-tarifaires (quotas, contingentements, contrôles aux frontières, formalités administratives...) qui sont de nature à entraver les échanges de produits entre eux. C'est bien ce qui est prévu, pour l'Union, aux articles 34 à 37 TFUE. Cependant, les États fondateurs ont voulu aller plus loin. L'Union n'est pas une simple zone de libre-échange. C'est, en outre, une union douanière qui comporte la création d'un tarif douanier commun fixant les droits affectant l'entrée de produits sur le territoire européen (articles 30 à 32 TFUE). La théorie économique corrèle la création d'une union douanière avec, d'une part, l'augmentation du trafic commercial entre les nations participantes et, d'autre part, la diminution du trafic entre ces nations et les pays tiers. Il est un fait que, en dépit des multiples accords de libre-échange que l'Union a conclus avec des États tiers, une part essentielle des échanges économiques originaires de pays membres de l'Union a lieu entre ces derniers.

Cette donnée s'explique sans doute par le fait qu'à côté de la libre circulation des marchandises et de l'union douanière, les traités organisent l'établissement progressif d'une union économique qui repose sur la libération totale de l'ensemble des facteurs de production : libre circulation des travailleurs (articles 45 à 48 TFUE), libre établissement des sociétés commerciales et des travailleurs indépendants (articles 49 à 55 TFUE), libre prestation des services à l'intérieur de l'Union (articles 56 à 62 TFUE), libre circulation des capitaux (articles 63 à 66 TFUE). Une intégration économique aussi poussée appelle, en outre, une politique de rapprochement des législations nationales dite d'harmonisation (articles 114 à 118 TFUE), une politique de concurrence commune sur le territoire de l'Union (articles 101 à 109 TFUE) ainsi qu'une politique commerciale unique pour gérer les rapports commerciaux avec les États tiers (articles 206 et 207 TFUE).

Théoriquement, le stade ultime de l'intégration économique suppose l'instauration d'une politique économique et monétaire commune aux États membres. De fait, a été instituée, aux termes du traité de Maastricht, « l'Union économique et monétaire » en vue de parfaire la création du marché intérieur (articles 119 à 144 TFUE) (v. Notice 13). Mais ce que l'Union européenne (UE) appelle ainsi est fort éloigné de ce que la théorie économique se représente sous la forme d'une intégration complète des économies nationales. D'une part, si elle conduit effectivement à l'instauration d'une politique monétaire unique, cette réalisation demeure limitée à un groupe restreint d'États membres ; d'autre part, si elle porte le titre d'union économique, elle ne correspond en réalité qu'à une coordination des politiques budgétaires des États membres. La crise économique qu'a traversée l'Europe au cours des dernières années a certes conduit à l'adoption de nouveaux instruments de contrainte pour les États membres en matière budgétaire ; ceux-ci sont encore loin cependant d'avoir gommé toutes les imperfections, et l'asymétrie malheureuse entre coordination économique et unification monétaire subsiste (v. Notices 13 et 14).

Le marché intérieur répond ainsi à la notion de « marché institutionnel » forgée par l'économiste français Jacques Rueff au moment de la formation des Communautés : « au "laissez-passer" total, [les auteurs des traités] ont préféré un marché limité à un domaine géographique dans lequel la création des Institutions sans lesquelles le marché ne pourrait, ni exister, ni durer, était politiquement possible »[3]. L'intensité du recours à la « technique institutionnelle » – l'intervention d'autorités politiques et administratives, ainsi que d'une autorité juridictionnelle appliquant et produisant un corps de règles contraignantes – est ce qui distingue le marché intérieur des tentatives qui l'ont précédé dans le but de supprimer les obstacles au commerce interétatique.

Le marché intérieur ; un projet ambivalent

Demeure une hésitation sur le sens à donner à toute cette construction. Si le marché intérieur est une zone de "laissez-passer", il n'a certainement pas été pensé comme une zone de "laisser-faire" total. Pourtant, le principe de la liberté économique n'est pas nié, bien au contraire, et, à la faveur d'une évolution politique et sociale qui s'est manifesté autour du milieu des années 1980, au moment de l'adoption de l'Acte unique européen et du lancement d'un programme d'action en vue d'« achever le marché intérieur », les termes généraux des traités ont pu autoriser une interprétation de ses termes favorable à un mouvement général de dérégulation et de libéralisation des économies nationales[4]. Cependant, les risques de compétition fiscale et sociale entre les nations en résultant, menaçaient l'équilibre des systèmes les plus protecteurs parmi des États membres ; s'ajoutait le malaise grandissant de certains secteurs de la population européenne à l'égard du marché intérieur associé aux processus les plus désocialisants de la mondialisation économique. Ces deux facteurs ont provoqué un rééquilibrage idéologique et politique. En témoigne la nouvelle formule introduite par le Traité de Lisbonne dans le traité sur l'Union européenne : l'Union œuvre pour le développement durable de l'Europe fondé sur « une économie sociale de marché hautement compétitive » (article 3, paragraphe 3, TUE). Mais, loin d'éliminer toute incertitude, cette formulation réitère l'ambivalence dans laquelle se trouvent enfermées les règles du marché intérieur. Au gré de certaines interprétations, cette formule signifie que l'Union doit améliorer la performance et la compétitivité de l'économie européenne, en modernisant les structures de production, en offrant un choix plus étendu aux consommateurs, au besoin en démantelant les dispositifs de protection sociale mis en place par les États membres. D'autres, au contraire, considèrent que le marché intérieur doit dès lors être un moyen de resocialiser les économies nationales en donnant aux citoyens européens de nouveaux droits d'accès aux biens collectifs qui sont vecteurs d'intégration sociale : accès aux marchés, mais aussi aux territoires, aux professions, à la santé, aux mécanismes de protection sociale, à la justice et à l'éducation[5].

Il est à remarquer que la jurisprudence de la Cour de justice semble constamment osciller entre ces deux interprétations opposées[6]. Il lui arrive de s'appuyer sur les règles du marché intérieur pour imposer un surcroît d'égalité dans la distribution d'avantages sociaux[7]. Au contraire, il lui arrive d'utiliser ces règles pour libéraliser l'accès aux marchés nationaux[8].

Pareille ambiguïté se retrouve sur le plan politique : pour les uns, le marché intérieur est conçu comme une entreprise de neutralisation des conditions de concurrence par la re-régulation des marchés au niveau européen tandis que, pour les autres, il s'agit d'un exercice de décentralisation destiné à favoriser la concurrence entre les dispositifs de régulation mis en place par les États membres.

Le marché intérieur et son double

Représentation consensuelle de l'Europe unie, n'exigeant apparemment pour lui-même aucun des efforts nécessaires à la création d'une véritable unité politique, présenté comme le développement quasi-spontané de sociétés européennes déjà interdépendantes, le marché intérieur a longtemps constitué la figure dominante en laquelle se reconnaissait l'ensemble de la construction européenne et des Européens. Rien de plus commun alors que de parler du « Marché commun » pour désigner la construction européenne. Cette période paraît bien révolue. Á mesure de son approfondissement et de son élargissement, le marché intérieur a perdu de son pouvoir d'attraction. Tandis que tombaient, peu à peu, les frontières techniques aux échanges, les obstacles mentaux ainsi que les difficultés politiques et morales surgissaient et ne cessaient de se fortifier.

Pensé comme source d'unité et de bien-être pour les Européens, aussitôt que l'opinion publique s'en saisit dans les débats ayant accompagné la ratification du traité établissant une Constitution pour l'Europe et du traité de Lisbonne, le marché intérieur est apparu au contraire comme une cause de fragmentation des sociétés, de fait confondu avec une dégradation des conditions de vie et un processus aliénant de standardisation culturelle. Cela peut expliquer qu'on lui ait adjoint une nouvelle référence, plus exigeante mais aux contours plus imprécis. La création de « l'Espace de liberté, de sécurité et de justice » (ELSJ) apparaît à l'article 3, paragraphe 2, du traité sur l'Union comme le prolongement et le double positif du marché intérieur (v. Notice 21). Défini également comme un « espace sans frontières intérieures », il substitue au marché intérieur, ensemble de dispositifs techniques de régulation économique, un espace de socialisation et de valeurs communes où les citoyens européens peuvent aisément se projeter.

Á vrai dire, le droit et la pratique du marché intérieur avaient largement anticipé ce changement de rhétorique constitutionnelle.

Trois mouvements marquent cette transformation.

• Un mouvement d'individualisation tout d'abord. Le traité définit le marché intérieur d'un point de vue objectif comme un espace de circulation des facteurs de production. Cependant, en pratique, ce sont des individus qui circulent ou font circuler des biens, entreprennent des activités transnationales, promeuvent les échanges. Cette vérité de fait, la Cour de justice s'est chargée d'en faire une règle fondamentale de l'intégration dans son arrêt Van Gend en Loos rendu le 5 février 1963 : « L'objectif du traité est d'instituer un marché qui concerne non seulement les États membres mais leurs ressortissants ». De là cette conséquence essentielle : les obligations que le traité impose aux États membres en vue d'établir le marché intérieur ont pour corollaires des droits conférés aux particuliers. Au nom du marché intérieur, c'est la liberté de circuler et d'agir des individus ainsi que les conditions d'exercice de cette liberté qui seront protégées. Il en résulte que les citoyens et les entreprises peuvent faire valoir des droits tirés des dispositions des traités devant toute autorité nationale à l'encontre d'une législation nationale qui leur serait contraire et, en cas de litige, saisir le juge national compétent, lequel est investi du pouvoir de faire prévaloir ces droits. Combiné au principe de primauté du droit de l'Union et au mécanisme du renvoi préjudiciel, cela assure aux règles du marché intérieur une autorité et une effectivité bien supérieures à celles reconnues aux traités ordinaires (v. Notice 9).

• Deuxième trait d'évolution marquant, la pénétration du monde des valeurs s'inscrit dans le droit fil du marché intérieur. Réguler le marché signifie par exemple tenir compte de « la dignité et l'intégrité » d'une profession réglementée[9]; de même qu'il faut parfois compter avec l'objectif de protéger « la dignité et l'intégrité de l'Homme »[10]. Telles qu'interprétées par les institutions de l'Union, les règles du marché intérieur visent non seulement à ouvrir une nouvelle aire d'activité économique aux individus mais également à protéger les intérêts non strictement marchands jugés essentiels à la poursuite de l'intégration tels que la sécurité des travailleurs, la protection de l'environnement et de la santé publique, la protection des droits sociaux ou des droits fondamentaux[11]. Ainsi que l'a reconnu la Cour de justice en une formulation apparemment paradoxale, le marché intérieur ne peut être réduit à un traité poursuivant « *une finalité essentiellement économique* » : il faut le concevoir, tel l'ELSJ, comme un « espace sans frontières intérieures », cherchant à supprimer tous les obstacles marchands *et* non-marchands à l'établissement d'un tel espace[12] (CJUE, 24 septembre 2013, *Demirkan*, aff. C-221/11, pt 56).

• Cet élargissement considérable de l'étendue et de la qualité du droit du marché intérieur a cependant un prix, et il est élevé. Troisièmement, cette transformation est marquée par une multiplication des formules dites de « différenciation ». Par là, il s'agit de désigner l'ensemble des techniques permettant de conférer aux États membres la possibilité de déroger aux règles communes. Imprégnant la construction de l'ELSJ, la différenciation affecte aussi celle du marché intérieur. Les procédés de différenciation n'ont cessé de se développer. Un bon exemple en est donné par l'harmonisation minimale qui consiste à fixer un socle minimal commun aux États membres au-delà duquel ceux-ci peuvent prendre des mesures de protection plus strictes. Le législateur emploie aussi la technique des clauses de sauvegarde qui consiste à donner aux États membres la possibilité de déroger temporairement et sous le contrôle des institutions européennes aux règles du traité. Enfin, il existe des formes plus flexibles de coordination ou de simple reconnaissance mutuelle des législations nationales. Ces procédés répondent généralement au souci légitime d'aménager des espaces d'autonomie locale et de diversité au sein du marché intérieur. Mais elles peuvent aussi trouver leur source dans la volonté de certains États membres de protéger des intérêts économiques ou sociaux puissants[13]. Il est bien évident que le projet de constituer un marché « unique » européen est menacé par une telle évolution. C'est la perspective de l'unité et de l'uniformité des règles régissant les différents marchés nationaux qui risque d'être abandonnée.

La teneur du marché intérieur

Le plus remarquable peut-être dans toute cette construction est le fait que quelques règles générales suffisent à saisir une infinie variété des situations concrètes. L'établissement du marché intérieur intéresse aussi bien la taxation du pain d'épices importé en Belgique et au Luxembourg, les conditions de vente du pain congelé en Grèce, l'interdiction d'atteler des remorques à certains véhicules à moteur en Italie, les conditions d'octroi de certains avantages fiscaux aux groupes de sociétés au Royaume-Uni, les tarifs minimaux pratiqués chez les avocats italiens, les conditions d'entrée dans le corps des directeurs d'hôpitaux en France, l'obligation de négocier au cas par cas les salaires des travailleurs dans les entreprises suédoises ou les conditions de brevetabilité des cellules du corps humain en Allemagne…

Á toutes ces situations, le droit du marché intérieur applique les mêmes principes : liberté de circuler, unité du marché, égalité de traitement des nationaux et des ressortissants des autres États membres, protection des intérêts généraux les plus sensibles mis en avant par les États membres. Ainsi il jette sur toutes les complexités du monde économique et social une lumière simple et crue : celle de la trop naturelle clôture des espaces nationaux, celle de la difficulté de ces espaces à s'ouvrir aux intérêts provenant ou établis dans d'autres États membres.

Le traité sur le fonctionnement de l'Union contient deux sortes de règles concourant à forcer l'ouverture des sociétés et des marchés nationaux : les règles dites d'intégration négative qui consistent à interdire les restrictions aux échanges entre États membres, forçant ceux-ci à démanteler les barrières existantes à la libre circulation, et les règles d'intégration positive qui confèrent aux institutions de l'Union le pouvoir d'agir en vue d'harmoniser les législations nationales et de réguler les marchés. Il est évident que l'intégration positive sera toujours plus difficile à réaliser que l'intégration négative. Tandis que la seconde suppose un engagement simple et définitif, inscrit dans le traité, n'exigeant pour sa mise en œuvre qu'une délégation de pouvoir à des organes supranationaux dotés de moyens d'agir conformément à cet engagement, la première exige autant d'accords politiques qu'il y a de mesures d'harmonisation à prendre. L'intégration négative a la netteté de la règle d'interdiction mise en œuvre par une autorité de police, la Commission européenne, et par un pouvoir judiciaire formé de la Cour de justice et de l'ensemble des juridictions nationales ;

l'intégration positive est le produit de longues délibérations et de consensus obtenus au sein des institutions politiques, le Conseil de l'Union et le Parlement européen. Sans doute bénéficie-t-elle d'une plus forte légitimité. Cependant, en pratique, elle aboutit souvent à l'élaboration de textes généraux, de compromis difficiles à mettre en œuvre, lesquels conduisent à redonner à la Cour de justice un pouvoir décisif d'interprétation. L'histoire de l'intégration européenne témoigne d'ailleurs d'un phénomène d'asymétrie entre les deux formes d'intégration, au profit de la première. De là l'idée reçue que le marché intérieur est essentiellement un cadre favorisant la liberté des entreprises au détriment de la régulation et des règles de protection existantes.

Les libertés de circulation

Avec les règles de concurrence, les règles relatives aux libertés de circulation forment ce qu'on appelle parfois la « Constitution économique européenne ». La Cour de justice en a fait les véritables piliers de l'intégration. D'abord en les élevant : elle leur confère le rang de « dispositions fondamentales » du droit de l'Union. Ensuite en les universalisant : la Cour a étendu leur portée en les rendant applicables à tous les secteurs couverts par les politiques de l'Union, y compris les secteurs protégés tels que le secteur agricole et en les rendant opposables à tous les types de législations nationales, y compris celles qui sont adoptées dans les domaines dits de « compétence réservée des États membres, ceux qui n'entrent pas dans les compétences pleinement attribuées à l'Union, tels que, par exemple, la fiscalité directe, l'éducation ou la protection sociale.

Par application de ces règles, est en principe interdite toute restriction aux échanges entre les États membres. Mais à quoi reconnaît-on une restriction aux échanges ? La réponse tient en une formule relativement abstraite forgée tardivement par la Cour de justice : « la notion de restriction couvre les mesures prises par un État membre qui, quoique indistinctement applicables, affectent l'accès au marché pour les entreprises d'autres États membres et entravent ainsi le commerce intracommunautaire »[14]. Il s'ensuit que peut être qualifiée de restriction toute réglementation nationale ayant des effets restrictifs sur les échanges, qu'elles emportent une discrimination à l'encontre des productions ou des activités provenant des autres États membres ou que, sans créer de discrimination formelle, elles aient simplement pour effet incident de protéger des productions nationales ou de rendre plus difficiles les activités d'échanges transnationaux. On remarquera que cette formule, dont la tournure peut varier en fonction des domaines ou des cas concernés, érige en critère d'analyse des réglementations nationales la finalité même des libertés de circulation : l'accès au marché. Sur ce fondement a été condamnée, par exemple, la législation française interdisant aux banques, qu'elles soient françaises ou étrangères, de pratiquer la rémunération des comptes à vue. La Cour y a vu un « obstacle sérieux qui affecte l'accès au marché bancaire, en ce qu'elle protège les positions acquises par les banques françaises au détriment des banques étrangères »[15]. En privilégiant le critère de l'accès au marché, fût-ce en réservant l'interdiction aux obstacles « sérieux », la Cour étend considérablement le champ de son contrôle. Mais elle rend aussi ce contrôle essentiellement ambigu : cette formule justifie une conception stricte qui se fixe pour unique objectif de lutter contre le protectionnisme économique tout autant qu'une conception large qui conduit à forcer la libéralisation des économies nationales.

En fait, au lieu de choisir, la Cour a adopté une double stratégie contradictoire qui en dernière analyse lui offre toute discrétion dans le traitement de chaque cas d'espèce. D'un côté, elle maintient la plus grande extension aux règles relatives aux libertés de circulation ; il n'est pratiquement aucun domaine d'activité qui échappe à leur emprise. De l'autre, elle offre aux États diverses facultés de dérogation aux règles du marché intérieur. D'une part, sa jurisprudence permet, depuis l'arrêt Cassis de Dijon, de protéger les législations nationales qui sont l'expression de « valeurs légitimes »[16]. Les États membres peuvent les justifier en se fondant sur les motifs de dérogation prévus par le traité ou sur les « raisons impérieuses d'intérêt général » définies dans la jurisprudence de la Cour. D'autre part, elle multiplie les solutions particulières ayant pour effet de limiter l'emprise de la règle d'interdiction des restrictions, dont elle use à sa guise. Il reste que le contenu et la portée de ses exceptions demeurent sous son contrôle. La Cour est l'arbitre des équilibres économiques et sociaux dans le vaste champ constitué par le marché intérieur.

L'harmonisation des législations nationales

La base juridique de l'harmonisation se trouve dans la troisième partie du traité sur le fonctionnement de l'Union européenne, au chapitre 3 du titre VII sous le titre « Rapprochement des législations ». Les institutions de l'Union sont habilitées à adopter des textes législatifs qui s'appliqueront uniformément dans l'ensemble des États membres de l'Union. Sur la base de l'article 115 TFUE, le Conseil adopte seul à l'unanimité des directives d'harmonisation ; sur la base de l'article 114 TFUE, introduit par l'Acte unique européen afin de faciliter le programme d'harmonisation, le Conseil et le Parlement adoptent conjointement des directives ou des règlements, le Conseil statuant alors à la majorité qualifiée selon les règles de la procédure législative ordinaire décrites à l'article 294 TFUE.

La politique d'harmonisation sert essentiellement à donner aux opérateurs économiques, aux consommateurs et aux citoyens un environnement juridique sûr et stable, élargi aux dimensions du territoire européen, dans lequel ils peuvent librement déployer leurs activités. Elle va bien audelà de mesures techniques relatives à la production et à la composition des produits mis sur le marché européen. L'harmonisation concerne aussi bien les conditions dans lesquelles les produits sont commercialisés, les services rendus, les professions réglementées, de même que les risques pour la santé, pour l'environnement ou pour l'intégrité des personnes que ces activités génèrent. Autrement dit, elle concerne l'infrastructure institutionnelle, sociale et morale des marchés de biens et de services. C'est la condition d'une véritable intégration des marchés. Sans cela, il y aurait le danger de voir les États membres et leurs populations tirer argument d'une absence de régulation et de protection communes pour se soustraire aux exigences de la libre circulation.

Toutefois, il ne faut pas se représenter l'harmonisation comme la réalisation d'un plan d'ensemble parfaitement cohérent, destiné à substituer entièrement aux règles nationales des règles communes dans tous les domaines touchant à l'établissement du marché intérieur. Elle est plutôt le produit d'actions sectorielles, motivées par les besoins ou par les circonstances, et de programmes politiques définis à long terme, souvent imparfaitement réalisés en raison d'obstacles de nature politique, administratif ou technique. Il en résulte, dans les matières les plus variées (sociétés commerciales, denrées alimentaires, droits des consommateurs, propriété industrielle et intellectuelle, activités des professions libérales, services financiers et bancaires, assurances, produits pharmaceutiques...), un ensemble de textes d'harmonisation tantôt complets tantôt lacunaires, et plus ou moins bien articulés entre eux.

La question des limites de l'harmonisation a longtemps été négligée. Le marché commun était à bâtir, et toute disparité entre des législations nationales ayant une incidence, même indirecte, sur l'établissement du marché commun pouvait tenir lieu de justification à l'adoption d'un texte communautaire d'harmonisation. Cette construction se manifesta notamment lors du Sommet des chefs d'État et de gouvernement des États membres qui se tint à Paris en 1972 où chacun s'accorda pour conférer à la Communauté européenne une compétence générale pour réguler le marché commun et pour légiférer sur les matières d'intérêt commun telles que la protection de l'environnement, la protection des consommateurs ou certains aspects de la politique sociale. Cette conception a fait long feu.

Á partir du moment où l'unanimité cessait d'être la règle dans la procédure d'adoption des textes d'harmonisation, dès lors qu'apparaissaient certaines dissymétries dans la distribution des bénéfices du marché intérieur, certains groupes de la population ou certaines régions semblant souffrir des avantages donnés à d'autres plus mobiles et mieux dotés, la question des limites et de l'encadrement du programme d'harmonisation se fit jour. La Cour de justice finit par en prendre acte dans une décision relative à un texte d'harmonisation en matière de publicité en faveur des produits du tabac, auquel l'Allemagne s'était en vain opposée lors de sa négociation au sein du Conseil et du Parlement européen[17]. Pour la première fois, la Cour reconnaissait que l'article 114 TFUE ne saurait être interprété en ce sens qu'il « donnerait au législateur [de l'Union] une compétence générale pour réglementer le marché intérieur ». Désormais, elle exigerait du moins que les mesures adoptées sur ce fondement aient leur raison d'être dans une divergence des législations nationales qui sont réellement de nature à entraver le commerce intra-européen ou dans l'existence de mesures qui constituent des distorsions sensibles de concurrence. L'argument de la disparité des législations nationales n'est plus, en soi, suffisant pour harmoniser sur cette base. D'autres bases juridiques peuvent être recherchées dans le traité, mais il faut noter que de nombreuses dispositions du traité excluent à présent, en tout ou en partie, les mesures d'harmonisation. Si l'on tient en outre compte du nouveau mécanisme de contrôle de la subsidiarité de l'action de l'Union introduit par le traité de Lisbonne, il est possible d'en inférer que toutes les garanties juridiques et politiques sont maintenant en place pour limiter l'extension de l'harmonisation. En pratique, cependant, les institutions européennes ont fait un usage plutôt faible de ces garanties. La Cour opère un contrôle limité de l'action du législateur. Elle envisage sa tâche essentiellement comme une manière d'imposer au législateur une obligation de justifier son action. Encore se contente-t-elle d'explications générales, sans entrer dans l'examen de l'opportunité des mesures adoptées. Il y a encore loin de l'idée de limites à son application effective.

La rigueur du marché intérieur

Une chose est d'établir le marché intérieur, une autre de s'assurer que ses règles sont bien appliquées. Institution par nature artificielle, engagée dans une lutte permanente contre les tendances naturellement protectionnistes des gouvernements des États membres, le marché intérieur souffre, de manière quasi-congénitale, d'inefficacité. De fait, à mesure que l'emprise des libertés de circulation s'étendait, que le programme d'harmonisation se développait, les violations des règles se multipliaient. De là une attention sans cesse accrue portée aux mécanismes de gouvernance et de surveillance du marché intérieur. En 2007, la Commission publiait une communication au titre significatif : « Pour une Europe des résultats – Application du droit communautaire ». L'accent se déplaçait : de l'idée d'adopter des nouvelles règles communes, on passait à la nécessité d'organiser le suivi et la surveillance des règles existantes. Ce changement de priorité a conduit à l'instauration d'une nouvelle structure de gouvernance, organisée autour de trois niveaux de responsabilités.

Dans une « Europe des résultats », la responsabilité première incombe à l'organe chargé selon les traités de veiller à l'application de ceux-ci ainsi que des mesures adoptées par les institutions européennes : la Commission (article 17 TUE). Différents instruments de surveillance spécialisés ont été forgés. Ainsi, par exemple, la décision 3052/95 établit une procédure d'information mutuelle sur les mesures nationales susceptibles de constituer des entraves à la libre circulation des marchandises, au profit de la Commission. La directive 98/34 impose une notification à la Commission des projets de textes adoptés par les États membres comportant des règles techniques. En outre, les contrôles décentralisés au niveau national et les autocontrôles opérés par les entreprises concernées sont encouragés (attestations de spécificité sur les produits, label écologique apposé par les producteurs). En cas de défaillance des autorités nationales, la Commission dispose d'un pouvoir de poursuite et de police. De même, le règlement 2679/98 permet à la Commission de mettre en demeure les États qui tolèrent de graves entraves à la libre circulation des marchandises d'adopter les mesures nécessaires pour les faire cesser

Une responsabilité essentielle pèse sur les États membres. Il leur revient d'appliquer correctement les règles du marché intérieur. Cette tâche peut être lourde. En témoigne par exemple le long processus de transposition de la directive 2006/123 sur les services dans le marché intérieur. En ce cas, la Commission a ressenti la nécessité de publier un guide de transposition qui s'apparente à un véritable discours de la méthode, décrivant plusieurs exercices pratiques à accomplir pour s'assurer d'une bonne transposition. C'est qu'une transposition incorrecte ou une mauvaise application des règles du traité relative aux libertés de circulation peut donner lieu à des sanctions. Le système européen a créé deux mécanismes parallèles de sanction :

• L'un est centralisé : c'est l'action en manquement d'État. La Commission est compétente pour engager des poursuites à l'encontre des États membres défaillants et pour porter son action devant la Cour qui, en certaines circonstances, peut prononcer des sanctions financières (articles 258 et 260 TFUE).

• L'autre mécanisme est décentralisé. Il a été forgé par la jurisprudence de la Cour de justice pour compléter l'action en manquement. En vertu du principe posé dans son arrêt *Francovich*, le juge national a le pouvoir de demander réparation aux autorités qui, ayant manqué à leurs obligations d'appliquer les règles du marché intérieur, ont provoqué un préjudice dans le chef à des entreprises ou à des particuliers.

Il ne faut pas négliger le rôle croissant des acteurs privés dans la gouvernance du marché intérieur. Par exemple, des tâches d'harmonisation des standards techniques ont été déléguées aux organes européens de normalisation qui sont des organes professionnels de droit privé. C'est là un bon exemple de co-régulation : les parties concernées sont associées à la définition des normes européennes qui a vocation à régir leur comportement sur le marché. De manière générale, l'Union favorise l'auto-régulation, qui consiste à donner aux parties concernées les moyens d'adopter elles-mêmes des règles de conduite conformes aux objectifs de l'Union. Dans certains secteurs techniques, il est exigé des acteurs privés de se comporter en « agents responsables », chargés de mettre en œuvre les exigences découlant des objectifs de l'Union. Les secteurs de la sécurité alimentaire et de la protection des données en fournissent de bons exemples.

Malaise dans le marché intérieur

Dans un arrêt modeste rendu en 1985, la Cour de justice suggérait que l'harmonisation inaugurait une nouvelle ère dans laquelle la population serait en mesure de prendre « plus fortement conscience de la réalité du marché commun » et de ses bénéfices[18]. Bien emphatiques, pour ne pas dire exagérément optimistes, nous paraissent ces mots dans le contexte actuel. Le marché intérieur ressort affaibli de la grande crise qu'ont traversée l'Union et ses États membres. C'est l'Union tout entière qui apparaît comme usée, associée à tous les processus de désocialisation. Nul doute que le contexte actuel est favorable aux contestations du projet d'intégration économique. Il donne lieu à des revendications d'autonomie et de différenciation. Un argument prend corps dans de nombreux milieux, qui exige de tenir compte des sensibilités nationales et locales et de faire droit à la diversité sociale et morale de l'Europe. Il s'appuie volontiers sur la clause de respect des identités nationales introduite à l'article 4, paragraphe 2, du traité sur l'Union.

L'intégration européenne serait facteur de risques : risques de délocalisations des entreprises et des travailleurs, risques de « dumping social » de la part d'entreprises et de travailleurs offrant leurs services à des coûts inférieurs à ceux normalement pratiqués dans les États les plus protecteurs du point de vue social, plus généralement risques de dégradation des conditions de vie, d'intensification des conditions de la compétition entre nations et de standardisation des modes de vie. Contre ces risques, la Cour de justice tend à réagir en offrant aux États membres de nouveaux espaces de liberté et de justification. Elle admet, par exemple, que la maîtrise des équilibres financiers du système de sécurité sociale dans les affaires relatives à la mobilité des patients dans l'Union peut justifier une entrave aux échanges[19]. Dans d'autres cas, elle fait droit à la conception morale ou sociale particulière prévalant dans un État membre[20]. Les règles du marché ne s'imposent plus avec la force de l'évidence. Certes, il est douteux que cette réponse venant du cœur de ce qui est souvent perçu comme la machine à uniformiser et à libéraliser soit bien reçue. Du moins, il semble désormais acquis que le marché intérieur ne saurait se suffire à lui-même. À mesure qu'il étend son empire, il est mis en contact avec un contexte qui lui est étranger et qu'il ne saurait plus ignorer.

L'intégration européenne est arrivée à ce point où ce qui est commun ne tient plus seulement à l'établissement d'un marché intérieur ; celui-ci doit être envisagé comme la pièce nécessaire mais modeste d'un ensemble plus complexe, où les exigences du marché intérieur doivent composer avec des formes de protection, de moralisation et de socialisation qui s'expriment au sein des États membres ou dans le droit international. Peut-être est-il temps de revenir à la conception primitive du Traité de Rome, à peine modifiée : le marché intérieur, non point comme objectif exclusif ou principe à valeur *supra*-constitutionnelle, mais comme un moyen essentiel, parmi d'autres, de promouvoir un développement harmonieux des activités économiques et des relations sociales dans l'ensemble de l'Union.

Loïc Azoulai

Notes

1. CJUE, 4 octobre 2011, *FA Premier Ligue et al.*, aff. jointes C-403/08, pt 115.

2. CJCE, 5 mai 1982, Schul, aff. 15/81.

3. J. Rueff, *Institutions et marché commun dans le Traité de la Communauté Européenne du Charbon et de l'Acier*, 1957, in J. Rueff, *Œuvres complètes. Politique économique*, vol. III, Plon, Paris, 1979, pp. 319-320.

4. Voir N. Jabko, *Playing the Market. A Political Strategy for Uniting Europe (1985-2005)*, Cornell University Press, 2006.

5. Sur ce débat, voir M. Höpner et A. Schäfer, « Embeddedness and Regional Integration : Waiting for Polanyi in a Hayekian Setting », *International Organization* (2012), p. 429.

6. En ce sens, A. Saydé, "One Law, Two Competitions : An Inquiry into the Contradictions of Free Movement Law", *Cambridge yearbook of European Legal Studies* (2010-2011), p. 365.

7. Par ex., CJCE, 11 septembre 2007, *Schwarz et Gootjes-Schwarz*, aff. jointes C-76/05 et C-318/05.

8. par ex. CJCE, 8 mai 2013, *Libert e. a./Gouvernement flammand*, aff. jointes C-197/11 et C-203/11.

9. La référence est présente à l'article 24 de la directive 2006/123 sur les services dans le marché intérieur ; voir CJUE, 5 avril 2011, *Société fiduciaire nationale d'expertise comptable*, aff. C-119/09.

10. La référence est présente dans le préambule de la directive 98/44 sur la protection juridique des inventions biotechnologiques ; voir CJCE, 18 octobre 2011, *Brüstle*, aff. C-34/10.

11. Voir, par ex., directive 95/46 sur la protection des individus en ce qui concerne le traitement des données personnelles ainsi que directive 2011/24 relative à l'application des droits des patients en matière de soins transfrontaliers.

12. CJUE, 24 septembre 2013, *Demirkan*, aff. C-221/11, pt56

13. Un bon cas d'école se trouve évoqué dans CJCE, 14 décembre 2004, *Swedish Match*, C-210/03, qui concerne l'usage et la commercialisation du tabac à mâcher en Suède.

14. CJCE, 28 avril 2009, *Commission/Italie*, aff. C-518/06.

15. CJCE, 5 octobre 2004, *CaixaBank France*, aff. C-442/02.

16. CJCE, 20 fevrier 1979, *« Cassis de Dijon », aff. 120/78*

17. CJCE, 5 octobre 2000, *Allemagne/Parlement et Conseil*, aff. C-376/98.

18. CJCE, 21 mars 1985, *Michael Paul*, aff. 54/84.

19. CJCE, 16 mai 2006, *Watts*, aff. C-372/04.

20. CJCE, 14 octobre 2004, *Omega*, aff. C-36/02 ; CJUE, 18 juillet 2013, *UEFA*, aff. C-201/11 P.

Notice 12

La politique européenne de concurrence

La politique de concurrence est une politique emblématique à la fois de l'action de l'Union européenne, des enjeux qui se présentent à elle et des débats qui la traversent. Dotée d'un corps de règles uniformes d'application directe, d'un système de gouvernance centralisé et d'instruments de mise en œuvre efficaces, elle constitue sans aucun doute une réalisation majeure de la construction européenne. Ni les entreprises ni les autorités publiques ne peuvent ignorer des règles susceptibles d'avoir une incidence directe sur leur prise de décision commerciale, économique ou financière. Certaines opérations (fusions-acquisitions d'une certaine dimension, octroi d'une aide d'État) ne peuvent, en effet, se réaliser sans l'approbation de la Commission, laquelle dispose en outre de pouvoirs d'enquête et de sanction importants en matière de pratiques anticoncurrentielles (ententes et abus de position dominante). Le champ d'application étendu des règles européennes de concurrence en fait aussi un des exemples les plus représentatifs de cette «puissance normative» que peut exercer l'Union au-delà de ses frontières lorsqu'elle parle d'une seule voix, possède des moyens d'intervention crédibles et offre un modèle de régulation efficace. Il s'agit en même temps d'un symbole parfois contesté de l'action de l'UE. Elément essentiel pour certains d'un marché unique réellement intégré et d'une économie européenne compétitive, d'autres voient en elle l'expression d'une approche trop orthodoxe qui concevrait la concurrence uniquement comme une fin en soi. En fait, même la simple lecture des articles du traité fait apparaitre une réalité, à tout le moins, plus complexe. Ces dispositions consacrent, en effet, une forme d'intervention publique dans l'économie - bien éloignée d'un marché livré à lui-même ou à la «loi du plus fort» - et prennent largement en compte des objectifs d'intérêt général, tempérant et aménageant de cette façon l'application stricte des règles de concurrence.

Une politique au cœur de l'intégration européenne

Présente dès les traités constitutifs, la politique de concurrence repose sur plusieurs fondements, certains d'ordre général et d'autres propres à l'intégration européenne.

Dans un système dit d'économie de marché, on attribue avant tout aux règles de concurrence des finalités de nature économique. En permettant l'adaptation de l'offre à la demande et la formation de prix d'équilibre, en incitant les entreprises à développer des avantages comparatifs notamment à travers le développement technique et l'innovation, en poussant les opérateurs économiques à effectuer les ajustements et les restructurations nécessaires quand il en est encore temps etc., un régime de libre concurrence est supposé apporter de nombreux bienfaits aussi bien à l'économie dans son ensemble qu'aux consommateurs. On résume en général ces avantages en décrivant un tel régime comme promouvant l'efficience allocative (utilisation rationnelle des facteurs de production), productive (réduction des coûts de production et gains de productivité) et dynamique (capacité de développement de nouvelles techniques et de création de nouveaux produits).

À côté de ces objectifs économiques, la concurrence peut être considérée comme une composante essentielle d'un certain type d'organisation sociale et de régime politique :

- au niveau individuel, elle est garante de la liberté d'initiative et d'entreprendre, en permettant à chacun d'entrer, ou à tout le moins de tenter d'entrer, sur le marché. Elle protège également les acteurs plus faibles (consommateurs, petites et moyennes entreprises) contre certains comportements déloyaux mis en œuvre par des opérateurs économiques plus puissants.

- au niveau collectif, elle favorise la diffusion du pouvoir économique contribuant ainsi à protéger la société contre les risques que peut faire courir, notamment pour son équilibre démocratique, une trop forte concentration des moyens de production (par ex. dans la presse et les média). L'ensemble de ces considérations étaient, bien entendu, loin d'être négligeables dans les années 1950 au moment de la rédaction des traités de Paris et de Rome, dans un contexte de Guerre froide, fortement marqué du point de vue idéologique, et de reconstruction de l'économie européenne. À cela, il faut enfin ajouter la grande méfiance des pères fondateurs de l'Europe pour le nationalisme économique considéré, notamment à travers la formation de grands conglomérats industriels, comme une des principales causes des deux conflits mondiaux.

Aux origines de la politique de concurrence européenne

« Le problème était de briser les concentrations excessives dans la sidérurgie et les charbonnages de la Ruhr où les anciens *Konzerns* qui avaient fait la puissance militaire du Reich se reconstituaient tout naturellement. Les Américains, les premiers, s'y étaient attaqués depuis de longs mois. [...] Ils exigeaient que l'organisation unique de vente du charbon allemand, le fameux D. K. V., perdît sa structure de monopole et que les industries de l'acier ne possédassent plus les mines de charbon. [...] Aucune forme d'équilibre ne pouvait revenir sur le continent si les magnats de la Ruhr étaient en mesure de gérer dans leur intérêt la source principale du charbon nécessaire à leur industrie comme à celles de leurs voisins. L'insécurité, génératrice d'asservissement ou de conflit, régnerait à nouveau en France si les propriétaires du coke de la Ruhr recommençaient à contrôler, en dosant leurs livraisons, la production de nos hauts fourneaux. Les cartels, entre eux, s'accommodaient de cette situation et administraient la pénurie. [...] Le 14 mars 1951, enfin, le plan allié de décartellisation reçut l'accord d'Adenauer [Chancelier de la République fédérale d'Allemagne], et aussitôt Hallstein [alors secrétaire d'État allemand aux Affaires étrangères] acceptait les deux articles [art.65 et 66] en suspens. Ceux-ci avaient été rédigés par [le juriste américain Robert] Bowie avec un soin méticuleux. C'était une innovation fondamentale en Europe, et l'importante législation antitrust qui règne sur le marché commun trouve son origine dans ces quelques lignes pour lesquelles je ne regrette pas de m'être battu quatre mois durant ». (Extrait des *« Mémoires »*, Jean Monnet, Le Livre de Poche, Paris, 2007, pp. 511-514).

« À l'opposé d'un cartel international tendant à la répartition et à l'exploitation des marchés nationaux par des pratiques restrictives et le maintien de profits élevés, l'organisation projetée assurera la fusion des marchés et l'expansion de la production » (Extrait de la Déclaration Schuman du 9 mai 1950).

Enfin, cette politique poursuit des objectifs spécifiques à la construction européenne. Dans l'esprit des rédacteurs des traités, il s'agissait en effet d'éviter que les opérateurs économiques (par ex. en s'accordant sur les prix ou en se répartissant les marchés) et les autorités publiques (en favorisant systématiquement les entreprises nationales) n'introduisent ou ne réintroduisent des obstacles aux échanges se substituant aux barrières et autres restrictions abolies par ces mêmes traités. Les règles de concurrence se sont ainsi vu attribuer un rôle essentiel de complément des libertés de circulation, au service de l'unification du marché intérieur (v. Notice 11). Cette fonction intégrationniste, exprimée notamment dans le Protocole sur le marché intérieur et la concurrence annexé au Traité de Lisbonne, se reflète dans de nombreux aspects du droit européen de la concurrence. Ainsi, par exemple, l'application des règles de concurrence est soumise par le traité à la condition d'une affectation du commerce entre États membres [1]. À la différence ensuite de la plupart des autres régimes *antitrust*, le droit européen de la concurrence prévoit des règles s'adressant non seulement aux entreprises mais aussi aux autorités publiques, certaines pratiques mises en œuvres par ces dernières étant tout autant – sinon même davantage – susceptibles de cloisonner les marchés nationaux et fausser la concurrence.

La politique européenne de la concurrence comprend ainsi deux volets principaux :

– des règles s'appliquant aux entreprises, qu'il s'agisse de pratiques impliquant plusieurs entreprises (ententes, contrôle des concentrations) ou de comportements unilatéraux (abus de position dominante) et
– des règles s'appliquant aux autorités publiques (contrôle des aides d'État).

Les règles s'appliquant aux entreprises

Un champ d'application étendu

Une des principales raisons expliquant l'efficacité des règles du droit européen de la concurrence réside dans leur grande flexibilité. En tant que règles de droit économique, elles doivent pouvoir appréhender la réalité économique, commerciale et financière, au-delà des apparences formelles et des qualifications juridiques nationales. Ainsi, les dispositions du Traité en matière d'entente (art. 101 TFUE) et d'abus de position dominante (art. 102 TFUE) s'appliquent aux « entreprises ». Cette notion a été interprétée par la pratique décisionnelle de la Commission européenne et la jurisprudence de la Cour de justice comme recouvrant toute entité exerçant une activité économique ou commerciale, et cela indépendamment de critères formels tels que sa forme ou son statut juridique, son mode de financement, le type d'activité concernée, son but lucratif ou non. L'emprise de ces règles s'étend, dès lors, aussi bien à une personne physique exerçant une profession libérale qu'à une société multinationale ou à une entreprise publique offrant des biens ou des services marchands. Peu d'activités échappent à un champ d'application matériel aussi étendu : il s'agit essentiellement des activités se rattachant à l'exercice de prérogatives de puissance publique[2] et d'activités dites à but exclusivement social, tels que par exemple des régimes obligatoires de sécurité social fondée entièrement sur le principe de solidarité. En outre, le traité prévoit pour certains secteurs ou une exclusion pure et simple de l'applicabilité de ces règles – comme dans le cas de matériels militaires (art. 346 TFUE) – ou un aménagement de celles-ci afin de tenir compte d'exigences propres à ce secteur, comme dans le cadre de la Politique agricole commune (art. 42 TFUE) (v. Notice 15). En revanche, les entreprises chargées de la gestion d'un service d'intérêt économique général – notion recouvrant en partie ce qui est qualifié en France de «service public » – n'échappent pas à l'application des règles de concurrence dans la mesure où ces entreprises offrent des biens ou services sur le marché en échange d'une rémunération (par ex. transports, énergie, télécommunication, service postaux). L'art. 106 TFUE permet toutefois de déroger à l'application de ces règles si elles sont de nature à compromettre l'accomplissement de la mission impartie à de telles entreprises. Cet équilibre est aujourd'hui essentiellement assuré par les directives sectorielles dites de libéralisation qui, à partir des années 1990, ont ouvert à la concurrence de nombreux secteurs tout en garantissant les conditions de fourniture d'un «service universel », à savoir un service de base accessible à tous les utilisateurs à un prix raisonnable.

Le champ d'application territorial de ces règles est lui aussi défini de manière large par référence au critère de l'effet sur les échanges intra-européens. Peu importe alors que les entreprises en cause soient étrangères ou implantées hors de l'Union pour autant que leurs comportements soient susceptibles d'affecter les échanges entre États membres et que leurs effets puissent ainsi être localisés au sein de l'Union. Il n'est pas non plus nécessaire que la pratique concernée présente un caractère transfrontalier : par exemple, une entente limitée au territoire d'un seul État membre peut être considérée comme cloisonnant ce marché national et, partant, constitutive d'une entrave aux échanges intra-européens. La seule limite apportée à cet égard par la jurisprudence tient à la nécessité du caractère sensible d'un tel effet, ce qui exclut les pratiques dont l'incidence sur le commerce entre États membres est insignifiante ou marginale[3]. Exprimant en un certain sens l'idée de subsidiarité, ce critère sert de ligne de démarcation entre droit de l'Union et droits nationaux de la concurrence.

Une application parallèle des règles européennes et des règles nationales à des pratiques susceptibles d'affecter le commerce entre États membres ne peut toutefois être exclue. Cela est, en effet, prévu expressément par l'art. 3 du règlement n° 1/2003 qui a modernisé et décentralisé la mise en œuvre des règles européennes de concurrence. En vertu du principe de primauté du droit de l'Union européenne (UE) (v. Notice 9), cette même disposition précise qu'en cas de divergence entre les deux dispositifs, la solution fondée sur les règles de l'Union l'emporte, empêchant ainsi, d'autoriser au nom des règles nationales une entente prohibée par l'art. 101 TFUE ou bien d'interdire une entente considérée comme licite par cet article. En revanche, cette règle ne joue pas pleinement pour les comportements unilatéraux comme les pratiques abusives : le même art. 3 autorise les États membres à adopter et mettre en œuvre des règles plus strictes en la matière. Pour sa part, le contrôle des concentrations se fonde sur un système de compétence exclusive. Lorsqu'une opération de fusion, d'acquisition ou de création d'entreprise commune atteint certains seuils, exprimés en termes de chiffre d'affaires, le système européen de contrôle et d'autorisation s'applique à l'exclusion de tout système national.

Le volet répressif : la lutte contre les pratiques anticoncurrentielles

Deux types de pratiques pouvant être mises en œuvre par des entreprises sont prohibées par le traité en raison de leur objet ou effet anticoncurrentiel. Alors que les ententes procèdent nécessairement d'une collusion entre plusieurs entreprises (art. 101 TFUE), l'abus de position dominante constitue un comportement unilatéral pouvant être adopté par une seule entreprise (art. 102 TFUE).

Les ententes entre entreprises

L'art. 101 TFUE pose le principe de l'interdiction des ententes entre entreprises (Parag. 1) et l'assortit d'une conséquence civile, la nullité de plein droit (Parag. 2). La rigueur de cette prohibition est toutefois atténuée par la possibilité d'exempter des ententes présentant un bilan économique positif (Parag. 3).

Le type de collusion visé à l'art. 101 TFUE peut prendre des formes diverses, l'élément déterminant étant l'expression par les parties d'une «volonté commune d'agir ensemble». Une entente peut alors résulter aussi bien d'un accord entre entreprises – écrit ou verbal, exprès ou tacite, d'une action collective se manifestant à travers la décision d'une association d'entreprises ou encore d'arrangements moins formels, appelés «pratiques concertées», traduisant une coordination de la stratégie commerciale de plusieurs entreprises (par ex. par un échange d'informations). En somme, la nature de l'acte ou son caractère contraignant sont indifférents dès lors qu'au moins une des parties s'engage à limiter sa liberté d'action sur le marché par rapport aux autres parties. Sont concernées aussi bien les ententes horizontales (c'est-à-dire entre concurrents intervenant au même stade de production) que verticales (c'est-à-dire entre entreprises intervenant à des stades différents de production, par ex. entre producteurs et distributeurs). On reconnaît là, une nouvelle fois, le grand pragmatisme du droit européen de la concurrence.

Pour tomber sous le coup de l'art. 101 TFUE, il faut encore que la collusion ait pour objet ou pour effet de restreindre la concurrence. Appartiennent à la première catégorie les ententes qui, par leur nature même, restreignent la concurrence à travers notamment la fixation des prix, la limitation de la production ou des ventes ou encore la répartition des marchés. On parle alors de «restrictions caractérisées». C'est le cas des fameux cartels, qualifiés de véritables «cancers de l'économie de marché» par l'ancien commissaire à la Concurrence, Karel van Miert de 1992 à 1999). La seconde catégorie présuppose une analyse *in concreto* des circonstances entourant l'entente et de son effet sur le marché en cause. Ainsi, un même type d'accord (par ex. une clause d'exclusivité) pourra être considéré comme restrictif ou non de la concurrence en fonction, entre autres, de l'importance de la part de marché des entreprises en cause.

Certaines ententes peuvent être «rachetées» lorsque les bénéfices économiques qu'elles apportent l'emportent sur les restrictions concurrentielles qu'elles engendrent. En effet, l'art. 101 TFUE prévoit que peuvent échapper à l'interdiction qu'il énonce les ententes présentant un bilan économique positif, bénéficiant notamment aux utilisateurs, dès lors que leurs effets restrictifssont nécessaires à ces avantages et proportionnés. Il s'agit là, contrairement à bien des idées reçues et pour citer le Prof. Idot, d'une des manifestations du fait que dans le système de l'Union «la concurrence n'est pas une fin en soi, mais simplement un moyen d'atteindre les objectifs du traité»[4]. Le type d'effet positif d'une coopération entre concurrents pouvant être pris en considération comprend notamment l'introduction de nouveaux produits ou l'amélioration de leurs qualité mais aussi la poursuite d'objectifs environnementaux ou sociaux. La principale modalité d'application de l'art. 101, par. 3, TFUE est aujourd'hui constituée par les règlements d'exemption par catégorie. En vertu de ces règlements, certaines catégories d'accords sont présumées présenter des avantages économiques sans restreindre significativement la concurrence. Cela concerne essentiellement les accords de recherche et développement, de spécialisation, de production conjointe, de transfert de technologie, les accords verticaux (accord de distribution, d'achat, franchise etc.) ainsi que certains accords sectoriels (par ex. distribution automobile). Toutefois ces présomptions ne jouent pas si les entreprises concernées détiennent un pouvoir de marché trop important ou si leur accord contient des restrictions caractérisées (par ex. prix de vente imposé dans les accords verticaux). Une exemption peut aussi être accordée à titre individuel à un accord donné. Jusqu'à l'entrée en vigueur du règlement n° 1/2003, seule la Commission pouvait accorder ce type d'exemption et, pour pouvoir en bénéficier, les entreprises devaient lui notifier leurs accords. Aujourd'hui, dans le cadre de l'application décentralisée du droit de la concurrence et d'un contrôle principalement *ex post* du respect de celui-ci, il revient aux entreprises elles-mêmes d'évaluer les éventuels effets anticoncurrentiels de leurs accords et d'invoquer l'applicabilité de l'art. 101, par.3, TFUE en cas de contestations par les autorités européennes ou nationales.

Les abus de position dominante

Le régime des abus de position dominante, édicté à l'art. 102 TFUE, diffère de celui des ententes d'un double point de vue :

– D'une part, alors que l'application de l'art. 101 TFUE suppose la rencontre d'au moins deux volontés indépendantes, une pratique unilatérale peut être interdite au titre de l'art. 102 TFUE.
– D'autre part, une telle interdiction est absolue en ce qu'elle ne peut bénéficier d'aucune exemption.

L'analyse d'un comportement d'une entreprise sous l'angle de l'art. 102 TFUE exige de déterminer si une entreprise se trouve en position dominante et si elle abuse de cette situation. En effet, ce n'est pas la constitution ou la détention d'une position dominante qui est prohibée par le traité mais bien son exploitation abusive.

Qu'est-ce qu'une position dominante ?

Par position dominante, il faut entendre – conformément à la formule consacrée par la jurisprudence de la Cour de justice de l'UE – la possibilité pour une entreprise d'adopter des «comportements indépendants dans une mesure appréciable vis-à-vis de ses concurrents, de ses clients et, finalement, des consommateurs». En somme, il s'agit de la capacité de s'abstraire sensiblement des contraintes de la pression concurrentielle. Cette position de puissance économique se détermine en fonction de critères tant quantitatifs que qualitatifs. Le principal indice d'une telle position de puissance économique est constitué par l'importance de la part de marché détenue par l'entreprise, exprimée aussi bien en termes absolus (en général, au-dessus de 50 %) que relatifs afin d'évaluer la capacité concurrentielle des autres entreprises présentes sur le marché. Pour confirmer ou infirmer cette analyse, d'autres éléments peuvent être pris en compte tels que l'avance technologique d'une entreprise, l'importance de son réseau commercial, la réputation d'une marque, la détention de droits exclusifs de propriété intellectuelle (brevets, licences), la possession d'une « infrastructure essentielle » pour fournir un bien ou un service et ne pouvant être aisément dupliquée (par ex. dans le secteur des transports ou de l'énergie) ou encore l'existence d'importantes barrière à l'entrée du marché concerné (par ex. dépenses importantes en matière de publicité ou de recherche-développement). Si, dans la majorité des cas, la puissance économique d'une seule entreprise est prise en compte, la jurisprudence a également admis que plusieurs entreprises puissent occuper ensemble une position dominante collective. Cela présuppose que les entreprises concernées soient liées d'une telle façon qu'elles adoptent le même comportement sur le marché. Ces liens peuvent être aussi bien de nature économique que juridique ou même résulter de la structure oligopolistique du marché.

Une «responsabilité particulière» pèse sur les entreprises en position dominante. Celles-ci opèrent, en effet, sur un marché dont la structure concurrentielle est déjà affaiblie du fait précisément de leur présence. Elles doivent, en quelque sorte, veiller à ne pas abuser de leur force pour réduire le degré de concurrence sur le marché ou faire obstacle à son développement. Dès lors, certaines pratiques commerciales (par ex. en matière de rabais ou de primes), parfaitement licites lorsque mises en œuvre par des opérateurs non dominants, ne le sont plus si elles sont adoptées par des entreprises en position dominante. Toutefois, dans la pratique, il n'est pas toujours aisé de faire la distinction entre une concurrence certes vigoureuse, ou même agressive, mais licite et des comportements abusifs.

Quand y-a-t-il abus?

L'abus se manifeste par des comportements visant, directement ou indirectement, à l'éviction des concurrents. Sont ainsi considérés comme abusifs des comportements mis en œuvre dans le cadre des relations de l'entreprise dominante avec ses concurrents qu'il s'agisse, par exemple, du refus de fournir à ceux-ci un produit nécessaire à leur activité, de leur refuser l'accès à une «infrastructure essentielle», ou encore de soumettre une telle fourniture ou un tel accès à des conditions ou des délais déraisonnables. Dans la célèbre affaire *Microsoft* de 2004, c'est un abus de ce type qui a entre autres été sanctionné, le géant informatique ayant refusé de fournir les informations nécessaires (codes sources) à l'interopérabilité entre son système d'exploitation *Windows* et des logiciels conçus par des concurrents. Sont également prohibés, en tant qu'abusifs, des comportements intervenant dans le cadre des relations verticales de l'entreprise dominante et ayant pour effet d'accentuer la dépendance économique de sa clientèle, la rendant ainsi plus captive et donc plus difficile d'accès pour des concurrents. Ce type d'abus peut être constitué notamment par des rabais ou des primes de fidélité, des prix prédateurs, des ventes liées lorsque qu'elles ne sont pas objectivement justifiés par ex. par la nature du produit ou encore des clauses d'exclusivité. L'affaire *Microsoft* offre à nouveau un exemple particulièrement illustratif de ce type d'abus, à travers l'intégration systématique du lecteur *Media Player* dans le système d'exploitation *Windows*, alors que dans l'affaire *Intel*, ayant donné lieu à une amende de plus d'un milliard d'euros en 2009, il a été notamment reproché à cette entreprise d'avoir offert des remises à des fabricants d'ordinateurs à condition qu'ils s'approvisionnent exclusivement ou quasi-exclusivement auprès d'elle.

Il s'agit sans doute d'un des domaines les plus débattus du droit de la concurrence car renvoyant à des questionnements centraux sur l'impact de ces règles et les risques d'une approche trop stricte en matière : dans quels cas et dans quelle mesure convient-il de restreindre la marge d'action d'entreprises dont la position de force est souvent le résultat de leurs performances notamment en termes d'innovation ? Dans le cadre de la modernisation du droit de la concurrence, la Commission a tenté d'apporter certains éléments de réponse à cet égard en adoptant en 2009 des orientations sur ses priorités en matière de répression des abus de position dominante [5]. Celles-ci se fondent sur une approche donnant une plus grande place à l'analyse économique, mettant notamment l'accent sur l'évaluation de l'impact réel des pratiques suspectées d'être abusives ainsi que sur la possibilité de tenir compte, sous certaines conditions, des éventuels gains d'efficience dérivant de ces pratiques.

Une politique servie par d'importants moyens

La Commission dispose d'importants moyens pour mettre en œuvre les interdictions énoncées aux articles 101 et 102 TFUE, qu'il s'agisse de ses larges pouvoirs d'enquête – comprenant notamment l'envoi de demandes de renseignements aux entreprises et l'exécution d'inspections à l'improviste auprès de leurs établissements – ou de la possibilité d'infliger des sanctions financières pouvant s'élever jusqu'à 10 % du chiffre d'affaires mondial des entreprises concernées. Le montant des amendes infligées par la Commission n'a cessé de croître au cours des années, notamment pour ce qui concerne les cartels, si bien que c'est sur le calcul de ces sanctions[6] que se concentre aujourd'hui une grande part du contentieux en la matière (durée et gravité de l'infraction, récidive de l'entreprise, présence de circonstances atténuantes, etc.). Afin de rétablir une concurrence effective sur le marché en cause, la Commission peut également ordonner la cessation d'une infraction ou imposer des mesures correctives. Dans les dernières décennies, cet arsenal s'est enrichi de nouveaux instruments comme la politique de clémence, incitant les entreprises à dénoncer leur participation à une entente en contrepartie d'une immunité totale ou d'une réduction d'amendes, ou le recours à des procédures négociées telles que l'acceptation d'engagements présentées par les entreprises ou la diminution du montant de l'amende en cas de non-contestation des griefs (procédure dite de transaction).

En particulier depuis l'adoption du règlement n° 1/2003, la mise en œuvre des articles 101 et 102 TFUE n'est plus du ressort de la seule Commission européenne mais relève également des autorités nationales de la concurrence (ANC) réunies au sein du réseau européen de la concurrence (REC). L'établissement du REC a permis le développement d'une collaboration étroite entre ANC et Commission du point de vue tant procédural (échange d'information, enquêtes communes) que substantiel, assurant notamment une plus grande cohérence dans l'interprétation et l'application des règles de concurrence européennes par ces différentes autorités. Les juridictions nationales ont, bien entendu, elles-aussi un rôle important à jouer dans ce domaine. Elles peuvent, en particulier, prononcer la nullité d'un accord anticoncurrentiel ou accorder des dommages et intérêts aux victimes d'infractions aux art. 101 et 102 TFUE. La Commission s'efforce d'ailleurs de favoriser le développement du «private enforcement», comme le démontre l'adoption récente d'une directive visant à faciliter l'introduction d'actions en indemnisation de la part de particuliers ou d'entreprises victimes de pratiques anticoncurrentielles. Cela passe notamment par un aménagement des règles relatives à la prescription et un allègement de la charge de la preuve pesant sur le demandeur.

Le volet structurel : le contrôle préalable des concentrations

À la différence de l'action de la Commission en matière d'entente et d'abus de position dominante, le contrôle des concentrations (fusion, acquisition, création d'une entreprise commune) s'exerce de manière préalable sur la base d'une analyse prospective de l'aptitude d'une opération à restreindre la concurrence. En effet, il ne s'agit pas de détecter et de sanctionner des pratiques anticoncurrentielles mais d'établir un risque d'effet anticoncurrentiel et de le prévenir. Absent des traités, ce dispositif a été introduit par le règlement n° 4064/89 remplacé aujourd'hui par le règlement n° 139/2004. Il se fonde sur un système dit de «guichet unique» : dès lors qu'elles atteignent une certaine dimension, calculée au regard du chiffre d'affaires réalisé dans le monde et dans l'UE par les entreprises concernées, ces opérations sont soumises au contrôle exclusif de la Commission. En deçà de ces seuils, ce sont les systèmes nationaux de contrôle qui s'appliquent.

Une concentration se réalise lorsqu'un «changement durable de contrôle», affectant de ce fait la structure du marché, résulte de la fusion de deux ou plusieurs entreprises, d'une prise de contrôle d'une entreprise par une autre ou encore de la création, par deux ou plusieurs entités, d'une entreprise commune dite de «plein exercice» car dotée d'une autonomie fonctionnelle. Dans son pragmatisme habituel, le droit de la concurrence opte pour une définition large et concrète de la notion de contrôle, celui-ci s'appréciant par la «possibilité d'exercer une influence déterminante sur l'activité de l'entreprise ». Cette possibilité peut alors résulter de circonstances aussi bien de fait que de droit et d'éléments tant «positifs» que «négatifs» (droits de veto et autres possibilités de blocage de décisions stratégiques).

Toute concentration atteignant les seuils de chiffre d'affaires fixés par le règlement est soumise à la procédure de contrôle européenne, au terme de laquelle la Commission peut autoriser l'opération, en l'assortissant ou non de conditions, ou bien l'interdire. Ce système repose sur une obligation de notification préalable de l'opération, laquelle ne peut en principe prendre effet avant qu'intervienne la décision d'autorisation de la Commission. Du fait de la portée de cette procédure et de ses possibles conséquences, elle est enfermée dans des délais légaux brefs et stricts.

Deux phases d'examen sont prévues :

- La première, d'une durée maximale de 25 jours, permet à la Commission de déterminer si l'opération soulève des doutes sérieux en termes de concurrence. Dans la négative, comme c'est le cas dans la majorité des affaires, elle autorise la concentration, en la subordonnant éventuellement à la réalisation d'engagements pris par les entreprises concernées ;
- En cas de doute sérieux, s'ouvre une seconde phase d'une durée en principe maximale de 90 jours durant laquelle la Commission procède à un examen plus approfondi de l'opération. Les interdictions étant rares (24 sur 5 623 opérations notifiées depuis 1990), cette phase se concentre, en général, essentiellement sur la négociation et l'analyse des engagements présentés par les entreprises pour résoudre les problèmes identifiés par la Commission. Ces engagements peuvent être de nature soit comportementale (par ex. cession de licence ou octroi de l'accès à une infrastructure) soit structurelle (en particulier, cession d'actifs pour diminuer la part de marché combinée des entreprises concernées), ces derniers étant privilégiés par la Commission car stables, définitifs et nécessitant peu de surveillance dans leur mise en œuvre. Lorsque l'autorisation est conditionnée à de tels remèdes, le non-respect de ces engagements par les entreprises rend la décision de la Commission caduque.

Du point de vue substantiel, le contrôle exercé par la Commission se fonde sur le critère de « l'entrave significative à la concurrence effective », notamment du fait de la création ou du renforcement d'une position dominante. Suite à une série d'annulations de décisions d'interdiction de la part de la Cour de justice au début des années 2000, la Commission a cherché à affiner sa méthode d'analyse afin de permettre une meilleure prise en compte de la réalité économique. Les opérations sont désormais essentiellement analysées sous l'angle de la théorie des effets unilatéraux et celle des effets coordonnés.

- La première vise à établir si, du fait de la réduction de la pression concurrentielle, l'entité issue de la concentration sera en mesure d'augmenter unilatéralement ses prix au détriment des consommateurs. Ce type d'analyse se fonde sur des facteurs tels que la part de marché combinée des parties à la concentration, la présence ou non sur le marché de concurrents directs de l'entité issue de la concentration, la possibilité pour les clients d'exercer un contrepoids effectif, l'existence de barrières à l'entrée etc.
- Quant au second type d'analyse, il s'agit de déterminer si la réduction du nombre de concurrents suite à la concentration ne pourrait faciliter, dans une situation de type oligopolistique, des comportements collusoires entre les opérateurs demeurant sur le marché, menant eux aussi à une augmentation des prix lésant les consommateurs. À cette fin, la Commission analysera si ce marché présente des conditions notamment en termes de transparence – suffisantes pour ce type de collusion.

Enfin, si la Commission a admis la possibilité de prendre en considération d'éventuels gains d'efficacité de nature à contrebalancer les effets d'une concentration sur la concurrence, leur invocabilité est néanmoins soumise à des conditions relativement strictes[7] et est donc peu susceptible de remettre en cause l'analyse concurrentielle.

Le contrôle des aides d'État : entre concurrence et politique économique

L'encadrement européen des aides d'État se fonde sur les articles 107 à 109 TFUE. Il s'agit d'un véritable particularisme du droit de l'Union, ce type de contrôle ne faisant en général pas partie du droit de la concurrence tel que le connaissent la plupart des pays développés. Fruit d'une méfiance envers une tendance naturelle des États à un certain protectionnisme, le contrôle des aides publiques constitue probablement la manifestation la plus forte de la fonction intégrationniste des règles européennes de la concurrence. D'une certaine manière, il s'apparente aussi à un instrument de politique économique. En effet, si les aides d'État sont en principe prohibées en vertu de l'art. 107 TFUE, cette interdiction est tempérée par de nombreuses possibilités d'exemption permettant de prendre en compte des objectifs plus larges, telles que des considérations d'ordre social, environnemental, industriel, relatives au développement régional etc. Il s'agit en somme le plus souvent non pas d'interdire les aides mais de les (ré) orienter vers des objectifs considérés comme légitimes.

Comme en matière de concentrations, la procédure de contrôle des aides d'État relève exclusivement de la Commission et s'exerce de manière préalable : tout projet d'aide doit être notifié à la Commission et ne peut être mis en œuvre en l'absence d'autorisation de la part de celle-ci. Le non-respect de cette obligation est soumis à une sanction stricte. L'aide non notifiée ou octroyée en absence de décision d'autorisation est considérée comme illégale et doit être remboursée. Les mesures de soutien notifiées font l'objet d'une procédure d'examen – constituée, elle aussi, d'une phase préliminaire et d'une phase d'examen approfondi en cas de doute sérieux – à l'issue de laquelle la Commission peut les autoriser, éventuellement sous conditions, ou les interdire.

Comme souvent en droit européen de la concurrence, c'est une conception large de la notion d'aides d'État qui prévaut. Outre la condition habituelle relative à l'impact sur le commerce entre États membres, l'applicabilité de l'art. 107 TFUE suppose que soient satisfaites trois autres conditions relatives respectivement à l'origine publique de l'aide, à l'avantage qu'elle procure et à son caractère sélectif.

- En premier lieu, l'aide doit donner lieu un transfert de ressources d'État. L'État est entendu dans son acception la plus ample comprenant toutes les émanations de la puissance publique (administrations centrales, collectivités territoriales, entreprises publiques soumises au contrôle de l'État, organes publics ou privés chargés par l'État d'octroyer l'aide etc.). Ensuite la forme que prend le transfert de ressources publiques est indifférente : sont ainsi visées tant les prestations positives (par ex. subvention, apport en capital, garantie d'emprunt) que les allégements de charges (par ex. exemption fiscale, exonération de charges sociales, prêt bonifié, fourniture de biens ou services à des conditions préférentielles). Dans les deux cas, en effet, le soutien comporte un coût pour les finances publiques, sous forme de dépenses ou de pertes de recettes.
- En deuxième lieu, il faut que l'aide confère un avantage qui ne pourrait être obtenu dans des conditions normales de marché. Identifier ou quantifier cet avantage peut ne pas toujours être aisé. À cet égard, la Commission a souvent recours au critère dit de l'opérateur privé en économie de marché. Elle évalue alors si, dans une situation similaire, un opérateur privé guidé par la recherche du profit aurait adopté le même comportement que celui de l'État. Ainsi, afin de déterminer si une recapitalisation effectuée sur des fonds publics constitue ou non une aide, il s'agira de comprendre si l'opération est suffisamment rentable à la lumière de la situation de l'entreprise, des perspectives du secteur d'activité, des contreparties obtenues etc. pour qu'un investisseur privé eût pu l'envisager. Pour qu'il y ait aide, encore faut-il que le bénéficiaire se voit octroyer un avantage réel. Ce n'est pas le cas si la mesure se limite à compenser intégralement un surcoût imposé à l'entreprise. Cette question revêt une importance particulière dans le cadre du financement des missions de service public. La jurisprudence a, en effet, reconnu que, sous certaines conditions, une compensation versée à une entreprise chargée d'une telle mission ne constitue pas une aide si elle correspond uniquement aux surcoûts supportés par l'entreprise du fait d'obligations de service public (par exemple, fréquence d'un service de transport).

• En troisième lieu, cet avantage doit bénéficier à certaines entreprises ou à certains secteurs de l'économie. Ce critère relatif à la sélectivité de la mesure de soutien permet de distinguer les aides d'État des mesures générales qui s'appliquent à l'ensemble de l'économie (par ex. baisse générale du taux de l'impôt sur les sociétés) et ne créent pas, dès lors, une rupture d'égalité entre opérateurs. La sélectivité doit être appréhendée dans l'ensemble de ses dimensions. Est ainsi considéré comme sélectif l'avantage consenti en fonction, par exemple, de la taille des entreprises, de leur forme sociale, de leur secteur d'activité ou encore de leur localisation géographique.

Le principe d'interdiction posé à l'art. 107 TFUE est assorti de nombreuses exemptions établissant diverses catégories d'aides autorisées et permettant ainsi de concilier politique de concurrence et considérations relevant d'autres politiques. Certaines de ces aides bénéficient automatiquement de ces dérogations (par ex. aides à caractère social octroyées directement aux consommateurs, aides visant à remédier aux dommages causés par des catastrophes naturelles), alors que la plupart d'entre elles peuvent être considérées compatibles seulement à l'issue d'un examen par la Commission. Celle-ci a adopté un grand nombre d'encadrements et de lignes directrices spécifiant les investissements éligibles au soutien public, l'intensité d'aide maximale des projets pouvant être approuvés ainsi que d'autres conditions auxquelles est soumise la concession de l'aide, mettant en balance la poursuite de l'objectif d'intérêt général et la nécessaire limitation de la distorsion de concurrence.

On distingue généralement :

– les aides dites horizontales – comprenant, en particulier, la catégorie particulièrement importante des aides régionales mais aussi les aides à la recherche et développement, au sauvetage et à la restructuration d'entreprises, en matière environnementale etc. et

– les aides sectorielles tenant compte des enjeux et des besoins particuliers de certains secteurs (par ex. cinéma et secteur audiovisuel, constructions navales, agriculture).

• • • Au cours des dernières années, cet arsenal normatif s'est enrichi de dispositifs adoptés dans le contexte spécifique de la crise économique et financière et permettant notamment, dans des délais courts et sous de strictes conditions, la concession d'aides importantes – sous la forme de garanties de financement, recapitalisations ou sauvetages d'actifs – aux banques et autres établissements financiers touchés par la crise. Enfin, dans le cadre de la modernisation de la politique de concurrence, un nombre croissant de catégories d'aides a été exempté de l'obligation de notification préalable en raison soit de leur montant limité soit du fait qu'elles sont peu susceptibles d'entraîner des distorsions significatives de la concurrence. La Commission a ainsi sensiblement élargi le champ d'application de son règlement d'exemption de 2008[8] afin de réduire la charge administrative pesant sur les États membres, de permettre une mise en œuvre plus rapide de projets non problématiques du point de vue concurrentiel, ainsi que de lui permettre de se concentrer sur les mesures de soutien les plus susceptibles de fausser la concurrence. L'exemption de l'obligation de notification bénéficie notamment aux aides aux PME, à l'emploi et à la formation, à l'innovation, au développement des infrastructures à haut débit.

La politique européenne de concurrence combine de façon assez remarquable une très forte stabilité des règles du traité sur lesquelles elle se fonde et une grande flexibilité dans la mise en œuvre de ces règles. Elle a ainsi su s'adapter à de nombreux développements et défis qui ont marqué tant l'environnement général dans lequel elle intervient (globalisation, libérations, apparition de nouveaux marchés, progrès technologique, crise économique et financière) que l'approche spécifique suivie en matière d'analyse concurrentielle (en particulier, importance croissante de l'approche économique). Cela lui a permis de remplir une grande partie des missions que lui ont assignées les rédacteurs du traité, qu'il s'agisse d'appuyer l'établissement et la consolidation du marché intérieur ou d'apporter aux consommateurs les bénéfices attendus d'une politique de concurrence en termes de niveaux des prix et de diversité de l'offre.

Bruno Gencarelli

Notes

1. V. art. 101, par. 1 ; 102, al. 1, et 107, par. 1 TFUE.

2. Il ressort de la jurisprudence que sont considérées comme relevant d'une telle exception des activités tenant, par ex., au contrôle et à la sécurité de l'espace aérien ou à la surveillance antipollution lors d'opérations de chargement et de déchargement de produit dangereux dans un port.

3. Afin de mesurer ce caractère sensible, la Commission a adopté des Lignes directrices relatives à la notion d' « affectation du commerce entre États membres » (JO n° C 101 du 27 avril 2004) établissant un système de présomptions fondé sur des critères quantitatifs tenant aux parts de marché et aux chiffres d'affaires des entreprises concernées. Ce système bénéficie avant tout aux petites et moyennes entreprises dont les accords sont rarement en mesure d'affecter sensiblement le commerce intra-européen.

4. *L'Union européenne*, La Documentation française, 2004.

5. Communication de la Commission – Orientations sur les priorités retenues par la Commission pour l'application de l'article 82 du traité CE aux pratiques d'éviction abusives des entreprises dominantes (JO n° C 45 du 24 février 2009).

6. La méthode de calcul suivie par la Commission est exposée dans ses Lignes directrices pour le calcul des amendes infligées en application de l'article 23, paragraphe 2, sous a), du règlement (CE) n° 1/2003 (JO n° C210 du 1er septembre 2006).

7. Voir Lignes directrices sur l'appréciation des concentrations horizontales au regard du règlement du Conseil relatif au contrôle des concentrations entre entreprises (JO n° C 31 du 5 février 2004).

8. Voir règlement (CE) n° 800/2008 de la Commission du 6 août 2008 déclarant certaines catégories d'aides compatibles avec le marché commun en application des articles 87 et 88 du traité (JO n° L 214 du 8 août 2008).

Notice 13

L'Union économique et monétaire

En ce début de XXIe siècle, l'intégration monétaire européenne se trouve une nouvelle fois dos au mur. À la fin des années 1960 et des années 1970 déjà, des tensions financières au plan international, couplées à des chocs géopolitiques et pétroliers, avaient donné lieu à des initiatives fortes de la part des gouvernements européens et de la Commission européenne pour construire un îlot de stabilité monétaire, le Système monétaire européen. Ces initiatives ont finalement abouti à la naissance de l'euro en 1999. La crise financière internationale démarrée aux États-Unis en 2007 a renouvelé les interrogations des Européens quant à la pérennité du projet monétaire européen, jusqu'à remettre en cause l'euro. Avant de traiter de la crise de la zone euro en tant que telle (v. Notice 14), il convient de rappeler les étapes ayant prévalu à la création de cette zone.

De l'après Bretton Woods à l'Union économique et monétaire

L'année 2014 aura marqué le 70e anniversaire des accords de Bretton Woods qui vont consacrer la domination du dollar américain sur le système financier international jusqu'au début des années 1970. Le régime de changes fixes instauré à la suite de ces accords va cependant prendre fin après l'annonce par les autorités américaines, en 1971, de la suspension de la convertibilité entre le dollar et l'or, suivi du passage à des changes flottants en 1973. Les émissions de dollars avaient depuis longtemps dépassé les montants de réserves en or, et la convertibilité entre or et dollar était donc devenue artificielle. En outre, l'importante création monétaire américaine obligeait les pays dont la monnaie était en changes fixes avec le dollar à acquérir des montants sans cesse plus importants de réserves en cette devise : cela leur imposait de mettre en œuvre des politiques monétaires expansionnistes qui se révélaient de plus en plus inflationnistes dans un contexte de chocs négatifs sur la production.

Dans cette situation de turbulences financières, Raymond Barre, vice-président de la Commission européenne, avait proposé dès 1968 la mise en place d'une coordination des politiques économiques européennes, la fixation irrévocable des taux de change européens et un mécanisme de soutien monétaire entre les États membres. À la demande du Conseil, Pierre Werner, Premier ministre du Luxembourg, présenta en 1970 un rapport dont les grands axes seront repris près de trente années plus tard dans le rapport Delors, à l'origine de la constitution de l'Union économique et monétaire (UEM).

Du rapport Werner au rapport Delors

Les similitudes entre les deux projets sont saisissantes. Le rapport Werner envisageait la création de l'UEM en trois étapes étalées sur une durée de dix années. Il prévoyait le rétrécissement des marges de fluctuation entre les monnaies européennes (anticipant ainsi sur la création du Système monétaire européen, SME, *cf. infra*), et la libre circulation des capitaux (inscrite dans le traité du marché commun, mais réalisée effectivement le 1er juillet 1990). Ce Plan insistait aussi sur la nécessité de formuler des orientations communes de politique budgétaire (anticipant en quelque sorte sur les critères de finances publiques du Traité sur l'Union européenne ou Traité de Maastricht, 1992 ; ainsi que sur le Pacte de stabilité et de croissance, 1997), dans un cadre d'harmonisation de la fiscalité européenne (jamais réalisée à ce jour) et de coopération des politiques structurelles et régionales (anticipant sur la création du Fonds européen de développement économique régional – Feder – en 1975, puis sur celle du Fonds de cohésion en 1993) (v. Notice 16). Le Plan préconisait aussi la création d'un « système communautaire des banques centrales en Europe », annonçant ainsi la création du Système européen de banques centrales, mais sans ce qui sera plus tard la Banque centrale européenne (BCE). Il envisageait enfin l'instauration d'un « centre de décision pour la politique économique » : une telle structure supranationale, visant à la création d'un gouvernement économique de l'UEM, est restée lettre morte. Lancée en janvier 1971, la première étape du rapport Werner sera interrompue par la crise monétaire internationale.

Il faudra attendre 1979 pour qu'un système pérenne de changes fixes soit mis en place en Europe. Le 13 mars en effet, à l'issue d'une initiative franco-allemande, naît le SME. Ses principes de fonctionnement sont les suivants. Afin d'éviter que le système monétaire des Européens ne repose sur une devise non européenne, telle le dollar américain, l'Écu (*European currency unit*) est instauré. Il s'agit d'un panier de monnaies, unité de compte reconstituée à partir des neuf monnaies européennes dont la composition dépendra du poids économique de chaque pays et de sa part dans le commerce intra-européen. Chaque monnaie participant au système se voit donc attribuer un taux de change fixe (ou cours pivot) par rapport à l'Écu. Le mécanisme de change (MCE) ainsi constitué permet d'organiser un système de parités stables entre les monnaies européennes. Les cours pivots par rapport à l'Écu reviennent à imposer des parités bilatérales fixes entre les différentes monnaies participant au MCE. Les parités ainsi définies sont aussi modifiables : les monnaies peuvent fluctuer à l'intérieur d'une bande de fluctuation de ± 2,25 % autour des cours pivots[1]. Le principe d'intervention des banques centrales, au cas où une monnaie atteindrait son cours « plancher » (sa limite inférieure de fluctuation) ou son cours « plafond » (sa limite supérieure), est le suivant : les ***deux*** banques centrales impliquées sont tenues d'intervenir afin de maintenir la parité dans les limites autorisées. Devait ainsi être évitée l'asymétrie des interventions que les pays européens avaient connue au milieu des années 1970 avec le « serpent monétaire européen », sorte de précurseur inabouti du SME. Par ailleurs, les cours pivots étaient « ajustables », après concertation avec l'ensemble des pays membres : une monnaie continûment proche de son cours « plancher » pouvait être dévaluée par rapport à toutes les monnaies participant au système.

De l'impossible symétrie à une asymétrie problématique

L'argument de la symétrie des interventions des banques centrales mérite sans doute quelques éclaircissements. Le taux de change entre deux monnaies exprime le prix de l'une vis-à-vis de l'autre. À titre d'exemple, le taux de change (ou cours) de l'euro par rapport au dollar exprime le prix d'un euro en dollar, soit en 2014 approximativement 1,30 dollar. Si le cours de l'euro a tendance à baisser par rapport au dollar, pour passer à 1,25 dollar, le cours du dollar par rapport à l'euro a, lui, tendance à augmenter, de 0,77 euro (1/1,30) à 0,80 euro (1/1,25) pour un dollar. Revenons au SME. Une monnaie atteint son cours « plancher » lorsque son offre excède sa demande ; à l'inverse, une autre monnaie du système se rapproche de son cours « plafond » lorsque sa demande excède l'offre.

Plusieurs réactions des banques centrales sont possibles si elles souhaitent ramener les cours de change à leurs cours-pivots :

- La première consiste, pour la banque centrale qui émet la monnaie dont le cours baisse, à réduire son offre de monnaie en vendant la devise dont le cours monte. Elle doit donc mener une politique monétaire restrictive, potentiellement coûteuse puisqu'elle s'accompagnera d'une hausse du taux d'intérêt, suivie vraisemblablement d'une hausse des coûts d'emprunt pour les entreprises et les consommateurs. Cette réaction fut celle qui s'imposa aux États membres du « serpent monétaire européen ».
- La deuxième réaction consiste, cette fois pour la banque centrale qui émet la monnaie dont le cours augmente, à accroître son offre de monnaie en acquérant la devise dont le cours

baisse. Elle doit donc mener une politique monétaire expansionniste, potentiellement coûteuse puisqu'elle pourra s'accompagner d'un surcroît d'inflation.

- La troisième réaction, privilégiée initialement dans le cadre du SME, consiste à ce que les deux banques centrales interviennent de concert, parcourant chacune la moitié du chemin vers un retour de la parité à son cours-pivot : la banque centrale de la monnaie dont le cours baisse mène une politique restrictive, tandis que la banque centrale de la monnaie dont le cours monte mène une politique expansionniste. Les impulsions monétaires respectives sont deux fois moins importantes que dans les cas précédents, car chaque banque centrale intervient symétriquement pour stabiliser le système monétaire ; les coûts induits par ces politiques sont donc supposés être deux fois moins importants qu'en cas de réaction asymétrique. Cette belle mécanique ne sera cependant pas mise en pratique.

En effet, le *Deutsche Mark* s'est imposé comme la monnaie de référence du mécanisme de change, donnant à ce titre à la banque centrale allemande, la *Bundesbank*, le rôle de « *leader* » au sein du SME. Au final, la *Bundesbank* ne s'est pas pliée systématiquement à l'obligation de symétrie des interventions sur le marché des changes, et le SME a pu être qualifié de système « asymétrique ». Une telle asymétrie a pu favoriser un temps la convergence des politiques économiques : contraintes de « mimer » la politique monétaire allemande[2], les autres économies européennes ont vu leurs taux d'intérêt de long terme et leurs taux d'inflation converger vers les taux allemands. Pour autant, cette asymétrie a eu des conséquences dommageables en terme de croissance économique et d'emplois[3] du fait, notamment, de la mise en œuvre quasi-généralisée en Europe de stratégies de désinflation compétitive[4].

Vers l'instauration d'une monnaie unique

Le caractère asymétrique du SME a sans doute eu pour mérite de réveiller l'intérêt des Européens pour le passage à une union non plus seulement économique mais aussi monétaire. En juin 1988, le Conseil européen a décidé d'établir un comité chargé de faire des propositions d'étapes concrètes avant la création de l'UEM. Ce comité, présidé par Jacques Delors, alors président de la Commission, rendit son rapport en 1989. L'ensemble du processus qui allait mener les États européens à adopter l'euro dix années plus tard y était précisé. À l'issue du sommet de Maastricht, en décembre 1991, les pays de l'UE ont décidé de parvenir au plus tard le 1er janvier 1999 à une monnaie unique.

Le processus de convergence proposé dans le rapport Delors devait procéder selon trois étapes :

- première étape : début de convergence des performances économiques, amorcée d'ailleurs dès juillet 1990, soit avant la signature du traité de Maastricht, avec l'abolition de tous les contrôles de capitaux entre les États membres du SME. Cette étape a permis la libre circulation des capitaux dans l'Union européenne (UE) et a accéléré le processus de financiarisation des économies européennes, avec le développement des très grandes banques universelles mêlant activités de dépôt et activités de marché dans des proportions très déséquilibrées en faveur des dernières. Parallèlement à cette convergence financière, la coopération monétaire entre les banques centrales nationales s'accélère.
- deuxième étape : elle débute en janvier 1994 avec la création de l'Institut monétaire européen, destiné à coordonner les politiques monétaires en Europe, à préparer l'installation de la BCE future banque centrale de l'union monétaire devant gérer la monnaie unique –, enfin à procéder aux premières évaluations du respect, par les pays postulant à l'entrée dans l'UEM, des critères de convergence définis dans le traité de Maastricht (cf. infra).
- troisième étape : à partir de janvier 1999 au plus tard, passage à la monnaie unique.

Le rapport Delors trouvera son aboutissement dans la signature du Traité de Maastricht le 7 février 1992, ce traité consacrant l'adoption d'une monnaie unique en Europe. Les dix années qui séparent le rapport Delors de la création de l'euro, le 1er janvier 1999, vont être le théâtre d'un processus de convergence rarement égalé entre de si nombreux pays et sur une durée aussi courte.

À l'issue du Conseil européen de Madrid, en décembre 1995, il sera décidé de diviser la troisième étape de convergence vers la monnaie unique en deux parties :
– du 1er janvier 1999 au 31 décembre 2001, les monnaies nationales des États membres de l'Union monétaire resteront en circulation à l'intérieur des pays. La monnaie unique, l'euro, ne sera utilisée que pour les opérations interbancaires des banques commerciales et pour les opérations entre la BCE et les banques centrales nationales. De plus, les opérations d'émissions de titres de dette publique des États membres seront réalisées en euros ;
– à partir du 1er janvier 2002, l'euro sera officiellement en circulation dans l'ensemble de l'Union monétaire et aura donc cours légal pour l'ensemble des opérations monétaires et financières.

Les critères d'entrée dans la zone euro

La construction européenne va donc passer le cap de la monnaie unique, près de trente années après le rapport Werner. Entre-temps, les monnaies européennes du SME auront subi les attaques des années 1992-93[5], au cours desquelles nombre d'entre elles devront quitter le Système, et les États membres de l'UE auront dû adapter leur économie aux contraintes inscrites dans le Traité de Maastricht[6].

Ces contraintes, toujours en vigueur pour les États membres de l'UE qui n'ont pas encore rejoint la zone euro, prennent la forme de conditions préalables à l'entrée dans l'UEM. Ainsi, un pays doit-il remplir cinq conditions dont quatre critères de convergence (article 121) :

- sa banque centrale doit être indépendante (article 108) ;
- son taux de change doit avoir respecté les marges normales de fluctuation du MCE depuis les deux dernières années, sans modification de sa parité par rapport à celle d'un autre État membre au cours de cette période ;
- son inflation ne doit pas dépasser de plus de 1,5 % le taux d'inflation moyen des trois pays ayant la plus basse inflation de l'UE ;
- son taux d'intérêt de long terme ne doit pas dépasser de plus de 2 points le taux moyen des trois pays les moins inflationnistes ;
- enfin, son déficit public ne doit pas dépasser 3 % du PIB et sa dette publique 60 % du PIB.

Á la base de ces critères figurait l'argument qu'un pays désireux d'adopter la monnaie unique devait avant tout faire la preuve de sa capacité préalable à adopter des pratiques de bonne gestion dont, malheureusement, l'efficacité pouvait demeurer discutable. Á titre d'exemple, personne ne peut affirmer qu'une dette publique inférieure à 60 % du PIB est un critère de saine gestion d'une économie. Comme bien d'autres variables de politique économique, la dette publique est contingente au contexte plus général de l'économie : son niveau d'inflation et de compétitivité, son taux de chômage, et sa croissance économique, pour n'en citer que quelques-uns. Les négociateurs du traité sur l'UE ont rejeté une autre forme de convergence entre les futurs États membres de la zone euro, qui eut été d'instaurer rapidement une monnaie unique, et d'avoir confiance dans les mécanismes de marché et de l'UEM pour aboutir à une convergence a posteriori, désormais endogène, des économies européennes.

Zone euro et croissance économique (1996-2013)

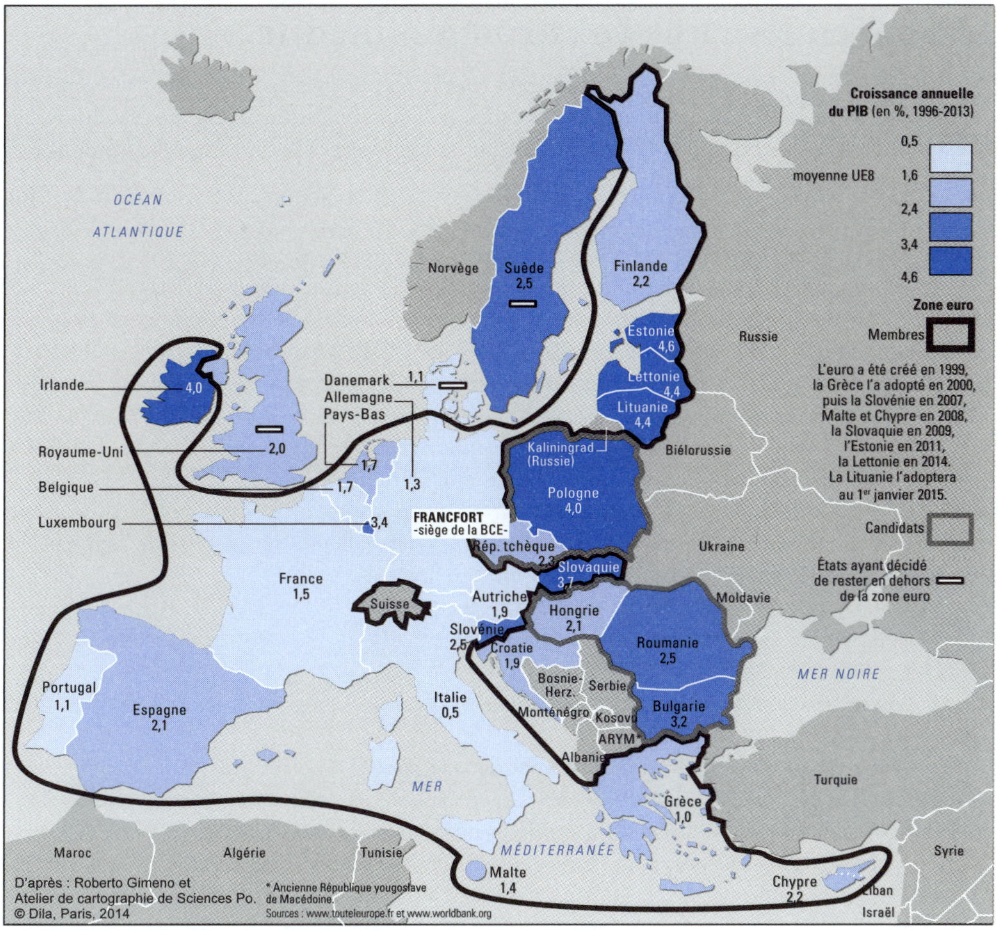

Source : www.touteleurope.fr; www.worldbank.org et statistiques Eurostat, http://europa.eu/publications/statistics/index_fr.htm

L'organisation des politiques économiques européennes : une construction inédite

Deux types de politique économique furent concernés par les dispositions du traité sur l'UE consacrées à l'union monétaire : la politique monétaire et la politique de change. S'y ajoutèrent ensuite des règles de bonne conduite s'appliquant aux politiques budgétaires, dispositions inscrites dans le Pacte de stabilité et de croissance.

La politique monétaire

La politique monétaire de la zone euro est confiée au Système européen de banques centrales (SEBC), composé de la BCE et des banques centrales nationales (BCN). Son objectif principal est « de maintenir la stabilité des prix » (article 105 du traité). « Sans préjudice de cet objectif », la politique monétaire peut viser d'autres objectifs de l'UE, parmi lesquelles une « croissance saine » ou un « haut niveau d'emploi ». Il est donc important de préciser que la hiérarchie dans les objectifs de la BCE n'empêche pas cette dernière de poursuivre une politique de relance lorsque les circonstances économiques le réclament. Cette précision est utile face à la généralisation du sentiment, exprimé notamment par des économistes allemands, que la BCE aurait outrepassé son mandat à plusieurs reprises depuis le déclenchement de la crise de la zone euro en créant un excès de liquidités.

Les tâches principales du SEBC sont les suivantes :

- la définition et la mise en œuvre de la politique monétaire dans la zone euro (article 105(2) du traité et article 3 des statuts du SEBC) :
- la conduite des opérations de change (cf. *infra*) ; la détention et la gestion des réserves de change des États membres ;
- le développement des systèmes de paiement dans la zone.

La BCE et les BCN sont indépendantes des gouvernements nationaux et de la Commission : elles ne peuvent accepter d'instruction de ces derniers (article 108 du traité – ex-article 107). Les banques centrales ne sont plus autorisées à « accorder des découverts ou tout autre type de crédit aux autorités publiques » ; « l'acquisition directe, auprès d'elles, par la BCE ou les BCN, des instruments de leur dette est également interdite » (article 104 du traité).

La Banque centrale européenne : une indépendance totale

Le conseil des gouverneurs de la BCE est composé des gouverneurs des BCN et d'un directoire de six membres, dont un président, choisis pour huit ans par les gouvernements « parmi des personnes dont l'autorité et l'expérience professionnelle dans le domaine monétaire ou bancaire sont reconnues » (article 109A du traité). Le mandat des membres du directoire n'est pas renouvelable. Ils ne peuvent être révoqués que par la Cour de justice européenne, à la demande du directoire ou du conseil des gouverneurs.

La BCE publie quatre rapports trimestriels sur les activités du SEBC et adresse un rapport annuel au Parlement européen, au Conseil et à la Commission. Afin d'être plus « transparente », la BCE a pris l'initiative d'aller au-delà des dispositions institutionnelles en acceptant que son Président soit auditionné quatre fois par an par le Parlement européen. Il n'en reste pas moins que la responsabilité du président, comme celle des autres membres du directoire ou du conseil des gouverneurs, n'est pas engagée devant ledit Parlement.

L'indépendance de la BCE vis-à-vis des gouvernements est totale. Elle dispose en effet d'une totale liberté d'appréciation quant à la stratégie de politique économique à mener pour atteindre ses objectifs, mais dispose aussi d'une indépendance d'objectif, certes relative, dans la mesure où c'est à elle qu'a échu la responsabilité de définir l'objectif de stabilité des prix. Aussi la BCE a-t-elle pu imposer que la stabilité des prix signifiât un rythme d'augmentation des prix à la consommation inférieur à 2 % par an, à moyen terme. Au Royaume-Uni, au contraire, le Chancelier de l'échiquier détermine chaque année la cible d'inflation que devra atteindre la Banque d'Angleterre. Si l'inflation s'établit au-delà de la cible, le gouverneur de la Banque d'Angleterre est tenu d'en expliquer les raisons dans un courrier, rendu public, qu'il adresse au Chancelier. Cette responsabilité du banquier central vis-à-vis des autorités publiques est absente dans le cas européen.

La priorité européenne accordée à l'objectif de stabilité des prix découle des bénéfices que la BCE associe à une inflation basse, parmi lesquels figurent la baisse des primes de risque, permettant de réduire les coûts d'emprunt des entreprises et des ménages, la réduction de distorsions fiscales, le renforcement de la compétitivité et la cohésion sociale[7]. Á propos des distorsions fiscales, rappelons qu'une hausse des prix accroît automatiquement les revenus déclarés des ménages et peut les faire passer dans une tranche supérieure de l'impôt sur le revenu, à pouvoir d'achat constant : des ménages peuvent donc être amenés à payer plus d'impôts. Il peut s'ensuivre une perte d'incitation à produire ou à travailler. Concernant la cohésion sociale et la stabilité politique, la BCE rappelle que par le passé des taux d'inflation importants et instables ont pu être à l'origine de profonds bouleversements politiques.

Les bénéfices ainsi attribués à une inflation basse ne vont pas forcément de soi. Àpropos des distorsions fiscales engendrées par l'inflation, par exemple, l'argument avancé plus haut est partiel, voire partial : les recettes de l'État augmentant et, si sa dette n'est pas indexée sur le niveau général des prix, sa valeur réelle déclinant, la hausse des prix est susceptible de libérer des marges de manœuvre budgétaires qui peuvent éventuellement améliorer la redistribution de la richesse nationale, ou mieux réguler l'activité économique.

Il faut aussi remarquer que si la stabilité des prix permet de préserver la valeur réelle des actifs, elle préserve aussi celle des dettes, ce qui peut s'avérer coûteux pour la collectivité lorsque les dettes publiques sont élevées. Comme l'indiquait John M. Keynes, un surcroît d'inflation peut aider à « euthanasier les rentiers ». Mais entre la défense des rentiers et la défense des entrepreneurs-investisseurs, la BCE a tranché en faveur des premiers. Un tel choix peut se comprendre dans le contexte d'une économie vieillissante (dans laquelle les rentiers-créanciers sont proportionnellement plus importants que les investisseurs) et dans la perspective de préserver la valeur d'une monnaie créée *ex nihilo*. Elle peut cependant s'avérer dommageable si l'épargne ainsi assurée n'est pas investie dans la zone euro, limitant ainsi la croissance économique présente et future. Une inflation basse pose un autre problème, celui de rendre plus difficile l'ajustement d'une économie à un choc économique. Face à un tel choc, l'inflation peut « mettre un peu d'huile » dans les rouages économiques, en réduisant le coût réel du travail et du capital. L'amélioration des marges des entreprises qui pourrait s'ensuivre serait alors une bouffée d'air pour ces dernières. Le cadre monétaire de la zone euro, en négligeant ce point, apparaît totalement déconnecté d'une économie soumise à des chocs économiques.

La politique de change

Sur le plan institutionnel, la BCE doit veiller à ce que l'évolution du taux de change ne nuise pas à son objectif principal, le Conseil gardant la mainmise sur une éventuelle décision d'orientation générale de l'euro sur les marchés de change. La politique de change apparaît donc comme une compétence partagée entre la BCE et le Conseil ; or, en pratique, la prééminence de l'objectif de stabilité des prix sur tous les autres objectifs à caractère économique donne à la BCE un pouvoir quasi-exclusif sur la gestion du taux de change de l'euro[8].

Cependant, si la stabilité des prix est atteinte, rien n'empêche la BCE de lutter contre une appréciation de l'euro, qui nuit à la compétitivité européenne, pour soutenir l'activité économique. Mais jusqu'en 2008 au moins, et malgré une inflation proche de la cible de 2 % à moyen terme, l'appréciation de l'euro par rapport au dollar n'a jamais donné lieu à la moindre tentative d'action de la part de la BCE pour atténuer cette tendance. Il est vrai que cette appréciation facilite le contrôle de l'inflation, *via* son effet d'atténuation sur l'inflation importée[9], et qu'elle oblige les industriels à contenir leurs coûts pour compenser la perte de compétitivité que cette appréciation produit[10]. La seule intervention d'envergure concertée entre banques centrales à laquelle s'est jointe la BCE pour modifier la parité de l'euro par rapport au dollar a eu lieu en 2000, pour tenter de mettre fin à… la dépréciation de l'euro par rapport au dollar. Cette intervention a révélé au grand jour l'asymétrie des réactions de la BCE aux fluctuations de la parité euro-dollar : la dépréciation du premier, potentiellement inflationniste, est un motif d'intervention sur les marchés de change, au contraire de son appréciation qui facilite la tâche de la BCE.

Dans la situation récente, la baisse des taux directeurs décidée par la BCE ne dit pas être interprétée comme une politique visant à déprécier l'euro, dans la mesure où la politique menée aux États-Unis par la Réserve fédérale a été plus expansionniste qu'en Europe. Au mieux, la politique de la BCE a-t-elle pu limiter l'appréciation de l'euro par rapport au dollar.

La politique budgétaire

Comme vu précédemment, faire émerger une monnaie *ex nihilo* a impliqué la conception d'une architecture particulière, donnant des gages aux différentes parties en présence :
- les États, avec leurs préférences marquées pour la stabilité monétaire pour les uns, pour la cohésion sociale pour les autres ;
- les marchés financiers et les épargnants, dont il a fallu prendre en compte l'aversion au risque ;
- le grand public, dont les attentes et les craintes ont également influencé le processus.

La confiance à établir, la crédibilité à faire émerger, ont été au cœur de l'émergence de l'Union économique et monétaire. La notion de crédibilité s'est imposée en économie comme l'exigence normative de base adressée aux banques centrales, avant de voir sa portée élargie à l'ensemble des institutions qui gouvernent les politiques publiques. Par conséquent, les limites portant sur les déficits publics, critère préalable à l'entrée dans la zone euro (*cf. supra*), ont été pérennisées dans le cadre du Pacte de stabilité et de croissance (PSC).

Le Pacte de stabilité et de croissance

Entré en vigueur dès la création de l'euro, le 1er janvier 1999, le PSC a été l'objet de nombreuses tractations entre les gouvernements européens, les autorités allemandes souhaitant limiter les déficits publics en-dessous de 1 % du PIB, tandis que les autorités françaises souhaitaient voir maintenue la limite de 3 % du PIB inscrite, dans le traité sur l'Union européenne.

Le PSC est défini par la résolution du Conseil européen du 17 juin 1997 et par deux règlements du Conseil (1466/97, 1467/97). Dérivés du traité sur l'Union européenne, ceux-ci en prorogent les dispositions en termes de déficit public et promeuvent la surveillance et la coordination des politiques budgétaires. Si ces textes concernent tous les pays de l'UE, les sanctions qu'ils prévoient ne peuvent être infligées qu'aux États membres de la zone euro. La résolution précise les deux objectifs ou piliers du PSC : prévention et dissuasion.

- Le premier règlement, supposé favoriser le renforcement de la procédure de surveillance des politiques économiques créée par le Traité de Maastricht, stipule que tout État membre doit rendre public chaque année un « programme de stabilité » (pays membre de la zone euro) ou un « programme de convergence » à moyen terme, comprenant des prévisions macroéconomiques, ainsi que l'évolution des dépenses et recettes budgétaires à venir. L'objectif affiché dans les programmes est d'obtenir un budget total « excédentaire ou proche de l'équilibre », de manière à reconstituer les marges de manœuvre permettant de laisser jouer pleinement les stabilisateurs automatiques[11] et à accumuler l'épargne nécessaire pour faire face aux retraites futures. Sur la base d'une évaluation transmise par la Commission, le Conseil contrôle les programmes de stabilité ou de convergence pour identifier toute divergence significative par rapport à l'objectif de moyen terme. Bien que le règlement n'ait pas prévu originellement de définition pour la « divergence significative », la Commission a depuis identifié trois critères pour la caractériser :

- la dimension du dérapage par rapport à l'objectif ;
- l'origine discrétionnaire du dérapage ; et
- le risque de déficit excessif.

Si une divergence significative est avérée, la procédure dite « d'avertissement précoce » peut être déclenchée par la Commission. Sur proposition de la Commission, le Conseil peut ensuite décider d'adresser des recommandations aux pays s'écartant de leur programme.

• Le second règlement renforce les dispositions de l'article 104 C du Traité de Maastricht concernant le dépassement des déficits publics de la référence de 3 % du PIB. La Commission doit préciser au Conseil si un dépassement de 3 % du PIB constitue un déficit excessif ou entre dans le cadre de « circonstances exceptionnelles et temporaires ». En dehors de ces circonstances atténuantes, le pays concerné devra faire disparaître son déficit dans l'année suivante. Sinon, s'il est membre de la zone euro, il pourra être soumis à un dépôt non rémunéré de 0,2 % du PIB plus un dixième du dépassement de la valeur de 3 %, plafonné à 0,5 % du PIB, qui pourra finalement être converti en amende si le déficit persiste après 2 ans. Autre sanction possible : l'arrêt des opérations de la Banque européenne d'investissement avec le pays concerné.

Cette procédure n'est toutefois pas automatique. Le Conseil – instance politique – doit décider à une majorité qualifiée de tous ses membres (y compris ceux qui n'appartiennent pas à la zone euro ; seul l'État membre soumis à la procédure ne prend pas part au vote) si un déficit de plus de 3 % du PIB peut être jugé excessif. Si le déficit est jugé excessif, le Conseil peut adresser des recommandations de politique économique à l'État en question et, dans le cas où ces recommandations ne seraient pas suivies d'effets, il peut décider d'infliger les sanctions. Cette décision a longtemps dû être votée à une majorité des deux tiers, les pays participant à la zone euro étant les seuls à pouvoir voter l'exclusion du pays concerné.

Les réformes intervenues, en 2005 et 2011, ont sensiblement modifié certains aspects du PSC originel. En 2005, la liste des circonstances exceptionnelles a été étendue : d'une récession, on est ainsi passé à la notion de « ralentissement de la croissance » ; ont été introduites certaines réformes structurelles (des retraites, du marché du travail) ou les politiques ayant permis d'augmenter les taux d'emploi qui autorisent des dépassements temporaires de la limite des 3 % du PIB. En 2011, la procédure de vote préalable à d'éventuelles sanctions financières a été en quelque sorte renversée : une majorité des deux tiers est requise désormais, non plus pour imposer les sanctions, mais pour les rejeter.

Outre la limite sur le déficit public en-dessous de 3 % du PIB, la révision du PSC intervenue en 2005 a consacré le retour de la règle du maintien de la dette publique en-dessous du niveau de référence de 60 % du PIB, oubliée ou négligée dans la première mouture du PSC, tandis que la réforme du PSC de 2011 a introduit une règle de réduction de la dette publique à un rythme moyen d'un vingtième par an de l'écart de cette dette à sa valeur de référence à 60 % du PIB (Règlement 1177/2011, art. 2, par. 1bis). Cette troisième règle est aussi inscrite dans le Traité sur la stabilité, la coordination et la gouvernance (TSCG, art. 4) signé en mars 2012. Pour les États membres en situation de déficit excessif, le Règlement 1177/2011 (art. 3) précise (voir aussi le Règlement 1175/2011, art. 5) que « dans ses recommandations, le Conseil invite l'État membre à respecter des objectifs budgétaires annuels permettant, sur la base des prévisions qui étayent ces recommandations, d'améliorer chaque année d'au moins 0,5 % du PIB, à titre de référence, son solde budgétaire corrigé des variations conjoncturelles (le solde structurel) et déduction faite des mesures ponctuelles et temporaires, de manière à assurer la correction du déficit excessif dans le délai prescrit par la recommandation ». Les efforts d'ajustement minimaux à consentir sont donc prédéfinis. La cinquième et dernière règle budgétaire européenne, à ce jour, est la fameuse « règle d'or » selon laquelle tous les États membres doivent atteindre un budget équilibré, soit un déficit structurel à moyen terme d'au plus 0,5 % du PIB.

La réforme du PSC de 2011 a aussi consacré la création d'une initiative de coordination des politiques budgétaires et des réformes structurelles : le semestre européen. Au cours du premier semestre de chaque année, des échanges réguliers entre les États membres et la Commission européenne doivent permettre d'établir un diagnostic partagé sur la politique budgétaire prévue et sur les réformes mises en place ou à mettre en place selon les recommandations de la Commission. Cette dernière dispose donc désormais d'un droit de regard sur la pertinence de la stratégie macroéconomique de chaque État membre.

Les limites de la politique budgétaire

La logique consistant à imposer à des pays en union monétaire une limite absolue aux déficits publics, distincte de celle ayant prévalu dans la phase de convergence vers l'euro, repose sur les effets de débordement sur les pays partenaires et sur la politique de la BCE que l'on associe bien souvent aux politiques budgétaires menées par un passager clandestin : une politique budgétaire d'un État membre aboutissant à un déficit excessif y provoquerait des tensions sur la demande des biens et services qui dégénèreraient à la fois en une appréciation de l'euro et une hausse de l'inflation. L'appréciation de l'euro détériorerait la croissance économique des partenaires, *via* leurs balances commerciales, tandis que la BCE serait obligée de mettre en œuvre une politique restrictive pour faire face au regain d'inflation, au risque de détériorer un peu plus la croissance économique dans l'ensemble de l'union monétaire.

Une telle argumentation fait fi des conditions macroéconomiques prévalant lors de la mise en œuvre de la politique budgétaire nationale, raison pour laquelle des règles portant sur les déficits corrigés du cycle (les déficits structurels) ont finalement été introduites. Dans le cas où l'économie nationale souffre d'une situation de demande insuffisante, la politique budgétaire nationale est efficace : ses propriétés de régulation sont à leur maximum en union monétaire, et les pays partenaires, à moins qu'ils aient atteint le plein emploi de leurs capacités de production,[12] profitent de la politique expansionniste de l'un d'entre eux au lieu d'en souffrir.

Les limites imposées aux politiques budgétaires font aussi fi de leur efficacité potentielle. Ces limites découlent d'une perception négative des politiques publiques, jugées bien souvent lentes à se mettre en œuvre et mal ciblées. Elles contrastent cependant avec les travaux de recherche sur les effets des hausses de dépenses publiques ou de baisse des impôts sur l'activité économique. Les travaux empiriques qui aboutissent à la conclusion que l'austérité budgétaire renforce la croissance économique sont bien rares et leurs auteurs peu nombreux face à la quantité de travaux publiés qui consacrent l'efficacité des périodes de relance budgétaire à engendrer de la croissance économique, aussi bien aux États-Unis qu'en Europe ou dans les pays de l'OCDE.

Il reste à noter que d'autres unions monétaires n'ont pas défini de cadre aussi restrictif vis-à-vis des pratiques budgétaires que celui établi dans la zone euro. À titre d'exemple, les États-Unis, vaste union monétaire, ne disposent pas de limites absolues aux déficits publics.

• • • La création de l'euro a donné lieu à une gouvernance inédite : la délégation de la création monétaire à une nouvelle institution dont l'indépendance est sans doute la plus élevée au monde, et des gouvernements nationaux corsetés par des règles budgétaires contraignantes, sans véritable coordination entre eux non plus qu'avec la BCE. Bien que les limites du PSC aient été fréquemment dépassées, elles ont durablement modifié les pratiques de politique budgétaire et fiscale en Europe. Il aura en effet fallu une grave crise économique en 2007-2008 pour que les Européens laissent croître à nouveau leurs déficits publics, et encore ne l'auront-ils fait qu'à partir de la fin de l'année 2008, c'est-à-dire tardivement au regard de la situation conjoncturelle, et dans des proportions somme toute assez limitées. Ces maigres plans de relance révélaient ainsi la parcimonie avec laquelle les États membres entendaient désormais user de leurs politiques budgétaires. Á ce titre, la crise des finances publiques grecques est une exception dans le paysage européen plutôt que la règle. La gouvernance de la zone euro, par l'exemplarité qu'elle promeut dans la lutte contre l'inflation et contre les déficits, n'est pas exempte de défauts, elle qui est à la source de la crise euro en n'ayant pas su limiter effectivement les prodigalités budgétaires de certains États membres, ou en ayant négligé d'autres sources de déséquilibres que les seuls déficits publics : les déséquilibres commerciaux, par exemple, qui sont à l'origine de la divergence économique qui met à mal la cohérence du projet européen.

Jérôme Creel

Notes

1. La *peseta* espagnole et l'*escudo* portugais bénéficieront de marges accrues : ± 6 %, marges qui s'appliqueront aussi à la *livre sterling* de 1990 jusqu'à sa sortie du MCE en 1992. Les crises du SME intervenues en 1992-1993 aboutiront à des marges de fluctuation générales de ± 15 %.

2. Parce que la parité entre deux monnaies dépend notamment du différentiel de taux d'intérêt entre les deux pays considérés, une économie dont la parité de la monnaie est fixée par rapport à une autre doit éviter de voir son taux d'intérêt s'écarter de celui du second pays, au risque de voir sa monnaie avoir tendance à s'apprécier (différentiel de taux positif) ou à se déprécier (différentiel de taux négatif). Le premier pays « mime » donc la politique monétaire du second, si ce dernier est le joueur *dominant* du système.

3. Jean-Paul Fitoussi, *Le débat interdit*, Paris : Arléa, 1995.

4. Olivier Jean Blanchard et Pierre-Alain Muet, « Competitiveness through Disinflation: An Assessment of the French Macroeconomic Strategy », *Economic Policy*, vol.8, n° 16, avril 1993, pp. 11-56. Clarifions au passage les termes de « désinflation » et de « déflation ». Le premier signifie un ralentissement dans la hausse des prix ; l'inflation (l'augmentation des prix) reste donc positive, mais elle est de plus en plus faible au fur et à mesure que la désinflation porte ses fruits. La déflation signifie, pour sa part, une baisse des prix, donc une inflation négative. C'est cette situation qui plane sur les économies européennes à l'issue de la crise des dettes souveraines de 2010.

5. Barry Eichengreen, *L'expansion du capital, une histoire du système monétaire international*, Paris : L'Harmattan, 1998.

6. Par la suite, les numéros d'articles feront référence au traité instituant la Communauté européenne dans sa version consolidée.

7. BCE, *The monetary policy of the ECB*, Frankfurt am Main : ECB, 2001.

8. Jérôme Creel, Eloi Laurent et Jacques Le Cacheux, « La politique de change de la zone euro ou le *hold up* tranquillle de la BCE », *Revue de l'OFCE*, n° 100, janvier 2007.

9. Si les prix des biens importés par les Européens sont exprimés en dollars, à prix constants, l'appréciation de l'euro implique *ceteris paribus* une baisse de leurs prix exprimés en euros.

10. Si les prix des biens exportés par les Européens sont exprimés en dollars, l'appréciation de l'euro génère *ceteris paribus* une hausse des prix à l'exportation en dollars, d'où il s'ensuit une perte de compétitivité des exportateurs européens.

11. Les stabilisateurs automatiques représentent l'évolution du déficit (les dépenses publiques moins les recettes fiscales) qui dépend de la conjoncture. En phase basse (haute) de conjoncture, les dépenses augmentent (baissent) tandis que les recettes diminuent (augmentent), ce qui a pour effet d'atténuer les fluctuations de l'activité.

12. Dans ce cas, le supplément de demande en provenance du pays menant la politique budgétaire expansionniste génère de l'inflation.

Notice 14

Les réponses européennes à la crise

La crise qui s'est abattue sur l'économie mondiale au cours de l'été 2007 n'est plus dans sa phase aiguë. Plusieurs pays, notamment les grandes économies émergentes, ont retrouvé leur taux de croissance d'avant la crise. Cependant, aux États-Unis la reprise est étonnamment faible et le taux de chômage toujours à un niveau inacceptable. La zone euro a connu une série de crises de la dette souveraine qui ont révélé des difficultés de coordination et de gouvernance économique, exposant la monnaie unique à un risque faible, mais bien réel, d'effondrement. L'intervention musclée de la Banque centrale européenne (BCE) en septembre 2012 a calmé les spéculations, mais les économies européennes restent sous perfusion. La reprise est si anémique et le risque de déflation si réel que, lors de sa réunion en juin 2014, la BCE a dû prendre des mesures énergiques pour relancer le crédit et la croissance (en novembre 2014, ce risque de déflation n'était toujours pas écarté). Dans cette notice, il s'agira de confronter deux visions de la crise de la zone euro et de montrer que les déséquilibres dont souffre l'économie ne se résorberont pas en l'absence d'une structure fédérale.

La première phase de la crise ayant été abondamment analysée, on se contentera d'en rappeler les faits saillants : la crise d'un petit segment spéculatif du secteur du crédit aux États-Unis, le marché des subprimes, s'est propagée par un effet de dominos au reste du système financier mondial. Cette propagation s'explique principalement par le fait que la dérégulation a permis la prolifération d'instruments financiers de plus en plus opaques, au point que des actifs toxiques ont envahi des portefeuilles de titres bien souvent à l'insu de leurs détenteurs, tout en conduisant à des prises de risque et à un endettement excessifs. Quand la bulle immobilière américaine a éclaté, les établissements financiers du monde entier, mais aussi les ménages et les entreprises, se sont empressés de vendre leurs actifs, d'une qualité douteuse, pour ramener leur ratio dette/ressources propres à un niveau plus prudent. Ce processus de désendettement a provoqué une crise du crédit et une contraction spectaculaire de l'investissement et de la consommation. La crise financière s'est ainsi transmise à l'économie réelle, engendrant la pire récession depuis les années 1930.

Les gouvernants ont initialement réagi en appliquant les recettes théoriques connues depuis que l'économiste John M. Keynes a écrit sa *Théorie générale* en 1936 : les banques centrales ont empêché l'implosion du secteur financier en ouvrant en grand les vannes du crédit aux établissements financiers. Cette injection de liquidités n'a cependant pas réussi à relancer l'économie. Le désendettement des banques, des entreprises et des ménages a provoqué une ruée sur les actifs sûrs. Ces acteurs économiques ont donc conservé toutes les liquidités mises à disposition par les banques centrales au lieu de les réinvestir dans l'économie sous la forme d'une demande de biens et services. Cette « trappe à liquidités », bien connue des historiens, a rendu la politique monétaire inefficace. Comme J. M. Keynes l'avait préconisé, la politique budgétaire a pris le relais. Au printemps 2009, la plupart des économies avancées et émergentes ont mis en œuvre des plans de relance massifs qui soutenaient la demande et remettaient l'économie sur les rails, même si cela devait se faire au prix d'une détérioration générale des finances publiques.

L'économie européenne, en particulier celle des dix-huit pays de la zone euro, s'est engagée sur une trajectoire divergente de celle des autres économies avancées quand la Grèce a révélé à l'automne 2009 que la gestion de ses finances publiques avait été entachée de fraudes pendant la décennie précédente. Depuis lors, tandis que le reste du monde s'achemine vers une reprise assurément fragile mais irréversible, la zone euro est empêtrée dans une crise qui ne cesse de s'aggraver et pourrait mettre en péril l'existence même de la monnaie unique.

La crise de l'euro : des lectures divergentes

Le débat sur les causes de la crise de la zone euro oppose deux courants de pensée radicalement différents. Le courant dominant, la « doctrine de Berlin », met en avant le comportement budgétaire irresponsable de certains pays de la périphérie de la zone euro et recommande d'assainir leurs finances publiques pour résoudre le problème. Le second courant insiste sur le péché originel de la construction de l'euro, qui a conduit à l'accumulation de déséquilibres structurels, et préconise de procéder à un ajustement symétrique.

La doctrine de Berlin, ou l'apologue des pécheurs budgétaires

Pour ce courant de pensée, la crise s'explique par le comportement des gouvernements de certains pays de la périphérie de l'Europe, en particulier la Grèce, l'Espagne et l'Italie. Leur prodigalité budgétaire et le report des réformes structurelles nécessaires ont provoqué l'hypertrophie du secteur public et une importante perte de compétitivité.

Cette lecture de la crise défendue vigoureusement par le gouvernement allemand mais qui prévaut également parmi les institutions européennes (la Commission européenne et la Banque centrale européenne), trouve ses fondements théoriques dans la théorie néoclassique. En résumé, cette théorie part du postulat que les marchés, peuplés d'agents rationnels, jouent un rôle central : s'ils peuvent fonctionner librement, sans distorsion, ils tendent vers un équilibre « optimal », caractérisé par le plein emploi des ressources. Dans cette théorie, l'accent est donc mis sur les mesures qui, agissant sur l'offre, peuvent augmenter la capacité de production de l'économie. La flexibilité des prix et des salaires permet ensuite à la demande de s'ajuster à l'offre de plein emploi ; à la politique économique reste seulement le rôle d'éliminer, par des réformes structurelles, les obstacles au libre jeu des marchés. Hormis dans des cas exceptionnels, la doctrine de Berlin estime inutile, voire dangereux, d'agir sur la demande agrégée. Et si les réformes structurelles, en réduisant les salaires et la protection sociale, devaient avoir des effets négatifs sur le pouvoir d'achat des ménages, cela serait plus que compensé par la croissance tirée par les exportations et induite par les gains de compétitivité[1].

La doctrine de Berlin n'est pas une nouveauté en Europe. Depuis le Traité de Maastricht de 1992, la gouvernance économique européenne repose sur le rejet des politiques macroéconomiques actives : la BCE a pour seule mission d'assurer la stabilité des prix (selon la théorie néoclassique, la politique monétaire n'a pas d'incidence sur la croissance ni sur l'emploi), et elle jouit d'une autonomie considérable à cet effet. En outre, le Pacte de stabilité et de croissance de 1997 a empêché les États (à qui la politique budgétaire reste dévolue) de mener des politiques budgétaires discrétionnaires et les a obligés à n'agir que sur les stabilisateurs automatiques pour lisser les fluctuations économiques. Par rapport aux États-Unis, où la *Federal Reserve* a un « double mandat » (à savoir, assurer la croissance et combattre l'inflation) et où le gouvernement fédéral recourt activement à des politiques budgétaires contracycliques, le cadre institutionnel européen a engendré au cours des deux dernières décennies une forte inertie de la politique économique. La croissance devait provenir de réformes structurelles visant à renforcer le libre jeu des marchés et dans la compétitivité internationale.

Les recettes proposées par les partisans de la doctrine de Berlin pour sortir de la crise actuelle s'inscrivent dans ce cadre. Les pays qui ont été bons élèves, en réformant leur économie et en la rendant compétitive sur les marchés internationaux, peuvent se contenter d'apporter une aide temporaire et conditionnelle aux États en difficulté, qui doivent supporter à eux seuls le coût de l'ajustement : dans les pays périphériques de la zone euro, l'austérité et des réformes structurelles réduiront la taille d'un secteur public inefficace, juguleront l'inflation et amélioreront la compétitivité, ce qui contribuera à diminuer la dette (publique et privée) et à retrouver le dynamisme perdu.

La doctrine de Berlin présente l'avantage de donner une explication simple de la crise, d'établir clairement la responsabilité de chacun et de proposer une solution qui ne nécessite que des modifications limitées des institutions européennes, lesquelles sont déjà ancrées dans la doctrine néoclassique (par exemple, la nouvelle règle budgétaire entrée en vigueur le 1er janvier 2013 – le « Pacte budgétaire » – est une version renforcée de l'ancien Pacte de stabilité). Cependant, un nombre croissant d'économistes, surtout anglo-saxons, s'opposent à l'apologue des pécheurs budgétaires en faisant valoir que la zone euro souffre de problèmes plus structurels.

La non-optimalité de l'euro et la théorie des déséquilibres structurels

La thèse des déséquilibres structurels met l'accent sur le « péché originel » dont la construction de l'euro est entachée, c'est-à-dire le fait que la monnaie unique a été créée pour des pays qui ne constituaient pas une zone monétaire optimale. Les pays qui ont adopté l'euro en 1999 étaient hétérogènes en termes de niveau de développement, de productivité et d'inflation. L'abandon des monnaies nationales a introduit une rigidité qui a empêché la zone euro d'absorber les chocs asymétriques et les déséquilibres, créant ainsi une véritable poudrière. Par conséquent, la crise n'a été que le détonateur qui a fait s'écrouler une construction dont les fondations étaient défectueuses.

Selon cette thèse, l'adoption de la monnaie unique aurait eu deux conséquences :

- Premièrement, comme on le savait dès le début, les pays membres de la zone euro ont perdu leur autonomie monétaire au sens où ils ne peuvent plus ajuster individuellement la politique monétaire pour satisfaire leurs besoins respectifs (sur le plan de la croissance et/ou de l'inflation). La politique monétaire a pour objectif une « moyenne » qui, du fait de la taille de l'économie allemande, est très proche du taux approprié pour l'Allemagne.
- La seconde conséquence, moins prévisible au départ, était le sentiment généralisé et pourtant erroné, que la suppression du risque de change allait signifier la fin de tous les risques-pays. La convergence des taux d'intérêt imposée par la monnaie unique a donné naissance à un vaste marché des capitaux dans lequel les conditions d'investissement étaient similaires et les différents profils de risque étaient cachés. Il est intéressant de noter que, paradoxalement, l'euro a aggravé le risque-pays, car les pays de la zone euro ont emprunté dans une devise, l'euro, dont ils ne contrôlaient pas l'émission. En fait, l'euro était à ces pays ce que le dollar était aux pays d'Amérique latine dans les années 1980. Cela les a exposés au risque de fuite des capitaux (qui s'est concrétisé après 2009), alors même que les marchés étaient convaincus du contraire.

La convergence des taux d'intérêt, les différences de niveau de développement (et, par conséquent, de rentabilité de l'investissement) et l'épargne massivement accumulée sous l'effet de la compression de la demande intérieure en Allemagne et dans d'autres pays du centre de la zone euro (la Finlande, l'Autriche et les Pays-Bas) ont fait s'accroître les flux de capitaux à destination des pays périphériques – capitaux qui ont dopé l'économie de ces derniers, mais qui ont également généré un excès de demande et de l'inflation. Ces flux de capitaux ont créé une demande d'importations équivalente et donc un déficit commercial (sur le plan comptable, la somme du solde de la balance des capitaux et du solde de la balance courante doit être égale à zéro). En résumé, les pays du centre de la zone euro ont comprimé leur demande intérieure et exporté vers les pays périphériques, qui ont financé leur surconsommation par les capitaux provenant du centre lui-même (ce qui a grandement été facilité par la monnaie unique et la convergence des taux d'intérêt).

Du fait de leur surendettement (en devise « étrangère », il est utile de le rappeler), les économies de la périphérie étaient devenues vulnérables quand la crise mondiale a provoqué une raréfaction des capitaux et quand les marchés ont réalisé que le risque souverain dans la zone euro n'était pas uniforme. À ce moment, les flux de capitaux se sont inversés, les taux d'intérêt ont commencé à diverger et les pays de la périphérie se sont enfoncés dans une crise de la dette dont ils n'arrivent pas à s'extirper depuis 2009. Le creusement généralisé des déficits publics dû au sauvetage des banques et aux plans de relance a aggravé le problème ; mais dans cette vision, la prodigalité budgétaire, sauf pour la Grèce, n'est pas la principale cause de la crise, sauf pour la Grèce, contrairement à ce qu'affirment les tenants de la doctrine de Berlin.

Si les déséquilibres structurels sont à l'origine de la crise, l'austérité générale prônée par la doctrine de Berlin ne remédiera pas au problème. Pour sortir de la crise, il faudrait au contraire procéder à des ajustements symétriques. D'un côté, les pays de la périphérie, dont la demande excède la production intérieure, devraient réduire leur consommation privée et publique. De l'autre côté, il faudrait que les pays excédentaires du cœur de la zone euro, qui jusqu'à présent ont fondé leur croissance sur l'augmentation de leur excédent commercial, ne fassent plus reposer leur modèle sur les exportations, mais sur la demande intérieure grâce à des politiques budgétaires expansionnistes, et qu'ils soutiennent les dépenses des ménages (par exemple, par le biais de réductions d'impôt et de hausses salariales). Mener des politiques expansionnistes dans le centre favoriserait la croissance dans l'ensemble de la zone et contribuerait à rééquilibrer les prix relatifs par le biais d'une montée de l'inflation au Nord au lieu d'une déflation (beaucoup plus coûteuse) au Sud. Ainsi, l'assainissement budgétaire nécessaire des pays périphériques pourrait s'effectuer dans un environnement macroéconomique favorable, ce qui augmenterait ses chances de réussite et diminuerait ses coûts sociaux. La coordination des politiques macroéconomiques, indispensable dans une zone à monnaie unique, devrait donc avoir pour fondement la résorption des déséquilibres et non l'imposition uniforme de l'austérité.

Il est important de préciser, avant de poursuivre, que mettre en relief les problèmes structurels de la zone euro ne signifie pas forcément être anti-européen. Il n'est pas rare que les économistes anglo-saxons qui le font soient accusés de vouloir faire capoter le projet européen. Or comme on le verra, réfléchir à la non-optimalité peut permettre d'imaginer une sortie de crise « par le haut », qui nécessite plus, et non moins d'Europe.

Irresponsabilité budgétaire ou péché originel ?

Le débat sur ces deux explications de la crise fait rage dans la presse et dans la blogosphère, mais il est encore trop tôt pour se prononcer avec certitude en faveur de l'une ou de l'autre[2]. De nombreuses raisons empêchent de trancher, allant du manque de données cohérentes sur les flux financiers bilatéraux à la difficulté d'établir un lien de causalité entre les flux commerciaux et les mouvements de capitaux. Le mieux que l'on puisse faire est donc d'examiner des « faits stylisés ».

Situation des finances publiques dans onze pays de la zone euro (ratios en % dette sur PIB et déficit sur PIB) en 2007

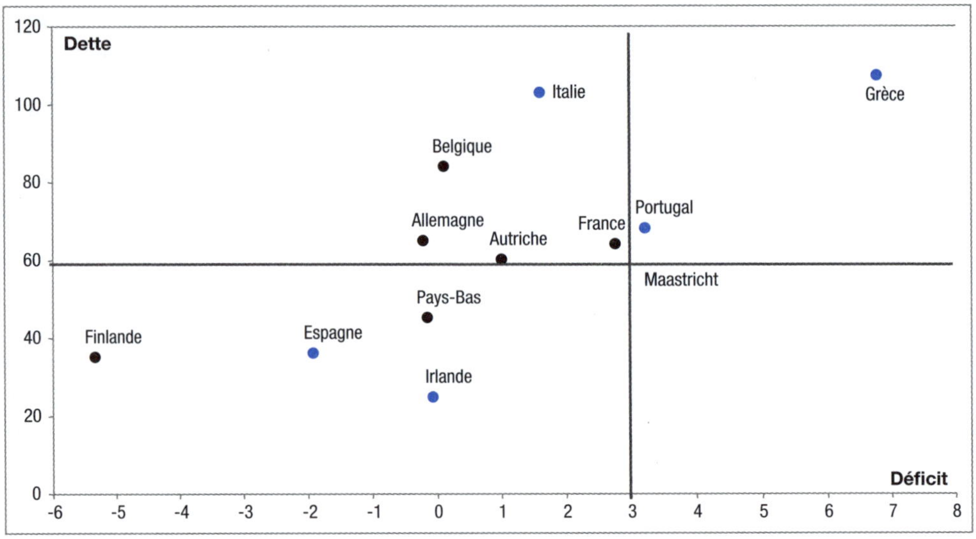

Source : calculs de l'auteur à partir des données OECDStat.

Le graphique ci-dessus présente la situation des finances publiques, avant la crise, de plusieurs pays de la zone euro. À l'époque, seule la Grèce connaissait de graves problèmes (les ratios dette sur PIB et déficit sur PIB étaient respectivement de 107 % et 6,8 %). Le Portugal n'était pas loin des critères de Maastricht (60 % et 3 %), tandis que l'Espagne (dette de 36 % et excédent budgétaire de 1,9 %) et l'Irlande (dette de 24 % et budget équilibré) faisaient nettement mieux que l'Allemagne. Enfin, l'Italie était lourdement endettée (problème remontant aux années 1980), mais son déficit était bien inférieur à la limite de 3 % imposée par le Traité de Maastricht. On peut donc difficilement affirmer que, dès le début de la crise, les pays périphériques dans leur ensemble (points bleus sur le graphique ci-dessus) se caractérisaient par une mauvaise gestion de leurs finances publiques.

Par contre, l'examen de la position extérieure fait apparaître une différence entre le centre et la périphérie.

Situation de la balance des paiements courants dans les pays de la zone euro en 2007 et en 2013

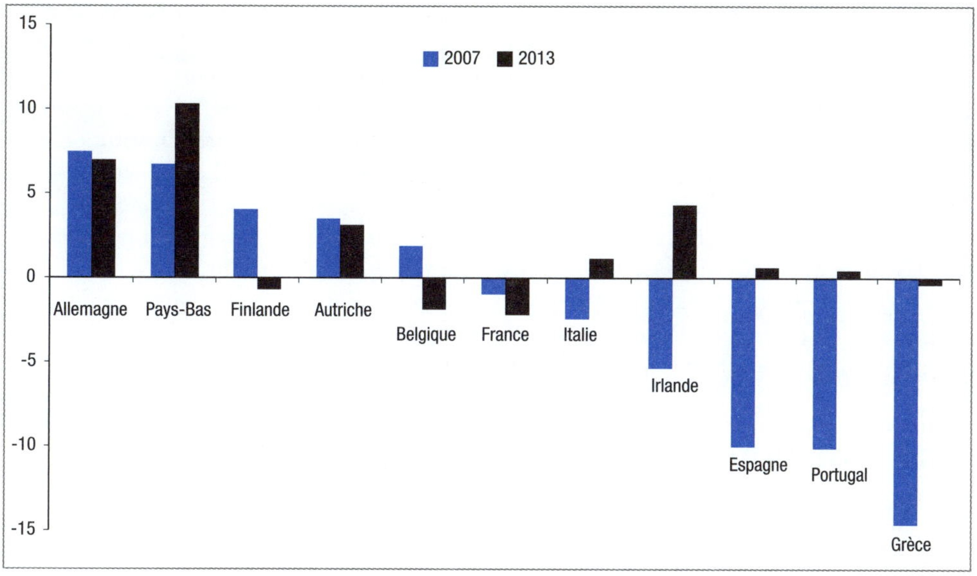

Source : calculs de l'auteur à partir des données OECDStat.

Tous les pays en crise (Grèce, Espagne, Italie, Irlande et Portugal) enregistraient un important déficit courant en 2007 à la différence de l'Allemagne, de la Finlande, de l'Autriche et des Pays-Bas, qui dégageaient un excédent courant plutôt confortable. Les premiers avaient donc un excès de demande par rapport à la production domestique tandis que les autres étaient dans la situation inverse.

S'il est important de répéter que ces faits stylisés ne constituent que des données indicatives, force est de constater qu'ils sont moins compatibles avec la doctrine de Berlin qu'avec la thèse des déséquilibres structurels. En un sens, ils montrent que la charge de la preuve incombe aux partisans de l'austérité.

C'est une mauvaise nouvelle, car si la crise s'explique par des déséquilibres structurels, elle a malheureusement alors des causes plus profondes que la simple irresponsabilité de quelques gouvernements. Elle ne se limite pas à un problème de « cigales et de fourmis », que l'on pourrait résoudre assez simplement en obligeant les pécheurs à adopter un comportement plus responsable. S'il s'agit de déséquilibres structurels, cela signifie que le projet d'intégration monétaire comporte des défauts structurels dont la correction exige non seulement des politiques complexes et différenciées selon les pays, mais en outre une réflexion approfondie sur l'architecture institutionnelle d'une union monétaire non optimale. On peut alors se demander si la prédominance de la doctrine de Berlin dans les cercles européens ne tiendrait pas aussi à la simplicité des mesures correctrices qu'elle propose et à ses implications, somme toute limitées, pour les institutions.

La zone euro suit depuis 2009 les prescriptions de la doctrine de Berlin. Le soutien aux pays périphériques a été subordonné à des plans d'assainissement budgétaire draconiens qui ont plongé leurs économies dans la récession. Le graphique ci-dessus montre que ces plans ont radicalement réduit l'excès de demande dans la périphérie (comme l'indique la baisse des déficits courants entre 2007 et 2013), alors que les pays du centre affichent toujours un excédent d'épargne. Comme l'on pouvait s'y attendre, étant donné que les pays du centre se sont mis, eux aussi, à pratiquer l'austérité, l'action des pouvoirs publics dans l'ensemble de la zone euro est aujourd'hui procyclique et restrictive. Les effets pernicieux de l'austérité sont maintenant largement reconnus ; même le FMI en octobre 2012[3], a constaté que l'assainissement budgétaire en période de crise va à l'encontre du but recherché car il pèse sur la consommation et l'investissement, ce qui déprime les revenus et creuse le déficit public. Pourtant, **en novembre 2014, aucun** changement de cap n'est en vue. Alors même qu'ils se heurtent à une lassitude face à l'austérité, les gouvernements européens sont priés par la Commission et le gouvernement allemand de poursuivre l'assainissement. La notion de flexibilité que le gouvernement italien de Matteo Renzi a réussi à glisser dans les conclusions du compte-rendu de la réunion Ecofin de septembre 2014 reste de facto virtuelle, car la primauté des règles budgétaires en vigueur et des réformes structurelles ne sera pas remise en question. Il en est de même pour le débat sur la réforme institutionnelle. Le Pacte budgétaire (officiellement appelé « Traité sur la stabilité, la coordination et la gouvernance dans l'Union économique et monétaire ») confère une valeur constitutionnelle à la disposition sur l'équilibre budgétaire, ce qui exclut toute politique contracyclique non seulement dans le contexte actuel, mais aussi dans un avenir prévisible. De plus, l'obligation de ramener la dette à 60 % du PIB en 20 ans signifie que certains pays devront donner un nouveau tour de vis budgétaire à partir de 2015. Plus préoccupant encore, les déséquilibres extérieurs n'ont pas été corrigés et ont rarement été évoqués dans le débat sur la nouvelle gouvernance de la zone euro.

Une croissance tirée par les exportations ? Le syndrome de Lilliput

Il est certain que l'impact de l'austérité sur les économies périphériques de la zone euro a été initialement sous-estimé. Non seulement la récession a été plus grave que prévu mais, de surcroît, l'assainissement budgétaire a été contreproductif, au sens où la dette de la plupart des pays en difficulté demeure sur une trajectoire non viable. Malgré cela, d'aucuns soutiennent que c'est un mal nécessaire à court terme pour des bénéfices à long terme. L'Allemagne pae exemple donne sa propre expérience. Autrefois « l'homme malade de l'Europe », elle serait aujourd'hui l'économie la plus prospère de la zone euro grâce aux réformes (dites réformes « Hartz ») qu'elle a menées en 2003-2005. Ces réformes et une discipline budgétaire stricte, affirme-t-on, lui auraient permis d'abaisser les salaires et d'augmenter les profits et la productivité, devenant ainsi le deuxième exportateur mondial. Et s'il est vrai que les réformes ont comprimé la demande intérieure (privée et publique), ceci ne serait pas un problème dans la mesure où les exportations ont pris le relais. L'austérité et la compression de la demande intérieure dans la périphérie de la zone euro sont censés produire le même effet, dopant la compétitivité et la croissance. Cette vision mérite un examen approfondi, car en sus d'être la position officielle des gouvernements des pays du centre et des institutions européennes, elle est de plus en plus défendue dans les pays en difficulté (le débat en France sur « le pacte de responsabilité » en offre un exemple).

Le défaut le plus flagrant de cette vision est qu'elle repose sur un argument fallacieux : il est tout bonnement impossible que chaque pays du globe soit en excédent commercial étant donné que la balance commerciale de l'ensemble de la planète doit être égale à zéro. À l'évidence, les dirigeants européens veulent ériger en référence un modèle de croissance qui, par définition, ne peut être généralisé. Le contre-argument classique est que la zone euro n'est pas la planète entière et que rien ne l'empêche d'enregistrer des excédents courants en adoptant un modèle de croissance tirée par les exportations. Si ceci est vrai sur le plan comptable, cela n'en dénote pas moins l'incapacité des leaders européens à saisir pleinement les implications de la construction européenne et de la monnaie unique. Ils semblent être victimes du syndrome du petit pays : la discipline budgétaire et la compression de la demande intérieure, visant à stimuler la compétitivité et à générer une croissance tirée par les exportations, lient le sort de l'Europe aux performances du reste du monde. Ce qui était parfaitement légitime pour les petits pays à titre individuel, l'est beaucoup moins pour l'Europe prise dans son ensemble. La comparaison avec un autre pays présentant un large excédent, la Chine, est intéressante à cet égard. Au cours de la dernière décennie, la Chine s'est inquiétée des déséquilibres sur lesquels reposait son imposant excédent commercial et s'est engagée à rééquilibrer son modèle de croissance en accordant une plus grande place à la demande intérieure. Sa réorientation a été émaillée de coups de frein et de redémarrages. La crise elle-même a joué un rôle contradictoire. La Chine n'a pas résisté à la tentation d'instaurer des mesures protectionnistes plus ou moins déguisées et de manipuler sa monnaie. Toutefois, elle a été parmi les premiers pays en 2009 à mettre en œuvre un solide plan de relance, représentant plus de 10 % du PIB. La Chine sait parfaitement quel est son nouveau rôle dans l'économie mondiale. Ses dirigeants ont compris il y a longtemps que, pour passer du statut d'économie émergente/en développement à celui d'économie pleinement développée, la Chine devait notamment devenir moins tributaire des exportations. Une économie grande et dynamique ne peut faire dépendre sa prospérité de la croissance des autres pays. Même le débat sur la réforme de l'État providence et sur celle du secteur de la santé était motivé, entre autres, par la nécessité de réduire l'épargne de précaution et d'accroître la consommation[4].

À l'opposé, non seulement l'Allemagne défend son modèle de croissance tirée par les exportations, mais en outre elle se bat énergiquement pour le généraliser au reste de l'Europe, renonçant ainsi à l'ambition d'être un acteur majeur sur la scène économique mondiale. De surcroît, alors que la Chine semble pleinement consciente de sa contribution aux déséquilibres mondiaux qui ont entraîné la crise, l'Allemagne en est loin. C'est un problème car il est crucial d'assurer un meilleur équilibre entre la demande intérieure et la demande extérieure au niveau global pour réduire la fragilité macroéconomique de l'économie mondiale en diminuant les déséquilibres commerciaux.

L'Euro peut-il survivre sans une solution fédérale ?

Pour que la monnaie unique survive, il est primordial de résoudre les problèmes de gouvernance révélés par la crise afin d'empêcher la survenue de nouveaux événements dévastateurs. La thèse retenue pour expliquer la crise a de toute évidence un rôle important à jouer dans la création d'institutions appropriées.

Comme cela a été indiqué (v. *supra*), le cadre actuel est déjà largement compatible avec la philosophie qui inspire la thèse néolibérale de Berlin. Les changements institutionnels importants qui ont été introduits jusqu'à présent ont renforcé ce cadre : la constitutionnalisation de l'équilibre budgétaire, la création de pare-feux (comme le mécanisme européen de stabilité) pour mettre les gouvernements à l'abri de la spéculation et une union bancaire dont la réalisation a jusqu'ici surtout progressé sur le plan de la surveillance commune. Autrement dit, la doctrine de Berlin insiste surtout sur la discipline des différents États membres ; aussi les changements institutionnels qu'elle préconise portent-ils essentiellement sur le renforcement de la surveillance et des sanctions. Dans ce cadre, la solidarité entre les pays demeure limitée et reste subordonnée à une condition stricte : les contribuables des pays « vertueux » du centre ne devraient être appelés à aider les pays périphériques, qui sont en fin de compte responsables de la crise, que s'il est imposé à ces derniers d'être budgétairement responsables.

Les choses se compliquent considérablement si l'on admet que la crise s'explique par des déséquilibres structurels. Dans ce cas, nous devons concevoir des institutions capables d'absorber les chocs asymétriques qui créent des écarts de compétitivité entre les pays. Lorsque l'on est membre d'une union monétaire, on ne peut plus utiliser la politique monétaire comme outil de stabilisation, ni le taux de change comme outil d'ajustement extérieur. Dans une union monétaire, le réalignement des prix relatifs (ce que l'on appelle le taux de change réel) ne peut s'effectuer que par un ajustement des prix et des salaires. Comme le montre l'expérience de l'Italie dans les années 1970 et 1980, utiliser systématiquement le taux de change pour restaurer la compétitivité n'est pas indolore : c'est le prélude à des spirales inflationnistes, à des distorsions de concurrence, etc. Cependant, être privé de cet outil dans un espace à monnaie unique exige de trouver d'autres moyens de résorber les déséquilibres. Le premier moyen est la mobilité des facteurs de production (en particulier du travail), qui constitue, par exemple aux États-Unis, un instrument de rééquilibrage entre les différents États. Mais il n'est guère plausible, pour des raisons culturelles et économiques, que la mobilité du travail entre les pays européens prenne des proportions suffisantes pour permettre la résorption d'importants déséquilibres. La voie actuellement empruntée par les pays européens, l'ajustement par les prix et les salaires, s'avère très douloureuse : la BCE ayant pour mission de maintenir l'inflation moyenne à un faible niveau et les pays du centre étant réticents à stimuler leur demande intérieure, les prix relatifs ne peuvent s'ajuster que par le biais d'une forte déflation dans les pays déficitaires. La seule autre alternative est donc la mise en place d'un système de transfert entre les pays membres.

Déjà en 1969, l'économiste américain Peter Kenen avait souligné l'importance des dépenses fédérales dans une union monétaire[5]. Si une partie substantielle du dispositif budgétaire se situe au niveau fédéral, les pays/régions en difficulté seront automatiquement soutenus par les autres, tout simplement parce que les régions en récession voient à la fois leurs recettes fiscales (et donc leur contribution au budget fédéral) diminuer et leur part des dépenses sociales fédérales (comme les allocations chômage ou l'assurance sur les dépôts bancaires) augmenter. Parallèlement, l'inverse se produit dans les régions en expansion. Même aux États-Unis, où les marchés et la mobilité du travail contribuent beaucoup aux ajustements interrégionaux, les transferts automatiques entre les États peuvent être considérables. L'économiste Paul Krugman, par exemple, a calculé que depuis 2007, la Floride a reçu du reste du pays, moins durement touché par la récession, au moins 5 % de son PIB sous la forme d'une hausse des dépenses sociales et d'une baisse des contributions aux finances fédérales[6]. Et cela s'est passé sans que les journaux californiens affirment pour autant que l'argent des contribuables de San Francisco a servi à secourir les citoyens paresseux de Miami.

Qui plus est, il est intéressant de noter que l'existence même du budget fédéral permet aux États-Unis d'atténuer les effets d'un budget équilibré au niveau local. La grande majorité des États américains a adopté des règles strictes qui imposent l'équilibre budgétaire. Pendant la crise, ces règles ont été très déstabilisantes pour les États en récession, qui étaient obligés de réduire leurs dépenses et de licencier une partie de leur personnel au moment même où il aurait fallu faire le contraire, ce qui a aggravé la crise. Mais le gouvernement fédéral américain a choisi de mener une politique discrétionnaire au moins en partie pour contrebalancer les réductions budgétaires procycliques au niveau des États. Il a réussi, en outre, à orienter l'essentiel des fonds destinés à la relance vers l'investissement. L'exemple des États-Unis nous rappelle que le dispositif budgétaire d'une union monétaire dépend de façon cruciale de l'articulation entre les différents niveaux de l'administration. Dans le discours qu'il a prononcé à l'occasion de la remise de son prix Nobel en 2011, Thomas Sargent a montré que le transfert de dette du niveau des États au niveau fédéral dans les années 1790 s'est produit concomitamment au transfert du pouvoir de lever l'impôt (en particulier d'imposer des droits de douane), autrement dit à la création d'une union budgétaire. T. Sargent semble suggérer qu'une union monétaire peut précéder ou suivre une union budgétaire, mais que l'une ne peut aller sans l'autre indéfiniment. Il donne également à entendre que, loin de se limiter à la simple coordination des politiques, une union budgétaire doit transférer le pouvoir de lever l'impôt et de dépenser, ce qui requiert une intégration politique.

On aurait pensé que, tout en se liant les mains avec une règle budgétaire stricte (le Pacte budgétaire), les pays de l'Union européenne (UE) auraient imaginé un moyen de recouvrer au moins en partie leur capacité d'antan à réagir aux chocs macroéconomiques et que, comme aux États-Unis, ce moyen aurait pu consister en un renforcement de la capacité de dépenser de l'ensemble de l'UE, laquelle est manifestement moins exposée au risque (éventuel) de comportement opportuniste que ses différents États membres. La discussion sur le nouveau budget pluriannuel de l'UE, au printemps 2013, aurait pu être l'occasion de débattre de l'articulation entre les tâches de l'UE et des États membres dans la lutte contre les fluctuations conjoncturelles. Cela aurait pu être le moment propice pour examiner comment créer une union fondée sur des transferts équitables, incitateurs et compatibles ou comment établir un programme d'investissements publics à l'échelle de l'UE. Au lieu de cela, la logique de l'austérité a prévalu même en ce qui concerne le budget communautaire – logique encore plus indésirable au niveau « fédéral » qu'au niveau des États membres.

• • • La zone euro souffre de problèmes structurels qui vont bien au-delà du simple manque de discipline de quelques-uns de ses membres. Pour qu'une monnaie commune survive, il semble impossible d'imaginer une autre solution qu'une forme d'organisation d'État fédéral. C'est particulièrement vrai en Europe, où la mobilité du travail est naturellement inférieure à celle observée aux États-Unis et où, de ce fait, seul un système de transferts entre les pays peut procurer la souplesse nécessaire pour amortir les chocs macroéconomiques.

Aujourd'hui, les États-Unis d'Europe ne sont guère plus qu'une chimère. Il est évident même pour l'observateur lambda que le rêve fédéral de Jean Monnet et d'Altiero Spinelli ne se concrétisera pas avant de nombreuses années. Cependant, l'existence d'une solution idéale, quoiqu'utopique, peut faire office de guide pour naviguer dans la jungle des mesures politiquement faisables et des propositions en cours d'examen. Toute modification institutionnelle allant dans le sens d'une structure fédérale adéquate doit être encouragée. C'est le cas notamment des euro-obligations, qui permettraient une gestion commune (et par conséquent une mutualisation de la garantie) d'une partie des dettes et qui pourraient en plus servir à financer des politiques communes dans les domaines de l'infrastructure et de l'industrie. Cela vaut aussi pour une union bancaire adéquate, qui pourrait compléter l'unification des marchés financiers européens grâce à des règles et une supervision communes, mais aussi au moyen d'une garantie commune des dépôts (qui n'est pour l'instant pas à l'ordre du jour). Ces mesures et d'autres dans le même esprit (par exemple, à la suite d'un document de la Commission daté d'octobre 2013, plusieurs pays, dont la France, ont lancé l'idée d'une allocation de chômage européenne) introduiraient une solidarité entre les États membres. Chacune d'elles permettrait de se rapprocher *de facto* d'une forme de fédéralisme qui est aujourd'hui hors de portée en raison du nationalisme économique et du souverainisme politique.

Francesco Saraceno
(Traduit de l'anglais par Marie-Agnès Schmitt)

Notes

1. Pour de plus amples développements, voir Jean-Paul Fitoussi et Francesco Saraceno, « European Economic Governance, The Berlin-Washington Consensus », *Cambridge Journal of Economics*, vol. 37 [3], pp. 479-496, février 2013.

2. Se reporter par exemple à la récente étude de Claire Waysand, Kevin Ross, John de Guzman, « European Financial Linkages : A New Look at Imbalances », *IMF Working Paper,* WP/10/95, décembre 2010, étude qui ne fait qu'attester de l'existence de déséquilibres dans la zone euro.

3. « Coping with High debt and Sluggish Growth », *World Economic Outlook*, octobre 2012, http://www.imf.org/external/pubs/ft :weo/2012/02/

4. Voir Jean-Paul Fitoussi et Francesco Saraceno, « The Intergenerational Content of Social Spending: Health Care and Sustainable Sustainable Growth in China », *in* David Kennedy et Joseph E. Stiglitz ed., *Law and Economics with Chinese Characteristics. Institutions for Promoting Development in the Twenty-First Century*, Oxford University Press, 2013.

5. Peter Kenen « The Theory of Optimum Currency Areas: an Eclectic View », in Mundell et Swoboda, éd., *Monetary Problems of the International Economy*, University of Chicago Press, 1969.

6. *New York Times*, blog de Paul Krugman, http://krugman.blogs.nytimes.com/2012/06/24/revenge-of-the-optimum-currency-area/?_php=true&_type=blogs&_r=0 mettre lien

Notice 15

L'agriculture et la Politique agricole commune

La Pac est en réforme permanente depuis maintenant plus de vingt ans sous l'influence simultanée de facteurs d'une part, internationaux caractérisés par la libéralisation croissante des échanges agricoles, d'autre part, internes à l'Union européenne. Ce processus de réforme en continu n'est pas encore achevé. Il doit être non seulement poursuivi mais aussi étendu à d'autres domaines (sauvegarde de l'environnement, transition énergétique, biotechnologies, lutte contre le changement climatique, etc.) de façon à accroître la durabilité des agricultures européennes. C'est là une condition nécessaire pour que la sphère européenne non agricole accepte encore de soutenir fortement un secteur devenu, en nombre d'exploitations et d'actifs, de plus en plus restreint. Il s'agit là d'un enjeu majeur dans le double contexte où près de 40 % du budget européen est aujourd'hui consacré à l'agriculture (en 2013, 61 milliards d'euros sur un total de 152) et que les revenus des agriculteurs de l'Union dépendent pour une large part de ce soutien budgétaire sans lequel de nombreux revenus seraient négatifs.

La Politique agricole commune (Pac) a un peu plus de cinquante ans. Elle a été mise en place au lendemain de la Seconde Guerre mondiale dans le cadre d'une Union européenne (UE) alors à six États membres, fortement déficitaire en produits agricoles et alimentaires de zone tempérée : l'objectif premier était d'augmenter la production agricole domestique. Cette politique a fait l'objet d'une première réforme en profondeur en 1992 (réforme Mc Sharry du nom du commissaire à l'Agriculture de l'époque) sous la pression essentielle des négociations agricoles multilatérales du Gatt (*General Agreement on Tarifs and Trade*) du cycle de l'Uruguay (1986-1994). Depuis cette date, la Pac est en réforme permanente ; la dernière en date (décidée en 2013 pour une application à compter du 1er janvier 2015 sur une période de sept années) sera très vraisemblablement suivie d'une nouvelle réforme avant la fin de la décennie, même si elle n'en revêtira pas la dénomination ; il sera alors vraisemblablement question d'une révision à mi-parcours. La complexité des débats et des mesures ne doit pas masquer le fait que le processus continu de réforme à l'œuvre depuis plus de vingt ans maintenant suit une même ligne directrice : la diminution progressive des mesures de soutien des prix à la production et la compensation partielle des baisses induites de revenus des producteurs agricoles par des aides directes de plus en plus déconnectées des choix de produits, mais conditionnées par contre de façon croissante à des exigences en matière de protection de l'environnement. Il reste à analyser dans quelle mesure cette Pac sans cesse évolutive est à la hauteur des défis auxquels fait face l'agriculture communautaire.

Une brève histoire de la Politique agricole commune[1]

Retour aux origines (1962-1982)

Les objectifs initiaux de la Pac sont définis dans l'article 39 du Traité de Rome (1957). Il s'agissait alors :
- d'augmenter la productivité de l'agriculture ;
- d'assurer un niveau de vie équitable aux producteurs agricoles ;
- de stabiliser les marchés agricoles ;
- de garantir la sécurité des approvisionnements alimentaires des consommateurs ;
- enfin, d'assurer à ces derniers des niveaux de prix raisonnables.

Ces objectifs n'étaient pas clairement définis, certains pouvant même être contradictoires selon les outils de politique publique utilisés pour leur satisfaction : c'est le cas, par exemple, des deux derniers objectifs. En pratique, les décisions politiques des débuts de cette politique ont été principalement guidées par l'ambition d'accroître la production agricole communautaire.

Une politique de substitution aux importations

À la Conférence de Stresa (1962) furent posés les trois principes qui restent aujourd'hui encore d'actualité et font du secteur agricole un secteur économique quelque peu spécifique sur la scène européenne. Il s'agit :
1) de l'unicité du marché européen (liberté des échanges à l'intérieur de l'UE) ;
2) de la préférence communautaire (priorité aux produits européens) ;
3) de la solidarité financière (recettes et dépenses mutualisées au sein d'un budget commun).

Les pères fondateurs de l'Europe ont alors mis en place une politique d'encouragement de la production intérieure sous la forme d'un soutien des prix européens à la production agricole[2]. Pour être efficace, cette politique de soutien des prix à la production est complétée par deux mécanismes aux frontières :

- pour maintenir les prix intérieurs à des niveaux supérieurs aux cours mondiaux, il fallait en effet empêcher, au minimum limiter, l'entrée des importations extra-communautaires, ce qui fut fait *via* l'instauration de droits de douane variables (*i. e.*, fluctuants avec les niveaux des cours mondiaux) à l'entrée sur le marché communautaire ;
- pour écouler les excédents potentiels sur les marchés internationaux, il fallait ramener les prix à l'exportation au niveau des cours mondiaux, ce qui fut fait par l'octroi de subventions à l'exportation, elles aussi variables et donc d'autant plus fortes que les écarts entre cours domestiques et internationaux étaient élevés.
- Les politiques agricoles commerciales du début, à l'importation comme à l'exportation, sont donc des corollaires de la politique domestique de soutien des prix à la production.

La production agricole de l'UE a effectivement augmenté, permettant à cette zone géographique, en dépit des élargissements successifs à des pays initialement le plus souvent importateurs nets de produits agricoles et alimentaires, de passer progressivement d'une situation de déficit à un régime d'excédent. Il convient ici de noter que ce changement de statut, d'importateur net à exportateur net, ne s'applique qu'aux seuls produits agricoles et alimentaires de zone tempérée ; il n'est pas vrai pour les produits tropicaux, ni pour les protéines végétales (dans ce dernier cas, pour une large part du fait d'engagements internationaux souscrits dans le cadre des négociations du Gatt). Toutefois, il s'agit là, incontestablement, d'un premier succès de la Pac.

Des succès… mais des limites

C'est naturellement au regard des objectifs initiaux fixés par le Traité de Rome et la Conférence de Stresa qu'il convient d'apprécier la Pac des débuts qui, *grosso modo*, s'appliquera pendant vingt ans, jusqu'à la première réforme d'ampleur, en 1992, et même si des aménagements sectoriels ont été mis en œuvre, dès 1977, dans un souci de maîtrise des dépenses agricoles communautaires[3]. Au crédit de cette première Pac, outre la satisfaction des besoins intérieurs sur une base domestique pour les produits agricoles de zone tempérée, figurent aussi l'accroissement de la productivité agricole[4] et la stabilisation du marché agricole communautaire. Les prix européens à la consommation des biens alimentaires sont certes, en moyenne, plus élevés que les cours mondiaux, mais ils ont néanmoins suivi, avec retard, la tendance à la baisse en valeur réelle de ces derniers : les producteurs agricoles de l'UE ont donc distribué aux consommateurs domestiques plus que les gains de productivité qu'ils ont réalisés[5], ce qui n'est pas sans poser de problèmes au niveau des revenus agricoles (*cf. infra*). Au crédit de la Pac, il faut également ajouter le fait que l'alimentation des consommateurs européens est à cette date et encore aujourd'hui une des alimentations les plus diversifiées et les plus sûres du monde sur le plan sanitaire, en dépit de crises ponctuelles.

• Le premier revers de la médaille est que la Pac n'est pas parvenue à enrayer la tendance à la baisse des revenus agricoles en termes réels (à structures de production inchangées), même si leurs fluctuations interannuelles ont été fortement amorties pour les produits bénéficiant de cette politique (essentiellement les céréales, la betterave sucrière, le lait et les produits laitiers, et la viande bovine).

• Mais les deux limites majeures qui sont progressivement apparues sont, sur le plan intérieur l'augmentation des dépenses budgétaires agricoles et, sur la scène internationale, la critique d'un dumping européen sur les marchés mondiaux. Dès lors que l'UE est passée d'une situation déficitaire à un régime d'excédents (rappelons-le, pour les seuls produits agricoles de zone tempérée), ces derniers ont dû être écoulés sur pays tiers en utilisant des subventions à l'exportation. Celles-ci ont donc fortement cru dans les années 1970 et au début des années 1980. Ont également augmenté les dépenses de stockage de ces denrées excédentaires avant écoulement et, trop souvent, simple destruction. Le problème était non seulement que ces dépenses augmentaient mais aussi qu'aucun des instruments initiaux de la Pac n'était en mesure de contrecarrer cette croissance inexorable ; et les décisions ponctuelles prises dans un objectif de maîtrise des dépenses budgétaires[6] étaient insuffisantes à cet égard.

• La troisième limite, elle aussi d'importance majeure, était que les partenaires commerciaux de l'Europe n'étaient guère enthousiastes de voir cette zone géographique gagner chaque année des parts du marché mondial à l'aide de subventions à l'exportation. Une telle situation, dite de « distorsions des échanges », a conduit les États-Unis à mettre le dossier agricole et des politiques agricoles au cœur des discussions commerciales multilatérales du Gatt lors du cycle de l'Uruguay. Celui-ci, initié en 1986 et achevé en 1994, a servi de catalyseur à la réforme de la Pac de 1992. Il a en outre conditionné la forme qu'a prise la réforme de celle-ci à cette date, forme qui est aussi celle des réformes ultérieures (1999, 2003, 2008, 2013).

• Un quatrième inconvénient est également progressivement apparu, celui des effets contraires sur les ressources naturelles et l'environnement. Cette limite va prendre une importance croissante après 1992, et elle est aujourd'hui le motif premier de réforme de la Pac. Mais, en 1992, lors de la première réforme d'envergure de cette dernière, l'environnement n'était pas (encore) au cœur des préoccupations. Il faut en outre prendre garde à ne pas attribuer à la seule Pac tous les effets contraires de l'agriculture communautaire sur l'environnement. Dans une zone telle que l'UE où la terre est rare c'est un peu moins vrai aujourd'hui suite aux élargissements successifs vers l'Est de l'Europe -, l'intensification à l'hectare est pour une large part « mécanique » : les agriculteurs cherchent à maximiser la production par unité de surface. Le soutien des prix aux producteurs agricoles a certes pour conséquence directe d'accroître l'intérêt de cette intensification à l'hectare ; mais sa seule suppression ne supprime pas cet intérêt. Il faut pour cela mettre en place, de façon complémentaire, des dispositifs additionnels visant explicitement à favoriser l'adoption de systèmes et de pratiques agricoles plus économes en ressources naturelles et plus respectueux de l'environnement[7].

• La dernière limite de la Pac à ses débuts est l'inégale répartition du soutien entre producteurs (au bénéfice des plus grandes exploitations), entre productions (au détriment des productions méditerranéennes) et entre pays (aux dépens des pays du Sud et de l'Est de l'Europe). Cette limite est toujours d'actualité aujourd'hui.

Plus de vingt ans de réforme en continu

Loin de libéraliser les marchés agricoles dans l'UE et de supprimer l'intervention publique sur ces derniers, la réforme agricole de 1992 constitue néanmoins une rupture. Elle inaugure le processus de substitution d'une politique de soutien par les prix, à la charge des consommateurs, par une politique de soutien *via* des aides directes, à la charge des contribuables. C'est la même voie qui sera empruntée lors des réformes ultérieures.

1992 : moins de soutien par les prix, plus de soutien par des aides directes

En 1992, il a été donc été décidé de baisser les prix garantis des céréales (de 30 %) et de la viande bovine (de 15 %), ainsi que, pour ce second produit, de limiter les possibilités d'achats publics à prix garantis (de 750 000 tonnes en 1993 à 350 000 tonnes en 1997). Les baisses induites des revenus des producteurs de céréales, d'oléagineux et de viande bovine furent compensées par des aides directes aux producteurs assises sur les surfaces (céréales et oléagineux) ou les têtes de bétail (viande bovine[8]). Ces aides directes sont plafonnées au niveau agrégé de chaque pays européen avec, en outre, obligation de geler (*i. e.*, de ne pas mettre en culture) un certain pourcentage de la surface en céréales, oléagineux et protéagineux. La réforme d 1992 s'est surtout concentrée sur les effets de distorsion sur les échanges et le coût budgétaire ; les autres limites n'ont eu qu'un impact mineur. Elle a permis à l'UE d'accepter, en 1994, un accord agricole dans le cadre des négociations multilatérales du cycle de l'Uruguay. La baisse des prix garantis permettait en effet de réduire les droits à l'importation sans réellement diminuer la protection conférée par ces derniers, ainsi que de réduire les niveaux des subventions aux exportations puisque les écarts entre cours européens et mondiaux étaient réduits. Par ailleurs, le soutien interne accordé *via* l'instrument des prix garantis allant en diminuant, l'UE se trouvait également en position d'accepter une baisse du soutien interne, les aides directes de compensation ayant été en 1994 classées dans une catégorie d'aides autorisées (dans le jargon de l'accord agricole du cycle de l'Uruguay, la « boite bleue »). Le paradoxe de cette réforme de 1992 est que, mécaniquement, elle impliquait une augmentation des dépenses budgétaires puisqu'une part plus importante du soutien est désormais à la charge du contribuable et non plus des consommateurs. Ces dépenses deviennent toutefois nettement plus prévisibles[9].

1999 : timide arrivée de mesures et d'objectifs nouveaux pour le développement rural

La réforme de 1999 constitue un nouveau pas dans la direction prise en 1992. Marquée par une nouvelle baisse des prix (y compris pour le lait et les produits laitiers) et la compensation, cette fois partielle, des pertes de revenu par des aides directes toujours basées sur les facteurs de production terre et cheptel, la réforme de 1999 introduit en complément le principe d'une Politique reposant sur deux piliers : alors que le premier cible essentiellement les marchés et les revenus agricoles, le second a pour objectif général le développement des zones rurales, plus précisément la contribution de l'agriculture et des agriculteurs à ce développement. Contrainte budgétaire oblige, les dépenses du second pilier sont cofinancées par l'Europe et chaque État membre (niveaux national et/ou régional) alors celles du premier pilier restent à la seule charge du budget de l'UE.

La réforme de 1999 pose également le principe de l'éco-conditionnalité des aides, *i. e.*, la subordination de leur octroi à des critères environnementaux avec latitude laissée à chaque État membre de fixer les objectifs et mesures adéquats dans ce domaine.

2003 : « découplage » et « conditionnalité » des aides directes approfondissent la réforme

Bien que prévue dans le cadre de l'application de la réforme de 1999, cette révision à mi-parcours (selon les termes officiels) est bel et bien une nouvelle réforme de la Pac. Le fait nouveau est qu'elle n'a pas été adoptée dans la dictature de l'urgence : la situation des marchés à cette date apparaît saine, à de rares exceptions mineures (le marché du seigle, par exemple), et peu de mesures vont donc concerner les instruments d'intervention directe (prix garantis, droits de douane et subventions à l'exportation). Les objectifs relèvent cette fois de préoccupations élargies relativement aux deux moteurs principaux que sont jusqu'alors les contraintes internationales catalysées au sein du Gatt, puis de l'Organisation mondiale du commerce, et la maîtrise et programmation des dépenses budgétaires.

En pratique, il s'agissait :
– d'augmenter la compétitivité du secteur agricole européen ;
– de promouvoir des pratiques agricoles plus respectueuses de l'environnement et permettant de fournir des produits de la qualité souhaitée par les consommateurs ;
– d'assurer un niveau de vie équitable et des revenus stables aux ménages agricoles ;
– de promouvoir une diversité des formes d'agriculture, en maintenant des paysages ouverts et en soutenant les communautés rurales ;
– de simplifier la Pac et de mieux partager les responsabilités entre la Commission européenne et les États membres et enfin ;
– de mieux justifier (et donc légitimer) le soutien aux agriculteurs *via* la fourniture accrue par ces derniers de services que la société attend.

En pratique, les mesures décidées ont surtout visé à satisfaire le premier et le dernier de ces objectifs. Il fut en effet décidé « d'achever » le processus de déconnexion des aides directes du premier pilier des choix de produits et des volumes offerts, sans même obligation de produire pour en bénéficier, processus résumé sous le terme de « découplage » (sous-entendu de la politique de soutien des revenus agricoles)[10]. L'octroi des aides désormais dites découplées (comme des aides qui restent couplées à des productions spécifiques) est en outre subordonné au respect de normes et de directives relatives à l'environnement, la santé publique, celle des végétaux, celle des animaux et leur bien-être, ainsi qu'au maintien des terres dans de « Bonnes conditions agronomiques et environnementales » (BCAE)[11].

La réforme inclut également un renforcement du second pilier qui se voit doté de moyens financiers accrus (par transfert de fonds du premier pilier) et enrichi de nouvelles mesures portant notamment sur la certification des produits, l'installation des jeunes agriculteurs et la mise aux normes des exploitations.

Les réformes les plus récentes (2008 et 2014) sont encore plus difficiles à résumer brièvement. Non parce qu'elles empruntent un chemin différent de celui suivi depuis 1992, mais parce qu'elles incluent de très nombreuses dispositions relativement mineures ayant pour objectif de donner à chaque État membre des marges de manœuvre permettant d'adapter la Pac à des objectifs et spécificités propres, et à vendre la réforme au plan national : d'aucuns parlent ainsi de « Pac à la carte » pour désigner ces évolutions qui obéissent à une logique de subsidiarité.

2008 : une marge de manœuvre accrue pour les États membres

Au titre de la permanence du chemin, la réforme de 2008 inclut ainsi une nouvelle réduction des possibilités d'achats publics à des prix garantis, l'accentuation du taux de découplage des aides directes du premier pilier et, surtout, la suppression des quotas laitiers en 2015 *via* une augmentation progressive des volumes de lait autorisés (processus dit « d'atterrissage en douceur »). Les émeutes de la faim des années 2007-2008 intervenues dans plusieurs pays des continents africain, asiatique et latino-américain et liées à la flambée des prix agricoles ont incité à prendre certaines mesures de libéralisation de production : la réforme inclut ainsi la suppression de la jachère obligatoire en grandes cultures. Elle invite en outre les États membres à adopter progressivement un système d'aides directes du premier pilier permettant à ce que celles-ci soient plus homogènes entre catégories d'exploitations.

En 2003, nombre d'États membres, dont la France, avaient en effet retenu le modèle dit historique pour octroyer les aides directes du premier pilier ou Droits à paiement unique (DPU) : pour chaque exploitation, ceux-ci étaient calculés sur la base des aides perçues au cours de la période de référence 2000-2002. L'invitation, non obligatoire, à une plus grande uniformisation des montants des DPU entre catégories d'exploitations visait donc à répondre à la critique selon laquelle il sera de plus en plus difficile de justifier, au fil du temps, l'octroi de la plus large part des soutiens budgétaires sur la base de situations structurelles passées des exploitations. Il faut souligner d'entrée de jeu que l'uniformisation des montants de DPU par hectare ne rompt pas la proportionnalité entre le montant d'aides découplées reçu par une exploitation et la dimension, mesurée en hectares, de cette dernière. De façon plus générale, la question de la légitimité du régime des aides directes découplées du premier pilier reste entière à l'issue de l'accord du 20 novembre 2008 qui définit les nouvelles modalités de la Pac.

Au titre des marges de manœuvre plus grandes laissées à chaque État membre, la réforme de 2008 introduit une « boite à outils » qui, de façon générale, doit permettre à chaque État membre de jouer sur la répartition des aides directes entre les premier et deuxième piliers, et, à l'intérieur de chaque pilier, de cibler des objectifs qu'il considère comme prioritaires à l'échelle du pays, même s'ils ne le sont pas au niveau de l'ensemble de l'UE. Les sommes mobilisables *via* la boite à outils sont loin d'être marginales. Suite aux décisions nationales du 23 février 2009, elles se chiffrent en France à 1,25 milliard d'euros[12], montant à mettre en regard avec l'ensemble des concours publics européens et nationaux à l'agriculture et aux territoires ruraux dans l'Hexagone, soit 12,2 milliards d'euros dont 8,4 milliards d'euros d'aides directes découplées et couplées au titre du premier pilier (chiffres 2008).

En termes géographiques, la redistribution ainsi opérée va induire un transfert budgétaire des exploitations situées au nord d'une ligne Bordeaux-Metz vers celles situées au sud de cette ligne où se trouvent la quasi-totalité des zones de montagne et des autres zones dites défavorisées. Elle se fait au détriment des producteurs de grandes cultures et au bénéfice des éleveurs d'herbivores (bovins, ovins et caprins) dès lors que ceux-ci ont recours à l'herbe de façon suffisamment importante.

2014 : un chemin à l'identique, visant une distribution plus équilibrée des aides et une meilleure protection de l'environnement

L'aboutissement de la réforme adoptée à la fin de l'année 2013 fut encore plus laborieux que les précédentes puisque la Commission européenne avait présenté ses propositions législatives dès le 12 octobre 2011. Cette difficulté accrue est, pour partie, due à l'hétérogénéité croissante des agricultures européennes suite aux élargissements successifs de l'UE, pour partie aussi due aux différences, voire aux divergences régnant entre les ambitions et objectifs des différents États membres pour leurs agricultures respectives.

Cette dernière réforme entérine le principe d'une structuration de la Pac autour de deux piliers complémentaires dont il s'agit d'améliorer les synergies : les mesures du premier pilier sont obligatoires, annuelles, financées uniquement par le budget européen et de portée générale (communautaire) même si chaque État membre dispose de marges de manœuvre significatives en termes d'application ; les mesures du second pilier s'inscrivent dans un cadre pluriannuel, sont volontaires, cofinancées par l'État membre et adaptées aux spécificités nationales et régionales.

La réforme introduit une modification des règles d'octroi des aides directes du premier pilier, celui-ci étant structuré dans le cadre d'un plafond national annuel sous la forme d'un système à plusieurs étages constitué par :

- un paiement dit de base toujours versé par hectare mais désormais, à compter de 2019, sur la base d'un montant unitaire identique pour chaque hectare ;
- un paiement additionnel dit « paiement vert » également versé sous la forme d'un montant uniforme par hectare sous réserve que l'exploitant considéré respecte trois obligations additionnelles en termes de diversification des cultures, de maintien des surfaces consacrées aux prairies permanentes (et aux prairies sensibles dans les zones *Natura 2000* au titre des directives *Habitat et Oiseaux*) et de préservation d'un certain pourcentage de surfaces d'intérêt écologique telles que les terres mises en jachère, les haies, les surfaces boisées, etc.[13] ;
- un paiement supplémentaire versé aux exploitations sises dans des zones soumises à des contraintes naturelles ;

- des paiements couplés à des productions spécifiques au choix des États membres mais limités à environ 12 % du plafond ; et
- un paiement spécifique en faveur des jeunes agriculteurs.

Dans un souci de simplification, la réforme introduit un système alternatif pour les petits exploitants agricoles sous la forme d'une seule aide ; et dans un souci d'augmenter la légitimité du premier pilier, les paiements sont limités aux seuls agriculteurs actifs, plafonnés et progressivement réduits dans le temps sur la période d'application de cette nouvelle Pac (2015-2021). Dans un pays comme la France, la traduction nationale de la réforme devrait à nouveau favoriser les exploitations situées au sud d'une ligne rejoignant Bordeaux à Metz où dominent, de façon générale, les exploitations agricoles ayant davantage recours à l'herbe, spécialisées dans des productions plus fragiles et localisées en zones défavorisées.

La réforme fixe six priorités pour la politique de développement rural (second pilier) :

– le transfert des connaissances et l'innovation ;
– la compétitivité des différents types d'agricultures ;
– la gestion des risques tout le long de la chaîne alimentaire ;
– la protection des agro-écosystèmes ;
– une efficacité accrue dans l'utilisation des ressources naturelles et la réduction des émissions de gaz à effet de serre ; et
– le développement économique et social des zones rurales *via* notamment la réduction de la pauvreté.

Dans ce cadre commun, une grande liberté de mise en œuvre est laissée à chaque État membre en termes de choix des mesures : en France, celles-ci seront définies au niveau de la région administrative dans le cadre des Plans régionaux de développement rural harmonisés au sein du plan national éponyme. Le principe du cofinancement communautaire, national et régional est maintenu, contrainte budgétaire oblige.

Un processus à poursuivre et à élargir

La Pac est donc en reforme continue depuis 1992 selon une même ligne directrice mise en œuvre dans le cadre d'une stratégie de petits pas successifs, ligne directrice que masquent les mesures connexes, nombreuses et complexes, visant principalement à rendre acceptable le changement par les agriculteurs en activité.

Cette ligne directrice peut être résumée de la façon suivante :

– diminution des prix garantis aux producteurs agricoles et des achats publics à ces prix garantis ;
– compensation des pertes induites de revenu par des aides directes de plus en plus déconnectées des choix et des niveaux de produits et
– montée en puissance progressive de mesures ciblant la protection de l'environnement et le développement rural.

L'évolution de la structure des dépenses budgétaires agricoles communautaires de 1992 jusqu'à ce jour reflète ce mouvement de réforme : diminution drastique des subventions à l'exportation ; diminution également très substantielle des autres dépenses de régulation des marchés ; augmentation des aides directes à l'hectare et à la tête de bétail à compter de 1992 jusqu'en 2003, remplacées à compter de cette date par les aides directes découplées ; et enfin, augmentation progressive mais *in fine* modérée des aides directes du second pilier.

Aujourd'hui, les aides directes découplées représentent environ les deux-tiers des dépenses agricoles de l'UE qui se montent au total à 60 milliards d'euros (v. Notice 8).

Plus de vingt ans de réformes, et pourtant plus vingt ans de « crises » : environnementales, sanitaires, budgétaires, de prix et de revenus agricoles. Des crises qui n'épargnent aucun État membre. Des crises qui ont tendance à devenir plus fréquentes sur les dernières années et que le changement climatique devrait encore aggraver. Des crises qui concourent à rendre incompréhensible le processus de réforme tant aux yeux des agriculteurs, des autres acteurs du monde rural qu'à ceux des consommateurs, des contribuables et des citoyens, et à douter de son bien-fondé. Á cette interrogation, légitime, on répondra que la politique des petits pas est la seule possible compte tenu de ce qu'est la construction européenne, les réformes successives de sa politique agricole relevant de l'art du compromis. On ajoutera que le chemin suivi est le bon sur la voie étroite qui cherche à concilier les performances productives, économiques, environnementales et sociales des agricultures européennes.

Nul ne contestera la légitimité de cette ambition, ce qui n'empêchera pas tel acteur de trouver telle mesure trop timide ou à l'inverse, trop brutale. Les propositions de réforme, d'ajustement et/ou d'adaptation sont essentiellement politiques, *i. e.*, guidées certes par un souci de répondre aux défis et aux enjeux, mais aussi et souvent surtout, par un souci d'acceptabilité politique. La conséquence directe de ce pragmatisme est que la réforme qui entrera en vigueur en 2015, très vraisemblablement, sera vite suivie d'autres réformes qu'il convient de préparer dès maintenant. Dans cette perspective, il faut s'interroger non pas sur l'ambition *per se*, mais sur sa traduction en objectifs, le poids accordé à chacun et l'architecture des mesures visant à les satisfaire.

Un regret doit d'abord être formulé : des positions nationales excessivement centrées sur les seuls aspects budgétaires. Le soutien de tel ou tel État membre à telle ou telle proposition de réforme est trop souvent conditionné au fait que le pays en sort gagnant mais dans un sens étroit, *i. e.*, au sens où la proposition lui permet de préserver et si possible d'augmenter « sa part du gâteau » budgétaire européen. C'est sans compter sur les autres bénéfices qui ne transitent pas par le budget, mais par les marchés et des considérations non marchandes, notamment en matière de protection de l'environnement.

Dans ce cadre général, la distinction des piliers 1 et 2 de la Pac a eu son utilité ; elle a permis la montée en puissance d'objectifs environnementaux et territoriaux. Néanmoins, elle contraint aujourd'hui à raisonner à l'excès selon une logique de vases communicants entre les deux piliers dans un contexte budgétaire tendu, au détriment d'une vision plus stratégique qui exige d'abord de fixer, au niveau communautaire, les objectifs de la Pac, puis les instruments les plus efficaces à mettre en œuvre pour atteindre ses objectifs au moindre coût.

Il faut noter au passage que le verdissement du premier pilier, *i. e.*, conditionner l'octroi des aides relevant de ce pilier à des exigences environnementales renforcées, peut certes permettre de mieux justifier ces dernières (à condition toutefois que le verdissement soit réel !) mais au détriment de la lisibilité de la Pac, l'environnement étant alors ciblé *via* les premier et second piliers. La lisibilité serait bien plus grande si des principes simples étaient suivis. La biodiversité et la lutte contre le changement climatique sont des biens publics globaux ; dans le cadre de la Pac, ils doivent être prioritairement financés par des fonds communautaires. La lutte contre les pollutions diffuses d'origine agricole relève davantage d'une problématique locale et toujours dans ce cadre, elle doit être combattue par des mesures adaptées géographiquement et cofinancées par les États membres, au sein d'un menu commun défini à l'échelle européenne pour éviter les distorsions entre États membres.

C'est également au titre, d'une part, de la lutte contre les chocs et les instabilités, et, d'autre part, de la compétitivité et de l'innovation, que le processus de réforme doit être complété. Pour ce qui est du premier complément, on peut résumer la position en un slogan, certes réducteur mais qui illustre bien l'objectif : « stabiliser plutôt que soutenir ». Concrètement, il convient qu'une part substantielle des aides directes du premier pilier soit utilisée pour éviter, au minimum limiter, les instabilités et réduire leurs conséquences négatives.

Plusieurs voies doivent être explorées à cette fin :

- renforcer le pouvoir de négociation des agriculteurs face aux acteurs de la transformation et de la grande distribution ;
- diversifier les sources de revenu des ménages agricoles ;
- rendre au moins une partie des aides du premier pilier contra-cycliques[14] ;
- favoriser le développement des marchés de gestion du risque ;

• mettre en place des mécanismes obligatoires d'assurance revenu soutenus par le budget agricole communautaire de sorte à ce qu'aucun agriculteur ne soit exclu. etc.

Le second complément est tout aussi important. En dépit des progrès réalisés depuis plusieurs années par les agriculteurs et leur encadrement, les systèmes agricoles appliqués en Europe ne sont pas durables sur le plan environnemental. Mais concevoir des systèmes et des pratiques agricoles économes en ressources naturelles et respectueux de l'environnement est difficile et exige des efforts coordonnés de tous les acteurs, ainsi qu'un soutien public. Ce dernier doit viser le double objectif de la compétitivité et de la protection des ressources naturelles *via* le déploiement de recherches fondamentales et finalisées, de modélisations et d'expérimentations systémiques, d'applications des fruits de ces travaux de recherche et développement en conditions réelles dans les exploitations agricoles et d'un conseil agricole renouvelé. Il ne doit pas se limiter au seul stade de l'exploitation agricole mais être étendu à son amont et à son aval dans le cadre du passage d'une vision excessivement centrée sur les seuls systèmes agricoles à une vision plus large reposant sur la notion de systèmes alimentaires où les préoccupations des consommateurs et des citoyens en matière de santé et d'environnement doivent jouer un rôle moteur.

• • • Dans ce contexte, les biotechnologies, qui ne résument pas aux seuls organismes génétiquement modifiés, sont promesses de gains de productivité et d'un respect augmenté des ressources naturelles et de l'environnement. Enfin, le secteur agricole, comme le secteur forestier, ne doit pas craindre le développement des marchés environnementaux, en premier lieu ceux de la biodiversité, du carbone et de l'eau : dans un contexte budgétaire serré, les aides publiques ne suffiront pas et les marchés des services environnementaux seront un complément de revenu et de compétitivité qu'il ne faut pas négliger.

Hervé Guyomard

Bibliographie

Jean-Pierre Butault, Alexandre Gohin et Hervé Guyomard, Des repères historiques sur l'évolution de la politique agricole commune, *in* J.-P. Butault (éditeur), *Les soutiens à l'agriculture : théorie, histoire, mesure*, INRA Editions, 2004.

Jean-Christophe Bureau, *La politique agricole commune*, La Découverte, Paris, 2007.

Hervé Guyomard, Vincent Chatellier, Frédéric Courleux et Fabrice Levert, La politique de soutien des revenus agricoles dans l'UE : quel avenir pour les droits à paiement unique ? In D. Bureau et P. Chalmin (éditeurs), *Perspectives agricoles en France et en Europe*, Rapport du Conseil d'analyse économique (CAE) du Premier Ministre, Paris, 125-179 (http : //www.cae.gouv.fr), 2007.

Jacques Loyat et Yves Petit, *La politique agricole commune : une politique en mutation*, Collection Réflexe Europe, La documentation Française, 2008.

Notes

1. Pour plus de détails, voir, par exemple, J.-P. Butault, A. Gohin et H. Guyomard (1984) ainsi que J.-C. Bureau (2007) ou encore J. Loyat et Y. Petit (2008), in bibliographie.

2. Concrètement, ce soutien des prix aux producteurs agricoles a pris la forme d'une garantie d'achats publics à des prix garantis, fixés annuellement, dès lors que les prix de marché étaient inférieurs à ces prix garantis.

3. Par aménagements sectoriels, on entend ici des ajustements s'appliquant à une production particulière : instauration d'une taxe de responsabilité pour le lait en 1977 et les céréales en 1986 de façon à ce que les producteurs participent au financement des dépenses de gestion des excédents correspondants ; mise en place des quotas laitiers à compter de 1984 toujours dans une logique de contrôle des dépenses laitières par un meilleur ajustement de l'offre domestique et de la demande intérieure ; instauration, en 1986 pour les oléagineux et en 1988 pour les céréales, de Quantités maximales garanties (QMG) au-delà desquelles le soutien à ces productions est réduit ; et réforme en 1989 du régime de soutien aux producteurs de viande bovine. En outre, fut mise en place à compter de 1988 une discipline budgétaire visant à maîtriser la croissance des dépenses agricoles communautaires (plus précisément des dépenses relevant du Feoga – Fonds européen d'orientation et de garantie agricole – section Garantie).

4. Il convient ici de préciser ce qui se niche derrière la notion de productivité qui reste trop vague si elle n'est pas qualifiée : concrètement, c'est la productivité globale des facteurs de production et les productivités partielles du travail et de la terre qui ont cru alors que les productivités partielles du capital et surtout des consommations intermédiaires (engrais minéraux, produits phytosanitaires, aliments concentrés pour les animaux, etc.) sont restées plus étales. Ces évolutions contrastées des productivités partielles sont aussi le reflet de la substitution du travail par le capital, matériels et bâtiments, et les consommations intermédiaires, substitution qui s'est traduite par une diminution très forte du nombre de producteurs et d'exploitations agricoles (par exemple, division par deux en France entre 1966 et 1993).

5. J.-P. Butault, N. Delame et J.-M. Rousselle, Formation et répartition des gains de productivité dans l'agriculture française : analyse par produit, *Cahiers d'Économie et de Sociologie Rurales,* n° 33, pp. 55-72, 1994.

6. Se reporter à la note 3.

7. La même observation s'applique aux effectifs agricoles. Enrayer leur déclin exige naturellement des revenus attractifs et au moins similaires à ceux des autres secteurs d'activité. Cela requiert également de satisfaire les aspirations de vie des agriculteurs et de leurs familles (conjoints et enfants), en premier lieu en leur offrant un accès égal aux services publics et privés, condition qui a peu à voir avec la Pac.

8. Dans le cas de la viande bovine, il s'agit d'une confirmation de la réforme sectorielle de 1989 avec revalorisation des aides directes puisqu'il y a baisse des prix institutionnels.

9. Il ne faut pas assimiler le soutien total à l'agriculture aux seules dépenses budgétaires. Le soutien total inclut non seulement les dépenses budgétaires (aides directes aux producteurs, subventions à l'exportation, dépenses de stockage, etc.), et une estimation théorique du « manque à gagner » des consommateurs quand les prix qu'ils paient sont plus élevés que les cours mondiaux.

10. En pratique, ce découplage est mis en œuvre *via* le véhicule des Droits à paiement unique (DPU). Notons immédiatement que ce découplage, qui permet aussi de s'affranchir de la contrainte de l'OMC relative à l'exception, menacée à cette date, de la boite bleue par classement automatique des DPU dans la boite verte des aides autorisées sur la scène internationale, n'est que théorique, d'une part parce que les DPU restent assises sur les hectares ou les animaux (selon un mécanisme complexe visant précisément à permettre leur classement dans la boite verte), mais aussi parce que même des aides découplées au sens de l'accord agricole du cycle de l'Uruguay peuvent avoir un impact sur la production et les échanges, ceci *via* quatre canaux principaux : 1) un effet revenu et un effet d'assurance des producteurs averses au risque ; 2) l'anticipation voulant que les références (hectares et animaux) sur lesquelles sont assises les aides découplées peuvent être révisées ; 3) la modification des conditions d'offre de travail des ménages agricoles et de demande de travail des exploitations agricoles, et enfin 4) un impact positif sur les décisions et niveaux d'investissement (H. Guyomard *et al.*, 2007, v. bibliographie).

11. L'ensemble constitue la « conditionnalité » des aides.

12. Ce chiffre correspond (i) au nouveau soutien à l'élevage (970 millions d'euros, dont 700 au titre de l'aide aux surfaces d'herbe dites productives), (ii) à la consolidation des productions fragiles (265 millions d'euros), (iii) aux aides visant à promouvoir des systèmes de production plus durables (129 millions d'euros), et (iv) au dispositif de couverture des risques (140 millions d'euros). Le total de ces quatre dispositions est de 1504 millions d'euros, chiffre auquel il convient d'enlever la PHAE (Prime herbagère agri-environnementale) qui existait déjà et dont le financement est pérennisé à l'occasion de la réforme de 2008.

13. Le paiement de base et le paiement vert doivent en outre tous deux continuer à respecter des critères minima en matière de conditionnalité.

14. De façon simplifiée, il s'agit de permettre que les aides soient plus élevées quand les conditions de marché et de revenu sont défavorables, et inversement.

Notice 16

La politique de développement régional

Conçue comme une politique d'accompagnement du Marché unique sur la base d'une solidarité originale entre territoires, la politique de cohésion joue depuis un quart de siècle un rôle majeur dans la dynamique d'intégration européenne. Dotés de règles de fonctionnement assez stables au fil du temps, les fonds mobilisés pour cette politique sont toutefois soumis à des exigences croissantes en matière de mise en œuvre et de suivi de performance. Du fait de son poids important dans le budget de l'Union, stabilisé aujourd'hui à un bon tiers après une forte croissance dans les premières années de son existence, la politique de développement régional est régulièrement interrogée dans ses ambitions et ses résultats. La programmation 2014-2020 qui a fait l'objet d'un accord général fin décembre 2013 (340 milliards d'euros) dessine un nouveau profil particulièrement exigeant pour les régions et les États membres confrontés à une période de disette financière.

Dès le Traité de Rome de 1957, les six pays fondateurs de la Communauté européenne se déclaraient « soucieux de renforcer l'unité de leurs économies et d'en assurer le développement harmonieux en réduisant l'écart entre les différentes régions et le retard des moins favorisées »[1]. Au cours des années 1960 et 1970, la reconversion dans les mines et dans la sidérurgie, la modernisation des structures agricoles, puis la vaste restructuration industrielle liée aux crises pétrolières ont mobilisé de plus en plus d'instruments financiers : le Fonds social européen (FSE), la section « orientation » du Fonds européen d'orientation et de garantie agricole (Feoga) et le Fonds européen de développement régional (Feder). Mais c'est seulement en 1986 que l'Acte unique européen a introduit dans le traité de Rome un nouveau titre consacré à la *« Cohésion économique et sociale »* en y associant une politique chargée explicitement de réduire : *« l'écart entre les niveaux de développement des diverses régions et le retard des régions les moins favorisées, y compris les zones rurales »*[2].

Le lancement de la politique de cohésion s'inscrivait dans la dynamique de relance économique par la création d'un vaste marché intérieur européen ; il s'appuyait plus précisément sur un rapport de l'économiste italien Tommaso Padoa Schioppa[3] qui mettait en évidence les risques pesant sur les territoires et les groupes sociaux les moins bien dotés, confrontés à la libre circulation des produits, des capitaux, des services et des personnes. Pour éviter des tensions pouvant compromettre la réussite du Marché unique, il préconisait d'instaurer des aides financières afin de promouvoir la croissance dans les zones et pour les populations les moins favorisées.

Ainsi, au-delà de la solidarité traditionnelle entre groupes sociaux, qui incombe normalement aux États membres, la politique de cohésion instaure une solidarité entre territoires européens, au niveau régional, orientée vers leur développement économique et social. En contrepartie d'un effort budgétaire accru demandé aux pays les plus prospères, les bénéficiaires sont tenus de se conformer à des règles de gestion assez strictes, qui doivent garantir l'efficacité des programmes menés avec le soutien financier de l'Union européenne (UE).

Que ce soit au début de la décennie 1990 pour l'Irlande, le Portugal, l'Espagne et la Grèce, ou au milieu de la décennie 2000 pour les pays d'Europe centrale et orientale, le bénéfice de la politique de cohésion associé à l'accès au Marché unique a permis de manière souvent spectaculaire aux régions les plus pauvres d'enregistrer une augmentation de leur PIB/habitant et de leur niveau d'emploi, de moderniser leur économie, d'améliorer les conditions de vie des habitants et, finalement, de rapprocher leur niveau de vie de celui des autres régions de l'Union.

Les principes

Les principes fondateurs tels qu'ils ont été mis en œuvre à partir de 1988 sous la férule de Jacques Delors, alors Président de la Commission européenne, n'ont pas été substantiellement modifiés depuis lors. La renégociation de chaque nouvelle programmation a permis d'adapter les instruments financiers, les objectifs et les critères d'éligibilité aux besoins.

- La programmation stratégique

Les fonds octroyés doivent permettre la réalisation de divers projets s'inscrivant dans des programmes de développement économique et social, régional ou national, selon la taille du pays et le type de mesures. Ces programmes multisectoriels peuvent combiner des investissements lourds, notamment en matière d'infrastructures et de recherche, des équipements locaux de petite taille, des actions de soutien à la modernisation des entreprises et d'accompagnement social (formation professionnelle, par exemple).

La mise au point des programmes multisectoriels oblige les acteurs locaux, régionaux ou nationaux à suivre une méthode de travail spécifique, en commençant par un diagnostic des forces et faiblesses du territoire pour justifier leurs choix stratégiques. Ils doivent ensuite mettre en cohérence les projets et les moyens financiers matériels ou humains pour atteindre ces buts.

Cette règle, qui illustre le caractère transversal de l'approche territoriale et conditionne souvent la réussite des projets innovants, reste difficile à mettre en œuvre car elle contraint les gestionnaires des programmes et des fonds ainsi que la plupart des acteurs habitués à travailler selon des logiques sectorielles à s'adapter.

- La pluri-annualité

Directement liée à la finalité structurelle des interventions de l'UE dans le cadre de la politique de cohésion, la stabilité des ressources sur sept ans (jusqu'en 1999, les programmations duraient cinq ans) doit permettre de mener à bien des réformes et des investissements de long terme. Bien que certains autres financements européens fassent encore l'objet d'une gestion annuelle, le cadre financier de l'Union et la négociation budgétaire se sont calés eux aussi sur cette périodicité.

- L'additionnalité

Elle traduit le fait que les fonds européens doivent s'ajouter aux financements nationaux et ne pas les remplacer. Il s'agit en effet d'éviter que les gouvernements nationaux ou régionaux ne profitent de l'apport des capitaux européens pour réduire leurs engagements auprès des collectivités et des acteurs économiques ou sociaux. Ce principe s'accompagne d'un contrôle comptable strict : ne doivent être sélectionnées que les actions présentant une réelle valeur ajoutée communautaire.

- La concentration

Elle vise à maximiser l'impact des fonds européens et à éviter le saupoudrage. La concentration s'applique

– aux bénéficiaires, qui doivent être ceux qui en ont le plus besoin – les régions les moins avancées (dont le PIB/habitant est inférieur à 75 % de la moyenne communautaire) et les populations les plus vulnérables (femmes, jeunes, handicapés, chômeurs, migrants...) ;

– aux investissements ou aux domaines d'intervention qui doivent avoir le plus grand effet de levier. Elle est associée, sur le plan financier, à une modulation du niveau des aides selon la situation des bénéficiaires : le taux de cofinancement européen varie en général de 50 % pour les régions les plus riches à 85 % pour les régions ou pays les plus en retard, mais peut parfois atteindre jusqu'à 95 % pour aider les États à continuer à investir en période de crise.

Ce principe admet toutefois une relative exception : au titre de la subsidiarité, les fonds européens peuvent intervenir sur des thèmes d'intérêt commun européen avec des petits programmes, tels que ceux liés à la coopération territoriale. Ils peuvent aussi soutenir des projets innovants ou des études à caractère paneuropéen susceptibles d'améliorer la mise en œuvre ultérieure de la politique (autant de cas où le financement est de 100 %).

- Le partenariat

Il a été posé dès l'origine comme une condition de réussite des projets, grâce à l'appropriation par l'ensemble des acteurs publics et privés, y compris les partenaires sociaux et les organisations issues de la société civile (notamment celles compétentes en matière d'environnement et d'égalité hommes-femmes). Le partenariat s'exerce à la fois lors de la définition des principales orientations stratégiques, de la répartition des cofinancements, du choix des mesures, du suivi de leur mise en œuvre et de leur évaluation. Il est formalisé de manière *ad hoc* dans les documents de programmation, de nature quasi-contractuelle, et par une comitologie spécifique (comités de programmation et de suivi). Tous les niveaux de gouvernance sont concernés, depuis les services de la Commission européenne, jusqu'aux municipalités, en passant par les administrations nationales et leurs services déconcentrés, et par les autorités régionales et locales (départementales et intercommunales en France). Sur le plan financier, le partenariat se traduit par une gestion partagée des programmes et leur cofinancement.

- L'évaluation et le contrôle

L'évaluation de l'impact des fonds fait, depuis le début, l'objet d'une attention particulière ; elle donne lieu à la production de rapports spécifiques au niveau européen et de rapports nationaux qui, sous une forme agrégée, viennent nourrir les rapports périodiques sur la cohésion économique, sociale et territoriale. Cette évaluation doit permettre d'ajuster les mesures et les dotations en fonction de l'évolution du contexte socio-économique et des nouvelles priorités politiques de l'Union.

Elle va de pair avec un contrôle financier strict de la mise en œuvre, pouvant conduire la Commission à bloquer le versement des fonds en cas de défaillance des administrations nationales ou régionales. Les programmes sont soumis à de nombreux contrôles *a priori* et *a posteriori* menés par les organismes accrédités des différents niveaux de gouvernance, auprès des gestionnaires et des bénéficiaires. L'exigence de bonne gestion, qui a mené à la spécialisation et la distinction entre autorités de gestion, de certification et d'audit, se double aujourd'hui d'une obligation de performance, autrement dit d'atteinte des objectifs annoncés et de vérification des résultats sur base d'indicateurs préétablis.

Les objectifs prioritaires

Dans le droit fil des principes de concentration et de programmation stratégique, les fonds européens sont mobilisés exclusivement sur des objectifs prioritaires qui changent à chaque nouvelle période en fonction des besoins de l'Union européenne (UE), tels qu'ils sont identifiés au cours de la négociation préalable entre les États membres, la Commission européenne et le Parlement européen. Leur évolution, qui est retracée schématiquement dans le tableau ci-dessous, reflète les étapes de la construction européenne au cours des deux dernières décennies et les défis institutionnels, géopolitiques, sociaux, économiques et environnementaux qu'elle a rencontrés.

L'évolution des fonds européens de cohésion au regard des défis et des objectifs de l'UE

Période et Montants	Principaux défis rencontrés par l'UE pour maintenir ou restaurer sa cohésion	Objectifs prioritaires et critères d'éligibilité associés
1989-1993 (69 milliards Écus)	Élargissement à l'Espagne et au Portugal Choc du Marché unique	Régions en retard de développement Zones rurales en déclin Zones en reconversion industrielle
1994-1999 (168 milliards Écus)	Réunification allemande Réformes structurelles pour l'UEM	*Idem* + Villes (Programme d'initiative communautaire Urban) Régions arctiques (objectif 6) Fonds de cohésion pour les pays pauvres (PIB/hab<90 % moyenne UE)
2000-2006 (235 milliards d'euros dont 22 de réserve pour les nouveaux membres)	Préparation de l'élargissement aux Pays d'Europe centrale et orientale Économie de la connaissance et globalisation	*Idem* + Zones en reconversion économique (y compris services) Programmes de pré-adhésion pour les candidats (Ispa*, Phare*, Sapard*)
2007-2013 (347 milliards d'euros)	UE à 27 Perte de compétitivité et enjeu de durabilité	Régions de convergence (PIB/hab<75 % moyenne UE) Régions de compétitivité et d'emploi Régions victimes de l'effet statistique de l'élargissement Coopération territoriale européenne
2014-2020 340 milliards d'euros dont 10 pour le Mécanisme pour l'interconnexion en Europe	Sortie de crise économique, monétaire et financière Endettement et déficit publics nationaux excessifs Stratégie Europe 2020	Investissement pour la croissance et l'emploi selon trois catégories de régions, dont régions en transition (entre 75 % et 90 % de la moyenne UE) Coopération territoriale européenne

Notes : Ispa : Instrument structurel de pré-adhésion; Phare : Pologne Hongrie aide à la reconstruction économique; Sapard : *Structural adjustement programm for Agriculture and Rural development.*

Source : établi par l'auteur à partir des données historiques, Commission européenne.

Les Fonds

Trois fonds sont traditionnellement associés à la politique de cohésion, le Fonds européen pour le développement régional (Feder), le Fonds social européen (FSE) et le Fonds de cohésion.

• Le Feder vise à réduire les principaux déséquilibres entre les régions et intervient en priorité dans le champ économique. Pour ce faire, il finance principalement des aides directes pour les investissements dans les PME ou dans de grandes entreprises coopérant avec des PME, en vue de la création et de la sauvegarde d'emplois; des infrastructures de taille moyenne dans presque tous les domaines y compris dans les services; les services aux entreprises; le soutien aux organismes du secteur de la recherche et de l'innovation et les investissements dans les technologies et la recherche appliquée dans les entreprises.

• Le FSE intervient pour sa part en faveur des personnes qui en ont besoin, dans la perspective d'une amélioration de l'emploi, du niveau de formation et d'éducation, de l'inclusion sociale, ainsi que de la promotion de l'égalité hommes-femmes et de la non-discrimination. Il soutient les États membres dans leurs politiques contribuant à la réalisation de la stratégie *Europe 2020*, autrement dit toutes les actions relevant :
– de la promotion de l'emploi durable et de qualité, ainsi que de la mobilité de la main d'œuvre;
– de la promotion de l'inclusion sociale et la lutte contre la pauvreté et toute forme de discrimination;
– de l'investissement dans l'éducation, la formation, la formation professionnelle et l'apprentissage tout au long de la vie;
– du renforcement des capacités institutionnelles et de l'efficacité de l'administration publique.

• Le Fonds de cohésion aide les États membres à réduire leur retard économique et social dans la perspective du développement durable. Il intervient pour la construction des réseaux transeuropéens de transport, ainsi que pour les projets dans les domaines de l'énergie, à condition que ces projets présentent des avantages manifestes pour l'environnement (v. Notice 18 et 20). Le soutien à certains projets d'infrastructures de transports s'effectue par le biais d'une ponction de l'enveloppe qui a été allouée (10 Md €) au bénéfice du Mécanisme pour l'interconnexion en Europe.

La programmation 2014-2020

La principale originalité de la période 2014-2020 réside dans l'existence d'un règlement soumettant à des dispositions communes, les trois fonds de la politique de cohésion (Feder, FSE et Fonds de cohésion), le Feader (Fonds européen agricole de développement rural) et le Feamp (Fonds européen pour les activités maritimes et la pêche) afin d'assurer la coordination et l'harmonisation de leur mise en œuvre. Les cinq fonds sont associés sous le terme de Fesi (Fonds européens structurels et d'investissement). Ils sont mobilisés non seulement pour renforcer la cohésion économique sociale et territoriale de l'Union, mais aussi pour atteindre les objectifs de la stratégie *Europe 2020*.

Une simplification est intervenue avec la réduction des objectifs à deux :
- l'investissement pour la croissance et l'emploi
- la coopération territoriale européenne

Par contre, les régions ont été classées en trois catégories avec la création d'une catégorie intermédiaire des régions en transition dont le PIB/hab. est compris entre 75 et 90 % de la moyenne UE.

En lien avec les trois piliers de la « Stratégie Europe 2020 pour une croissance intelligente, durable et inclusive », un menu de onze objectifs thématiques a été défini :
- renforcer la recherche, le développement technologique et l'innovation ;
- améliorer l'accès aux technologies de l'information et de la communication ;
- renforcer la compétitivité des petites et moyennes entreprises ;
- soutenir la transition vers une économie à faible teneur en carbone ;
- promouvoir l'adaptation au changement climatique et la prévention des risques ;
- protéger l'environnement, la biodiversité et l'utilisation rationnelle des ressources ;
- promouvoir le transport durable ;
- promouvoir l'emploi et soutenir la mobilité professionnelle ;
- promouvoir l'inclusion sociale et combattre la pauvreté ;
- investir dans l'éducation et la formation tout au long de la vie ;
- renforcer les capacités institutionnelles et administratives.

Non seulement, les Fesi ne doivent cofinancer que les programmes s'inscrivant dans ce menu, mais, selon la catégorie de régions, il existe une obligation supplémentaire de concentration. À titre d'illustration, pour les régions les plus développées, 80 % du Feder doivent être ciblés sur les quatre premiers objectifs thématiques et 20 % du FSE sur l'objectif thématique relatif à l'inclusion sociale. Cette contrainte est assouplie pour les deux autres types de régions. Dans tous les cas et pour l'ensemble des fonds, les régions et les États membres doivent justifier que leurs programmes respectent bien les principes horizontaux d'égalité hommes-femmes et de défense de l'environnement, ce qui se traduit pour ce dernier par une obligation de consacrer au moins 20 % des crédits Feder à l'objectif thématique de la transition énergétique (v. Notice 20).

De plus, pour chaque État membre, la stratégie de développement doit contribuer à atteindre les cinq objectifs chiffrés issus de la stratégie *Europe 2020* qui ont été déclinés en fonction de la situation nationale. Ils concernent
- le taux d'emploi ;
- la part du PIB investi dans la recherche-développement ;
- les objectifs « 20/20/20 » en matière d'énergie et de climat ;
- l'éducation avec la baisse du taux d'abandon scolaire et l'augmentation du nombre de diplômés de l'enseignement supérieur ; et enfin
- la réduction du nombre des personnes menacées par la pauvreté.

Le partenariat et la programmation stratégique sont renforcés à chaque niveau de gouvernance selon un mécanisme d'emboîtement de poupées gigognes :

- au niveau européen, la Stratégie *Europe 2020* et les onze objectifs thématiques associés donnent le cadre général d'utilisation des Fesi ; le cadre stratégique commun et le code de conduite, deux documents sans valeur législative, en précisent encore le contenu.
- au niveau national, l'accord de partenariat signé entre la Commission européenne et l'État membre, détaille la stratégie suivie sur base d'un diagnostic préalable, ainsi que l'usage des fonds.
- au niveau régional, les programmes de développement suivent la même logique, à savoir la présentation des éléments de diagnostic, les priorités retenues pour concrétiser la stratégie et l'affectation des fonds selon les mesures choisies.

Le découpage en trois catégories de régions (programmation 2014-2020)

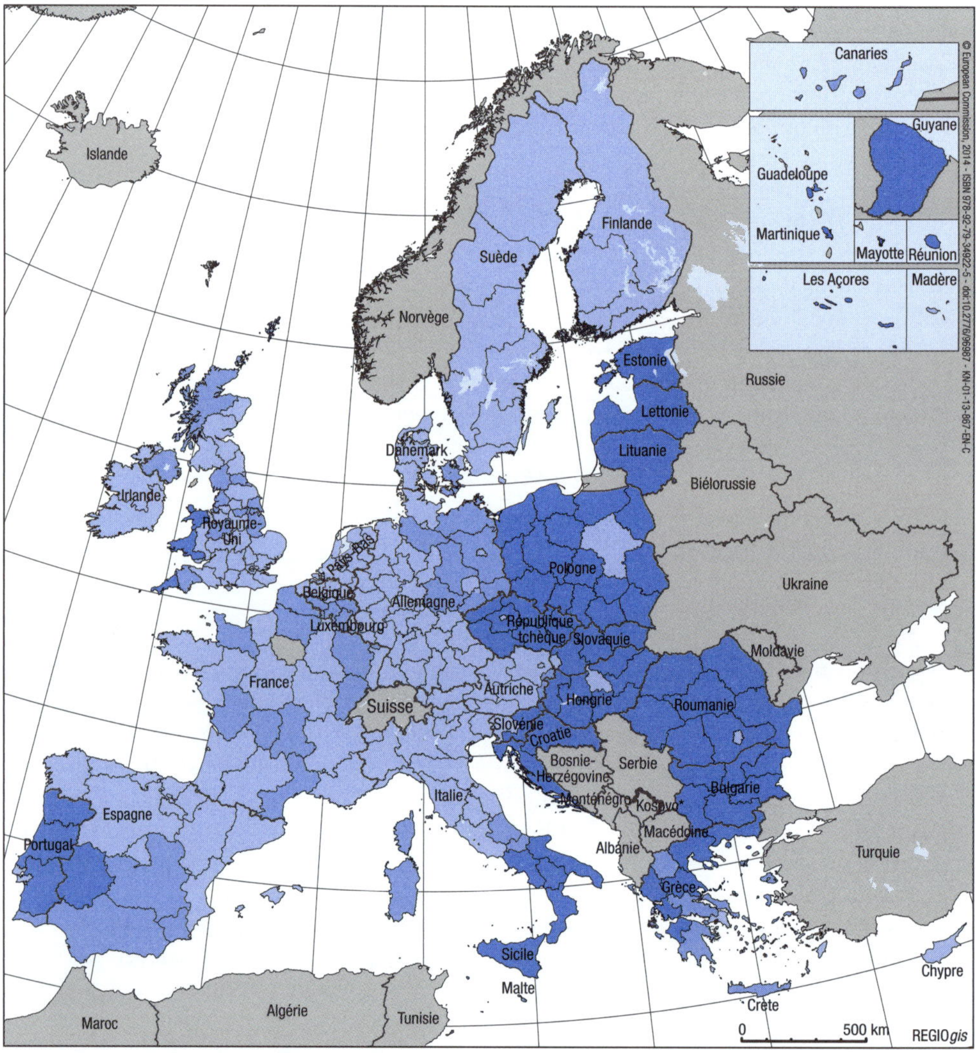

* Cette appellation est indépendante de toute position sur le statut et en conformité avec la Résolution 1244 des Nations unies et l'Avis de la CIJ sur la déclaration d'indépendance du Kosovo.

© EuroGeographics Association for the administrative boundaries

- Régions les moins développées (PNB/hab. < 75 % moyenne UE-27)
- Régions en transition (PNB/hab. entre 75 % et 90 % de la moyenne UE-27)
- Régions les plus développées (PNB/hab. >= à 90 % de la moyenne UE-27)

Source : carte réalisée à partir de www.ec.europa.eu/regional_policy ; www.ec.europa.eu/esf, Dila, 2014.

L'accord de fin décembre 2013 a entériné une dotation finale pour la politique de cohésion de 340 milliards d'euros pour 28 pays, soit une baisse de 8,5 % en euros constants par rapport à 2007-2013, se répartissant entre les régions de la manière suivante :

Selon le principe de concentration habituel, 72,8 % du budget de la politique de la cohésion sont alloués à hauteur de 25 % (soit 128 millions) de la population européenne habitant dans les régions les moins riches, tandis que 10,8 % iront aux 68 millions d'habitants des régions en transition et 16,5 % aux 307 millions (61 %) restants.

La cohésion territoriale

Le Traité de Lisbonne entré en vigueur en 2009 a introduit la dimension territoriale dans l'objectif de cohésion. Le nouvel article 3 du TUE (Traité sur l'Union européenne) donne ainsi pour mission à l'Union de promouvoir la cohésion économique, sociale et territoriale. Le nouvel article 174 du TFUE (Traité sur le fonctionnement de l'Union européenne) s'est également étoffé. Il mentionne désormais les zones rurales, les zones où s'opère une transition industrielle et les régions qui souffrent de handicaps naturels ou démographiques graves et permanents.

Alors que, d'une part, le débat sur la cohésion territoriale lancé en 2008 par la Commission sur la base d'un Livre vert n'avait pas été conclusif mais que, d'autre part, le Rapport de Fabrizio Barca publié au printemps 2009 défendait vigoureusement l'approche territoriale de la politique européenne de cohésion et plaidait pour la mise en place d'un Agenda social territorialisé, la traduction de ce nouvel objectif dans la programmation 2014-2020 n'apparaît pas de manière explicite.

Le traitement proposé pour réduire les inégalités territoriales reste largement identique à celui qui prévalait en 2007-2013 ; de plus, la contrainte de conformité avec les onze objectifs thématiques de la stratégie *Europe 2020* induit une forte prédominance de l'approche sectorielle. L'introduction de la notion de développement territorial intégré et la création de plusieurs instruments spécifiques apportent toutefois quelques innovations. Celles-ci restent limitées puisque, dans la plupart des cas, l'usage des instruments ou de l'approche territoriale est optionnel.

Les changements portent sur :

- le développement local par les acteurs locaux : inspiré de la méthode Leader menée depuis 1991 dans les zones rurales avec un financement Feader et étendue aux zones côtières depuis 2007 sous le nom de Farnet avec un financement Fep (Fonds européen pour la pêche), ce nouvel outil vise à encourager la participation des acteurs locaux à la mise en œuvre des fonds suivant une gouvernance et une stratégie prédéfinies adaptées à des micro-territoires. Susceptible d'être financé aussi par le Feder et par le FSE, le développement local par les acteurs locaux a vocation à être appliqué dans tous les types de territoires à partir de 2014, notamment dans les zones urbaines et périurbaines. Le règlement Feader prévoit de son côté qu'au moins 5% de l'enveloppe de celui-ci soit réservé à l'approche Leader.
- l'investissement territorial intégré : ce nouvel outil vise à donner aux autorités de gestion plus de souplesse dans la conduite de grands projets intégrés ou de sous-programmes faisant intervenir plusieurs fonds, typiquement des grands projets urbains associant un volet de rénovation de bâtiments à des fins d'efficacité énergétique, un volet de formation professionnelle et un volet de réinsertion sociale. En zone rurale, il peut s'agir d'opérations incluant des actions de protection de la biodiversité, de soutien à la diversification agricole et de formation. Dans ces opérations, le recours à l'investissement territorial intégré permet de combiner l'utilisation de deux ou trois fonds.
- les zones urbaines : affichée comme une priorité politique forte, la prise en compte des villes dans la nouvelle programmation revêt plusieurs aspects. Outre les actions intégrées de développement urbain durable qui doivent représenter au moins 5% des ressources du Feder et les investissements territoriaux intégrés, la Commission prévoit la création d'une plateforme d'échange de développement urbain au niveau européen pour promouvoir le développement des capacités et l'échange d'expériences. Elle envisage également de soutenir des actions innovatrices sur ses propres

ressources afin de tester des solutions nouvelles à des problèmes d'intérêt européen. Dans le cadre de la coopération territoriale interrégionale, les activités du programme Urbact sont poursuivies.

• les zones frontalières où l'essentiel du changement concerne la prise en compte des frontières externes de l'Union où les règles doivent être simplifiées. Le règlement sur le GECT (Groupement européen de coopération territoriale) a été également révisé pour faciliter l'usage de cet instrument et sa diffusion. Par ailleurs, la coopération interrégionale a connu un nouvel élan depuis 2009 avec le développement des stratégies macro-régionales. Assez longtemps limité aux deux expériences de la mer Baltique et du Danube, le « club » des stratégies macro-régionales s'est progressivement étoffé avec l'approbation par la Commission européenne du lancement de la stratégie pour les mers Adriatique et Ionienne (Eusair) et de celle destinée à la Région alpine (Eusalp .

Conditions et performance

Au cours de la période 2007-2013, du fait des retards d'exécution, d'un taux d'erreur très élevé et de nombreuses irrégularités, une série d'aménagements des procédures a été proposée pour que les administrations régionales et nationales puissent mener à bien leurs programmes dans des conditions plus sûres et finalement plus efficaces. L'impact de la crise sur les finances publiques nationales et locales, ainsi que les répercussions de la crise de l'euro (v. Notice 14) ont aussi mis en lumière la fragilité du processus de convergence de certains pays et de certaines régions. L'efficacité et l'efficience des fonds structurels sont donc devenues des enjeux majeurs pour cette programmation.

Trois nouveaux mécanismes de conditionnalité ont été mis en place :

• La condition macro-économique : inspirée des pratiques de la Banque mondiale et du FMI et de la condition qui accompagne l'octroi des allocations du Fonds de cohésion depuis sa création, elle est liée au respect des règles d'endettement public et de déficit budgétaire. La proposition de la Commission visant à suspendre le versement des fonds aux régions en cas de non-respect par l'État-membre des règles de gouvernance économique de l'Union a provoqué un tollé pendant les négociations. Elle a finalement été maintenue mais selon une procédure très progressive, sous le contrôle du Conseil et assortie d'un plafonnement des suspensions.

• Les conditions *ex ante* : elles visent à garantir la mise en place des conditions nécessaires à un soutien efficace, l'expérience ayant montré que la mise en place des programmes pouvait être freinée par l'absence de cadre institutionnel ou réglementaire satisfaisant au niveau national. En tout début de programmation, pour chaque mesure incluse dans l'Accord de partenariat et dans les programmes opérationnels régionaux, la Commission doit vérifier préalablement que ces conditions sont bien remplies.

• La réserve de performance : pour les cinq Fesi et pour chaque priorité d'action dans chaque programme, sauf programme d'assistance technique, 6 % des dotations sont affectés à une réserve de performance. Les sommes seront libérées en 2019, au terme d'un examen de performance mené par la Commission dans chaque État membre. Cet examen destiné à vérifier si les résultats escomptés ont bien été atteints à mi-parcours s'appuie sur une batterie d'indicateurs de résultats et de réalisation. En cas d'échec, l'État membre doit proposer une réattribution de la réserve à des programmes plus performants, sous peine de voir les versements suspendus par la Commission.

La nouvelle programmation en France

Pour la période 2014-2020, la France se voit octroyer un peu plus de 15,9 Mds € pour 7 ans au titre de la politique de cohésion, dont 8,4 Mds € de Feder, 6 Mds € de FSE au titre de l'objectif d'investissement pour la croissance et l'emploi et 1,1 Md € de Feder au titre de la coopération territoriale européenne. Elle reçoit également 11,4 Mds € pour le Feader et 588 M € pour le Feamp. Le territoire français bénéficie pleinement de la création de la catégorie des régions en transition, dix régions françaises étant concernées (Picardie, Basse-Normandie, Nord Pas-de-Calais,

Lorraine, Franche-Comté, Poitou-Charentes, Limousin, Auvergne, Languedoc-Roussillon, Corse). Également, du fait du fort taux de chômage des jeunes (supérieur à 25 %), douze régions ou départements sont bénéficiaires de l'Initiative pour l'Emploi des Jeunes et dotés d'un montant supplémentaire de 300 M €. La création de la nouvelle communauté d'outre-mer de Mayotte prévue par la loi n° 2009-969 du 3 août 2009 et rendue effective depuis la première réunion du Conseil général de Mayotte en mars 2011 a permis à l'île d'accéder au statut de région ultrapériphérique à partir de 2014 et de recevoir une dotation Feder-FSE de plus de 200 M €.

La stratégie de l'Accord de partenariat français s'organise autour de trois grandes priorités :
- restaurer la compétitivité de l'économie et de l'emploi ;
- poursuivre la transition énergétique et écologique et la gestion durable des ressources naturelles ;
- promouvoir l'égalité des territoires et l'égalité des chances.

Conformément aux dispositions de la loi de Modernisation de l'action publique territoriale et de l'affirmation des métropoles du 27 janvier 2014 (Maptam), toutes les régions vont exercer cette fois-ci la fonction d'autorité de gestion des programmes du Feder et du Feader, ainsi qu'une partie du FSE correspondant à leurs compétences en matière de formation. Pour le reste du FSE, l'État conserve la responsabilité de gestion mais doit déléguer aux départements les actions relevant de leurs compétences en matière d'inclusion sociale et de lutte contre la pauvreté. Le Feamp fait l'objet d'un programme national conformément à la règlementation européenne. Afin de permettre un apprentissage progressif de la mise en œuvre de tous les fonds à Mayotte, la gestion y reste encore sous l'autorité de l'État. En conséquence, l'Accord de partenariat comprend au total une centaine de programmes, dont cinquante pour le FSE et le Feder.

L'introduction de l'objectif de cohésion territoriale se traduit dans la programmation française par un engagement relativement fort en direction du développement urbain puisque les régions se sont engagées à y consacrer plus de 10 % de leur enveloppe Feder, soit davantage que l'obligation réglementaire européenne. L'utilisation des nouveaux instruments de développement intégré – développement local par les acteurs locaux et investissement territorial intégré – reste variable d'une région à l'autre, sauf dans les zones rurales où 10 % des crédits Feader devraient être dédiés à l'approche Leader. Comme par le passé, les continuités territoriales des massifs (Alpes, Massif central, Jura, Vosges, Pyrénées) et des fleuves (Loire, Seine, Garonne, Rhône) bénéficient d'une attention particulière et, sauf lorsque certaines régions ont décidé d'en faire un axe propre de leur programme régional, des programmes interrégionaux spécifiques sont cofinancés par le Feder.

• • • En conclusion, six ans après le déclenchement de la crise bancaire et financière, le démarrage de la nouvelle période de programmation confirme le rôle crucial joué par la politique de cohésion en appui à l'investissement public dans l'UE. En effet, celui-ci dépend aujourd'hui de plus en plus des décisions prises par les autorités locales et régionales et sa force d'entraînement vers une croissance européenne plus innovante, durable et inclusive repose de manière cruciale sur la bonne gouvernance associée à ces autorités. Autant d'arguments qui confortent la politique européenne de cohésion dans son originalité.

Marjorie Jouen

Bibliographie

Marjorie Jouen, *La politique européenne de cohésion*, collection Réflexe Europe, Paris, Documentation française, 2011.

Marjorie Jouen, *Les disparités interrégionales dans l'UE 27 : la réduction est-elle un objectif inatteignable en période de crise ?* www.diploweb.com, 2012.

Marjorie Jouen, «La politique de cohésion et le rôle des fonds structurels dans l'austérité » in David Natali & Bart Vanhercke Ed. *Bilan social de l'UE 2011*, OSE-ETUI Editions, Bruxelles, 2012.

Marjorie Jouen, *Le « Pacte de cohésion » à l'épreuve de la crise* www.notre-europe.eu, 2012.

Paolo Bailo & Didier Meynier Ed. *De la solidarité économique et sociale à la cohésion territoriale*, Strasbourg, Editions ENA – les professionnels de l'Europe, 2012.

Marjorie Jouen, *Marché unique et politique de cohésion, un tandem malmené par la crise et la globalisation*, (www.notre-europe.eu), 2014.

Commission européenne, *6e rapport sur la cohésion économique sociale et territoriale « Investissement dans l'emploi et la croissance – la promotion du développement et de la bonne gouvernance dans les régions et les villes de l'UE »*, 2014.

Notes

1. Sixième alinéa du Préambule du traité de Rome.

2. Article 130 A du traité instituant la Communauté européenne, tel que modifié par l'Acte unique européen (articles 174 à 178 du TFUE).

3. Padoa-Schioppa Tommaso, *Efficacité, stabilité, équité*, Paris, Economica, 1987.

Notice 17

L'Europe sociale

L'action européenne en matière sociale porte à leur acmé certaines des questions qui traversent tout le projet de construction européenne : quelle est la place respective de la dimension économique et de la dimension sociale au sein de ce projet? Comment articuler intégration européenne et souveraineté des États membres? Les réponses à ces questions ont trouvé, dans le domaine social, des réponses différentes selon les périodes mais aussi selon les combinaisons, les équilibres et les rapports de forces multiples entre social-démocratie et libéralisme d'une part, entre fédéralisme et maintien de la souveraineté nationale d'autre part. L'Europe sociale se situe dans une tension permanente entre affirmation du progrès social et simple soutien à la croissance et à la compétitivité européenne, entre développement d'une action de niveau européen et absence d'empiètement sur un domaine au cœur des identités nationales.

Le Traité de Lisbonne illustre bien à quel point le compromis propre au système politique européen est avant tout, notamment dans le domaine social, affaire de dosages subtils. Les objectifs sociaux de l'Union européenne (UE) y sont clarifiés et renforcés : le plein emploi, le progrès social, la lutte contre l'exclusion sociale et la protection sociale figurent parmi les objectifs de l'UE; un niveau d'emploi élevé, une protection sociale adéquate et la lutte contre l'exclusion sociale doivent être pris en compte de façon transversale dans l'élaboration et la mise en œuvre des politiques européennes. Mais, le Traité souligne également toutes les ambigüités et même parfois les craintes que soulève l'action de l'Union : celle-ci ne doit pas empiéter sur la faculté des États membres de définir les principes fondamentaux de leurs systèmes de protection sociale ni en affecter les équilibres financiers, mais elle ne doit pas non plus empêcher un État membre de prendre des mesures de protection qui vont au-delà de celles décidées au niveau européen. L'Europe sociale apparaît ainsi comme un point d'équilibre particulièrement instable.

La construction progressive et décousue de la dimension sociale du projet européen

En 1957, la construction d'une action de dimension européenne dans le domaine social n'allait pas de soi dans le cadre d'une Communauté économique fondée sur la mise en place d'un grand marché. L'ensemble relativement disparate que l'on désigne aujourd'hui comme « l'Europe sociale » a donc été développé par morceaux, au fil des Traités et de l'extension progressive des compétences communautaires, en fonction des élargissements, des équilibres politiques au sein du Conseil et de la Commission, du rôle moteur joué par certaines personnalités comme Jacques Delors.

Le Traité de Rome et les origines de l'Europe sociale

Les négociateurs du Traité de Rome considèrent que la construction européenne va favoriser le progrès économique et que celui-ci va à son tour naturellement entraîner le progrès social. Les États membres souhaitent par ailleurs conserver leurs compétences en matière sociale. Par conséquent, initialement, les interventions de la CEE dans le domaine social devaient être justifiées par des arguments économiques. Les négociations ont eu pour objet principal de savoir si une harmonisation des systèmes sociaux nationaux était nécessaire pour éviter les distorsions de concurrence entre les États membres fondateurs dans le cadre du démantèlement progressif des barrières douanières et commerciales. C'est ainsi que l'on peut par exemple comprendre le contenu de l'article 119 sur l'égalité de rémunération entre travailleurs masculins et féminins : il ne s'agit pas d'affirmer le principe d'égalité entre les femmes et les hommes ou d'afficher un désir de justice sociale, mais bien d'éviter tout risque de dumping social dans les secteurs à forte consommation de main d'œuvre féminine de l'époque. Ainsi, si le Traité de Rome (1957) énonce des objectifs sociaux assez forts (amélioration des conditions de vie et d'emploi et leur égalisation dans le progrès), les dispositions contraignantes sont en revanche réduites (libre circulation des travailleurs et sécurité sociale des travailleurs migrants, égalité de rémunération, création d'un Fonds social européen). D'ailleurs, il faut attendre 1974 et les premières retombées sociales du choc pétrolier et la fin des Trente Glorieuses pour que soit défini un Programme d'action sociale communautaire et que commencent à être adoptées plusieurs directives en matière d'harmonisation.

L'Acte unique européen et le « moment Delors »

C'est le projet de marché intérieur qui va permettre de relancer l'Europe sociale, les deux étant pensés de façon complémentaire, la cohésion économique et sociale devant notamment être fortement soutenue par les dépenses réalisées dans le cadre des Fonds structurels. L'Acte unique européen (AUE) (1987) permet le passage au vote à la majorité qualifiée des dispositions relatives à la santé et à la sécurité au travail. Cette période est aussi celle de la mise en place du dialogue social européen et de l'institutionnalisation de la consultation des partenaires sociaux qui va devenir un des traits spécifiques du fonctionnement de l'Europe sociale.

Dans cette dynamique, une Charte communautaire des droits sociaux fondamentaux des travailleurs est adoptée en 1989 afin de renforcer, au moins symboliquement, l'idée que grand marché et droits sociaux vont de pair. Cette Charte n'a pas de portée contraignante en raison de l'abstention du Royaume-Uni qui refuse de la signer. La Commission s'appuie néanmoins sur ce texte pour définir un programme de mise en œuvre et faire des propositions dans des domaines tels que l'aménagement du temps de travail ou la protection des jeunes au travail.

Les Traités de Maastricht et d'Amsterdam

Les Traités de Maastricht (1992) et d'Amsterdam (1997) permettent tous deux, dans des contextes différents, de renforcer l'Europe sociale.

À Maastricht, les objectifs sociaux de la Communauté sont consolidés, l'éducation et la jeunesse et la santé publique sont intégrées au cadre juridique européen, mais c'est surtout un protocole sur la politique sociale qui est ajouté au Traité. Cet « accord sur la politique sociale » autorise les 11 États membres signataires (*opt-out* du Royaume-Uni) à procéder à des avancées dans ce domaine en étendant le champ de la majorité qualifiée, en introduisant de nouveaux domaines de compétence, et en renforçant le rôle des partenaires sociaux.

À Amsterdam, les États membres réintègrent l'accord social dans le corps du Traité. L'article sur l'égalité de rémunération et l'égalité de traitement entre les femmes et les hommes bénéficient de la majorité qualifiée et de la codécision avec le Parlement européen et un nouvel article sur la lutte contre les discriminations (art. 13 TCE) est rédigé. Par ailleurs, un nouveau titre du Traité est consacré à l'emploi qui devient « une question d'intérêt commun » dans une Union qui se donne pour objectif « de promouvoir le progrès économique et social ainsi qu'un niveau d'emploi élevé ».

La Stratégie de Lisbonne et le tournant des années 2000

Alors que « l'Europe rose » domine la cartographie politique, la fin des années 1990 est celle d'une tentative des acteurs prônant un plus grand développement du volet social de la construction européenne pour renforcer la convergence entre les États membres et pour faire entrer l'UE dans de nouveaux domaines qui relèvent de la compétence des États membres (emploi, protection sociale) grâce notamment à de nouvelles procédures non contraignantes comme la « Méthode ouverte de coordination » (Moc). Il s'agit de « moderniser le modèle social européen ».

Dans cette optique, c'est moins le Traité de Nice (2000)[1] qui est important que le Conseil européen de Lisbonne au printemps 2000 au cours duquel les États membres se mettent d'accord pour définir une stratégie commune visant à faire de l'UE « l'économie de la connaissance la plus compétitive et la plus dynamique du monde d'ici à 2010, capable d'une croissance économique durable accompagnée d'une amélioration quantitative et qualitative de l'emploi et d'une plus grande cohésion sociale ». Cette Stratégie de Lisbonne comprend des objectifs chiffrés, notamment celui de porter le taux d'emploi à 70 % (60 % pour les femmes) sur une période de 10 ans.

L'Europe sociale a-t-elle encore un avenir ?

Alors que l'Europe sociale et tout particulièrement les questions liées à l'emploi, se situait relativement haut sur l'échelle des priorités politiques européennes avec la Stratégie de Lisbonne et l'Agenda social européen, cette dimension apparaît beaucoup plus marginale dans le cadre de la Stratégie Europe 2020, des Lignes directrices intégrées (LDI) et du Semestre européen de coordination des politiques économiques. Depuis une dizaine d'années, les élargissements et les équilibres politiques au sein du Conseil ont évolué au détriment d'un consensus, au moins minimal, sur la nécessité pour le projet européen de faire tenir ensemble la croissance et la compétitivité économique, d'une part, et la justice et le progrès social, d'autre part. Par ailleurs, deux des secteurs les plus dynamiques qui ont historiquement été développés dans le cadre de l'Europe sociale – l'égalité entre les femmes et les hommes et la lutte contre les discriminations – sont rattachés depuis 2010 au portefeuille de la justice et dorénavant envisagés comme participant plus globalement d'une politique des droits fondamentaux.

Les frontières mouvantes de l'Europe sociale

Quel est le périmètre de l'Europe sociale ?

L'Europe sociale n'est pas une politique sociale comme les autres dans la mesure où elle n'intervient pas dans le cadre d'un État nation mais dans celui d'un système politique supranational en construction. De par ses compétences limitées mais aussi de ses faibles ressources budgétaires, elle s'est développée aux marges de ce qui constitue le cœur de l'intervention nationale en matière sociale et elle a emprunté des moyens différents de ceux mis en œuvre dans les États membres, principalement la régulation sociale, dont l'objet n'est pas de corriger les inégalités sociales, notamment par la redistribution, mais de résoudre les problèmes créés par les déficiences du marché (externalités négatives, déficiences de l'information ou de la concurrence). Cette dynamique va de pair avec une situation dans laquelle les pouvoirs administratifs, budgétaires et fiscaux sont conservés au niveau national.

Les contours de l'Europe sociale ne recoupent donc que partiellement ceux des politiques sociales nationales « traditionnelles ». Ce recoupement devient pourtant de plus en plus important au fil du temps, en particulier avec l'extension de la Moc qui touche à des domaines d'intervention des politiques sociales nationales (emploi, retraites, soins de santé).

Dans l'ensemble, si le périmètre de l'Europe sociale est aujourd'hui plus étendu et son contenu plus étoffé qu'hier, sa forme reste celle d'un *patchwork* irrégulier et hétérogène : le niveau de compétence de l'UE diffère d'une question à l'autre et certaines questions sont explicitement écartées de son champ d'action[2].

Quelle répartition des compétences, quelles règles de vote depuis le Traité de Lisbonne ?

Le Traité de Lisbonne a introduit un classement des catégories de compétences de l'UE ; parmi celles-ci, la politique sociale fait partie des compétences partagées entre l'UE et ses États membres, c'est-à-dire la catégorie où s'appliquent à plein les principes de subsidiarité et de proportionnalité.

Depuis l'entrée en vigueur du nouveau Traité en 2009, les règles de vote pour les mesures relevant de la politique sociale ont peu évolué et la répartition est la suivante (art. 153 TFUE) :

- Les domaines où la prise de décision se fait à la majorité qualifiée

La santé et la sécurité au travail, les conditions de travail, l'information et la consultation des travailleurs, l'intégration des personnes exclues du marché du travail, l'égalité entre les femmes et les hommes (égalité des chances sur le marché du travail et égalité de traitement dans le travail), les mesures relatives aux prestations sociales des travailleurs migrants (art. 48 TFUE). Le Parlement européen et le Conseil peuvent également adopter à la majorité qualifiée des mesures de coopération en matière de lutte contre l'exclusion sociale et de modernisation des systèmes de protection sociale.

- Les domaines où la prise de décision se fait à l'unanimité

La sécurité sociale et la protection sociale des travailleurs, la protection des travailleurs en cas de résiliation du contrat de travail, la représentation collective des travailleurs, les conditions d'emploi des ressortissants des pays tiers. En ce qui concerne ces trois derniers domaines, le Conseil peut décider, à l'unanimité, de les faire basculer dans le champ de la décision à la majorité qualifiée (« clause passerelle »).

- Les domaines qui sont exclus du champ de compétence de l'UE : les rémunérations, le droit d'association, le droit de grève, le droit de lock-out.

Par ailleurs, le Traité de Lisbonne reconnaît le rôle de l'UE en matière de coordination des politiques de l'emploi et des politiques sociales des États membres (art. 5 TFUE), ainsi que celui de la Commission (art. 156 TFUE) par le biais de la méthode ouverte de coordination.

La Charte des droits fondamentaux et les questions sociales

La Charte des droits fondamentaux (voir encadré p. 116) réunit en un texte unique les droits personnels, civils, politiques, économiques et sociaux des citoyens de l'UE et des personnes résidant sur son territoire. Cette Charte garantit un certain nombre de droits sociaux déjà mentionnés dans le corps des Traités mais, au-delà, elle contribue également à l'émergence de principes nouveaux, désormais inscrits dans un texte doté d'une force contraignante.

Réaffirmation et approfondissement de droits existants : le principe de non-discrimination (art. 21), l'égalité entre les femmes et les hommes « dans tous les domaines » (art. 23), le droit à l'information et à la consultation des travailleurs (art. 27), le droit de négociation et de grève (art. 28), la protection en cas de licenciement injustifié (art. 30), le droit à des conditions de travail justes et équitables (santé, sécurité et dignité au travail, limitation du temps de travail, art. 31), la conciliation entre vie familiale et vie professionnelle (protection contre le licenciement en cas de maternité, congé maternité et congé parental, art. 33), la protection de la santé (art. 35).

Reconnaissance de nouveaux droits sociaux : le droit à l'éducation (art. 14), les droits des personnes âgées (art. 25), l'intégration des personnes handicapées (art. 26), l'accès aux services de placement (art. 29), l'interdiction du travail des enfants et la protection des jeunes au travail (art. 32), le droit à la sécurité sociale et à l'aide sociale (accès aux prestations de sécurité sociale mais également aux services sociaux dans tous les pays de l'UE, art. 34).

La Charte des droits fondamentaux permet donc de fonder en droit une forme d'exigence sociale sur laquelle repose l'UE et les valeurs qui la fonde. La question qui reste posée, et qui est du ressort des politiques sociales au niveau national et européen, est bien sûr celle de l'égalité sociale réelle au-delà de l'égalité formelle des droits.

Une Europe sociale contrainte et contraignante

Quelles sont les caractéristiques principales de l'Europe sociale et de son fonctionnement ?

- Tout d'abord, le rôle de la Cour de justice de l'UE y est essentiel, à tel point que les juges de Luxembourg ont pu apparaître comme les moteurs principaux du développement de l'Europe sociale. Ils ont en effet défini et élargi certaines des notions fondamentales dans ce domaine (la discrimination indirecte, la discrimination par association ou le concept de « travailleur »); ils ont parfois poussé la Commission à prendre des initiatives (sur le renversement de la charge de la preuve par exemple) et ont rendu des arrêts lourds de conséquences pour les États membres (sur la notion de temps travail ou le calcul des prestations de retraite).
- Ensuite, le rôle du marché y est fondamental. Alors que les politiques sociales nationales ont généralement été construites comme une protection contre les mécanismes de marché, l'Europe sociale a été développée au nom du marché et a participé pleinement à la construction d'un espace économique européen unifié.
- Enfin, la conjonction des règles de vote au Conseil, des capacités administratives et fiscales limitées des institutions européennes et de la diversité des modèles d'État providence et des systèmes sociaux des États membres favorisent l'immobilisme plutôt que l'innovation en matière de prise de décision. Le poids du principe de subsidiarité et la question toujours en suspens de la légitimité à agir au niveau européen dans ce domaine en sont une illustration.

Le « modèle social européen » est-il un mythe ?

Au-delà de la diversité des systèmes nationaux de protection sociale (les « régimes » ou les « mondes » d'État providence), les caractéristiques des politiques sociales des États membres de l'UE sont-elles suffisamment proches pour que l'on puisse les distinguer de celles des États-Unis ou du Japon par exemple et parler d'un « modèle social européen » commun ?

L'expression est attribuée à Jacques Delors, dont la présidence de la Commission a coïncidé avec un soutien fort au développement de l'Europe sociale, en parallèle de l'établissement du marché unique. Cependant, la définition n'en est codifiée qu'en 2002 dans les conclusions du Conseil européen de Barcelone : « le modèle social européen est fondé sur une économie performante, un niveau élevé de protection sociale, l'éducation et le dialogue social ». Le modèle social européen est « un équilibre entre la prospérité économique et la justice sociale ». L'usage de cette expression a bien sûr un sens politique et relève du discours performatif : il s'agit d'acter une spécificité qui rassemble les États membres et leurs citoyens et leur confère une exigence et une identité communes. Elle trouve cependant sa justification par rapport à deux traits communs : la légitimité de l'intervention de l'État dans le domaine social par la régulation mais aussi par la redistribution des ressources (les niveaux de dépenses publiques sociales dans les budgets nationaux restent relativement proches dans les différents pays de l'UE); l'institutionnalisation du dialogue social et du rôle des partenaires sociaux. Avec les élargissements successifs, le caractère mobilisateur du « modèle social européen » est devenu moins opérant, et son fondement même contesté par certains États membres. L'expression n'est dorénavant plus reprise dans les conclusions du Conseil européen et Mario Draghi, le président de la Banque centrale européenne, est allé jusqu'à déclaré, lors d'un entretien avec le *Wall Street Journal* en 2011, que le modèle social européen était « mort ».

L'Europe sociale doit donc composer avec ces différentes contraintes. Mais ces spécificités sont aussi contraignantes pour les États membres. Ainsi, le rôle prépondérant du marché en matière sociale, de même que la complexité institutionnelle de la prise de décision au niveau européen sont-elles sources d'intégration négative (suppression des barrières existantes à la libre circulation) plutôt que positive (création de nouvelles règles communes par des mesures d'harmonisation). Par ailleurs, plus que les réglementations et la jurisprudence européennes ou que les transferts de compétences, ce sont certainement les effets indirects de l'intégration européenne dans le domaine économique (marché et monnaie uniques, Pacte de stabilité et de croissance) qui ont le plus fortement limité les marges de manœuvre et la souveraineté des gouvernements nationaux. Dans l'ensemble, on peut donc parler d'un système d'autorité partagée sur la politique sociale : les niveaux européen et national sont imbriqués, les États membres apparaissent comme « semi-souverains », leur autonomie étant de plus en plus circonscrite par un environnement communautaire dense qui les contraint.

Les modes de gouvernance de l'Europe sociale

Les modalités de pilotage de l'action publique en matière sociale au niveau européen se sont diversifiées et complexifiées au fil du temps.

Le premier de ces modes de gouvernance est celui de la méthode communautaire, c'est-à-dire la voie législative classique de prise de décision au sein du système politique européen (v. Notice 2).

Depuis le milieu des années 1980, le dialogue social au niveau communautaire constitue un deuxième mode de gouvernance qui a donné lieu à un nombre non négligeable de réalisations. Dans le cadre du dialogue social interprofessionnel, les travailleurs européens sont représentés par la Confédération européenne des syndicats (CES/ETUC), la Confédération européenne des cadres (CEC) et Eurocadres, et les employeurs par *BusinessEurope,* l'Union européenne de l'artisanat et des petites et moyennes entreprises (UEAPME) et le Centre européen des entreprises à participation publique et des entreprises d'intérêt économique général (CEEP). En vertu des articles 154 et 155 TFUE, les partenaires sociaux européens peuvent se saisir de toute initiative sociale afin de négocier un accord dit « autonome ». Par ailleurs, la Commission a l'obligation de prévoir un temps de consultation des partenaires sociaux avant de soumettre ses propositions législatives. Ce processus de consultation peut aboutir à des accords, qui pourront ensuite être transformés en directives par le Conseil. Un dialogue social sectoriel a également été développé par la Commission. Il existe plus de 40 comités de dialogue social sectoriel (de l'audiovisuel, au football professionnel et au transport routier) qui peuvent également produire des accords.

À ces deux premiers modes s'ajoute depuis le milieu des années 1990 la coordination des politiques. La méthode ouverte de coordination (MocOC) en est l'instrument privilégié, mais un dispositif comme le *mainstreaming* s'y rapporte également. Les mécanismes de coordination des politiques constituent un compromis politique entre une extension de l'influence européenne à de nouveaux domaines et une absence de remise en question de la souveraineté des États membres. Elle est mise en œuvre par le biais d'instruments non contraignants, ne prévoit pas d'accroissement formel des compétences de l'UE et respecte la diversité des modèles nationaux tout en permettant des avancées dans certains domaines sociaux. La Moc trouve son origine dans les expériences de coordination des politiques nationales d'emploi des années 1990 (Stratégie européenne pour l'emploi), mais elle a été formalisée lors du Conseil européen de Lisbonne en 2000. Elle repose sur la définition de lignes directrices communes, sur la surveillance par les pairs et sur la comparaison entre « bons » et « mauvais » élèves basée sur le suivi d'indicateurs qualitatifs et quantitatifs, enfin sur l'évaluation par rapport aux meilleures performances européennes. Depuis 2000 et outre l'emploi, il existe des Méthodes ouvertes de coordination consacrées à l'inclusion sociale, aux retraites, aux soins de santé.

Le *mainstreaming*, quant à lui, vise à ce que certaines priorités politiques (égalité entre les femmes et les hommes, handicap, exclusion sociale) soient prises en compte de façon transversale à toutes les étapes du processus politique et dans toutes les politiques. Si le mot n'y figure pas, le concept du *mainstreaming* est inscrit dans les Traités, dans un article consacré à l'égalité femmes-hommes (art. 8 TFUE), dans un autre portant sur la lutte contre les discriminations (art. 10 TFUE) et dans la clause sociale horizontale introduite à Lisbonne en 2007 (art. 9 TFUE).

Au-delà de la complexité, ou de la souplesse, induite par la coexistence de ces trois modes de gouvernance, c'est la dynamique qui les anime qui est intéressante. La montée en puissance des instruments non contraignants à partir des années 1990-2000 s'est appuyée sur l'essoufflement de la méthode communautaire et du dialogue social. Le rôle des négociations entre les partenaires sociaux apparaît en effet assez fortement affaibli depuis une quinzaine d'années, le nombre d'accords est en baisse et les négociations toujours plus difficiles. Cependant le constat doit être nuancé en ce qui concerne la production législative. Depuis le milieu des années 2000, le nombre de textes issus de la méthode communautaire est en diminution globale ; cependant, si on rapporte le nombre d'actes adoptés dans le domaine social au nombre d'actes adoptés tous secteurs confondus, on voit alors que la production législative en matière sociale est constante et même un peu supérieure à la moyenne[3]. De son côté, même si son champ s'est peu à peu étendu, la coordination des politiques est en perte de vitesse et surtout de légitimité depuis le milieu des années 2000 en raison de son manque de résultats.

Les multiples visages de l'Europe sociale

Du fait de son caractère contraint et de son développement dans les marges des États providence nationaux, il est difficile de parler de « la » politique sociale européenne, comme s'il s'agissait d'un ensemble cohérent. En revanche, il existe un éventail de mesures et de normes européennes en matière sociale dont tant l'étendue que le nombre et l'emprise sur les États membres sont loin d'être négligeables.

La mobilité des travailleurs

- La libre circulation des travailleurs est une des quatre libertés dont bénéficient les citoyens européens dans le cadre du marché unique. Cette libre circulation repose sur l'abolition de toute discrimination fondée sur la nationalité entre les travailleurs des États membres en ce qui concerne l'emploi, la rémunération ou les autres conditions de travail. Différents textes ont permis de réglementer le droit de séjour des travailleurs et de leur famille, le droit à l'accès à l'emploi, à l'égalité de traitement ou encore à la reconnaissance des qualifications professionnelles. Si la libre circulation des travailleurs est reconnue aux citoyens de l'UE, cette liberté est finalement peu utilisée : en 2007, seuls 2,3 % d'entre eux vivaient dans un État membre dont ils n'étaient pas ressortissants.
- Les mesures de coordination en matière de sécurité sociale complètent celles en faveur de la libre circulation des travailleurs afin de permettre leur mobilité au sein de l'espace européen. La coordination des systèmes nationaux de sécurité sociale est le premier domaine dans lequel une Europe sociale a commencé à voir le jour avec un premier règlement sur le sujet adopté dès 1958. Il s'agissait alors de réguler et de favoriser les importantes migrations de main d'œuvre entre les États membres fondateurs. La version révisée de ce règlement est en vigueur depuis 2010. Il intègre l'extension progressive du champ de la coordination due à l'activité jurisprudentielle soutenue de la CJUE sur le sujet. La Cour a étendu la définition des prestations de sécurité sociale (les prestations relatives aux différentes branches de la sécurité sociale, maladie, vieillesse, chômage, familiales, etc., mais aussi certaines prestations non contributives), ainsi que des bénéficiaires (non seulement les travailleurs mais également les inactifs sous certaines conditions et les ressortissants d'États tiers résidants légaux et migrants au sein de l'UE). En matière de coordination, le principe retenu est celui de l'application de la législation du pays d'emploi ou de résidence, ainsi que ceux de la continuité des droits, de l'exportation des prestations (les trimestres de pension de retraite validés dans un pays peuvent être exportés dans un autre), de totalisation des droits et des périodes d'affiliation.

Le droit du travail

Le droit du travail est l'objet, depuis la fin des années 1970, d'une production législative européenne relativement dense qui s'est développée en suivant deux principes majeurs :

– les prescriptions minimales (les normes prescrites au niveau européen peuvent être améliorées au niveau national) et
– la non-régression (si les normes nationales sont plus favorables que les normes européennes, elles ne pourront pas être tirées vers le bas par la réglementation de l'UE).

• En matière de santé et de sécurité au travail, les textes, très techniques, définissent des dispositions minimales portant par exemple sur les maladies professionnelles, les équipements de travail, les risques liés à l'exposition à l'amiante, aux agents cancérogènes ou au bruit. Une Agence européenne pour la sécurité et la santé au travail a été mise en place en 1994.

• Le champ des conditions de travail est large et on peut y classer des textes sur la définition du temps de travail (établissement de normes minimales concernant le repos journalier, les temps de pause, le repos hebdomadaire, la durée hebdomadaire du travail, les congés payés annuels, la durée du travail de nuit), celle du temps partiel et du travail à durée déterminée, sur le détachement des travailleurs, les travailleurs intérimaires ou les jeunes au travail. L'agence *Eurofound* est chargée, depuis 1975, de fournir des données sur les conditions de vie et de travail aux institutions européennes et aux partenaires sociaux.

• En ce qui concerne la « participation active » des travailleurs, on peut considérer que si les directives des années 1970 visaient principalement à garantir la protection des travailleurs et de leurs droits face aux restructurations (licenciement collectif, insolvabilité de l'employeur, transfert d'entreprises), depuis les années 1990 l'accent est mis sur l'information et la consultation des travailleurs ainsi que sur des textes de dimension transnationale (comité d'entreprise européen, société européenne et société coopérative européenne, accords d'entreprises transnationaux).

Les prochains chantiers viseront à adapter la législation aux mutations de l'environnement social avec des textes sur la protection des données au travail ou sur l'organisation du travail.

L'égalité entre les femmes et les hommes

D'un point de vue juridique, la réalisation de l'égalité entre les femmes et les hommes constitue certainement le pilier central et le plus profondément élaboré de l'Europe sociale (15 directives entre 1975 pour la première et 2010 pour la plus récente). Le fondement unique de l'action européenne dans ce domaine est l'article 119 du Traité de Rome (art. 157 TFUE). Il porte sur l'égalité de rémunération entre travailleurs féminins et masculins. C'est pourtant à partir de cette base unique qu'a été développée une politique substantielle de lutte contre les inégalités et de promotion de l'égalité entre les femmes et les hommes qui fait que l'UE est souvent considérée comme un des systèmes politiques les plus progressistes du monde à cet égard.

Cette politique repose sur un ensemble d'instruments larges et variés. Tout d'abord un arsenal légal (Traités, directives, jurisprudence) qui garantit notamment l'égalité de rémunération, l'égalité de traitement dans l'emploi et sur le marché du travail, interdit toute discrimination en matière de régimes de sécurité sociale, établit des exigences minimales relatives au congé parental et au congé de maternité, assure la protection des travailleuses enceintes et des jeunes mères, définit le statut des travailleurs indépendants et de leurs conjoints, interdit les discriminations directes et indirectes, fait du harcèlement (harcèlement à raison du sexe ou harcèlement sexuel) une discrimination, prévoit le renversement de la charge de la preuve et reconnaît la possibilité d'actions positives « à destination du sexe sous-représenté », et garantit l'égalité de traitement entre les femmes et les hommes dans l'accès et la fourniture des biens et services. Cette politique d'égalité entre les femmes et les hommes repose également sur des instruments financiers (Progress, Daphné sur les questions de violence), ainsi que sur des instruments de « droit mou », c'est-à-dire non contraignants (Charte pour les femmes de la Commission européenne, Pacte européen pour l'égalité entre les sexes du Conseil européen, Stratégie pour l'égalité entre les hommes et les femmes pour 2010-2015). Un Institut européen pour l'égalité entre les hommes et les femmes, basé à Vilnius, a également été créé en 2007.

La lutte contre les discriminations

La politique de lutte contre les discriminations de l'UE s'est en grande partie construite sur le modèle de la politique d'égalité entre les femmes et les hommes et elle s'appuie sur les principes qui ont été définis dans ce cadre : définition de la discrimination directe et indirecte, harcèlement comme forme de discrimination, renversement de la charge de la preuve, possibilité de mise en œuvre d'actions positives.

Lors de la signature du Traité d'Amsterdam, une clause de compétence générale anti-discriminatoire (art. 13 TCE, désormais art. 19 TFUE) a été reconnue à l'UE. Dès 2000, deux directives ont été adoptées qui donnent un contenu concret à cette clause.

La première (2000/43/CE) adopte une approche verticale selon laquelle les discriminations sanctionnées le sont dans l'ensemble des domaines de compétence de l'UE (interdiction de la discrimination dans l'accès aux activités salariées et non salariées et à des domaines tels que l'éducation, la protection sociale, la santé, la fourniture et l'accès aux biens et services) mais pour des catégories limitées, c'est-à-dire que ne sont concernées que les discriminations liées à la « race » et à l'origine ethnique. Cette directive prévoit également la mise en place dans chaque État membre d'un organisme chargé de promouvoir l'égalité de traitement et d'apporter une aide indépendante aux victimes de discriminations.

La seconde directive (2000/78/CE) adopte une approche horizontale selon laquelle les discriminations sont sanctionnées exclusivement dans le domaine de l'emploi mais pour toutes les « autres » catégories de discrimination (religion ou croyances, handicap, âge ou orientation sexuelle). En ce qui concerne la dimension sociale de la lutte contre les discriminations, c'est le principe de non-discrimination en fonction de l'âge qui a eu jusqu'à présent l'impact le plus important. Ce motif fait l'objet de l'activité jurisprudentielle la plus soutenue dans ce domaine car l'effet direct de ce principe a été reconnu par la Cour (arrêt *Mangold*) ; c'est aussi celui qui peut impliquer le plus de changement sur les législations nationales (régimes de retraites, clause de mise à la retraite d'office dans certaines conventions collectives, etc.)

La lutte contre la pauvreté et l'exclusion sociale

La lutte contre l'exclusion sociale a été intégrée dans le champ des compétences de l'UE, tout comme la modernisation des systèmes de protection sociale, lors du Traité de Nice. Cependant, selon les termes du Traité, les États membres peuvent seulement adopter à la majorité qualifiée des mesures de coopération entre eux. Ces deux domaines ne font donc pas partie des compétences partagées au sens propre et l'UE ne peut pas prendre de dispositions visant à harmoniser la législation des États membres, ni définir des normes minimales. La question de la lutte contre la pauvreté a cependant été mise en avant sur l'agenda politique des institutions européennes depuis 2010 avec la Stratégie Europe 2020 qui en fait un des cinq grands objectifs de l'UE[4] et alors que cette même année 2010 était déclarée « Année européenne de lutte contre la pauvreté et l'exclusion ». L'inclusion de la réduction de la pauvreté au sein des mécanismes de la gouvernance économique de l'Union, de l'exercice du Semestre européen et des programmes nationaux de réforme a cependant jusqu'à présent produit peu de résultats concrets. De plus, les divergences entre les États membres, que ce soit à propos de la définition des indicateurs de pauvreté et d'exclusion sociale ou de la pérennité du Programme européen d'aide aux plus démunis (PEAD), ou encore des orientations principalement économiques données au suivi de la Stratégie Europe 2020 ne permettent pas d'envisager un renforcement substantiel de ce champ d'action à court ou moyen terme au niveau européen.

La santé publique

L'UE dispose d'une base juridique pour intervenir en matière de santé publique (à la majorité qualifiée) depuis le Traité de Maastricht. Un cadre légal, des institutions et des programmes d'action de portée non négligeable ont été développés dans ce domaine (voir encadré).

Vers une Europe de la santé ?

L'Union européenne s'est préoccupée dès le milieu des années 1980 des questions de santé publique. Mais ce n'est qu'à partir du traité de Maastricht de 1992 qu'elle se dote d'une base juridique pour intervenir dans ce domaine. Les dispositions désormais inscrites à l'article 168 du TFUE témoignent d'une ambition limitée : il ne s'agit cependant que d'une compétence complémentaire à celle des États membres pour encourager la coopération et soutenir leur action. La crise de l'encéphalopathie spongiforme bovine (ESB) en 1997 a conduit les États membres à reconnaître à l'Union, lors de la négociation du traité d'Amsterdam en 1997, une compétence générale pour améliorer la santé publique et une compétence réglementaire dans un nombre délimité de domaines : vétérinaires et phytosanitaires, qualité et sécurité des organes et substances d'origine humaine, du sang et de ses dérivés. Le contenu de cet article 168 a cependant permis l'adoption et la mise en œuvre de plusieurs programmes d'action sur divers sujets : cancer, sida, toxicomanie, maladies rares, prévention des blessures, maladies liées à la pollution, etc.

Concernant l'organisation des systèmes de soins, le traité prévoit que l'action communautaire soit « menée dans le respect des responsabilités des États membres en ce qui concerne la définition de leur politique de santé ainsi que l'organisation et la fourniture de services de santé et de soins médicaux. Les responsabilités des États membres incluent la gestion de services de santé et de soins médicaux ainsi que l'allocation des ressources qui leur sont affectées » (art. 168 TFUE).

L'UE a adopté des législations relatives au sang, à la lutte contre le tabagisme, aux tissus et cellules ainsi que de nombreuses recommandations et conclusions dans des domaines aussi variés que la santé mentale, la toxicomanie, la nutrition, la lutte contre l'alcoolisme, le dépistage des cancers ou le VIH sida.

Dépenses de soins de santé (en % du PIB) en 2011

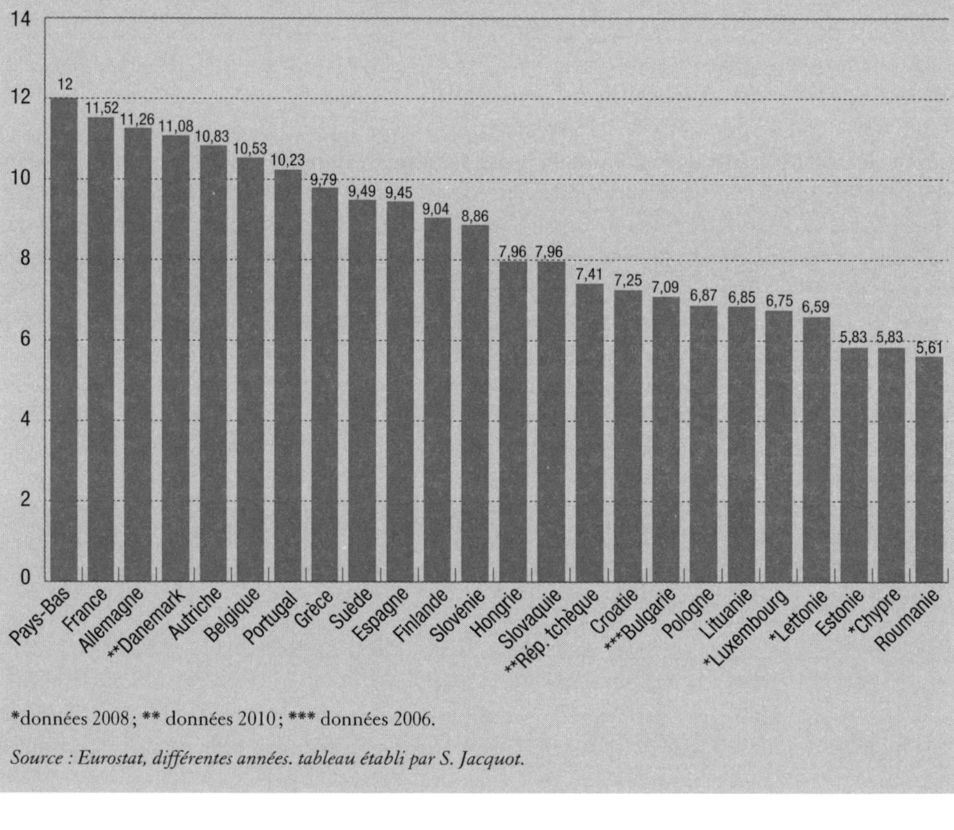

*données 2008 ; ** données 2010 ; *** données 2006.

Source : Eurostat, différentes années. tableau établi par S. Jacquot.

L'article 168 TFUE donne également mission à l'UE d'assurer un haut niveau de protection de la santé dans la conception et la mise en œuvre des autres politiques de la Communauté : agriculture, éducation, recherche, développement industriel. La santé publique devient ainsi un objectif transversal.

Au-delà des dispositions de cet article, le champ de la santé est concerné à plusieurs titres par la mise en place du marché intérieur (v. Notice 11) que ce soit pour le libre établissement des professionnels de santé dans un autre État membre de l'UE ou encore le développement d'une politique harmonisée du médicament.

Ainsi, une abondante législation communautaire s'est développée dans le domaine du médicament et a conduit à l'adoption de la directive 2001/83/CE, modifiée en 2004[1], instituant un code communautaire relatif aux médicaments à usage humain qui stipule entre autres dispositions que le titulaire d'une autorisation de fabrication doit respecter certaines obligations. Les règles relatives à l'emballage extérieur, aux spécifications qui doivent y figurer et la publicité, sont également encadrées. Afin de lutter contre la vente de médicaments falsifiés sur internet, un logo commun obligatoire permettra, à partir de la fin de 2014, d'identifier les pharmacies et revendeurs de médicaments en ligne opérant légalement.

Le principe de mobilité des patients, pour sa part, a progressivement été consacré par la jurisprudence de la CJCE[2] depuis la fin des années 1990 après que, sur la base de l'article 51 du traité de Rome (principe de libre circulation des travailleurs), une coordination des régimes de sécurité sociale ait été mise en œuvre au travers de deux règlements adoptés au début des années1970[3].

Ainsi, le Conseil européen de Barcelone, en mars 2002, a décidé de créer une carte européenne d'assurance maladie. Les citoyens européens doivent en faire la demande auprès de leurs organismes de sécurité sociale. Individuelle, elle est valable pendant un an. Elle permet une simplification des procédures dans la mesure où elle remplace les formulaires qu'un citoyen européen devait avoir en sa possession pour pouvoir bénéficier de soins d'urgence lorsqu'il se déplace de façon temporaire dans un autre État membre, ainsi qu'en Islande, au Liechtenstein, en Norvège et en Suisse. Attestant des droits dans un pays déterminé, elle permet d'obtenir des soins dans un autre pays, en assurant les prestataires du pays concerné que les soins seront couverts par le pays dont relève le patient. Elle garantit le remboursement des frais médicaux sur place, ou très rapidement après le retour dans le pays d'origine, si le détenteur de la carte a dû avancer une part du montant des dépenses de soins.

Opposés dans leur quasi-totalité à inclure les services de santé dans la directive sur les services, les États membres se sont par contre mis d'accord pour approfondir l'action communautaire concernant la mobilité des patients : une directive sur l'application des droits des patients en matière de soins de santé transfrontaliers a été adoptée en 2001. Elle vise à préciser les règles relatives à l'accès aux soins de santé dans un autre État membre de l'UE, y compris en matière de remboursement. Des « points de contact » nationaux » ont notamment été mis en place afin de fournir des informations aux patients.

Stratégie et programmes d'action

Depuis 2003, l'UE met en œuvre des programmes d'action afin de financer des projets dans le domaine de la santé. Le troisième programme santé (2014-2020), doté de 449,4 millions d'euros poursuit quatre objectifs :

– Agir en faveur de la santé, prévenir les maladies et créer des conditions favorables à des modes de vie sains, en tenant compte du principe de l'intégration des questions de santé dans toutes les politiques ;
– Protéger les citoyens de l'Union des menaces transfrontalières graves sur la santé ;
– Contribuer à des systèmes de santé innovants, efficaces et viables ;
– Améliorer l'accès des citoyens de l'Union à des soins de santé de meilleure qualité et plus sûrs.

Ce programme est l'instrument principal sur lequel s'appuie la Commission européenne afin d'appliquer la stratégie de l'UE, « Ensemble pour la santé » adoptée en 2007. Celle-ci s'articule avec la Stratégie 2020 (v. notamment Notices 16 et 19) ; elle est fondée sur l'idée de l'investissement social : la santé est considérée comme une valeur en soi mais aussi comme un outil de la croissance économique.

Dispositifs d'évaluation et risques sanitaires

À la suite de la crise de la vache folle mais également de différentes affaires (comme celle du sang contaminé en France), ou encore de l'épidémie de SRAS – syndrome respiratoire aigu, forme de pneumopathie atypique – en 2003, puis de la grippe aviaire dans les pays asiatiques), une législation harmonisée intégrée a été mise en place au niveau européen dans deux domaines précis :

celui des organes et substances d'origine humaine, sang et ses dérivés ; celui de la législation phytosanitaire et vétérinaire.

Ces textes fixent les standards de qualité visant à assurer la sécurité maximale des citoyens. Une réglementation européenne a été mise en place en ce qui concerne les procédures de don, d'approvisionnement et de traçabilité des substances humaines.

Les États membres ont mis en place des réseaux en matière de surveillance épidémiologique et de contrôle des maladies transmissibles : un réseau européen épidémiologique de surveillance de la grippe, ainsi que plusieurs autres réseaux de surveillance des principales maladies transmissibles (sida, tuberculose, listériose, etc.)

En matière d'alerte et de réaction, un système d'alerte précoce et de réaction (réseau informatique SAPR) qui relie les ministères de la santé et les instituts de veille sanitaire nationaux, permet la notification d'évènements, les échanges d'information et la coordination des mesures. Des dispositifs tels que le système d'alerte en cas de menace sanitaire chimique qui relie les centres anti-poisons de plusieurs pays ont également été mis en place.

Un Comité de sécurité sanitaire (CSS) réunissant les représentants des États membres a été constitué fin 2001 : il est centré sur l'échange d'informations sur les menaces, le partage d'expérience, la communication ; en 2004, son mandat a été élargi au risque de pandémie grippale.

Enfin, le Centre européen de prévention et de contrôle des maladies (ECDC), installé à Stockholm en 2005, a pour principale mission de déceler, d'évaluer et de signaler les risques liés aux maladies infectieuses (grippe, tuberculose, VIH/sida, etc.). Des dispositifs tels que le système d'alerte en cas de menace sanitaire chimique qui relie les centres anti-poisons de plusieurs pays ont également été mis en place.

La Rédaction

1. Directive 2004/27/CE du Parlement européen et du Conseil du 31 mars 2004 modifiant la directive 2001/83/CE instituant un code communautaire relatif aux médicaments à usage humain, JO L 136 du 30 avril 2004 ; règlement (CE) n° 726/2004 du Parlement européen et du Conseil du 31 mars 2004 établissant des procédures communautaires pour l'autorisation et la surveillance en ce qui concerne les médicaments à usage humain et à usage vétérinaire, et instituant une Agence européenne des médicaments, JO L 136 du 30 avril 2004.

2. CJCE, 28 avril 1998, *N. Decker c/ Caisse de maladie des employés et R. Kohll c/ Union des caisses de maladie*, aff. jointes C-120/95 et C 158/96, Rec. 1998 p. I-1931 ; 16 mai 2006, *Watts*, aff. C-372/04, JO C 165 du 15 juillet 2006, p. 6 ; 12 juillet 2001, *Smits et Peerbooms*, aff. C-157/99, Rec. 2001 p. I-5473.

3. Le règlement n° 1408/71 relatif à l'application des régimes de sécurité sociale aux travailleurs salariés et à leur famille qui se déplacent à l'intérieur de la Communauté, et le règlement n°574/72 fixant les modalités d'application du règlement (CEE) n°1408/71 relatif à l'application des régimes de sécurité sociale aux travailleurs salariés et à leur famille qui se déplacent à l'intérieur de la Communauté.

Quels enjeux pour l'Europe sociale ?

L'européanisation et les effets de l'Europe sociale

Fondamentalement éloignée des politiques sociales menées dans les États membres, tant dans ses moyens que dans ses finalités, l'Europe sociale a longtemps été considérée comme produisant des effets négligeables sur les transformations des systèmes nationaux d'État providence. Les spécialistes mettaient plutôt en avant le rôle de facteurs de changement internationaux (mondialisation, contexte économique international) ou structurels (passage à une économie de service, entrée massive des femmes sur le marché du travail, vieillissement démographique, évolution des structures familiales) en comparaison desquels la dimension européenne apparaissait comme négligeable. Pourtant, l'influence de l'Europe sociale au niveau national est loin d'être insignifiante. Certes, son impact est pluriel, en fonction des contextes historiques, institutionnels et politiques nationaux, et ne mène certainement pas à une convergence des systèmes nationaux. Pour autant, l'UE exerce différentes formes de pressions qui conduisent à des réformes dans les États membres, que ces pressions soient directives et contraignantes (comme cela a pu par exemple être le cas avec la loi française sur l'égalité professionnelle de 2000 qui a fini par supprimer le principe d'interdiction du travail de nuit des femmes dans l'industrie afin de se mettre en conformité avec la législation européenne) ou plus indirectes et non contraignantes juridiquement (comme par exemple dans le cas des réformes des retraites en Italie, que ce soit dans les années 1990 ou plus récemment entre 2009 et 2011). On sait désormais que l'UE doit être prise en compte si l'on souhaite comprendre les changements nationaux des systèmes de protection sociale[5].

L'Europe sociale et la Grande récession

Afin de remédier à l'impact de la crise, les responsables de la Commission européenne en charge des questions sociales mettent en avant les effets positifs des investissements dans le capital humain et la cohésion sociale (« l'investissement social »). Cette perspective se heurte cependant à la réalité du nouveau cadre de surveillance multilatéral qui s'est mis en place depuis 2008. La période actuelle correspond à la fin d'un cycle dans le sens où elle marque la fin du compromis originel de l'intégration européenne entre la mise en place d'un grand marché et la régulation sociale et où elle scelle le déséquilibre entre les dimensions économiques et sociales du projet européen dans un contexte de diversité toujours plus importante des systèmes nationaux d'État providence et d'hétérogénéité des réactions des différents marchés du travail à la crise. De plus, l'écart grandissant entre l'affichage de grands principes sociaux et le caractère exclusivement économique et focalisé sur la croissance des réponses apportées à la crise ne peut que nourrir le scepticisme des populations et la baisse tendancielle des attitudes positives des citoyens à l'égard des interventions européennes dans le domaine social.

Sophie Jacquot

Bibliographie

Jean-Claude Barbier, *La longue marche vers l'Europe sociale*, Paris, PUF, 2008.

Etienne Grass, *L'Europe sociale*, Paris, collection Réflexe Europe, série Institutions et politiques, La documentation Française, 2013.

Linda Hantrais, *Social Policy in the European Union*, Basingstoke, Palgrave MacMillan, 2007.

Nicole Kerschen, Monique Legrand, Michel Messu (dir.), *La symphonie discordante de l'Europe sociale*, La Tour d'Aigues, Les éditions de l'Aube, 2013.

Stephan Leibfried, « Social Policy », in Helen Wallace, Mark Pollack, Alasdair Young (dir.), *Policy-making in the European Union*, Oxford, Oxford University Press, 2010.

Stefan Leibfried, Paul Pierson (dir.), *European Social Policy. Between Fragmentation and Integration*, Washington D.C., The Brookings Institution, 1995.

Notes

1. Le Traité de Nice comprend principalement une extension du champ de compétence de l'UE à la lutte contre l'exclusion sociale et à la modernisation des systèmes de protection sociale.

2. En dehors des domaines mentionnés à l'article 153. 5 du TFUE, c'est par exemple aussi le cas de l'avortement, exclu du champ de compétences de l'UE par le protocole n° 17 annexé au Traité de Maastricht.

3. D'un point de vue substantiel, il faut néanmoins noter que les nouveaux actes ont souvent pour objectif de réviser ou de codifier des textes déjà existants ou encore de les adapter aux évolutions de la jurisprudence. Données quantitatives : *La production législative de l'Union Européenne, 1996-2012*, [base de données] – (2014) [fichier électronique], CDSP, Centre d'Études Européennes (CEE) [producteurs], Centre de Données Socio-politiques (CDSP) [diffuseur].

4. Objectif de réduction d'au moins 20 millions du nombre de personnes touchées ou menacées par la pauvreté et l'exclusion sociale d'ici à 2020.

5. Sur la question plus générale de l'européanisation des politiques européennes, v. Notice 10.

Notice 18

La politique européenne de l'environnement

L'environnement a longtemps constitué l'un des domaines d'activités les plus dynamiques de l'Union européenne. Plusieurs éléments témoignent de cette vitalité. Tout d'abord, le cheminement parcouru depuis le Traité de Rome 1957, qui ne prévoyait aucun transfert explicite de compétence vers la Communauté européenne, et le Traité de Lisbonne, dans lequel les objectifs de protection de l'environnement et de développement durable ont acquis une position centrale. Ensuite, depuis 1957, un vaste corpus de réglementation environnementale a été constitué, principalement sous forme de directives, mais aussi de règlements et de décisions, afin de couvrir un nombre toujours plus important d'activités et d'organiser le transfert progressif de compétences vers cet échelon de gouvernement[1].

Centrés au départ sur la lutte contre la pollution (air, eau, nature) et sur des activités nuisibles pour l'environnement (déchets, produits chimiques, activités industrielles), les objectifs, les normes et les standards européens en matière de protection de l'environnement ont été progressivement intégrés à tous les domaines de l'action publique européenne (énergie, transports, agriculture, régions). Une part très importante des règlementations nationales dans le domaine de l'environnement (85 % selon l'Agence européenne pour l'environnement, AEE) résulte de la transposition des règles et des procédures adoptées par l'Union européenne (UE), qui assure elle-même un relais aux conventions et au droit internationaux de l'environnement[2].

Outre ces critères formels, la vitalité de ce domaine d'intervention de l'Union européenne se manifeste également à travers la diversification des instruments de la politique européenne de l'environnement. Depuis 1957, les échelles d'intervention au sein du territoire européenne ont été multipliées et un nombre toujours plus important d'activités, de produits et d'acteurs (publics et privés, individuels et collectifs) font l'objet d'une intervention de l'UE, y compris pour des thématiques transversales (économie circulaire, environnement urbain, consommation des ménages). Enfin, l'émergence d'enjeux de nature globale, comme la protection de la couche d'ozone, le changement climatique ou les OGM, a permis à la Communauté puis à l'UE de s'affirmer comme un acteur clé du système international de régulation environnementale. Depuis 2010, l'autonomisation de la politique du changement climatique, avec la création d'une Direction générale Action pour le Climat (DG Climat), confirme le caractère prioritaire de l'enjeu climatique dans la politique étrangère de l'Union et la volonté d'accroître sa visibilité dans différentes instances de négociation internationale[3].

Malgré cette visibilité marquée, les évolutions institutionnelles et politiques récentes témoignent aussi d'un important paradoxe. D'une part, les questions environnementales ont presque toujours fait l'objet de déclarations politiques volontaristes tant parmi les États membres que les institutions européennes. Si l'on s'en tient à ces prises de positions, la politique européenne de l'environnement a vocation à s'affirmer comme une *métapolitique*, c'est-à-dire une politique dont les effets s'étendraient bien au-delà des seules questions environnementales, et structureraient le processus d'intégration européenne. Mais dans le même temps, leur centralité ainsi que l'allocation effective de ressources organisationnelles, budgétaires et procédurales reste contestée tant au moment de l'élaboration que de la mise en œuvre de mesures spécifiques. D'importants conflits et résistances sont observés parmi la multitude d'acteurs (institutions européennes, États membres, groupes d'intérêt, acteurs infranationaux etc.) concernés par leurs effets. Alors que certains contestent le bien fondé de l'intervention européenne dans ce domaine, d'autres dénoncent l'empilement des normes, des règles et des procédures adoptées au nom du principe de protection de l'environnement. Le maintien d'importantes disparités territoriales et thématiques conduisent, à l'examen des résultats obtenus à l'issue de quatre décennie de politique européenne de l'environnement, à s'interroger sur la répartition des compétences au sein de l'Union européenne et sur la capacité effective des institutions européennes à piloter l'action publique dans ce domaine.

L'évolution de la politique européenne de l'environnement renvoie ainsi à des interrogations plus générales sur les logiques de l'intégration européenne. Son développement est intrinsèquement liée au « système européen de gouvernance environnementale » qui se caractérise par des arrangements institutionnels spécifiques, un degré élevé de fragmentation horizontale et verticale, et enfin par des représentations diversifiées quant à la compétence de l'UE à intervenir dans le traitement des questions environnementales[4].

Cette notice soulève ainsi les deux interrogations suivantes : peut-on identifier, à l'échelle européenne, des formes communes d'expression des inquiétudes liées aux questions environnementales, de formulation des problèmes publics et de choix de solutions adaptées à leur traitement ? Ou alors, l'héritage historique propre aux systèmes nationaux de politiques publiques reste-il la meilleure clé d'analyse de l'évolution de la politique européenne de l'environnement ? On défendra ici l'idée selon laquelle la relation établie, dès les origines de cette politique, entre protection de l'environnement et réalisation du marché unique explique les impasses politiques, institutionnelles et cognitives de l'action publique européenne en matière d'environnement, qui reste peu homogène, fortement interconnectée avec d'autres échelons et domaines d'action publique et inégalement développée.

L'émergence de la compétence environnementale européenne : entre volontarisme politique et mesures *ad hoc*

La notion de politique européenne de l'environnement a largement précédé son inscription formelle dans les traités, éclairant ainsi la complexité des relations entre ces textes fondateurs et l'évolution de secteurs d'action publique spécifiques. Absents des traités jusqu'à l'adoption de l'Acte unique, les enjeux environnementaux ont fait l'objet d'un traitement spécifique par la Communauté européenne dès 1972, à la suite du Sommet de Paris au cours duquel les États membres affirmèrent leur soutien au développement d'une politique commune de l'environnement. Ce choix politique s'inscrit dans une réflexion plus large sur les effets négatifs de la croissance économique sur l'environnement, et participe d'une volonté commune de réaffirmer que le principal objectif de l'intégration européenne réside dans la réduction des inégalités en termes de qualité de vie.

Le degré élevé de politisation des questions environnementales se manifeste ainsi dès cette époque par la multiplication des déclarations de nature politique et non contraignante, tandis que la question des modalités concrètes de leur opérationnalisation suscite d'importants conflits au sein des institutions européennes. Dans ce contexte, le lien étroit entre les mesures de protection de l'environnement et le projet de marché unique répond autant aux contraintes résultant de l'absence de base juridique précise dans les traités, qu'à une stratégie développée par la Commission européenne face aux résistances des États membres ou des acteurs industriels.

La mise à l'agenda des questions environnementales : un phénomène multi-niveaux

Le soutien politique exprimé par les États membres au développement d'une politique européenne de l'environnement résulte de la conjonction de différents facteurs. Dans tous les États occidentaux, la sensibilité accrue des opinions publiques aux questions environnementales constitue une première source de pression politique. Ce phénomène trouve ses racines dans le développement de valeurs post-matérialistes et la dénonciation des effets de la croissance économique sur l'environnement et les ressources naturelles. Elle s'explique aussi du fait d'accidents et catastrophes survenus à la fin des années 1960, largement relayés par les médias, et des débats suscités par la publication d'ouvrages dénonçant les effets nuisibles des pesticides et produits chimiques pour les ressources naturelles. Les mobilisations suscitées par la cause environnementale conduisent, dans nombre de pays occidentaux, au développement de formes de participation politique spécifiques : les partis verts et les mouvements environnementaux[5] pour ce qui est du niveau national, et, une nouvelle génération d'organisations non-gouvernementales (ONG) porteuse d'une conception politique des enjeux environnementaux (notamment *Greenpeace* et *Friends of the Earth*)[6] pour ce qui est du niveau international.

Ces différents éléments contribuent à la mise sur agenda des questions environnementales à différents niveaux de gouvernement et à l'adoption d'une large palette de mesures. Suite à la Conférence des Nations Unies sur le développement humain à Stockholm (1972), un cadre international pour une approche coordonnée de la pollution et de la gestion des ressources est défini et confié au Programme des Nations Unies pour l'Environnement (PNUE). Ceci accélère le développement du droit international de l'environnement et structure les initiatives régionales et nationales dans ce domaine. Au cours de la même période, on observe l'émergence dans tous les États membres, selon des rythmes, une ampleur et des modalités distinctes, de politiques de l'environnement, dont le pilotage est confié à des ministères (France, 1971) ou directions générales de l'environnement (République Fédérale d'Allemagne ou RFA, 1969) nouvellement créés.

Le lien entre environnement et marché unique

La multiplication des initiatives nationales explique l'intérêt des États membres à soutenir la mise en place, à l'échelle européenne, d'un cadre règlementaire commun et ce malgré l'absence de base juridique. Plus qu'un engagement marqué en faveur de l'objectif de protection de l'environnement et des ressources naturelles, ce choix politique constitue la solution privilégiée par les États et les groupes d'intérêt économique aux risques que constituent ces initiatives nationales pour la constitution du marché unique.

L'élaboration d'un cadre général

L'absence de représentation stabilisée des problèmes environnementaux confère une marge de manœuvre additionnelle aux acteurs mobilisés pour définir le cadre général de cette politique commune. Rassemblés autour du Service de la Protection de l'environnement et des consommateurs de la Commission européenne (créé en 1973)[7] puis d'une Direction générale du même nom (DG XI, créée en 1981) et en lien avec les représentants des administrations nationales de l'environnement, ils définissent les modalités concrètes d'opérationnalisation du choix politique exprimé par les États membres à Paris. Ce travail de cadrage est réalisé en lien avec différents groupes d'intérêt : des groupes d'intérêt économique organisés par branche d'activités et des ONG et groupes d'intérêt environnementaux.

L'analyse des premières mesures, adoptées entre 1972 et 1987, permet à la fois de rendre compte de l'ensemble des contraintes qui ont structuré l'émergence de cette politique, et de caractériser la stratégie de la Commission européenne. Ces quelque 200 mesures proposées par la Commission européenne sont rassemblées au sein de programmes d'action environnementale, définis pour une durée de cinq ans, et qui s'apparentent à des déclarations de nature politique et non contraignante. Ces mesures définissent les modalités d'opérationnalisation de principes d'action généraux, comme les principes de prévention de la pollution et d'intervention à la source, qui guident aujourd'hui encore l'action européenne en matière d'environnement. Ces principes, dont la définition amorce la construction du lien entre protection de l'environnement et marché unique, s'inscrivent dans la lignée des objectifs définis par le Traité de Rome : la qualité de la vie (et non la protection de l'environnement) et la gestion rationnelle des ressources (et non le traitement des enjeux écologiques en tant que tels). Enfin, ces mesures prennent principalement la forme de grandes directives-cadres, qui offrent une marge de manœuvre importante aux États pour définir les modalités de leur transposition et de leur mise en œuvre.

Sur quelle conception de l'écologie s'appuyer ?

Dans ce contexte de coopération intergouvernementale, la capacité d'action de la Commission européenne est contrainte par un ensemble de logiques économiques, politiques et institutionnelles, qui expliquent le caractère pragmatique de la démarche privilégiée et la permanence de styles nationaux de régulation des questions environnementales. Le développement de la politique européenne de l'environnement est d'abord structuré par le découpage opéré par le droit international de l'environnement, à la fois sectoriel pour les milieux naturels (eau, air, sol) et vertical pour ce qui est des activités polluantes (produits, activités). Cette approche repose sur une conception scientifique de l'écologie (biologie, botanique, géographie) centrée sur la protection des ressources naturelles. Cette approche, promue par les principales associations et fondations naturalistes apparues à la fin du 19e siècle dans nombre de pays occidentaux, a longtemps dominé au sein de la DG Environnement. En revanche, les problèmes posés par les effets combinés de la pollution entre différents milieux naturels et par l'interdépendance entre ces milieux ne font pas l'objet d'un traitement spécifique au cours de cette première période, et ce malgré les critiques réitérées des partisans d'une conception plus politique de l'environnement.

Cette approche est également contrainte par une logique institutionnelle, qui repose sur un lien entre protection de l'environnement et réalisation du marché unique. Ce choix stratégique s'explique en partie par l'absence de compétence environnementale dans le traité de Rome, qui conduit la Commission européenne à renforcer le lien avec le marché unique pour privilégier l'adoption par le Conseil de politiques « vertes » sur la base des dispositions « sur le rapprochement des législations » (Article 94)[8]. Ce choix résulte aussi de la mobilisation de certains États membres (RFA, Pays-Bas, Danemark). Ainsi la RFA joue un rôle central dans la promotion à l'échelle européenne d'une approche de type réglementaire, afin de garantir, par le biais de standards élevés de protection environnementale, la compétitivité des entreprises européennes faces à leurs concurrents nord-américains ou japonais. Cette approche permet aussi aux groupes d'intérêt économique de participer activement, au niveau européen, à l'élaboration de ces standards, et au niveau national, à leur mise en œuvre.

L'harmonisation des réglementations nationales

Dans la perspective de réalisation du marché unique, l'introduction par les États de réglementations nationales censées assurer la compétitivité de leurs produits à l'échelle européenne, par exemple en matière de protection de l'environnement, constituent des barrières aux échanges. Le développement de nombreuses initiatives nationales dans ce domaine explique que la politique européenne de l'environnement ait eu pour principale mission d'encadrer ces dynamiques nationales en établissant des standards minimums ou uniformes en matière de protection environnementale. L'établissement de standards par produits, comme par exemple sur les niveaux de bruit autorisés pour les véhicules motorisés (bus, camions, voitures) ou encore sur la présence de sulfates dans les détergents, constituent ainsi un préalable essentiel à leur commercialisation sur différents marchés[9]. En revanche, le recours privilégié aux directives explique la permanence de différents styles nationaux de régulation environnementale. Le caractère contraignant des décisions adoptées relève moins de la volonté de les faire respecter par les États que de les empêcher de refuser les produits en provenance d'autres États membres qui accepteraient de s'y conformer. L'adoption de standards de qualité environnementale ou de procédés de fabrication plus contraignants est freinée par les rapports de force internes au sein du Conseil ; et cette tendance est renforcée en période de ralentissement de la croissance économique européenne.

Ces différents éléments expliquent la difficile émergence d'un style européen de régulation environnementale, encore vérifiée à ce jour[10].

L'intégration par le droit et le rôle de la CJCE

En l'absence de base juridique à l'action européenne dans le domaine de l'environnement, l'élaboration et la mise en œuvre de mesures environnementales font l'objet de nombreux recours devant la Cour de justice des Communautés européennes (CJCE) (renommée Cour de justice de l'Union européenne – CJUE – à partir du 1er décembre 2009). L'analyse de ces recours permet d'identifier la stratégie poursuivie par la Commission pour asseoir sa compétence environnementale, en conformité avec le choix politique consistant à lier ces enjeux à la réalisation du marché unique. D'autres acteurs (institutions européennes, États membres et groupes d'intérêt économique) ont également eu recours à la CJCE, soit par le biais des recours en carence ou annulation déposés contre d'autres institutions européennes et États membres, soit pour faire appel, par le biais du recours préjudiciel, au pouvoir d'interprétation des traités et du droit communautaire de la CJCE. Les décisions rendues à cette occasion constituent un socle de jurisprudence qui contribue de deux manières à asseoir la compétence environnementale européenne : dégager le principe de protection de l'environnement et affirmer la compétence externe de la Communauté européenne.

La jurisprudence de la Cour confirme tout d'abord les fondements juridiques invoqués par la Commission, dans le cadre des programmes d'action environnementale, pour justifier l'introduction de mesures environnementales au nom de leur contribution à l'harmonisation des réglementations nationales et à l'élimination des barrières aux échanges. Ce mode d'intégration négative est ainsi reconnu en 1979 par l'arrêt dit « Cassis de Dijon »[11], qui dépasse les seules questions environnementales. Un an plus tard, à l'occasion de l'examen de deux recours déposés par la Commission contre l'Italie pour dénoncer la non mise en œuvre de directives visant à rapprocher les réglementations nationales sur les détergents et les fuels liquides[12], la CJCE réitère ce jugement pour le cas plus spécifique des mesures de protection environnementales. La CJCE pose néanmoins des limites à ce mode d'intégration en dénonçant, dans le cas des dispositions adoptées par le Danemark dans une loi de 1981 en matière de collecte et de recyclage des bouteilles, les contradictions possibles entre la prééminence conférée par un État à l'objectif de protection environnementale sur le marché unique (principes de non-discrimination et de proportionnalité) [13].

Outre la confirmation d'une stratégie d'intégration négative, la jurisprudence de la CJCE aussi à étendre la base juridique de la compétence environnementale de la Communauté à l'article 308 (*cf.* supra) et à reconnaître pour la première fois sa vocation à protéger l'environnement et à améliorer la qualité de vie, sur la base du Préambule et de l'Article 2 du Traité de Rome[14]. Dans une décision sur la gestion des déchets industriels, la CJCE considère que la préservation de l'objectif de protection de l'environnement peut justifier des restrictions aux importations. La Cour se réserve néanmoins le droit d'en juger au cas par cas[15], contribuant ainsi à asseoir son rôle d'arbitre des conflits sur l'objectif relatifs aux finalités de l'intégration européenne. Ce faisant, elle dégage un principe fondamental du droit communautaire : le principe de protection de l'environnement, défini comme l'un des objectifs essentiels de l'intégration européenne.

Enfin, la CJCE contribue par sa jurisprudence à l'affirmation de la compétence externe de la Communauté dans le domaine environnemental. Compte tenu de la multiplication des accords multilatéraux sur l'environnement (AME) et de leur rôle moteur pour la réglementation européenne, sur la protection des espèces en danger par exemple, la Commission revendique rapidement le pouvoir de négocier et de signer des traités avec des États tiers en matière environnementale, de la même manière que cette compétence lui avait été reconnue pour la politique de commerce extérieur (v. Notice 24). Sur cette question, la CJCE a adopté une lecture extensive des traités, comparable à sa position en matière de droits de l'homme et de relations extérieures. La Cour ne remet pas en cause le statut international des États membres, mais reconnaît dans une décision de 1971 que le transfert de compétences internes dans un domaine vers la Communauté européenne lui confère implicitement des compétences externes. Cette jurisprudence de la Cour ne permet pas de clarifier si le Conseil ou la Commission (ou les deux) sont compétents pour représenter la Communauté européenne à l'échelle internationale. En revanche, elle permet à la Communauté européenne d'émerger très tôt, et en l'absence de base légale dans les traités, comme un acteur clé dans les négociations internationales en vue de la préparation des AME (le Protocole de Montréal sur la protection de la couche d'ozone) ou auprès des organisations internationales compétentes comme le PNUE.

L'analyse des origines de la politique européenne de l'environnement permet d'identifier l'articulation entre deux logiques d'intégration, et ce malgré l'absence de base juridique dans les traités : une logique d'intégration furtive, par le biais du lien entre protection de l'environnement et réalisation du marché unique, et une logique d'intégration active, accélérée par la reconnaissance du principe de protection de l'environnement et d'amélioration de la qualité de vie. Ce double mode d'intégration produit des effets de long terme sur l'organisation et les rapports de force internes au système européen de gouvernance environnementale.

Le rôle des instances supranationales dans l'émergence d'un système européen de gouvernance environnementale

La reconnaissance formelle de la compétence environnementale européenne intervient suite à l'Acte unique en 1986. Elle se caractérise tout d'abord par l'inscription dans les traités successifs de grands principes qui trouvent leur origine dans le droit international de l'environnement, la jurisprudence de la CJCE (aujourd'hui CJUE) et les programmes d'action environnementale. Une analyse plus précise de ces principes et de leur opérationnalisation montre néanmoins qu'en l'absence de formulation claire, ils ne résolvent pas les ambiguïtés liées aux objectifs de la politique européenne de l'environnement et contribuent au contraire à en créer de nouvelles, comme le montrent les exemples suivants. Cette reconnaissance formelle impulse néanmoins une dynamique continue d'approfondissement de la politique environnementale qui se caractérise par l'introduction de quelques principes fondateurs, par la stabilisation d'un jeu d'acteurs à deux niveaux, et par l'émergence d'un système européen de gouvernance environnementale.

Des principes de protection environnementale et d'intégration

À la suite de la jurisprudence de la CJCE, la protection de l'environnement est reconnue comme l'un de ses objectifs essentiels de l'intégration européenne (Article 2). Les institutions européennes doivent ainsi veiller à ce que la réglementation européenne dans le domaine environnemental, comme en matière de santé, de sécurité et de protection des consommateurs, se base sur un degré élevé de protection. Dans la mesure où les modalités concrètes d'application de ce principe reposent sur une « approche mesurée », celles-ci confèrent une large marge d'appréciation aux acteurs au moment de la transposition et de la mise en œuvre de la réglementation européenne et met en évidence le maintien d'ambiguïtés et de contradictions qui limitent considérablement la portée et les effets. L'approche mesurée implique en effet la démonstration systématique du bien fondé de chaque mesure sur la base de critères spécifique : l'existence de données scientifiques et techniques, une analyse du rapport coût bénéfice de la mesure, et la contribution à un développement économique et social équilibré dans l'ensemble de l'Union et de ses régions. Le bien fondé de chaque mesure nécessite ainsi un important travail préparatoire en amont, afin de rassembler l'information et l'expertise suffisantes. Dans la pratique, cette modalité d'application du principe de protection de l'environnement justifie à la fois l'introduction de mesures ambitieuses en matière de protection environnementale, en soutien à la modernisation écologique et à la compétitivité internationale des industries nationales, et d'importantes restrictions à la mise en œuvre de ce principe au nom du respect des objectifs de cohésion économique et sociale auxquels les États ayant rejoint la CEE dans les années 1970 et 1980 (Espagne, Portugal, Irlande et Grèce notamment) sont particulièrement attachés.

Le second principe autour duquel s'organise l'approfondissement de la politique européenne de l'environnement est le principe d'intégration, reconnu formellement dans le Traité de Maastricht. L'enjeu de ce principe, réitéré par le Processus de Cardiff (1998), est le « verdissement » progressif de toutes les politiques à tous les échelons de gouvernement ; il constitue aujourd'hui le principal outil de mise en œuvre de l'objectif de développement durable (Préambule). Son inscription dans les traités est facilitée par la nature politique et non contraignante d'un principe visant à sensibiliser les décideurs des secteurs non environnementaux à l'impact environnemental de leurs décisions pour les ajuster en cas de nécessité. En revanche, dans la mesure où cette conception très large du principe d'intégration ne s'accompagne d'aucune précision en termes d'objectifs de politique publique, d'instruments, voire même de calendrier, elle offre une marge de manœuvre très importante aux acteurs pour définir les contours de leurs responsabilités environnementales au moment de la mise en œuvre. Ce principe suscite en effet de nombreuses résistances au sein même des acteurs de l'environnement, selon qu'ils le considèrent comme une source de dilution ou de renforcement des ressources allouées à la protection de l'environnement.

Les caractéristiques du système européen de gouvernance

Cette reconnaissance contribue aussi à clarifier la structure décisionnelle et à stabiliser les relations entre les acteurs lors de la formulation et de la mise en œuvre de l'action publique environnementale. Deux dynamiques contradictoires peuvent être dégagées ici pour tenter de caractériser le système européen de gouvernance environnementale. Ce système est tout d'abord structuré par une logique de coopération plus que d'intégration, au sein duquel les stratégies développées par les États membres jouent un rôle prégnant tant lors de l'élaboration que de la mise en œuvre de cette politique. Plus précisément, il s'organise autour d'un jeu d'acteurs à deux niveaux, au sein duquel les relations entre acteurs sont constamment renégociées en fonction des thématiques et des rapports de force intergouvernementaux. À plus long terme, ce jeu d'acteurs à deux niveaux freine le développement d'une réglementation environnementale uniforme sur le territoire européen. Ainsi, d'importantes disparités demeurent dans le degré de mobilisation des États pour peser sur les choix opérés au niveau européen, dans le traitement des thématiques et dans les effets observés en termes d'amélioration du degré de protection environnementale[16].

Mais cette approche centrée sur les États ne permet pas de rendre compte de manière satisfaisante du développement à l'échelle européenne de formes de coopération spécifiques qui dépassent largement les seuls États et intègrent à la fois d'autres institutions européennes (Commission, Parlement) ainsi que l'ensemble des acteurs publics et privés associés à l'élaboration et à la mise en œuvre de cette politique commune à différents niveaux de gouvernement. Malgré l'approfondissement continu de la compétence environnementale de l'Union européenne, ce processus ne bénéficie pas de manière automatique à la DG Environnement, tant du point de vue de ses ressources organisationnelles que de son poids politique au sein de la Commission. Bien que la taille de cette DG ait considérablement augmenté depuis l'Acte unique (60 personnes avant 1987, 500 en 1996 et 650 environ depuis 2004), elle reste de petite taille au regard des ambitions de la politique européenne de l'environnement et en comparaison avec d'autres DG (Entreprises et Industrie, Energie et Transports). Suite à l'adoption des principes d'intégration et de développement durable, les mesures proposées par cette DG sont à l'origine d'importants conflits et résistances internes à la Commission. Une partie de ces conflits sont résolus par le biais d'arbitrages politiques internes à la Commission européenne ; d'autres sont portés devant la CJCE, comme le montre l'affaire des bouteilles danoises. Enfin, la DG Environnement conserve une position relativement marginale au sein de la Commission, liée à son image de « DG scientifique » et aux liens étroits que ses services avaient développés avec les ONG au cours de la phase d'émergence de cette politique commune. Ainsi, les choix consistant à créer une agence indépendante de l'environnement, et une DG CLIMA autonome, s'expliquent aussi en lien avec la faible capacité de la DG Environnement à stabiliser ses ressources organisationnelles en interne. Les arbitrages budgétaires opérés pour la période 2014-2020 confirment la diminution continue des ressources consacrées à la protection de l'environnement et leur réallocation à des pôles transversaux (croissance verte, changement climatique, diplomatie verte), qui en pratique, sont pilotés par des directions générales sectorielles.

Les multiples stratégies de la Direction générale de l'Environnement

Depuis ses origines, et en raison des contraintes qui pesaient sur son développement, la DG Environnement a en effet multiplié les relations avec d'autres acteurs pour développer sa capacité d'expertise et de faciliter la mise en œuvre de la réglementation environnementale. Plusieurs groupes d'acteurs sont concernés. Tout d'abord, les représentants des administrations nationales de l'environnement, qui interviennent lors de l'élaboration des mesures environnementales et de la définition des modalités de leur opérationnalisation. Des comités thématiques, incluant aussi des experts nationaux, peuvent aussi être constitués au cas par cas pour réfléchir aux modalités d'opérationnalisation de la réglementation européenne. Leur rôle s'exerce à double tranchant : tantôt ils contribuent à renforcer l'expertise dont dispose la Commission européenne et son pouvoir d'initiative en matière de politique environnementale ; tantôt ils jouent un rôle de filtre sur les mesures prônées par la Commission, et de frein à la mise en œuvre des éléments introduits par le Parlement européen.

Ensuite, la DG Environnement noue des relations étroites avec les acteurs de la société civile, et en particulier les ONG. L'enjeu consiste, pour cette administration, à se doter de connaissances et d'une expertise suffisantes pour démontrer la valeur ajoutée des mesures environnementales selon les critères prévus par les traités. Rassemblés au sein du Bureau européen de l'environnement, une plateforme unifiée de représentation des intérêts environnementaux créée à l'initiative de la Commission en 1974, ces acteurs s'organisent très tôt au niveau européen pour influencer le développement de la politique européenne de l'environnement, et contribuer, de manière indirecte, à l'évolution des politiques nationales. Ceux-ci sont néanmoins largement dépendants des espaces de consultation ouverts par la DG Environnement : les relations entre ONG restent en effet marquées par un degré élevé de compétition, et aucun leadership clair n'émerge au sein du Bureau pour assurer la coordination et la représentation de ces intérêts[17]. Une part importante des ONG dénonce les ambiguïtés et les contradictions des objectifs de la politique européenne de l'environnement. Des instances concurrentes de représentation des intérêts environnementaux ont rapidement été créées, sous forme de plates-formes thématiques sur les questions énergétiques (*Climate Network Europe*), de transport (*European Federation for Transport and the Environment*) et de protection des oiseaux (*Birdlife International*) ou suite à l'ouverture, par les principales ONG internationales, de bureaux européens (*Greenpeace International*, *Friends of the Earth Europe*, *WWF*)[18]. Ainsi, aucun mouvement environnemental européen homogène n'émerge en raison du maintien de représentations distinctes des enjeux environnementaux, et de divergences profondes quant au degré d'autonomie (financière, organisationnelle, etc.) devant être maintenu par rapport aux institutions européennes.

Ce degré élevé de fragmentation des intérêts environnementaux et la faible capacité d'expertise de ces ONG incite la DG Environnement à développer des relations stables avec un troisième groupe d'acteurs : les représentants européens de différentes branches d'activité économique (industrie chimique, industries pétrolières et pétrochimiques, producteurs automobiles, etc.) pour les associer directement et très en amont à l'élaboration de la réglementation européenne[19]. Du point de vue de cette DG, l'intérêt des relations avec ce type d'acteurs est double. D'un côté, elles améliorent les informations dont elle dispose pour démontrer la valeur ajoutée des mesures environnementales envisagées ; de l'autre, elle s'assure aussi de leur soutien lors de la mise en œuvre de ces mesures. Ces formes de coopération ont parfois été formalisées par le biais d'accords volontaires, qui se caractérisent par leur caractère non contraignant, et permettent aux parties signataires de s'accorder sur un objectif, comme par exemple en matière de réduction des émissions CO2 des véhicules particuliers, tout en garantissant un degré élevé de flexibilité dans la démarche pouvant être adoptée afin de les atteindre.

Récemment, de nouvelles tentatives de coopération ont émergé parmi les groupes d'intérêts environnementaux. Différentes plates-formes d'ONG s'organisent de manière informelle pour se répartir des domaines de spécialisation en fonction de leurs intérêts respectifs et développer une expertise conforme aux critères prévus par les traités. Cette tendance observée en Europe depuis la fin des années 1990 est largement inspirée des formes de représentation des intérêts développées par les ONG environnementales auprès des organisations internationales et dans le cadre de négociations ponctuelles depuis le Sommet de la Terre à Rio (1992)[20].

Outre les relations nouées avec des acteurs extérieurs, la Commission poursuit une stratégie active de recours au droit et plus particulièrement à la CJUE afin d'encadrer la mise en œuvre de la réglementation environnementale européenne. Au cours des dernières années, la Commission s'est dotée d'instruments de suivi permettant d'identifier précisément les domaines dans lesquels des manquements à la mise en œuvre étaient observés. L'environnement compte parmi les domaines dans lesquels le nombre de contentieux ouverts par la Commission est le plus important, loin devant le marché intérieur. Ceux-ci touchent principalement la réglementation en matière de qualité de l'eau et de l'air, de conservation des espaces naturels, de gestion des déchets et d'évaluation des impacts environnementaux. Outre la mesure de la performance environnementale des États membres, la Commission peut aussi saisir la Cour de Justice tout en proposant l'imposition d'une astreinte ou d'une amende forfaitaire en cas de non-respect des décisions[21].

Le Parlement européen, la plus « verte » des institutions européennes ?

Le Parlement joue également un rôle moteur dans l'approfondissement de la politique européenne de l'environnement, notamment à travers l'adoption de critères de suivi et d'évaluation de sa mise en œuvre. Cette institution a longtemps été perçue comme la plus « verte » des institutions européennes. Un groupe politique des « Verts » a été mis en place après les élections de 1989. Sa commission de l'Environnement, de la santé publique et de la protection des consommateurs a joué un rôle essentiel dans l'affirmation d'une conception volontariste et ambitieuse en matière de protection environnementale et de modernisation écologique. D'un point de vue formel, l'accumulation d'une expertise autonome a permis au Parlement d'utiliser la procédure de codécision et de recours devant la CJCE pour exercer une pression continue sur le Conseil et la Commission. D'un point de vue plus substantiel, et en raison de l'attention portée aux outils concrets de mise en œuvre des politiques publiques (budgets, calendriers, dispositifs de suivi et d'évaluation, pouvoirs de sanction), le Parlement a directement contribué à l'intensification de la politique européenne de l'environnement dans de multiples domaines (qualité de l'air, gestion des déchets et émissions des voitures)[22]. Il aussi soutenu la participation des ONG environnementales à l'élaboration et à la mise en œuvre de cette politique, et dénoncé l'opacité des relations entretenues par la DG Environnement avec les groupes d'intérêt économique et les représentants et experts nationaux. Enfin, des relations suivies ont été nouées avec le Conseil, l'AEE et les administrations nationales, souvent au détriment du rôle pivot qu'avait joué la Commission européenne, pour renforcer la capacité effective du Parlement à peser sur le jeu décisionnel européen tant d'un point de vue politique que technique.

L'image d'institution « verte » reste néanmoins fragile, en ce qu'elle dépend de la composition politique du Parlement. Or, les résultats des élections européennes de 2014 et les élargissements successifs ont considérablement affaibli la place des partis verts au sein de cette assemblée. Ainsi, l'influence du Parlement dépend à la fois d'équilibres politiques internes et de sa capacité à développer des alliances stratégiques avec d'autres acteurs et intérêts.

L'analyse du système européen de gouvernance environnementale montre que la reconnaissance de la compétence environnementale par les traités a contribué à l'institutionnalisation progressive de multiples formes de coopération entre les acteurs intéressés à ce processus.

Ceci explique l'approfondissement et l'intensification de la politique européenne de l'environnement. Le renforcement des contraintes, par le biais de procédures formelles et informelles, améliore la protection de l'environnement et l'intégration de cet objectif dans de nombreux secteurs d'action publique. Ceci étant, la structure complexe mise en place par les traités, et les ambiguïtés de la politique européenne de l'environnement, expliquent aussi que ce système européen de gouvernance environnementale se caractérise par un jeu d'acteurs à deux niveaux, et par le rôle central des États et des styles nationaux de régulation. Rien d'étonnant dans ces conditions que cette politique « commune » ne se soit développée de manière ni uniforme sur le territoire européen, ni égale selon les domaines.

L'Union européenne, un laboratoire régional d'innovation environnementale ?

Les contraintes institutionnelles et politiques au développement de la politique environnementale de l'UE expliquent le caractère hautement novateur de cette politique, et la capacité à multiplier les initiatives pour explorer des pistes alternatives d'expansion de la compétence environnementale européenne. Sans résoudre les enjeux soulevés par la fragmentation et la dilution des ressources organisationnelles et budgétaires consacrées à la protection environnementale, cette dynamique d'intégration contribue à asseoir le leadership de l'UE tant parmi les États membres que sur la scène internationale.

Caractérisée par des objectifs et des principes d'action contradictoires, la politique environnementale européenne repose sur des combinaisons spécifiques et innovantes entre différents types d'instruments d'action publique. Reposant à l'origine sur des standards uniformes et un objectif d'harmonisation des réglementations nationales, l'approche réglementaire a rapidement évolué vers d'une approche procédurale et moins interventionniste. Combinée de manière systématique à des techniques et procédures plus contraignantes sur la démarche (standards de qualité, dispositifs d'évaluation et normes environnementales), cette évolution contribue à l'amélioration du niveau de protection environnementale au sein de l'Union. Dans les domaines où la légitimité de l'Union reste contestée, des modes de régulation plus souples et de nature non-hiérarchique, basés sur la communication, la concertation et le volontariat, ont été introduits et certains d'entre eux ont parfois fait l'objet d'une reconnaissance formelle par le droit européen de l'environnement. Labels écologiques, accords volontaires et permis négociables sont ainsi l'occasion, pour la Commission, de s'appuyer sur les relations nouées avec les acteurs économiques pour étendre la compétence environnementale de l'UE. Dans le même ordre d'idées, des instruments de type informatif, qui visent à renforcer les droits des citoyens et l'accès à l'information[23], sont introduits, dans des domaines caractérisés par un degré élevé d'incertitudes scientifiques, comme les OGM, ou par leurs effets sanitaires, comme les risques industriels et majeurs, et le bruit ambiant. À partir de dispositifs encadrant l'obligation d'information (cartographie, étiquetage, zonage, etc.), la Commission européenne centralise progressivement un vaste ensemble de données nécessaires pour assurer la régulation de l'utilisation, la circulation et la mise sur le marché de produits aux effets avérés ou présumés sur la santé. Récemment, les mesures annoncées en matière d'économie circulaire et d'éco-innovation[24] confirment la montée en puissance d'une approche marchande de l'environnement et des ressources naturelles, qui repose sur des instruments de régulation économique et des standards de performance, et intensifie une démarche amorcée de longue date dans le domaine de la gestion des déchets.

Outre le recours à l'innovation instrumentale comme vecteur privilégié d'extension de sa compétence environnementale en interne, l'Union s'est également affirmée comme un acteur majeur des récentes négociations internationales sur l'environnement, la biodiversité et le climat. En l'absence de solution politique à la question de son statut juridique à l'échelle internationale, l'Union dispose d'un statut (observateur, membre) et de capacités d'action (droit de parole, de négociation, de vote) variable selon l'organisation internationale et la thématique concernées. Cet activisme de l'Union s'explique tout d'abord en raison du nombre croissant d'enjeux du domaine de l'environnement faisant l'objet d'un traitement à l'échelle globale, ainsi que par la recherche de nouveaux débouchés dans une perspective de modernisation écologique et de développement de la croissance verte.

Dans le premier cas, les négociations internationales sont l'occasion de promouvoir les standards environnementaux européens (bruit des avions, agriculture), de soutenir la compétitivité des industries européennes à l'échelle internationale (biotechnologies, services urbains) et limiter les coûts d'adaptation futurs (OGM, produits chimiques).

Dans le second cas, les engagements pris à l'échelle internationale justifient l'introduction, à titre expérimental dans un premier temps puis sous un format stabilisé, de modèles économiques et de modes de financement alternatifs y compris dans des domaines – tels que l'efficacité énergétique – où les États s'étaient montrés réticents face à toute tentative d'intervention européenne[25].

• • • L'affirmation de l'UE comme un acteur clé du système international de régulation environnementale repose donc sur l'articulation entre deux objectifs : d'une part, le soutien à la compétitivité des industries européennes ; d'autre part, la promotion d'un degré élevé de protection environnementale. Cette stratégie est source de conflits et de chevauchements avec d'autres régimes internationaux de régulation (commerce, santé)[26]. Elle contribue à l'accroissement de la visibilité de l'Union mais elle constitue aussi un frein à la constitution d'alliances stratégiques avec des États tiers dans le cadre de négociations internationales, et à la ratification par ces États des AME. Tout l'enjeu pour l'UE réside donc dans sa capacité à articuler des stratégies différenciées de défense et de représentation des intérêts environnementaux dans un système de gouvernance à niveaux multiples.

Charlotte Halpern

Bibliographie

Nigel Haigh (ed.), *Manual of environmental policy: The EU and Britain*, Leeds, Maney Publishings, 2004.

Andrew Jordan (ed.), *Environmental policy in the EU : actors, institutions and processes*, 2e éd., Londres, Earthscan, 2005.

Christoph Knill et Duncan Liefferink, *Environmental politics in the European Union*, Manchester, Manchester University Press, 2007.

Raphaël Romi, avec Gaëlle Bossis et Sandrine Rousseaux, *Droit international et européen de l'environnement*, Paris, Montchrestien, 2005.

Albert Weale, Geoffrey Pridham, Michelle Cini, Dimitrios Konstadakopoulos, Martin Porter et Brendan Flynn, *Environmental governance in Europe*, Oxford, Oxford University Press, 2000.

Sites Internet

Agence européenne environnement : http://www.eea.europa.eu/fr

Commission européenne / DG environnement : http://ec.europa.eu/environment/index_fr.htm

Commission européenne / Portail du droit européen : http://eur-lex.europa.eu/fr/index.htm

Ministère de l'écologie, de l'énergie, du développement durable et de l'aménagement du territoire (MEEDDAT) / Rubrique Europe : http://www.ecologie.gouv.fr/-Europe-.html

MEEDDAT / Service d'Observation et Statistiques de l'environnement (ex-Institut français de l'environnement) : http://www.ifen.fr/

OCDE / Direction de l'environnement : http://www.oecd.org/department/0,3355,fr_2649_33713_1_1_1_1_1,00.html

Parlement européen / Commission santé publique, environnement et sécurité alimentaire : http://www.europarl.europa.eu/activities/committees/homeCom.do?language=FR&body=ENVI

Notes

1. Pour des données quantitatives sur la législation européenne depuis 1959, voir la base de données de l'*Institute for European Environmental Policy* – http://www.ieep.eu/ (30/09/2014)

2. Raphaël Romi, avec Thomas Debreuil, Sandrine Rousseaux et Mary Sancy, *Droit international et européen de l'environnement*, Paris, Montchrestien, 2e ed., 2013.

3. Les évolutions des dernières années montrent en effet la différenciation croissante des acteurs, des modes d'action et des priorités affichées. Ceci justifie que l'accent soit mis ici sur la politique environnementale de l'Union européenne. Cet article est une actualisation de C. Halpern, « La politique de l'environnement », in Renaud Dehousse (ss la dir.), *Politiques européennes,* SciencesPo Les Presses, 2009, pp.205-226. Se reporter aussi à la Notice 20 « L'Europe au défi de la transition énergétique » ainsi qu'à Andrew Jordan, Dave Huitema, Harro Van Asselt, Tim Rayner and Frans Berhout, (eds.), *Climate change policy in the EU*, Cambridge, Cambridge University Press, 2010.

4. Albert Weale, Geoffey Pridham, Michelle Cini, Dimitrios Konstadakopoulos, Martin Porter et Brendan Flynn, *Environmental governance in Europe*, Oxford, Oxford University Press, 2000.

5. Pour une approche comparée de l'évolution des partis verts en Europe et des évolutions survenues depuis leur création : Gene E. Frankland, Paul Lucardie and Benoît Rihoux (eds.), *Green parties in transition*, Farnham, Ashgate, 2008.

6. Neil Carter, *The politics of the environment*, Cambridge, Cambridge, University Press, 2nd ed., 2013.

7. Service rattaché à la Direction générale en charge de la politique industrielle (DG III).

8. La Commission peut choisir entre deux bases juridiques pour légitimer la mesure proposée : 1) en tant que règle du marché visant à réduire les barrières non tarifaires (Article 94), 2) en tant que mesure favorisant l'harmonisation des conditions de vie en Europe (Article 308). Sauf indication contraire, la numérotation appliquée dans cette notice est celle introduite par le Traité d'Amsterdam.

9. Directive 70/157/CEE concernant le rapprochement des législations des États membres relatives au niveau sonore admissible et au dispositif d'échappement des véhicules à moteur ; Directive 73/404/CEE concernant le rapprochement des législations des États membres relatives aux détergents.

10. Daniel Kelemen, « Regulatory Federalism: EU Environmental Policy in Comparative Perspective », *Journal of Public Policy*, 20 (2), 2000, pp.133-167.

11. Arrêt 120/78 (20 février 1979) de la CJCE, Rewe-Zentral AG / Bundesmonopolverwaltung für Branntwein.

12. Arrêts 91/79 et 92/79, Commission v. Italy, 1980.

13. Arrêt 302/86, Commission v. Danemark.

14. Arrêts 68-73/81, Commission v. Belgium, 1982.

15. Voir Paul Magnette, *Le régime politique de l'Union européenne*, Paris, Presses de Sciences Po, 2de éd., 2009.

16. Voir l'imposant État de l'environnement en Europe, publié de manière régulière par l'Agence européenne de l'environnement : http://www.eea.europa.eu/fr

17. En 2000, il rassemblait 130 ONG en provenance de 24 pays pour un total de onze millions de membres.

18. Nathalie Berny, « Le lobbying des ONG internationales de l'environnement à Bruxelles », *Revue Française de Science Politique*, 58(1), 2008, pp.97-121.

19. Sur la formation des instances européennes de représentation des intérêts économiques, voir Emiliano Grossman et Sabine Saurugger, *Les groupes d'intérêt*, Paris, Armand Colin, 2005, pp.183-218.

20. Bas Arts, Math Noortmann et Bob Reinalda (eds.), *Non-State Actors in International Relations*, Adlershot, Ashgate, 2001.

21. Les États les plus fréquemment visés par ces recours sont l'Espagne, la France et l'Allemagne.

22. Charlotte Burns, « The European Parliament », *in* Andrew Jordan (ed.), op. cit., pp.87-105.

23. Directive 90/313/CE sur la liberté d'accès à l'information en matière d'environnement, abrogée par la Directive 2003/4/CE du Parlement européen et du Conseil.

24. Voir les Communications de la Commission sur le Plan d'action pour l'éco-innovation (2011) et le Paquet économie circulaire (juillet 2014).

25. Directive européenne relative à l'efficacité énergétique du 4 décembre 2012.

26. Oran R. Young, « Institutional linkages in international society », *Global Governance*, 2 (2) 1996, pp.1-24.

Notice 19

Les politiques de recherche, d'innovation et de développement

Traiter dans ce volume des politiques de recherche, d'innovation et de développement (R&D) ne fait que traduire l'intérêt croissant de l'Union européenne (UE), de ses États membres et des États associés[1] pour une politique concertée de ces matières, largement laissées à la prérogative nationale jusqu'en 2007, année de l'ouverture du 7e programme-cadre de l'UE en matière de R&D. Les montants dépensés dans ce domaine par l'UE n'ont cessé d'augmenter pour représenter maintenant le deuxième poste au budget de l'UE derrière l'agriculture mais devant le soutien aux régions par exemple (v. Notice 8). Cette importance relative (80 milliards d'euros sont budgétisés pour la période 2014-2020) ne représente pourtant qu'une goutte d'eau (environ 1 %) dans les dépenses et investissements en R&D menés par les États membres sachant que cet engagement vise à produire un effet d'entraînement : beaucoup trop d'États sont loin en termes de dépenses d'arriver aux 3 % du PIB national dans ce secteur pourtant crucial en raison de ses retombées en matière de compétitivité et d'emploi.

L'arrivée de la crise en 2010, quand les premières mesures d'austérité sont tombées dans nombre d'États membres, semble avoir entraîné un effet inverse : plusieurs pays dont le budget R&D a parfois été diminué de 25 % (comme c'est le cas en Espagne ou en Italie) se reposent de plus en plus sur les programmes européens de financement de la recherche, alors même que ces derniers ont majoritairement été créés (en vertu du principe de subsidiarité) non pour suppléer mais bien pour compléter ce qui existe au niveau national. *Exit* donc l'effet de levier, en tout cas pour les pays les plus frappés par la crise avec, comme première conséquence, la mise en place d'une Europe à plusieurs vitesses avec : de grands pays moteurs (France, Allemagne, Grande-Bretagne, Pays-Bas, ...), d'autres qui peinent à suivre (Grèce, Espagne, Portugal ou encore l'Italie) tandis qu'un troisième groupe s'efforce de se mettre à niveau (Roumanie, Bulgarie, Hongrie, ...). Ces disparités ne peuvent que poser moult questions dont la première pourrait être : « Les matières scientifiques, de recherche et de développement doivent-elles rester dans le giron national ou être transférées – de manière de plus en plus conséquente – au niveau européen ?

Historique

Les balbutiements de la coopération en matière de recherche

Dès ses débuts, la coopération européenne a montré un vif intérêt pour le développement scientifique, quoique relativement limité dans ses prémices. En effet, la création de la Ceca en 1952, avec l'accent mis sur les deux moteurs de la (re) construction européenne qu'étaient le charbon et l'acier, entrainaît la nécessité d'étudier et d'améliorer ces deux productions phares afin de sauvegarder leur compétitivité face aux mines et à l'industrie sidérurgique de nombreux pays qui avaient (déjà !) l'avantage d'une main-d'œuvre bien meilleure marché que celle des pays membres de la Ceca.

Rapidement, l'idée d'une coopération non seulement économique mais aussi, comme la rêvaient Robert Schuman, Paul-Henri Spaak ou encore Jean Monnet, politique se doubla de l'idée qu'il était essentiel de collaborer dans des secteurs technologiques de pointe, à commencer par le nucléaire. Ceci fut facilité au début des années 1950 par l'apport scientifique des Américains en matière de connaissance de l'atome : les Russes ayant fait exploser leur première bombe atomique en 1949, les États-Unis comprirent alors qu'ils devaient partager leur savoir avec leurs alliés proches, l'ennemi commun ayant comblé son retard dans ces matières. La première explosion d'une bombe à fusion thermonucléaire russe en août 1953 accéléra ce besoin de coopération, qui conduisit à la création du Conseil européen pour la recherche nucléaire (Cern) par une convention signée le 29 septembre 1954 par douze États européens, avec la bénédiction des États-Unis. Le Cern se voulait toutefois une institution visant à l'étude scientifique et pacifique des propriétés de l'atome et, en conséquence, détachée de tout enjeu et intérêt à caractère militaire.

Suite à la création de la Ceca en 1952 et conjointement à celle de la CEE en 1957, l'idée d'une collaboration scientifique, toujours basée sur le nucléaire non pas au niveau intergouvernemental mais bien européen cette fois se fit jour, avec la création de l'Euratom (La Communauté européenne de l'énergie atomique) en 1957. C'est lors de la Conférence pour la relance européenne qui se tint à Messine en 1955 qu'émergera la nécessité d'une union couvrant bien plus que les seuls secteurs du charbon et de l'acier – à commencer par une gestion commune de l'agriculture ainsi que de l'énergie, dont le futur semblait devoir se conjuguer sur le mode atomique. L'Euratom représentait ce troisième axe porteur des espoirs européens.

Cette nouvelle institution bénéficia de larges budgets et travailla surtout à l'élaboration de nouveaux réacteurs nucléaires ; ceux-ci devaient bénéficier aux futurs centrales nucléaires devant assurer l'essentiel de la production électrique des décennies à venir, en attendant les possibilités infinies que ne manqueraient pas d'ouvrir – on y travaille toujours d'ailleurs *via* le projet Iter[2] – la maîtrise des processus de fusion nucléaire au XXIe siècle.

La recherche va dès lors, dans la CEE nouvellement créée, se concentrer sur trois pôles : le charbon et l'acier, l'agriculture et les recherches sur le nucléaire civil.

Les premières synergies

Le défi américain et ses conséquences

Dès le début des années 1960, les Européens se rendirent compte peu à peu du fossé technologique grandissant les séparant des États-Unis : tant les industries que les secteurs de la R&D et, surtout, l'enseignement universitaire et supérieur semblaient archaïques et sclérosés au regard du système américain. L'impression que les États-Unis avaient 20 à 30 ans d'avance sur les Européens était une antienne que tout le monde répétait à l'envi. Un livre surtout viendra, en 1968, synthétiser toutes ces peurs : *Le défi américain* de Jean-Jacques Servan-Schreiber qui connut un succès littéraire sans précédent pour un essai politique. Traduit depuis en quinze langues, cet ouvrage pointait l'avance prise par les États-Unis tant dans la recherche et le développement que dans la gestion de ces activités et la promotion de la recherche privée vue comme source de revenus, à l'opposé d'une tradition européenne où la recherche est essentiellement menée et financée sur fonds publics, à part certains secteurs tels que la pharmaceutique ou la pétrochimie.

L'auteur mettait en avant la nécessité d'une Europe fédéralisée, unie aux niveaux économique mais aussi politique afin de contrer la « guerre sans armes » que les Américains mènent à l'Europe. Cet appel fut entendu pour un renforcement de la collaboration dans des matières jusqu'alors largement délaissées. Les Anglais – pourtant hors-UE alors – firent des propositions dans ce sens. Harold Wilson, alors Premier ministre, proposa une Communauté technologique européenne intégrant la Grande-Bretagne, prémice d'une adhésion totale, qui interviendra d'ailleurs en 1973.

Les premiers programmes de recherche communs

Dès 1965 pourtant, un groupe de travail était créé à la Commission afin d'examiner comment développer les moyens de la CEE dans les matières scientifiques et technologiques. Ce groupe, appelé le groupe Prest (Politique de recherche scientifique et technologique) présentera un rapport le 31 octobre 1967 durant le premier Conseil des ministres chargés des affaires scientifiques. Ce rapport proposera, entre autres, la coordination au niveau européen des politiques dans les matières suivantes, vues comme prioritaires : les transports, l'océanographie, les télécommunications, l'informatique, la météorologie, la lutte contre la pollution et la métallurgie. Malheureusement, le *maelstrom* politique dans lequel la France a plongé la CEE à la fin des années 1960 avec ses vetos répétés contre l'entrée de la Grande-Bretagne, le Danemark, la Norvège et l'Irlande mettra un frein aux ambitions de la CEE dans ces matières et ce, pour plusieurs années.

Néanmoins, lorsque le 1er janvier 1973, ces pays (à l'exception de la Norvège) rejoignirent la CEE, la Commission européenne s'agrandit : la Direction générale XII (Recherche, Science et Education) est alors créée sous la direction de l'Allemand Günter Schuster, tandis que l'Industrie et les Affaires technologiques – la Direction générale III, jusque-là en charge de la Recherche sous la responsabilité de l'Italien Altiero Spinelli – se recentrait uniquement sur la compétitivité industrielle et la lutte contre la pollution.

Un fait important à noter est le désir commun à l'Allemand Ralf Darhendorf (en charge du Centre commun de recherche) et à A. Spinelli de créer, dès le début des années 1970, une Fondation de recherche européenne, l'équivalent de la *National Science Foundation* (NSF) américaine, chargée de promouvoir et de financer la recherche de haut niveau dans toutes les sciences au niveau européen. Voilà ce qu'en dit, en 2004, l'ancien fonctionnaire Philippe Bourdeau[3] dans un entretien mené dans le cadre d'un projet sur l'histoire de l'UE :

« *(...)* Dahrendorf et Spinelli ont sorti en 1970, je crois, une proposition assez audacieuse [...] de créer ce qu'on appelle maintenant – c'est plus simple – l'Espace européen de la recherche. Et, entre autres, d'avoir un volet recherche fondamentale par le biais de cette Fondation européenne de la science en plus des programmes de recherche appliquée qui étaient justifiés pour servir les autres politiques, etc., et la compétitivité, qui est venue s'insérer après. [...] Cette Fondation européenne de la science [...] qui a été créée en 1974, mais pas selon le schéma communautaire, [...] est en fait un consortium d'organismes tels que le FNRS, donc des organismes qui financent la recherche. C'était condamné à l'impuissance automatiquement parce que son budget était alimenté par des cotisations de chacun des *research councils*, qui généralement n'ont pas trop d'argent de toute façon, et qui ne veulent pas en lâcher. Et donc ce truc a végété pendant des tas d'années jusqu'au moment où la Commission est intervenue pour essayer de l'aider ».

Cette fondation – projet miné par les Britanniques selon P. Bourdeau – fut créée le 14 janvier 1974 au Sommet de Paris, rencontre historique pour la construction scientifique européenne puisque quatre résolutions d'ordre scientifique et/ou technologique y furent adoptées. Outre la création de la FSE, une deuxième résolution recommandait la coordination des politiques nationales scientifiques ou technologiques ; la troisième demandait une étude prospective des besoins en ces matières, en prélude à la quatrième résolution, qui appelait la CEE à développer ses *propres* politiques en matière de science et de technologie.

Un contre-exemple : les politiques en informatique des années 1970

Alors que les plus éclairés des membres des hautes sphères de l'administration de la CEE, tels R. Darhendorf, A. Spinelli ou encore Etienne Davignon, étaient de plus en plus conscients de la nécessité de mettre en œuvre – dans toutes les disciplines – des politiques cohérentes communes à tous les États-membres tout en encourageant d'autres à y prendre part, des échecs majeurs – à l'exemple de l'ébauche d'une industrie informatique européenne intégrée au cours des années 1970 – vinrent encore renforcer cette idée.

Différentes nations telles que la France, l'Allemagne, les Pays-Bas ou l'Italie et d'autres encore avaient d'abord essayé de promouvoir leurs propres entreprises avec respectivement CII (la Compagnie internationale informatique qui, dès 1975, sera absorbée par les Américains et deviendra Bull), AEG-Telefunken, Philips ou Olivetti. Certaines tentèrent également de mettre au point, sans grand succès, des synergies entre elles, à l'instar de l'initiative *Unidata* – la création d'un « Airbus de l'informatique » en 1973, *joint-venture* entre Siemens, CII et Philips. Cette dernière fut abandonnée assez rapidement en raison du choix français de promouvoir un accord entre CII, devenu Bull et Honeywell, autre entreprise américaine.

Ces échecs majeurs, dans une industrie considérée comme de pointe, poussèrent la CEE à créer le Plan d'action pour le secteur des technologies de l'information, approuvé en septembre 1979 pour une durée de cinq ans (1979 à 1983). Ils conduisirent également au lancement du programme Esprit, alliant pour la première fois pouvoirs publics européens et entreprises du secteur des technologies de l'information.

Le Programme Esprit

Lancé par une décision du Conseil le 21 décembre 1982, ce programme commença par une phase-pilote d'une année où 16 projets pilotes furent financés, dans un esprit de « pré-compétition », c'est-à-dire que les recherches menées conjointement par des entreprises et des institutions de recherche devaient se situer entre recherche de base et recherche appliquée, de manière à rester à distance de l'exploitation commerciale directe des résultats. C'était la seule manière de faire permettant :

– à des entreprises rivales de travailler de concert sans prendre des risques excessifs en matière de droits de propriété potentiellement générés par les résultats des projets de recherche ;

– à la Commission de laisser collaborer entre elles des entreprises représentant potentiellement la totalité des entreprises du secteur en Europe. En effet, accepter la recherche sur des produits immédiatement commercialisables aurait contrevenu à l'article 85 du traité de la CEE portant sur les monopoles ou les quasi-monopoles.

Dès la fin de la phase pilote, 145 propositions de recherche regroupant plus de six cents firmes et institutions de recherches furent déposées, dont 36 furent financées. Le budget du programme Esprit était impressionnant, soit 750 millions d'Ecu[4] pour la période 1984-1988 et 1 600 millions pour la période suivante (1988-1992). Les projets devaient se trouver dans une des trois aires prioritaires suivantes : la micro-électronique, les applications et les programmes.

Cette deuxième phase consista à rapprocher les projets déposés des demandes émanant du marché et donc à viser plus singulièrement la recherche appliquée sur la base d'une évaluation de la première phase. Un tel recentrage avait de toute manière déjà été constaté, menant *de facto* à une application moins stricte de la notion de « pré-compétition » afin de renforcer la compétitivité européenne dans ces matières vues comme prioritaires.

La troisième phase, partiellement concomitante avec la seconde afin de coller au 3e programme-cadre en R&D, couvrant les années 1990 à 1994 avec un budget de 1 350 millions d'Ecus, ajouta aux deux aires précitées les systèmes et programmes de traitement des données ainsi que la production informatisée et l'ingénierie, tout en remettant à l'honneur la recherche pure.

En parallèle à Esprit, un autre programme de recherche en matière de nouvelles technologies nommé Brite eut un succès retentissant, auprès des PME surtout. Il venait compléter Esprit en explorant d'autres créneaux considérés prioritaires tels que les nouvelles matières nécessaires pour développer la technologie ainsi que la miniaturisation des composants électroniques en général. Ces deux programmes se perpétuèrent dans les années 1990 en s'intégrant au mieux dans l'effort commun de recherche déployé par la CEE, devenue l'Union européenne (UE) en janvier 1993.

Le premier programme-cadre en R&D ... et ses successeurs

On perçoit aisément qu'à l'exception de certains secteurs bien particuliers et au moyen de clauses dérogatoires telle la « pré-compétition », les États membres ne firent que peu d'efforts pour construire une politique commune en matière de recherche. Chaque initiative fut menée en raison d'une crise ou de la perception commune d'un retard considérable dans un secteur donné face aux grands concurrents de la CEE (surtout les États-Unis et le Japon). Tout nouveau programme de recherche ne pouvait être approuvé qu'à l'unanimité du Conseil, ce qui conduisit jusqu'au début des années 1980, à des programmes faiblement coordonnés.

Le changement viendra grâce au commissaire européen Étienne Davignon, en charge des Affaires industrielles et de l'Énergie de 1977 à 1981, portefeuille qui comprenait également la recherche, réduite à sa plus simple expression à cette époque. Avec l'aide du Directeur général

Paolo Fasella, É. Davignon parvint à réunir les programmes de recherche jusque-là épars afin d'en faire les éléments d'un Programme-cadre, visant à la mise en commun des efforts de recherche étalée sur plusieurs années. La démarche reposait sur l'idée d'une part, que la CEE disposait d'un atout majeur sur les États membres (sa taille) et d'autre part, que certaines activités pouvaient gagner en efficacité au niveau européen. Une partie importante du travail de la Commission va consister à identifier lesdites activités. Les critères de sélection, appelés « les critères de Riesenhuber » du nom du ministre allemand de la Recherche ayant supervisé leur élaboration, préfigureront le fameux « principe de subsidiarité », élément central du Traité de Maastricht en 1992 consistant à ne faire au niveau européen que ce qui ne peut pas être accompli au niveau national. É. Davignon réussira le tour de force de rassembler, de systématiser toute une série d'initiatives jusqu'alors isolées et ce, dans l'idée d'éviter les doublons et de concentrer les efforts sur quelques axes et aires prioritaires de la recherche. Le résultat le plus probant de cette stratégie sera l'adoption, en 1983, du premier Programme-cadre pour la Recherche qui définissait un nombre limité d'objectifs (énergie, environnement/pollution et santé) pour la recherche européenne, et mobilisait également des financements conséquents pour les atteindre.

En 1987, l'Acte unique européen, puis le Traité de Maastricht en 1993, reconnurent explicitement la compétence de l'UE dans le domaine de la recherche. Celle-ci avait ainsi pour but de « renforcer les bases scientifiques et technologiques de l'industrie communautaire, et de l'encourager à accroître sa compétitivité au niveau international » (art. 130 f du Traité de Maastricht). Ces programmes se succéderont d'abord de manière quinquennale, puis tous les sept ans à partir de 2007.

Un pas important sera franchi dans la concrétisation de chacun de ces Programmes-cadres en recherche et développement (PCRD) avec la possibilité de voter leur budget non plus de manière totalement consensuelle mais bien, cela dès le Traité d'Amsterdam en 1997, à la majorité qualifiée ce qui devenait de plus en plus indispensable vu l'augmentation drastique du nombre des États membres de l'UE (de 15 en 1997 à 25 en 2004 et à 28 en 2013). Le même Traité permettra l'adoption du PCRD par le Parlement européen, donnant un droit de regard aux parlementaires européens sur un thème vu comme étant de plus en plus stratégique.

Alors que les budgets resteront relativement limités jusqu'au 6e PCRD, celui du 7e PCRD semblera « exploser » tout comme son successeur « Horizon 2020 ». Cette démultiplication budgétaire s'explique par deux éléments moteurs :

– le fait que le Traité de Lisbonne veuille transformer l'UE en l'espace de dix ans en une « société de la connaissance » et que le 7e PCRD couvre les quatre dernières années de cet effort à mener de 2000 à 2010 ;

– la baisse des budgets européens accordés à la Politique agricole commune, jusqu'alors le plus gros budget de l'UE, permettant d'insuffler de nouveaux moyens financiers dans la recherche, tant industrielle qu'universitaire ainsi que dans la mobilité et à la carrière des professionnels de la recherche partout en Europe.

Les 6e, 7e et 8e PCRD se placeront également dans le cadre d'un Espace européen de la recherche qui, de 2002 à 2014 s'efforça de donner un socle commun à toutes les politiques scientifiques de l'UE, collaborations nationales, internationales, européennes confondues. En effet, alors que la concertation des actions semblait se renforcer depuis le début des années 1980, le commissaire à la Recherche scientifique, Philippe Busquin, n'hésitera pourtant pas à écrire, en 2000, que : « On ne peut pas affirmer qu'il existe aujourd'hui une politique européenne en matière de recherche. Les politiques de recherche nationales et la politique européenne se juxtaposent sans former un tout cohérent ». (Communication de la Commission, *Vers un Espace européen de la recherche,* COM (2000). Dans cette optique, l'ambition de la Commission était d'unifier les politiques de recherche en un tout homogène et ce afin de répondre aux défis que propose aux Européens un monde qu'on appelle alors de plus en plus « globalisé ».

Les huit programmes-cadres de l'UE de 1984 à 2020

Programme-cadre	Période	Budget en milliards €
Premier	1984- 1988	3,75
Deuxième	1987- 1991	5,396
Troisième	1990- 1994	6,6
Quatrième	1994- 1998	13,215
Cinquième	1998- 2002	14,96
Sixième	2002- 2006	17,883
Septième	2007- 2013	50,521 sur 7 ans + 2.7 pour Euratom sur 5 ans[3]
Horizon 2020 (Huitième)	2014- 2020	80

Source : http://eu.wikipedia.org/wiki/Framework_Programmes_for_Research_and_Technological_Development#cite_note_pp7-3

À partir du 7e PCRD, les politiques en matière de recherche vont faire figure de pionnières dans l'application du principe de subsidiarité, en permettant à l'Union non seulement d'agir au niveau européen, mais aussi d'entrer dans le giron des politiques nationales, par le biais du Conseil européen de la recherche.

Coupler science et compétitivité : l'Espace européen de la recherche (ERR)

« L'EER se compose des systèmes de recherche nationaux des 27 États membres, financés par les recettes fiscales nationales. Ces systèmes continueront d'être distincts pour autant que cela soit profitable à l'UE et aux États membres et que l'Europe puisse tirer parti de sa diversité scientifique, culturelle et géographique. Il est vital que les États membres et les régions développent leurs propres systèmes de recherche, en s'appuyant sur leurs points forts, tout en tendant vers une spécialisation réfléchie. Toutefois, pour pouvoir mettre en place un EER compétitif sur le plan mondial qui permette à l'Europe de jouer un rôle de premier plan dans la résolution des grands enjeux et auquel tous les États membres participeraient, les systèmes nationaux doivent s'ouvrir davantage les uns aux autres et au monde, c'est-à-dire être davantage interconnectés et interopérables ». (Communication de la Commission – COM(2012) 392 – 17 juillet 1012).

Les programmes-cadres en recherche et développement de l'UE se succèdent et explorent des domaines scientifiques toujours plus vastes tout en favorisant les réseaux, les coopérations et les consortiums de recherche mais l'effort conjugué des programmes et de leurs différentes parties, malgré leur plus-value manifeste en termes de synergies, ne comptent, en 1999, que pour 5,4 % de toutes les dépenses de l'Union européenne. Le commissaire P. Busquin va alors sortir de ses cartons une « vieille » suggestion déjà soulevée en 1973 par R. Dahrendorf dans le Programme de travail dans le domaine de la recherche, de la science et de l'éducation » (présenté à la Commission le 23 mai 1973) : l'EER.

Son ancêtre, le programme de travail de 1973 contenait en germe tout ce qui fera l'intérêt et le succès de l'EER, c'est-à-dire :
– dépasser les frontières nationales en matière de recherche pour que coopération rime avec compétition de manière non plus divergente mais convergente ;
– faciliter la mobilité des chercheurs en Europe ;
– stimuler la coopération européenne par des actions et des projets concertés ;
– favoriser les laboratoires et/ou centres de recherche de haut-niveau pour qu'ils se développent dans des matières précises et ce à un niveau européen ;

– coordonner des grands projets de long-terme ainsi que la mise en commun de gros et coûteux instruments de recherche.

Ce sont quasiment, mot pour mot, les objectifs visés par l'EER lors du lancement par le Conseil européen du Traité de Lisbonne en 2000.

L'idée avait été par la suite remisée dans les tiroirs de la Commission jusqu'en 1994 où elle sera reprise et proposée par le commissaire Antonio Ruberti en charge de la Politique européenne de recherche dans une communication de la Commission d'octobre 1994 : «Recherche et développement technologique – Parvenir à la coopération par la coordination». Cette dernière passera toutefois relativement inaperçue.

Pourquoi la tentative de P. Busquin a-t-elle réussi là où d'autres avaient marqué le pas ?

Le 7e PCRD et le Conseil européen de la recherche (CER/ERC) : un changement de dimension

L'accueil favorable réservé au concept de l'EER est dû à une série de facteurs. Tout d'abord, ce concept a été vu comme un moyen de coordonner les politiques nationales de recherche tout en laissant un pouvoir d'initiative aux États membres. Ensuite, la Stratégie de Lisbonne faisait la part belle à « plus d'Europe » en vue de créer une « Société de la connaissance » mais « à la carte », grâce à la mise en œuvre de la Méthode ouverte de coordination (Moc)[5], où toute latitude est laissée aux États d'interpréter et d'intégrer au mieux selon le calendrier et la façon qu'il leur semble la plus appropriée les recommandations et programmes en provenance de l'UE. Enfin, une certaine méfiance s'était installée à l'égard de la communauté scientifique, sur la façon souvent considérée comme trop bureaucratique, dont l'UE avait géré ses programmes de recherche.

Outre ces raisons majeures, l'objectif défini à Lisbonne en 2000 pour 2010 était d'atteindre 3 % du PIB en dépenses de R&D au lieu de 1,8 % (moyenne dans l'UE-15). Pour atteindre ces objectifs, sept priorités ont été définies dans le 6e PCRD et deux supplémentaires dans le 7e. En sus, des pôles d'excellence européens devaient voir le jour *via* la collaboration entre laboratoires, dans la foulée du 6e PCRD. La Commission entendait lancer des initiatives technologiques européennes fondées sur l'article 171 du Traité (entreprise commune), ou encore solidifier la coordination des programmes nationaux de recherche (actions Era-Net). Enfin, l'idée d'une Agence semblable à la NSF américaine apparaît sur la feuille de route du 7e PCRD dès 2002 : le Conseil européen de la recherche (CER) quoique mieux connu sous son appellation en langue anglaise, l'ERC (*European Research Council*)

L'idée n'est pas neuve : comme on l'a vu, c'était l'idée d'un Altiero Spinelli lorsqu'il proposait la création d'une Fondation européenne de la science en 1973. De fait, malgré les avantages nombreux qu'offraient – et offrent encore – la majeure partie des composants des PCRD, leur *modus operandi* – basé sur le principe de subsidiarité, le besoin de promouvoir les coopérations, les synergies entre laboratoires et des aires de recherche prioritaires – était souvent perçu comme frustrant voire limitatif pour une bonne partie de la communauté scientifique de l'UE : l'obligation de ne fonctionner qu'en « consortium de recherche » (par exemple, un projet devait se composer d'au minimum cinq équipes partenaires issues de quatre pays différents) et dans des champs de recherche qui ne convenaient pas à tous provoquait l'ire de nombreux chercheurs. Pour un grand nombre de disciplines scientifiques menant la majeure partie de leurs recherches *via* des projets n'impliquant qu'une seule équipe de recherche, le fait de devoir participer obligatoirement à un consortium menait parfois à des constructions de projets « tarabiscotées », où il était parfois difficile de trouver le fil rouge reliant le travail mené par différentes équipes dans différents pays.

L'ERC a donc été fondé comme un programme à part entière – le programme « Idées » du 7e PCRD, comptant pour 15 % de son budget total (7,5 milliards sur un total de 50 milliards). Il comporte des éléments totalement nouveaux dans le soutien de l'UE à la recherche.

• L'ERC fait fi des anciens clivages entre recherche « pure » et recherche « appliquée » : il vise à promouvoir la *Frontier Research*, la recherche explorant de nouvelles frontières, partant de l'idée qu'une application peut aussi bien mener à une découverte en recherche pure que le contraire. Pour ce faire, il est primordial de laisser au chercheur la pleine initiative en matière du choix du projet, ce que l'on appelle la *bottom-up approach* : on n'impose pas du haut vers le bas comme c'est le cas dans l'établissement des aires prioritaires de recherche mais on laisse plutôt libre cours à la créativité du chercheur.

• L'ERC couvre tous les champs des sciences avec trois grands domaines :

– LS (*Life Sciences* – sciences de la vie)
– PE (*Physics and Engineering* – physique et ingénierie) et
– SH (*Social Sciences and Humanities* – sciences sociales et humanités).

Ces trois grands domaines sont scindés en 25 panels d'évaluation.

• Un autre point majeur, qui renforce l'originalité de l'agence, tient à sa direction duale, composée d'un Conseil comprenant 22 scientifiques de haut-vol pour tout ce qui relève de ses choix stratégiques et d'un management provenant de la DG Recherche pour la mise en œuvre desdits choix.

• On peut également noter que les officiers scientifiques responsables de la coordination des évaluations ont, pour la plupart, des post-doctorats et/ou ont été professeurs d'universités ; il en découle l'impression, pour les évaluateurs participants aux panels de sélection, que l'ERC « est dirigée par des scientifiques qui comprennent les aléas et contraintes de la recherche et œuvrent sans cesse afin d'adapter leurs procédures en vue de simplifier la tâche aux candidats »[6].

• Enfin, la majorité des appels à propositions de l'ERC ne concernent qu'un chercheur principal, promoteur du projet et libre de composer son équipe de recherche comme il le juge bon. Il faut enfin ajouter que, comparé aux centaines de pages que requièrent les projets de type « consortium », un projet ERC quoique pouvant proposer jusqu'à 3,5 millions d'euros pour un projet de cinq années maximum (avec un financement à 100 %) – consiste en un document d'une douzaine de pages, un CV de deux pages et quelques pages consacrées au budget, au calendrier et à un synopsis de la recherche, c'est-à-dire moins de trente pages au total.

Ajoutés à d'autres dispositifs européens, comme les bourses Marie Curie, les crédits de l'ERC peuvent permettre de financer un chercheur tout au long de sa carrière, avec des montants non négligeables. L'ensemble de ces instruments peuvent aussi aider à convaincre les chercheurs les plus brillants de ne pas aller chercher à l'extérieur de l'UE de meilleures conditions de travail. Les financements ERC contribuent par ailleurs à irriguer la recherche en faisant venir dans l'UE, le temps d'un projet, des chercheurs en provenance du monde entier puisqu'ils sont ouverts à tous, sans aucune distinction de nationalité ou d'âge.

Financement de la carrière du chercheur par l'UE depuis 2007 dans le cadre du 7e PCRD

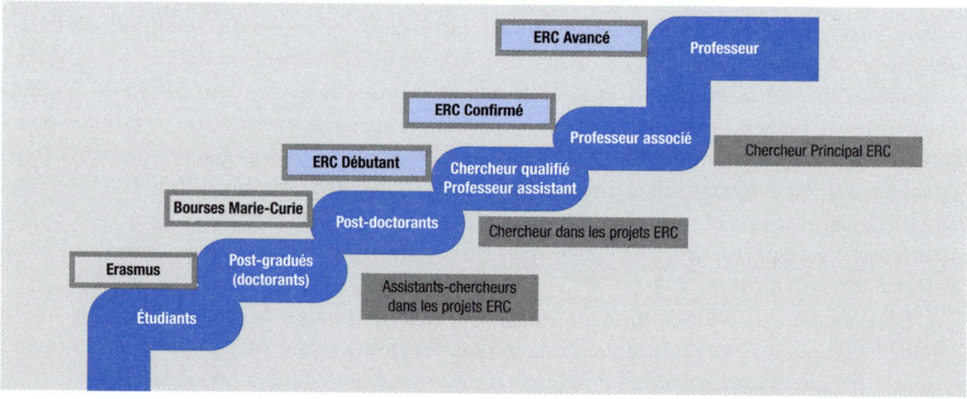

Longtemps espérée[7], une telle institution a rencontré un succès considérable dès son premier appel à propositions en 2007. Fraîchement créée, et alors qu'elle ne disposait pas encore de locaux propres, l'ERC fut confrontée à une avalanche de propositions (9000 au lieu des 3000 attendues). Outre le fait que ni le personnel (quasi inexistant à l'époque), ni les locaux n'étaient prêts pour un tel raz-de-marée, le budget de l'ERC ne devait augmenter que graduellement d'année en année au cours du 7e PCRD (2007-2013). Le budget disponible, pour cette première année de fonctionnement, n'était que de 300 millions d'euros; en conséquence, le nombre de projets finançables par rapport au nombre de propositions reçues fut relativement modeste, avec un taux de réussite de 3,4 %, valant à l'ERC d'être surnommée l'*European Research Casino.*

Depuis, l'ERC a reçu plus de 40000 propositions et financé plus de 4000 projets, avec un taux de succès d'environ 12 %, mais loin des 3,4 % du premier appel !

Fort de son succès, le dispositif a été reconduit dans le 8e PCRD, appelé « Horizon 2020 », où il compte pour 17 % du budget total. Beaucoup d'observateurs espèrent d'ailleurs que l'ERC va peu à peu prendre s'autonomiser des PCRD et ne plus dépendre de programmes refondus tous les sept ans pour s'inscrire durablement dans une UE que sa création a transformée de façon pérenne.

L'ERC constitue de fait une entorse au sacro-saint principe de subsidiarité. Contrairement aux autres programmes qui ne fonctionnent qu'en raison du fait qu'ils ne sont pas imaginables à l'échelle d'un seul pays, l'ERC propose des bourses de recherche à des équipes de chercheurs à l'instar de toutes les agences nationales de financement de la recherche. Ce faisant, l'Europe de la recherche se montre une nouvelle fois pionnière : c'est grâce à elle que s'est élaboré le principe de subsidiarité et c'est aussi grâce à elle que l'UE s'affranchit de ce qui apparaît, dans certaines matières, comme un carcan de plus en plus obsolète.

Manifestement, le rôle de l'UE devient de plus en plus crucial pour la recherche européenne ne serait-ce qu'en raison des coupes claires que certains pays durement frappés par la crise, ont dû faire subir à leur budget R&D : l'Espagne, la Grèce, l'Italie et, depuis peu, le Portugal – son évaluation peu transparente de ses centres de recherche risquant, à terme, de priver ces derniers de la moitié de son financement public – dépendent de plus en plus des fonds européens pour pérenniser leurs laboratoires et leurs équipes de recherche.

Horizon 2020 : mettre la science au plus près des objectifs économiques

Pour le nouvel axe décennal 2011-2020, intitulé « Europe 2020 », qui a pour ambition d'encourager l'innovation dans tous les secteurs, le programme cadre s'est doté d'un nom « Horizon 2020 » montrant la synergie entre l'axe décennal majeur de la Commission et le programme scientifique censé en montrer le chemin. Le couplage de ces deux programmes est destiné à faciliter la réalisation des cinq grands objectifs d'Europe 2020, repris dans le tableau ci-dessous :

Objectifs Europe 2020

Taux d'emploi (en %)	R&D (en % du PIB)	Objectifs de réductions des émissions de CO_2	Énergies renouvelables (en %)	Efficacité énergétique : réduction de la consommation énergétique (en Mtep)	Déscolarisation précoce (en %)	Enseignement supérieur (en %)	Réduction de la population menacée de pauvreté ou d'exclusion sociale (en nombre)
75 %	3 %	- 20 % (par rapport au niveau de 1990)	20 %	20 % d'accroissement de l'efficacité énergétique équivalant à 368 Mtep	10 %	40 %	20 000 000
73,70-74 %	2,65-2,72 %	- 20 % (par rapport au niveau de 1990)	20 %	206,9 Mtep	10,30-10,50 %	37,50-38 %	*Impossible à calculer du fait des méthodologies nationales différentes*

Objectif principal de l'UE — Prévisions de l'UE (additions des objectifs nationaux)

Source : http://ec.europa.eu/europe2020/pdf/targets_fr.pdf

Le défi le plus important consiste pour l'UE et ses États membres à parvenir à dégager près de 3 % de leur PIB en investissements/dépenses en R&D alors même que la tendance actuelle est plutôt à la baisse au profit d'autres budgets considérés comme plus importants à court terme. L'UE a octroyé près de 9 % de son budget 2014-2020 au 8e PCRD mais cet effort est loin de compenser les budgets d'austérité mis en place dans nombre d'États membres[8]. La ventilation du budget Horizon 2020 ci-dessous indique la variété des actions et programmes repris dans ce cadre mais ceux-ci ne représentent que 5 à 6 % du montant des dépensens des États pour la R&D.

Rubriques et répartition du budget du 8e PCRD « Horizon 2020 »

	millions d'euros (prix courants)
1. Excellence scientifique :	24 441,1
- Conseil européen de la recherche (CER-ERC)	13 094,8
- Technologies futures et émergentes (FET)	2 696,3
- Actions Marie Skłodowska-Curie	6 192
- Infrastructures de recherche	2 488
2. Primauté industrielle :	17 015,5
- Primauté dans le domaine des technologies génériques et industrielles	13 557
- Accès au financement à risque	2 842,3
- Innovation dans les PME	616,2
3. Défis de société :	29 679
- Santé, évolution démographique et bien-être	7 471,8
- Sécurité alimentaire, agriculture et sylviculture durables, recherche marine, maritime, domaine des eaux intérieures et bioéconomie	3 851,4
- Énergies sûres, propres et efficaces	5 931,2
- Transports intelligents, verts et intégrés	6 339,4
- Action pour le climat, environnement, utilisation efficace des ressources et matières premières	3 081,1
- L'Europe dans un monde en évolution - Sociétés ouvertes à tous, innovantes et capables de réflexion	1 309,5
- Sociétés sûres - Protéger la liberté et la sécurité de l'Europe et de ses citoyens	1 694,6
4. Propager l'excellence et élargir la participation	816,5
5. La science avec et pour la société	462,2
6. Actions directes non nucléaires du centre commun de recherche (CCR)	1 902,6
7. Institut européen d'innovation et de technologie (EIT)	2 711,4
Total	**80 milliards d'euros**

• • • Présenter les politiques européennes de recherche revient à mettre en avant un processus complexe caractérisé par quelques idées-phares qui, inspirées par différents acteurs ou fonctionnaires européens, ont guidé l'action de l'UE dans ce domaine.

La première de ces idées est sans nul doute celle d'une concurrence qui oppose tout à la fois l'Europe, les États-Unis, le Japon, la Chine, bientôt le monde entier, couplée à la nécessité d'agir afin d'assurer, sinon la prédominance, du moins le maintien des pays membres de l'UE dans le groupe de tête des nations qui innovent, capables d'être les plus compétitives au sein d'un marché toujours plus volatile, incertain et mondialisé. Un grand nombre des initiatives les plus réussies en matière de R&D l'ont été en raison de la crainte d'être reléguée face à d'autres nations plus entreprenantes.

Du côté des instruments mis en oeuvre, les idées maîtresses n'ont guère évolué depuis le début des années 1970 : l'espace européen de la recherche ou le Conseil européen de la recherche ne sont pas des idées neuves du XXIe siècle mais bien des rêves vieux de plus de quarante ans.

Enfin, l'action européenne en matière de R&D fait évoluer l'UE. Une partie grandissante du budget de la Commission est dévolue à ces matières. Le succès rencontré par l'ERC conjugué au fait que par ses interventions, l'UE se distancie d'une application stricte du principe de subsidiarité – par ailleurs bien malmené par les élargissements successifs de ces dernières années et l'affaiblissement des sentiments europhiles des citoyens de l'UE-28 (v. Notice 7) – font miroiter la possibilité pour certaines institutions de l'UE d'intervenir sur un pied d'égalité avec des institutions nationales de même ordre, suscitant l'espoir d'accroître l'intérêt de l'opinion publique pour des institutions qui, au niveau européen, répondraient effectivement à leurs besoins. La stratégie « Horizon 2020 » flanquée de son vaisseau amiral, l'ERC, serait ainsi de plus en plus amenée à faire non seulement ce que les pays membres ne font pas, mais aussi à pallier les défaillances de ces derniers.

Dans cette perspective, on peut penser que l'EER devrait se composer, au fil des prochaines décennies, en sus des institutions nationales, d'autres institutions européennes de cette nature, mais dédiées à d'autres catégories d'acteurs, voire à d'autres types de projets afin de promouvoir la « société de l'innovation et de la connaissance » devant permettre à l'UE de répondre au mieux aux crises comme aux nombreux aléas que le XXIe siècle ne manque et ne manquera pas de lui causer.

Latife Akyüz

Bibliographie

Michel André, L'espace européen de la recherche : histoire d'une idée, *Revue d'histoire de l'intégration européenne*, Vol. 12, n° 2, 2006, pp.131-150.

Collectif, "A research council for Europe?", *Nature,* 378, 321 (23 novembre 1995) doi:10.1038/378321a0.

Commission européenne, Règlement (UE) n° 1291/2013 du Parlement européen et du Conseil du 11 décembre 2013 portant établissement du programme-cadre pour la recherche et l'innovation « Horizon 2020 » (2014-2020) et abrogeant la décision n° 1982/2006/CE, Journal officiel de l'Union européenne in http://eur-lex.europa.eu/legal-content/FR/TXT/HTML/?uri=CELEX:32013R1291&from=EN

Commission européenne, *Europe 2020 Flagship Initiative Innovation Union*, Communication from the Commission, COM(2010) 546 final.

Commission européenne, *Un partenariat renforcé pour l'excellence et la croissance dans l'Espace européen de la recherche*, Communication de la Commission, COM(2012) 392 final.

Commission européenne, *Vers un espace européen de la recherche*, Communication de la Commission, COM (2000) 6 final.

ConsHist.com, Histoire interne de la Commission européenne 1958-1973 – Entretien avec Philippe BOURDEAU (05.03.2004) in http://apps.eui.eu/HAEU/OralHistory/pdf/INT750.pdf (p40)

Luca Guzzetti, *A brief history of European Union*, Research Policy, European Commission, Brussels, Coll. Studies, 1995.

Pierre Papon, L'Europe de la Recherche : une réponse aux défis de l'avenir, *Revue d'histoire de l'intégration européenne,* Vol. 12, n° 2, 2006, pp.11-26.

Notes

1. Albanie, Bosnie-Herzégovine, Îles Feroe, Ancienne république yougoslave de Macédoine, Islande, Israël, Moldavie, Monténégro, Norvège, Serbie, Suisse (qui n'a plus été considérée comme « associée » pendant la première moitié de l'année 2014 mais qui devrait retrouver ce statut sous peu), Turquie.

2. ITER (*International Thermonuclear Experimental Reactor* ou en français : « réacteur thermonucléaire expérimental international ») est un projet visant à permettre l'usage de la fusion nucléaire à l'horizon 2050, une collaboration internationale entre l'UE (+la Suisse), les États-Unis, la Russie, la Chine, l'Inde, le Japon et la Corée du Sud. Il est formellement né lors d'une Conférence à Genève en novembre 1985 suite à une proposition de coopération internationale faite par Mikhaïl Gorbatchev à différents chefs d'État.

3. De 1962 à 1971, il est directeur du laboratoire de radiobiologie au Centre commun de recherche Euratom à Ispra, en Italie. En 1971, il est promu chef de division puis directeur à la direction générale de la Recherche où il est chargé des programmes de recherche pour l'environnement, l'énergie non-nucléaire.

4. L'Écu (*European Currency Unit*) dont la valeur fut considérée équivalente à celle de l'Euro dès l'apparition de ce dernier en 1999.

5. qui eût été mieux traduite par « méthode de coordination ouverte ».

6. Cf. http://en.wikipedia.org/wiki/European_Research_Council

7. Par exemple, la revue scientifique *Nature* du 23 novembre 1995 dans sa rubrique Opinions intitulée « A research council for Europe ? » constatait sans détour : « Tout le monde est désireux d'aider à mettre au point la politique de recherche européenne. Le point de départ serait de dire que le financement épisodique (au moyen de programmes-cadres) est une mauvaise idée. Ce qui est nécessaire, c'est un véritable Conseil européen de la recherche ».

8. Bien conscient de cet état de fait, le président de l'ERC, Jean-Pierre Bourguignon, a déclaré début octobre 2014 – eu égard au fait que l'austérité dans les pays-membres a été quelque peu atténuée par l'augmentation des dépenses au niveau de l'UE – que cela se traduisait (à l'ERC) « "par un apport financier substantiellement accru pour les projets de recherche ambitieux, dont le contenu est décidé exclusivement par les chercheurs eux-mêmes ». Dans le même temps, il admettait toutefois « qu'il est néanmoins vrai que certaines des mesures d'austérité prises dans plusieurs pays ont sévèrement affecté le secteur de la recherche » (« European scientists ask Governments to boost basic research » in http://news.sciencemag.org/europe/2014/10/european-scientists-ask-governments-boost-basic-research)

Notice 20

L'Europe au défi de la transition énergétique

Les pays européens ont placé l'énergie en tête de leurs priorités dès les débuts de la construction de l'Union. Dans ce prolongement, l'Union européenne (UE) a même eu pour objectif, depuis la fin des années 2000, de prendre le *leadership* de la transition énergétique mondiale en réduisant drastiquement son recours aux hydrocarbures et ses émissions de gaz à effet de serre en quelques décennies. Cette vision place l'Europe en position pionnière, première grande zone du monde à avoir érigé la réforme de son modèle énergétique, rendue indispensable par les menaces du changement climatique, au rang de priorité politique. Mais cette vision est mise en œuvre dans un environnement plus hostile qu'anticipé : parce que la crise économique a drastiquement réduit les marges de manœuvre dédiées au financement de la transition, parce que la géopolitique de l'énergie a encore gagné en complexité (entre printemps arabes, tensions moyen-orientales, conflits à l'Est de l'Europe, ...) et parce que la révolution des hydrocarbures non conventionnels bouscule la compétitivité des nations et redynamise le concurrent américain (riche en gaz et en pétrole de schiste).

Retour aux origines de l'Europe de l'énergie

L'Europe s'est historiquement structurée autour de la coopération en matière énergétique *via* les traités instituant la Communauté européenne du charbon et de l'acier (Ceca)[1] en 1951, puis la Communauté européenne de l'énergie atomique *(CEEA)*[2] en 1957, dans le grand élan de la reconstruction, puis du décollage économique des décennies d'après-guerre.

Pourtant, le développement de ces espaces de coopération n'a pas conduit à dissoudre le pouvoir de chaque État membre qui restera largement maître pour définir sa politique énergétique : au-delà de ces premier textes, il a fallu attendre la signature du Traité de Maastricht, en 1992, pour que la Communauté européenne soit dotée de réelles compétences la rendant apte à prendre « des mesures dans les domaines de l'énergie » et à contribuer au développement « de réseaux transeuropéens de transport, de télécommunication et d'énergie ». Ce traité dispose en particulier que « dans le cadre d'un système de marchés ouverts et concurrentiels, l'action de la Communauté vise à favoriser l'interconnexion et l'interopérabilité des réseaux nationaux ainsi que l'accès à ces réseaux ». Il est alors établi que la réalisation d'un grand marché énergétique permettrait un gain de croissance, ainsi qu'un renforcement de la solidarité et de la sécurité d'approvisionnement[3].

En 2008, cette Europe de l'énergie progresse encore : sont fixés des objectifs ambitieux de transition énergétique pour réduire le recours aux énergies fossiles, au travers de l'adoption de la stratégie dite du « 3 fois 20 », paquet de mesures combinant la réduction de 20 % des émissions de gaz à effet de serre, l'accroissement de 20 % de l'efficacité énergétique et le passage à 20 % d'énergies renouvelables dans les consommations finales[4], le tout à l'horizon 2020 (avec pour année de référence, 1990).

Un glissement progressif a ainsi été opéré : à partir de coopérations initiales sur des sujets critiques (charbon, nucléaire), l'énergie est érigée en sujet d'intérêt commun pour l'Europe. Mais la démarche n'est pas exempte de zones d'ombre, puisque chaque État décline selon ses propres options, les objectifs définis en commun, notamment pour ce qui est du recul des émissions de CO_2, de sorte que la souveraineté énergétique reste en fait la règle. Si cette forme de subsidiarité se justifie (les ressources locales sont hétérogènes), rien n'indique que l'addition de 28 politiques énergétiques aboutisse, *in fine*, à une excellence européenne dans ce domaine.

État des lieux du bouquet énergétique européen

Même si les débats publics se cristallisent souvent autour des énergies renouvelables ou du nucléaire, le pétrole, le gaz et le charbon sont de longue date les « ingrédients » dominants de l'Europe énergétique : les fossiles pèsent pour 75 % dans le bouquet européen et sont importées pour plus de la moitié, cela pour un coût annuel supérieur à 300 milliards d'euros. Concernant le pétrole, les taux de dépendance des États membres sont généralement supérieurs à 90 %, mais les caractéristiques du marché pétrolier permettent une diversification des sources d'approvisionnement (les cargos pétroliers voyageant au gré des commandes). Dans le secteur du gaz, le niveau général de dépendance de l'Europe n'est « que » de deux tiers en moyenne, mais il est paradoxalement plus préoccupant que pour le pétrole : une part importante des livraisons vers l'Europe est opérée par gazoducs, de sorte que fournisseur et client sont interdépendants, liés par ces « tuyaux » de plusieurs milliers de kilomètres de long (et, souventn de surcroît, par des contrats de long terme). Dans ce contexte, certains pays à l'Est de l'Europe dépendent ainsi à 100 % du gaz russe, ce qui n'est pas le cas pour ceux de l'Ouest (17 % pour la France), alors que d'autres comme les Pays-Bas disposent de ressources et sont même exportateurs pour encore quelque temps. Compte tenu de l'importance du gaz dans les décennies à venir (le méthane étant l'hydrocarbure le moins polluant), la dépendance européenne dans ce domaine est un sujet politique de premier ordre, comme le rappelle chaque crise russo-ukrainienne (2006, 2009, 2014).

Consommation d'énergie primaire en Europe

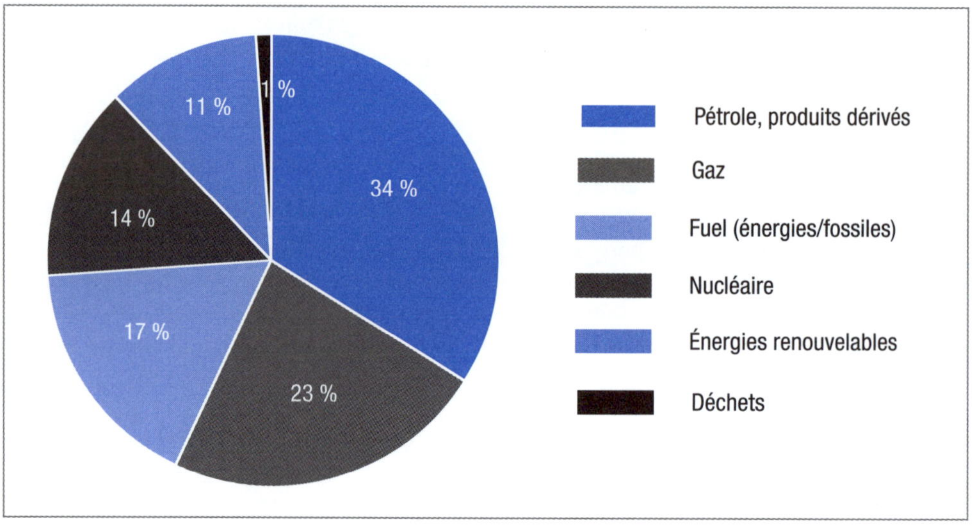

Source : Eurostat 2014.

Derrière les hydrocarbures, le nucléaire est la quatrième source d'énergie utilisée en Europe, là aussi de manière très hétérogène. *Leader* européen, la France compte 58 réacteurs, qui fournissent 75 % de l'électricité du pays. Elle est suivie de près par la Suède (37 %, dix centrales). Dans les autres pays dotés de centrales nucléaires, le niveau de couverture des besoins par la production nucléaire oscille entre 9 % (Royaume-Uni) et 22 % (République tchèque, Allemagne et Espagne). Enfin, la contribution des énergies renouvelables a déjà doublé depuis la fin des années

1990 et devrait couvrir plus de 20 % de la consommation énergétique européenne en 2020 (voir *infra*). Cette accélération du développement des énergies renouvelables n'est pas sans poser problème (outre les besoins de financement) :

- Historiquement, le potentiel d'hydroélectricité avait été largement exploité. Cette filière est précieuse pour concourir à l'équilibre des systèmes car elle sert de système de stockage et délivre de l'électricité sur « commande ».
- Cela n'est pas le cas de l'électricité d'origine solaire ou éolienne, qui présente un caractère intermittent. Développer ces moyens de production suppose donc de gérer des systèmes plus « capricieux », au gré du soleil et du vent.

Ce rapide panorama conduit à deux observations. Soixante ans après les prémices de la coopération énergétique en Europe, l'hétérogénéité prédomine dans les bilans nationaux. Cette caractéristique est assez naturelle car la disponibilité des ressources locales (charbon, gaz, vent, soleil, ...) détermine largement les orientations politiques. Elle résulte aussi du fait que, même si Bruxelles définit de grands objectifs communs, chaque État les décline à sa manière dans sa politique nationale. C'est cette liberté d'action qui a permis à l'Allemagne de décider, sans réelle concertation avec ses voisins, de sortir du nucléaire quelques mois après le drame de Fukushima et de développer plus rapidement sa capacité de production à base de renouvelables, dans le cadre d'une stratégie de transition accélérée qualifiée d'*Energiewende*. Comme les espaces énergétiques nationaux sont interconnectés (c'est-à-dire reliés par des réseaux de transport d'électricité et de gaz), de telles décisions ont pourtant un impact sur les pays voisins dont les systèmes nationaux peuvent se retrouver perturbés. Les voisins de l'Allemagne voient ainsi « surgir », en fonction de la présence du soleil et/ou du vent, une électricité qui passe par les interconnections et qu'ils doivent prendre en compte pour gérer l'équilibre (technique et économique) de leur propre système.

Progression de la dépendance en importations de gaz et de pétrole

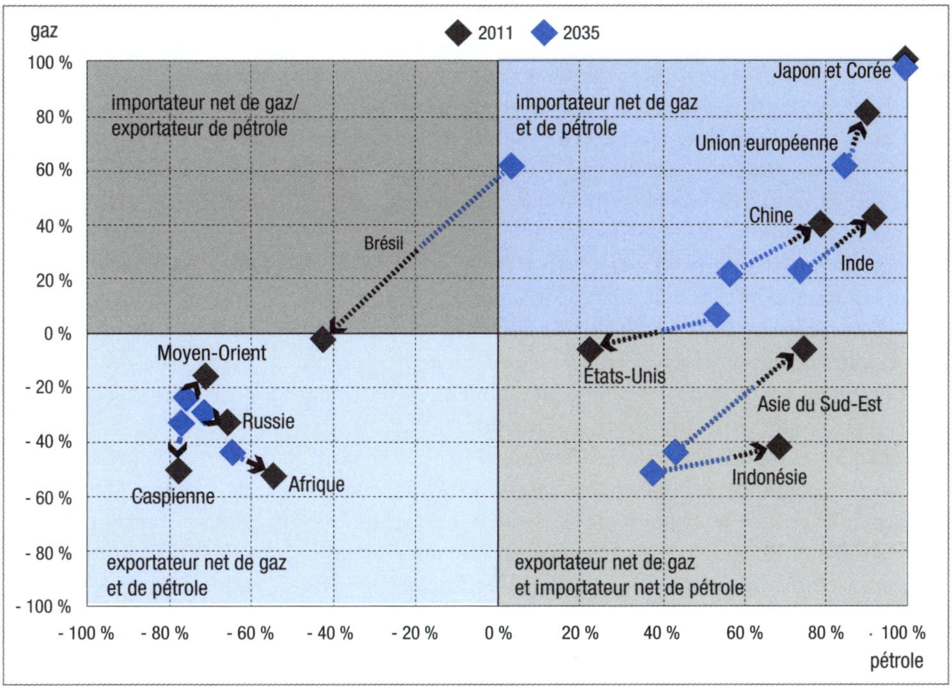

Source : International Energy Agency, World Energy Outlook, 2013.

Les Européens sont engagés dans une « course contre la montre », anticipant une inexorable montée de leur dépendance en importations de pétrole et de gaz. Comme indiqué dans le graphique, dans deux décennies, la quasi-totalité du pétrole et près de 90 % du gaz devront être importés. Dans le même temps, les États-Unis gagneront en autonomie en exploitant leurs ressources en hydrocarbures non conventionnels, gaz et pétrole de schiste. L'ensemble du paysage géopolitique sera bouleversé par cette donne énergétique nouvelle, probablement peu favorable à une Union Européenne (UE) ainsi placée sous la contrainte de réduire drastiquement ses consommations d'énergies fossiles pour échapper aux dangers qui s'annoncent pour elle dans cet environnement[5].

Une politique de transition énergétique très ambitieuse...

Les ambitions de transition énergétique définies par les Européens en 2008 répondent donc à des objectifs multiples :

- Développer des modèles de société sobres en « carbone » pour les rendre compatibles avec les impératifs de lutte contre le changement climatique.
- Réduire la dépendance en importations d'hydrocarbures afin de parer la montée des menaces associées (tensions géopolitiques sur les approvisionnements, risques économiques de chocs sur les prix, ...)
- Dynamiser l'économie européenne autour des industries de la transition (filière de production d'électricité ou de chaleur renouvelables, transports individuels ou collectifs décarbonés, bâtiments efficaces en énergie, réseaux électriques intelligents, ...).

Pour comprendre la portée réelle des défis à relever, il importe de préciser que, au-delà de la première étape du « 3 fois 20 pour 2020 », la politique européenne devrait conduire à diminuer les émissions de gaz à effet de serre de 80 % au moins à l'horizon 2050 (objectif dit de « Facteur 4 »), ce qui constitue une véritable révolution. Le graphique indique que les transformations dans le secteur électrique seront drastiques puisqu'en 2050, la production ne devra pratiquement plus émettre de gaz à effet de serre, ce qui supposera de ne recourir qu'à des renouvelables, du nucléaire (pour les pays où cette source est acceptée) ou bien à capturer et séquestrer sous terre les émissions de gaz à effet de serre[6]. L'évolution sera certes plus lente dans les transports qui continueront à utiliser des carburants liquides (pétrole, gaz liquéfié, etc.), mais dans des quantités bien moindres.

L'Agence européenne pour l'environnement (AEE) a dressé un bilan d'étape, pour mesurer les premiers résultats de ces efforts. Il en ressort que, pour les données disponibles en 2012 :

- la réduction des émissions de gaz à effet de serre de l'Union européenne est d'environ 18 % par rapport aux niveaux de 1990. L'Union européenne apparaît ainsi en bonne voie pour dépasser l'objectif des - 20 % en 2020, avec un score final qui pourrait même atteindre - 24 %. Toutefois, cette évolution spectaculaire résulte également de la crise qui, en réduisant l'activité des usines (ou en les fermant) et plus généralement en déprimant les activités économiques, concourt mécaniquement à diminuer les émissions.
- les énergies renouvelables représentent 13 % de la consommation finale brute d'énergie dans l'Union européenne, soit plus que le seuil des 10,7 % prévus à ce stade. L'objectif à atteindre de 20 % en 2020 semble réaliste même si, dans six États membres (Belgique, France, Lettonie, Malte, Pays-Bas et Royaume-Uni), les développements sont en-dessous de l'effort attendu.
- concernant l'objectif d'amélioration de l'efficacité énergétique, la quasi-totalité des États membres sont en retard, de sorte que l'atteinte des 20 % est hors de portée[7]. Cette déception est à rapprocher du fait que, si les deux premiers objectifs (gaz à effet de serre, renouvelables) constituent des obligations pour les États membres, celui relatif à l'efficacité énergétique présente un caractère indicatif.

Émissions de gaz à effet de serre dans l'UE. Vers une réduction des émissions internes de 80 % (100 % = 1990)

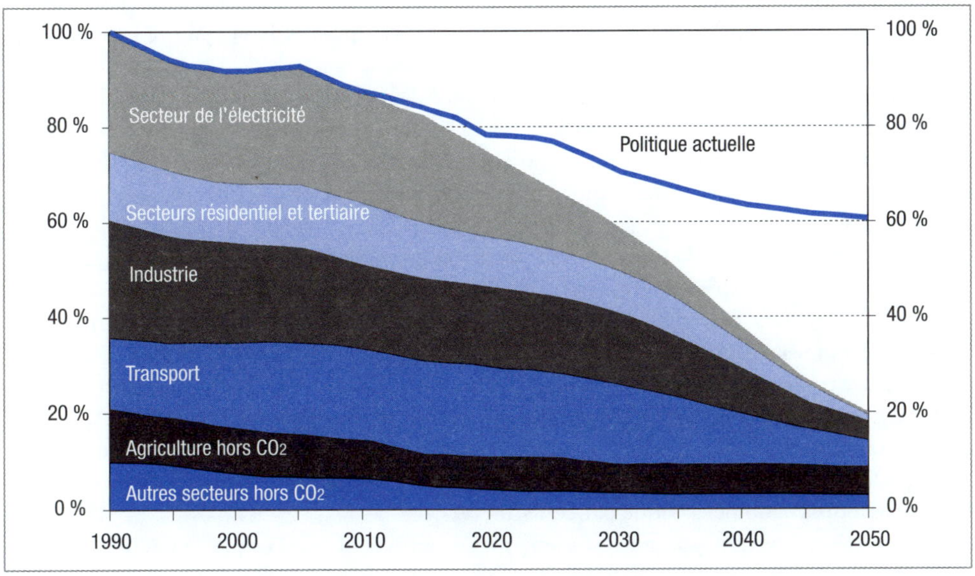

Source : Commission européenne, Feuille de route vers une économie compétitive à faible intensité de carbone à l'horizon 2050, COM(2011) 112 final, Bruxelles, 8 mars 2011, p. 5.

En s'en tenant à ces quelques indicateurs globaux, la perception dominante est que l'Europe est globalement en bonne voie sur le chemin du « 3 fois 20 pour 2020 ». Certes, les gains en efficacité énergétique sont insuffisants, mais la progression d'ensemble reflète bien l'amorce d'une transition qui entraîne les Européens. Si aucun État membre n'enregistre de bons résultats sur l'ensemble des critères, aucun d'entre eux n'est à l'arrêt et en dehors de la démarche commune.

… mais soumise à des tensions et contradictions nombreuses

Mais ces conclusions résultent partiellement d'un effet de trompe-l'œil, car les systèmes énergétiques européens sont soumis à des tensions aiguës qui conduisent à s'interroger sur la cohérence de la démarche. Le « 3 fois 20 » traduit certes une vision politique très ambitieuse de l'UE, mais le contexte de la décennie 2010 est venu singulièrement en troubler la mise en œuvre.

La crise des dettes publiques dans la zone euro et ses conséquences de long terme viennent perturber les ambitions européennes. Le climat macroéconomique à moyen terme fait que l'argent public est plus rare pour impulser la transition, en subventionnant le développement des énergies renouvelables ou en aidant les ménages à financer des efforts de rénovation thermique de leur habitat ou pour faire l'acquisition de véhicules moins émetteurs (hydrides ou électriques). En outre, la crise fait peser une incertitude sur la demande d'énergie et, donc, sur les besoins futurs en investissements. Il n'est pas excessif de considérer que l'énergie est au cœur de la crise européenne : la précarité énergétique est même un phénomène endémique, des dizaines de millions de ménages européens (pris en étau entre la montée du chômage et celle des prix des énergies) peinant à couvrir leurs dépenses pour s'éclairer, se chauffer, se déplacer et garder un niveau de confort satisfaisant.

Les grandes entreprises énergétiques européennes sont prises dans ces tensions :

- Le ralentissement de l'activité économique lié à la crise a induit une baisse historique de la consommation d'électricité et de gaz, tandis que les énergies renouvelables (dans le sillage de l'*Energiewende* allemande) envahissent les réseaux, auxquels elles ont une priorité d'accès, dès que le vent souffle ou que le soleil brille.

• Les prix sur les marchés de gros de l'électricité sont très perturbés, car les énergies renouvelables présentent des coûts variables de production quasi nuls, ce qui tire les cours vers le bas (et conduit même parfois à des épisodes de prix négatifs[8]).

• Cette situation a pour effet d'évincer du marché électrique les centrales à gaz qui s'avèrent moins rentables que les centrales à charbon, pourtant bien plus émettrices de CO_2. Le charbon arrivant à bas prix des États-Unis (qui l'exportent et privilégient désormais leur gaz de schiste), le gaz se retrouve paradoxalement évincé par l'hydrocarbure le plus contraire aux objectifs de la transition[9].

L'évolution du cours de la tonne de CO_2 en Europe reflète l'ensemble de ces contradictions. En 2005, un marché a spécifiquement été créé en Europe pour réguler les émissions de CO_2 (marché *EU Emissions Trading System*) en restreignant progressivement les permis accordés aux grandes entreprises. Toutefois, cet outil très innovant délivre des signaux difficiles à interpréter par les entreprises : le prix de la tonne de CO_2 a fluctué de 35... à 3 euros, de sorte qu'il est délicat d'anticiper, pour les investisseurs, les incitations économiques qu'ils retireront à réduire leur empreinte carbone. Pour être en cohérence avec les objectifs de la transition, il faudrait un prix de la tonne de CO_2 au moins égal à 40 euros, ce qui réduirait les usages du charbon en renchérissant la production électrique par cette filière.

De lourdes menaces pèsent ainsi sur la stratégie européenne de transition énergétique. Les opérateurs énergétiques ont vu leur endettement tripler depuis 2005, alors qu'ils structurent le fonctionnement des systèmes nationaux. Comme la Commission européenne considère que l'Union sera tenue d'engager chaque année 270 milliards d'euros jusqu'en 2050 pour réussir sa transition énergétique[10], la solidité financière des industriels de l'énergie est cruciale.

Les Européens face à la révolution des hydrocarbures non conventionnels nord-américains

Dans le même temps, les Américains font face à un tournant énergétique en exploitant leurs ressources en gaz et en pétrole de schiste. Deuxième pays consommateur d'énergie au monde (après la Chine et devant l'Europe), ils s'orientent progressivement vers une autosuffisance en énergies fossiles, avec ces hydrocarbures non conventionnels et *via* des échanges avec leur partenaire naturel qu'est le Canada. Ainsi regagnent-ils des marges de manœuvre diplomatiques (jusque dans le conflit entre l'Ukraine et la Russie) et industrielles avec une énergie bien moins chère que celle utilisée par les Européens ou les puissances d'Asie.

Pour les Européens, la perspective est de voir émerger outre-Atlantique un redoutable concurrent *low cost* qui, après avoir dopé sa compétitivité depuis les années 1990 avec les recettes de la nouvelle économie, ravive maintenant ses avantages comparatifs avec ceux de l'ancienne économie basée sur l'exploitation des ressources minières et commence à en tirer avantage pour s'engager déjà dans l'après-crise.

Les signes de cette révolution énergétique nord-américaine sont déjà perceptibles :

• Les hydrocarbures non conventionnels auraient engendré d'ores et déjà plus de deux millions d'emplois, et probablement plus de trois millions en 2020 (dont la moitié dans le gaz de schiste)[11].

• Les entreprises américaines ont accès à une énergie à des niveaux de prix parmi les plus faibles du monde : l'électricité coûte de l'ordre de 50 euros/MWh contre 120 euros/MWh comparativement moyenne européenne et le gaz 10 euros/MWh contre 40 /MWh. La baisse du prix du gaz a également bénéficié aux ménages américains qui ont réalisé une économie de 650 $ par an en 2013[12].

• Mais, l'essentiel à court terme se joue *via* les effets induits par la baisse du prix du gaz « matière première » sur des secteurs comme la chimie et la pétrochimie qui disposent d'un avantage compétitif conséquent, avec une menace sérieuse pour les entreprises européennes du domaine.

Différentiels de prix gaziers et électriques à horizon 2035

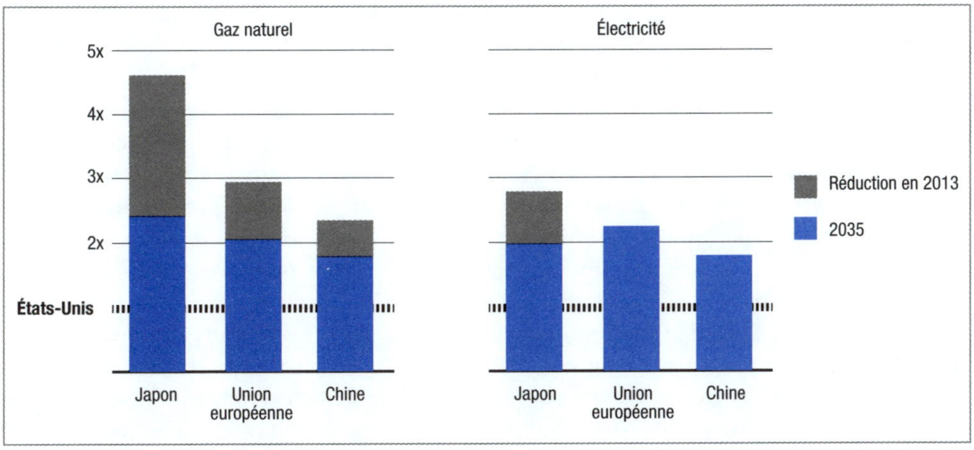

Source : International Energy Agency (2013), World Energy Outlook.

Comme l'Agence internationale de l'énergie (AIE) prévoit que le prix du gaz et de l'électricité payé par les entreprises américaines sera, très durablement, au moins deux fois inférieur à celui acquitté par leurs concurrentes européennes (et asiatiques), nous sommes en présence d'un phénomène majeur et, potentiellement même, d'une nouvelle étape de la globalisation. L'UE est économiquement en danger car elle est la zone du monde qui exporte le plus de produits intensifs en énergie de sorte que la menace (selon l'AIE) est de voir cette part de marché réduite d'un tiers en vingt ans sous l'effet des variations des coûts énergétiques.

La Commission européenne a lancé une alerte sur la dégradation de la compétitivité énergétique de l'Union vis-à-vis des États-Unis, mais également des grandes économies émergentes : « Certes, l'énergie n'a jamais été bon marché en Europe, mais l'écart de prix dans le domaine de l'énergie entre l'UE et ses principaux partenaires économiques s'est encore accentué au cours des dernières années. Le prix moyen du gaz pour les entreprises dans l'UE est aujourd'hui trois à quatre fois supérieur aux prix correspondants aux États-Unis, en Inde et en Russie, il est supérieur de 12 % au prix pratiqué en Chine [...], aux États-Unis et en Russie, le faible niveau des prix du gaz (et par conséquent, des prix du charbon) a contribué à faire baisser les prix de l'électricité dans ces pays. [...] la part des biens à forte intensité énergétique dans les exportations de l'UE a diminué de manière significative alors que le volume de composants intermédiaires à forte intensité énergétique en provenance d'économies émergentes telles que le Brésil, la Russie et la Chine est en augmentation » [13]. Cette préoccupation est également partagée par nombre de gouvernements des États-membres, à commencer par l'Allemagne qui est l'économie la plus dépendante de ses exportations (y compris celles intensives en énergie) et qui, à l'amorce de son *Energiewende*, subit une hausse de ses coûts énergétiques. Les autorités allemandes alertent même sur un risque de « dramatique désindustrialisation » sous l'effet des dérives de coûts énergétiques.

Est-il possible de reproduire le « miracle » américain en Europe où des réserves en gaz et pétrole de schiste sont disponibles ? Le débat se tient à l'échelon national, car l'UE n'a pas le pouvoir de décider de l'exploration ou de l'exploitation de ces ressources (ou de les proscrire) : alors que la Pologne, la Grande-Bretagne ou le Danemark (ou encore l'Ukraine aux confins de l'UE) s'engagent dans cette voie, que certains autres pays tels que la Roumanie hésitent, la France ou la Bulgarie ont prohibé l'usage de la fracturation hydraulique, seule technologie en usage pour l'heure. Quoi qu'il en soit, tout porte à croire que les enjeux économiques ne sont pas du même ordre en Europe qu'aux États-Unis, cela pour différentes raisons :

- Tout d'abord, les conditions d'exploitation seraient assez foncièrement différentes en raison d'une urbanisation plus dense de ce côté-ci de l'Atlantique (population trois à quatre fois supérieure au km^2 en France, par exemple), caractéristique restreignant les zones d'extraction, la proportion de gaz récupérable et tirant les coûts d'exploitation vers le haut.
- Par ailleurs, les données disponibles suggèrent que la géologie est moins favorable avec des bassins plus petits et plus accidentés. Ces facteurs, combinés à d'autres (moins d'expertise dans l'extraction, moins d'équipements directement mobilisables, un réseau de transport de gaz moins maillé, ...), laissent supposer non seulement que les volumes d'exploitation seraient moindres, mais également que le coût du gaz extrait serait bien plus élevé qu'aux États-Unis sans compter les risques environnementaux dans un cadre plus dense en population qu'outre Atlantique.

Cela ne signifie pas qu'il faille refermer ce dossier. Les Européens doivent veiller à leur sécurité collective en termes d'approvisionnements en hydrocarbures, ressources qui pèseront encore longtemps dans le bilan énergétique du Vieux Continent. Et, comme le montre le cas du Danemark, il est possible de subordonner l'exploitation de ses ressources à une stratégie de transition très ambitieuse (avec l'objectif de décarboner totalement la production électrique en 2050) et de faire des hydrocarbures locaux une source financement potentielle pour sa politique énergétique. Les Étatsmembres disposant de ressources significatives (ce qui est probablement le cas de la France) pourraient même en faire une arme de négociation face à leurs fournisseurs (russes notamment). Mais, quoi qu'il en soit, rien ne permet donc d'envisager que l'exploitation des hydrocarbures non conventionnels produise en Europe une révolution énergétique à l'échelle de ce qui est observé aux États-Unis.

Le principal enseignement à tirer de l'expérience américaine est sans doute ailleurs. Dès lors que l'exploitation des ressources non conventionnelles européennes ne changera par la « donne », les Européens doivent concentrer leurs efforts sur l'amélioration de l'efficacité énergétique. En effet, face à une concurrence américaine dopée par une énergie à bas coûts, au moment où le développement des renouvelables tire ceux de l'Europe vers le haut, la recherche du meilleur niveau d'efficacité énergétique dans l'industrie est l'impératif absolu. Le secteur manufacturier de l'UE a déjà entamé, au fil des dernières décennies, des restructurations visant à diminuer l'intensité énergétique, efforts qui ont partiellement atténué la hausse des prix de l'énergie (et qui expliquent la capacité des Européens à exporter des produits intensifs en énergie). Et, dans un environnement géopolitique lourd de menaces pour les Européens, chaque mètre-cube de gaz ou baril de pétrole non importé contribuera à la sécurité collective de l'Union.

Transformer une vision énergétique en *leadership* industriel

L'UE déploie au sein des États membres dans la décennie 2010 une stratégie de transition « bas carbone » certes visionnaire, mais pensée et traduite dans les règles communes dans les années 2000, c'est-à-dire avant la crise. Alors que les États de l'UE s'avancent en front dispersé et superposent les objectifs (le fameux « 3 fois 20 »), les Américains fondent un renouveau industriel sur le retournement historique qui éloigne la montée d'une dépendance, auparavant perçue comme fatidique, en importations de pétrole et de gaz.

Tout comme en matière monétaire lors de la crise de la zone euro, les turbulences énergétiques européennes conduisent à s'interroger sur l'efficacité des mécanismes de coordination dans les décisions prises par les États membres. La stratégie européenne autorise des choix nationaux très hétérogènes (en termes de moyens de production comme d'outils de régulation), dès lors qu'ils respectent les grands principes communs, sans obligation de coordination de ces choix et sans garantie de cohérence globale. Autrement dit, rien n'assure que la somme de 28 transitions nationales aboutisse à une transition européenne harmonieuse.

Il est permis de douter qu'avec cette approche, les Européens puissent transformer leur volonté actuelle d'être les pionniers en une capacité à devenir les *leaders* sur les immenses marchés qui naîtront au fil de cette transformation. Même moins volontaristes, certains de leurs concurrents pourraient glaner les fruits de la transition énergétique. Ainsi, la Chine peut compter sur la taille de son marché intérieur et sur une capacité décomplexée à déployer une politique industrielle conquérante. Les États-Unis, pour leur part, ont une aptitude unique à traduire la puissance de leurs laboratoires de recherche en créations d'entreprises et en modèles économiques innovants.

L'Europe est ainsi mise au défi, au milieu de la décennie 2010, d'un *aggiornamento* de sa stratégie énergétique, pour rendre ses objectifs de transition vers une société sobre en carbone compatibles avec les nouvelles complexités du monde et source de richesses nouvelles pour ses citoyens.

Patrice Geoffron

Notes

1. Le premier traité européen fut signé à Paris le 18 avril 1951. Il établit la Communauté européenne du charbon et de l'acier (Ceca) qui place la production et les conditions de vente de ces deux matières sous le contrôle d'une autorité supranationale, la Haute Autorité, ancêtre de la Commission européenne.

2. Le 25 mars 1957 est signé à Rome un deuxième traité « énergétique », instituant la Communauté européenne de l'énergie atomique (CEEA).

3. Paolo Cecchini, *The European Challenge - 1992: The Benefits of a Single Market, Research on the cost of Non-Europe,* Steering Committee, The Commission of the European Communities, Wildwood House, Aldershot, 1988.

4. Voir Jean-Marie Chevalier, Michel Derdevet et Patrice Geoffron, *Avenir énergétique : cartes sur table,* coll. « Folio actuel », Gallimard, Paris, 2012.

5. Rien ne garantit, par exemple, que la marine américaine restera aussi présente au Moyen-Orient pour, en particulier, assurer la libre circulation des flux de pétrole.

6. Cette méthode, dite de « capture et séquestration de carbone », permet d'utiliser du gaz, charbon ou fuel pour produire de l'électricité, mais sans laisser le CO_2 se diffuser dans l'atmosphère et produire l'effet de serre qui détériore le climat. Cela suppose de transporter le CO_2 dégagé par la combustion dans des pipe-lines et de le stocker sous terre (dans des cavités étanches comme aquifères ou des anciens réservoir de gaz ou de pétrole). Cette option technologique est encore à l'état de prototype, mais laisse entrevoir la possibilité de continuer à utiliser des énergies fossiles de façon compatible avec le climat.

7. En 2014, la Commission européenne a lancé des procédures d'infraction contre 24 pays de l'Union européenne, dont la France et l'Allemagne, pour les pousser à transposer la législation européenne sur l'efficacité énergétique dans leur droit national.

8. Dans les périodes où la demande d'électricité est faible, et si l'énergie éolienne ou photovoltaïque abonde, certaines centrales thermiques (à gaz ou à charbon) doivent être arrêtées. Mais il est parfois coûteux d'arrêter une telle centrale et de la remettre en marche quelques heures après. Les producteurs préfèrent alors payer les « acheteurs » pour écouler leur production, ce qui explique de tels épisodes de prix négatifs.

9. Selon la société de conseil Capgemini, 50 000 mégawatts (MW) ont dû être fermés ou « mis sous cocon » (mis en pause en attente de jours meilleurs), capacité qui pourrait atteindre 130 000 MW – soit l'équivalent du parc électrique français – d'ici à 2016. Capgemini, 15th European Energy Markets Observatory, 2013.

10. Commission européenne, *Feuille de route vers une économie compétitive à faible intensité de carbone à l'horizon 2050*, COM(2011) 112 final, Bruxelles, 8 mars 2011, p. 12

11. Daniel Yergin, *The US Natural Gas Revolution : What it means for jobs and economic growth*, Testimony by Daniel Yergin, Vice Chairman, IHS, before the Joint Economic Committee of the United States Congress in Washington, DC, on 24 June 2014. IHS report, *The Economic and Employment Contributions of Unconventional Gas Development in State Economies*, June 2012.

12. D. Yergin (2014), id.

13. *Commission Européenne (2014), Communication au Parlement « Prix et coûts de l'énergie en Europe », DG Energie, janvier, p. 15-16.*

Notice 21

L'Espace européen de liberté, de sécurité et de justice

Depuis le Traité de Lisbonne de 2009, l'Espace de liberté, de sécurité et de justice (ELSJ) ne constitue plus un domaine politique intergouvernemental à part entière. Les rôles de la Commission européenne, du Parlement européen en tant que codécideur, ainsi que de la Cour de Justice ont été affirmés clairement dans ce nouveau cadre institutionnel. Néanmoins, les normes et agendas européens adoptés depuis montrent que les logiques intergouvernementales à l'œuvre dans l'ancien troisième pilier Justice et Affaires intérieures (JAI) demeurent encore largement dominantes. Cette persistance n'est pas sans conséquence sur l'orientation et l'équilibre normatif des politiques de l'ELSJ.

Fruit d'une institutionnalisation européenne se caractérisant par une intense activité juridique et politique depuis les années 1990, l'Espace de liberté, de sécurité et de justice (ELSJ) se situe au carrefour de nombreuses politiques : politiques de libre circulation, dans l'optique notamment du marché économique européen ; politiques de contrôle des flux migratoires au nom de la sécurité du territoire et des citoyens européens ; politiques judiciaires enfin au nom de la définition d'un espace de justice européen en matière pénale et civile[1]. Autant de thèmes majeurs associés les uns aux autres par les États membres dans le cadre de ce que le traité de Maastricht définit, dès 1992, comme le « troisième pilier Justice et Affaires intérieures » (JAI)[2].

Si le Traité de Lisbonne de 2009 inaugure une nouvelle architecture institutionnelle et normative de ce domaine, force est de constater que les logiques présidant aux agendas et décisions en la matière, restent encore très largement marquées par le fonctionnement intergouvernemental lui-même dominé par les calendriers et intérêts nationaux. De telles logiques politiques et juridiques ont des conséquences sur le développement normatif et politique de l'ELSJ, que ce soit au niveau des programmes européens ou encore à celui du fonctionnement des dispositifs de coopération qu'ils soient d'ordre humain ou technologique.

Un espace toujours dominé par les pratiques intergouvernementales

La compréhension des programmes d'action définis dans le cadre de l'ELSJ depuis 2010 montre une persistance des logiques intergouvernementales qui, depuis les accords de Schengen, ont guidé l'institutionnalisation du domaine européen de la sécurité[3]. La prégnance des agendas et intérêts nationaux qui demeure au cœur des négociations de l'ELSJ renvoie aux tendances lourdes caractérisant ce domaine depuis sa création : mise à l'écart des parlements (nationaux et européen), prédominance des exécutifs, absence de transparence et superposition des normes[4].

Les agendas politiques de l'ELSJ : de Tampere à Stockholm

Adopté à Stockholm en 2009, le programme pluriannuel en matière de liberté, de sécurité et de justice couvre la période 2010-2014[5]. Cet agenda qui a pour objectif de dégager les priorités des négociations futures dans le domaine de l'ELSJ s'inscrit dans le contexte post Lisbonne. Premier programme où les règles du nouveau traité s'appliqueront, il apparaît dès lors comme une étape inédite pour l'ELSJ. Avant d'aborder son contenu, il convient de souligner que l'agenda de Stockholm constitue le troisième programme pluriannuel en matière d'ELSJ.

Le premier portant sur les questions JAI a été défini au terme du Sommet européen de Tampere de 1999. Ce premier sommet consacré exclusivement aux affaires de sécurité fait de la construction d'une Charte des droits fondamentaux de l'UE, son premier chantier. En annexe des conclusions figure à cet effet un accord sur la composition, la méthode de travail et les modalités pratiques de l'enceinte chargée de cette Charte. Mais si cette thématique figure dès l'introduction du programme, elle sera ensuite largement mise à l'écart au profit d'un autre objectif affiché, celui de la lutte contre la criminalité et le terrorisme. L'accent est alors mis sur une approche fonctionnelle de la coopération dans un souci d'institutionnaliser définitivement les normes et dispositifs existants ou en cours d'instauration (Europol, Eurojust).

Le contexte de l'après-11 Septembre 2001 et des attentats perpétrés sur le sol européen en 2004 et 2005 va fortement peser sur la mise en œuvre du programme de Tampere. Cette focalisation sur la lutte contre le terrorisme aura des conséquences importantes, y compris dans la définition du deuxième programme pluriannuel, celui de La Haye. Ce nouveau plan détaille l'agenda JAI jusqu'en 2010. Au niveau institutionnel, les dirigeants de l'Union européenne (UE) approuvent le principe du système de vote à la majorité qualifiée et la procédure de codécision dans le secteur des politiques d'asile, d'immigration et de contrôle des frontières. En matière de coopération policière et judiciaire, le programme de La Haye met l'accent sur le renforcement des échanges d'information entre les polices de l'UE ainsi qu'entre les services de renseignement nationaux. Dans cette perspective, la systématisation du recours à Europol et Eurojust fait désormais figure de priorité.

Suite à la redéfinition, dans le Traité de Lisbonne, des règles de négociations et de décisions en la matière, le plan de Stockholm apparaît comme un moyen notamment pour le Parlement européen (PE) et une partie de la Commission européenne d'entériner ce nouveau cadre juridique qui, en introduisant le principe de la codécision, porte une plus grande attention à la transparence et au respect de la *Rule of Law* dans la conduite des négociations et l'application des décisions. C'est d'ailleurs dans cette perspective que le programme de Stockholm va être présenté comme le premier agenda construit autour des principes de transparence et de protection des citoyens européens. Dans le même temps, l'accent est mis sur un renforcement des agences de coopération. La réforme d'Europol et les discussions autour de la création d'un Procureur européen constituent dans ce cadre les projets privilégiés. Enfin, l'harmonisation des sanctions pénales et le renforcement de la prise en charge des victimes dans les affaires de criminalité figurent aussi parmi les objectifs majeurs. À l'heure actuelle, un grand nombre de mesures en matière d'asile, de visas, de protection des données personnelles sont encore en cours de discussion et ne devraient se traduire sur le plan législatif qu'en 2015.

Des négociations et des décisions encore peu transparentes et peu concertées

Depuis le Traité de Lisbonne et sa mise en œuvre en 2009, le domaine ELSJ est donc désormais régi par la procédure de codécision entre le Conseil et le PE. La Commission voit, pour sa part, son rôle de proposition reconnu tout comme la compétence judiciaire de la Cour de justice sur les décisions prises conjointement par le PE et le Conseil. Ce renforcement du contrôle juridictionnel s'inscrit dans une volonté de limiter l'une des principales caractéristiques du troisième pilier : le pouvoir discrétionnaire et peu transparent des gouvernements nationaux lors des négociations mais aussi de la mise en œuvre concrète des normes et dispositifs d'entraide.

Néanmoins, comme nous l'avons déjà souligné, les logiques bureaucratiques et politiques de l'ancien troisième pilier dominent encore. Cela se traduit en particulier par le rôle toujours décisif des agendas nationaux et des négociations entre les ministères de l'Intérieur et de la Justice des États membres. Dans leur analyse du *Strategic Guidelines for Legislative and Operational Planning for the coming years within the EU's Area of Freedom, Security and Justice (AFSJ)* adopté par le Conseil européen en juin 2014, les chercheurs Elspeth Guild et Sergio Carrera soulignent les tensions interinstitutionnelles entre d'une part, le Conseil et le PE, d'autre part, la Commission[6]. Ces tensions se situent alors à la fois sur la forme des négociations ayant abouti à l'adoption de ce *Strategic Guidelines* et sur son contenu. Tenues à l'écart des négociations et rédactions du projet, les commissions du PE ou les services de la DG Justice voient également leurs propositions, relatives aux Droits fondamentaux et à la protection des citoyens, absentes du projet du Conseil et des États membres.

Ces derniers demeurent les principaux décideurs et structurent fortement agendas et orientations politiques de l'ELSJ. L'organisation des ministères nationaux de l'Intérieur et de la Justice a ainsi un impact direct sur les négociations européennes et leurs orientations[7]. L'investissement de chaque État sur les questions de coopération européenne doit également être évalué à l'aune des jeux d'alliances au sein du Conseil européen. Véritables espaces de socialisation, les comités et groupes de travail relatifs à l'ELSJ au sein du Conseil se sont imposés comme des acteurs majeurs dans le processus décisionnel. Leur impact s'explique notamment par la présence de professionnels ayant acquis une spécialisation aussi bien en matière de négociations que de contenus des dispositifs du domaine JAI. Le rôle central des États et du Conseil dans la définition de l'agenda durant le déroulement du programme de Stockholm illustre la place encore très importante de ces structures du Conseil. Leur position stratégique pose en creux la question de la transparence des discussions et de leur pluralisme notamment vis à vis du Parlement européen devenu progressivement codécideur en la matière[8].

Au début des années 1990, le PE va principalement s'investir dans la question du contrôle budgétaire et de la lutte contre les détournements criminels. Ainsi, il soutiendra le projet de la création d'un procureur européen dans le cadre de l'Office européen de lutte antifraude (Olaf). Progressivement, à la fin des années 2000, certains parlementaires se saisissent de la question des droits fondamentaux et de leur protection afin d'affirmer la montée en puissance du PE dans le domaine à présent formalisé de l'ELSJ. Cette nouvelle stratégie prend la forme, à titre d'exemple, d'une demande du PE auprès de la Commission afin que celle-ci mette en place un comité de surveillance à l'échelle européenne sur la question des droits fondamentaux. Cette demande conduira à la création d'un réseau d'experts indépendants en matière de droits fondamentaux. C'est dans une démarche identique que s'inscrit la volonté de la Commission des Libertés civiles, de la Justice et des Affaires intérieures du PE de participer à l'évaluation des transpositions du mandat d'arrêt européen (*European Arrest Warrant* – EAW) dans les législations nationales. Le PE acquiert ainsi une expertise reconnue notamment en matière de protection des droits qui, selon certains députés européens, représente le futur grand chantier de ce domaine.

La position de codécideur acquise en 2009 confère à ces enceintes parlementaires une nouvelle influence dans le processus législatif européen au côté du Conseil. Cependant, aucun agenda unique ne sera négocié conjointement avec les États membres et le Conseil. Le PE va définir, par la force des choses, son propre agenda autour des problématiques de Droits fondamentaux et de leurs protections notamment en matière de données et de contrôle des informations personnelles[9]. Les rapports à mi-parcours des trois commissions parlementaires, respectivement des libertés civiles, justice et affaires intérieures (LIBE), des affaires juridiques (JURI) et des affaires constitutionnelles (AFCO) soulignent fortement l'absence du PE que ce soit pour la rédaction du programme de Stockholm ou encore pour la préparation de l'agenda post-Stockholm. Partant de cet état de fait, ces commissions du PE en appellent à un renforcement des orientations en matière de droits fondamentaux[10].

Dans ce contexte, les directions générales (DG) de la Commission européenne apparaissent au carrefour de ces différents agendas. Créée dans les années 1990 dans le cadre du troisième pilier JAI, la DG JAI qui deviendra ensuite la DG JLS acquiert une expertise importante aussi bien en matière d'asile et d'immigration que dans le secteur de l'entraide répressive.

L'adoption de la Charte des droits fondamentaux et des thèmes de la protection des citoyens européens au sein du traité de Lisbonne va avoir une conséquence sur le découpage des DG. Aujourd'hui, les politiques de l'ELSJ participent du champ de compétences de deux DG. D'une part, la direction Justice prend en charge les domaines des libertés fondamentales, de la coopération judiciaire civile et pénale, ou encore de l'égalité et de la lutte contre les discriminations ; d'autre part, la direction *Home Affairs* (anciennement DG JAI et JLS) suit les questions d'immigration, d'asile, de coopération policière et pénale, de lutte contre le terrorisme et la criminalité organisée. Si l'on constate une certaine continuité dans les logiques politiques et bureaucratiques dominantes au sein de l'ELSJ, il en va également de même au niveau des dynamiques de mise sur agenda des décisions et plus largement de construction du récit légitimant les différentes politiques en la matière et leur mise sur agenda.

La lutte contre la criminalité et le terrorisme transnational

L'agenda politique occupe une place centrale dans le processus décisionnel et donc dans la forme institutionnelle et politique de l'ELSJ. Que ce soit pour des instruments de coopération tels que les magistrats de liaisons, Eurojust, le mandat d'arrêt européen ou encore les dispositifs adoptés dans le cadre de la lutte contre le terrorisme (voir encadré) les décisions politiques et leur mise en œuvre ont généralement été adoptées dans des contextes politiques et médiatiques particuliers. Cette importance des agendas nationaux ou internationaux se retrouve également dans le domaine de l'asile et de l'immigration. L'événement le plus récent est l'attentat survenu au Musée juif de Bruxelles le 24 mai 2014 qui a conduit le Conseil européen à focaliser la stratégie européenne sur les thèmes de la radicalisation et des combattants étrangers tout en réaffirmant l'importance des agences de coopération et de leur réforme[11].

Ces environnements spécifiques participent par ailleurs à la définition d'un ensemble de représentations des enjeux contemporains de sécurité. Dans le domaine de la lutte contre les phénomènes criminels, on assiste à la constitution d'un récit insistant sur le développement des menaces et sur la solution « pour lutter contre "l'ennemi transnational" que sont les phénomènes criminels en tous genres, les États doivent coopérer ». Préconisée par un grand nombre d'observateurs opérationnels et institutionnels, cette recette de politique publique traduit une perte de confiance dans la puissance de l'État, jugé incapable de faire face à une menace criminelle ayant su, elle, tirer parti de la mondialisation.

Cette labellisation politique et juridique fait apparaître « la criminalité organisée » comme un phénomène global, aux multiples vitrines qui, chacune leur tour, peuvent devenir pour un certain temps dominantes, à l'image des réseaux illégaux d'immigration clandestine ou des réseaux de cambrioleurs. On assiste à une association discursive et concrète entre les mesures concernant la lutte antiterroriste, la lutte contre la criminalité et l'immigration. Le discours pointant la dimension transnationale présumée de ces différents phénomènes demeure l'élément d'unification central autour de la question du contrôle des frontières. Un lien de causalité est établi entre l'ouverture des frontières et le développement de la criminalité transfrontalière. La rhétorique qui légitime la coopération est alors la suivante : l'ouverture des frontières a entraîné la multiplication des échanges et provoqué une augmentation de la criminalité transfrontalière dont l'action est facilitée par la disparition des contrôles. L'espace européen, découpé en autant de sous-espaces pénaux nationaux, est devenu de plus en plus anachronique et inefficace. Une telle approche produit des effets concrets sur la manière dont les différentes problématiques de libre circulation, de contrôle et d'entraide répressive vont s'articuler. Les instruments et normes en la matière vont se focaliser sur les objectifs de sécurité abordant la question de la circulation des Européens et des ressortissants des pays tiers sous l'angle dominant de l'immigration illégale (v. Focus Notice 21).

Vers une lutte antiterroriste à l'échelle européenne ?

L'impact politique des attentats du 11 septembre 2001 aux États-Unis ont conduit à faire du terrorisme l'enjeu prédominant de la sécurité à l'échelle internationale au début du XXIe siècle. Ceux survenus sur le sol européen à Madrid en 2004, puis à Londres en 2005 renforcent largement cette approche qui va alors marquer grandement l'agenda politique et juridique européen faisant de la lutte antiterroriste le volet principal de la coopération européenne. Deux éléments sont à souligner. Premièrement, l'Europe a connu depuis la fin du 19e siècle de nombreux épisodes de terrorisme faisant de la lutte antiterroriste une pratique ancienne et spécifique des États européens. Deuxièmement, la grande majorité des dispositifs judiciaires adoptés à la suite du 11 septembre 2001 était déjà inscrit dans des dynamiques institutionnelles et juridiques antérieures liées à l'institutionnalisation de l'ELSJ.

Le 21 septembre 2001, le Conseil européen adopte le Plan d'action de l'UE pour lutter contre le terrorisme. Deux projets prioritaires se dégagent : l'adoption d'une approche commune sur le plan politique et juridique de « l'infraction » que constitue le terrorisme, et l'adoption d'une procédure spécifique d'extradition entre États membres sous le terme de mandat d'arrêt européen. Au niveau de l'UE, et à l'instar des dispositifs internationaux déjà existants, une liste d'organisations et d'individus suspectés de participer à des activités « terroristes » est intégrée à la stratégie européenne. Elle vise à identifier les groupes terroristes afin de pouvoir notamment geler leurs avoirs financiers et leurs ressources économiques.

C'est dans ce contexte qu'interviennent les attentats de Madrid (2004) puis ceux de Londres (2005). Ces attentats ont également un impact direct sur les dispositifs européens en matière de sécurité. Les initiatives se multiplient provoquant une nouvelle accélération de ce processus d'européanisation.

Les États œuvrent pour que toutes les propositions du plan d'action de l'UE contre le terrorisme, soient appliquées à l'échelon national d'ici le 30 juin 2004. Dans le même temps, un poste de coordinateur européen de la lutte contre le terrorisme est créé. Ayant pour mission de coordonner les mesures antiterroristes tout en veillant à leur effectivité au niveau des États membres, c'est sous son impulsion qu'en 2005 la stratégie européenne de lutte contre le terrorisme est établie, s'articulant autour de quatre objectifs : prévention, protection, poursuites et réponses [12]. Cette fonction de coordinateur occupée actuellement par Gilles de Kerchove demeure, néanmoins encore très largement exclue des dispositifs opérationnels, les autorités antiterroristes nationales restant fortement attachées à leurs prérogatives.

D'autres mesures concernent l'introduction des éléments de biométrie dans les documents d'identité ou le transfert des données passagers pour les transports aériens (*Passenger Name Record,* PNR). Les relations Europe/États-Unis s'intensifient en raison tant des divergences intra-communautaires que d'une convergence transatlantique concernant les méthodes de lutte contre les phénomènes d'immigration clandestine et de terrorisme [13]. Cette accumulation de dispositifs provoque globalement une superposition et une sophistication des normes et dispositifs de sécurité au nom de la lutte contre le terrorisme. Les incertitudes normatives ainsi que le statut de ces dispositifs au regard des libertés publiques vont donner lieu à de multiples débats [14].

Les acteurs de l' ELSJ, un espace institutionnalisé et opérationnel

Les politiques et normes adoptées en matière d'ELSJ résultent donc de moult jeux diplomatiques qui aboutissent à une multiplication de projets concurrents et/ou complémentaires. L'Espace de liberté, de sécurité et de justice constitue dès lors un espace institutionnel particulièrement dense dans lequel se superpose un nombre croissant de systèmes opérationnels et juridiques.

Agences européennes : entre réformisme et volonté opérationnelle

Une telle superposition engendre un espace institutionnel concurrentiel dans lequel les relations entre les agences (Europol, Eurojust, Office de lutte antifraude, Agence des droits fondamentaux) oscillent entre coopération et rivalités du fait de champs de compétences parfois concurrents car pour partie identiques. Dans ces conditions, chaque agence tend à vouloir légitimer son modèle et son existence vis-à-vis des autres dispositifs de coopération. Ainsi, loin de l'image d'une formalisation et d'une homogénéisation progressive des règles de l'UE en matière de libre circulation et de sécurité, l'ELSJ est en fait fortement marqué par des pratiques informelles et hétérogènes de coopération qui aboutissent à faire de cet espace un domaine complexe, tant sur le plan opérationnel que juridique. Face aux divers intérêts des États et aux négociations au sein du Conseil, l'approche générale qui guide le développement des agences dans le domaine de l'ELSJ relève d'une volonté fonctionnaliste de construire des dispositifs qui, au travers de leur mise œuvre, montreront leur utilité. L'institutionnalisation de ces agences donne donc lieu à de nombreuses transformations sur le plan aussi bien des pratiques que juridique. Dès lors, il n'est pas rare que les cadres juridiques soient définis *ex post* dans un environnement politique et normatif incertain. Faute de pouvoir être exhaustif, le propos se centrera sur les deux principales agences en matière d'entraide répressive (Europol et Eurojust) ainsi que sur celle des Droits fondamentaux.

Europol

Compromis entre différentes orientations politiques[15], la Convention Europol de 1995 définit l'unité de coopération policière comme une structure duale :

• Un service dont la mission est de produire et d'analyser les bases de données (service composé de personnes engagées directement par Europol) ;

• Un service d'officiers de liaison chargé de faciliter les coopérations bilatérales et/ou multilatérales entre les États membres représentants des services de police nationaux).

Depuis la création de cette unité, on observe une croissance exponentielle du nombre d'analystes alors que les effectifs des bureaux de liaisons connaissent une augmentation moindre si l'on tient compte de l'élargissement de l'UE, en 2004, à dix nouveaux États membres. En 2013, l'unité comprenait 117 officiers de liaisons sur un effectif global de 858 membres.

Concernant ses compétences, Europol connaît également de profonds changements du fait de l'adoption en 2000, 2002 et 2003 de protocoles modifiant la convention de 1995. Celui de 2002 offre par exemple la possibilité à l'unité de demander à un État d'ouvrir une enquête sous réserve d'informations suffisantes, et de participer à des équipes communes d'enquêtes, regroupant autour d'une même affaire des représentants de différences forces de polices européennes. En janvier 2006, sous l'impulsion de la présidence autrichienne, un débat sur l'avenir d'Europol s'ouvre avec comme objectif principal d'établir une *corporate governance*, et de développer les capacités opérationnelles de l'agence. Aux termes de discussions diplomatiques intenses entre les États membres, Europol devient, le 1er janvier 2010, une agence de l'Union européenne.

Cette montée en puissance de l'unité policière s'accompagne d'un certain nombre de critiques concernant, en particulier, l'importance donnée à l'analyse au détriment de la coopération pratique ainsi que la question de l'« interopérabilité » des bases de données comme celles du Système d'Information Schengen (SIS II), d'Europol et du Système européen d'information sur les visas (*Visa Information System,* VIS). Dans ce contexte, le contrôle de ces supports techniques ainsi que la conformité juridique et constitutionnelle des accords et cadres institutionnels sur laquelle ils se fondent, notamment au regard du respect de la protection des droits, constituent l'un des enjeux du développement de l'unité policière, dimension d'ailleurs soulignée dans le programme de Stockholm.

Eurojust

La principale caractéristique de cette agence judiciaire réside dans sa dimension intergouvernementale. Cette architecture a pour conséquence de faire des procureurs siégeant à Eurojust des membres « nationaux », ancrés dans le dispositif judiciaire de leur pays d'origine. Selon cette logique, le collège, qui regroupe l'ensemble des représentants nationaux, constitue l'enceinte décisionnelle principale.

Ses membres n'ont pas de contrôle direct sur les poursuites et enquêtes des autorités judiciaires nationales. Dans ces conditions, l'unité européenne apparaît, avant tout, comme un passeur au service des autorités nationales. Les relations avec les juridictions nationales ont donc un impact direct sur le volume d'affaires traitées par Eurojust et sur la possibilité pour cette unité de s'imposer comme un maillon essentiel de la coopération judiciaire. Aux dires mêmes de ses membres, Eurojust ne peut se pérenniser et donner des résultats que si les magistrats nationaux la saisissent.

En constant développement depuis sa création, Eurojust a traité 1 441 affaires en 2013, ce qui représente une augmentation constante depuis 2002. Le « trafic de drogues » et « l'atteinte au patrimoine ou aux biens publics y compris la fraude » représentent le pourcentage le plus élevé des affaires enregistrées. Si Eurojust a pour principale mission de favoriser la coopération multilatérale entre les autorités nationales en charge de lutter contre les « formes graves de criminalité », les dossiers bilatéraux continuent de représenter la part majoritaire de l'activité comparée aux actions multilatérales.

À partir de 2005, en réponse aux nouvelles règles de procédures concernant le traitement et la protection des données à caractère personnel, Eurojust met en place un système automatisé de gestion de dossiers (*Case Management system,* CMS), afin d'échanger de manière sécurisée les informations judiciaires entre membres d'Eurojust et autorités nationales judiciaires. En décembre 2007, la connexion d'Eurojust au système informatique Schengen a été réalisée permettant aux États, membres de l'unité d'accéder à des extraits d'information contenus dans le SIS. Dans cette même dynamique, le projet de casier judiciaire européen mettant en interconnexion les casiers judicaires nationaux a également été discuté au sein d'Eurojust. Ce système appelé ECRIS n'a pas encore été mis en œuvre. Néanmoins, avant même qu'il ne devienne opérationnel, des inquiétudes ont été émises dès 2008 par le Contrôleur européen de la protection des données (CEPD) concernant les règles de protection des données personnelles.

Enfin, l'un des enjeux les plus importants aujourd'hui pour l'avenir d'Eurojust réside dans sa situation vis-à-vis du projet de Procureur européen. Alors que l'adoption d'Eurojust dans les conclusions de Tampere marque l'abandon temporaire du principe d'instaurer un Procureur européen, le programme de Stockholm souligne à nouveau l'importance de concrétiser ce dispositif. Dans ce contexte, Eurojust peut-il devenir l'institution de rattachement de ce futur Procureur européen ou bien y aura-t-il superposition de deux dispositifs aux compétences fortement convergentes ? Durant les négociations, des tensions sont également apparues concernant les compétences de ce Procureur en charge de lutter contre les atteintes au budget communautaire. Ainsi le Sénat français dans une résolution du 15 janvier 2013 a-t-il critiqué le projet proposé quelques mois plus tôt par la Commission européenne, estimant que celui-ci, en confiant des pouvoirs d'enquête trop importants au nouveau dispositif, contrevient au principe de subsidiarité.

L'Agence des droits fondamentaux

Agence indépendante, l'Agence des droits fondamentaux (*Fundamental Rights Agency*, FRA) est instituée en mars 2007 à Vienne. Cette agence a pour mission principale de surveiller, dans le champ d'application du droit communautaire, la situation des droits fondamentaux dans l'ensemble des pays de l'UE. Ses principaux instruments sont le recueil et la diffusion de données à partir de rapports nationaux. Ainsi la FRA peut être mobilisée par les institutions et États membres de l'UE qui souhaitent une expertise en matière de droits fondamentaux. Une telle assistance apparaît ainsi parfois nécessaire dans le cadre de la transposition du droit communautaire.

La FRA est également chargée de développer des campagnes de sensibilisation en direction des populations européennes, missions qui apparaissent essentielles pour permettre à l'agence de justifier son rôle et d'apparaître comme la première étape d'une institutionnalisation européenne en la matière.

Outre ces missions qui demeurent très fortement dépendante des acteurs nationaux et communautaires, la FRA se situe aujourd'hui au cœur de nombreux projets ou propositions visant à la doter d'une dimension plus opérationnelle. Ainsi dans un souci de constituer un pôle institutionnel en charge des droits fondamentaux, la FRA est parfois présentée comme une agence dont l'activité pourrait se concentrer, au nom de la Charte des Droits fondamentaux, sur la protection des citoyens en matière de bases et d'échanges de données. En 2010, la FRA a d'ailleurs adopté une stratégie afin de garantir la mise en œuvre effective de la Charte des Droits fondamentaux de l'UE.

Les bases de données européennes : contrôle et surveillance transnationale

Le recueil d'informations et de partage des renseignements représente une partie majeure des enjeux institutionnels et politiques du domaine de l'ELSJ. Un lien s'est progressivement construit entre l'échange d'informations extranationales et le renforcement de l'entraide judiciaire et policière. Ces méthodes sont présentées comme outils indispensables pour lutter contre les phénomènes criminels transnationaux.

Surveillance et technologie sont alors étroitement associées. La formation d'un tel binôme s'explique au regard de l'importance du discours technologique. La vidéosurveillance, les interceptions informatiques et téléphoniques constituent les principaux dispositifs utilisés par les services répressifs qu'ils soient judiciaires ou de renseignements. L'évolution technique de ces instruments a considérablement modifié les discours et les pratiques des autorités en charge de lutter contre les phénomènes criminels. Dans des situations spécifiques, ces nouvelles technologies ont pu se développer sans cadre juridique précis, comme dans le cas du programme « Echelon » mis en œuvre durant les années 1980 par les services secrets étatsuniens et plus spécifiquement la *Nations Security Agency* (NSA). Malgré la puissance technologique et le nombre important de pays y participant, ce système international de surveillance a été tenu secret durant de longues années, empêchant tout encadrement légal, notamment au niveau de la protection de la vie privée. De manière générale, il n'est pas rare que les cadres juridiques soient établis *a posteriori* afin d'encadrer des méthodes de surveillance déjà existantes. Dans le cas du programme « Prism » révélé par l'ancien analyste de la CIA, Edward Snowden, les États-Unis ont été mis au banc des accusés pour avoir utilisé les dispositifs de surveillance et de recueils d'informations afin d'espionner leurs alliés y compris au plus haut niveau politique. De telles pratiques sont en fait utilisées, avec souvent moins de possibilités technologiques, par nombre de services de renseignements. En d'autres termes, si la démarche des autorités américaines a été critiquée sur le plan politique, les moyens de surveillance, pour leur part, n'ont pas fait l'objet de remise en cause. Ils s'inscrivent dans une dynamique de développement des possibilités de surveillance qui connaissent, dans un environnement numérique de plus en plus vaste, un accroissement sensible.

À l'échelle européenne, un tel système s'est structuré institutionnellement dès le milieu des années 1980 avec la convention Schengen et l'établissement d'un système d'échange de données entre les autorités nationales : le SIS (système d'information Schengen). Rapidement, le groupe des « États Schengen » s'élargit ; le Royaume-Uni, grâce à un accord *ad hoc*, y a été intégré ainsi que des pays situés hors de l'UE comme la Suisse, la Norvège et l'Islande. Pour faire face à cette évolution, le principe d'un système de deuxième génération appelé SIS II a été adopté en décembre 1996 pour permettre l'utilisation plus efficace d'une base de données élargie. Face à des obstacles d'ordre pratique et juridique, le SIS II n'a été effectif qu'à partir d'avril 2013.

Suite aux attentats du 11 septembre 2001, la biométrie en tant que technologie d'identification a été également élevée au rang d'objectif prioritaire au sein des instances communautaires. Sous la pression de l'administration américaine et avec l'assentiment de l'Otan, les pays européens ont accepté d'introduire, au nom de la lutte contre le terrorisme, ce système d'identification dans leur législation. Déjà présents dans les règlements de l'Organisation de l'aviation civile internationale (OACI), les éléments de biométrie ont été progressivement imposés aux documents de voyage de même que l'échange des données personnelles des passagers (*Passenger Name Record*) entre compagnies aériennes et autorités nationales.

Un nombre important de fichiers de sécurité sont ainsi constitués, interconnectés et ouverts à un ensemble de plus en plus large d'autorités. Pour autant, aucune harmonisation des cadres juridiques n'accompagne ces développements. Bien plus, la multiplication des sources va de pair avec une hétérogénéité croissante des textes de droit encadrant le recours, l'accès et l'utilisation de ces informations à caractère privé. Face aux nombreuses critiques des ONG et de certaines des commissions du PE, les autorités exécutives européennes ont tenté à plusieurs reprises de définir un cadre juridique cohérent en s'accordant, par exemple, sur l'ensemble des critères biométriques devant figurer sur les documents d'identification pour les ressortissants de l'UE ainsi que pour les citoyens des pays tiers.

L'utilisation des bases de données reste des plus ambiguës comme l'illustre la signature en mai 2005 du Traité de Prüm par sept pays membres (Belgique, Allemagne, Autriche, Espagne, France, Luxembourg et Pays-Bas). Renforçant les engagements de l'UE en matière d'échange des bases de données, ce traité prévoit le partage permanent et réciproque des données nationales telles que les profils ADN, les empreintes digitales et toutes autres informations à caractère personnel. Le dispositif devant être par la suite appliqué aux autres États membres, de nombreuses critiques ont été formulées concernant son inefficacité et ses possibles dérives en raison du manque d'harmonisation des règles d'utilisation et de protection des données.

En 2012, la Commission européenne a proposé à l'initiative de la commissaire chargée de la Société de l'Information et des Médias, Viviane Reding, une proposition de réforme globale en matière de protection des données personnelles. Estimant qu'aujourd'hui les données personnelles y compris les empreintes digitales sont stockées dans un grand nombre de systèmes informatiques, la définition de leur caractère privé ou public nécessite, selon la Commission, la mise en place de règles harmonisées et suffisamment protectrices[16]. Dans ce sens, l'arrêt de la Cour de Justice rendu en juillet 2014 à l'encontre de la société Google réaffirme le principe du droit à l'oubli et de la protection des citoyens.

• • • Le domaine de l'ELSJ demeure encore largement marqué par son origine institutionnelle. Les États membres et le Conseil européen restent ainsi au centre des négociations et de la rédaction des projets adoptés nonobstant les aménagements pourtant décisifs apportés par le Traité de Lisbonne (2009). Dans ce contexte, le PE et la Commission européenne s'efforcent de consolider leur rôle et de mettre en œuvre les nouveaux pouvoirs de décision ou d'initiative dont ils disposent désormais. Cette volonté politique trouve dans la question des Droits fondamentaux et de leur protection un thème majeur où s'exercer notamment face au développement des normes et dispositifs de contrôle tels que les bases de données et leur interconnexion. Les relations interinstitutionnelles actuellement à l'œuvre au sein de l'ELSJ expliquent pour partie les tensions qui caractérisent aujourd'hui l'opérationnalité et l'encadrement juridique de ce domaine particulièrement sensible sur le plan politique. L'ELSJ se trouve donc confronté au défi d'associer équitablement liberté, sécurité et justice, entre volonté de construire des dispositifs de contrôle transnationaux efficaces et nécessité d'encadrer ces derniers dans des procédures institutionnelles et juridiques transparentes et respectueuse de la *Rule of Law*.

Antoine Mégie

Bibliographie

Emmanuel Barbe, *L'espace judiciaire européen*, La documentation Française, Paris, 2007.

Didier Bigo, « Un espace de liberté, de sécurité et de justice », in Renaud Dehousse (dir.), *Politiques européennes*, Presses de Sciences Po, Paris, 2009.

Didier Bigo, *Polices en réseaux*, Presses de Sciences Po, Paris, 1996.

Sergio Carrera and Elspeth Guild, « The European Council's Guidelines for the Area of Freedom, Security and Justice 2020 : Subverting the "Lisbonisation" of Justice and Home Affairs? », *Center For European Policy Studies (CEPS)*, n° 13 -14, 2014.

Xavier Crettiez et Pierre Piazza (dir.), *Du papier à la biométrie : identifier les individus*, Paris, Les Presses de Sciences Po, 2006.

Jacques De Maillard et Andy Smith (dir.), «Union européenne et sécurité intérieure : institutionnalisation et fragmentation », *Politique européenne*, n° 23, L'Harmattan, 2007.

Virginie Guiraudon, « La coopération transatlantique après le 11 septembre : l'enjeu de la sécurité intérieure », *Critique internationale,* n° 28, 2005, pp. 21-35.

Antoine Mégie (dir.), « Arrêter et juger en Europe. Genèse, luttes et enjeux de la coopération pénale », *Cultures et conflits,* n° 62, L'Harmattan, Paris, 2006.

Antoine Mégie, « Les normes et dispositifs internationaux et européens de lutte contre la criminalité organisée », *Questions Internationales,* Paris, La documentation Française, n° 40, novembre 2009, pp. 70-80.

Textes et rapports officiels

Programme de Stockholm, *Une Europe ouverte et sûre qui sert et protège les citoyens*, Journal officiel C115, 4 mai 2010. Disponible :

http://eur-lex.europa.eu/LexUriServ/LexUriServ.do?uri=OJ:C:2010:115:0001:0038:fr:PDF

Parlement européen, Report on the Mid-Term Review of the Stockholm Programme (2013/2024(INI), 4.3.2014.

Commission JURI du Parlement européen, document de travail sur l'examen à mi-parcours du programme de Stockholm, 25/04/2013 : http://www.europarl.europa.eu/meetdocs/2009_2014/documents/cj08/dt/931/931910/931910fr.pdf

Commission LIBE du Parlement européen, Document de travail sur l'examen à mi-parcours du programme de Stockholm, 13/05/2013 : http://www.europarl.europa.eu/meetdocs/2009_2014/documents/cj08/dt/935/935978/935978fr.pdf

Conseil européen, Foreign Fighters and returnees from a counter-terrorism perspective, in particular with regard to Syria: state of play and proposals for future work, 9280/1/14, Bruxelles, 27 Mai 2014.

Conseil de l'Union européenne, Stratégie de l'Union européenne visant à lutter contre le terrorisme, 30 novembre 2005. Disponible : http://register.consilium.europa.eu/doc/srv?l=EN&f=ST%20 14469%202005%20REV%204

Notes

1. Nous focaliserons notre propos sur les questions de sécurité et de libre circulation qui sont sans conteste les problématiques majeures de ce domaine. En matière de justice civile l'UE a mis en place une série de mesures dont l'objectif est de faciliter le règlement des litiges civils, grâce à l'adoption du principe de reconnaissance mutuelle et d'une coopération directe entre les autorités compétentes.

2. Emmanuel Barbe, « L'espace judiciaire européen », La documentation Française, 2007.

3. Didier Bigo, « Un espace de liberté, de sécurité et de justice », dans Renaud Dehousse (dir.) *Politiques européennes*, Presses de Sciences Po, 2009.

4. Antoine Mégie (dir.), « Arrêter et juger en Europe. Genèse, luttes et enjeux de la coopération pénale », *Cultures et conflits,* n° 62, L'Harmattan, Paris, 2006.

5. Programme de Stockholm, « Une Europe ouverte et sûre qui sert et protège les citoyens », Journal officiel C115, 4 Mai 2010. Disponible : http://eur-lex.europa.eu/LexUriServ/LexUriServ.do?uri=OJ:C:2010:115:0001:0038:fr:PDF

6. Sergio Carrera and Elspeth Guild, « The European Council's Guidelines for the Area of Freedom, Security and Justice 2020 : Subverting the "Lisbonisation" of Justice and Home Affairs? », *Center for European Policy Studies (CEPS)*, No. 13 / 14, 2014.

7. Jacques De Maillard et Andy Smith (dir.), « Union européenne et sécurité intérieure : institutionnalisation et fragmentation », *Politique européenne*, n° 23, l'Harmattan, 2007.

8. Didier Bigo, *op.cit.,* 2009.

9. Parlement européen, *Report on the Mid-Term Review of the Stockholm Programme* (2013/2024(INI), 4.3.2014.

10. Commission JURI du Parlement européen, document de travail sur l'examen à mi-parcours du programme de Stockholm, 25/04/2013 : http://www.europarl.europa.eu/meetdocs/2009_2014/documents/cj08/dt/931/931910/931910fr.pdf

Commission LIBE du Parlement européen, Document de travail sur l'examen à mi-parcours du programme de Stockholm, 13/05/2013 : http://www.europarl.europa.eu/meetdocs/2009_2014/documents/cj08/dt/935/935978/935978fr.pdf

11. Conseil européen, *Foreign Fighters and returnees from a counter-terrorism perspective, in particular with regard to Syria: state of play and proposals for future work*, 9280/1/14, Bruxelles, 27 Mai 2014.

12. Conseil de l'Union européenne, *Stratégie de l'Union européenne visant à lutter contre le terrorisme*, 30 novembre 2005.

Disponible : http://register.consilium.europa.eu/doc/srv?l=EN&f=ST%2014469%202005%20REV%204

13. Virginie, Guiraudon, « La coopération transatlantique après le 11 septembre : l'enjeu de la sécurité intérieure », *Critique internationale,* n° 28, 2005, pp. 21-35.

14. Antoine Mégie, « Les normes et dispositifs internationaux et européens de lutte contre la criminalité organisée », *Questions Internationales,* Paris, La Documentation française, n° 40, 2009, pp. 70-80.

15. Didier Bigo, *Polices en réseaux*, Presses de Sciences Po, Paris, 1996.

16. Xavier Crettiez et Pierre Piazza (dir.), *Du papier à la biométrie : identifier les individus*, Paris, Les Presses de Sciences Po, 2006.

Focus

L'Espace Schengen

Signés en 1985, les accords de Schengen se concrétisent à partir de 1990, année de leur convention d'application. De nouvelles règles relatives à la libre circulation des biens, des capitaux, des services et des individus sont désormais mises en œuvre entre un nombre restreint de pays européens constituant de fait « l'Espace Schengen » [1]. Cet espace de libre circulation va connaître un élargissement géographique progressif (26 États depuis 2011) à l'exception notable de certains pays européens (Grande-Bretagne, Irlande et Norvège). (v. carte Schengen)

Espace géographique morcelé, l'Europe de Schengen constitue par ailleurs un espace politique et institutionnel en matière d'asile et d'immigration qui, tout en s'intégrant dans l'Espace européen de liberté, sécurité et de justice (ELSJ), dessine les contours spécifiques d'une Europe à géométrie variable dont l'objectif demeure l'harmonisation des pratiques de gestion des frontières et des populations qui désirent les franchir et les traverser. Tout en construisant un domaine de règles favorisant la libre circulation migratoire, les accords Schengen formalisent également un vaste corpus de politiques dans le domaine de la coopération policière et judiciaire. Face à des frontières matérielles qui semblent s'effacer, les acteurs de la sécurité vont en effet chercher dès l'origine à développer de nouveaux dispositifs afin de pouvoir contrôler de manière distanciée et rationnalisée les flux migratoires [2]. Cette superposition des dispositifs juridiques et techniques produit alors des effets directs sur les différentes populations de migrants, en particulier celles jugées indésirables [3].

Enjeux politiques et enjeux de sécurité

Suite aux conclusions de Tampere, l'Espace Schengen se dote, à partir de 1999, d'une stratégie politique et juridique devant constituer le cadre d'une politique européenne en matière d'asile et d'immigration. En dépit de son intégration progressive au domaine communautaire à compter du Traité d'Amsterdam, ce secteur demeure spécifique à certains égards avec une procédure décisionnelle qui reste largement intergouvernementale. Dès lors, les négociations et la mise en œuvre des dispositifs et règlements Schengen relèvent désormais des principales dynamiques de l'ELSJ [4]. Les agendas politiques des États occupent ainsi une place centrale dans la prise de décision et l'orientation des dispositifs de contrôle. Les négociations s'orientent généralement vers une harmonisation des législations nationales à partir de normes minimales communes comme ce fut le cas, par exemple, pour le régime d'asile européen commun (Raec).

Si le Traité de Lisbonne se propose de dépasser ces normes minimales, le programme de Stockholm qui lui fait suite ne fait que confirmer en matière d'asile et d'immigration les priorités des anciens programmes pluriannuels. Il réaffirme en particulier la nécessité de définir un régime d'asile européen commun à travers la procédure d'asile unique ainsi que le statut de protection internationale qui consiste en l'élaboration d'un cadre juridique international permettant de protéger les personnes sollicitant l'asile. Le Conseil européen de Stockholm souligne également la nécessité de développer la politique extérieure de gestion des flux migratoires. Ce renforcement de l'action extérieure s'inscrit dans une volonté européenne d'associer, en fonction de ses propres conditions, les pays tiers afin de favoriser le contrôle à distance des migrants tout en développant les mesures de retour appliquées conjointement avec les pays de départ.

L'agenda des négociations va alors être fortement bousculé par les conséquences des « Printemps arabes » (2011), qui ont mis en lumière l'importance des agendas politiques, la faiblesse de la solidarité au sein de l'espace Schengen. Face à l'afflux d'émigrés libyens et tunisiens sur les côtes italiennes en janvier 2011, l'Italie décide de proclamer l'état d'urgence humanitaire en février 2011. Malgré des demandes répétées des autorités transalpines pour obtenir une aide de l'Union européenne (UE), leurs partenaires européens refusent de déployer un dispositif humain et financier *ad hoc*. Exerçant une sorte de chantage diplomatique, le gouvernement italien décide alors de distribuer des titres de séjour permettant aux migrants de circuler librement dans l'ensemble de l'Espace Schengen. Cela conduit à des prises de décision en chaîne de la part des autres États membres et en particulier de la France qui, face à l'afflux de ces migrants menace, de son côté, de réintroduire les contrôles aux frontières, remettant ainsi en cause le principe de libre circulation.

Suite à des négociations entre le président français, Nicolas Sarkozy, et le président du Conseil italien, Silvio Berlusconi, la France et l'Italie formulent une série de demandes auprès de la Commission européenne afin de pouvoir améliorer la coopéra-

L'Espace Schengen au 1er octobre 2014

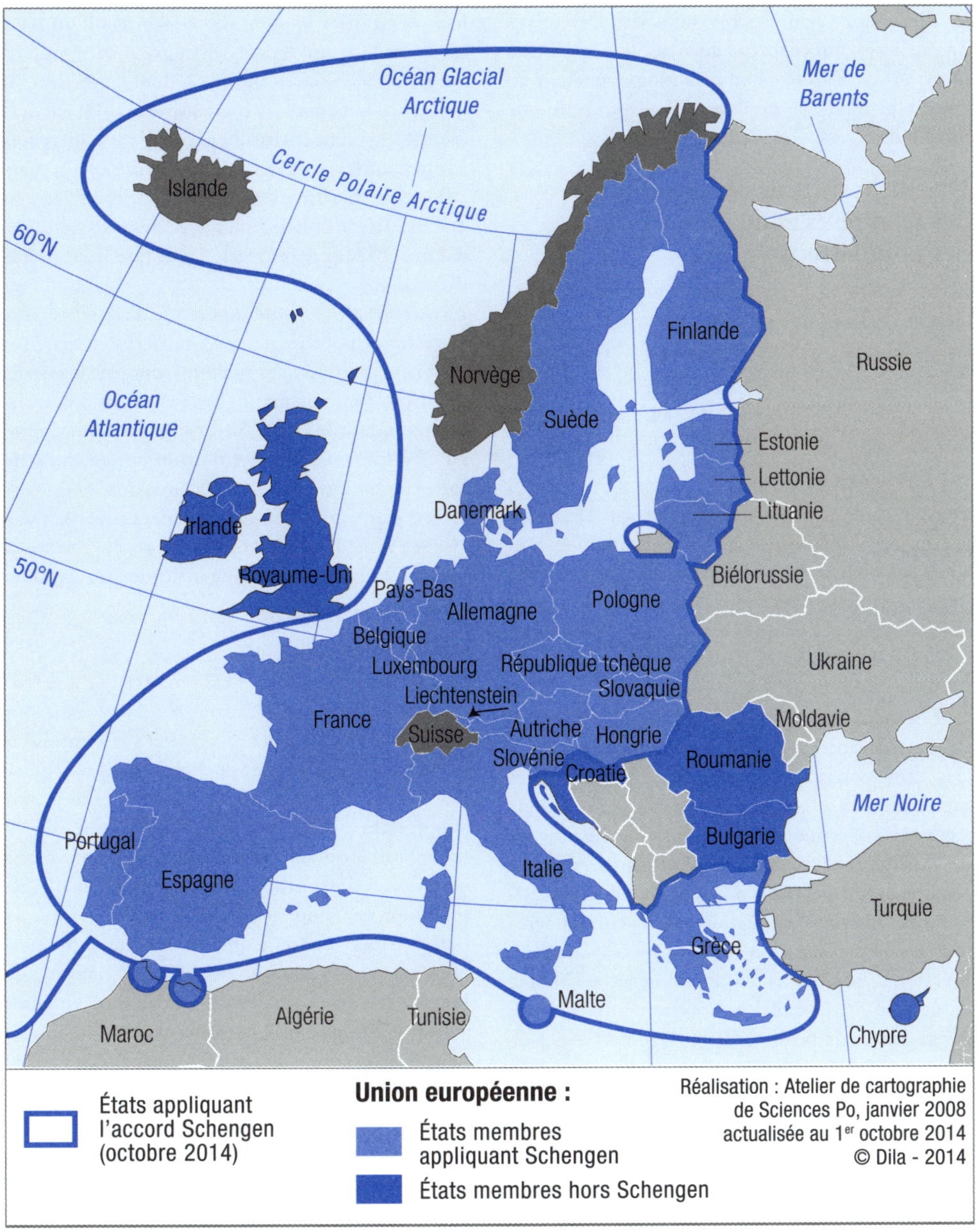

Note : l'Espace Schengen compte au 1er octobre 2014 vingt-six membres auxquels il convient d'ajouter trois micro-États : Monaco, San Marin et le Vatican.

tion en matière d'accueil et de contrôle des flux, notamment en renforçant les moyens de l'Agence Frontex (v. *infra*) et l'aide financière européenne. Dans ce contexte de remise en cause des principes fondateurs de l'Espace Schengen, la France et l'Italie, rejointes par une grande majorité d'autres États membres, demandent également au Président de la Commission d'examiner « la possibilité de rétablir temporairement le contrôle aux frontières intérieures » des États membres, « en cas de difficultés exceptionnelles dans la gestion des frontières extérieures communes ». Pour sa part, le Danemark annonce, en mai 2011, son intention de rétablir pour partie les contrôles à ses frontières intérieures ; la Commission européenne dénonce quant à elle les risques d'affaiblissement de l'Espace Schengen.

Si la renégociation des accords Schengen devient un enjeu dans différents débats politiques nationaux, les discussions pour les révisions des Directives « accueil » et « procédures » ainsi que les règlements Dublin III et Eurodac sont néanmoins conclues fin 2012 dans les délais prévus par le programme de Stockholm.

Des dispositifs de sécurisation des frontières et de gestion des populations

Espace politique, l'Espace Schengen constitue également un ensemble de dispositifs dont l'objectif est certes d'harmoniser les politiques migratoires européennes mais aussi de contrôler les frontières extérieures tout en permettant la traçabilité des migrants au sein du territoire européen.

L'Agence Frontex

Dans le prolongement des objectifs de Tampere, la Commission européenne et les États membres adoptent à partir de 2002 le principe d'une gestion intégrée des frontières de l'UE. Pour répondre à cet objectif, l'Agence Frontex est créée en 2004 (règlement CE n° 2007/2004), devenant opérationnelle à partir de 2005. Basée à Varsovie et composée d'un représentant national par État (auquel s'ajoutent deux suppléants) ainsi que deux représentants de la Commission européenne, Frontex représente très rapidement la vitrine principale des politiques de sécurité européenne en matière de gestion extérieure des flux migratoires illégaux. Cet affichage politique passe en particulier par la mise en avant de la dimension opérationnelle des actions de l'agence concrétisée par la participation aux missions de contrôle. En effet, si l'une des fonctions premières de Frontex est de produire une analyse des risques migratoires irréguliers et de favoriser le partage de ces expertises, ce sont bel et bien les missions d'intervention qui légitiment l'existence de cette agence.
Le premier type de missions relève des opérations conjointes aux frontières aériennes, terrestres et maritimes *via* la coordination des ressources humaines et des infrastructures présentes dans les États membres. Le second type de missions dites de retour consiste en l'organisation de vols groupés à l'échelon européen afin d'expulser les migrants illégaux vers les pays de départ. Ce second type d'opérations s'est largement développé depuis 2007 passant de 428 personnes refoulées à 1 622 en 2009. Pour sa part, d'un montant de 500 000 euros en 2005, le budget s'élevait à plus de sept millions en 2010[5].
Frontex va donc connaître des évolutions importantes sur le plan de ses capacités opérationnelles avec un renforcement de ses infrastructures et de ses ressources. En 2007, la création des Rabit (*Rapid Border Intervention Team*)[6] permet à Frontex de mobiliser des gardes-frontières dans le cas où un pays est confronté à une « pression migratoire urgente et exceptionnelle ». Ces équipes – dont l'effectif total au début de l'année 2010 avoisine les 700 gardes-frontières – vont être utilisées pour la première fois à la demande de la Grèce de novembre 2010 à mars 2011. Véritable force d'intervention, Frontex disposait en 2010 de 26 hélicoptères, 22 avions légers, 113 navires et 476 appareils techniques (radars, caméras thermiques, etc.).
La place de plus en plus importante de l'agence dans la gestion quotidienne des frontières extérieures n'est pas sans difficultés en ce qui concerne le respect des droits fondamentaux. Les violations des droits humains dans le cadre d'opérations d'interception aux frontières ou d'identification ont entrainé de fortes mobilisations des ONG ainsi que le dépôt de projets d'amendements au Parlement européen, qui visent à remédier au manque de transparence en la matière et à combler le vide juridique qui entoure ces interventions[7].

La directive retour

Durant sa présidence de l'UE en 2008, le gouvernement français propose de mettre à l'ordre du jour des discussions un Pacte européen sur l'immigration et l'asile. Illustrant la dimension sécuritaire des politiques d'immigration, le premier dispositif adopté dans le cadre de ce Pacte concerne la « directive retour » qui définit des normes et procédures communes d'expulsion pour les ressortissants de pays tiers en séjour irrégulier sur le territoire de l'UE[8]. Alors que son entrée en vigueur remonte à présent à janvier 2009, nombre d'États membres de l'espace Schengen ont dépassé les délais prévus pour son application (2 ans), perpétuant ainsi l'hétérogénéité des systèmes nationaux. C'est pourtant sur ce point que les principaux défenseurs de ce texte ont justifié l'intérêt d'offrir des garanties communes et identiques dans l'ensemble de l'Espace Schengen.
Concrètement, cette directive définit les délais concernant les «retours volontaires» (de 7 à 30 jours) ou les rétentions administratives (durée de 6 mois maximum renouvelable jusqu'à 18 mois en cas d'absence de coopération de la personne concernée). Prévoyant la possibilité de recourir à une assistance juridique et médicale, la directive accorde également aux ONG l'accès aux centres de rétention. Deux aspects de la directive ont toutefois cristallisé la majorité des critiques :

- toute expulsion s'accompagne d'une interdiction d'entrée sur le territoire européen pour une durée de cinq ans maximum ;

• les mineurs peuvent faire l'objet d'une expulsion, y compris les mineurs non accompagnés.

La Convention de Dublin et le système Eurodac

La Convention de Dublin de 1990, modifiée une premièrement fois par le règlement dit Dublin II en 2003, a pour objectif de désigner l'État membre de Schengen responsable de l'examen d'une demande d'asile présentée par un ressortissant d'un pays tiers dans l'ensemble de l'espace concerné. L'objectif est d'éviter les demandes multiples et les flux de demandeurs d'asile qui, une fois leur demande rejetée par un État, formuleraient une autre demande dans un autre État. Le statut d' « État responsable » est alors établi à partir d'une liste de critères qui se veut la plus objective possible. Ceci étant, les États ont introduit une clause dite de souveraineté afin de leur permettre d'examiner une demande d'asile même s'ils ne sont pas responsables.

Très rapidement, de multiples difficultés sont apparues en raison du manque d'harmonisation en matière d'asile. Exemple emblématique, celui des demandeurs d'asile irakiens dans les années 2000 qui, selon le pays de dépôt de leur demande, voyaient le nombre de celles-ci rejetées à plus de 90 % en Grèce, ou 80 % en Angleterre alors qu'en Belgique, le taux de rejets était de 20 %. Soucieuses d'assurer le respect des droits humains, la Cour européenne des droits de l'homme et la Cour de justice de l'Union européenne ont imposé aux États un recours à leur clause de souveraineté lorsque les demandeurs d'asile risquaient de subir des traitements inhumains et dégradants compte tenu « des défaillances systémiques observées dans la procédure d'asile et les conditions d'accueil » du pays de renvoi, en l'espèce, dans cette affaire, vers la Grèce. Le projet de Dublin III de 2012 intègre cette jurisprudence et accorde également aux demandeurs le droit à un entretien individuel ainsi que la possibilité de rester dans l'État membre en attendant l'issue du recours contre son transfert vers l'État responsable.

La Convention de Dublin est complétée par la mise en place à partir de 2003 de la base de données Eurodac. Exemple de l'orientation juridique et technologique qui prévaut au sein de l'Espace Schengen, ce dispositif a pour objectif de recueillir les empreintes des demandeurs d'asile à l'échelle de l'UE afin de permettre aux services nationaux d'identifier les demandeurs d'asile dont les demandes ont déjà été rejetées par un État. Depuis 2008, sous l'impulsion de la Commission européenne et en accord avec le Conseil et le Parlement européens, la base Eurodac peut aussi être utilisée dans le cadre d'enquêtes pénales. Une telle évolution n'est pas sans poser de nombreuses questions sur le plan du respect des droits fondamentaux et de l'utilisation extensive des bases de données européennes comme l'a souligné à plusieurs reprises le Contrôleur européen à la protection des données (CEPD).

Antoine Mégie

Notes

1. Daniel Fontanaud, « Les accords de Schengen », *Problèmes politiques et sociaux,* Paris, La Documentation française, n° 763-764, 15 mars 1996.

2. Pierre Piazza, Didier Bigo, « Fichage et listing. Quelles incidences pour les individus ? », *Cultures et Conflits*, 76, hiver 2009.

3. Pour les statistiques sur l'immigration dans l'UE, voir notamment : Migration and migrant population statistics, Eurostat-European Commission : http://epp.eurostat.ec.europa.eu/statistics_explained/index.php/Migration_and_migrant_population_statistics

4. Pour une chronologie exhaustive, voir : Virginie Guiraudon (dir.), « Les effets de l'européanisation des politiques d'immigration », *Politique européenne,* n° 31, L'Harmattan, 2010.

5. « Agence Frontex : Quelles garanties pour les Droits de l'Homme », Rapport du groupe Verts/ALE, Parlement européen, 2010. Consultable : http://www.frontexit.org/fr/docs/5-frontex-quelles-garanties-pour-les-droits-de-lhomme-/file

6. Règlement (CE) no 863/2007 du Parlement européen et du Conseil du 11 juillet 2007 instituant un mécanisme de création d'équipes d'intervention rapide aux frontières et modifiant le règlement (CE) no 2007/2004 du Conseil pour ce qui a trait à ce mécanisme et définissant les taches et compétences des agents invités.

7. *Résolution sur l'évaluation et le développement futur de l'agence FRONTEX et du système européen de surveillance des frontières EUROSUR,* Parlement européen, décembre 2008.

8. Directive 2008/115/CE du Parlement européen et du Conseil du 16 décembre 2008 relative aux normes et procédures communes applicables dans les États membres au retour des ressortissants de pays tiers en séjour irrégulier.

Notice 22

L'action extérieure de l'Union européenne

Formellement, les traités européens fournissent les bases juridiques permettant à l'Union européenne (UE) de mener des politiques externes aux fins d'affirmer sa présence sur la scène internationale. Depuis l'entrée en vigueur du Traité de Lisbonne (2011), le Traité sur l'UE comprend un titre dédié à « l'action extérieure de l'Union européenne » qui réunit ces politiques et s'efforce de les mettre en cohérence autour d'objectifs généraux figurant à l'article 21. En pratique, l'action extérieure est compliquée par le fait que les États membres disposent de leurs propres politiques étrangères ainsi que par la distinction – ayant cours depuis les années 1970 – entre les politiques externes de nature principalement économique régies par la méthode communautaire (v. Notice 2) et la Politique étrangère et de sécurité commune (Pesc) de nature politique et militaire qui fonctionne sur une base intergouvernementale. Dans une perspective longitudinale, on observe que les politiques externes de l'UE se sont développées au point de renforcer considérablement la présence internationale de l'UE, sa qualité d'acteur, son statut de puissance. Certes, l'Union européenne n'est pas un État et sa nature hybride et complexe explique assez largement la difficulté à analyser son action extérieure. Celle-ci s'ajoute à celle des États et, sauf pour la politique commerciale commune, ne la remplace pas.

Certes, le Traité de Lisbonne a gommé l'architecture en piliers mise en place au début des années 1990 par celui de Maastricht : il n'y a plus, aujourd'hui, d'un côté, des politiques relevant du premier pilier et donc de la Communauté européenne (politique commerciale, aide humanitaire, coopération au développement, politique conventionnelle) et, de l'autre, une politique (la Pesc en l'occurrence) composant le deuxième pilier et relevant de l'UE. Désormais, toutes les politiques externes sont directement rattachées à l'UE. Elles n'en continuent pas moins de fonctionner de manière différente, plus supranationale dans le cas des politiques de l'ex-premier pilier, plus intergouvernementale dans celui de la Pesc.

Les politiques externes de l'UE ne sont pas hiérarchisées. Certes, la Pesc semble bénéficier d'une sorte de prévalence ontologique en raison de sa nature « englobante ». Plus que les autres politiques, elle est censée favoriser l'émergence d'« une » politique étrangère de l'Union européenne. D'une part, elle est le lieu où sont élaborées les lignes directrices qui guident l'Union et ses États membres dans les relations internationales. D'autre part, la cohérence de l'action extérieure passe aussi par l'adoption de textes « inter-piliers » tels que la stratégie européenne de sécurité (2003) ou les différentes stratégies à l'égard des grandes régions du monde (par exemple, celle vis-à-vis de l'Afrique adoptée en décembre 2005). La Pesc n'est alors qu'un des éléments d'une stratégie plus vaste, élaborée par les chefs d'État et de gouvernement et par les ministres des Affaires étrangères dans les différents domaines couverts par l'UE. Enfin, la Pesc est la politique la plus critiquée pour son manque d'efficacité, en particulier dans la gestion des grandes crises (Balkans, Proche et Moyen-Orient). Dans les médias, et dans l'opinion publique plus largement, s'est répandue l'image d'une Europe incapable d'émerger en tant que puissance internationale. La littérature académique est plus nuancée, mais cette perception demeure : la politique commerciale, les accords extérieurs, la coopération au développement fonctionneraient mieux que la Politique étrangère et de sécurité commune. Il est difficile, dans ces conditions, d'imaginer que la Pesc puisse prévaloir sur les autres politiques externes. Ainsi, le commerce (v. Notice 24) ou le développement demeurent les fondements les plus solides de l'action extérieure européenne. Cette situation est liée à l'histoire et au développement des politiques externes, lesquelles ont d'abord concerné les domaines économiques dès les années 1960, avant de s'étendre aux domaines politico-militaires à partir des années 1970 et surtout 1990[1].

On s'attachera à montrer que l'image d'une Europe incapable de défendre des positions communes et encore moins d'agir efficacement dans ses rapports avec l'extérieur est une caricature. Non prévue par les traités originels, la présence extérieure des Communautés, puis de l'Union, s'est construite progressivement mais sûrement dans les domaines tant économiques que politiques et militaires. Par-delà les échecs et les difficultés rencontrés pour affirmer son identité sur la scène internationale, l'UE peut prétendre à la qualité d'acteur international et au statut de puissance.

Le développement progressif des compétences externes

Dans les Traités de Rome version 1957, en dehors de la possibilité de mener une politique commerciale commune et de passer des accords avec des États tiers et des organisations internationales, la dimension extérieure est peu développée. Mais rapidement, le champ des relations extérieures va s'élargir à différents domaines d'abord économiques, puis politiques et militaires.

Les politiques externes de nature économique

Dans le domaine couvert par l'ex-premier pilier (Communauté européenne)[2], deux catégories de politiques externes peuvent être distinguées : les politiques externes spécifiques et la dimension externe des politiques internes.

Les politiques externes spécifiques

Quatre politiques externes spécifiques disposent aujourd'hui au terme des traités, de bases juridiques :
- la politique commerciale ;
- la coopération au développement ;
- l'assistance humanitaire ;
- la politique conventionnelle.

Le Traité de Rome prévoyait, dès 1957, l'existence d'une politique commerciale commune (v. Notice 24), qui apparaissait comme le complément nécessaire du tarif extérieur commun prévu dans le cadre de l'Union douanière. Depuis le Traité de Lisbonne[3], cette politique commerciale figure dans la catégorie des compétences exclusives de l'UE. Elle est donc la plus intégrée des politiques extérieures de l'Union (tandis que la Pesc est la moins intégrée). La Commission négocie les accords commerciaux sur la base du mandat que lui confie le Conseil. Ces accords sont adoptés par ce dernier et approuvés par le Parlement européen.

La politique européenne de développement[4] fournit une assistance de long terme aux pays en voie de développement. Elle s'appuie sur un organe baptisé *Europaid*, aujourd'hui fusionné avec la Direction générale Devco de la Commission. Les traités originels ne mentionnaient pas de compétence spécifique en matière de développement ; des actions ont néanmoins été menées dès les années 1960 en faveur des anciennes colonies ayant accédé à l'indépendance. Ce sont les dispositions relatives à la signature d'accords extérieurs qui ont permis de mener ces actions, avant que le Traité de Maastricht ne fournisse à la politique de développement une base juridique spécifique. Les États qui ne sont pas considérés comme étant en retard de développement relèvent d'une autre catégorie – la coopération scientifique et technique – qui peut inclure, comme la politique de développement, une assistance financière.

L'assistance humanitaire est attribuée, sans parti pris politique de la part de l'Union, aux victimes de catastrophes naturelles ou de désastres provoqués par l'homme. Echo, tout à la fois bureau humanitaire et Direction générale de la Commission européenne, finance des opérations dans une soixantaine de pays, souvent par l'intermédiaire d'ONG.

L'UE, ayant la capacité de signer des traités avec des États tiers et des organisations internationales, se trouve aujourd'hui liée par un grand nombre d'« accords externes », lesquels peuvent être propres à l'UE s'ils couvrent un domaine qui relève entièrement de sa compétence, ou conclus conjointement par l'UE et ses États membres dès lors qu'ils concernent un domaine de compétences partagées. Le contenu de ces accords varie selon qu'ils établissent une simple relation commerciale ou qu'ils visent des domaines plus larges touchant à l'éducation, la formation professionnelle, la culture, la recherche, la santé, l'environnement ou le développement (accords de coopération). Quant aux accords d'association, ils ont pour objet d'instaurer un lien particulier avec un État considéré comme un partenaire privilégié ou comme un membre potentiel de l'Union (v. Notice 23).

Pendant longtemps, les Européens ont privilégié les accords inter-régionaux, reflétant la vision d'un monde où l'expérience européenne d'intégration serait reproduite dans d'autres régions. L'essoufflement des processus d'intégration régionale a contraint l'Union à se replier sur des accords bilatéraux avec des États tiers, particulièrement des puissances dites émergentes (Afrique du sud, Brésil, Russie, Inde, Chine) et des partenaires comme les États-Unis et le Canada.

La dimension externe des compétences internes

En vertu de la théorie du parallélisme des compétences internes et externes développée par la Cour de justice des Communautés européennes, l'Union peut prendre des mesures à effet externe dès lors qu'elle est compétente pour prendre des mesures à effet interne[5]. Les conséquences de cette jurisprudence sont importantes. En effet, toutes les politiques internes – Politique agricole commune, politique environnementale, politique culturelle, etc. – comportent potentiellement une dimension externe, qui sera plus ou moins développée en fonction des choix opérés par les institutions européennes. Cet aspect externe des politiques internes s'ajoute donc aux politiques externes spécifiques.

Le développement de la Politique étrangère et de sécurité commune (Pesc)

Les échecs du projet de Communauté européenne de défense en 1954 et des plans Fouchet en 1961-1962 (v. Notice 1) avaient enterré l'idée d'une politique étrangère européenne. Celle-ci réapparaît au début des années 1970 avec la mise en place d'une Coopération politique européenne (CPE) qui sera transformée en Politique étrangère et de sécurité commune (Pesc) au début des années 1990.

De la Coopération politique européenne (CPE) à la Politique étrangère et de sécurité commune (Pesc)

C'est un simple rapport, adopté sous forme de déclaration par les ministres des Affaires étrangères à Luxembourg qui donne naissance à la CPE en octobre 1970. Deux autres déclarations, celles de Copenhague en 1973 puis de Londres en 1981, renforcent le mécanisme sans le modifier fondamentalement, avant que l'Acte unique ne vienne, pour la première fois, consacrer la CPE dans un traité communautaire.

Les questions de sécurité et de défense (v. Notice 25) étant volontairement laissées de côté tandis que les relations économiques extérieures restent du ressort de la Communauté économique européenne, le domaine de la politique étrangère *stricto sensu* est le terrain privilégié de la CPE. Il s'agit pour les États membres de garantir, par une information et des consultations régulières, une meilleure compréhension mutuelle des grands problèmes de politique internationale ainsi que de renforcer leur solidarité en favorisant l'harmonisation des points de vue, la concertation des positions et, lorsque cela paraîtra possible et souhaitable, des actions communes. La CPE relève essentiellement des ministres des Affaires étrangères, du Conseil européen à partir de 1974, tandis que la Commission et le Parlement n'ont qu'un rôle marginal. On est loin d'une grande politique extérieure qui réunirait autour d'un axe politique clair les différents segments de l'action extérieure de la Communauté.

Toutefois, dès les années 1970 et 1980, les politiques étrangères nationales s'européanisent, les points de vue se rapprochent, des automatismes apparaissent. Mais ces progrès se heurtent à deux écueils de taille : le caractère essentiellement déclaratoire de la CPE qui a peu d'applications opérationnelles ainsi qu'une forme d'autolimitation dans le domaine de la sécurité et de la défense liée à la nécessité de ne pas mettre en péril la relation transatlantique. La prudence des États membres, également soucieux de préserver leur souveraineté, se reflète dans la sémantique appliquée à la CPE. Plutôt que d'affirmer l'ambition d'une politique « commune » dans le domaine extérieur, on préfère s'en tenir à des objectifs moins audacieux : une simple « diplomatie concertée », une « approche cohérente et unie des questions internationales » ou encore une « politique étrangère européenne ».

Le pas est franchi avec le Traité de Maastricht en 1992. Avec la fin de la Guerre froide, les États membres sont amenés à repenser leur rôle propre, sur le continent et au-delà ; ils tirent les conséquences du nouveau contexte international en annonçant la création, en lieu et place de l'ancienne CPE, d'une véritable politique commune, deuxième pilier de l'architecture institutionnelle européenne[6].

Si la Pesc reste distincte des politiques externes de nature économique (premier pilier) et demeure intergouvernementale, trois évolutions justifient le changement de dénomination[7] :

- L'élargissement du champ d'action à la sécurité et à la défense, et ce même si la perspective d'une défense commune reste lointaine et hypothétique[8] ;
- Une évolution de la parole à l'action, du déclaratoire à l'opératoire, grâce notamment à un nouvel instrument juridique, l'action commune ;
- Le souci de la cohérence extérieure à la fois :

– horizontale : lien entre la Pesc et les politiques économiques à travers différentes pratiques : les sanctions économiques à finalité politique ; les dialogues politiques greffés sur les accords extérieurs ; les documents stratégiques mêlant les dimensions économiques, politiques, voire militaires de l'action extérieure et

– verticale : renforcement de la cohérence entre Pesc et politiques étrangères nationales par le biais d'obligations juridiques pesant sur les États, même si aucun mécanisme de contrôle n'est prévu pour assurer le respect effectif des décisions Pesc.

Les évolutions de la Politique étrangère de sécurité et de coopération

Avec les Traités d'Amsterdam, de Nice et de Lisbonne, ou au travers des conclusions du Conseil européen, plusieurs modifications sont apportées à la Pesc dans quatre directions principales : visibilité, renforcement de la cohérence horizontale, capacité de gestion des crises et flexibilité.

- La création, par le Traité d'Amsterdam, d'un poste de Haut représentant pour la Pesc, secrétaire général du Conseil, est censée donner une voix et un visage à l'Europe, en vue d'améliorer sa visibilité. Le Traité de Lisbonne change la dénomination : le statut du Haut représentant devient Haut représentant pour les affaires étrangères et la politique de sécurité, et voit sa position hiérarchique renforcée. La titulaire du poste à partir de 2009, Catherine Ashton remplacée par Federica Mogherini au 1er novembre 2014 -, n'est plus secrétaire générale du Conseil mais se situe à un niveau politique au sein de la Commission dont elle est vice-présidente en charge des Relations extérieures, et du Conseil affaires étrangères dont elle préside les réunions. Le même traité crée le poste de président du Conseil européen, attribué à Hermann Van Rompuy – à qui succèdera Donald Tusk à l'automne 2014 qui comporte une fonction de représentation extérieure, dans le respect des attributions de la Haute représentante.
- La deuxième évolution -le renforcement de la cohérence horizontaledécoule de la suppression de la Communauté européenne. Désormais, toutes les politiques externes, bien qu'elles ne fonctionnent pas selon les mêmes règles, relèvent de l'Union européenne (art. 21-3 TUE). Le président du Conseil européen représente l'UE sur la scène internationale, sans aucune

distinction entre les questions économiques et politiques. En plus des responsabilités incombant à la Commission et au Conseil, la Haute représentante « nouvelle formule » est placée dans une situation de dédoublement fonctionnel lui permettant de faire le lien entre les relations extérieures (de type économique) et la Pesc. Elle dispose pour cela d'un nouveau service, le Service européen d'action extérieure (SEAE), sorte de ministère des Affaires étrangères qui regroupe, à Bruxelles, les services chargés de la Pesc au Conseil et la DG Relex (Relations extérieures) de la Commission ; le SEAE intègre par ailleurs les nouvelles délégations de l'UE dans les États tiers et les organisations internationales, au lieu et place des délégations de la Commission[9].

- La troisième évolution de la Pesc se situe au niveau de la capacité de gestion des crises, développée à partir de 1999 dans le cadre de la nouvelle Politique européenne de sécurité et de défense (qui, avec le Traité de Lisbonne, change de dénomination pour devenir la Politique de sécurité et de défense commune PSDC) (v. Notice 25). L'effacement de l'UE lors des crises balkaniques des années 1990 a montré le chemin à parcourir avant que celle-ci n'investisse pleinement le domaine sécurité-défense et s'éloigne du seul registre déclaratoire. Composante militaire et opérationnelle de la Pesc, la PSDC[10] a permis le lancement d'opérations civiles et militaires de gestion des crises à partir de 2003.
- Le quatrième et dernier type d'évolution concerne différentes formes de flexibilité dans le fonctionnement de la Pesc. Depuis le Traité de Nice, il est possible pour un groupe de huit États minimum de lancer une « coopération renforcée » dans le domaine de la Pesc. Une exception était prévue pour les questions militaires ou ayant des implications dans le domaine de la défense ; elle a été supprimée par le Traité de Lisbonne. Toutefois, aucune coopération renforcée n'a été lancée dans ce cadre qui prévoit pourtant deux formes spécifiques de flexibilité :

• d'une part, le lancement d'une « coopération structurée permanente » par un groupe d'États disposant d'un niveau élevé de capacités militaires ;
• d'autre part, la mise en œuvre d'une opération à laquelle tous les États membres ne souhaitent pas s'associer.

Le statut controversé de l'Union européenne sur la scène internationale

La mise en place et le développement des différentes politiques externes amènent à s'interroger sur la capacité de l'Union européenne à émerger sur la scène internationale : l'UE est-elle un véritable acteur international ? Peut-on la considérer comme une puissance, et si tel est le cas, de quelle nature ?

Un acteur international d'une nature complexe

Pour un théoricien réaliste classique, l'UE ne peut pas être un « acteur », cette qualité étant réservée aux États. S'il est vrai que cette entité est particulière en raison de la persistance, en son sein, d'États ayant conservé leur souveraineté, rien n'empêche pour autant de la considérer comme un acteur international.

Pour les politologues Joseph Jupille et James A. Caporoso[11], la qualité d'acteur international se mesure à l'aune de quatre éléments :

- la reconnaissance par les tiers ;
- l'autorité découlant de la compétence de l'UE pour agir ;
- l'autonomie des institutions européennes par rapport aux États membres ;
- la cohésion de l'UE ou sa capacité à formuler des préférences politiques cohérentes.

Bien qu'il existe des différences selon les domaines d'action extérieure, l'application de cette grille d'analyse aboutit à des résultats qui plaident en faveur de faire de l'UE un acteur à part entière. En effet, l'UE est aujourd'hui reconnue par la quasi-totalité des États tiers. Les seules limites à ce principe concernent sa participation aux organisations internationales (v. Focus Notice 22), qui passe encore assez souvent par celle de ses États membres. À l'extérieur, elle est perçue globalement comme un véritable acteur[12]. La compétence pour agir découle tour à tour des traités et des attributions que ces derniers confèrent, de la jurisprudence de la CJUE sur les compétences implicites (v. *supra*), de la reconnaissance de la personnalité juridique internationale à l'UE, devenue explicite depuis le Traité de Lisbonne.

L'autonomie de l'UE par rapport aux États membres est très marquée pour la politique commerciale, domaine de compétence exclusive, plus faible pour la Pesc, les autres politiques externes se situant entre ces deux extrêmes. Dans tous les cas, l'UE a la capacité d'agir en son nom propre ; à cet égard, le Traité de Lisbonne constitue sans aucun doute une nouvelle étape dans le processus d'autonomisation *via* l'institution du président du Conseil européen, du poste de Haut représentant, du SEAE, etc.

Le dernier élément, la cohérence extérieure de l'Union, est le plus difficile à évaluer. Si la cohérence horizontale a été renforcée récemment par le Traité de Lisbonne, toutes les difficultés ne sont pas résolues pour autant. Les batailles institutionnelles sont encore fréquentes entre le Parlement et la Commission d'un côté, le Conseil et les États membres de l'autre, autour de questions dont la nature hybride tend à les faire basculer vers les politiques externes de l'ex-premier pilier, comme vers la Pesc. Le Haut représentant peut surveiller la cohérence entre relations extérieures et Pesc, mais son champ d'intervention ne s'étend ni à la politique de développement, ni à la politique commerciale. Traditionnellement, la logique de la coopération au développement s'oppose à la logique du libre échange dans le cadre de la politique commerciale, même si cette opposition est moins nette depuis l'accord de Cotonou contracté avec les pays de la zone Afrique-Caraïbes-Pacifique (2000). Quant aux politiques commerciales et de développement, elles doivent être compatibles avec les objectifs politiques fixés dans le cadre de la Pesc, en particulier ceux relatifs au respect des droits de l'homme, ce qui est loin d'être garanti.

La cohérence verticale, pour sa part, a été renforcée par le Traité de Maastricht mais pas par les traités suivants. Elle continue donc de relever de mécanismes très différents :

- D'un côté, les politiques externes de l'ex-premier pilier sont régies par la méthode communautaire, avec des décisions juridiquement obligatoires, susceptibles de recours devant la CJUE ;
- De l'autre, la Pesc fonctionne de manière intergouvernementale. Le Conseil adopte des déclarations politiques sans portée contraignante ou des actes contraignants (actions et positions communes) dont le respect n'est pas sanctionné par la Cour (mises à part les mesures restrictives).

Toutefois, même en l'absence de contrôle juridictionnel, les États membres n'agissent pas en toute liberté dans le domaine de la Pesc. En vertu du traité sur l'UE, ceux-ci doivent appuyer « activement et sans réserve la politique extérieure et de sécurité de l'Union dans un esprit de loyauté et de solidarité mutuelle » et s'abstenir « de toute action contraire aux intérêts de l'Union ou susceptible de nuire à son efficacité en tant que force de cohésion dans les relations internationales » (art. 11-2 TUE). Au fil du temps, la Pesc a donc permis un rapprochement des positions étatiques et, en dépit de grands désaccords tels que la crise irakienne en 2002-2003, les postures extérieures des États s'éloignent rarement des positions européennes[13].

L'UE, une puissance internationale ?

Si l'Union européenne répond globalement aux différents critères d'un acteur international, peut-on pour autant considérer qu'elle a atteint le statut d'une puissance internationale ? Répondre à cette question suppose de procéder à une évaluation globale de l'efficacité de l'action extérieure européenne[14].

Un débat qui s'appuie sur le bilan des politiques externes

Mise en avant dans les études portant sur son action extérieure, l'incapacité de l'UE à faire face aux grandes crises, en particulier celle des Balkans dans les années 1990, la crise irakienne en 2002-2003 ou plus récemment les printemps arabes revient systématiquement dans nombre d'analyses. Il est vrai que l'UE n'est pas parvenue à mettre un terme à la guerre en Bosnie, que les États membres se sont déchirés sur la question du soutien éventuel à apporter à l'intervention américaine en Irak, et que le refus allemand d'intervenir en Libye a contraint les Français et les Britanniques à mener une opération hors UE. Mais on ne saurait évaluer l'UE en vertu d'un seul critère, celui de la capacité à résoudre les grandes crises internationales. La part de l'Union dans le commerce international, son impact diplomatique dans le domaine des droits de l'homme ou au sein des organisations internationales, doit aussi être pris en compte, ainsi que sa capacité à produire du consensus entre les États membres. Il reste néanmoins difficile d'évaluer l'impact des politiques externes européennes au niveau international[15]. Des travaux mettent en avant un manque, soit de capacités[16], soit de volonté politique. Les auteurs sur ces questions n'évitent pas toujours le biais normatif consistant à évaluer l'action extérieure de l'UE en fonction de leurs propres attentes et non selon des critères objectifs.

L'élaboration de documents stratégiques tels que la Stratégie européenne de sécurité (décembre 2003) ou d'autres documents portant sur une région du monde ou sur un thème particulier (prévention des crises, non-prolifération...) permet de faire connaître la position de l'Europe sur le plan international. On peut y voir une diplomatie du *Speech Act* par laquelle l'Union veut prouver qu'elle existe sans parvenir à s'affirmer réellement en tant qu'acteur[17]. On peut aussi considérer qu'il y a là une évolution sensible par rapport à une période où l'on disait que l'Europe peinait à faire sens dans les relations internationales.

On observe par ailleurs que l'Union s'efforce d'agir là où, dans les années 1970 et 1980, elle se contentait d'adopter des déclarations. Dans le cas du conflit au Proche-Orient, les États membres étaient considérablement divisés sur le conflit dans les années 1970, avant de fixer une position équilibrée prenant en compte le droit des Palestiniens à l'existence d'un État mais aussi le droit d'Israël à la sécurité (Déclaration de Venise de 1980). Depuis les années 1990, l'UE participe au Quartet chargé d'encadrer les négociations entre les parties au conflit, est présente sur le terrain *via* un représentant spécial, fournit une assistance financière et technique aux Palestiniens tout en développant des relations bilatérales avec Israël comprenant une dimension économique forte mais aussi une dimension politique, mène des activités opérationnelles de soutien à la constitution d'une force de police palestinienne et de contrôle aux frontières (au point de passage de Rafah entre Gaza et l'Égypte). Certes, la contribution de l'UE ne permet pas pour autant de trouver une solution au conflit, mais jusqu'ici, aucun acteur n'y est parvenu, pas plus les États-Unis que l'Europe[18].

En somme, l'UE est fréquemment associée à une image de faiblesse. Cette caricature est liée au fait qu'on se focalise trop souvent sur les domaines politiques, au détriment des domaines économiques. D'ailleurs, même si l'on s'attache aux seuls aspects politiques, donc à la Pesc, le bilan est loin d'être totalement négatif.

Les faiblesses supposées de la Pesc sont souvent attribuées aux modes décisionnels, à savoir le principe de l'unanimité. Il est vrai que les États, pour la plupart, ne souhaitent pas être mis en minorité dans les domaines de la politique étrangère, de la sécurité et de la défense, alors qu'ils l'acceptent plus facilement, avec des nuances, dans les domaines relevant de l'ex-premier pilier. Dès lors, la généralisation du vote à la majorité qualifiée pourrait-elle renforcer la politique commune ? On objectera que la volonté commune ne peut pas être engendrée *ab nihilo* par l'application de règles majoritaires ; au contraire, seule, l'existence d'une forte volonté politique crée les conditions du passage à la majorité qualifiée[19].

Les concepts de puissance appliqués à l'UE

Plusieurs auteurs ont réfléchi au type de puissance qui caractérise le mieux les performances de l'UE sur la scène internationale[20]. On peut passer sous silence ceux qui la considèrent comme une puissance négligeable ou comme une organisation qui n'exercerait pas de puissance du tout : il y a aujourd'hui suffisamment de travaux pour démontrer que l'UE exerce une certaine influence, quand bien même on peinerait à caractériser cette dernière.

• Dans les années 1970, le concept de puissance civile a été appliqué à la Communauté européenne par l'analyste François Duchêne[21]. Né d'une volonté de mettre fin à la guerre, le processus d'intégration européenne pourrait très bien s'en tenir à ses atouts d'origine, économiques et civils. L'idée a été reprise à la fin des années 1990, quand le lancement de la Politique européenne de sécurité et de défense a fait rejaillir la perspective d'une Europe militaire. Pour la Britannique Karen E. Smith[22], par exemple, l'UE perdrait les bénéfices qu'elle retire de son image pacifique en cherchant à investir le terrain militaire. Bien que l'Europe soit souvent associée à cette logique « kantienne » de refus de la guerre décrite par le chercheur américain Robert Kagan[23], la PSDC est suffisamment développée et certains États membres suffisamment impliqués dans des opérations militaires pour que la notion de puissance civile ne soit plus appropriée[24]. Et, comme le rappelle le professeur Andrew Moravcsik, les capacités militaires de l'Europe restent, après celles des États-Unis, les plus élevées dans le monde[25].

• La puissance normative[26] permet à l'Union d'exercer une influence internationale sans qu'elle ait forcément besoin de la rechercher. L'Union parviendrait à imposer ses normes, valeurs, idées, comme un modèle à reproduire à l'échelle mondiale. La gouvernance de l'UE offrirait une boîte à outils pour la gouvernance mondiale, et les normes européennes finiraient par être reprises au niveau international, la puissance venant du contenu de la norme, de la force de conviction liée au projet européen. La notion de puissance douce, ou *soft power*, est proche de celle de puissance normative, mais elle met beaucoup plus l'accent sur une volonté active d'exercer une influence par le biais de la diplomatie, de la négociation, des outils politiques et culturels, par la carotte plutôt que le bâton, la promesse de relations économiques fructueuses plutôt que la menace de sanctions.

• D'autres notions sont utilisées pour manifester le fait que l'UE, bien que donnant la priorité aux instruments civils et « doux », est devenue un acteur qui peut, occasionnellement, mener des interventions coercitives. Le concept de « puissance par le marché » (*Market Power Europe*) proposé par le politologue Chad Damro[27], met l'accent sur le pouvoir exercé par l'UE à travers l'externalisation des politiques et des mesures de régulation socio-économiques reliées au marché. L'exercice d'un tel pouvoir, qu'il soit ou non intentionnel, suggère que l'Union peut désormais faire usage de moyens incitatifs et coercitifs d'influencer les affaires internationales. La notion de *smart power* qui est appliquée à la politique étrangère du Président américain, Barack Obama, peut aussi l'être à celle de l'Union européenne. Il s'agit de combiner intelligemment les instruments incitatifs et coercitifs, afin que les uns et les autres se renforcent mutuellement. L'idée de la « puissance tranquille »[28] manifeste la prévalence de la dimension civile et incitative, sans écarter la possibilité d'un usage limité de la coercition et de l'outil militaire.

• • • De cette analyse de l'action extérieure de l'UE, on tirera deux conclusions.

– D'une part, il est normal que l'Union ait plus de mal qu'un État à formuler ses positions extérieures. Le fait qu'elle n'y parvienne pas toujours ne signifie pas qu'elle n'a pas d'existence en tant qu'acteur ou en tant que puissance.

– D'autre part, le fait que les États, de leur côté, mènent des actions ne doit pas nécessairement être considéré comme un signe de la non-existence de l'acteur européen. Au contraire, les actions nationales de politique étrangère peuvent être mises au crédit de l'Union dans son ensemble, dès lors qu'elles ne contredisent pas les positions ou les objectifs de l'Union. En somme, la puissance de l'UE est aussi celle de ses États membres. Elle agit comme un multiplicateur de puissance pour les États membres, tandis que ces derniers sont, de manière ponctuelle et non systématique, des relais de la puissance de l'Union. Cette situation n'écarte pas le fait que les États membres répugnent encore à s'effacer derrière l'UE, entravant son affirmation au plan international.

Fabien Terpan

Notes

1. Pour une vue d'ensemble des politiques externes de l'UE, voir : Karen E. Smith, *European Union Foreign Policy in a Changing World*, Polity, 2013. Stephan Keukeleire & Tom Delreux, *The Foreign policy of the European Union*, Palgrave Macmillan, 2014. Sur les aspects juridiques de l'action extérieure européenne : Eleftheria Neframi, *L'action extérieure de l'Union européenne*, LGDJ, Paris, 2011.

2. Stephen Woolcock, *European Union Economic Diplomacy*, Ashgate, 2013.

3. Marc Bungenberg, *Common Commercial Policy after Lisbon*, Springer, 2013.

4. Corinne Balleix, *L'aide européenne au développement*, La documentation française, Coll. Réflexe Europe, série Institutions & Politiques, Paris, 2010. Wil Hout, *EU Development Policy and Poverty Reduction*, Ashgate, 2013.

5. CJCE, 14 juillet 1976, Kramer, aff.3, 4, 6/76 ; Avis 1/76 relatif à l'institution d'un fonds européen d'immobilisation de la navigation intérieure.

6. Pour une présentation générale de la Pesc : Fabien Terpan, *La politique étrangère, de sécurité et de défense commune de l'Union européenne*, La documentation française, 2010. Catherine Schneider, La politique étrangère et de sécurité commune, *Répertoire Dalloz, Droit européen*, 2014.

7. Sur le bilan des premières années de la Pesc : Fabien Terpan, *La politique étrangère et de sécurité commune de l'Union européenne*, Bruxelles, Bruylant, 2003 ; Yves Buchet de Neuilly, *L'Europe de la politique étrangère*, Paris, Economica, 2005.

8. Aujourd'hui, cette disposition figure à l'article 17-1 du traité UE dans sa version consolidée. La rédaction en a été quelque peu modifiée : « La politique étrangère et de sécurité commune inclut l'ensemble des questions relatives à la sécurité de l'Union, y compris la définition progressive d'une politique de défense commune, qui pourrait conduire à une défense commune, si le Conseil européen en décide ainsi. »

9. Michael E. Smith, The European External Action Service and the Security–Development Nexus: Organizing for Effectiveness or Incoherence ? *Journal of European Public Policy*, 20(9), 2013, pp.1299-1315. Sophie Vanhoonacker & Kaolina Pomorska, The European External Action Service and Agenda-setting in European Foreign Policy, *Journal of European Public Policy*, 20(9), 2013, pp.1316-1331.

10. Frédéric Mérand, *European Defence Policy: Beyond the Nation State*, Oxford University Press, 2008. Panos Koutrakos, *The EU Common Security and Defence Policy*, Oxford University Press, 2013. Josiane Auvret-Finck (dir.), *Vers une relance de la politique de sécurité et de défense commune ?* Larcier, 2014.

11. Joseph Jupille, James A. Caporaso, States, Agency and Rules: The European Union in Global Environmental Politics, in Carolyn Rhodes (ed.), *The European Union in the World Community*, Boulder, Lynne Rienner, 1998, pp. 213–29.

12. Sonia Lucarelli & Lorenzo Fioramonti, *External Perceptions of the European Union as a Global Actor*, Routledge, 2009.

13. Eva Gross, *The Europeanization of National Foreign Policy: Continuity and Change in European Crisis Management*, Palgrave Macmillan, 2009. Christopher Hill, Reuben Wong (eds.), *National and European foreign policy: Towards Europeanization*, Routledge, 2011.

14. Se reporter notamment à Nicole Gnesotto, "L'Union européenne" in P. Hassner (sous la dir.), *Les relations internationales*, 2e édition, Les Notices, La documentation Française, 2012, pp. 217-228.

15. Pour des tentatives d'évaluation : Federiga Bindi, Irina Angelescu (eds.), *The Foreign Policy of the European Union: Assessing Europe's Role in the World*, Brookings Institution Press, 2010. Louise van Schaik, *EU Effectiveness and Unity in Multilateral Negotiations More Than The Sum Of The Parts ?* Palgrave Macmillan, 2013. Plus précisément, sur le rôle de l'UE dans la gestion des crises, Roy H. Ginsberg, Susan E. Penksa (eds.), *The European Union in Global Security : The Politics of Impact*, Palgrave Macmillan, 2012. Anne Marie Peen Rodt, The EU: A Successful Military Conflict Manager?, *Democracy & Security*, 7(2), 2011, pp.99-122.

16. Christopher Hill, The Capability-Expectations Gap, *Journal of Common Market Studies*, 31(3), September 1993, pp. 305-328.

17. Franck Petiteville, Les mirages de la politique étrangère européenne, *Critique internationale*, 51(2), 2011, pp. 95-112.

18. Sur l'UE et le conflit israélo-arabe: Constanza Musu, *European Union Policy towards the Arab-Israeli Conflict*, Palgrave Macmillan, 2010. Patrick Müller, *EU Foreign Policymaking and the Middle East Conflict: The Europeanization of National Foreign Policy*, Routledge, 2013.

19. Fabien Terpan, La prise de décision dans la Pesc : un mode de fonctionnement intergouvernemental controversé, in Marc Blanquet (Dir.), *La prise de décision dans le système de l'Union européenne*, Bruylant, 2011, pp.157-176.

20. Mario Telò, Frederik Ponjaert, *The EU's Foreign Policy: What Kind of Power and Diplomatic Action?* Ashgate, 2013.

21. François Duchêne, Europe's role in World Peace, in Richard Mayne (ed.), *Europe Tomorrow: sixteen Europeans look ahead*, Fontana, 1972, pp. 31-47.

22. Karen E. Smith, The End of Civilian Power Europe : a Welcome Demise or a Cause for Concern ? *The International Spectator*, 35(3), 2000, pp.11-58.

23. Robert Kagan, *La puissance et la faiblesse, L'Europe et les États-Unis dans le nouvel ordre mondial*, Plon, 2003.

24. Anand Menon, Empowering Paradise ? The ESDP at Ten, *International Affairs*, 85(2), 2009, p.227-246.

25. Andrew Moravcsik, The Quiet Superpower, *French Politics*, 7, 2009, pp. 403-422.

26. Ian Manners, Normative Power Europe: A Contradiction in Terms? *Journal of Common Market Studies*, 40, 2002, pp.235–258. Zaki Laïdi, *La norme sans la force, L'énigme de la puissance européenne*, Presses de Sciences po, 2006. Richard G. Whitman (ed.), *Normative Power Europe: Empirical and Theoretical Perspectives*, Palgrave Macmillan, 2011.

27. Chad Damro, Market Power Europe, *Journal of European Public Policies*, 19(5), 2012, pp.682-699.

28. Eric Remacle, La puissance tranquille comme méthodologie d'analyse de l'action extérieure européenne, in Bernard Adam (dir.), *Europe puissance tranquille ?, Rôle et identité sur la scène mondiale*, Grip, ed. Complexe, 2006, pp.184-190. Andrew Moravcsik, *op.cit*.

Focus

L'Union européenne dans les enceintes internationales

L'Union européenne (UE) est présente, sous une forme ou une autre, dans la plupart des organisations internationales. Mais cette présence est loin d'aller de soi dans la mesure où l'Union est elle-même une organisation internationale. En effet, le droit de légation, actif (capacité d'être représenté sur le territoire d'un État tiers ou d'une organisation internationale) ou passif (capacité d'agréer une représentation d'un État sur son territoire), est attribué aux États mais pas aux organisations internationales. Ainsi, au lieu de déployer des « ambassades » dans les États tiers et les organisations internationales, l'UE doit se contenter de simples « délégations ». Il n'empêche. L'Union a progressivement affirmé sa présence dans les enceintes internationales en dépit de ces obstacles juridiques. Car au-delà de ces aspects [1], ce sont avant tout les considérations politiques qui déterminent la place et le rôle de l'Union européenne dans les enceintes internationales.

Quel statut pour l'UE dans les organisations et conférences internationales ?

Le droit de représentation dans les organisations internationales est une composante de la personnalité juridique internationale. Il est aujourd'hui largement accepté par les États tiers. L'Union dont la personnalité juridique est à présent reconnue (art. 47 TUE), peut donc ouvrir des délégations non seulement auprès d'États mais aussi auprès d'organisations internationales. Á titre d'exemple, on citera les cinq délégations présentes dans des villes où se trouvent le siège de plusieurs organisations : Genève (Organisation des Nations unies, ONU, Organisation mondiale du commerce, OMC), New York (Organisation des Nations unies), Paris (Organisation des Nations unies pour l'éducation, la science et la culture, Unesco, Organisation de coopération et de développement économique, OCDE), Rome (Programme alimentaire mondial, PAM, *Food and Agriculture Organization,* FAO) et Vienne (Traité d'interdiction complète des essais nucléaires, Ticen, Organisation pour la sécurité et la coopération en Europe, OSCE et Agence internationale de l'énergie atomique, AIEA).

Le droit pour l'Union d'être représentée dans les organisations internationales ne préjuge pas du statut qui lui est accordé. Trois cas principaux se présentent.

– L'UE bénéficie le plus souvent d'un statut d'observateur lui permettant une participation directe aux activités de l'organisation, à titre consultatif. C'est le cas dans certaines organisations universelles : l'Assemblée générale des Nations unies, le Conseil économique et social de l'Onu, certains organes subsidiaires comme la Conférence des Nations unies pour le commerce et le développement (Cnuced), le Programme des Nations unies pour le développement (Pnud) ainsi que des institutions rattachées à l'Onu : Banque internationale pour la recherche et le développement (Bird), Fonds monétaire international (FMI), Organisation internationale du travail (OIT), Organisation mondiale pour la propriété intellectuelle (OMPI). C'est le cas, aussi, dans des organisations régionales telles que l'Organisation de coopération et de développement économique (OCDE), le Conseil de l'Europe, l'Organisation des États américains (OEA), l'Union africaine, la Ligue arabe.

Ce statut d'observateur permet à l'UE de bénéficier d'une présence passive (avec accès à la documentation mais sans prise de parole) ou active (incluant le droit de soumettre et distribuer des documents ou de prendre la parole). Par exemple, l'UE intervient librement dans les Commissions de l'Onu mais pas à l'Assemblée générale où sa prise de parole doit être autorisée. Dans les deux cas, pour contribuer aux négociations par des propositions et des amendements, l'UE doit passer par l'un des États membres.

– Dans certaines organisations, le représentant de l'UE jouit d'un statut d'observateur privilégié. Elle peut alors prendre part aux débats et influer sur les décisions en participant au consensus, mais sans droit de vote : tel est le cas à la Conférence des Nations unies pour le commerce et le développement (Cnuced), au Programme alimentaire mondial (PAM), à la Commission du développement durable (CDD) ou encore à l'Organisation de coopération et de développement économique (OCDE).

– Lorsque la participation de l'UE est très intense, se pose alors la question d'une possible adhésion. Il est plus facile pour elle de se faire admettre en tant que membre à part entière lorsqu'elle participe à la constitution de l'organisation, comme ce fut le cas pour l'OMC issue de l'Accord de Marrakech de 1994. En revanche, il lui a été plus difficile de devenir membre de la FAO dans la mesure où il fallut modifier le traité constitutif et négocier les conditions et restrictions imposées à l'UE. Outre l'OMC et la FAO, l'Union est aussi membre du *codex alimentarius* et de la Banque européenne de reconstruction et de développement. En tant que membre, l'UE reçoit les informations, siège dans les principaux organes, participe aux débats conduisant à l'adoption de résolutions ou de programmes, dispose du droit de vote.

Dans les domaines de compétences partagées entre l'UE et les États membres, l'adhésion est généralement additionnelle : elle s'ajoute donc à celle des États membres. Dans ce cas, la règle veut que l'UE vote dans les domaines de compétence européenne et que ce soit les États membres qui votent dans les domaines relevant des compétences nationales. Lorsqu'il est difficile de déterminer si la compétence est nationale ou européenne, un arrangement doit être trouvé. Au sein de la FAO, un accord interinstitutionnel prévoit que les États déterminent par consensus si une question relève principalement de la compétence européenne ou nationale. Dans les domaines de compétences exclusives, l'adhésion peut être substitutive : l'UE est alors membre en lieu et place des États membres. C'est le cas des organisations régionales de pêche.

L'Union peut enfin, sans être membre d'une organisation, être adhérente d'une convention abritée par ladite organisation. C'est la situation qui se met actuellement en place dans le cas du Conseil de l'Europe où l'UE, sans être membre à part entière, peut assister à toutes les réunions du Comité des ministres et de ses organismes subsidiaires et négocie une adhésion à la Convention européenne de sauvegarde des droits de l'homme et des libertés fondamentales[2].

Qui défend les positions européennes dans les enceintes internationales ?

La tâche de défendre les positions européennes dans les organisations et conférences internationales est répartie entre plusieurs personnalités et organes :

- le président du Conseil européen (Donald Tusk à compter du 1er décembre 2014) ;
- le président de la Commission et ses services ;
- la Haute représentante pour les affaires étrangères et la politique de sécurité (Federica Mogherini à compter du 1er novembre 2014) ;
- les délégations de l'Union européenne qui, depuis le traité de Lisbonne, remplacent les délégations de la Commission et relèvent du Service européen d'action extérieure (SEAE) ;
- les représentants spéciaux de l'UE dans certaines régions du monde ;
- l'État membre exerçant la présidence de l'Union ;
- les autres États membres intervenant au nom de l'Union.

Il n'est pas toujours simple de déterminer qui doit intervenir. Ainsi, le président du Conseil européen assume une fonction de représentation extérieure, mais doit respecter les compétences externes de la Haute représentante pour les affaires étrangères et la politique de sécurité. Lorsque l'Union négocie un accord externe, la nature de la compétence exercée détermine le mode de fonctionnement. Dans un domaine de compétence exclusive, la représentation est effectuée par la seule Commission. Dans les domaines de compétence partagée, la délégation de l'Union doit faire place aux États membres ou à l'un d'entre eux chargé de représenter tous les autres.

Le Traité de Lisbonne a simplifié la représentation extérieure en gommant la distinction entre les politiques externes de nature économique (ex-premier pilier) et la Pesc. Auparavant, l'État membre exerçant la présidence tournante, donc ses services diplomatiques, représentaient l'UE pour les questions relevant des deuxième et troisième piliers ; la Commission et ses délégations en faisaient de même pour le premier pilier (Communauté européenne). Dorénavant, la Haute représentante exerce une fonction de représentation qui englobe à la fois les relations extérieures (à l'exclusion du développement, du commerce et de l'action humanitaire) et la Pesc. Le SEAE chapeaute des délégations de l'UE (et non plus de la seule Commission[3]), qui couvrent à la fois les domaines économiques et la Pesc. Le rôle des États membres est donc amoindri, même si, en pratique, il demeure important. Il arrive, par exemple, que la coordination des États soit assurée non pas par le SEAE mais par un État membre – souvent l'un des trois « grands » – ayant une expertise, des capacités ou une volonté forte dans le domaine concerné. La France, par exemple assume souvent cette fonction dans le cadre onusien, lorsque sont négociés des textes relatifs aux droits de l'homme. En outre, lorsque l'organisation internationale ne permet pas la prise de parole de l'Union, celle-ci doit nécessairement passer par l'un des États membres.

Quels facteurs déterminent la participation de l'UE aux différentes instances internationales ?

La présence internationale de l'UE dans les organisations internationales ne dépend pas uniquement du cadre juridique, mais assez largement aussi de considérations politiques. Entre autres facteurs, le type d'organisation et le mode décisionnel utilisés exercent une influence considérable. On distinguera, à la suite du professeur Robert Kissack[4], trois catégories d'organisations : celles où la décision est prise à la majorité ; celles où le consensus prévaut ;

celles enfin qui accordent des privilèges à certains membres.
– Dans les organisations à vote majoritaire, l'UE peut agir collectivement à travers le vote[5], alors que, dans les autres organisations, seules la coordination, une déclaration ou une proposition sont possibles. La Commission communique beaucoup sur le fait qu'à l'Assemblée générale des Nations unies, 95 % des votes des États membres sont similaires. Si l'on enlève les cas où le vote reflète un consensus généralisé, allant bien au-delà de l'UE, la proportion reste élevée (75 %). On observe que les nouveaux États membres d'Europe centrale et orientale ont assez rapidement rejoint la « norme » européenne. Cette propension à voter de manière unanime donne un certain poids, même si l'UE, avec 28 votes, reste malgré tout assez loin de la majorité requise pour emporter une décision. La question de l'abolition de la peine est souvent citée comme l'un des meilleurs exemples illustrant la puissance normative (relative) de l'UE. Mais il faut rappeler que les organisations à vote majoritaire sont généralement celles où l'on n'adopte pas de texte à portée contraignante. On notera aussi que, paradoxalement, l'absence d'une cohésion parfaite n'est pas nécessairement synonyme de désunion. À l'Organisation internationale du travail (OIT), par exemple, les votes unanimes ont chuté dans les années 1990, à la suite d'un avis de la Cour de justice (avis 2/91) se prononçant contre une forte implication de la Commission dans cette enceinte. Parfois, les États votent différemment alors même qu'ils ont préalablement adopté une déclaration commune. La raison est simple : les gouvernements nationaux sont tentés de répondre aux pressions d'acteurs internes (syndicats, industries, parlementaires), sachant que, de toute façon, leur défection n'aura aucune conséquence sur l'adoption du texte (les votes des autres acteurs étant très prévisibles à l'OIT).
– Dans les organisations fonctionnant sur la base d'un consensus, celles où sont prises les décisions à caractère obligatoire (l'OMC, par exemple), l'UE dispose de certains atouts. L'existence d'un consensus intra-européen préalable à la négociation multilatérale est un avantage certain. Le fait que l'UE dispose, en propre ou *via* ses membres, de moyens diplomatiques, humains, matériels, est aussi un atout.
– Les organisations dites à privilèges, telles que les institutions de Bretton Woods (Banque mondiale, Fonds monétaire international) ou le Conseil de sécurité des Nations unies, qui semblent le moins convenir à l'Union. Les relations de pouvoir y sont prégnants et conviennent mieux aux grandes puissances étatiques. Le temps nécessaire à la coordination intra-européenne, problématique dans toutes les organisations, l'est encore plus dans les organisations à privilèges. Les États membres représentés dans ces organisations doivent renoncer volontairement à leur privilège au profit de l'UE, ce qui est loin d'être facile.
L'UE n'est pas présente en tant que telle au Conseil de sécurité des Nations unies, par exemple. Celui-ci fait l'objet d'une coopération entre les États membres qui y sont représentés, de manière permanente (France, Royaume-Uni) ou temporaire. Cette coopération, prévue par les traités (art. 19 TUE), s'est développée à partir de 2001 au niveau des ambassadeurs. Des déclarations (20 à 30 par an) sont prononcées par le président du Conseil européen, la Haute représentante, un commissaire ou encore l'État membre exerçant la présidence. Les travaux sur le Conseil de sécurité restent prudents quant aux évolutions constatées[6]. La France et le Royaume-Uni s'en tiennent encore assez largement à leurs objectifs de politique étrangère, de même que les membres non permanents. La question du siège européen reste posée, mais Français et Britanniques rétorquent qu'un siège pour l'UE à la place de deux sièges « européens » serait une perte d'influence, et défendent – timidement – l'option d'un siège supplémentaire pour l'Allemagne.

• • • Au-delà du type d'organisation, d'autres facteurs politiques jouent un rôle dans l'affirmation de l'UE au sein des organisations internationales, telle que l'existence ou la non-existence d'une « volonté politique » de la part des Européens, laquelle dépend assez largement des différences entre intérêts nationaux. Nul doute que la cohésion intra-européenne est un facteur important. Il faut se méfier, néanmoins, des conclusions hâtives. Certains travaux ont montré que, paradoxalement, une forte cohésion intra-européenne n'entraîne pas forcément un surcroît d'influence, bien au contraire. À l'OIT, lorsque les membres de l'UE défendent unanimement des standards sociaux élevés, le taux de ratification de ces textes par les États tiers est généralement faible. En revanche, lorsque les Européens, moins unis, proposent des standards plus bas, issus d'un compromis interne difficile, le taux de ratification par les États tiers est plus élevé (au prix d'une ambition à la baisse, évidemment). De manière générale, s'il y a bel et bien des situations où la cohésion et l'unité européennes sont insuffisantes, dans d'autres cas, la diversité européenne, autrement dit le fait que l'Union soit forte de vingt-huit diplomaties différentes, apparaît comme un atout.

Fabien Terpan

Notes

1. Sur les aspects juridiques, Ramses Wessel, The Legal Framework for the Participation of the European Union in International Institutions, *Journal of European Integration*, The EU's Performance in the United Nations Security Council, 33(6), 2011, pp.621-635.

2. Celle-ci avait été jugée impossible par la Cour de justice dans un avis (2/94). Elle est désormais prévue par le Traité de Lisbonne, dans un protocole annexe.

3. Les délégations de la Commission se sont multipliées au fil des années, à mesure que le rôle de la Communauté se renforçait. En 1988, une réforme réalise l'uniformité du statut des services extérieurs sous l'appellation « délégation ». Une autre réforme, en 1994, les regroupe en un service extérieur unifié assurant l'unité de leur gestion (au sein de la DG Relex), avant que le Traité de Lisbonne ne place les délégations de l'UE sous l'égide du SEAE.

4. Robert Kissack, *Pursuing Effective Multilateralism, The European Union, International Organisations and the Politics of Decision Making*, Palgrave Macmillan, 2010. Voir aussi, The EU's Performance in the United Nations Security Council, *Journal of European Integration*, 33(6), 2011.

5. Xi Jin, Madeleine O. Hosli, Voting Behaviour at the UN General Assembly, *West European Politics*, 36(6), 2013, pp. 1274-1291.

6. Voir notamment, Spyros Blavoukos, Dimitris Bourantonis, The EU's Performance in the United Nations Security Council, *Journal of European Integration*, 33(6), 2011, pp.731-742.

Notice 23

L'Union européenne et ses voisins : des politiques sans stratégie

Formulée dans les années 2000 pour anticiper, notamment, sur la forte appétence de certains de ses voisins est-européens à rejoindre l'Union européenne, la Politique européenne de voisinage (PEV) a engendré beaucoup (trop) d'espoirs. Que ce soit à l'Est de l'Europe où le mode de relation notamment avec l'Ukraine mais aussi la Géorgie, la Moldavie voire la Biélorussie a visé l'instaurationt d'un partenariat le plus étroit possible ; que ce soit sur le flanc sud où la coopération a été, plus qu'ailleurs, dominée par des préoccupations économiques et sécuritaires (contrôle des flux migratoires) de court terme quitte à faire fi de la conditionnalité politique et du respect des droits humains. Les mouvements sociaux et les bouleversements politiques survenus tant sur l'autre rive de la Méditerranée qu'à l'Est, à commencer par l'Ukraine, ont révélé de façon crue combien l'Union européenne était dépourvue de stratégie à l'égard de ses voisins, additionnant les mesures, voire les gestes politiques sans jamais les inscrire dans une ambition et des perspectives à moyen et long terme.

Au début des années 2000, l'Union européenne (ci-après UE ou Union) semblait au faîte de sa puissance, du moins en tant qu'acteur géopolitique. En 2004, elle s'ouvrait à dix nouveaux membres avant d'en accueillir deux autres, en 2007. Les élargissements de l'Otan précédèrent certes ceux de l'UE, parce qu'il importait aux États et sociétés d'Europe centrale et orientale d'échapper à l'emprise de la Russie et parce qu'aussi les conditions requises pour adhérer à l'organisation transatlantique sont moins complexes à remplir que celles exigées par l'Union. L'UE apparaissait ainsi comme un fournisseur de *soft security*, constituant cette « communauté de sécurité », que le chercheur Karl Deutsch analysa, il y a quelques décennies, apaisant les relations inter-européennes, les civilisant et protégeant tout autant ses membres par l'appartenance même à un vaste ensemble[1]. Mais aussi elle constitue, plus que l'Otan, un formidable transformateur du continent ou plutôt des sociétés, des économies et des systèmes politiques qui le composent. Alors que la traduction de ressources en pouvoir s'avère le plus souvent difficile, élusive, voire impossible, car un gouvernement indépendant peut généralement choisir de se soustraire à des conditions exogènes, qu'elles soient assorties d'avantages, ou, de sanctions, dans le cadre de l'élargissement, la plupart des candidats voient dans l'adhésion un instrument, une feuille de route, des recettes pour parvenir à cette démocratie et cette économie de marché auxquelles ils aspirent.

L'élargissement toutefois rencontre des limites, pour diverses raisons. Il peut s'agir de limites géographiques, bien que les limites de l'Europe, soient arbitraires, des « construits » politico-sociaux (selon l'article 49 du TUE, tout État européen et démocratique peut présenter sa candidature) : si des formations géologiques, montagnes ou mers, peuvent offrir des points d'appui à la constitution de frontières, l'Est de l'Europe, ce « petit promontoire eurasiatique », selon la formule de l'écrivain et philosophe français, Paul Valéry, ne connaît pas de limites, pas même l'Oural dont Pierre le Grand, tsar de Russie, décida de faire une frontière administrative de son vaste empire. Il se peut tout autant s'agir de limites en termes de faisabilité (v. Focus Notice 1). À mesure que l'UE s'étendait hors de son cœur originel, elle s'ouvrait à des contrées instables, appauvries, parfois à peine sorties de guerre, que des structures administratives précaires, une économie inadaptée à une ouverture soudaine, et une fragilité étatique et nationale ne préparaient pas à l'adhésion. L' « avenir européen », promis aux nouveaux États issus de l'ancienne Yougoslavie, en est un exemple. Sur les ruines de l'ancienne fédération, l'UE et une multitude d'organisations internationales durent construire, et non pas seulement reconstruire, des États et des économies qui n'avaient jamais connu l'indépendance. À l'Est de l'Europe, au-delà de la

Tisza et du Bug, des régimes autoritaires, en Biélorussie, ou à peine sortis du post-soviétisme, en Ukraine ou dans le Caucase, et des États amputés de provinces sécessionnistes, la Moldavie, la Géorgie ou l'Azerbaïdjan, et plus tard l'Ukraine, ne pouvaient être, à court ou moyen termes, candidats à l'adhésion.

L'invention de la Politique européenne de voisinage

Sous l'impulsion de la diplomatie polonaise qui, dès les années 1990 n'avait cessé de plaider en faveur de l'intégration de l'Ukraine dans l'UE, la question fut posée du rapport aux États qui, avec le nouvel élargissement, deviendraient les nouveaux voisins de l'UE. Dans une lettre du 28 janvier 2002 adressée à Josep Piqué, ministre espagnol des Affaires étrangères dont le pays assurait la présidence tournante du Conseil Européen, son homologue britannique, Jack Straw, s'inquiétait de la porosité des nouvelles frontières de l'Union et en appelait à une réflexion portant sur le statut de voisin[2]. En 2003, les chefs d'État et de gouvernement de l'Union adoptaient une Stratégie de sécurité européenne qui insistait pour que « les pays situés à ses frontières soient bien gouvernés »[3]. L'année suivante, en 2004, était adoptée la Politique européenne de voisinage (PEV)[4]. Alors que les élargissements s'étaient fait au coup par coup, sous la pression de l'extérieur, la Commission et l'Union prenaient l'initiative d'inventer une politique pour le voisinage – même si celle-ci, de fait, se greffait sur des initiatives antérieures.

L'objectif déclaré était de stabiliser les États et les sociétés du voisinage, de les inciter à introduire des réformes pour accéder au grand marché intérieur, à se doter d'institutions responsables devant les citoyens et à s'acheminer ainsi vers la démocratie. Pour assurer sa propre stabilité, l'UE devait s'entourer de voisins stables. Les encourager sur la voie de la démocratie relevait aussi de cette vocation normative que l'Union semblait assumer dans les années 1990 et au début des années 2000. La PEV put ainsi passer, un temps, pour un « élargissement *light* ». L'UE promettait d'aider ceux de ses voisins qui poursuivraient des réformes. Au demeurant, hormis l'adhésion, les instruments dont se dotait l'UE – la Commission, en l'occurrence – étaient ceux qu'elle avait mis au point pour aider à la transformation des États d'Europe centrale avant l'adhésion : Meda (Mesures d'accompagnement financier et technique) avait été créé en 1995 dans le cadre de la Politique européenne en Méditerranée (PEM, v. *infra*) pour encourager la réforme des structures économiques et sociales. Entre 1995 et la fin de 2006, 8,8 milliards d'euros furent transférés vers les États du Sud et de l'Est de la Méditerranée pour faciliter la mise en place de nouveaux cadres juridiques, de nouvelles règles et de nouvelles normes. Dans le même temps, Tacis (*Technical Assistance to the Commonwealth of Independent States*), s'adressait aux États de l'ancienne URSS (allant donc au-delà du voisinage, jusqu'en Asie centrale). À partir de 2007, l'instrument de la Politique européenne de voisinage (IPEV) succéda à Meda et Tacis dans le souci d'harmoniser les procédures et de coordonner les projets transnationaux et transfrontaliers. Grâce à l'IPEV, 11, 3 milliards d'euros ont été déboursés de 2007 à 2013. En 2011, après les révolutions arabes, il fut entendu qu'un nouvel instrument européen de voisinage (IEPV), prenant effet à partir de 2014, serait doté d'une enveloppe de 15 milliards d'euros jusqu'en 2020.

Au lieu et place de l'élargissement

La feuille de route que l'UE demandait à ses voisins d'observer, qui précisait les réformes à mettre en œuvre, devait être définie conjointement par un Plan d'Action ancré dans un Accord d'association (inspiré des accords de partenariat et de coopération que l'UE avait conclus avec les États de l'ancienne Europe soviétique). Leur suivi était surveillé par la Commission, et les résultats publiés dans des rapports annuels. De fait, les Plans d'action furent souvent critiqués pour inclure une multitude de propositions, reprenant parfois tout simplement les priorités fixées par le gouvernement ou par le partenaire, selon un calendrier trop souvent flou. En contrepartie, la PEV n'offrait, malgré les aides techniques et financières, que des avantages relativement limités.

Bien que le président de la Commission, Romano Prodi, eût en 2002 promis que l'Union partagerait avec ses voisins « tout sauf ses institutions », c'est-à-dire les libertés des personnes, marchandises, capitaux et services , les États membres de l'UE revinrent sur cette promesse, notamment parce que l'institution d'un espace économique unique, semblable en ce sens à l'Espace économique européen qui inclut, outre l'UE, l'Islande, la Norvège et le Liechtenstein, requérait des voisins des institutions, des règles et un ordre qu'ils n'avaient pas.

Pour donner quelque crédibilité à la PEV et prétendre exiger des réformes de ses voisins, l'Union dut revoir sa copie. Après la Révolution orange qui, en 2004, mit à bas le régime post-soviétique en Ukraine – sans y installer toutefois une démocratie durable –, l'UE voulut encourager les artisans du changement et proposa la constitution d'une zone de libre-échange. Quelques années plus tard, ce fut même un Accord de libre-échange approfondi et exhaustif (*Deep and Comprehensive Free Trade Agreement*, DCFTA) qu'elle conçut, impliquant un meilleur accès au marché et une politique plus généreuse de libéralisation des visas. Deux de ces accords furent proposés aux deux principaux voisins situés aux antipodes du voisinage, le Maroc et l'Ukraine. Le Maroc acquit un statut avancé en 2008, l'année où l'UE entama les négociations d'un accord d'association et d'un accord de libre échange approfondi et exhaustif avec l'Ukraine, malgré son manque de préparation (v. *infra*). Des formules régionales, spécifiques à telle ou telle région, furent également inventées : l'Union pour la Méditerranée, en 2008, destinée aux pays du Sud et qui restera quasiment lettre morte (v. *infra*) et le Partenariat oriental, à l'intention de l'Europe orientale, en 2009.

D'élargissement, il n'était cependant pas question.[5] Destinée tout d'abord à l'Ukraine, ce formidable voisin de la Pologne et de l'UE, à la Biélorussie, en filigrane tant que celle-ci demeure un régime autoritaire, et à la petite Moldavie, la PEV finalement embrassa les marches européennes de l'Atlantique au Caucase. Après la « révolution des Roses » qui renversa le régime post-soviétique en Géorgie, en 2003, l'Union inclut celle-ci et ses voisins caucasiens, l'Arménie et l'Azerbaïdjan, dans sa politique de voisinage ainsi que tout le pourtour méditerranéen, du Maroc au Liban, à l'exception des régimes libyen et syrien. S'il y avait une logique européenne à cette entreprise, celle pour l'UE de s'entourer d'un cercle d'États stables, comme le proclame la Stratégie européenne de sécurité adoptée en 2003, une PEV qui embrassait à la fois le Maghreb, le Mashreq et l'Est européen n'avait cependant guère de sens si ce n'est de souligner, à l'attention de l'Ukraine et de ses voisins qu'elle ne promettait pas l'adhésion. La PEV excluait autant qu'elle incluait. Elle traçait des frontières.

Frontières ou marches ? Frontières ouvertes ou fermées ?

La PEV et, avec elle, d'autres organisations ou programmes régionaux devaient transcender les frontières, arrimer les voisins à l'UE pour les rendre plus ou moins « euro-compatibles ». De fait, les marges de l'Europe sont quadrillées par la PEV et, avant elle la PEM, par des institutions ou projets régionaux. Dès 1995, la Politique européenne en Méditerranée, dite également Euromed ou Processus de Barcelone, avait été lancée, en Espagne, dans la foulée des accords d'Oslo. Son objectif était d'appuyer ceux-ci en amenant les différentes parties autour d'une même table, afin de poursuivre des projets communs dans le domaine économique notamment, s'inspirant ainsi de ce qu'avait été l'idée communautaire à son origine. La PEM représentait aussi une réponse aux élargissements à l'Est, alors que les États membres de l'UE riverains de la Méditerranée estimaient que Maghreb et Mashreq méritaient l'attention de l'Union. La PEV se greffait également sur d'autres initiatives qui avaient suivi la chute du Mur. Certaines avaient été prises à l'initiative des voisins, du Conseil des États de la Mer Baltique et du Conseil euro-arctique de Barents à l'Organisation Coopération économique de la Mer Noire, pour traiter conjointement de questions communes malgré l'hétérogénéité des États et des économies concernés. D'autres organisations régionales avaient été créées par l'Union pour préparer les élargissements, telles que le Processus de Coopération du Sud-Est Européen. D'autres enfin, programmes plus qu'organisations, furent mis en avant par certains États membres en fonction de leurs intérêts géostratégiques. Ainsi la présidence finlandaise du Conseil conçut-elle une Dimension nordique en 1999, pour inclure l'Ouest de la Russie et les États riverains de la Baltique. Une synergie pour la mer Noire et une stratégie de l'EU pour la région baltique furent également conçus, respectivement en 2007 et en 2009. Aussi différents qu'ils fussent, ces organisations, projets et programmes avaient pour caractéristique commune de chercher des réponses communes à des problèmes communs, de tisser des liens transfrontaliers et de viser à transcender les frontières, de constituer en somme un « limes » où toutefois l'UE définissait les règles du jeu, ne serait-ce que par l'asymétrie existant entre cet ensemble considérable et ses voisins – à l'exception de la Russie, qui a refusé d'inclure les questions d'énergie dans la Dimension nordique.

Les frontières de l'Union toutefois ne sont pas que poreuses. Elles sont également, en même temps, closes aux immigrants illégaux. Dès le début des années quatre-vingt-dix, avec la constitution de l'Espace Schengen, les États de l'UE et l'UE elle-même renforcèrent les frontières de l'Union. À mesure que disparaissaient les frontières intérieures, des frontières extérieures s'élevaient, imposant aux voisins immédiats de l'UE et, plus tard, à des États tiers, des accords de réadmission. Par ces accords, les voisins de l'UE s'engageaient à rapatrier de l'UE les migrants illégaux, nationaux ou étrangers transitant par leur territoire. Ils se voyaient accorder en contrepartie une aide technique et financière pour remplir leurs obligations, surveiller les frontières, abriter les demandeurs d'asile etc., et des avantages à plus long terme, une politique de visas plus généreuse, par exemple, ou l'adhésion à l'Union et, donc, à l'Espace Schengen[6]. L'UE repoussait ainsi les contrôles frontaliers de sa frontière immédiate à une frontière plus lointaine, aux pourtours du voisinage, par une sorte de « stratégie à l'avant ». Là encore, elle constituait des marches, un limes. Cette politique néanmoins rencontre des limites, à la fois parce que les flux migratoires en Méditerranée n'ont jamais cessé, parce que l'Union contrevient à ses principes mêmes en laissant des êtres humains périr dans cette « mer commune » – bien qu'en Méditerranée, l'agence de surveillance des frontières, Frontex, semble s'orienter du reflux des migrants à leur sauvetage – et parce qu'enfin les États membres n'ont jamais su s'entendre sur une politique migratoire commune, ni solidairement répondre aux afflux migratoires (v. Focus Notice 21). Même si ces politiques ne relèvent pas, à proprement parler de la PEV, elles n'en définissent pas moins, avec elle, un statut de voisin et une politique de voisinage.

La Méditerranée sans conditions

Traçant ainsi fronts et frontières, marges ou limes, l'UE prétendait, par la PEV, créer une région de l'Atlantique au Caucase, où des normes, des politiques et des projets seraient identiquement appliqués. Sur le papier, l'organisation des marges semblait faire sens. L'hétérogénéité de l'ensemble, la profonde différence de statut entre États méditerranéens qui ne pourront jamais prétendre adhérer à l'UE et ceux de l'Est européen qui peuvent y aspirer, enfin les conflits régionaux qui opposent les voisins – Marocains et Algériens à propos du Sahara occidental, Israéliens et Arabes -, ne pouvaient cependant que torpiller l'idée même de région. Au demeurant, jamais les mêmes critères ne furent appliqués au monde arabe et à l'Est européen.

En clair, la conditionnalité envers les pays méditerranéens fut ténue, voire inexistante. Dans les années 1990, la PEM avait prétendu instaurer une certaine conditionnalité et la PEV, qui lui succédait, devait la renforcer. La conditionnalité cependant ne fut que rhétorique, à deux égards au moins. De leurs partenaires maghrébins, les gouvernements européens exigeaient de plus en plus qu'ils contrôlent avant tout les flux migratoires, notamment dans l'après-11 Septembre, où terrorisme et migration furent de plus en plus associés, voire confondus. Lors de la cérémonie célébrant le dixième anniversaire de la PEM, à Barcelone, en 2005, ils se retrouvèrent seuls :

leurs homologues nord-africains refusèrent de les rejoindre. De plus, les Européens prétendaient privilégier les réformes économiques, la conditionnalité démocratique faisant figure d'appendice.[7] Le printemps tunisien allait démontrer l'inanité de cette construction qui consiste à distinguer économie et politique. À la veille même de la révolution tunisienne, l'UE et la Banque mondiale célébraient le miracle économique tunisien. Certes, la Tunisie avait diversifié ses activités économiques, s'engageant dans les filières de l'industrie électrique et électronique, l'agro-industrie et les services. Toutefois, en l'absence d'incitatifs puissants (entre 1995 et 2006, les pays méditerranéens ne reçurent que de un à six euros par habitant, contre 209 dépensés pour aider ceux d'Europe centrale avant l'adhésion) et en l'absence de réelles réformes structurelles, le coût des ajustements fut essentiellement supporté par les petites et moyennes entreprises.[8] Le prétendu miracle économique reposait sur un important chômage, qui servit d'étincelle à la révolte de l'hiver 2010-2011, ainsi que sur la corruption et la confiscation des biens publics par la kleptocratie du clan Ben Ali.[9]

De fait, les gouvernements européens les plus engagés économiquement au Maghreb, les plus proches aussi des pouvoirs en place, la France, l'Italie et l'Espagne, ne cessèrent de flatter ces derniers, malgré les critiques émanant du Nord de l'Europe, et malgré aussi les nombreux liens trans-sociétaux qui ont été tissés entre les deux rives de la Méditerranée[10]. Le Président Chirac, en visite en Tunisie, en 2003, en salua les avancées démocratiques, soulignant que le premier droit est celui de manger, alors même qu'étaient sévèrement réprimées des tentatives de protestation réclamant le respect des droits fondamentaux[11]. Le successeur de Jacques Chirac, Nicolas Sarkozy, proposa, par l'entremise de la ministre des Affaires étrangères, Michèle Alliot-Marie, une aide policière au gouvernement Ben Ali, débordé par la révolte de 2010-2011. Entre-temps, en 2008, le Président français avait balayé toute conditionnalité en lançant l'Union pour la Méditerranée (UpM), qui devait renforcer la coopération entre Nord et Sud de la Méditerranée autour de projets industriels (désalinisation des eaux, énergie solaire...).

La Commission européenne elle-même ne respecta pas les principes qu'elle s'était fixés. C'est ainsi qu'à l'aube de la révolte tunisienne, elle proposait l'ouverture de pourparlers portant sur l'octroi d'un « statut avancé » à Tunis, alors même que le gouvernement en place criminalisait les liens entre ONG locales et l'UE. Malgré la guerre, les violences et les violations des droits dans les années 1990, l'Algérie continua de bénéficier du programme Meda qui ne fut suspendu que pour deux ans, en 1997 et 1998. S'agissant de l'Égypte, la Cour des comptes européenne critiqua sévèrement la politique de la Commission et la distribution de fonds destinés à améliorer la gouvernance, en dépit de tout progrès.[12] Les relations de voisinage, au sein de la PEV, entre l'UE et Israël ne furent jamais véritablement assorties de conditions : ainsi la discrimination entre produits israéliens et biens issus des territoires occupés, auxquels devraient s'appliquer des régimes différents d'importation, n'a jamais été respectée. S'agissant de l'Autorité nationale palestinienne, l'UE a certes promu l'adoption de réformes. Ce n'est toutefois que lorsque Salam Fayyad accéda au pouvoir en tant que ministre des Finances (2002-2007) puis en tant que Premier ministre (2007-2013) qu'une véritable volonté de démocratisation prit corps.

À l'Est de l'Europe

Des régimes autoritaires et kleptocratiques ne sont pas l'apanage du pourtour méditerranéen mais tout autant de l'Est européen, en Biélorussie, ou en Ukraine jusqu'à la chute de Viktor Yanukovych. Cependant, la capacité d'influence de l'UE et la volonté de ses États membres d'infléchir le cours politique des États du voisinage varient selon qu'ils s'adressent à l'une ou l'autre de ces régions, et ceci pour deux raisons essentielles. La première est qu'à la différence des États d'Europe centrale et orientale, gouvernement et sociétés du Sud ne sont guère en quête de recettes ou de modèles européens. Les séquelles de la colonisation et de la décolonisation, l'incapacité de l'UE à peser sur les parties au conflit israélo-arabe, la compromission d'États-membres avec les régimes autoritaires, les tensions entre islamistes et laïcs, parfois militaires, les liens transnationaux de la Libye notamment à la Syrie, le rôle des monarchies du Golfe, privent l'Europe d'influence, à l'exception peut-être du Maroc qui ne fut jamais à proprement parler une colonie, voire de la Tunisie. À l'Est, l'Europe, au contraire, séduit une majorité d'Ukrainiens et de Géorgiens, plus encore que de Moldaves. En 2013, 83 % des Géorgiens déclaraient vouloir rejoindre l'Union, contre 44 % des Moldaves. En 2014, un peu plus de la moitié des Ukrainiens se disaient favorables à l'adhésion.[13] La seconde raison est qu'un certain nombre d'États, comme la Pologne ou la Suède, ou faut-il dire plutôt d'hommes politiques, comme l'ancien ministre polonais des Affaires étrangères Radosław Sikorski, ou son homologue suédois, Carl Bildt, prirent fait et cause en faveur des sociétés voisines, biélorusse et ukrainienne.

Très tôt, l'UE avait sanctionné le régime autoritaire d'Alyaksandar Lukashenka : alors que les seules sanctions prises à l'égard du régime Ben Ali le furent après les débuts de la révolte tunisienne, l'UE avait suspendu la ratification de l'Accord de Partenariat et de Coopération (APC) avec la Biélorussie, conclu en 1995, après la tenue d'un référendum, en 1996, qui perpétuait le maintien du pouvoir du président. L'assistance technique fut suspendue et des officiers, tenus responsables de la disparition d'opposants, interdits d'entrée sur le territoire de l'Union. Les sanctions se durcirent après un nouveau référendum en 2004, la tenue d'élections parlementaires en 2008 et présidentielles en 2010 : la Biélorussie fut notamment écartée du Système de préférences généralisées. Cette politique présentait un double inconvénient. D'une part, elle ne pouvait faire plier un régime autoritaire décidé à s'approprier le pouvoir et, probablement, les ressources du pays. D'autre part, elle pouvait, en isolant le régime, le précipiter dans le giron du Kremlin, bien qu'Alyaksandar Lukashenka s'employât à esquiver l'embrasse russe et à naviguer entre Moscou et Bruxelles. Dans la première décennie des années 2000, la politique biélorusse de l'UE fit l'objet de vifs débats : la Pologne, la Lituanie, la République tchèque et la Slovaquie plaidèrent en faveur d'une politique de la main tendue. Après la libération de ce que Minsk prétendit être les derniers prisonniers politiques, en 2008, l'UE suspendit les sanctions, proposa dialogue politique, coopération économique et assistance financière, à condition que les élections présidentielles de décembre 2010 fussent libres, et elle inclut la Biélorussie dans la dimension régionale du Partenariat oriental. Ce fut en vain, car, bien qu'Alyaksandar Lukashenka eût été vraisemblablement assuré de remporter les élections, celles-ci n'en furent pas moins truquées et l'opposition harcelée et emprisonnée.

Aussi peu couronnée de succès qu'elle fût, aussi apparemment contradictoire qu'elle parût, la politique de l'Union n'en était pas moins caractérisée par une volonté constante d'influencer le régime de Minsk, en l'isolant ou en l'embrassant, alors que des gouvernements avaient allègrement voulu ignorer la nature du régime de Zine el-Abidine Ben Ali, en Tunisie, pour mieux faire affaire avec lui. Cette politique se doubla d'un soutien aux opposants et à la population biélorusse – bien que celle-ci soit profondément divisée et s'oriente plus vers l'Est que vers l'Ouest. Une université européenne des sciences humaines, créée à Minsk en 1992, trouva refuge à Vilnius en Lituanie. Des radios polonaise et allemande notamment, financées parfois par la Commission, diffusèrent des émissions à l'intention de la Biélorussie. Le Parlement européen décerna à deux reprises le prix Sakharov, récompensant des défenseurs des droits de l'homme, à des journalistes biélorusses. En juillet 2012, ce fut « la guerre des oursons » à laquelle se livra une petite entreprise suédoise : des ours en peluche arborant des slogans pro-démocratie furent lâchés au-dessus de la Biélorussie... Ces initiatives se combinaient à une politique ou à des politiques européennes, alors que vis-à-vis de l'aire méditerranéenne, les politiques de connivence brouillaient et paralysaient les contacts trans-sociétaux.

Une Politique européenne de voisinage en faillite

Dix ans après son lancement, malgré quelques avancées en Moldavie et en Géorgie essentiellement, la PEV est en déroute. De la Libye à la Syrie et à l'Ukraine, le voisinage qui devait s'acheminer vers la bonne gouvernance, est en pleine éruption : Algérie paralysée, Tunisie tourmentée, même si l'évolution politique y est la moins problématique, Libye déchirée par les seigneurs de la guerre, Égypte soumise à un régime militaire, interminable conflit israélo-palestinien, Syrie et Irak ravagés par les violences et les séparatismes, Ukraine en proie aux dissensions dans sa partie orientale. La carte du Moyen-Orient, issue des accords Sykes-Picot de 1916 et du démembrement de l'Empire ottoman à la fin de la Première Guerre mondiale, se décompose tandis que l'Europe est affectée par la quasi-sécession de l'Ukraine orientale et la remise en question de l' « accord de libre-échange approfondi et exhaustif ». Comment expliquer ces échecs alors que l'UE était plus ou moins parvenue à assurer la stabilité et l'unification d'un continent plus ou moins pacifié, malgré l'effondrement tragique de l'ancienne Fédération yougoslave ?

Outre les petites combines entre soi, entre gouvernements et entreprises du Sud européen et régimes kleptocrates du pourtour méditerranéen, les gouvernements et l'UE voulurent ignorer la faiblesse de la prétendue stabilité que des régimes autoritaires imposaient en Méditerranée, en donnant pour tout gage à l'Europe le contrôle des flux migratoires. Lorsqu'éclatèrent les révoltes arabes, les gouvernements et l'Union agirent sans feuille de route. En Libye, certains gouvernements européens, français et britanniques en particulier, appuyés par les États-Unis et par une coalition d'États arabes, se livrèrent à des frappes aériennes pour protéger la population, en application de la résolution 1973 du Conseil de sécurité des Nations-Unies.[14] Outre que la résolution ne prévoyait pas un changement de régime, l'UE ne fut pas partie prenante. Elle se contenta de mettre sur pied une mission pour appuyer militairement l'aide humanitaire et civile à la Libye : encore eut-il fallu qu'elle ait été activée – ce qu'elle ne fut jamais. L'Union prit des sanctions – après le début du soulèvement, comme en Tunisie. Elle apporta une aide humanitaire et dépêcha une opération maritime pour contrôler les flux d'immigrants fuyant la Libye. Il n'y eut toutefois pas d'intervention militaire européenne, faute d'entente, l'Allemagne en particulier s'opposant à toute opération de ce type. En Irak, en 2014, quelques États, France et Royaume-Uni, se joignirent aux États-Unis et à quelques pays arabes pour opérer des frappes aériennes contre le prétendu État islamique qui couvre une partie de l'Iraq (non membre de la PEV) et de la Syrie (potentiellement couverte par la Politique de voisinage). Sans avoir su prévenir l'effondrement des régimes autoritaires et sans avoir aidé la Libye à gérer l'après-Qaddafi, l'Union européenne choisit, au Moyen-Orient, soit de s'abstenir, soit de recourir à une politique convenue du « plus pour plus » : plus d'aide financière, un plus grand accès au marché et plus de mobilité aux travailleurs, au sein d'une PEV dite rénovée pour soutenir des réformes démocratiques[15].

La bataille d'Ukraine – la bataille d'Europe

À l'Est du continent, la situation est tout aussi catastrophique. Les avancées russes en Ukraine orientale signent la partition de l'Ukraine, fragilisent le gouvernement, l'économie et la société du pays, tout en piétinant l'ordre européen issu de l'après-guerre, et même l'ordre de la Guerre froide, en remettant en cause le fameux acte final d'Helsinki conclu en 1975, par lequel les dirigeants soviétiques reconnaissaient l'intangibilité des frontières par la force. Au départ, l'UE avait proposé au gouvernement de Viktor Yanukovych la conclusion d'un accord de libre-échange approfondi et exhaustif, reposant sur la création d'un espace de libre-échange, impliquant la mise aux normes des produits ukrainiens et la libéralisation de l'octroi des visas, et d'un accord d'association qui exigeait, entre autres, la réforme du système judiciaire. La signature devait intervenir en décembre 2013, au sommet du Partenariat oriental, à Vilnius, en même temps que la Géorgie et la Moldavie devaient signer l'accord ouvrant la négociation d'accords analogues.

Dès l'été cependant, le régime russe imposa un embargo sur les produits ukrainiens et le président russe rencontra son homologue ukrainien à plusieurs reprises, manifestant son hostilité au projet européen. Selon lui, l'accord nuisait aux intérêts de l'Ukraine et de la Russie, bien que sur le plan économique, la Russie, l'Ukraine et l'UE faisant partie de l'OMC : une logique pour le moins difficile à suivre.

Il est tout à fait étonnant que ni la Commission, ni le Conseil, ni les États membres n'aient anticipé le refus du président ukrainien de signer l'accord à Vilnius et n'aient pas mis au point une contre-stratégie. Ce refus déclencha la révolte du Maïdan, la fuite du président en février 2014 – alors que les ministres des Affaires étrangères allemand, français et polonais s'efforçaient de jouer les médiateurs entre gouvernement et opposition. Les élections de mai 2014 amenèrent au pouvoir Petro Porochenko, mais aussi le raidissement du Kremlin, avec l'annexion de la Crimée en mai, et le soutien à des rébellions et à une guerre qui ne dit pas son nom dans l'Est du pays. Usant de désinformation massive, d'envoi d'armes, d'infiltrations d'hommes de main et de forces spéciales et, à partir de la mi-août, lorsque Kiev semblait regagner l'Est, de troupes russes, le Kremlin s'est taillé une région dite « sécessionniste » sur le modèle de l'Abkhazie et de l'Ossétie du Sud – reconnues en tant qu' « États indépendants » et quasi-annexées, après la guerre entre Russie et Géorgie, en août 2008.[15] Il a obtenu que la mise en œuvre de l'accord de libre-échange approfondi et exhaustif, signé en juin, et ratifié en septembre 2014 soit repoussée à décembre 2015, pour ensuite réclamer à la Commission la réouverture et la réécriture de cet accord.

• • • La réponse des Occidentaux à l'annexion de la Crimée, à l'intervention massive en Ukraine orientale et aux exigences du Kremlin concernant l'accord UE-Ukraine, fut lente, progressive, mais ferme avec la prise de sanctions. Ces sanctions entraîneront des coûts pour l'économie russe, sans nécessairement parvenir à infléchir le Kremlin. La politique poutinienne ne marque pas tant l'échec de la PEV comme instrument d'aide aux réformes en tant que tel : au contraire, les manifestants du Maïdan s'enthousiasmèrent pour un acronyme (« P. E. V. ») auquel l'Ouest croyait à peine. Elle marque l'échec de cet instrument d'incitation aux réformes parce que celui-ci ne s'insère pas dans une véritable stratégie de l'Union vis-à-vis de son voisinage[17].

Anne-Marie Le Gloannec

Les trois échelles de l'Europe instituée

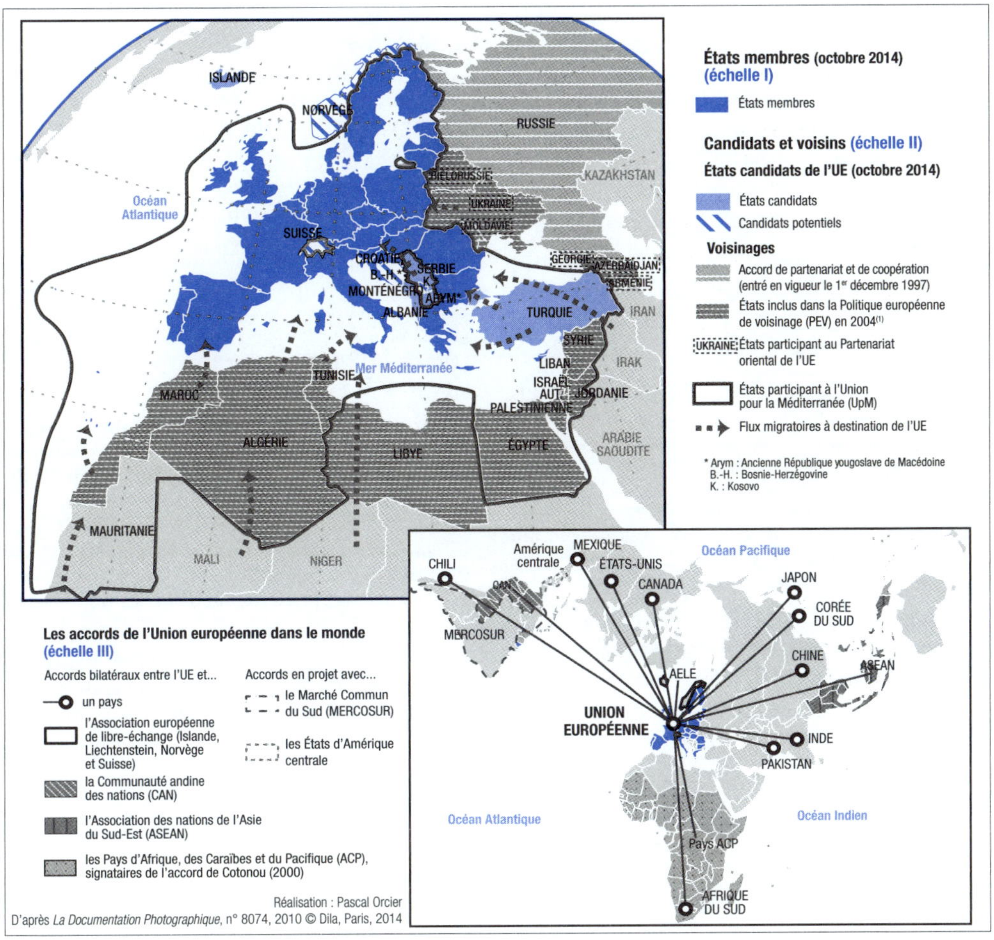

Réalisation : Pascal Orcier

D'après *La Documentation Photographique*, n° 8074, 2010 © Dila, Paris, 2014

Notes : (1) En date du 1er octobre 2014, douze plans d'action avaient été convenus (dont certains de « seconde génération ») alors que la PEV n'est pas encore « activée » pour l'Algérie, la Biélorussie, la Libye et la Syrie, Site du Service européen pour l'action extérieure (SEAE), http://seas.europa.eu/enp/index_fr.htm

Notes

1. Karl W. Deutsch *et al.*, *Political community and the North Atlantic area; international organization in the light of historical experience*. Princeton: Princeton University Press, 1957.

2. Foreign and Commonwealth Office *Letter from Jack Straw to Josep Piqué*, London, 28January 2002.

3. Conseil européen : Stratégie de sécurité européenne, 2003.

4. Commission des Communautés européennes, communication de la Commission : *Politique européenne de voisinage*, Bruxelles, 12 5 2004, COM(2004) 373 final.

5. Au demeurant, la PEV fut d'abord rattachée à la DG Relex pour être, avec la mise en œuvre du Traité de Lisbonne, sous la responsabilité de la Haute Représentante et du commissaire à l'Élargissement.

6. Les États candidats se voient imposer les règles de Schengen avant de pouvoir devenir le cas échéant membre de l'UE et, plus tard de Schengen. Aucun « *opt-out* » (retrait) n'est envisagé.

7. Youngs Richard: *The European Union and the Promotion of Democracy. Europe's Mediterranean and Asian policies* Oxford : Oxford University Press, 2001 pp. 18 et suiv.

8. Jean-Yves Moisseron, *Le partenariat euro-méditerranéen : l'échec d'une ambition régionale*, PUG, coll « Politiques en plus », Grenoble, 2005 : p.109 et pp.78-79.

9. Nathalie Tocci et Jean-Pierre Cassarino, « Rethinking the EU's Mediterranean Policies Post-1/11 », Instituto Affari Interzionali, *IAI Papers*, 11/06, March 2011.

10. On citera dans le cadre d'Euromed, la création, en 2004, de la Fondation Anna Lindh pour le dialogue entre les cultures ; dans celui du Réseau euroméditerranéen des droits de l'homme, les échanges entre défenseurs des droits de l'homme ou encore les liens tissés entre syndicats français et tunisien, notamment à l'occasion de la grande grève de 2008.

11. Comme, par exemple, la grève de la faim de l'avocate Radhia Nasraoui, Libération.fr 5/12/2003.

12. European Court of Auditors 2013 : point 74.

13. Les références sont : pour la Géorgie, Eurasia Partnership Foundation, 2013, p. 6 ; pour la Moldavie, *Serviciul Independent de Sociologie şi Informaţii Opinia*, 2013 p. 10 ; pour l'Ukraine, Razumkov Centre, 2013a, p. 104.

14. Outre ces deux pays, la Belgique, la Bulgarie, le Danemark, l'Espagne, la Grèce, l'Italie, les Pays-Bas, la Roumanie, et la Suède se joignirent aux frappes. Conseil de Sécurité des Nations Unies: « Security Council Approves "No-Fly Zone" over Libya Authorizing "All Necessary Measures" to Protect Civilians, by Vote of 10 in Favour with 5 Abstentions », SC/10200, 6498e session (Nuit), 17 mars 2011.

15. European Commission and High Representative of the EU for Foreign Affairs and Security Policy (2011a) *A Partnership for Democracy and Shared Prosperity with the Southern Mediterranean*, COM(2011b)200 final. Brussels, 08/03/2011.

16. Sur la nouvelle forme de guerre, voir Jānis Bērziņš, « Russia's New Generation Warfare in Ukraine », Riga : The National Defence Academy of Latvia's Center for Security and Strategic Research, *Policy Paper 02*, April 2014.

17. Pour plus de développements, voir Anne-Marie Le Gloannec, *Continent by Default. The European Union, the Continental Order and the Return of Geopolitics*, ouvrage à paraître.

Notice 24

La politique commerciale

Figurant parmi les politiques les plus emblématiques de l'Union européenne, la politique commerciale est ici traitée en quatre étapes : après avoir rappelé le cadre juridique et insisté sur l'aspect le plus important – la pratique de la politique commerciale, une deuxième partie présente rapidement les principaux axes de la politique commerciale européenne de 1959 au cycle d'Uruguay établissant l'OMC (1995), une période où la politique commerciale mondiale se joue entre un petit nombre de pays : l'Amérique du Nord, l'Europe de l'Ouest, et les « îles » de l'Asie de l'Est (Japon, Corée, Hong Kong, Taiwan, Singapour, Australie, etc.). La troisième étape se concentre sur le virage vers la négociation d'accords préférentiels commerciaux (APC) avec les grandes économies développées ou émergentes (les « méga-accords ») pour finir par l'examen de l'influence que ces méga-accords auront sur la politique commerciale de l'UE – et notamment sur la pratique de la compétence exclusive.

Si la politique commerciale est l'une des politiques les plus emblématiques de l'Union européenne (UE), cela tient d'abord à son statut juridique. Depuis la fondation de l'UE par le Traité de Rome (1957), la politique commerciale est l'une des quatre politiques régies par le principe de compétence exclusive (la politique monétaire pour les États membres ayant adopté l'euro comme monnaie a rejoint ce club très fermé avec le Traité de Lisbonne de 2007). Ce statut apparaissait aux rédacteurs du Traite de Rome la conséquence logique d'une union douanière qui exige de tous les États membres de l'UE (EM) d'appliquer les mêmes droits de douane sur les produits importés en provenance du reste du monde.

Au fur et à mesure des années, l'UE s'est affirmée dans le monde largement (quasi exclusivement jusqu'à la mise en place de l'euro) à travers sa politique commerciale. C'est à travers cette politique que l'UE a agi dans le cadre de l'Accord général sur les tarifs douaniers et le commerce (*General Agreement on Tariffs and Trade*, Gatt) depuis les années 1960 et de son héritière l'Organisation mondiale du commerce (OMC). La politique commerciale a aussi été déterminante dans les relations particulières que l'UE a voulu dès sa naissance avec les pays d'Afrique, des Caraïbes et du Pacifique (ACP) et qu'elle a voulu nouer, dès les années 1970 avec son voisinage. De nos jours, la politique commerciale prend un tour nouveau. L'échec des négociations du cycle de Doha a poussé l'UE à s'engager dans la voie d'accords préférentiels avec de grands pays développés (États-Unis, Japon, etc.) ou émergents (Mercosur, Inde, Chine, etc.). Dans un tel contexte, la politique commerciale de l'UE fait face à un double défi : elle interagit de plus en plus avec la politique étrangère alors même qu'elle doit résoudre des problèmes techniques (comment ouvrir des marchés lorsque les négociations portent sur des réglementations de plus en plus complexes, et non plus de simples droits de douane).

Construite en quatre parties (v. *supra*), cette notice ne traite pas des principaux flux d'échanges extérieurs et d'investissements internationaux de l'UE, ni de la structure de protection de l'UE, informations disponibles de façon détaillée (et mise à jour tous les deux ans) dans les rapports de l'OMC « Examen des politiques commerciales » consacrés à l'UE.

Droit et pratique de la politique commerciale européenne

La politique commerciale constitue en principe une compétence exclusive de l'UE. La mise en application de ce principe – son champ de couverture, la répartition des responsabilités – a évolué dans le temps. Mais surtout sa pratique est loin de correspondre à l'image idyllique souvent présentée : elle est bien plus progressive, conflictuelle et imparfaite qu'on ne le croit, même s'il n'est pas certain que cette imperfection soit toujours un défaut.

Le principe de compétence exclusive

C'est à l'Union, et non pas à la Commission comme on le croit trop souvent, qu'est accordée une compétence exclusive en matière de politique commerciale (Art. 3 du TFUE). Les États membres (EM) réunis en Conseil des ministres consacré aux affaires générales et relations extérieures[1] se doivent d'adopter une position commune sur les problèmes de commerce international. Les règles de la majorité nécessaire pour adopter une position commune sont de plus en plus complexes, tout comme la réalité du commerce international moderne. Elles dépendent du sujet abordé et, parfois aussi de dispositions particulières du Traité. Ainsi, les accords commerciaux doivent être adoptés à la majorité qualifiée, les accords commerciaux bilatéraux d'association exigent l'unanimité, les mesures *antidumping* sont considérées comme adoptées sauf si une majorité simple d'États membres les repoussent (la procédure inverse était en vigueur jusqu'en 2006), etc.[2]

Si le principe de compétence exclusive a été appliqué dès la naissance de l'UE pour certains instruments de la politique commerciale concernant les biens (comme les droits de douane), il n'en a pas été de même pour de nombreux autres qui n'ont basculé dans le domaine de la compétence exclusive que progressivement (les restrictions quantitatives aux importations en 1995 seulement) et/ou très partiellement (les services).

La compétence partagée reste donc encore la pratique pour nombre d'instruments de politique commerciale. C'est en particulier le cas pour les instruments au cœur des négociations en cours et futures, à savoir les réglementations qui, pour les biens, prennent la forme de normes techniques et, pour les services, de réglementations structurant le fonctionnement de leurs marchés. Enfin, l'application de la compétence exclusive au domaine de l'investissement international prévue par le Traité de Lisbonne a déjà donné lieu à de fortes frictions entre EM comme entre certains de ceux-ci et la Commission, et ne sera vraisemblablement pas acquise avant nombre d'années.

La répartition des responsabilités en situation de compétence exclusive

Dans ce cadre de compétence exclusive fixée par le Traité, la Commission est chargée d'appliquer les décisions du Conseil, d'abord en négociant au nom de l'UE puis en rendant compte au Conseil de l'avancée de ces négociations. Son degré de liberté tient dans son pouvoir général d'initiative, et notamment le droit de proposer au Conseil d'engager des négociations à l'OMC ou avec un pays ou groupe de pays, d'ouvrir des enquêtes antidumping à la suite de plaintes d'entreprises, etc.

Au cours des deux dernières décades, le Parlement européen avait acquis certains pouvoirs supplémentaires, mais encore fort limités (comme un « avis conforme » dans les négociations multilatérales si l'accord en question requiert des modifications de la législation communautaire). Cette situation devrait changer avec le nouveau Parlement élu en 2014 qui sera le premier à fonctionner sous le nouveau régime instauré par le Traité de Lisbonne. Ce dernier confère au Parlement un pouvoir de codécision qui reste « binaire » : le Parlement peut approuver ou rejeter l'accord commercial, mais il ne peut pas le modifier. Et le Parlement n'est pas impliqué dans le processus d'autorisation à ouvrir des négociations.

La pratique de la compétence exclusive

Jusqu'au milieu des années 1990, l'essentiel des sujets négociés à l'OMC ou en bilatéral traitait des biens : baisses des droits de douanes, réduction des restrictions (quotas) imposées aux frontières sur les quantités de biens pouvant être importes, etc. Ces négociations avaient deux caractéristiques facilitant une gestion de la compétence exclusive très concentrée dans les mains de la Commission. Cette dernière avait aisément toute l'information nécessaire, avec peu de risques de mauvaise interprétation et/ou de manipulations. Les EM pouvaient facilement suivre ces négociations et en surveiller la bonne application s'ils le souhaitaient. En d'autres termes, les EM pouvaient avoir confiance dans les capacités de négociation de la Commission, mais aussi vérifier que leur confiance dans la Commission était justifiée.

Il reste que, même dans ces années, il y avait une limite importante au principe de compétence exclusive en matière de politique commerciale. Tout EM peut imposer son veto sur certains sujets qui n'ont rien à voir avec la politique commerciale (par exemple, des questions de taxation). Il peut donc menacer d'opposer un veto sur un de ces sujets dans l'unique objectif d'imposer son point de vue sur un aspect de politique commerciale qui lui tient à cœur. Cette limite explique les relations difficiles entre la Commission et les EM lorsque des négociations commerciales sont proches d'être conclues. Car si un EM considère les résultats de cette négociation préjudiciables à des intérêts commerciaux qu'il juge vitaux, il peut menacer de bloquer un autre volet de l'agenda européen – d'où cette imprédictibilité de l'UE lorsque les négociations s'approchent de leur conclusion.

Les choses ont lentement mais substantiellement changé dans les années 2000. Le niveau de confiance entre EM et Commission est nécessairement plus faible quand on négocie sur des normes dans les biens ou des réglementations dans les services – les deux thèmes les plus importants des négociations de cette période – car la Commission a des connaissances bien plus limitées dans ces domaines. De plus, la Commission n'a qu'une prise très indirecte sur ces réformes réglementaires requises qui demeurent largement de la compétence des États. Dès lors, le niveau de confiance et de surveillance est beaucoup plus réduit non seulement entre les EM et la Commission, mais aussi entre la Commission et les pays avec qui l'UE négocie, qui peuvent douter de la capacité de la Commission à mettre en œuvre les engagements pris au nom des EM.

L'action de la Commission s'en trouve ultérieurement impliquée. Ces dernières années, les EM ont tendance à revenir de plus en plus dans le processus de négociations, et les pays partenaires à négocier (discrètement) avec eux sur les points qui leur tiennent à cœur. Cette tendance se renforce avec l'émergence des accords préférentiels commerciaux (APC) avec de grands pays (États-Unis, Japon, etc.) car les négociations de tels accords ne peuvent laisser indifférents les *leaders* européens (Présidents, Premiers ministres, etc.). Un droit de douane pouvait inquiéter un ministre du Commerce extérieur sans que cela n'émeuve outre mesure la Commission. Par contre, les *leaders* ne peuvent rester indifférents à des questions politiquement sensibles, qui touchent nombre d'entreprises et de personnes, comme les règles sur la confidentialité des données. Or leur pouvoir sur la Commission est bien différent.

Le monde du Mur de Berlin

Il peut sembler très européocentrique d'utiliser le Mur de Berlin comme une référence pour définir cette première période. Mais la construction du Mur de Berlin en 1961 coïncide avec le premier cycle important de négociations au Gatt (cycle de Dillon, 1960-1961). Et sa chute en 1989 précède de peu la conclusion positive du dernier – et plus important – cycle du Gatt (cycle d'Uruguay, 1986-1994) et elle a, dans une mesure significative, contribué à ce succès. Durant toute cette période, la politique commerciale de l'UE se concentre sur un monde limité aux économies développées et quelques « dragons » qui les rattrapent rapidement (Corée du Sud, Taiwan, Hong Kong et Singapour). Le forum exclusif de négociations de ce monde est le Gatt.

Au-delà du Gatt, et en laissant de côté l'élargissement de l'UE, la politique commerciale européenne se déploie, enregistrant des résultats très modestes, voire négatifs, avec les relations préférentielles à l'égard des pays ACP et des pays voisins (les pays d'Europe centrale et du pourtour méditerranéen).

Une libéralisation progressive et partielle de l'UE dans le cadre multilatéral

Les huit cycles de négociations du Gatt ont tous connu le même scénario. Des États-Unis entreprenants et confiants prennent l'initiative de lancer un nouveau cycle de négociations « multilatérales » au Gatt. Initialement, l'UE réagit avec réticence car elle est dominée par ses intérêts défensifs (les secteurs concernés voulant le maintien de la protection dont ils jouissent). Au fur et à mesure des négociations, l'UE prend cependant conscience de ses intérêts offensifs (les secteurs voyant des opportunités de croissance dans des marchés étrangers plus ouverts, et poussant, en contrepartie, pour une ouverture des marchés européens protégés). Ces négociations « multilatérales » se terminent souvent par un psychodrame à Bruxelles, avec un marchandage entre les EM s'estimant « défavorisés » par l'accord conclu au Gatt et demandant des contreparties aux EM « favorisés ».

Ces huit cycles du Gatt ont certes favorisé une libéralisation de l'UE. Mais cette dernière a été très progressive et limitée comme souligné par le tableau 1. En 2006 (première année où tous les engagements signés lors du cycle d'Uruguay sont appliqués), soit près de 40 ans après l'accession des EM au Gatt, l'UE a un niveau de protection proche de celui de la Chine qui n'est membre de l'OMC que depuis 2001. Ceci souligne combien il est inexact de dire que la Chine est entrée à l'OMC sans obligation : au contraire, elle est le membre de l'OMC qui a dû accepter les concessions les plus importantes, ce qui a eu un effet paradoxal : le renforcement de sa croissance et de sa puissance économique ; la frustration à l'égard des Membres existants, et notamment des deux plus grands, les États-Unis et l'UE, un point dont la politique commerciale futur de l'UE doit tenir compte.

Comparaison du niveau de protection globale de l'UE et de la Chine

	Niveau de protection moyen (%)					Niveau de protection maximum (%)				
	CE			Chine [c]		CE			Chine [c]	
	1999 1 [a]	1999 2 [b]	2006 3 [b]	2001 4	2005 5	1999 6 [a]	1999 7 [b]	2006 8 [b]	2001 9	2005 10
Produits agricoles	24,1	17,3	17,8	23,1	15,3	236,4	236,4	427,9	121,6	65,0
Produits industriels	7,7	4,5	3,8	14,4	8,8	41,7	26,0	50,9	90,0	50,0
Tous produits	11,7	6,9	6,9	15,6	9,8	236,4	236,4	427,9	121,6	65,0

Sources : [a] P. Messerlin, Measuring the Costs of Protection in Europe : European Commercial Policy in the 2000s, Washington DC : Institute for International Economies, 2001; [b] Secrétariat OMC, Examen des politiques commerciales [2001 et 2005]. [c] Secrétariat OMC, Examen des politiques commerciales [2002 et 2006].

Une ouverture bilatérale désordonnée : la politique commerciale avec les pays d'Afrique, des Caraïbes et du Pacifique (ACP)

Les négociateurs du Traite de Rome avaient initialement prévu une zone de libre-échange entre deux unions douanières – l'UE d'une part et l'union douanière des pays ACP d'autre part. Les intérêts industriels des anciennes puissances coloniales et les intérêts politiciens des nouveaux pays ACP se sont conjugués pour faire échouer ce montage ambitieux.

Les quarante années qui ont suivi ont vu se succéder une série de Conventions (Yaoundé, Lomé et Cotonou) entre l'UE et les pays ACP dont le volet commercial consistait en un libre accès aux marchés européens pour les produits ACP, les pays ACP gardant leur niveau (élevé) de protection envers les produits européens. Cette asymétrie apparemment généreuse était en fait très coûteuse pour les pays ACP. En effet, un pays en développement ne peut se développer si ses futures activités exportatrices ne peuvent pas acheter au prix mondial les nombreux produits et services dont elles ont besoin. Le développement passe par une libéralisation progressive. C'est la leçon essentielle à tirer de l'expérience de la Corée, un pays qui a le même PNB par tête que le Sénégal au début des années 1970 mais qui aura un PNB par tête plus élevé que celui de la France (en parité de pouvoir d'achat) dans deux ou trois ans.

En 2007, frustré par les lenteurs des négociations du cycle de Doha, le commissaire européen au Commerce, Peter Mandelson, impose aux pays ACP le remplacement de la Convention de Cotonou par des Accords de partenariat économique (APE). Ces derniers prévoient une réciprocité limitée des concessions : les marchés européens continuent à être ouverts, mais les pays ACP doivent offrir, en partie, un libre accès des produits européens à un grand nombre de leurs marchés.

Le problème majeur des APE est qu'ils sont à nouveau fort coûteux pour les pays ACP comme illustré par l'exemple suivant. Les droits de douane consolidés du Nigeria sont, en moyenne, de 150 % dans l'agriculture et de 66 % pour les produits industriels. Ceci fait que, même si les produits européens entrent sur le marché nigérian sans droit de douane, ils peuvent être vendus à un prix bien plus élevé que le prix mondial – jusqu'à 1,5 fois pour les biens agricoles et 0,6 fois pour les biens industriels – puisque les exportateurs non-européens (même les plus efficients) ne peuvent pas vendre leurs produits moins cher qu'au prix mondial augmenté des droits de douane qu'ils doivent acquitter.

Ce coût des APE pour les ACP se décline en trois dimensions. Côté production, les entreprises européennes compétitives sur le plan international pourront faire plus de profits sur les marchés ACP que sur d'autres marchés tiers plus concurrentiels, alors que les entreprises européennes non compétitives pourront exporter sur les marchés ACP grâce à la préférence douanière dont elles bénéficient. Côté demande – qui inclut les entreprises ACP important les biens nécessaires à leur production – les consommateurs ACP ne vont pas payer leurs produits moins chers car les entreprises européennes sont protégées par la protection ACP. Côté État enfin, les gouvernements des pays ACP perdront d'importantes recettes douanières du fait de l'élimination des droits de douane sur un grand nombre d'importations européennes.

Tout ceci permet de comprendre pourquoi seuls 21 pays sur 79 concernés ont ratifié un APE au 1er janvier 2014.[3] La majorité des pays préférant se tourner vers le système de préférences généralisées (SGP) ou l'initiative « tout sauf les armes » qui accorde un accès total au marché européen aux pays les moins avancés.

Politique commerciale et « voisinage »

À travers une adhésion pleine à l'UE ou la conclusion d'un APC, la politique commerciale de l'UE dans son voisinage a été un outil d'influence important destiné à promouvoir la prospérité, la stabilité et la sécurité aux frontières de l'UE. Dernier élargissement en date, l'adhésion de la Croatie est le résultat d'une intégration progressive, enclenchée bien avant juillet 2013. Aussi elle ne peut qu'inciter à une accélération de l'intégration économique des autres pays des Balkans afin de diminuer les distorsions commerciales, essentiellement en Bosnie-Herzégovine et Serbie.

Cela étant, la politique commerciale n'a été qu'un élément d'une politique du « voisinage » beaucoup plus large (v. Notice 13), fondée sur divers outils financiers accompagnant l'intégration et l'application partielles de l'acquis communautaire par des pays au stade de développement inférieur à celui de l'UE. Si leur objectif est avant tout politique, ces APC doivent également promouvoir les investissements entre les pays partenaires, et une circulation accrue des biens, services, personnes et capitaux.

Nouveau monde, nouveaux défis, nouvelles opportunités

Les années 2000 ont vu progressivement apparaitre un nouveau monde dont on commence à mieux discerner les contours depuis deux ou trois ans seulement. C'est un monde plus complexe et plus durement « mercantiliste » que celui dominé par la mécanique bien huilée des cycles du Gatt. Il pose de sérieux défis à la politique commerciale de l'UE, au point d'exiger sans doute une révision notable de sa pratique. Mais c'est aussi un monde offrant de plus grandes opportunités car il couvre la planète entière et embrasse des activités économiques nouvelles – en particulier les services qui font 70 % du PNB européen.

Le blocage du cycle de Doha

Le cycle de Doha était le premier cycle depuis 1947 que l'UE ait résolument soutenu dès le départ, les États-Unis étant plus réservés qu'a l'accoutumée et ne s'y investissant vraiment qu'après les attentats de novembre 2001. Au cours des 7 à 8 années (2001-2008) de vraies négociations (les années 2008-2013 n'ont vu que la répétition *ad nauseam* des positions sans aucune intention de compromis), la politique commerciale de l'UE a suivi trois lignes directrices :

- une préférence marquée pour ces négociations multilatérales, au point de s'imposer, pendant un certain temps, un moratorium unilatéral sur toutes les négociations d'APC menées par l'UE ;
- une position souvent moins « intransigeante » que celle des États-Unis sur les concessions à demander aux pays émergents. L'UE était assez prête à accepter que le cycle de Doha soit un cycle de « consolidation » des libéralisations unilatérales (souvent substantielles) déjà accomplies par les pays émergents importants au cours des années 1990-2000, sans demander de nouvelles libéralisations systématiques;
- une trop grande compréhension envers les autres pays en développement, en proposant notamment un cycle gratuit (*round for free*) aux pays les plus pauvres. Si la plus grande ouverture des marchés des pays développés et émergents de ce « cycle gratuit » était justifiée sur le plan économique, l'acceptation que les pays pauvres ne fassent aucune libéralisation en contrepartie était un piège comparable à celui des Conventions ACP une erreur économique majeure qui rapportait à l'UE un gain politique (le soutien de ces pays pauvres) vite effacé par l'influence grandissante de la Chine.

Cette ligne de conduite de l'UE était facilitée par un bon soutien des milieux d'affaires européens (plus pragmatiques que leurs homologues américains), soucieux de conclure un accord qui, loin d'être parfait, n'en constituaient pas moins un progrès notable.

Pourquoi cette préférence de l'UE pour l'approche multilatérale ?

• Il y avait bien sûr les raisons économiques : une libéralisation multilatérale ne crée pas les distorsions dans les échanges que les APC créent immanquablement (comme expliqué ci-dessus à propos des accords avec les pays ACP).

• Il y avait aussi des raisons diplomatiques : l'UE est moins fragile dans des négociations multilatérales que dans des négociations bilatérales menées avec des partenaires puissants et déterminés.

• Il y avait encore des raisons géopolitiques tenant à l'UE elle-même : le multilatéralisme de l'OMC fait écho à la diplomatie du « multipolaire » chère à certains pays européens.

• Et il y avait enfin des raisons d'équilibres internes a l'UE (rarement mentionnées alors qu'elles sont importantes) : un accord à l'OMC offre plus de choix qu'un APC parce qu'il met autour de la table plus de participants et sur la table plus de sujets – offrant dès lors plus de possibilités de compromis satisfaisants pour tous les EM, et donc réduisant les risques de psychodrames européens en fin de négociations avec les partenaires.

Reste que le cycle de Doha a échoué. En décembre 2013, la Conférence ministérielle de l'OMC à Bali a abouti à un accord présenté comme un succès. Il l'est, comparé à la rupture que certains craignaient. Mais cet accord de Bali n'a guère de substance. Son principal résultat est un accord sur la facilitation des échanges (réduire les coûts du passage en frontière des produits). Mais celle-ci n'est qu'une déclaration d'intentions, pas un ensemble d'engagements ayant valeur juridique. De plus, malgré un changement de Premier ministre, l'Inde a fait marche arrière sur l'accord de Bali (au nom de sa politique agricole coûteuse et inefficiente) mettant ce dernier en danger.

La vraie raison de l'échec du cycle de Doha n'est pas à chercher dans les conflits proprement commerciaux. Superpuissance incontestée depuis 1947 au Gatt puis à l'OMC, les États-Unis vivent mal la montée en puissance et en influence de la Chine au sein de ce forum. Or, la Chine avait objectivement peu à gagner à l'accord du cycle de Doha tel qu'il se dessinait en 2008. La libéralisation agricole des pays développés (voulue par le Brésil, les autres grands pays en développement exportateurs agricoles et, pour certains produits, les États-Unis) représentait un coût à court terme pour la Chine qui, grosse importatrice de produits agricoles, profite des subventions agricoles européennes et américaines. Et la libéralisation supplémentaire sur les produits industriels demandée vigoureusement aux pays émergents par les États-Unis (et plus mollement par l'UE) imposait à la Chine de nouvelles concessions, après sa libéralisation à marche forcée lors de son entrée à l'OMC en 2001 (v. tableau). Aussi, après la mini-Ministérielle de l'OMC en juillet 2008, les États-Unis ont basculé sur une politique commerciale centrée sur la conclusion d'APC – le partenariat trans-pacifique (*Trans Pacific Partnership,* TPP) et, en écho, le partenariat trans-atlantique de commerce et d'investissement (*Transatlantic Trade and Investisment Partnership,* TTIP) avec l'UE.

Le virage de l'UE vers les « méga-APC »

En 2006, la Commission publie une communication intitulée « *Global Europe* » qui annonce une inflexion notable dans son approche jusque-là encore exclusivement multilatérale (Commission 2006). Elle cible quelques pays pour entamer ou redynamiser des négociations d'APC. Depuis deux ou trois ans, cette inflexion s'est transformée en une nouvelle ligne de politique commerciale, la solution multilatérale préférée devenant hors d'atteinte dans les circonstances actuelles.

Le tableau ci-dessous retrace l'historique de ce virage sur les méga-accords. La première observation est qu'il n'existe aucun pays commun entre ceux visés par *Global Europe* en 2006 (le Canada étant le seul avec qui un APC semble conclu) et ceux avec lesquels l'UE négocie activement actuellement. Cette différence vient de ce que la liste actuelle obéit à des critères bien mieux fondés que ceux de la liste de 2006. Selon l'analyse économique, une libéralisation des échanges n'a de sens que si elle permet à l'économie qui la mène d'améliorer quantitativement et qualitativement sa croissance. En clair, une « bonne » (sur le plan économique) libéralisation n'est pas faite pour faire plaisir au partenaire – mais pour le propre bien-être du pays en question.

Cette analyse économique permet de définir trois critères majeurs pour choisir les pays qui soient les « meilleurs » partenaires dans cette optique.

• Un critère de taille : plus les marchés du partenaire sont grands, plus les entreprises européennes peuvent amplifier les économies d'échelle de leurs opérations et élargir la diversité de leurs produits. Seul un APC avec un partenaire suffisamment grand par rapport à l'UE peut engendrer des modifications suffisantes dans les prix relatifs des biens et services européens pour fournir des biens et services moins chers et plus variés aux consommateurs européens. Ce critère se décline dans le temps : négocier avec un partenaire de taille limitée aujourd'hui n'apporte guère à la croissance européenne maintenant même si ce partenaire aura un immense potentiel de croissance dans le futur. Et négocier trop tard – une fois que le partenaire aura dépassé sa capacité maximale de transmettre de la croissance et des réformes en Europe – a un coût d'opportunité énorme pour la croissance européenne.

• Un critère de qualité réglementaire : meilleures sont les réglementations du partenaire, plus les EM seront incités à améliorer les leurs. De meilleures réglementations constituent l'outil le plus puissant pour influencer les prix relatifs des biens et services dans le sens d'un accroissement le bien-être des consommateurs.

- Un critère d'effet de « plateforme » *(hub)* : plus le pays partenaire est bien connecté au reste du monde par des APC bien conçus, plus il offre une plateforme aux entreprises européennes pour entrer sur ces marchés tiers.

Le virage européen vers les méga-accords

	Taille du marché en % du PIB UE [a]		Qualité réglementaire		Effet « plateforme »
	2010 1	2030 [a] 2	[b] 3	[c] 4	[d] 5
A. Les APC existants en 2014					
UE	100,0	100,0	5 à 100	2 à 83	Corée
Corée	6,3	6,7	8	22	États-Unis, Asean, Chine,UE
B. Les APC visés par la Communication « *Global Europe* » (2006)					
Canada	9,7	10,3	13	10	États-Unis
Indonésie [e]	4,4	20,3	129	44	Asean
Inde	10,7	49,7	132	51	
Brésil	12,9	23,5	126	58	Argentine
Russie	9,1	20,2	120	63	
C. Les meilleurs APC pour stimuler la croissance européenne (2014)					
Japon	33,9	36,1	20	6	Asean
États-Unis	94,7	110,9	4	4	Canada, Corée, Mexique
Chine	36,2	168,6	91	27	Taiwan, Asean
Taiwan	2,7	7,6	25	13	Chine, Singapour
Chiwan [e]	5,1	14,6	(na)	(na)	- -

Notes : [a] Source : W. Buitter et E. Rahbari, 2011 (voir bibliographie) pour les estimations de croissance en 2030 ; [b] et [c] Plus le rang du pays est élevé, plus les performances réglementaires du pays en question sont médiocres. [b] Source : Facilitation des échanges [*Doing Business* 2012]. [c] Source : Overall Index, *Global Competitiveness Index* [World Economic Forum 2011]. Pour l'UE (hors Malte), ne sont mentionnés que les rangs des EM les plus bas (meilleure performance) et les plus élevés (pire performance), la moyenne européenne en termes de qualité réglementaire n'ayant pas de sens car les performances des EM sont trop diverses. [d] Principaux pays avec lesquels le pays en question a des accords préférentiels de commerce. [e] « Chiwan » agrège le PIB de Taiwan et une estimation du PIB créé par les entreprises taiwanaises en Chine continentale. Source : Messerlin, *The much needed...*, 2012 (voir bibliographie).

Source : Patrick Messerlin, Le Trans-Pacific Partnership et la politique européenne en Asie de l'Est (Chine exclue), *Direction générale de la mondialisation, ministère des Affaires étrangères, Paris, 2012.*

Tous les pays visés en 2006 ont une économie très petite par rapport à celle de l'UE de nos jours (le plus important, le Brésil, a un PNB représentant seulement 13 % du PNB de l'UE), une qualité réglementaire peu enviable et un effet « plateforme » des plus limités. Ils ne peuvent avoir un effet d'entrainement notable sur l'énorme économie européenne – d'autant que ces pays (Canada excepté) ont abandonné la politique d'ouverture commerciale qu'ils avaient adoptée dans les années 2000. Par contre, les pays avec lesquels l'UE négocie activement actuellement (Japon, États-Unis) ou envisage l'ouverture de négociations (Chine, Taiwan) sont d'une taille suffisante, ont une qualité réglementaire meilleure que celle de nombre d'EM (sauf la Chine), et un fort effet de « plateforme » dans le cas du Japon et de Taiwan.

Si l'analyse économique se concentre sur l'argument de croissance, une analyse politique suggère que la politique commerciale de l'UE doit aussi prendre en compte un argument d'assurance. Le poids économique relatif de l'UE diminue rapidement depuis le début des années 2010. Or les États-Unis veulent faire du partenariat trans-pacifique (TPP) une machine fondée sur le *soft power* des normes juridiques américaines en matière de normes industrielles et sanitaires, indications géographiques, droits de la propriété intellectuelle, réglementations des marchés de services, politique de la concurrence, etc. Mener une politique commerciale qui ne tienne pas compte du TPP aurait pour l'UE un coût très élevé dès maintenant compte tenu de la taille du Japon. La seule façon de conserver un accès non-discriminatoire au marché japonais est donc de conclure un APC avec le Japon qui garantisse un accès aussi favorable aux firmes européennes que celui que le TPP donnera aux firmes américaines[4].

En résumé, l'analyse politique fondée sur l'argument d'assurance aboutit à la même liste de pays avec qui conclure le plus rapidement possible des APC (v. le bloc C du tableau) que l'analyse économique fondée sur l'argument de croissance.

La nécessaire évolution de la politique commerciale

Parce qu'elles se concentrent sur les réglementations, les négociations des méga-accords soumettent la politique commerciale de l'UE à une pression particulière car le pouvoir de créer de telles réglementations réside encore largement dans les EM. Ceci exige une évolution de la pratique de la politique commerciale de l'UE dans le sens d'un retour à la source du principe de compétence exclusive qui est attribuée à l'UE, non à la Commission.

Nouveaux sujets de négociation et compétence exclusive

Il n'existe que trois façons de réduire ou d'éliminer les barrières injustifiées qui seraient générées par les réglementations en place (normes techniques des produits, réglementations des marchés de services, droits de propriété intellectuelle, etc.).

- Harmoniser est difficile (en témoigne le passé aux échecs nombreux de l'UE) et l'est de plus en plus pour des économies développées produisant une gamme toujours plus vaste de variétés pour un bien donné. Malgré les apparences, les coûts de l'harmonisation sont extrêmement élevés, surtout si l'on tient compte de la mise en œuvre.
- L'équivalence mutuelle consiste pour chaque partie à reconnaître, après une évaluation mutuelle des réglementations en jeu, que leurs différences sont acceptables. Chaque partie conserve donc ses réglementations en place et autorise sans formalité particulière l'importation des biens et services couverts par les réglementations du partenaire reconnues comme équivalentes.
- La reconnaissance mutuelle est un mélange d'une harmonisation limitée à quelques dispositions jugées essentielles pour le domaine en question et d'équivalence mutuelle pour leurs autres dispositions. L'expérience de l'UE montre que la dose d'harmonisation tend à croître dans le temps, accroissant substantiellement le coût de mise en œuvre des domaines sous reconnaissance mutuelle.

L'équivalence mutuelle apparaît comme la solution la plus attractive pour une libéralisation effective entre des économies modernes, comme celles du Japon, des États-Unis ou de l'UE. En particulier, elle permet une plus grande dose de concurrence entre les entreprises des deux pays qui l'adoptent. Au contraire, plus la dose d'harmonisation est forte, plus la pression de la concurrence peut baisser car les normes harmonisées tendent à favoriser les entreprises les mieux en place et les plus puissantes. Ceci dit, il y a déjà des exemples d'équivalence mutuelle impliquant l'UE, comme l'accord de 2012 avec les États-Unis sur les produits alimentaires biologiques. C'est aussi une option très étudiée dans le cadre du TTIP (automobiles) et de l'accord UE-Japon (camions).

Les trois méthodes possibles posent les mêmes problèmes dont la solution exigent une application plus coopérative de la compétence exclusive entre les EM et la Commission :

– Elles exigent des discussions approfondies entre régulateurs. Or, les régulateurs européens sont presque toujours des institutions des EM. La compétence exclusive de l'UE donne donc à ces derniers (qui ont une légitimité technique supérieure) une légitimité juridique comparable à celle de la Commission (DG Commerce).

– Elles exigent un niveau de confiance entre parties qui est loin de toujours exister pour des raisons illustrées par les différences de qualité réglementaire dans le tableau ci-dessus. Ceci est aussi un problème intra-européen : nombre de Directives sont censées pallier, souvent sans grand succès, une confiance trop légère entre EM.

En conclusion, le principe de compétence exclusive de l'UE devra, à l'avenir, fonctionner sur une coordination beaucoup plus grande entre les EM, *de facto* de retour autour de la table de négociations, et la Commission. Le bon équilibre ne sera pas simple à trouver.

Un nouvel équilibre entre multilatéral et méga-accords

Ce qui précède suggère que l'opposition entre OMC et méga-accords est plus complexe qu'on ne le pense souvent.

Il est clair que l'OMC reste la meilleure enceinte pour négocier les baisses de droits de douane et des autres instruments aisés à mesurer et à surveiller dans leur mise en œuvre (quotas à l'importation ou à l'exportation, etc.). La raison principale est que le degré de confiance préalable entre pays n'a pas besoin d'être très élevé lors de ces négociations car la surveillance de la mise en œuvre est facile et permet aux pays de prendre toutes les dispositions nécessaires. Cet argument plaide aussi pour une compétence exclusive largement gérée par la Commission dans ces domaines. Il en est de même pour des instruments comme les actions anti-dumping (mais ceci ne plaide pas pour un pouvoir d'initiation de la Commission dans ces actions).

Par contre, les méga-accords s'avèrent sans doute comme les meilleures enceintes pour régler les problèmes complexes et détaillés posés par des libéralisations effectives en matière de réglementations. Le rôle des régulateurs nationaux devenant central, l'UE doit mettre au point des procédures coopératives adaptées.

« Paquet global » ou « accord vivant » ?

Traditionnellement, la politique commerciale de l'UE (comme des États-Unis) cherche à obtenir un « paquet global » traitant du plus grand nombre de sujets possibles pour la période la plus longue possible. Cette approche ne posait pas de problème majeur lorsque droits de douane et quotas constituaient l'essentiel des négociations.

Mais, négocier des réglementations sera bien plus aisé dans le cadre d'un « accord vivant » (*living agreement*) développant un cadre général d'objectifs de libéralisation à long terme qui soient définis en commun dès le départ, mais développés en engagements juridiques dans des accords successifs tenant compte des réalités politiques et économiques. Ceci a été l'approche adoptée *de facto* par le Traité de Rome dont les objectifs généraux ont été posés dès 1957 mais qui ont été développés, chapitre par chapitre (droits de douane, agriculture, normes, services, etc.), au cours des décennies qui ont suivi, et qui continuent à l'être.

Cette approche d'un « accord vivant » est encore plus nécessaire dans le cadre d'un APC entre la Chine et l'UE. Un « paquet global » entre la Chine et l'UE qui chercherait à traiter de tous les aspects des relations commerciales entre les deux pays et à en prévoir toutes les solutions n'est guère réaliste. Il ne pourrait que créer des peurs énormes des deux côtés, y compris du côté chinois car un tel accord implique que le rythme des réformes économiques en Chine échappera encore davantage à la maîtrise du gouvernement. Et il ne pourrait qu'aboutir à de graves déconvenues dans l'UE lors de son application car, compte tenu des longs délais de négociation et de mise en œuvre d'un tel accord, ce dernier risque fort d'être appliqué à une économie chinoise très différente de celle qu'auront connue les négociateurs.

L’épreuve de réalité

L’UE aime à se qualifier de « plus grand marché du monde ». Cette vue repose sur un agrégat statistique (le Marché Unique européen est loin d’être achevé), lequel est de plus en plus inexact au fur et à mesure de la montée des pays émergents. Les plus grands EM n’ont qu’une taille économique « moyenne », comparée à celle des États-Unis, de la Chine, voire même du Japon. L’UE est donc confrontée à une épreuve de la réalité qui lui imposera de changer fondamentalement d’approche sur deux points très importants à l’intersection de la politique commerciale et de la politique étrangère.

La menace d’une fermeture des marchés européens pour ouvrir ceux du reste du monde – comme cela est encore suggéré pour les marchés publics ou les droits de propriété intellectuelle – est de moins en moins crédible, et de plus en plus dangereuse. Elle incite les grands partenaires de l’UE à brandir une menace similaire, de plus en plus crédible, elle. Utilisée envers de petits pays, cette menace est catastrophique sur le plan diplomatique.

Concevoir les APC comme une occasion de définir des normes (*norm-setting*) valables pour le monde entier oublie que le reste du monde n’est plus prêt à accepter de telles prétentions—surtout après les crises financière puis économique depuis 2008, qui ont cruellement montré les erreurs réglementaires de l’UE et des États-Unis. Cette prétention est un des aspects les plus préoccupants du TTIP, qui découle de ce que ce dernier est une négociation entre deux économies et sociétés très similaires. Du coup, les négociateurs du TTIP risquent fort d’être sourds aux préoccupations et opportunités du reste du monde.

• • • L’UE serait donc bien mieux inspirée de se tourner vers l’approche alternative visant à être le producteur des meilleures réglementations possibles (*norm-attracting*). Cette approche est celle qui convient le mieux à la taille économique des EM et aux « gènes » de la construction européenne qui est, avant tout, un effort pour construire une économie et une société meilleures. Ceci permet de revenir sur un point essentiel de la politique commerciale. Cette dernière n’a de sens que si elle apporte un soutien à la croissance intérieure, laquelle exige des réformes réglementaires quasi-permanentes, que doivent mener (à des degrés divers) tous les EM. Mener une politique commerciale sans réformes internes a peu de chances de succès, et mener des réformes nationales sans profiter des opportunités extérieures a peu de chances d’être crédible et de survivre à la force d’inertie des intérêts acquis.

Patrick A. Messerlin/Pierre Boulanger

Bibliographie

Pierre Boulanger, Emanuele Ferrari, Jerzy Michalek et Cristina Vinyes. Analysis of the impact of Croatia’s accession to the EU on the agri-food sectors: a focus on trade and agricultural policies, *JRC Scientific and Policy Report*, EUR 25835 EN, Luxembourg : Publications Office of the European Union, 2013.

Willem Buiter, Ebrahim Rahbari, 2011. Trade transformed – The Emerging corridors if trade power. 18 octobre 2011. CITI Global Perspective Solutions (GPS). CITI.

Max Büge et Patrick Messerlin. *Le Partenariat transatlantique de commerce et d’investissement,* 2014. Téléchargeable à gem.sciences-po.fr.

Commission européenne, 2006. *Une Europe compétitive dans une économie mondialisée*, COM (2006) 567 final, 4.10.2006, Bruxelles.

Patrick Messerlin, *Measuring the Costs of Protection in Europe: European Commercial Policy in the 2000s*, Washington DC : Institute for International Economics, 2001.

Patrick A. Messerlin. The Much needed EU pivoting to East Asia, *Asia-Pacific Journal of EU Studies*, volume 10, #2, 2012.

Patrick Messerlin, *Le Trans-Pacific Partnership et la politique européenne en Asie de l'Est (Chine exclue)*, Direction générale de la mondialisation, ministère des Affaires étrangères, Paris, 2012.

Organisation mondiale du commerce. *Examen des politiques commerciales : Union européenne*, Genève : OMC, 2013. Téléchargeable à wto.org

Jacques Pelkmans, *European Integration : Methods and Economic Analysis*, Financial Times-Prentice Hall, 2001.

Maria João Podgorny, « The negotiations and adoption of preferential trade agreements in the Lisbon era : A view from the European Parliament », *in* David Kleimann, *EU preferential trade agreements : Commerce, foreign policy and development aspects*, European University Institute, Robert Schuman Center for Advanced Studies, Florence, 2013.

Christopher Stevens, *Trade preferences for developing countries : the case of the EU*, *in* Kenneth Heydon et Stephen Woolcock, The Ashgate Research Companion to International Trade Policy, Ashgate, 2012.

Joakim Reiter, *The functioning of the European Union's Trade Policy*, *in* Kenneth Heydon et Stephen Woolcock, The Ashgate Research Companion to International Trade Policy, Ashgate, 2012.

Notes

1. Il n'y a pas de Conseil des ministres du commerce extérieur car les fondateurs de la Communauté ont craint, à juste titre, qu'un tel Conseil ne soit trop sensible aux intérêts particuliers protectionnistes. Ils ont donc préféré donner cette prérogative à un Conseil ayant un champ de domaines plus vaste, lui permettant une vue plus ample des différents intérêts.

2. Pour des informations complémentaires, voir- Joakim Reiter, The functionning of the European Union's Trade Policy, in Kenneth Heydon et Stephen Woolcock, the Ashgate Research Companion to the International Trade Policy, Ashgate, 2012.

3. La communauté caribéenne Caricom (16 pays membres, mais 15 pays signataires, Cuba non signataire) est l'unique région ayant conclu au 1er janvier 2014 un APE complet. cinq pays ont ratifié un APE intérimaire (Papouasie-Nouvelle-Guinée, Madagascar, Maurice, Seychelles, Zimbabwe) et dérogeant au principe initial de négocier un accord entre l'UE et sept groupes régionaux. Enfin, sept pays ont signé mais non ratifié un APE intérimaire (Fidji, Cote d'Ivoire, Cameroun, Botswana, Lesotho, Swaziland, Mozambique).

4. Patrick A. Messerlin, *Le Trans-Pacific Partnership et la politique européenne en Asie de l'Est (Chine exclue),* Direction générale de la mondialisation, ministère des Affaires étrangères, Paris, 2012.

Notice 25

L'Europe de la défense

Création des années 2000, la Politique de sécurité et de défense (PSDC) est alors vue comme l'aboutissement des ambitions internationales de l'Union européenne, l'outil censé lui permettre de devenir un acteur global. Peu controversée dans l'opinion publique, elle est également vue comme un moyen de relancer l'Europe par les projets concrets. Dix ans plus tard, la PSDC s'est solidifiée institutionnellement, mais les espoirs initiaux ont largement été déçus.

Jusqu'au début des années 2000, sécurité et défense ont fait figure d'exception dans le processus d'intégration européenne, apparaissant comme le dernier refuge de la compétence régalienne exclusive, alors que la justice ou la monnaie avaient largement entamé leur européanisation. Lors de son émergence en 2001, la Politique de sécurité et de défense commune de l'UE (PSDC)[1] a d'abord été étudiée sous l'angle d'un « paradigme de l'exceptionnalité », la littérature peinant à saisir cette forme d'intégration autrement que comme une construction *sui generis*, inédite et qui se prêtait mal aux cadres analytiques traditionnels des études européennes ou des relations internationales[2]. Les choses ont bien évolué depuis, la PSDC faisant l'objet d'un grand nombre de recherches approfondies sur le sujet à tel point que circule chez les universitaires une plaisanteire selon laquelle « la défense européenne, il y a dix fois plus de gens qui l'étudient que de gens qui la font ». Cette notice sera l'occasion de faire le point sur ces recherches, sur les réalisations et les limites de la PSDC dans sa première décennie d'existence et sur les nombreux défis auxquels elle est aujourd'hui confrontée, dans un contexte de restrictions budgétaires et de manque de volontarisme politique de la part des États membres. Alors que la PSDC a généré un fort enthousiasme à ses débuts, apparaissant comme un des instruments de relance privilégiés de « L'Europe des projets » susceptible de sortir l'UE de son marasme[3], populaire dans l'opinion publique européenne, elle a depuis suscité de nombreux espoirs déçus.

Qu'est-ce que la PSDC ?

Simple en apparence, cette question mérite qu'on s'y arrête. En effet, pour un novice peu au fait des acronymes de l'UE, le terme PSDC est trompeur : en réalité, l'UE ne s'occupe pas vraiment de défense, et elle ne le fait pas de façon commune. L'UE laisse à l'Alliance Atlantique la charge de défendre collectivement le territoire européen, et la PSDC est aux mains des États membres, sans que les institutions communautaires (Commission, Parlement, Cour de Justice) aient grand chose à dire. L'article 43 du traité sur l'UE (TUE) définit son champ d'action comme suit : « Les missions visées à l'article 42, paragraphe 1, dans lesquelles l'Union peut avoir recours à des moyens civils et militaires, incluent les actions conjointes en matière de désarmement, les missions humanitaires et d'évacuation, les missions de conseil et d'assistance en matière militaire, les missions de prévention des conflits et de maintien de la paix, les missions de forces de combat pour la gestion des crises, y compris les missions de rétablissement de la paix et les opérations de stabilisation à la fin des conflits[4] ».

À la lumière de cet article, on comprend immédiatement qu'en matière de sécurité et de défense, l'UE s'occupe d'opérations civiles et militaires de gestion et de résolution des crises internationales, un mode d'action plus proche de l'ONU, par exemple, que de l'Otan. Pour comprendre comment les États membres en sont arrivés à délimiter un tel champ d'action, un bref retour sur l'histoire de la défense européenne et un rappel de son mode fonctionnement s'imposent.

L'histoire : d'une armée européenne à un acteur du maintien de la paix

Si l'historiographie retient que l'intégration européenne est une affaire de « petits pas » impulsés par la méthode Monnet, c'est en partie parce que les projets plus ambitieux de ce dernier n'ont su se concrétiser. Parmi eux, le plus révolutionnaire était sans doute celui qui envisageait dès 1951, six ans avant le traité de Rome, la création d'une armée européenne sous commandement d'une Communauté européenne de défense (CED) et de son Conseil des ministres regroupant les six États membres de la Communauté européenne du charbon et de l'acier (Ceca). Proposé par le chef du gouvernement français René Pleven dans les premières années de la Guerre froide, ce projet avait pour principal objectif de réarmer l'Allemagne, mais dans un cadre supranational. La CED prévoyait une armée, un état-major, un armement et un budget communs. Ce projet ambitieux fut ratifié par cinq des six membres de la Ceca mais pas par la France, où l'opposition au réarmement allemand et la crainte pour la souveraineté militaire nationale en temps de décolonisation finirent par l'emporter[5].

Depuis, jamais les États membres de l'UE n'ont porté un projet aussi avancé en termes de mise en commun des ressources militaires. Entre la CED et la PSDC, les rares tentatives d'intégration européenne dans le domaine de la défense ont elles aussi été vouées à l'échec. Ce fut notamment le cas avec les Plans Fouchet entre 1960 et 1962, lorsque la France proposa sans succès de lancer une coopération politique européenne intergouvernementale en matière de politique étrangère et de défense, qui avait le défaut de s'aliéner à la fois les fédéralistes et les Atlantistes, en écartant la Commission et l'Otan des discussions. En réalité, les trois premières décennies d'existence de la future UE ont été marquées par une discrète coopération en matière de politique étrangère à partir des années 1970, et surtout par des progrès significatifs en matière de politique extérieure commune dans les domaines du commerce (v. Notice 24) et de l'aide au développement.

Sur le front de la défense, il a fallu attendre 1998 pour assister à l'acte de naissance symbolique de la PSDC (alors Pesd), lors du sommet franco-britannique de Saint-Malo. Entre-temps, l'UE s'était dotée d'une Politique étrangère et de sécurité commune (Pesc) (v. Notice 22) lors du Traité de Maastricht. Fruit d'un compromis entre atlantistes et européanistes, intergouvernementalistes et supranationalistes, la Pesc s'est développée sur une base intergouvernementale (le « second pilier » de l'UE, aujourd'hui disparu), en complément des Relations extérieures de la Communauté[6]. Elle a surtout émergé dans un contexte euphorique de « retour de l'Europe » sur la scène internationale, espoir rapidement battu en brèche par l'explosion de la guerre des Balkans, et dans une moindre mesure les conflits en Irak ou en Somalie. À chaque fois, en particulier en Bosnie en 1995, les Européens font la démonstration de leur impuissance militaire et de leur dépendance vis-à-vis des États-Unis. À Saint-Malo donc, suite à ces diverses désillusions, le nouveau Premier ministre travailliste britannique Tony Blair prend acte du vide sécuritaire créé en Europe par le désengagement progressif des États-Unis et rapproche ses positions de celles de la France, partisane depuis toujours du développement de la PSDC[7].

La PSDC devient ainsi comme le bras armé de la Pesc, qui doit donner à l'UE les moyens de ses ambitions de politique étrangère. Le nouveau contexte sécuritaire est celui des opérations extérieures multilatérales en zone de conflits (guerres civiles, conflits humanitaires, etc.), ce à quoi les mission civiles et militaires de l'article 43 du traité de Lisbonne font écho. Les sommets européens qui suivent la rencontre de Saint-Malo entre 1999 et 2001 (Helsinki, Cologne, Feira, Göteborg) seront alors l'occasion de définir les objectifs capacitaires civils et militaires de l'UE et de mettre en place les structures décisionnelles de cette nouvelle PSDC, déclarée opérationnelle à Laeken en 2001, avant de voir ses premières opérations lancées en Bosnie, en Macédoine et au Congo en 2003.

Le fonctionnement : intergouvernementalisme et ambiguïté constructive

Le traité de Lisbonne a supprimé l'architecture en piliers en vigueur depuis Maastricht, mais il n'a pas mis fin à la spécificité institutionnelle de la PSDC. L'article 4 du TUE rappelle que « [l'Union] respecte les fonctions essentielles de l'État, notamment celles qui ont pour objet d'assurer son intégrité territoriale, de maintenir l'ordre public et de sauvegarder la sécurité nationale. En particulier, la sécurité nationale reste de la seule responsabilité de chaque État membre ». Par conséquent, la Pesc et la PSDC font l'objet de dispositions spécifiques dans les traités (Titre V du TUE), dispositions qui rappellent notamment que la capacité opérationnelle de cette dernière repose sur les moyens fournis par les États membres (article 42.1), que la PSDC « n'affecte pas le caractère spécifique de la politique de sécurité et de défense de certains États membres » (allusion notamment aux quatre États membres non-alignés de l'UE, article 42.2), et que les décisions sont adoptées par le Conseil à l'unanimité (article 42.4). On est donc bien loin d'une politique « commune » au sens de communautaire.

Naturellement, le Conseil ne représente que le sommet d'une structure décisionnelle qui s'est rapidement développée depuis le début des années 2000. Trop complexe pour être détaillée ici dans son ensemble[8]. ses principaux éléments sont les suivants : au cœur du système se trouve un Comité politique et de sécurité (Cops), réunion bihebdomadaire d'ambassadeurs nationaux détachés à Bruxelles pour représenter les États membres sur les questions de sécurité. Se basant sur les travaux des nombreux groupes de travail et comités spécialisés, ainsi que sur les avis du Comité militaire de l'UE (CMUE, regroupement de représentants militaires des états-majors nationaux), de l'État-major de l'UE (EMUE), ou du Comité civil (Civcom, l'équivalent du CMUE pour les opérations civiles), entre autres, c'est le Cops qui en réalité prend la plupart des décisions ayant trait à la PSDC, même si elles sont formalisées au niveau du Conseil. Lorsqu'une opération civile ou militaire est déclenchée par le Conseil, c'est également le Cops qui en assure la direction stratégique, avec l'appui des cellules de planification et de conduite civile (CPCC) ou militaire (*Crisis Management and Planning Directorate* - CMPD) compétentes.

Ce foisonnement de comités permanents basés à Bruxelles donne l'occasion à plusieurs centaines d'acteurs nationaux et européens d'interagir et de socialiser les uns avec les autres dans le but de faire émerger les consensus que le mode décisionnel unanime de la PSDC impose. Pour certains (fonctionnaires, diplomates), ce jeu politique du compromis bruxellois est une habitude ancrée depuis plusieurs décennies ; pour d'autres (les militaires notamment), c'est une nouveauté des années 2000[9]. Par conséquent, la logique formelle de coopération intergouvernementale qui prévaut dans la PSDC s'accompagne en réalité d'une culture informelle de l'intégration communautaire qui se développe en parallèle depuis les années 2000[10].

Bien sûr, cela n'empêche pas les désaccords politiques et institutionnels. Le Conseil a la mainmise sur les décisions, mais la Commission dispose de moyens financiers considérables (plusieurs milliards d'euros annuels) qu'elle peut mobiliser au titre de l'aide au développement. L'approche globale que revendique l'UE dans ses documents stratégiques impose une coordination entre Commission et Conseil sur les politiques à mettre en œuvre, coordination parfois difficile à trouver. Par exemple, la Commission dispose depuis 2003 d'un fonds de Facilité africaine pour la paix, constitué des ressources non utilisées dans les politiques de développement communautaires. Ce fonds, qui aide les organisations régionales ou sous-régionales africaines à financer ses opérations de maintien de la paix, a dépensé au total 740 millions d'euros (au Soudan et en République centrafricaine en particulier) entre 2003 et 2013. Alors que les fonctionnaires de la Commission craignent une militarisation du développement et de l'aide humanitaire et ont exclu les dépenses létales liées à ces opérations, diplomates et militaires au Conseil s'opposent à de telles restrictions.

Dans un autre domaine, l'Agence européenne de défense (AED) est également un lieu de confrontation entre Conseil et Commission. Créée en 2004, l'AED a pour objectif de contribuer au développement des capacités militaires de l'UE, à la mise en commun des ressources et à la consolidation du marché européen de l'armement. L'AED est une agence du Conseil mais au sein de laquelle siège également la Commission. Alors que cette dernière tend à privilégier la logique de libéralisation et d'intégration du marché de l'armement, plusieurs États membres restent soucieux de préserver leur industrie de défense, quitte à mettre en avant des enjeux de sécurité nationale qui les soustraient aux règles du marché unique[11].

En réalité, la PSDC repose encore aujourd'hui sur une logique de l'ambiguïté constructive, dans son architecture institutionnelle mais aussi et surtout dans son discours, qui tente d'accommoder les différentes préférences nationales des États membres[12]. D'un côté, une telle ambiguïté sur la finalité de la PSDC permet d'avancer pas-à-pas en écartant les points les plus controversés qui seraient susceptibles de créer des blocages au Conseil voire à des demandes de sortie de la PSDC (*opt-out*) telles que celle négociée par le Danemark dès 1997. C'est notamment le cas avec l'article 42.7 du traité de Lisbonne, qui instaure une clause d'assistance mutuelle des États membres, mais dont les contours et la portée restent flous[13]. Le revers de la médaille est qu'une telle stratégie risque d'alimenter l'image d'une PSDC qui ne peut guère faire mieux que de mettre en œuvre des politiques consensuelles liées à la promotion des droits humains ou à la prévention des conflits périphériques.

Dix ans de maintien de la paix

Entre 2003 et 2014, l'UE a mené 35 opérations civiles et ou militaires[14]. Au 31 décembre 2013, 17 opérations civiles ou militaires étaient en cours simultanément, employant un peu plus de 4000 personnes[15]. Au total, comme l'indique le tableau ci-dessous, un total de 17 000 soldats ont été déployés sous drapeau européen à travers le monde. Les effectifs des opérations civiles (policiers, juges, conseillers, etc.) sont plus difficiles à évaluer, en raison de la rapidité des rotations et de l'informalité des procédures de nomination. Cependant, on estime le total à 1500 à 2000 personnes par an en moyenne[16].

D'un côté, ces chiffres témoignent d'un activisme certain de l'UE, qui tient à marquer sa présence dans plusieurs zones de conflits actives – Balkans, Corne de l'Afrique, Grands Lacs, Sahel, Caucase, Afghanistan, etc. De plus, les États membres de l'UE participent désormais en grand nombre à ces opérations, à l'image de l'opération de police Eupol Afghanistan qui réunit 24 États en 2013. Des opérations telles que la formation de bataillons militaires (EUTM) en Somalie depuis 2010 ou au Mali depuis 2013 ne sont pas nécessairement les plus visibles auprès du public, mais elles s'avèrent souvent plus efficaces à terme qu'une intervention militaire de quelques mois, dont les effets disparaissent rapidement lorsque les Européens quittent le terrain[17]. D'un autre côté, on ne peut manquer d'observer que les effectifs déployés restent modestes en comparaison de la contribution européenne aux opérations de l'Otan, mais de l'ONU également (au sein de la Finul II par exemple). La majorité des opérations civiles de l'UE ne font d'ailleurs intervenir que quelques personnes, conseillers ou observateurs envoyés pour des missions d'assistance à la réforme de l'État de droit, de la police, des forces de sécurité ou encore du contrôle des frontières. De plus, les mandats des opérations européennes sont souvent limités dans leur ambition et/ou dans leur durée. Plutôt que d'agir seule, l'UE a pris le parti d'inscrire son action dans le cadre de ce que la Stratégie européenne de sécurité de 2003 dénomme le « multilatéralisme efficace », à savoir la coopération avec les autres organisations en charge du maintien de la paix et de la résolution des conflits, au premier rang desquels l'ONU, l'Otan, et les organisations régionales ou sous-régionales. De fait, il est rare que l'UE plante son drapeau dans une zone de conflit où ces autres acteurs ne sont pas déjà présents et prêts à partager le fardeau, notamment ses aspects militaires les plus exigeants.

Contributions nationales aux opérations militaires de l'UE

États membres	Concordia FYROM	Artémis RDC	EUFOR Althea BiH	EUFOR RDC	EUFOR Tchad/ RCA	EUNAVFOR Atalanta	EUTM Somalie	EUTM Mali	Total
Allemagne	16	7	1242	780	0	488	13	n.a	2546
Autriche	11	3	203	0	55	0	0	8	280
Belgique	26	82	60	86	50	1	6	34	345
Bulgarie	1	0	139	0	0	2	0	n.a	142
Chypre	0	1	0	0	0	2	1	0	4
Espagne	17	1	469	131	90	370	38	59	1175
Estonie	1	0	3	0	0	0	0	2	6
Finlande	9	0	182	0	65	4	4	11	275
France	149	1785	439	1002	2095	186	25	207	5888
Grèce	21	7	179	0	15	2	2	0	226
Hongrie	1	1	143	0	0	0	4	13	162
Irlande	0	5	55	0	440	0	5	8	513
Italie	27	1	1119	72	55	215	18	7	1514
Lettonie	2	0	3	0	0	0	0	2	7
Lituanie	1	0	1	0	0	0	0	2	4
Luxembourg	0	0	1	0	0	12	1	1	15
Malte	0	0	0	0	0	13	3	0	16
Pays-Bas	2	1	438	0	65	8	0	n.a	514
Pologne	17	0	227	130	400	215	0	20	1009
Portugal	6	2	234	56	15	0	15	1	329
Rép. tchèque	2	0	90	0	0	3	0	33	128
Roumanie	3	0	110	0	120	1	0	1	235
Royaume-Uni	3	111	691	0	0	69	2	40	916
Slovaquie	1	0	40	0	0	0	0	n.a	41
Slovénie	0	0	124	0	15	1	0	3	143
Suède	14	81	80	62	235	6	4	13	495
Total	**330**	**2088**	**6297**	**2319**	**3715**	**1598**	**141**	**465**	**16953**

Sources : Grevi et al., European Security and Defence Policy: The First Ten Years, *Paris, Institut d'études de sécurité de l'UE, 2010; « CSDPmap », ISIS Europe, http://www.csdpmap.eu/. Les chiffres pour EUFOR Althea sont ceux de l'année 2008, ceux d'EUNAVFOR Atalanta 2012, EUTM Somalie 2010, et EUTM Mali 2013. Les effectifs peuvent varier d'une année à l'autre en raison des rotations (en particulier pour EUNAVFOR).*

La consultation des effectifs des contributions aux opérations militaires montre aussi l'important déséquilibre qui existe entre les différents États membres. Contrairement à une idée largement répandue, la PSDC ne tourne pas uniquement autour de la France, de l'Allemagne et du Royaume-Uni. Certes, la France est un cas particulier, ayant à elle seule contribué à plus du tiers des effectifs militaires déployés par l'UE entre 2003 et 2013. L'Allemagne vient en deuxième position, mais le Royaume-Uni n'est que cinquième, derrière des puissances dites moyennes comme l'Espagne, l'Italie ou la Pologne. Les Britanniques n'ont jamais fait mystère de leur peu d'enthousiasme à contribuer aux opérations de l'UE, et les Allemands ont concentré le plus gros de leurs efforts sur les opérations civiles et militaires dans les Balkans. Quant aux Français, c'est sans surprise en Afrique (Grands Lacs ou Sahel) que leur implication est la plus importante.

Le manque d'ambition et de moyens de la PSDC trouve une partie de son explication dans la faible implication du Royaume-Uni. À eux deux, la France et le Royaume-Uni ont des budgets de défense qui représentent 40 % du total européen, le chiffre atteignant 90 % si l'on ajoute l'Allemagne, l'Espagne et l'Italie[18]. Si la PSDC se décide à 28, elle dépend très largement du bon vouloir de ces quelques États membres à fournir personnels, matériel et financements. Certes, l'UE peut compter sur plusieurs « bons élèves » en matière de PSDC, qu'il s'agisse des puissances moyennes précitées, de la Belgique, des Pays-Bas, du Portugal ou encore des pays neutres (Autriche, Finlande, Irlande, Suède), dont l'expérience accumulée dans le maintien de la paix onusien depuis plusieurs décennies s'avère souvent précieuse[19]. Cependant, ces États n'ont pas les capacités requises pour servir de nation-cadres et tirer la PSDC vers un plus haut niveau d'ambition.

Ces quelques éléments, ajoutés à la règle de l'unanimité et du consensus qui régissent le processus décisionnel dans la PSDC, permettent aisément de comprendre pourquoi, à chaque fois qu'une crise internationale majeure survient, qu'il s'agisse de l'Irak en 2003, de la Géorgie en 2008, de la Libye en 2011 ou encore de l'Ukraine en 2014, l'UE semble incapable de prendre position et d'intervenir. Premièrement, ce n'est pas toujours dans son mandat ; en second lieu, le temps de réaction court qu'impose souvent une crise internationale s'accommode mal des longueurs du processus décisionnel européen[20] ; enfin troisièmement, les capacités viennent rapidement à manquer si un des « trois grands » (Allemagne, France, Royaume-Uni) fait preuve d'un faible volontarisme.

Cinq défis pour l'avenir

Les premières années de la PSDC, de 2003 à 2009, ont été marquées par un enthousiasme certain, l'UE s'aventurant progressivement dans des opérations plus longues et exigeantes. Toujours en activité en 2014, Eufor Althea en Bosnie-Herzégovine a par exemple démarré en 2004, Eusec RD Congo en 2005, Eupol Afghanistan en 2007. Même si l'on assiste à une certaine relance depuis 2012 avec huit nouvelles opérations (toutes relativement modestes), la PSDC semble stagner depuis 2009. D'ailleurs, la période 2008-2009 correspond à la fois à la dernière opération de maintien de la paix de l'UE d'une certaine envergure (Eufor Tchad/République centrafricaine) et à un rééquilibrage stratégique de la France, principale soutien de la PSDC, vers la relation transatlantique, suite aux espoirs déçus de voir une « Europe de la défense » se développer[21]. Si la PSDC est encore jeune, elle fait face à cinq défis d'envergure pour l'avenir, que l'on peut classer en deux grandes catégories.

Défis structurels : cohérence institutionnelle et volontarisme politique

Une des solutions proposées pour atténuer les différents politiques et institutionnels liés au fonctionnement de la Pesc et de la PSDC a été la création dans le traité de Lisbonne d'un nouveau poste de Haut(e) représentante(e) pour les affaires étrangères et la politique de sécurité de l'UE, aux fonctions élargies. Placée au cœur du système, cette Haute représentante (la Britannique Catherine Ashton de 2009 à 2014) est nommée par le Conseil européen et occupe en réalité un mandat tentaculaire : elle est à la fois vice-présidente de la Commission en charge des relations extérieures, présidente du Conseil des ministres des affaires étrangères, participante au Conseil européen, responsable du Cops en temps de crise et à la tête de l'AED en tout temps. Autant la volonté d'apporter de la cohérence au système Pesc/PSDC dans l'UE post-Lisbonne est compréhensible, autant il est rapidement apparu que cette seule manœuvre institutionnelle s'avèrerait insuffisante, en raison non seulement de la tâche à accomplir, mais également des conflits de loyauté susceptibles d'émerger22. Pour C. Ashton, la tâche était d'autant plus immense qu'elle s'accompagnait de la mise en œuvre d'une autre création institutionnelle du traité de Lisbonne : le Service européen pour l'action extérieure (SEAE), service diplomatique de l'UE. De plus, alors que le prédécesseur de C. Ashton, l'Espagnol Javier Solana, possédait une sensibilité certaine pour la dimension opérationnelle de la PSDC, ayant auparavant occupé le poste de secrétaire général de l'Otan, la nouvelle Haute représentante n'a jamais fait mystère de son peu d'attrait pour cette dimension de son travail.

L'architecture de la PSDC a formellement gagné en cohérence, mais elle n'a pas évacué les conflits structurels entre Conseil et Commission. Surtout, cela ne saurait en aucun cas suffire, dans la mesure où les institutions communautaires n'ont toujours aucun pouvoir de contrainte sur les États dans le domaine de la défense[23]. Ainsi, il est fréquent que le Conseil se mette d'accord sur l'envoi d'une opération militaire de l'UE mais que plusieurs mois soient ensuite nécessaires pour obtenir les contributions en matériel et en personnel nécessaires. L'opération Eufor RCA Bangui est un cas d'école récent : alors qu'elle a été lancée le 10 février 2014 par le Conseil, il a fallu attendre le 15 juin, quatre mois plus tard, pour que l'opération atteigne sa pleine capacité opérationnelle et débute son mandat sur le terrain (à savoir protéger l'aéroport de la capitale centrafricaine). Pourtant, il ne s'agissait que d'envoyer 650 soldats et gendarmes pour une durée strictement limitée à six mois. Un autre exemple récurrent est les Groupements tactiques, force de réaction rapide multilatérale de 1 500 hommes environ, mise en place en 2007 sur la base d'une rotation de six mois entre différents États membres, mais jamais utilisée depuis malgré plusieurs situations qui auraient pu s'y prêter (au Congo en 2008 ou en Centrafrique en 2014, par exemple)[24].

De plus en plus, les lourdeurs décisionnelles de la PSDC semblent détourner les puissances européennes vers des voies alternatives de coopération. Le Traité de Lisbonne a ouvert la voie au principe de la coopération structurée permanente, qui permet à un groupe d'États dotés des capacités militaires suffisantes de s'associer ensemble pour aller plus loin dans l'Europe de la défense. Des États comme l'Allemagne, l'Espagne, l'Italie, la France, la Pologne, ont manifesté leur intérêt pour cette nouvelle possibilité, sans qu'aucun projet concret n'ait encore débouché. Le champ d'application de ces coopérations structurées permanentes n'est pas clairement délimité, ce qui laisse supposer qu'elle pourraient s'appliquer aussi bien à la question capacitaire (mise en commun de certaines ressources) qu'opérationnelle (commandement des opérations). Du point de vue capacitaire, la France et le Royaume-Uni ont également relancé la voie du bilatéralisme lors du sommet de Lancaster House en 2010, en envisageant l'achat commun d'un porte-avion ou la mise en place d'une force de réaction rapide commune. Ces diverses évolutions, si elles pourraient doter la PSDC d'une plus grande flexibilité, risquent également de sanctifier le principe d'une Europe à plusieurs vitesses dans le domaine de la défense.

Défis conjoncturels : relancer la défense européenne en période de crise

Réunis à Bruxelles les 19 et 20 décembre 2013, les chefs d'État et de gouvernement de l'UE ont consacré un sommet du Conseil européen à la défense, pour la première fois depuis 2005. Cette réunion s'inscrivait dans un contexte marqué à la fois par la poursuite du désengagement américain de l'Europe vers l'Asie et par les contraintes budgétaires auxquelles les Européens font face avec la crise de la zone euro[25]. Le contexte de crise a en effet accentué une tendance observée depuis le début des années 2000, à savoir la baisse généralisée des budgets de défense. Selon les chiffres compilés chaque année par l'agence européenne de défense, la part des dépenses de défense dans le PIB des États membres est passée de 1,78 % en 2006 à 1,5 % en 2012[26]. Cependant, l'UE dépense encore 190 milliards d'euros pour sa défense en 2012, ce qui la situe au deuxième rang mondial, loin derrière les États-Unis. C'est donc aussi la question d'une meilleure utilisation des budgets existants qui est en jeu. Dans ses conclusions du sommet de décembre 2013, le Conseil européen a identifié trois axes prioritaires : le renouvellement de la réflexion stratégique sur les défis sécuritaires, l'amélioration du déploiement des opérations de la PSDC, et l'amélioration des capacités de défense.

L'UE a publié sa première Stratégie européenne de sécurité en 2003, et l'a mise à jour en 2008. Aucune nouvelle initiative en ce sens n'a été prise depuis, et les appels à la rédaction d'un livre blanc sur la défense européenne, lancés régulièrement par certains *think tanks* européens[27], sont jusqu'à présents restés lettre morte. Pourtant, le contexte sécuritaire a bien changé depuis 2003. Alors que ce dernier était marqué par la guerre contre le terrorisme, de nouvelles menaces sont depuis apparues ou ont pris plus d'importance dans l'agenda sécuritaire international – cybersécurité, sécurité maritime, frontières, sécurité énergétique – autant de menaces non traditionnelles qui justifient un aménagement de l'approche globale et multilatérale revendiquée par l'UE dès 2003. Surtout, le début des années 2010 a été marqué par un net regain de conflits dans le voisinage de l'UE, aussi bien au Sud (Printemps arabe, Libye) qu'à l'Est (Ukraine, Caucase). Ces événements ont une fois de plus pris les Européens de cours, accréditant d'autant le sentiment d'urgence à renouveler la réflexion stratégique autour de la PSDC.

La question opérationnelle passe quant à elle principalement par deux évolutions : le commandement stratégique et le financement des opérations. En raison d'un blocage persistant du Royaume-Uni, qui craint une duplication inutile des ressources militaires avec l'Otan, le système de commandement stratégique des opérations militaires de l'UE n'est pas abouti. L'UE ne dispose pas d'un état-major d'opération permanent et doit compter sur le soutien de l'Otan ou de certains États membres, qui prêtent à l'UE leurs structures de commandement. Ce système fait là encore reposer le succès des opérations sur la bonne volonté nationale d'un petit nombre d'États membres. Cependant, aucun déblocage politique ne semble envisageable à court terme sur cette question.

Le financement des opérations, quant à lui, diffère largement dans les opérations militaires et les opérations civiles. Ces dernières, beaucoup moins dispendieuses, sont couvertes par le budget communautaire, ce qui signifie que chaque État membre y contribue en proportion de son PIB, qu'il y participe ou non. Dans le cadre financier pluriannuel 2007-2013 de l'UE, 1,74 milliards d'euros y étaient consacrés. Les opérations militaires, à l'inverse, sont financées selon le principe que les dépenses incombent à leurs auteurs (« *Costs lie where they fall* »). Concrètement, chaque État qui décide d'envoyer des troupes dans une opération finance son propre déploiement, à l'exception d'une faible partie (environ 10%) des coûts pris en charge de façon commune à travers le mécanisme dit *Athéna*. Des débats récurrents ont lieu au Cops et au sein des comités spécialisés sur l'élargissement de la part des coûts communs dans le financement des opérations, afin d'alléger le fardeau financier sur les États participants[28]. Là aussi, une majorité d'États membres s'oppose cependant à un tel principe, ne souhaitant pas payer pour des opérations auxquelles elle ne veut pas s'associer.

Enfin, le dernier défi pour les Européens, non des moindres, est l'amélioration des capacités, qui passe de plus en plus par la mise en commun et le partage des ressources existantes – le « *pooling and sharing* » – dans le contexte de resserrement budgétaire évoqué ci-dessus. Les Européens souffrent d'un manque de déployabilité rapide et flexible de leurs troupes. En 2012, 3,4 % des effectifs militaires de l'ensemble des États membres, soit 50 000 soldats environ sur un total d'un million et demi, étaient déployés dans le monde[29]. Surtout, seuls 7,5 % ou 100 000 étaient déployables durablement, c'est-à-dire disponibles pour être envoyés en opération à tout moment. On peut ici rappeler que l'UE avait défini à Helsinki en 1999 un objectif de 60 000 soldats devant être mis à disposition de l'UE pour ses opérations. Dix ans plus tard, cet objectif représente plus de la moitié du total effectivement disponible, ce qui en fait une cible inaccessible. Pour terminer sur quelques chiffres, en 2012 toujours, seules 20 % des dépenses de défense en Europe étaient des investissements, l'essentiel des coûts étant absorbés par le personnel et la maintenance. Quant aux dépenses en recherche et technologie, l'Europe se limitait à 1,02 % du total de ses dépenses, soit cinq fois moins que les États-Unis. Afin de garantir une meilleure interopérabilité entre les États membres et une mise en commun efficace des ressources, l'AED a fixé des objectifs ambitieux, réclamant notamment aux États membres que 35 % des achats de nouveaux équipements soient à l'avenir effectués en commun, contre moins de 20 % à l'heure actuelle. C'est ici qu'un marché européen de l'armement pourrait avoir son rôle à jouer dans le renforcement de la dimension opérationnelle de la PSDC (v. Focus Notice 25).

• • • Comme on l'aura compris, le bilan de la PSDC après ses dix premières années d'existence est loin d'être pleinement satisfaisant. Pour autant, il serait sans doute erroné d'enterrer trop vite cette politique européenne encore jeune. En premier lieu, coopérer et mettre en commun des ressources et des hommes dans le domaine de la défense est en soi un accomplissement inédit et remarquable, dont on ne peut légitimement attendre qu'il ne suscite aucun soubresaut, aucun blocage ou retour en arrière. En second lieu, il faut également rappeler que le contexte économique international du début des années 2010 n'est pas plus favorable aux autres acteurs de la sécurité internationale, l'Otan ou l'ONU, et ces dernières ne sont pas moins critiquées pour leur inaction en Syrie ou en Ukraine. De la même manière que la crise de la zone euro a été l'occasion d'un saut fédéral inédit dans les domaines budgétaire et financier, il n'est pas à exclure que ce contexte fournisse aux partisans de l'Europe de la défense l'occasion de justifier et promouvoir une plus grande coopération européenne en la matière.

Antoine Rayroux

Bibliographie

Alessia Biava, *Vers une culture stratégique européenne ?*, coll. Institut européen de Genève, Bruxelles, Bruylant, 2011.

Eva Gross et Ana E. Juncos (dir.), *EU Conflict Prevention and Crisis Management : Roles, Institutions and Policies*, Abingdon, Routledge, 2010.

Xymena Kurowska et Fabian Breuer (dir.), *Explaining the EU's Common Security and Defence Policy. Theory in Action*, Basingstoke, Palgrave MacMillan, 2012.

Frédéric Mérand, *European Defence Policy: Beyond the Nation-State*, Oxford, Oxford University Presss, 2008.

Per Norheim Martinsen, *The European Union and Military Force: Governance and Strategy*, Cambridge, Cambridge University Press, 2013.

René Schwok et Frédéric Mérand (dir.), L'Union européenne et la sécurité internationale : théories et pratiques, Bruxelles, Bruylant, 2009.

Notes

1. Initialement dénommée Politique européenne de sécurité et de défense (PESD) dans les traités, jusqu'au traité de Lisbonne en 2009.

2. « Bastien Irondelle, « Défense européenne et sciences sociales : où en est le débat théorique ? », *Revue internationale et stratégique*, vol. 2002/4, no 48, 2002, pp. 79-88. »

3. Pour un exemple de cette approche voir Hubert Védrine, « Pour l'Europe : repartir du réel. Entretien », *Le Débat*, n° 136, 2005/4.

4. Cet éventail de missions dites « de Petersberg », du nom du lieu où elles furent pour la première fois définie par les Européens en 1992, dans le cadre de la défunte Union de l'Europe occidentale, ont été intégrées au traité d'Amsterdam en 1997.

5. Raymond Aron et Daniel Lerner (dir.), *La querelle de la C. E. D. Essais d'analyse sociologique*, Paris, Armand Colin, 1956.

6. David Allen, « Who Speaks for Europe ? The Search for an Effective and Coherent External Policy », dans John Peterson et Helene Sjursen (dir.),

A Common Foreign Policy for Europe? Competing Visions of the CFSP, Abingdon, Routledge, 1998, pp. 41-58.

7. Brian C. Rathbun, *Partisan Interventions : European Party Politics and Peace Enforcement in the Balkans*, Ithaca, Cornell University Press, 2004.

8. Pour une présentation complète, voir Wolfgang Wessels et Franciska Bopp, *The Institutional Architecture of CFSP After the Lisbon Treaty : Constitutional Breakthrough or Challenges Ahead?*, Bruxelles, Center for European Policy Studies, coll.« Challenge papers. n° 10 », 2008.

9. Mai'a K. Davis Cross, *Security Integration in Europe. How Knowledge-based Networks Are Transforming the European Union*, Ann Arbor, University of Michigan Press, 2011.

10. Jolyon Howorth, « Decision-making in Security and Defense Policy : Towards Supranational Inter-governmentalism ? », *Cooperation and Conflict*, vol. 47, no 4, 2012, pp. 433-453.

11. Jozef Bátora, « European Defence Agency : A Flashpoint of Institutional Logics », *West European Politics*, vol. 32, no 6, 2009, pp. 1075-1098.

12. François Heisbourg, « Europe's Strategic Ambitions : The Limits of Ambiguity », *Survival*, vol. 42, no 2, 2000, p. 5-15 ; Maya Jegen et Frédéric Mérand, « Constructive Ambiguity : Comparing the EU's Energy and Defence Policies », *West European Politics*, vol. 37, no 1, 2014, pp. 182-203 ; Antoine Rayroux, « Speaking EU Defence at Home : Contentious Discourses and Constructive Ambiguity », *Cooperation and Conflict*, OnlineFirst, 22 octobre 2013, p. 0010836713495001

13. À la différence de la clause de défense collective de l'Otan, la clause du traité européen ne mentionne pas l'obligation de porter militairement secours à un État agressé.

14. Pour un bilan plus détaillé voir Antoine Rayroux, « Dix ans de maintien de la paix de l'Union européenne (2003-2013) : quel bilan ? », dans David Morin, Michel Liégeois et Marie-Joëlle Zahar (dir.), *Guide du maintien de la paix 2013,* Montréal, Athéna, 2014

15. Données du site CSDPmap.eu, compilées par le *think tank* ISIS Europe : www.csdpmap.eu (consulté le 30 juillet 2014).

16. Données personnelles compilées à partir de CSDPmap.eu et de« Giovanni Grevi, Damien Helly et Daniel Keohane (dir.), *European Security and Defence Policy : The First Ten Years (1999-2009)*, Paris, European Union Institute for Security Studies, 2009.

17. Sur le bilan d'EUTM Mali après un an d'activités, voir Nicolas Gros-Verheyde, « Un an d'EUTM Mali », Bruxelles2.eu : http://www.bruxelles2.eu/zones/sahel/un-an-deutm-mali.html (consulté le 30 juillet 2014).

18. Agence européenne de défense, « Defence Data 2012 », http://www.eda.europa.eu/docs/default-source/eda-publications/defence-data-booklet-2012-web (consulté le 31 juillet 2014).

19. Laura C. Ferreira-Pereira, *Inside The Fence but Outside the Walls : The Military Non-allied States and the Security Architecture of Post-Cold War Europe*, Bern, Peter Lang, 2007.

20. C'est en partie ce qui explique les interventions militaires unilatérales de la France au Mali en 2013 ou en République centrafricaine en 2014, avant de songer envoyer des opérations de l'UE (EUTM Mali, EUFOR RCA Bangui) dans un second temps.

21. Bastien Irondelle et Frédéric Mérand, « France's Return to NATO : The Death Knell for ESDP ? », *European Security*, vol. 19, no 1, 2010, pp. 29-43.

22. Franck Petiteville, « Les mirages de la politique étrangère européenne après Lisbonne », *Critique internationale*, vol. 51, no 2, 2011, pp. 95-112.

23. Anand Menon, « La politique de défense européenne après le traité de Lisbonne. Beaucoup de bruit pour rien », *Politique étrangère*, Eté, n° 2, 2011, pp. 375-387.

24. Ludovica Marchi Balossi-Restelli, « Fit for what ? Towards Explaining Battlegroup Inaction », *European Security*, vol. 20, no 2, 2011, pp. 155-184.

25. Sven Biscop, « Peace Without Money, War Without Americans : Challenges for European Strategy », *International Affairs*, vol. 89, no 5, 2013, pp. 1125-1142.

26. Agence européenne de défense, « Defence Data 2012 », *op.cit.*

27. Voir par exemple « European Union Security and Defence White paper : A Proposal », Fundacion Alternativas, Friedrich Ebert Stiftung, IRIS, janvier 2010. http://library.fes.de/pdf-files/id/ipa/07075.pdf

28. Laurent Paccaud, « Athéna : chronique d'une mort annoncée », *Revue défense nationale*, Tribune, n° 214 et 217, 2012.

29. Agence européenne de défense, « Defence Data 2012 », *op.cit.*

Focus

Le marché européen de la défense

À la suite de l'échec de la Communauté européenne de défense, visant à créer une armée européenne, les gouvernements des États membres décident de se concentrer sur le volet économique de l'intégration européenne avec la mise en place d'un marché commun. Le marché a progressivement été élargi à plusieurs domaines, sauf aux secteurs jugés sensibles comme l'industrie de l'armement. L'exclusion du champ communautaire qui n'a pas empêché les États membres de poursuivre des coopérations bilatérales et multilatérales en la matière est toutefois remise en question par la Commission européenne à partir des années 1990, alors que l'industrie est en pleine transformation. Le Conseil européen de décembre 2013, dédié à la relance de la défense européenne, confirme que le renforcement de la Politique de sécurité et de défense commune (PSDC) requiert un marché européen de la défense compétitif et une base industrielle et technologique de défense européenne (BITDE) suffisamment intégrée pour stimuler la capacité de développer et de maintenir les capacités militaires de l'Union européenne (UE).

Le processus de restructuration post-Guerre froide

Dans la foulée de la fin de la Guerre froide, les gouvernements européens ont procédé à des baisses significatives des budgets accordés à la défense avec l'espoir de récolter les dividendes de la paix. Cette décision s'accompagne d'un vaste processus de restructuration de l'industrie de la défense, dont les principes, visant à faciliter la coopération intergouvernementale, sont élaborés au sein de l'Union de l'Europe occidentale (UEO), entièrement incluse dans l'UE en 2010, et de l'Organisation conjointe de coopération en matière d'armement (Occar). L'industrie de l'armement en Europe, dont l'activité est essentiellement concentrée en Allemagne, Espagne, France, Italie, Royaume-Uni et Suède, amorce alors une période de mutation. Les entreprises européennes doivent à la fois limiter leur dépendance à l'égard de la demande nationale qui tend à se restreindre et faire face à la compétition internationale, venant surtout des entreprises américaines. Certaines entreprises comme DASA (Allemagne), Aérospatiale Matra (France) et CASA (Espagne) vont fusionner pour former *European Aeronautic Defence and Space Company* (EADS) alors que d'autres vont être privatisées comme Thomson-CSF au sein de laquelle le gouvernement français est alors l'actionnaire majoritaire et qui devient Thalès, en 2000. En raison de la forte concurrence, on assiste également à plusieurs acquisitions qui mènent à une baisse significative des entreprises en Europe, par exemple *British Aerospace* (BAE) rachète *Marconi Electronic Systems* (MES), en 1999, et prend le nom de BAE *System*.

La transformation du paysage industriel européen et des pratiques des États se poursuit alors que ceux-ci essayent de limiter l'impact des réductions drastiques des budgets des ministères de la Défense, dues à la crise économique et financière de 2008, sur les capacités militaires disponibles. L'heure est à la mutualisation et au partage des capacités dans un cadre bilatéral (par exemple franco-britannique avec l'accord de Lancaster House en 2010) ou multilatéral (au sein de l'UE avec le code de conduite de l'Agence européenne de défense (AED) ou de l'Otan avec la promotion du *Smart defence*). Le contexte est désormais plus favorable aux initiatives de la Commission européenne en vue de mettre en place un marché européen de la défense.

Les défis de l'industrie de l'armement en Europe

La problématique liée à la compétitivité de l'industrie de la défense en Europe repose sur deux enjeux : la fragmentation des marchés de défense et le fossé technologique qui se creuse entre les pays de l'UE et les États-Unis. Le premier enjeu résulte du maintien dans ce domaine d'une préférence nationale, les États étant les principaux clients et dans certains cas des actionnaires importants des industries de défense, ce qui entraîne une duplication des capacités, une faible compétition, des discriminations à l'égard d'entreprises basées dans d'autres États membres et des prix élevés. L'article 346 (ancien art. 296) du Traité sur le fonctionnement de l'UE (TFUE) permet en effet de maintenir l'industrie de l'armement en dehors du marché intérieur, en accordant aux États membres une dérogation aux exigences concernant la libre circulation des marchandises et les directives sur la passation des marchés publics. Il maintient en dehors des traités les questions d'armement au nom de la sécurité nationale, permettant aux États de favoriser des fournisseurs nationaux et ainsi de protéger leurs marchés. La défense étant un domaine de haute technologie, le second enjeu concerne les investissements en matière de recherche et de développement qui ont aussi été affectés par les compressions budgétaires. Seuls six pays parmi les 28 États membres de l'UE sont détenteurs d'une base industrielle et technologique de défense et ils ne s'entendent pas nécessairement sur leur degré de coopération et leur rapport à l'industrie américaine. Le risque de voir les politiques d'armement renationalisées demeure présent dans certains pays, que ce soit pour stimuler l'investissement, protéger les industries nationales ou les emplois qui s'y rattachent, et leurs intérêts ne convergent pas toujours avec eux des autres membres de l'UE. Toutefois, compte tenu du coût des technologies et de la compétition internationale, l'idée de mettre en place une BITDE a fait son chemin et va désormais de pair avec la consolidation du marché européen de la défense dans la relance de la PSDC.

Pour faire face à ces défis, les États membres ont créé en 2004 l'AED, institutionnalisée dans le Traité de Lisbonne, pour développer les capacités en matière de défense, de recherche, d'acquisition et d'armement. L'AED favorise la concertation et la coopération entre les représentants étatiques qui siègent au comité directeur. Fait notoire, ils votent à la majorité qualifiée à la suite des discussions auxquelles un représentant de la Commission européenne participe. En raison du double usage civil et militaire de la recherche, la Commission et l'AED se concertent également au sein du Cadre européen de coopération en matière de recherche sur la sécurité et la défense afin de coordonner leurs programmes respectifs. En effet, la Commission a lancé en 2007, à l'intérieur du 7e Programme-cadre pour la recherche et le développement, le Programme de recherche européen sur la sécurité, qui se poursuit en matière de recherche civile avec le programme Horizon 2020 (v. Notice 19).

En ce qui concerne les entreprises européennes, les initiatives de restructuration se poursuivent en raison de la diminution de la demande nationale (y compris américaine pour *BAE System*) et de la compétition internationale qui demeure forte, puisque les entreprises américaines, confrontées elles aussi aux coupes budgétaires, essayent de profiter de l'émergence des marchés dans les pays du Golfe, de l'Asie et de l'Amérique latine pour compenser leurs pertes au niveau national. Toutefois, l'échec de la tentative de fusion entre EADS et *BAE System*, en octobre 2012, à la suite du blocage politique du gouvernement allemand au nom de la protection de la production nationale des capacités, confirme l'ancrage national et la sensibilité politique de l'industrie de l'armement en Europe. Un constat qui soulève certes des interrogations sur la portée de la coopération européenne en la matière, mais sans la remettre en question : en novembre 2012, le Conseil Affaires étrangères a réitéré son appui à une industrie de défense européenne « forte et moins fragmentée ».

Vers un marché unique de la défense ?

Dès 1996, la Commission européenne propose, avec la première d'une série de communications – sous l'intitulé, « Les défis auxquels sont confrontées les industries européennes liées à la défense. Contribution en vue d'actions au niveau européen » –, des mesures qui tout en étant adaptées aux spécificités du secteur, mobilisent les instruments communautaires, dans le respect de son champ de compétence. Elle justifie l'apport et la légitimité de sa contribution dans ce domaine jusque-là strictement intergouvernemental par des références à la compétitivité, l'ouverture et à la transparence du marché de défense. La Commission en tant que gardienne des traités entend limiter à des cas exceptionnels le recours à l'article 346 en accord avec la jurisprudence de la Cour de justice de l'UE. L'objectif est la mise en place d'un marché européen de défense, favorisant la mutualisation de la demande pour réduire les coûts grâce à des économies d'échelle, un usage efficace des ressources, l'harmonisation des normes nationales pour éliminer les divergences entre les procédures de certification nationales qui constituent des entraves au commerce, et l'amélioration de l'interopérabilité au sein de l'UE et avec l'Otan.

La première étape vers l'établissement d'un marché européen des équipements de défense est franchie avec l'adoption du paquet défense en 2009 qui comprend deux directives (plutôt que des règlements), de façon à permettre la flexibilité nécessaire à l'harmonisation des règles dans ce domaine particulier. La directive 2009/43/CE sur la simplification des conditions de transferts des produits liés à la défense à l'intérieur de l'UE vise à faciliter le commerce intracommunautaire grâce à la révision des formalités administratives, l'harmonisation des normes nationales et l'élimination des obstacles. Les États membres continuent de prendre les décisions sur l'autorisation des exportations selon la Liste commune des équipements militaires de l'UE annexée à la directive, qui est depuis 2008 la référence officielle pour les listes nationales de technologie et d'équipements militaires. En outre, ils gardent la maîtrise des exportations extracommunautaires, c'est-à-dire avec les pays non membres de l'UE. La directive 2009/81/CE sur les marchés publics de sécurité et de défense vise à accroître la transparence et l'ouverture des marchés, tout en harmonisation les réglementations applicables en matière d'achat d'équipements de défense au sein de l'UE.

Pour la mise en œuvre de ces directives et des discussions pour renforcer la PSDC, la Commission européenne a adopté en juillet 2013 la communication « Vers un secteur de la défense et de la sécurité plus compétitif et plus efficace », qui repose sur une approche globale, combinant les instruments et les politiques de l'UE avec des mesures à court et à long terme. Elle repose sur les travaux de la *Task force* «Défense» créée en 2011 au sein de la Commission, mobilisant l'expertise des directions générales pertinentes en étroite coopération avec l'AED et le Service européen pour l'action extérieure (SEAE). La Commission ambitionne de poursuivre la consolidation du marché intérieur de la défense et d'accroître sa compétitivité, en veillant à la bonne application des directives. Sans remettre en question la prérogative des États membres en matière de défense, elle souligne les atouts de l'UE pour procéder aux changements structurels nécessaires et pour permettre aux États membres d'atteindre un niveau approprié d'autonomie stratégique. La Commission entend profiter de l'accroissement des synergies entre la sphère civile et militaire pour mener des travaux de recherche liés à la PSDC et contribuer au développement des capacités non militaires. Elle espère de la sorte consolider sa place non seulement dans le domaine de la recherche sur la sécurité, voire sur la défense, mais aussi celui des capacités au nom d'une approche duale civile et militaire. En période de compressions budgétaires, la Commission propose également l'acquisition par l'UE de capacités par le biais du budget communautaire, à commencer par les capacités duales nécessaires au renforcement de la PSDC. Enfin, pour assurer la compétitivité de l'industrie européenne de la défense, elle souhaite soutenir l'activité des fournisseurs européens sur les marchés des pays tiers tout en assurant la cohérence et en limitant l'impact négatif sur le marché intérieur et la BITDE.

• • • Le paysage industriel européen a subi une profonde transformation au cours des deux dernières décennies, notamment à cause de la baisse importante des budgets accordés à la défense. Une nouvelle gouvernance de l'industrie européenne de la défense a également émergé, mettant en jeu une nouvelle configuration d'acteurs au sein de laquelle les rapports de force et les luttes d'intérêts ne doivent pas être minimisés. Les États membres de l'UE ont certes progressivement accepté d'harmoniser, voire dans certains cas de changer leurs pratiques, avec l'adoption du paquet défense sous l'influence de la Commission européenne, qui a su s'imposer comme entrepreneur politique dans la mise en place du marché européen de défense. Toutefois, l'échec de la fusion entre *BAE System* et EADS et le maintien du contrôle des exportations extracommunautaires confirment que ce marché en devenir ne peut faire fi des intérêts stratégiques des États membres. La coopération entre la Commission et l'AED soulève des interrogations quant à leur rôle respectif dans le marché européen de la défense. Les fournisseurs européens sont également en compétition tant sur le marché intérieur que le marché international, mais il est probable qu'ils seront eux aussi amenés à accroître leur coopération pour préserver ou accroître leur part du marché. Réagissant à la crise en Ukraine, les chefs d'État et de gouvernement ont confirmé la nécessité de relancer la défense européenne, qui repose incontestablement sur une industrie européenne de l'armement forte pour garantir l'autonomie stratégique de l'UE et sa capacité à réagir aux conflits à ses portes. Le processus de « normalisation » du domaine de la défense, avec l'intégration de l'industrie de l'armement dans le marché intérieur, régi par la procédure législative ordinaire qui est conduite par le Parlement européen et le Conseil, semble donc destiné à se poursuivre.

Chantal Lavallée

Bibliographie

Agence européenne de défense, *Home*. En ligne : http://www.eda.europa.eu/

Commission européenne, *Defence Industries - Working together to Support Europe's Defence*. En ligne : http://ec.europa.eu/enterprise/sectors/defence/index_en.htm

Commission européenne, *Marchés publics de la défense*. En ligne : http://ec.europa.eu/internal_market/publicprocurement/rules/defence_procurement/index_fr.htm

Marc R. DeVore, « Organizing International Armaments Cooperation: Institutional Design and Path Dependencies in Europe ». *European Security*, 21 (3), 2012, pp. 432-458.

Jean-Paul Hébert et Jean Hamiot (dir.), *Histoire de la coopération européenne dans l'armement*, Paris, CNRS éditions, 2004.

Daniel Keohane, Daniel, *Towards a European Defence Market,* Cahiers de Chaillot (Institut d'études de sécurité de l'UE, Paris), numéro 113/2008.

Chantal Lavallée, « Le marché européen de défense : un nouvel espace de luttes ». *Études internationales*, 43 (4), 2012, pp.573-590.

Chronologie de la construction européenne (1948-2014)

Date	Institutions européennes	Politiques européennes	Contexte international
1948, 7-10 mai			Congrès de La Haye
1948, 16 avril			Création de l'Organisation européenne de coopération économique (OECE)
1949, 4 avril			Signature du traité de Bruxelles, naissance de l'Organisation du traité de l'Atlantique Nord (Otan)
1949, 5 mai			Création du Conseil de l'Europe
1950, 9 mai	Discours de l'Horloge de Robert Schuman		
1951, 18 avril	Signature à Paris du traité instituant la Communauté européenne du charbon et de l'acier (Ceca)		
1952, 27 mai	Signature à Paris du traité instituant la Communauté européenne de défense (CED)		
1954, 30 août	Rejet du traité sur la CED par l'Assemblée nationale française		
1954, 23 octobre			Naissance de l'Union de l'Europe occidentale (UEO)
1955, 1-2 juin	Conférence de Messine, poursuite de l'intégration européenne dans le domaine économique		
1956, 29 octobre-6 novembre			Crise de Suez
1957, 25 mars	Signature à Rome des traités instituant la Communauté économique européenne (CEE) et l'Euratom		
1960, 4 janvier			Signature de la Convention instituant l'Association européenne de libre-échange (AELE)
1960, 11 janvier		Création du Fonds social européen (FSE)	
1961, 3 novembre	Le projet de traité établissant une Union d'États (« plan Fouchet ») est rendu public par la France		
1962, 30 juillet		Entrée en vigueur de la Politique agricole commune (Pac)	
1963, 5 février		Arrêt *Van Gend en Loos*	
1963, 14 janvier	Veto de la France à l'entrée du Royaume-Uni dans la CEE		
1964, 15 juillet		Arrêt *Costa contre ENEL*	
1965, 8 avril	Signature du traité de fusion des exécutifs communautaires		
1965, juillet	Début de la « crise de la chaise vide »		
1966, 29 janvier	« Compromis de Luxembourg »		
1968, 1er juillet		Entrée en vigueur de l'union douanière	

Date	Institutions européennes	Politiques européennes	Contexte international
1970, 22 avril		Traité de Luxembourg, accord sur les « ressources propres » budgétaires de la Communauté européenne	
1970, 27 octobre		Adoption du rapport Davignon sur la coopération en matière de politique étrangère (CPE)	
1972, 24 avril		Mise en place du « serpent » monétaire	
1972, 19-21 octobre		Sommet de Paris, lancement des politiques européennes de l'environnement et de la protection des consommateurs	
1973			Premier choc pétrolier
1973, 1er janvier	Entrée du Danemark, de l'Irlande et du Royaume-Uni dans la CEE. De « l'Europe des Six » à « L'Europe des Neuf »		
1974, 9-10 décembre	Sommet de Paris, institution du Conseil européen, décision du principe de l'élection des députés européens au suffrage universel		
1975, 28 février		Premier Accord de Lomé	
1975, 18 mars		Création du Fonds européen de développement économique et régional (Feder)	
1975, 1er août			Signature à Helsinki de l'Acte final de la Conférence sur la sécurité et la coopération en Europe (CSCE)
1979			Deuxième choc pétrolier
1979, 20 février		Arrêt *Cassis de Dijon*	
1979, 13 mars		Mise en place du système monétaire européen (SME)	
1979, 7 et 10 juin	Première élection au suffrage universel des 410 membres du Parlement européen		
1979, 27 décembre			Invasion de l'Afghanistan par l'Union sociétique
1980, 12-13 juin		Déclaration de Venise reconnaissant les « droits légitimes du peuple palestinien »	
1981, 1er janvier	« Europe des Dix », entrée de la Grèce dans la CE		
1984, 14 février	Adoption par le Parlement européen d'un projet de traité établissant l'Union européenne (projet Spinelli)		
1984, 25-26 juin		Conseil européen de Fontainebleau, compromis sur les ressources financières des Communautés (« chèque » britannique)	
1985, 14 juin		Présentation du Livre blanc sur l'achèvement du marché intérieur Signature du premier accord Schengen (RFA, France, Belgique, Pays-Bas, Luxembourg)	

Date	Institutions européennes	Politiques européennes	Contexte international
1985, 12 novembre		Accords de Val-Duchesse, lancement du dialogue social européen	
1986, 1er janvier	« Europe des Douze », entrée de l'Espagne et du Portugal dans la CE		
1986, 17 et 28 février	Signature à Luxembourg et à La Haye de l'Acte unique européen (AUE)		
1987, 15 juin		Lancement du programme Erasmus	
1988, 11-13 février		Conseil européen de Bruxelles, doublement du montant des Fonds structurels	
1989, 9 novembre			Chute du mur de Berlin
1989, 9 décembre		Adoption de la Charte des droits sociaux fondamentaux	
1990, 15 juin		Convention de Dublin, mise en place de la politique commune sur le droit d'asile	
1990, 1er juillet		1ère phase de l'Union économique et monétaire, levée des obstacles internes à la libre circulation des biens, des personnes, des services et des capitaux	
1990, 2 août			Invasion du Koweit par l'Irak
1990, 3 octobre	Réunification allemande		
1991, 25 juin			La Croatie et la Slovénie proclament leur indépendance, début du conflit yougoslave qui durera près de dix ans
1991, 3-4 décembre		Accord sur la création du Fonds de cohésion	
1992, 7 février	Signature à Maastricht du Traité sur l'Union européenne (TUE)		
1992, 21 mai		Création de l'Eurocorps ; la CPE se mue en politique étrangère et de sécurité commune (Pesc) Accord sur la réforme de la Pac proposée par le commissaire à l'Agriculture Raymond Mc Sharry	
1992, 19 juin			Déclaration de Petersberg sur le maintien de la paix par l'Union de l'europe occidentale (UEO)
1992, 16 septembre		Début de la crise du Système monétaire européen	
1993, 1er janvier		Mise en place du Marché unique	
1993, 22-23 juin	Conseil européen de Copenhague, définition des critères que doivent remplir les pays candidats à l'adhésion		
1994, 1er janvier		2e phase de l'Union économique et monétaire (UEM), création de l'Institut monétaire européen. Entrée en vigueur de la réforme des fonds structurels	
1995, 1er janvier	« Europe des Quinze », entrée de l'Autriche, de la Finlande et de la Suède dans l'UE		Naissance de l'OMC

Date	Institutions européennes	Politiques européennes	Contexte international
1995, 20-21 mars		Adoption par l'OSCE du Pacte de stabilité en Europe à l'initiative de l'Union européenne	
1995, 27-28 novembre		Établissement du Processus de Barcelone sur les relations entre l'UE et les pays et territoires du Bassin méditerranéen	
1996, 13-14 décembre		Conseil européen de Dublin, accord sur le Pacte de stabilité et de croissance (PSC)	
1997, 2 octobre	Signature à Amsterdam du traité sur l'UE consolidé	Création d'un Haut représentant pour la Pesc	
1997, 20-21 novembre		Sommet sur l'emploi à Luxembourg et lancement de la Stratégie européenne sur l'emploi	
1998, 1er juin		Création de la Banque centrale européenne	
1998, 4 décembre		Déclaration franco-britannique de Saint-Malo sur l'Europe de la défense (Politique européenne de sécurité et de défense, Pesd)	
1999, 1er janvier		3e phase de l'UEM, fixation des taux de change des monnaies des onze premiers États membres participants et introduction de l'euro comme monnaie unique	
1999, 16 mars	Démission de la Commission Santer		
1999, 24-25 mars		Conseil européen extraordinaire de Berlin, réforme des Fonds structurels (Agenda 2000) et de la Pac	
1999, 19 juin		Déclaration de Bologne initiant le processus de construction d'un espace européen de l'enseignement supérieur	
1999, 15-16 octobre		Sommet de Tampere, adoption d'un programme d'action dans le domaine de la justice et des affaires intérieures	
1999, 10-11 décembre		Conseil européen de Helsinki, reconnaissance du statut de pays candidat à l'adhésion pour la Turquie ; projet de création d'une force de déploiement rapide (*headline goal*)	
2000, mars		Début de mise en place des institutions de la Pesd	
2000, 23-24 mars		Conseil européen de Lisbonne, définition d'une « stratégie visant à renforcer l'emploi, la croissance économique et la cohésion sociale dans une économie fondée sur la connaissance »	
2001, 26 février	Signature du traité de Nice		
2001, 25 juillet		Livre blanc sur la gouvernance de la Commission européenne	
2001, 11 septembre			Attentats du 11 septembre à New York et Washington

Date	Institutions européennes	Politiques européennes	Contexte international
2001, 15 décembre	Déclaration de Laeken sur l'avenir de l'Union européenne, convocation de la Convention sur l'avenir de l'Europe		
2002, 1er janvier		Mise en circulation des pièces et des billets en euro	
2002, 21-22 juin		Conseil européen de Séville, accord pour une politique européenne d'immigration et d'asile	
2002, 16 décembre		Règlement 1/2003 sur la décentralisation de la politique de concurrence	
2003, 20 mars			Invasion de l'Irak par une coalition dirigée par les États-Unis, début de la deuxième guerre du Golfe
2003, 26 juin		Adoption d'une nouvelle réforme de la Pac	
2003, 10 juillet	Conclusion des travaux de la Convention européenne, adoption d'un projet de traité établissant une Constitution pour l'Europe		
2003, 12 décembre		Adoption de la Stratégie européenne de sécurité	
2004, 1er mai	« Europe des Vingt-cinq », entrée dans l'UE de la République tchèque, de l'Estonie, de Chypre, de la Lettonie, de la Lituanie, de la Hongrie, de Malte, de la Pologne, de la Slovénie et de la Slovaquie		
2004, 17-18 juin		Adoption de la Politique européenne de voisinage (PEV) et du partenariat stratégique avec la région méditerranéenne et le Moyen Orient par le Conseil européen	
2004, 29 octobre	Signature à Rome du traité établissant une Constitution pour l'Europe		
2005, 29 mai puis 1er juin	Référendum sur la Constitution européenne, rejet de la ratification en France et aux Pays-Bas		
2007, 1er janvier	« Europe des Vingt-sept », entrée de la Bulgarie et de la Roumanie dans l'UE		
2007, 13 décembre	Signature du traité de Lisbonne		
2008, 13 juillet		Fondation de l'Union pour la Méditerranée (UpM)	
2008, août			Des troupes russes interviennent en Ossétie du Sud (Géorgie) provoquant une forte tension dans la région.
2008, 15 septembre			Début de la crise financière
2008, 11-12 décembre		Accord sur le changement climatique	

Date	Institutions européennes	Politiques européennes	Contexte international
2009, 1er décembre	D'abord rejeté puis accepté par les électeurs irlandais le 2 octobre, le Traité de Lisbonne peut entrer en vigueur le 1er décembre	Le Conseil européen se dote par élection d'un président permanent (le Belge Herman Van Rompuy à qui succèdera, le 1er décembre 2014, le Polonais Donald Tusk	
2010, mai		Création d'un Fonds européen de stabilité financière (FESF) par les États membres de la zone euro	
2011, 13 janvier			La chute du président tunisien Ben Ali marque les débuts de bouleversements politiques dans plusieurs pays arabes (Tunisie, Lybie, Égypte, etc.). Le 15 mars, début de la contestation en Syrie qui débouchera sur une guerre civile qui, en octobre 2014, avait fait quelque 163 000 morts et plus de 2 millions de réfugiés.
2011, 7 septembre		Instauration par les ministres de l'Économie et des Finances (Éconfin) du « semestre européen » visant à renforcer la coordination des politiques budgétaires	
2012, 2 mars	Signature (à l'exception du Royaume-Uni et de la République tchèque) d'un traité sur la stabilité, la coordination et la gouvernance (TSCG)	Un Mécanisme européen de stabilité (traité du 2 février 2012) succède au FESF	
2012, 28-29 juin		Dans le cadre du Conseil européen, les membres de la zone euro décident d'une instance de supervision commune des banques avec instauration d'un Mécanisme de surveillance unique à compter de novembre 2014	
2012, octobre		La Commission recourt au processus de coopération renforcée pour mettre en application la taxe sur les transactions financières soutenue par 11 États sur 27 et approuvée par le PE en décembre.	
2013, 17 juin		Le Conseil européen donne mandat à la Commission pour entamer les négociations avec les États-Unis en vue de la signature d'un Partenariat trans-atlantique de commerce et d'investissement (TTIP)	
2013, 1er juillet	« Europe des Vingt-Huit » avec l'entrée de la Croatie dans l'UE		

Date	Institutions européennes	Politiques européennes	Contexte international
2014		Le nouvel instrument européen de voisinage (IPEV) est doté d'une enveloppe de 15 milliards d'euros pour la période 2014-2020. Un montant de 79 milliards d'euros sera consacré à la « Stratégie Horizon 2020 », programme européen pour la recherche et l'innovation (2014-2020).	
2014, 11 mars			Référendum en Crimée (Ukraine) débouchant sur l'annexion de cette péninsule par la Russie sur fond de conflit armé en Ukraine.
2014, 22-25 mai		Élection des 751 députés du Parlement européen. Taux de participation moyen 43,09 %.	
2014, 8 août			Début des frappes de la coalition composée de 22 États (dont plusieurs pays européens) contre l'avancée de forces se réclamant d'un « État islamique »
2014, 18 septembre			L'Écosse dit « non » au référendum sur son indépendance
2014, 1er novembre		Entrée en fonctions de la Commission présidée par Jean-Claude Juncker	

Note : chronologie publiée in Renaud Dehousse (sous la dir.), ***Politiques européennes***, SciencesPo. Les Presses, Paris, 2009, pp. 435-441 et mise à jour par la rédaction de la collection des Notices.

Panorama des traités européens

	Description	Principales réalisations institutionnelles
Traité de Paris Signature le 18 avril 1951	Le traité de Paris institue la Communauté européenne du charbon et de l'acier (Ceca).	Les quatre institutions de la Ceca : - Haute Autorité - Assemblée - Conseil - Cour de justice
Traités de Rome Signature le 25 mars 1957 Entrée en vigueur le 14 janvier 1958	À Rome, les Six signent deux traités : l'un crée la Communauté économique européenne (CEE), l'autre la Communauté européenne de l'énergie atomique (CEEA ou Euratom).	Les cinq institutions de la CEE : - Commission européenne - Conseil des ministres - Parlement européen - Cour de justice - Conseil économique et social Avec le traité de Bruxelles (ou traité de fusion) du 8 avril 1965, la Commission et le Conseil deviennent des institutions communes aux trois Communautés (Ceca, CEE, Euratom).
Acte unique européen Signature le 17 février 1986 Entrée en vigueur le 1er juillet 1987	L'AUE permet la transformation du Marché commun en un marché unique sans frontières intérieures (1er janvier 1993).	- Extension du recours au vote à la majorité qualifiée (notamment marché intérieur) - Accroissement des pouvoirs du Parlement européen (notamment procédure de coopération) - Institutionnalisation du Conseil européen - Création du Tribunal de première instance (TPI) - Renforcement de la coopération politique européenne
Traité de Maastricht Signature le 7 février 1992 Entrée en vigueur le 1er novembre 1993	Le traité de Maastricht institue une Union européenne entre les membres de la Communauté. Il définit également une citoyenneté européenne.	L'Union européenne est un « chapeau » commun qui unifie 3 « piliers » : - la Communauté européenne (qui remplace la CEE) et les deux autres Communautés (Ceca et Euratom) - la coopération en matière de politique étrangère et de sécurité commune (Pesc) - la coopération en matière de justice et d'affaires intérieures (JAI).
Traité d'Amsterdam Signature le 2 octobre 1997 Entrée en vigueur le 1er mai 1999	Le traité d'Amsterdam maintient la structure en trois piliers. Il renforce également la dimension politique de l'Union européenne en affirmant les principes de liberté, de démocratie et de respect des droits de l'homme.	- Instauration du mécanisme de coopération renforcée - Création d'un « espace de liberté, de sécurité et de justice » (ELSJ) à l'intérieur de l'UE - Nomination d'un Haut représentant de la Pesc - Généralisation de la procédure législative de « codécision » - Extension du périmètre du vote à la majorité qualifiée
Traité de Nice Signature le 26 février 2001 Entrée en vigueur le 1er février 2003	L'objectif du traité de Nice est d'assurer un bon fonctionnement institutionnel dans une Europe élargie	- Renforcement du rôle de co-législateur du Parlement européen - Extension de la majorité qualifiée et ré-évaluation de la pondération des voix - Limitation du nombre de commissaires européens - Assouplissement du mécanisme des coopérations renforcées
Traité de Lisbonne Signature le 13 décembre 2007 Entrée en vigueur le 1er décembre 2009	Le traité de Lisbonne prend la suite du traité établissant une Constitution pour l'Europe signé le 29 octobre 2004 mais dont le processus de ratification a été abandonné.	- Renforcement de la procédure de « codécision » - Création d'un Haut représentant de l'Union pour les affaires étrangères et la politique de sécurité (adossé à un Service européen pour l'action extérieure, SEAE) - Création d'une personnalité juridique unique pour l'Union - Création du droit d'initiative populaire - Institution de la possibilité d'un État membre de se retirer de l'Union - Extension du vote à la majorité qualifiée et définition du principe de la double majorité (vote favorable d'au moins 55 % d'États membres réunissant au moins 65 % de la population de l'Union) - Création d'un poste de président du Conseil européen élu pour un mandat de deux ans et demi - Introduction d'un lien direct entre l'élection du président de la Commission et les résultats des élections européennes - Intégration de la Charte des droits fondamentaux dans le droit européen primaire

Note : tableau tiré de l'ouvrage dirigé par Renaud Dehousse, *Politiques européennes,* SciencesPo. Les Presses, Paris, 2009, pp. 443-444.

Liste des principaux sigles

A

ACP : Afrique Caraïbes et Pacifique
ADF : Agence des droits fondamentaux (FRA, *Fundamental Rights Agency)*
AECR : Alliance des conservateurs et réformistes européens
AED : Agence européenne de défense
AEE : Agence européenne pour l'environnement
AEL : Alliance libre européenne
AELE : Association de libre-échange
AEMN : Alliance européenne des mouvements nationaux
AIE : Agence internationale de l'énergie
AIEA : Agence internationale de l'énergie atomique
ALDE : Alliance des libéraux et des démocrates pour l'Europe
ALE : Alliance libre européenne (Verts)
AME : Accords multilatéraux sur l'environnement
ANC : Autorités nationales de la concurrence
APC : Accords préférentiels commerciaux
APE : Accords de partenariat économique

B

BCE : Banque centrale européenne
BCN : Banques centrales nationales
BEI : Banque européenne d'investissement
Bird : Banque internationale pour la recherche et le développement
BITDE : Base industrielle et technologique de défense européenne

C

CDD : Commission de développement durable
CDFUE : Charte des droits fondamentaux de l'Union européenne
CE : Communauté européenne
CEC : Consultations européennes de citoyens
Ceca : Communauté européenne du charbon et de l'acier
CED : Communauté européenne de défense
CEE : Communauté économique européenne
CEDH : Cour européenne des droits de l'homme (Cour de Strasbourg)
CEEA : Communauté européenne de l'énergie atomique
CEPD : Contrôleur européen de la protection des données
CER : Conseil européen de la recherche (*European Research Council*, ERC)
CERN : Centre européen pour la recherche nucléaire
CESDH : Convention européenne de sauvegarde des droits de l'homme et des libertés fondamentales
CESE : Conseil économique et social européen
CFP : Cadre financier pluriannuel
CIG : Conférence intergouvernementale
CJCE puis CJUE : Cour de justice des Communautés européennes puis de l'Union européenne
CMDP : *Crisis Management and Planning Directorate*
Cnuced : Conférence des Nations Unies pour le commerce et le développement
Cocor : Comité de coordination
Coreper : Comité des représentants permanents
Coreu : Correspondance européenne
CPCC : Cellules de planification et de conduite civile

CPE : Coopération politique européenne
CSS : Centre de décurité sanitaire

D

DCFTA : *Deep and Comprehensive Free Trade Agreement*
DG : Direction générale de la Commission européenne (liste p. 65)
DO/DNO : Dépenses obligatoires/dépenses non obligatoires

E

EAW : *European Arrest Warrant*
ECDC : Centre européen de prévention et de contrôle des maladies
Echo : Agence européenne chargée de l'aide humanitaire et de la protection civile
ECPM : *European Christian Political Movement*, Mouvement politique chrétien européen
ECR : Conservateurs et réformistes européens
Ecu : *European currency unit*
EEE : Espace économique européen
EER : Espace européen de la recherche
EFDD : *Europe of Freedom and Direct Democracy* (Europe libertés démocratie)
ELSJ : Espace européen de liberté, de sécurité et de justice
Ergeg : *European Regulators Group for Electricity and Gas* devenu ACER, *Agency for the Cooperation of Energy Regulators*
EUD : Alliance pour une Europe des Démocrates, *European Union for Democracy*
Euratom : Communauté européenne de l'énergie atomique
Eurojust : Agence européenne chargée de la coopération judiciaire

F

FAO : *Food and Agricultural Organization*
Fecom : Fonds européen de coopération monétaire
Feder : Fonds européen de développement régional
Feoga : Fonds européen d'orientation et de garantie agricole
FESF : Fonds européen de stabilité financière
FNRS : Fonds national de la recherche scientifique
FSE : Fonds social européen

G

Gatt : *General Accord on Tariffs and Trade* (Accord général sur les droits de douane et le commerce).
GRE : Groupe des régulateurs européens devenu Orece : Organe des régulateurs européens des communications électroniques
GUE/NGI : Gauche unitaire européenne/Gauche verte nordique

I

ICE : Initiatives citoyennes européennes
IME : Institut monétaire européen
IEPV : Nouvel instrument européen de voisinage
IME : Institut monétaire européen
IPA : Instrument de pré-adhésion
IPEV : Instrument de la Politique européen de voisinage
Ispa : Instrument structurel de pré-adhésion

J

JAI : Justice et affaires intérieures
JOCE : Journal officiel des Communautés européennes

M

Moc : Méthode ouverte de coordination
MCE : Mécanisme de change européen
MELD : Mouvement pour l'Europe des libertés et de la démocratie
MES : Mécanisme européen de stabilité
Moc : Méthode ouverte de coordination
MRU : Mécanisme de résolution unique
MSU : Mécanisme de surveillance unique

N

NSF : *National Science Foundation*

O

Occar : Organisation conjointe de coopération en matière d'armement
OCDE : Organisation européenne de coopération économique
OEA : Organisation des États américains
OECE : Organisation européenne de coopération économique
OESP : Office européen de sélection du personnel
Olaf : Office européen de lutte antifraude
OMC : Organisation mondiale du commerce (succède au Gatt en 1995)
ONU : organisation des Nations Unies
OSCE : Organisation pour la sécurité et la coopération en Europe

P

Pac : Politique agricole commune
Pam : programme alimentaire mondial
PDE : Parti démocrate européen
PE : Parlement européen
PEM : Politique européenne en Méditerranée
Pesc : Politique étrangère et de sécurité commune
Pesd : Politique européenne de sécurité et de défense
PEM : Politique européenne en Méditerranée
PEV : Politique européenne de voisinage
PGE : Parti de la gauche européenne
Phare : Pologne Hongrie aide à la reconstruction économique
Pnud : Programme des Nations Unies pour le développement
PNUE : Programme des Nations Unies pour l'environnement
PO : Partenariat oriental
PPE : Parti populaire européen
PSC : Pacte de stabilité et de croissance
PSDC : Politique de sécurité et de défense commune
PSE : Parti socialiste européen
PVR : Parti vert européen

R

Rabit : *Rapid Border Intervention Team*
Raec : Régime d'asile européen commun
REC : Réseau européen de la concurrence

S

Sapard : *Special Accession Program for Agriculture and Rural Development*
SD : Groupe de l'Alliance progressiste des socialistes et démocrates
SEAE : Service européen d'action extérieure
SEBC : Système européen de banques centrales
SIS : Système d'Information Schengen
SME : Système monétaire européen

T

Tacis : *Technical Assistance for the Commonwealth of Independant States*
TCE : Traité instituant la Communauté européenne
TFUE : Traité sur le fonctionnement de l'Union européenne
Ticen : Traité d'interdiction complète des essais nucléaires
TMES : Traité instituant le mécanisme européen de stabilité
TPE : Tribunal de première instance devenu le Tribunal de l'UE
TPP : *Trans-Pacific Partnership*
TSCG : Traité sur la stabilité, la coordination et la gouvernance au sein de l'UE, encore appelé Pacte budgétaire
TTIP : *Transatlantic Trade and Investment Partnership* (Traité transatlantique)
TUE : Traité sur l 'Union européenne

U

UE : Union européenne
UpM : Union pour la Méditerranée
UEM : Union économique et monétaire
UEO : Union de l'Europe occidentale

V

VIS : *Visa Information System*

Liste des illustrations

Cartes

Graphiques

Tableaux